U0941906

企业家管理丛书

管理咨询

Management Consulting（第3版）

丁栋虹 · 著

清華大學出版社
北京

内 容 简 介

这是一部针对企业及其他相关组织进行管理问题诊断与分析的指导性著作，包括咨询策略（咨询特质、咨询定位、咨询产业、咨询竞标）、咨询研究（咨询问题、咨询调查、咨询方案、咨询实施）、咨询工具（产品咨询、人才咨询、价值咨询、定位咨询）与咨询管理（咨询团队、咨询知识、咨询营销、咨询服务）等四篇共十六章内容，建构了管理咨询学习的完整体系。

本书适用于“管理咨询”、“企业诊断与分析”、“管理实验”、“管理学研究方法”等咨询与方法类课程的核心教程，也适用于“管理学”、“公司治理”、“创业管理”等课程的重要辅助教程。对管理咨询师、MBA及EMBA学员、管理学及经济学专业的学生（含各级研究生），本书可作为必读著作；对企业及相关组织各级管理人员，本书也是案头必备的重要读本和管理实践的重要分析指南。

图书在版编目（CIP）数据

管理咨询/丁栋虹著．—3版．—北京：清华大学出版社，2013（2023.2重印）
（企业家管理丛书）

ISBN 978-7-302-33957-1

I. ①管… II. ①丁… III. ①企业管理-咨询 IV. ①F270

中国版本图书馆CIP数据核字（2013）第222519号

责任编辑：杜春杰
封面设计：刘　超
版式设计：文森时代
责任校对：张兴旺
责任印制：丛怀宇
出版发行：清华大学出版社
　　网　　址：http://www.tup.com.cn，http://www.wqbook.com
　　地　　址：北京清华大学学研大厦A座　　**邮　　编**：100084
　　社 总 机：010-83470000　　**邮　　购**：010-62786544
　　投稿与读者服务：010-62776969，c-service@tup.tsinghua.edu.cn
　　质量反馈：010-62772015，zhiliang@tup.tsinghua.edu.cn
印 装 者：三河市龙大印装有限公司
经　　销：全国新华书店
开　　本：185mm×260mm　　**印　　张**：33.75　　**字　　数**：821千字
版　　次：2006年1月第1版　　2013年12月第3版　　**印　　次**：2023年2月第10次印刷
定　　价：88.00元

产品编号：053370-02

第 3 版前言

一

企业管理水平的滞后，不仅涉及管理科学研究的问题，也涉及管理应用的问题；如何应用管理学的理论与知识，是摆在中国管理咨询师、管理者以及管理学及其相关专业学生与研究生面前的重要命题。

管理学自从 20 世纪 80 年代被引进中国开始，就一直面临着“管理学理论如何被专业化应用”的实践挑战；随着国际化的加剧，因这种挑战而承受的压力愈来愈大。在中国高校，同其他大多数专业一样，企业管理专业的学生都是接受了太多的知识教育，而缺乏相应的能力教育，受教育者都能对企业管理的概念与理论甚至体系口若悬河，但一接触到实际问题，却不知道该如何下手。与此背景相对照，“管理咨询”以专业知识与理论为基础，直接以认识问题、分析问题并最终解决问题为目标，以提升受教育者管理能力为关键，是一门管理实践与管理研究的重要技术、方法、工具的传授课程——这正是这门课程的重要性所在，是这门课在国内外高校兴起并广受学生欢迎的基本原因。

管理咨询对象有三大群体：企业组织、政府组织与非营利组织——尽管中国的现实是，企业组织发展尚不充分，非营利组织正处在孕育与成长的初期，而政府组织不仅过于庞大，同时需要变革。在组织“企业化”或“企业化运营”的趋势主导下，除企业组织外，本教材对其余两类组织的管理问题的咨询均有适用性，可同时作为对相关问题分析学习的教材。需要指出的是，对于“企业管理”相关课程的一般学生与其他读者，本教材也是一本有力的知识与能力补充，它细化、具体化了相关知识，并能从最终的实践方面促进学习。

因此，本书的主要读者对象可界定为三大群体：

（1）管理咨询行业的咨询师。本书作为一部主要的教程，已经体现对管理咨询行业的专业指导性，自第 1 版面世以来，一直受到相关咨询师的欢迎和好评。

（2）从事管理运作的管理人员，包括企业的各级管理者和各部门的职能人员。本书是提高管理者解决实际问题能力的重要指南。

（3）管理学及其相关专业的学员，包括博士生、硕士生（含 MBA、EMBA、MPA 等）、本科生等。

本书是从管理学知识走向实践应用及其能力的重要桥梁。

二

当代中国的管理学研究与教育，知识性太强，而指导性、操作性有限。管理学作为一门学科的诞生，与心理学尤其是医学具有极强的内在关联，体现在它的操作性；最早诞生管理学的哈佛大学，也是以其强势的医学、心理学及法律等学科为基础。对于管理诊断或咨询的机理、工具、方法的分析缺乏，成为中国管理学研究与教育操作性有限的重要原因。学管理学专业而不学管理咨询，其管理的能力与实践将存在重大缺陷。

现实中国的管理咨询界与国际管理咨询界缺乏接口，直接原因在于：中国的管理咨询界不善于使用专业的理论、工具及其分析路径，去进行管理问题的研究。中国管理咨询界凭借的主要是咨询师的知识、经验与创意。在这种背景下，咨询的成果难以验证，尤其是难以证伪，不仅科学性不足，实践的指导价值也有限。

企业是由几个核心元素组成的：产品、人才、价值、定位。同时，处于组织不同层级的管理者，承担的管理职责也有很大的不同。在长期研究的基础上，本著作创造性地建构了对应不同层级管理者的管理及咨询命题，如表 0.1 所示。不同层级的管理者，可以主要选择本层级的管理职责作为咨询学习的主要对象。

表 0.1　管理层级与咨询命题

管 理 层 级	咨 询 命 题	管 理 重 点
公司董事	定位咨询	核心能力、组织与战略
公司经理	价值咨询	商业模式、财务与品牌
部门经理	人才咨询	知识管理、领导与绩效
基层主管	产品咨询	产品开发、质量与营销

三

对于通过本著作的阅读与分析而促进了心智解放与事业发展的读者，欢迎来信分享经验[①]。为了不断提升著述品质，作者致力于内容与形式两个方面的持续发展，也欢迎读者来信，分享对思考练习的分析报告，告之教学反馈，提供著述修正与发展的各种建议，包括反映相关研究的学术成果、实践及案例的最新发展，指正内容中存在的各种错误，更新思考练习的重要问题及延伸阅读的精品文献等。耶商咨询提供本书相关的信息交流与高端培训[②]。

本版的隆重推出，是建立在第 2 版的基础之上的。与第 2 版相比较，本版实现的重要突破与修正表现在：

（1）对各篇名称进行了调整：第一篇“理论篇”改为“咨询策略”，第二篇“方法篇”改为“咨询研究”，第三篇“技术篇”改为“咨询工具”，第四篇“管理篇”改为“咨询管理”，明确定位，体现实质性。

（2）对各篇章数进行了精减，由原每篇 5 章压缩为每篇 4 章，增强内容集中性。

（3）对第三篇进行了实质性的重构与重新定位，聚集于重点咨询工具的使用分析，由产品咨询、人才咨询、价值咨询、定位咨询 4 章组成，增强咨询的技术性、方法性与工具性。

---

① 丁栋虹教授信箱：ddh188@gmail.com

② 耶商咨询：www.glceo.com

（4）对除第三篇以外的其余 3 篇的各章，进行了章名的修正及内容的重新定位，如第一篇由“咨询特质”、“咨询定位”、“咨询产业”及“咨询竞标”等章组成，第二篇由“咨询问题”、“咨询调查”、“咨询方案”及“咨询实施”等章组成，第四篇由“咨询团队”、“咨询知识”、“咨询营销”及“咨询服务”等章组成，如此强化了内容的价值性与实践针对性。

（5）对各章的内容进行改写、扩充、修正，对延伸阅读文献及问题思考等进行了调整与充实。经过修正，本版具有更大的适用面、更好的工具性，成为管理学学员、管理者、咨询师、研究者不可或缺的管理实践指南与分析指导工具书。

四

有众多的读者与学生通过相关课程报告、建议、指正等各种方式对本版的修定作出了贡献。中国人民大学高德步教授、秦志华教授、刘军博士，教育部考试中心教材研究所刘素娟副所长、顾力行女士，对著作提出了很好的修正建议。研究生陈志、孙国民、卢海燕、李雪梅、何建华、张海心、张翔，以及选课的研究生沈甜甜、王珍、陈夏雨、刘阳、胡子玉、刘民全、周汝、卞泽娟、陶能明、朱潇璇等，通过审读提供了修改建议，参与制图及教学投影制作。我的妻子马雪雁通过协助资料查询、图形制作等工作，为本书的撰写及编排提供了很大的支持。在此本人一并表示感谢！

谨以此书献给中国的管理咨询师、管理者，以及管理学及其相关专业的学生和研究者们。

丁栋虹

2013 年 7 月 4 日

目　录

第一篇　咨询策略

第 1 章　咨询特质 2
　咨询界定 2
　咨询规范 9
　咨询学习 16
　本章概要 21
　思考练习 21
　延伸阅读 22
　参考文献 23

第 2 章　咨询定位 24
　管理问题 24
　管理方法 30
　管理境界 37
　本章概要 43
　思考练习 43
　延伸阅读 44
　参考文献 45

第 3 章　咨询产业 46
　产业发展 46
　产业比较 52
　产业实践 58
　本章概要 64
　思考练习 65
　延伸阅读 65
　参考文献 66

第 4 章　咨询竞标 67
　咨询流程 67

项目竞标 75
工具选择 88
本章概要 93
思考练习 94
延伸阅读 94
参考文献 95

第二篇 咨询研究

第 5 章 咨询问题 98
问题层次 99
问题功能 102
问题时间 109
本章概要 114
思考练习 115
延伸阅读 115
参考文献 116

第 6 章 咨询调查 117
资料类型 117
调查方法 120
数据分析 129
本章概要 142
思考练习 142
延伸阅读 142
参考文献 144

第 7 章 咨询方案 145
方案创造 145
方案报告 159
方案演示 165
本章概要 167
思考练习 167
延伸阅读 168
参考文献 169

第 8 章 咨询实施 170
实施领导 171
实施管理 181
实施评价 187

本章概要 200
思考练习 200
延伸阅读 201
参考文献 202

第三篇 咨询工具

第 9 章 产品咨询 204
产品开发 204
质量管理 222
市场营销 240
本章概要 249
思考练习 249
延伸阅读 250
参考文献 251
第 10 章 人才咨询 252
知识管理 252
领导力 269
薪酬绩效 285
本章概要 306
思考练习 306
延伸阅读 307
参考文献 308
第 11 章 价值咨询 309
商业模式 309
财务分析 331
品牌管理 339
本章概要 359
思考练习 359
延伸阅读 359
参考文献 360
第 12 章 定位咨询 362
核心能力 362
组织再造 387
竞争战略 408
本章概要 423
思考练习 424

延伸阅读 424
参考文献 425

第四篇　咨询管理

第 13 章　咨询团队 428
咨询素质 429
团队治理 434
虚拟组织 448
本章概要 453
思考练习 453
延伸阅读 454
参考文献 455
第 14 章　咨询知识 456
知识学习 457
知识共享 463
知识应用 469
本章概要 474
思考练习 475
延伸阅读 475
参考文献 476
第 15 章　咨询营销 477
竞争战略 477
咨询定价 493
营销模式 498
本章概要 507
思考练习 508
延伸阅读 508
参考文献 509
第 16 章　咨询服务 510
服务特质 510
服务质量 515
服务评价 517
本章概要 525
思考练习 525
延伸阅读 526
参考文献 527

第一篇

咨询策略

之所以为策略篇，是因为本篇着力于管理咨询策略（包括特质、定位、产业与竞标）的陈述、分析与把握，解决管理咨询在认识论上“是什么”、“如何做”及“怎么做好”的基本问题。咨询策略决定了管理咨询的服务对象、价值定位、内容要求与模式选择。

第1章

咨询特质

任何组织运营失衡、成长乏力的实践背后，都深深地埋藏着管理失当的问题根源。

- 明确管理咨询的概念与范围界定；
- 了解管理咨询的规范及其要求；
- 把握咨询学习的导向、方法与设计。

作为一门新兴学科，管理咨询理应得到更多人的了解。本书开篇的这一章，要介绍全书分析所依托的核心概念——管理咨询，及其相关的知识，明确管理咨询的基本原理、基本规范与学习策略。

咨询界定

咨询理由

任何企业的经营管理过程中，都会出现大大小小的问题，这就使管理咨询的出现成为可能。并且，随着企业外部环境和内部条件的变化速度的加快，企业对管理咨询的市场需求越来越大。组织产生管理咨询需求需要同时满足以下条件。

管理问题

美国管理学家卡佩尔在他所著的《企业成长的哲学》中提出一个重要的观点：企业同一切有生命的机体一样，也有生、老、病、死。也就是说，企业在运营活动中面临内外环境的变化，会存在许多深层次的危机，如果不进行健康诊断，加以治疗预防，将陷入危险的境地。

企业是由企业与被企业联系起来的人所组成的以相互服务为本质目标的营利性生产单位，

是人的一种企业存在形式。企业实质上也是一种被扩大了概念内涵的“人”。企业就像人的身体一样，每个部门就像器官，都扮演着其应有的角色，发挥着相应的功能。只有企业的各个部门各司其职、各尽本分地良性循环，企业才能正常运作，发挥其应有的强大功能。

按照西医学理论，人体主要系统包括免疫系统、呼吸系统、循环系统、消化系统、神经系统、骨肌系统、外皮系统、内分泌系统、生殖系统等几大类。针对企业部门结构来看不同部门在企业中的功能和作用，就会发现它们和人体脏器之间存在的微妙关系[1]。表 1.1 是企业部门与人体系统对照表。

表 1.1　企业部门与人体系统对照表

企业部门	部门职责	人体系统	系统功能
总裁办	是公司总裁行政指挥的办事机构，行使协调各部门工作的权限	神经系统	是大脑和人体各个脏器之间沟通的系统。通过此系统收集外界的各种信息，并直接或间接地控制着人体其他所有系统，指挥人体做出各种思考和动作，并调节免疫功能
财务部	会计核算及财务管理。行使对公司财务会计工作全过程的管理权限	循环系统	在心脏驱动下，一刻不停地运作着，为人体各部位提供氧气和各种养料
法务部	对企业重大经营决策提出法律意见，保证企业合法权益最大化，避免企业落入“法律陷阱”	免疫系统	帮助身体抵御污染物、病毒、细菌的入侵
销售部	是连接企业与市场的桥梁，是企业最直接的效益实现者	呼吸系统	帮助人体完成最关键的动作——呼吸
市场部	对企业的产品与服务以市场为导向进行包装推广，促进产品与服务变成资金和利润	消化系统	是将食物转化为能量的“加油站”
人力资源部	负责人才的选拔、配置、开发、考核等管理，调动员工积极性，激发员工潜能，对公司持久发展负责	骨肌系统	主要职能是支撑起身体，为人体各器官的系统运作提供保护
公共事业部	与政府部门或非政府部门联系，树立企业公共形象，做好对外形象推广	外皮系统	人体的“盔甲”
后勤保障部	安保，基建，物业，物资购调，公车管理，设施的运转、维护、管理等事务	内分泌系统	调节体内某些持续、缓慢的生理过程，维持内环境的相对恒定，适应外环境的变化
事业部	按照企业所经营的事业在不同地区设立分支机构，以推广经营集团的业务	生殖系统	繁衍后代和种族延续

董事长、董事总经理等企业战略决策层就是人体的大脑，属于指挥系统，担负思考及指挥身体的机能，但是各个脏器的运行并不是由这个系统所指挥的。指挥系统是利用神经系统将人体各部位的状况传达到大脑，并将大脑的指令直接传达到人体的各个部位，让人体能够对各种

外来的刺激做出迅速的反应。其秘书就是人体的眼睛、鼻子、耳朵和嘴，不但要把所发生的事情及时报告给董事长、董事总经理，而且也要向外面传达各项指示。

从人体结构看，在神经系统和体液的双向调节下，人体不仅是一个统一的整体，而且是一个具有高度智慧的机构，它能够针对各种不同的身体状态，采取应变措施来维持身体的正常运行。同样，要想建立一个完美统一的企业，也需要“神经系统”、“体液”的双重调节和骨肌的支撑，衍生来看，就是常说的信息流、资金流和人员配置。

首先，可以将企业中的资金流和人体的循环系统对等起来。心脏是循环系统的动力器官，而资金就如人体的心脏，有了财，才会把资金供应给各个环节，这就是投资，再经过一个开放式的闭圈循环，回归到资金，这就是收益。如果心脏出毛病了或不运作了，就说明企业运营不良，甚至会死亡。

其次，企业的人力资源部好比负责建立骨肌系统的部门，人力资源丰富且实力充沛，企业的“个头”就大，骨骼就好，肌肉也结实，这就是常说的大企业。

再次，企业中的信息，特别是具有战略意义的信息就是一个“神经系统”，从企业高管到每一个员工，都是企业接受信息的细胞，而企业的战略决策层则是整个神经系统的中枢，是决定企业这个机体如何运作的中枢。

若将资金流和人体的循环系统对应起来，那么企业运转的“心脏”就是“资金”，从表1.2中就可以很容易看出各个系统在企业结构中与“资金”之间的对应关系。

表1.2 心与其他器官的关系

对应系统		相互关系	企业部门
肺	呼吸系统	主要是心主血和肺司呼吸、朝百脉之间的关系，两脏互相配合，保证了气血的正常运行。肺气不足可影响心的行血功能，而心气不足，也会影响肺的呼吸功能	销售部
脾	免疫系统	主要表现在血的生成与运行方面的联系。心主血，脾统血，脾又是气血生化之源。脾气健运，血有所生，则心血充盈，脾统血亦正常。脾所生之血，又赖心气的推动	法务部
肝	消化系统	主要表现在血液正常运行和情志调节方面。心主血，肝藏血，心肝两脏相互协调以维持血的正常运行。心之行血功能正常，则血运正常，肝亦有所藏；若肝不藏血，则心无所主，血运行亦失常	市场部
肾	泌尿/内分泌系统	主要是心阳与肾阴之间阴阳升降、水火既济的关系。即在生理情况下，心火必须下交于肾，肾水必须上济于心，心肾之间的生理功能才能协调平衡	后勤保障部
肠	消化系统	心与小肠通过经脉相互络属，而互为表里关系。表现在病理上，如心有实火，可移热于小肠，引起尿少、尿赤、尿痛等症；小肠有热也可循经上炎于心，而见心烦舌赤、口舌生疮等症	市场部

因此，就人体器官之间的关系可以分析出财务部与企业其他各部门之间的关系，如表1.3所示。

表1.3　财务部与其他部门的关系

对应部门	关　系
销售部	两者之间互相配合，保证公司资金流的正常运行。销售力不足可影响财务的资金周转运营；而财务支持不足，也会影响销售部门的销售
法务部	主要表现在资金的生成与运行方面的联系。财务主资金，法务既统资金，又是资金生化之源。法务健全，资金方可运营有道，不会被任意截留，才会有所生，资金方可更充盈
市场部	主要表现在资金正常运行和市场认识调节方面。财务主资金，市场藏资金，财务、市场两部门相互协调以维持资金运行的正常。这就是常说的，市场部要深入研究产品、政策、促销、渠道、广告等问题，肩负公司的产品推广和品牌推广的使命，帮助销售系统完成销售目标，从而实现产品到资金的转变。市场没做好，可直接导致财务的资金收入受损
后勤保障部	在企业运营中，财务部需审核并支付购买办公物资、设备等的费用，而后勤保障部必须上报财务哪些物资与设备是必需的，从而保持企业运营的协调平衡

一个企业的生存发展的环境比个体更复杂，企业自身的功能也在不断扩充和改变，因此，企业经营管理中出现问题是很正常的事情。就像人会生病一样，企业也会受到各种先天与后天不良因素的影响，从而患上各种各样的企业疾病。这时，企业就不能发挥其应有的功能。

认识能力

一般的管理问题，企业可以通过自己的努力和自我调整来解决，但有一些特殊的问题需要企业进行外来诊断。例如：

（1）当环境发生较大的变化或企业经营管理中出现重大失误或隐患问题时，仅仅依靠企业自身固有的或传统的管理思维和认识来判断、解决所有问题显然是不现实的；

（2）时间问题。一些企业为了集中在一段时间内系统地解决某一个问题（如企业的战略定位）需要聘请外脑；

（3）人员问题。一些企业虽然有能力自己解决某一个问题，却没有足够的人手。因此，企业的管理者一旦发现问题，就应当立刻采取措施，通过聘请外脑进行调查研究，为企业进行经营管理上的诊断，针对问题的症结，提出相应的治理方法以及具体的改善建议，并在此基础上对改善建议的落实给予指导和辅助实施，从而确保企业持续、快速、健康地发展。

有时，企业出于策略考虑，也需要与咨询公司合作。例如，一些企业希望通过和咨询公司合作了解世界范围内行业发展的趋势和学习到最新的管理及分析方法；有些企业虽然自己知道解决某一个问题的方法（例如裁员）却为了平衡各方面关系而让一个中立的第三方出面提出；作为中国企业的发明——一些企业通过和知名咨询公司合作来炒作自己。

管理策略

企业之所以未雨绸缪地让外部管理专家来为其勘划生计，皆因专家们了解当今企业界的总体发展状况，可以给企业一个衡量，使之了解自己在本国乃至全球的总体水平、所处阶段、未来趋势以及可能出现的问题，跳出自己的思维定式，从宏观角度审视自己。

不仅如此，外部管理专家谙熟现代企业制度，有着丰富的企业发展经验与教训的积累，具有发现企业问题的深刻洞察力，可以给企业一些建议，使之尽快步入正常发展轨道。与此同时，来自外部管理专家的诊断与评价无疑是十分有益的清醒剂。

为此，“管理咨询”在发达国家首创直至成为一个流行的行业。

咨询概念

诊断，是医学上常用的术语，其含义是以观察、把脉的方法判断病人的病情和病因，并开出治疗处方。诊断借用到企业经营管理上，就形成了管理诊断，又称管理咨询。

管理咨询

所谓管理咨询（Management Consulting），是由具有丰富经营理论知识和实践经验的专家，与企业有关人员密切配合，到企业进行实地调查研究，应用科学的方法找出企业经营战略和经营管理上存在的问题，分析产生问题的原因，提出改进方案（建议）；当企业接受改进方案（建议）后，咨询师则负责培训人员，帮助指导企业实施改进方案。

咨询最初为两个词，“咨”表示商量，“询”表示询问，后成为一个复合词，表示求教、询问和回答的意思。在古书《舜典》中注释“咨亦谋也”。东汉王逸著《九思·疾世》中记“纷载驱兮高驰，将咨询兮皇羲”，咨询被解释为商议。现代的《新华字典》、《现代汉语词典》中对“咨”的解释为“跟别人商量”。对于“询”的解释，现代和古代的辞书基本上是相同的，都有“问”的意思，就是希望能够得到答复的提问，总之，复合起来的“咨询”，其含义就是商量、询问、谋划和征求的含义。在西方，咨询（Consultation）指请教、商议；“Consultant”指给别人提供专门的职业意见的人；“Consulting”则指向他人提供专业意见、协助他人解决专业问题的活动[2]。

从最本质的意义上讲，咨询是指提出问题和接受询问并提出适宜建议和解决办法的对立与统一的过程，这是一个古今皆通用的含义，已经为绝大多数的人们所认可。但是，问题还远远不在于此，即咨询本身的概念已经随着时代的发展而被赋予了极丰富的时代特征的含义。

现代咨询是一种与过去经验咨询和一般常识性咨询具有“质”的不同的咨询；现代咨询的内容对象主要是政府、企业、社团、公益部门提出的需要慎重决策的方向性、战略性、策略性、政策性、对策性之类的重大和重要问题；现代咨询的最集中和最突出的要求和准则是科学性和科学化；现代咨询的科学性和科学化要求主要体现在以下一些特点上：对被咨询的问题强调以客观求实的态度进行调查、预测和分析、综合研究，对研究对象强调集体协作和智能互补，对研究过程强调保持独立自主性、不受任何外力的干扰和左右，对咨询研究的结果强调要经过相关专家学者的客观论证等。基于以上各点，所以现代咨询乃是一种具有智力劳动和知识生产性质的研究和服务产业。

为了更好地了解管理咨询的含义，可以将上述内容加以归纳来表述，如图 1.1 所示。

从图 1.1 可以看出，管理咨询分为进行诊断和实施指导两个阶段。在第一阶段，即进行诊断阶段，由咨询机构调查并分析组织的经营管理状况，找出组织存在的问题并分析问题产生的原因，然后，咨询机构针对这些问题，相应地设计改进方案，并提出咨询报告；在第二阶段，即实施指导阶段，可以由咨询机构对受诊企业的相关人员进行培训，指导设计并帮助实施具体的实施方案。因此，对受诊企业的诊断并不是管理咨询的终结点，实施指导阶段作为后续阶段，对于有效地帮助受诊企业解决问题也是至关重要的。

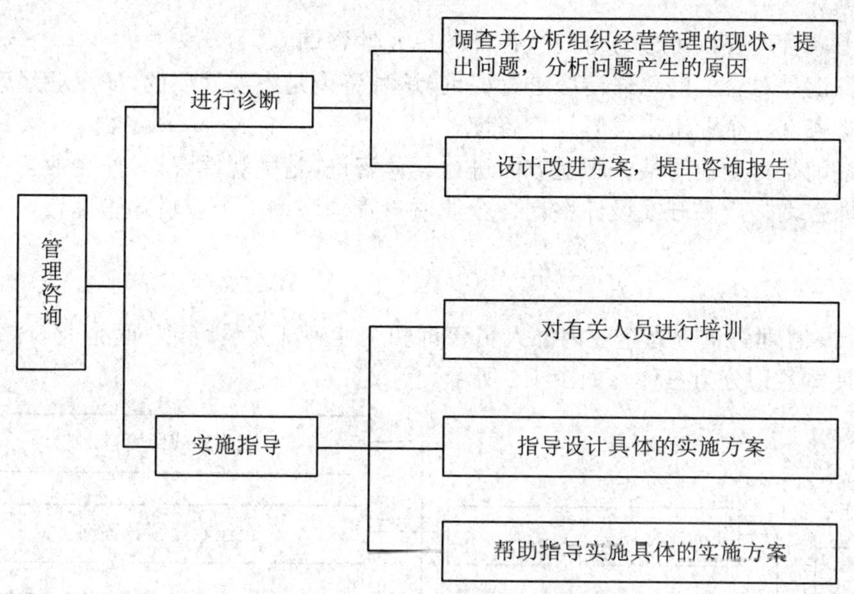

图 1.1　管理咨询含义示意图

管理诊断

除了管理咨询外，人们还会经常听到另一个名词，即管理诊断。管理咨询与管理诊断是一个问题的两个方面。

管理咨询与管理诊断的区别在于：

第一，二者的含义不同。对于企业来讲，管理咨询就是请别人在生产经营上给予忠告性的帮助；管理诊断则是咨询机构或经营顾问为了完成管理咨询的委托到企业进行调查诊断，帮助企业找出并指导企业解决经营管理上的问题。

第二，二者的来源途径不同。管理咨询使用的资料是间接的，咨询机构或经营顾问根据企业提供的资料，对改善企业的经营管理提出建议；而管理诊断采用的资料是直接的，是诊断者到受诊企业进行实地调查，从而利用所获得的第一手资料分析企业经营过程中存在的问题，提出并指导实施改进方案。

管理咨询与管理诊断的联系在于：管理咨询的核心问题是管理诊断。事实上，在日本管理咨询就是被取名为管理诊断。通过这个概念不难理解管理咨询的实质：运用自己的专业知识和技术，为用户提供经营管理各个方面的诊断，并开出处方（解决方案），帮助用户尽早摆脱在发展过程中不可避免要遇到的各类管理症状。

咨询类型

根据不同的角度，管理咨询可以分为不同的类型。下面分别从范围、人员、性质、应用和系统的角度，对管理咨询进行分类。

范围分类

根据范围，管理咨询可分为全局性咨询与单元性咨询。

全局性咨询是对企业的总体情况进行咨询，这种咨询是宏观性质的，如企业经营状况咨询、企业经营战略咨询、企业未来发展趋势咨询。

单元性咨询是对企业的某一职能方面进行具体咨询，是微观性咨询，如企业营销管理咨询、企业生产管理咨询、产品开发设计咨询、企业质量管理咨询、企业财务管理咨询等。

人员分类

根据人员，管理咨询分为企业内部人员咨询和企业外部人员咨询。而企业内部和外部人员的咨询又可具体各划分为三种，如图1.2所示。

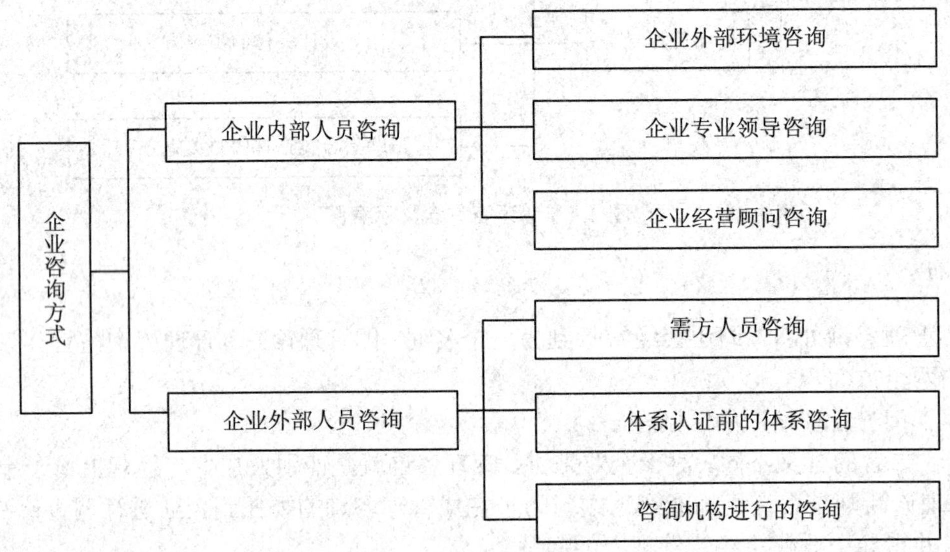

图1.2 管理咨询的方式

企业内部人员咨询和企业外部人员咨询各有其优缺点。

- 企业内部人员咨询具有费用低、咨询时间安排企业能自主、介绍情况的时间短等优点；但其最大的缺点就是对企业在其生产经营上的问题往往习以为常，视而不见，不易发现问题。
- 企业外部人员咨询的优点是客观公正，冷眼观察，易于发现问题；其缺点是费用昂贵，咨询时间需协商，介绍情况的时间长，特别是现在国内有些咨询机构的咨询人员缺乏实践经验，提出的改进方案缺乏可操作性和有效性，致使企业花费了大量人力、物力、财力和时间，但却得不到预期的效果。

因此，企业可以权衡这两种方法，根据企业的实际情况，选择其中的一种方法，或将两种方法结合使用。

性质分类

根据性质，管理咨询可分为企业管理咨询与企业经营分析。

企业管理咨询属于战略性咨询、导向性咨询，它类似于中医，主要是通过“望、闻、问、切”等手段，从定性的角度出发，运用专家的综合知识，分析、研究并解决企业经营管理中存在的问题。例如，企业的战略目标是否明确，战略规划是否符合市场运行规律，组织结构是否满足实现企业目标的要求，企业内部资源配置是否科学、有效，激励机制是否健全并发挥着应有的作用等。

企业经营分析属于战术性咨询、问题性咨询，与企业管理咨询相比，它更类似于西医，是以“化验单、心电图、脑电图、CT”等企业的各项管理数据和财务指标为基础，通过对管理数据、财务数据的分析，判断企业的经营现状以及找出企业存在的问题。

应用分类

从应用的角度，管理咨询可分为以下多种形式。

- 经营战略咨询
- 组织结构咨询
- 制度体系咨询
- 管理流程咨询
- 营销工具与营销形式咨询
- 生产管理咨询
- 质量管理咨询
- 业务流程咨询
- 薪酬绩效管理咨询
- 人力资源管理与开发咨询
- 企业文化咨询

管理咨询的分类不是一成不变的，随着应用的经济环境、产业结构、管理水平、运营条件等方面因素的变化，咨询的分类也在变化之中，包括涌现新的咨询形式，如网络咨询、知识管理咨询、领导咨询、定位咨询、商业模式咨询等。

系统分类

根据系统，管理咨询可分为三个层面：基础咨询、功能咨询和产业咨询。

基础咨询立足于咨询的服务对象，包括领导咨询、企业咨询、财务咨询、战略咨询、均衡性咨询、生产性咨询。

功能咨询立足于企业的功能结构，包括生产、购买、采购、销售、销售体系、资金、财务、人事、服务、地域咨询。

产业咨询立足于企业的行业性质，包括工业咨询、商业咨询、金融咨询、农业咨询、服务业咨询等。

咨询规范

任何事物都是共性和特性的统一体，管理咨询也不例外。在了解了管理咨询的含义和分类后，有必要对管理咨询的性质作进一步分析。本节将讨论管理咨询的特性、道德规范及其品质。

咨询特性

管理咨询具有中立性、局外性、综合评价性、建议性和指导性。

中立性

管理咨询的第一个特性就是中立性，该特性在外部人员咨询上表现得尤为突出。利用企业外部的咨询机构或咨询师对企业存在的问题进行实地调查分析，这样受诊企业易于得到更加客观公正的建议；一些企业内部解决不了的问题，通常站在中立和局外的立场上的咨询人员就易于解决。

需要说明的是，在咨询实践中，一些咨询项目明显存在客户与咨询公司合谋的情况，如某产权交易所的公司治理项目，甲方领导就是要通过咨询公司替他向股东会争取权利，这时为了达到客户满意的目的，不得不在咨询过程呈现一定的偏向性。这种情况实质性地反映了中国公司治理的不规范。

局外性

企业聘请的外部咨询机构或咨询师通常与企业没有利害关系。他们能站在局外人的立场上对企业运营过程中存在的问题做客观分析，进而提出问题的解决方案。局外性也保证了管理咨询结果的科学性和准确性。

综合评价性

管理咨询是一个系统工程。既要对企业外部经营环境进行分析，又要对企业内部经营条件有系统、全面的了解，在此基础之上进行综合评价，找出存在的问题，提供并帮助实施解决方案。因此，管理咨询的结果都是综合评价的结果。

建议性

咨询机构或咨询师会根据对受诊企业进行实地调查获得的一手资料对企业的经营状况进行分析，进而提出改善其经营管理的方案。咨询师只是充当一个参谋的角色，为企业提出建议性的而非强制实施的改进方案，如果企业觉得此方案的实施效果不会很大，企业完全可以否决该方案，实施与否的决定权在企业手中。

指导性

管理咨询并不停留在仅仅为受诊企业提供建议的层面上，更重要的是，咨询机构或咨询师会对受诊企业的相关人员进行培训，帮助指导实施改进方案，教会他们如何改善企业的经营管理。

咨询道德规范

管理咨询师应该是具有很高的道德修养、丰富的管理知识和经验的高素质人才。由于他们享有较高的社会地位，备受人们尊敬，因此在咨询工作中，更应恪尽职守，保守客户公司机密。同样，客户公司对管理咨询公司也应有一定的信任感，切实支持他们的工作。俗语说“有病不避医”，企业应该主动把公司中存在的问题告诉咨询师，以使他们在咨询中少走弯路，提高工作效率和效果。

管理咨询师在咨询过程中，要遵循以下原则。

行为合法

受理咨询的前提是对象的经营范围和经营行为要合法，对受诊企业的违法行为要给予建议和指导；同时，咨询公司最后提出的咨询意见也要合法。

量力而行

咨询师对受诊企业所处的规模、行业和咨询目的要有清楚的了解，进而判断自己是否有足够的能力接受委托，咨询师不能承诺超出自己能力的咨询要求，这也是对客户企业负责的一种表现。

自主公正

咨询师在整个咨询过程中都要保持咨询的自主性、公正性，不能屈从于受诊企业的压力，不能迎合不合理的要求。

由于咨询活动本身的特性，大多数工作都是在客户的要求前提下进行，并且严格按照最后期限来完成的，人员可能分散，不仅分散在国内，而且分散在世界各地。工作地域分散的形式是经常变化的，这就给那些管理咨询公司的人带来了问题，而且对管理咨询师本人也有着个人影响。由于管理咨询小组可能还会包括非公司雇员的助手，可能同其他公司联合完成某一项目，或者甚至可能包括客户组织的成员，因此情况可能会变得非常复杂。它是一个经常变换样式的复杂的万花筒，所有这一切都可能影响人力资源管理。

咨询业能否得到发展，不仅仅是客户需求的满足问题，咨询师自身最缺乏的是独立的态度。企业客户需求方需要咨询师的，不是仅仅出主意，提出方案，更重要的是他的思想、地位与思维方式。但中国知识分子最大的问题之一，就是没有一个独立的对待事物的态度，或者说是思维方式。如果咨询师对企业的决策者所提出的方法，还是按那个企业的领导者惯用的看问题的角度提出来的，就难以提出新的更有价值的结论。

尊重隐私

咨询师在咨询过程中，对涉及的个人隐私和企业的商业机密都应给予充分的尊重，这也是维持一个公平竞争的市场环境的要求。

不谋私利

管理咨询虽然是盈利性的，但一定要保证其利润来源合法，咨询机构或咨询师不能利用咨询的机会为自己谋求合理报酬以外的好处和方便。

结果有效

咨询的最后结果应对企业的工作改进有明确的指导作用，不能模棱两可、似是而非。

尊重同业

咨询机构一定要遵守商业道德规范，对同行业企业的评论做到客观公正，不妄加评论。

善于学习

管理咨询对于咨询机构来讲，还是一个自我学习的过程。通过为越来越多的客户提供咨询服务，咨询机构可以不断地积累经验，学习更先进、更科学的咨询方法，反省曾经出现的错误，吸取教训，最终达到提升自身咨询水平和美誉度的目的。

咨询中立

咨询机构应该注意避免同时咨询具有竞争关系的多家企业，这也是遵守商业道德的表现，也会使咨询机构避免出现招致法律诉讼等不必要的麻烦。

现今各国都越来越重视遵守商业道德规范，力图建立一个平等、竞争、有序的国内、国际市场环境。除以上原则之外，一些国家对管理咨询还建立了一整套的工作规范。例如，美国的管理顾问公司都有自己的“职业守则”，要求咨询师共同遵守；日本也有相同的规范要求。日本的咨询业界还有一个规矩，即咨询师在三年之内不咨询同一类型的企业。

管理咨询师学会（IMC）职业行为规范

管理咨询师学会是英国管理咨询师的职业管理机构。其所有成员在认识到他们对客户、公众、管理咨询职业所承担的责任的前提下，每年都以书面的形式承诺遵守学会的职业规范。他们还常年参加相关的职业发展活动。这一点就把成员管理咨询师与其他独立从业人员区别开来了。

学会的职业行为规范建立的基础原则涉及的是：

（1）实现客户的要求。

（2）廉正性、独立性和客观性。

（3）对管理咨询职业和学会负责。

体现这些原则的是规则（即具体的劝令）和应用注解（提出具体情形所允许的活动或最佳的做法，以及如何模范地遵守相应的原则或规则）。

学会的委员会会不断地在学会的出版刊物上发布职业行为规范修订版中将要包括的原则、规则或注解。学会的成员必须从发布之日起就遵守这些新发布的条款。

职业行为规范中的原则、规则和注解不仅适用于学会的成员个人，而且还适用于以学会成员名义或在学会成员控制下通过其合作伙伴、联合主管、雇员或其他中介人员执行的行动。

如果学会的纪律委员会发现学会成员的行为违背了学会的职业行为规范或者给管理咨询职业或学会抹黑，那么该学会成员就必须对纪律行动担负责任。

根据学会的社团制度（By-1aw），学会成员必须对学会提出的关于成员职业行为的审查发表宣告。在这种情况下，如果学会成员没有发表相应的宣告，就被视为违反了相应规则或注解的原则。

原则 1：满足客户的要求

无论何时何地，成员都应该高度重视客户的要求和利益规则。

胜任能力

1.1 成员只能接受自己有能力执行的客户工作，并且是相应的工作能够有效地为客户提供服务；成员不能做出误导性的断言，而且在客户要求的情况下必须提供有关其他客户项目的参考资料。

咨询产品（Deliverable）和咨询费用（Fee）协议

1.2 成员应该同客户就所提供的咨询服务的范围、性质和产品以及报酬的计算基础在咨询服务开始之前达成正式协议；之后，任何变动都必须首先同客户进行讨论并征得客户的同意。

转包

1.3 成员必须在事先征得客户同意或其他协议存在的情况下才能转包相应的咨询工作，并且仍然对相应咨询工作担负责任。

机密

1.4 成员必须严格保守有关客户的各种事件的信息，不能泄漏任何在咨询项目开展过程中所获得的专有信息。

无人才劝诱行为

1.5 成员不能劝诱或鼓动正在为其提供咨询服务的客户的任何职员另谋它职，除非这本身就是咨询项目的目的。

应该付出的努力

1.6 成员必须确保为客户提出的咨询意见、解决方案和推荐建议的基础是对所有可以得到的相关事实和重要经验的全面客观研究和分析，并且具有现实意义、实践性并容易被客户清楚地理解。

沟通

1.7 成员必须确保客户能够完全了解项目的进展信息。

1.8 成员必须鼓励客户对成员的工作成绩提供反馈，并做好记录。

尊重

1.9 在项目的进行过程中，成员必须对所接触的任何个人表现出尊重和体贴。

原则 2：廉正、独立和客观

成员必须避免任何下述行为或情形：同成员的职业义务毫不相干；可能损害成员的廉正形象。在咨询建议和推荐意见的形成过程中，成员必须完全遵照成员自己为实现客户最佳利益而采取的客观立场和观点。

披露

2.1 成员必须尽早披露任何可能会产生下列影响的特殊关系、情况或商业利益：影响或损害成员对具体项目做出判断时的客观性，或者客户或其他方面认为将可能影响或损害对具体项目做出判断时的客观性。

利益冲突

2.2 成员不应该在下列情形下为客户提供工作：同成员的职业义务毫不相干，或者可能会损害成员的廉正形象；只要出现了或者将要出现利益冲突，成员就应该在形势允许的情况下，要么从项目中撤出来，排除产生利益冲突的根源，要么披露或获取相关方面对项目成绩或延续性方面的认可承认。

贿赂和引诱（Inducements）

2.3 成员不应该接收折让、殷勤款待、佣金或礼物等贿赂而给予某个个人或机构好处，也不应该通过给予客户或客户的职员财务贿赂期望获得优势。

信息秘密

2.4 成员不应该把在项目过程中获得的关于客户的机密信息用于个人利益或客户组织外其他人的利益；同时，也不应该有任何内线人士参与其中。

2.5 在必要的情形下或合适的情形下，成员应该确立具体的工作方法来保护客户信息的秘密。

客观性

2.6 成员必须告知客户自己对客户期望从咨询项目中所期望的利益所抱持的任何程度的保守意见。

2.7 成员不能在没有澄清其相应影响的情况下，牺牲长期利益提出利于短期利益的方案。

原则3：对管理咨询职业和学会负责

成员的行为应该永远尽力提高管理咨询职业和学会的地位规则

年度确认

3.1 成员必须每年向学会做出确认，肯定自己遵守学会的职业行为规范。

职业水平的持续发展

3.2 成员必须遵守学会有关职业水平持续发展的要求，以确保成员向客户提供的知识和技能能够跟得上时代。

3.3 成员必须鼓励所指导和管理的管理咨询师通过不断的职业发展来保持和提高他们的能力，鼓励他们成为学会的成员。

对其他人的职业责任义务

3.4 成员应该尊重职业责任和义务以及同自己共事的人的资格水平。

3.5 成员向其他管理咨询师引荐客户的时候既不能不如实地陈述该管理顾问的资格和水准，也不能代替他做任何承诺。

3.6 如果成员承接了客户的一个项目，并且知道另一个管理咨询师也在为这个客户提供咨询服务，那么成员必须确保使两个项目之间任何潜在的冲突都引起客户的注意。

3.7 如果成员被客户邀请评价其他职业人士的工作，就必须在所有向客户传递的技术结论和咨询结论中都严格执行客观性原则、廉正性原则和敏感性原则。

咨询费

3.8 成员同客户就咨询服务的协议和费用进行谈判的方式必须得到学会的认可，认为是符合职业道德标准的并具有专业水平。

宣传

3.9 成员在给客户出版咨询项目成果或演示说明时，必须确保其中的信息：

- 确凿相关。
- 既不具有误导性也不会造成对其他方面的不公平。
- 不会给本职业抹黑。

个人行为

3.10 成员应该是一个适合从事管理咨询职业的人。

3.11 成员不能有意向学会提供虚假、不正确、误导性或不完全的信息。

咨询品质

咨询师除了要遵守咨询原则，还要把握好管理咨询的关键，这样才能明确咨询双方的利益需求，站在客观公正的立场上，有针对性地提出切实可行的解决问题的方案，增加顾客和自身的利益。

高品质完成管理咨询的关键点如下。

智力创造

管理咨询是基于对企业内外部经营环境的把握，针对企业现存的问题，提出并指导实施切实可行的改革方案的过程。提出方案的过程就是一个创造性的智力活动，而且这种创造性是有科学依据的，并不是凭空想象的。

契约关系

管理咨询事实上是咨询机构或经营顾问与受诊企业之间的契约关系。其中，受诊企业是委托人，咨询机构或经营顾问是受托人。咨询机构受受诊企业之托，为其解决经营管理上的问题，从而拿到报酬，增加双方的利益。

互动过程

管理咨询过程是咨询机构与受诊企业之间的互动过程。咨询机构应受诊企业之托，亲自到受诊企业进行实地调查，获得一手数据，发现、分析并解决问题。同时，受诊企业也要积极主动地为咨询机构提供企业的经营资料，以方便其咨询工作，这也有利于快速有效地解决企业自身的问题。

问题导向

管理咨询是以问题为导向的。咨询者针对受诊企业存在的问题，运用相应的咨询工具，提出咨询方案，并指导实施。

咨询报告

咨询报告和指导实施构成咨询过程的最后两个环节，因此，是十分关键的。咨询报告又分为咨询报告书和咨询报告会两部分。其中，咨询报告书要从咨询概要、现状、存在的问题和改进方案方面进行撰写；而咨询报告会也是咨询工作的总结汇报会，是实施改善方案的动员会。

创造价值

管理咨询的理想结果就是达到咨询公司和受诊企业双赢。咨询公司在给客户提供并指导实施有效的解决方案的同时，也增加了自身的利润，在全行业、全国甚至全世界提高了知名度和美誉度，这些又会在今后为其带来更大的价值。因此说管理咨询可以同时为客户和自身创造价值。

案 例

安达信事件对中国咨询业的启示[3]

一个曾经处于世界五大会计师事务所地位，中国人以为是"神"的世界著名公司土崩瓦解了，即使它能够存在下去，也很少有人愿意对"安达信"这个已经被污染了的品牌投资了。对一个咨询和审计公司来说，最重要的资产是信用、客户和员工。现在的"安达信"——信用没有了，客户走了，员工离开了，公司存在的基础也就没有了。

那么造成安达信这样悲剧的原因是什么呢？中国的咨询公司、市场研究公司、会计公司、律师事务所应如何避免这样的悲剧呢？

（1）信用至上，不应该为了一时利益而做出玷污信用的事情。虽然目前国内的咨询公司、市场研究公司等规模都比较小，还很需要资金，但对于这些公司来说，从一开始就建立良好的信用是非常重要的，只有这样才能逐渐赢得客户的信任，获得可观的收入，然后再聘到更多、素质更高的人才，赢得更多的客户。否则，即使得到了一些好处，也可能由于信用被客户怀疑，而断送了继续高速发展的路。例如，某些市场分析公司出于不可告人的原因而推出了明显不被认可的数据，虽然客户多了一些宣传的资源，公司多了一些收入，但这可能也就断送了客户持续投资的机会，也不会被一些明智的客户选择，而原因就是这些公司的数据太"水"了。

（2）要谨慎进入一些可能危及信用的领域。安达信公司在许多客户处同时开展审计业务和非审计业务，例如环球电讯公司2000年付给安达信的审计费用为230万美元，但同时期环球电讯支付给安达信的非审计业务费用却高达1 200万美元，相当于审计业务的6倍。会计公司既然可以通过非审计服务赚取如此多的钱，那么他们的判断难道不会受到影响吗？这很难避免非审计业务对审计业务信誉的影响。对于小公司尤其是这样。因此，在选择公司发展时应尽量避免进入可能危及公司信用的领域，例如广告、宣传等领域。

（3）信用需要很长时间才能建立，但可能毁于一朝。安达信公司就因为一个安然事件不仅将退出"五大之列"，而且可能从此消失，即使只是品牌相同的公司也受到非常大的影响，可见信誉对这些以经营无形资产为业务的公司是何等的重要。因此，建立信誉必须长期坚持，不能有一丝马虎。

中国的咨询公司、市场研究公司、会计公司、律师事务所规模与安达信相比要小得多，竞争力也弱得多，更需要注意抛弃做一单算一单，能应付就应付，只要能给钱什么都能干等思想，长期培养公司自身的信用、客户和员工，否则将很难面对国际上有多年经验的公司的竞争。

咨询学习

为什么要学习管理咨询这门新兴的课程？应该如何学习？这门课程的教师应该如何教学？

学习导向

企业管理专业现有的学习较多的是分不同的知识领域了解基本知识，熟悉基本技能。而管理咨询作为一门综合性的课程，不是强调引入全新的知识，更多的是强调对现有知识的重新掌握和综合运用。总体来说，学习管理咨询这门课程可以培养以下三方面的能力。

统筹协调

企业管理的专业课知识包括管理学、人力资源管理、营销、财务、运营管理等，每一门管理方面的课程都像是一块稳固坚实的基石。但是人们通常只是运用某一方面的知识解决该领域的问题，还很少把各方面知识加以综合运用。因为事物都是互相联系的，管理学的各个领域的知识也不例外，各门课程之间都有一定的内在联系，所以对于一个管理案例，单单基于某一方面的知识而做出的判断和理解是很不充分的，这就需要把已有的基石砌成台阶，从而站在更高的角度看问题，把问题看得更全面一些。只有把已经学过的各个方面的知识融会贯通、运用自如，形成对一个问题的整体考察、统筹协调的能力，才真正把握了管理学学习的真谛。

学习管理咨询这门课，或者从事管理咨询工作，都为自己提供了一个很好的梳理知识的机会，有机会理论联系实际，综合运用所学到的专业课的知识解决企业中存在的问题，并培养自己整体考察，统筹协调的能力。

除此之外，在做一个项目的过程中，还可以学到很多实用的项目管理经验，例如对一个企业或项目做整体规划和通盘考虑；对各种问题给予轻重缓急的排序（Prioritization）；确定问题的结构，把需要解决的问题限制在一定的范围内，以及全面考虑各种方案带来的潜在风险因素，进行敏感性分析，并采取相应的对策等。

商业洞察

有调查研究显示，大多数成功的高层管理人员在决策时并不遵从经典理论中的理性决策模型，而依靠所谓的"Intuition"（直觉）。不可否认，"直觉"确实是许多高层管理人员成功的因素之一。但是，这里的"直觉"并不是人们想象中的主观臆造的东西或武断的决定，而是基于多年在商场上拼搏而积累的丰富的实战经验。因此，这里的"直觉"，可以理解为商业敏锐性和洞察力，是对动态变化的环境的一种灵敏的嗅觉。管理咨询这门课通过对大量真实案例进行剖析，能够学习到实际商业运作程序；采用另一种方式积累实践经验；在分析问题时，能够由此及彼、由表及里，透过纷乱的表象探究关键问题的实质；评估、预测、把握事态发展的趋势等，进而能够培养商业敏锐性和洞察力。

中国企业中存在的一个普遍现象是，企业家打江山时百折不挠、坚忍刚毅，但后来很多人却生于忧患、死于安乐，企业壮大了、富足了，但警惕心也麻痹了，在自我陶醉和企业的疯狂扩张中走向衰亡，许多企业，特别是家族企业都有"富不过三代"之说。"创业难，守业更难"，其中的一个原因就是管理者的能力提高速度跟不上企业发展的速度，无法在企业扩张的繁荣表象下看到弊病的生长，并及时清除，企业缺乏一套完整的内部监控和诊断程序，管理者缺乏切实有效的诊断分析能力。因此，具有敏锐的商业洞察力，能及时发现、分析解决问题的企业管理者成为中国企业急需的一类人。

知识优化

企业管理专业理想的课程设置搭配应当呈现出合理的金字塔结构：底层是管理学各功能模块的基础理论，了解基础知识，掌握基本理论，培养基本商业技能；中层是专业应用性实务课程；最上层应注重培养概念性、抽象化的能力，注重统筹协调和综合运用，例如战略管理和诊断分析，如图 1.3 所示。

然而，纵观现实的教学体系和课程设置，学校对于学生能力，特别是中层的实务技能和上层概念化能力的培养是有缺陷的。而这两块能力的培养，正是中外商学院教学模式下人才素质差异较大的原因所在。中国的商学院、管理学院教育大多数缺乏实践性，社会化程度低。

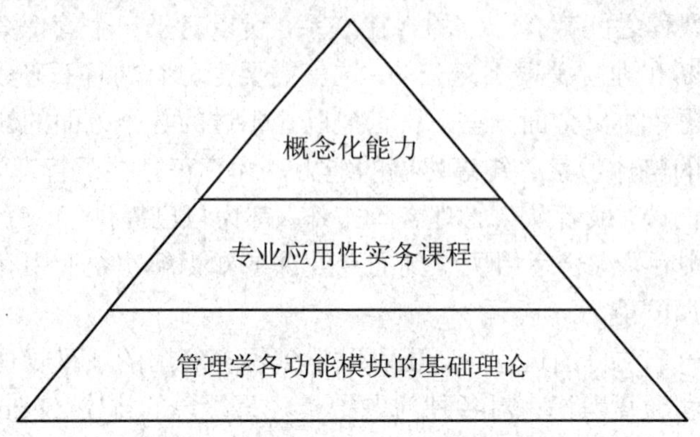

图 1.3 管理学课程金字塔结构

在西方，高等教育正在向产、学、研相结合的方向发展，商学院聘请著名企业家担任客座教授，定期开课组织论坛，都是家常便饭，从而使得校企联系得以增强，学生社会化程度得以提高。其中，反映了这样一种教学模式：在知识传递的基础上，鼓励学生对知识进行迁移和转化、检验和修正，进而进行创新，从而使得学校不再只是知识传递的地方，还是知识在广度和深度上的更新和积淀之处。

在管理学院这个对实践性和操作性要求较高的地方，"管理咨询"确实是稀缺的教学资源，是知识与能力、理论与实践的桥梁和概念迁移、知识转化的触媒。

学习方法

既然管理咨询这门课能促进个人能力的全面提升，使专业知识科学搭配，同时也是社会发展的必然趋势，那么如何学习"管理咨询"这门新课呢？应该把握三个导向：解决问题、能力导向；未雨绸缪、方法导向；统筹运用、融会贯通。

解决问题

管理咨询就是应客户企业的要求，到企业进行实地调查，收集第一手资料，然后运用科学的分析方法找到企业存在的问题，加以分析并提出解决方案，最后通过询问——反馈过程，帮助企业实施方案，提高企业的经营管理水平。可见，整个咨询过程是一个系统工程，需要严密的逻辑思维，发现、分析并解决问题。这样，提出的解决问题的方案才会有针对性，可行性程度才高。

管理咨询课程学习的原则应该是：不强调知识的堆积，而强调知识的灵活运用；不强调大量全新概念的引进，而强调对已学概念和理论的重新审视和正确掌握。

学好这门课应注重阅读的广度和深度，既有学术理论的阅读，也要有对商界动态的关注。对于学术理论，应当带着批判的眼光，结合现实情况和时代的发展，来审视和检验，不要盲目跟从，要有自己的思想，取其精华，弃其糟粕。对于现实动态，注重运用所学的理论知识，发现问题，并对问题进行深入挖掘，抓住问题的实质，提高解决问题的能力。

另外，还可以通过倾听咨询业人士现身说法，了解企业诊断和变革方面的真实案例，包括当时背景、分析过程、采取的措施和后续效果，来加强对管理咨询的理解，增加实务性知识的积累。

掌握方法

管理咨询课程学习要“未雨绸缪、方法导向”。所谓“未雨绸缪”，可以从以下两个角度来理解。

第一，管理咨询这门课程培养了未雨绸缪的思维方式。管理咨询强调的是事前管理，也就是说，在企业的问题还没有暴露时，企业就要有前瞻性眼光，对企业的现状进行诊断，这类似于“定期体检”，以便及时发现问题、解决问题。这样，有利于在企业潜在的问题还没给企业造成巨大损失之前就把这个“地雷”除掉。

第二，在校生学习管理咨询这门课，可以为以后走上工作岗位解决现实问题打下坚实的基础。从专业角度而言，这门课程可以帮助学生培养结合知识解决问题的能力。通过对管理咨询的了解和学习，通过对企业诊断的案例分析，以及通过针对特定企业的模拟实践，都可以培养学生的解决问题的能力。这也很好地弥补了原来专业设置的缺陷。因为企业管理专业应该培养出的是能在实践中运用所学的专业知识为企业带来价值和排除危难的人才。然而，由于教学条件的限制，无法提供相关的实践机会，使得学生对于所学的应用仅仅限于纸上谈兵，使得“知识”无法称为“专业”。因此，这门课程可以将实际和理论很好地结合，培养学生在实践中解决问题的能力，使学生具备解决问题的“工具箱”。今后，他们踏入社会，走上工作岗位后，就能利用自己积累的丰富的实务性知识解决现实中存在的问题。

融会贯通

已经掌握了运营、财务、人力资源、市场营销等管理学各个领域的基本理论，现在需要能够综合运用所学的理论知识解决实际问题，管理咨询就提供了一个很好的机会。做一个咨询项目，需要根据所搜集的资料，深入分析企业存在的问题，这需要能够对所学的知识统筹运用、融会贯通，然后才能提出切实可行的方案。因此，进行管理咨询是培养通才，全面提升个人能力的一种很好的方法。

综上所述，管理咨询是一门集众多管理领域知识为一体的、实践应用性较强的综合课程，不仅能够进一步巩固理论基础和建立理论框架，还可以培养结合知识解决实际问题的能力；在进一步了解咨询业的同时，使综合能力得以提升，更能成为社会上所需要的人才，不仅可以学以致用，更可以善以其用。

学习设计

管理咨询的教学可以采取课外阅读、课堂讨论、咨询报告和嘉宾讲座等教学与学习形式。

课外阅读

由教师指定教材与参考书目，让学生阅读。教材与参考书目上已有知识内容不再花时间在课堂讲授。

本书提供相当分量并具有较高品质的延伸阅读著作，进行了适度的内容介绍，请学员在课外仔细阅读，提升认知与能力。

小组分享

小组分享，是指在小组范围内进行知识分享和思考讨论。有时，老师规定的必读书目和选读书目阅读量十分大，同学们未必有足够的时间看完，因此，可以把整个班级的学生分成若干个讨论小组，为了保证阅读和讨论效果，每组成员不要超过4个人。在小组范围内，学生们可以每个人看其中的几本，然后再利用课余时间共同分享，交换读书心得，可以就其中的较好部分或较有争议的部分进行思考讨论。这样，不但可以培养团队学习的能力，还可以高效率地阅读书籍，通过头脑风暴的方法来获得知识。

课堂讨论

以课堂讨论为主的教学可以更好地培养学生分析问题和解决问题的能力，老师可以事先预告下堂课的讨论题目，由个人在课外准备相应的资料，在下堂课中每个人各抒己见，发表各自的见解。这样不仅可以培养同学们的自学能力，带动全班同学参与讨论，而且在资料准备充分的情况下，同学们的思考和见解会更成熟。最后，则由老师来总结讨论结果和发表自己的见解，让同学们和老师的思想碰出新的“火花”。课堂讨论往往是学术研究闪光点的发源地。

咨询报告

可以通过模拟实践，为某一个企业进行一次模拟性质的管理咨询服务，并撰写咨询报告。这样的情景模拟可以使学生得到全方位的锻炼，一方面通过到企业争取研究项目，增强了人际沟通能力；另一方面，通过该咨询项目，能够更好地在实践中综合运用所学的理论知识解决实际问题，提高问题解决方案的应用性和可行性。

通过撰写咨询报告，还可以使学生对整个咨询过程有更加深刻的印象，既使他们今后从事咨询工作更加得心应手，又使他们学会了如何撰写标准的咨询报告。

嘉宾讲座

在条件允许的情况下，可以举办嘉宾讲座，即请来资深的咨询师来讲述其从业的实践经验和心得。由从事实际工作的咨询师，特别是那些著名的、经验丰富的咨询师讲述的“咨询故事”给人留下的印象是最深刻的。同时，这些实战经验是书本中学不到的，因此，嘉宾讲座是一种很宝贵的学习资源。

当然，请嘉宾做讲座是否能达到预期的效果，很大程度上取决于向嘉宾提出的问题的质量。下面这个专栏就介绍了如何提出高质量的问题。

嘉宾讲座的问题提示

企业管理咨询是如何按程序进行的？

在中国的国外咨询公司与本土咨询公司的管理咨询有何不同？

如何与客户谈定咨询项目？

在管理咨询过程中，如何与客户进行有效沟通？

如何提升咨询方案的质量和有效性？

如何提高客户咨询满意度？

管理咨询实践中，如何运用所学的专业知识和专业方法？

您所在的咨询公司如何对咨询师及其咨询项目进行管理？与其他公司比较，有何特色？

您所在的咨询公司如何对咨询师（专职与兼职）进行报酬与激励管理？与其他公司比较，有何特色？

请用一个咨询案例展示咨询工作的过程、结果、沟通与绩效。

管理咨询公司的并购决策与运作情况，及其整合后的效果怎样？

本章概要

管理咨询是由具有丰富经营理论知识和实践经验的专家，与企业有关人员密切配合，到企业进行实地调查研究，应用科学的方法找出企业经营战略和经营管理上存在的问题，分析产生问题的原因，提出并指导实施改进方案。

管理咨询从不同的角度可以进行不同的分类：根据咨询范围，可分为全局性咨询和单元性咨询；根据咨询人员，可分为企业内部人员咨询和企业外部人员咨询；按照咨询性质，可分为企业管理咨询和企业经营咨询；从咨询应用的角度，可分为经营战略咨询、组织结构咨询和制度体系咨询等；按照咨询系统，可分为基础咨询、功能咨询和产业咨询。

管理咨询具有中立性、局外性、综合评价性、建议性和指导性，并且咨询人员在进行管理咨询的过程中，要严格遵守行业道德规范，把握管理咨询的关键点。

思考练习

1. 管理诊断与医学诊断的联系与区别何在？
2. 咨询师在进行咨询的过程中，应该遵循哪些原则？
3. 不是所有的问题都值得进行管理。什么样的“问题”应该被纳入“管理”的范畴？或者说，“问题”需要“管理”的临界条件是什么？
4. “管理咨询”或“企业诊断与分析”为什么是管理者的必修课？
5. 善于管理运营者不一定善于管理诊断，为什么？
6. 为什么企业的内部人员经常难以准确把握企业的管理问题？
7. 中国的企业管理咨询行业规则建构如何？

8．为什么要保持管理咨询的中立性？如何保持管理咨询的中立性？

9．除了企业组织以外，为什么其他组织类型（如政府组织、公益组织、教育机构、医院等）也需要进行管理咨询？

10．管理咨询存在与发展的必要性何在？

延伸阅读

《咨询的奥秘 I——成功提出和获得建议的指南》（[美]杰拉尔德·温伯格．李彤，关山松，译．北京：清华大学出版社，2004）：本书精辟地归纳出了各种规则、定律和原理，其中包括如何在竞争激烈的咨询市场中脱颖而出、如何为咨询服务定价和拓展市场、如何衡量咨询服务的有效性，以及如何处理咨询人员与客户的关系。

《咨询的奥秘 II——咨询师的百宝箱》（[美]杰拉尔德·温伯格．李彤，关山松，译．北京：清华大学出版社，2005）：本书给出了作为咨询人员应该具有的更多的专业和个人素质，结合实例的简单精辟的说理，列举了咨询人员应该注重培养的能力、方法和生活态度。

《管理咨询专业指南（第4版）》（[美]米兰·库布尔．中国国际工程咨询公司，译．北京：学苑出版社，2006）：本书描述了应用于各类管理和商务、组织和环境咨询的方式和方法，所涵盖的咨询方法、技巧、方式和风格极为广泛。

《管理咨询的神话：告诉你一个真正的管理咨询业》（[美]马修·斯图尔德．任文科，译．北京：中国人民大学出版社，2009）：纯理论哲学已经深陷于故弄玄虚和理想主义的沙漠中，不能自拔。管理咨询象征着重回物质世界，而哲学必须从物质世界获取灵感。

《管理咨询行业指南：成功跻身咨询业（第2版）》（[美]苏格塔·比斯沃斯，达瑞尔·敦切尔．张丽姝，译．北京：人民邮电出版书，2003）：本书提供了有关咨询业基本情况的大量信息与资料，还对读者如何应对案例面试进行了悉心指导，帮助读者在面试中胜出并成功进入咨询业。

《在中国，做咨询——正略钧策管理咨询的实践》（丛寰官，刘海梅，张锦娴．北京：人民邮电出版社，2009）：本书是正略钧策咨询实践的案例集，全书共收录八个案例，涉及食品、家电、石油、房地产、金融等行业，咨询范围包括业务战略、人力资源变革、全面管理、生产管理、供应链优化、制度体系诊断以及优化等。

《破解咨询的40个困惑》（[美]艾伦·维斯．黄瑞蓉，杨如冰，译．北京：人民邮电出版社，2007）：本书详细论述了咨询顾问在职业生涯中会遇到的各种挑战、困难和机遇，指出咨询顾问不仅需要具备全面纯熟的专业技能，还要有强烈的营销推广自己的服务和建立品牌的意识。

《咨询业基础和超越》（[美]伊莱恩·比斯．孙韵，译．北京：机械工业出版社，2003）：本书主要介绍了咨询业概况、如何开办自己的咨询公司、如何宣传公司、如何鼓励员工、如何进行成本控制、如何加强与客户的联系。

《企业咨询：咨询业如何运转及如何使之运转的指南》（[英]吉尔伯特·托平，菲奥娜·切尔尼亚夫斯卡．付彦，等，译．大连：东北财经大学出版社，2008）：本书考察了组织为什么要使用咨询顾问，咨询公司是如何竞争的，以及咨询顾问是做什么的；同时分析了组织需要做些什么才能从它们所使用的咨询顾问身上获得最大的效用，以及咨询公司需要做些什么才能为客户实现最好的结果。

《咨询的艺术》（[美]杰斯沃德·W.萨拉科斯．方海萍，等，译．北京：电子工业出版社，2003）：本书建议：在一定的原则指导下，顾问和客户都会在交流中取得更好的成果。本书的目的就是总结这些原则，并对它们在实际中的运用进行分析。

参考文献

1．毛留根．企业如人体，结构可比拟[J]．HR 经理人，2009（7）：16-19．
2．杨海洪，张瑜．管理咨询的工具与方法[J]．科技信息，2008（17）：147-148．
3．丁峙．安达信给我们的启示[J]．云南财政与会计，2002（3）：7-9．

第 2 章

咨询定位

客户企业为咨询项目花钱，买的是思想和方法，而不仅仅是答案。

- 提升对咨询价值的认识；
- 思考管理咨询的切入点；
- 深化对咨询定位的认识。

有效实施管理咨询，首先需要进行合理、明确的定位：

（1）管理问题。帮助企业找出或判断管理上的主要问题，找出主要原因，提出切实可行的改进方案；

（2）管理方法。指导企业实施改进方案，并通过培训，强化企业自身解决问题与良性循环的能力；

（3）管理境界。通过咨询活动，传授经营管理理论和科学方法，从根本上提高企业管理境界。

管理问题

管理咨询可使企业知己知彼，针对存在问题及时调整经营战略和采取对策措施。因而管理咨询是一项关系企业生存和发展的重要活动。特别是对处于改革深化、市场经济体制不断健全的中国企业，更有其特殊的重要意义。

有限参与

咨询顾问对企业管理问题的诊治，要遵循有限参与的基本原则，体现在对重点问题的识别

（起点）、与客户保持距离（过程）及对效益的合理期望（结果）三个方面。

重点问题

一般地讲，企业存在的问题难以分清轻重缓急。咨询公司及顾问要根据经营目标与现状对比，进行企业经营诊断，找出存在问题，以便采取措施，对症下药，并最终解决这些问题。

在国际上，跨国公司聘用咨询公司时，他们非常明确咨询公司的地位和在项目中的作用，即企业借助咨询公司既得的方法论，通过对市场和竞争对手的评估来确定企业所经营的产品是否有吸引力；或者是咨询公司帮助企业发现市场中新的机会，并对企业自身所具有的能力进行评估，以评定该企业是否具备发展这种产品或服务的能力，在此基础上帮助企业通过收益、成本和风险分析，选择出各种方案供客户做决策。

很多第一次寻求咨询公司帮助的企业，往往都对咨询公司抱有一种非常美好的憧憬。认为咨询顾问都具有很高的学历，同时也具有丰富的项目经验，看过很多不同的企业，非常希望把顾问所有的经验都带到自身的企业中来。因此在确定项目的范围和目标时，往往希望大而全，希望通过一个项目把困惑企业多年的所有问题都能找到答案。

但是咨询顾问的确很难肩负这样的任务和角色。世界上没有任何一个企业是完美的，任何一个企业都会有这样或那样的问题，只不过是问题表现的程度不同而已。这些问题的产生源于企业不断变化的外部环境、内部的人员、文化等诸多原因。让顾问通过一个项目在短期内提出解决方案实在是勉为其难。

保持距离

如果要全面理解咨询顾问在企业中的价值和作用，必须清楚顾问在企业内部开展工作的指导原则，即“咨询顾问应该与客户保持距离”。这个工作指导原则最早是由麦肯锡公司的创始人麦肯锡提出的。麦肯锡先生在创建了自己的咨询公司后，还亲自参与了芝加哥一家百货公司的日常经营和管理，然而由于他本人的经营失误和与他人的经营理念不和，他也并没有扭转这家百货公司经营局面。麦肯锡本人也因此而劳累成疾，与世长辞。他在临终前谆谆教导他的顾问队伍：永远不要插手客户的内部事务。这句话被咨询公司当成基本的生存之道，也是众多咨询顾问恪守的职业信条。

这种基本的职业准则给咨询行业带来的好处是显而易见的。首先，顾问把方案实施和决策的风险留给了企业。不管咨询方案如何，最终的实施程度、实施时机和实施内容都是由企业来把握的，这样不论实施的效果如何，咨询公司都可以从企业全身而退；此外，顾问可以把精力更多地投诸于单纯的管理研究和分析之中，把方案制订得更加严谨和科学，而不用考虑内部纷杂的不同意见；最后，这种实施准则确保了顾问不会在企业内部陷得太深，确保咨询项目按期结束和完成。实践证明，这种原则对于咨询公司了解不同的企业和行业，迅速积累咨询经验而言是非常重要的。

如果说管理既是艺术也是科学的话，那么基于这种有限参与职业原则，顾问往往更加从一个科学的、项目的角度来看待需要解决的问题，而企业则往往更是从艺术的、运营和发展的角度来看待管理问题。企业关心的是怎样能把问题顺利解决，这里面可能需要更多的时间、更好的耐心、更佳的实施时机等；而咨询顾问则更为关心的是方案在逻辑上是否严谨，方案的假设是否正确，项目能否按期完成，是否符合项目目标。如果双方能彼此相互理解、彼此分析和处理问题的环境，那么项目可能就会很顺利，双方可能是一个皆大欢喜的美好结局。但是如果企业对顾问处理问题的角度和恪守的职业准则没有充分的理解的话，那么可能就会发生企业虽然对咨询方案很满意，但是最终的结果是随着顾问的离开，方案也逐渐被束之高阁的现象。

合理期望

咨询公司如何引导客户对咨询有更加现实的认识也是非常重要的。很多企业在寻求管理咨询公司的帮助时，往往都抱着很高的期望。但是随着咨询项目深入开展，企业往往发现咨询的作用并非如想象中的那样大，也因此产生了失落。这种问题就在于企业没有充分理解咨询顾问开展工作的原则。因此企业在与咨询公司合作时必须明确什么是咨询顾问做不了的，什么是咨询顾问可以做的。

之所以存在企业对咨询结果不满的情况，很大程度上是在此之前对于咨询的期望值过高，咨询公司没有尽力将客户期望维持在适当的水平上。

在合作双方都比较满意的咨询项目中，根据客户状况带给客户正确的期望值是咨询成功的关键。

中国最大的 PC 生产厂商联想集团曾经请麦肯锡等多家知名咨询公司为联想进行咨询。联想总裁柳传志的观点是：请麦肯锡进行咨询，咨询结果是否采纳由联想说了算。

招商局集团是驻香港地区的国有大型企业集团，一个 130 年的长寿企业。招商局在与麦肯锡的合作中认为，咨询的效益首先体现在麦肯锡提供了更科学的分析方法、更开阔的国际视野和更全面的统计数据，使招商局能够以国际标准来审视其在各个产业中的位置，从中真正看到了差距，进而能冷静客观地制定现实可行的阶段目标。其次，在于麦肯锡帮助企业理清了思路。其实很多结论原先企业并非没有，但不清晰，经与麦肯锡的专家进行沟通，由专家帮助企业总结归纳出来，使之清晰明确。招商局非常明确麦肯锡的工作任务。招商局集团总裁傅育宁说：我要强调的是，我们让它作战略诊断，但并没有让它给我们做战略规划。就是在现状下，招商局该选择什么方向。具体包括：诊断——告诉我招商局现有的问题是什么，招商局的每一项业务在国际市场上处于什么位置，前景如何；药方——告诉我该发展哪些业务比较好。至于怎么发展，什么阶段发展到什么程度，也就是战略规划，不用它做，这是我们自己要做的。

曾邀请麦肯锡为企业做过咨询并取得良好效果的乐百氏营销总经理杨杰强主张，应该以一颗平常心去看待咨询业，给它一个准确的功能定位，理性地看待它所能带来的价值，千万不能寄希望于由它来完成你的伟业。咨询公司与广告公司、调研公司一样，只是企业所需要的工具，也许可以比作瞄准器、雷达、助推器或是导航系统，它是不能代替企业去作出选择、做出决策的，企业有永远的自主权。

由此可见，成功的管理咨询一定要建立在客户对咨询的作用和定位非常准确的基础上。咨询业务个性化的服务也正是体现在咨询公司针对每个客户的状况，给予其明确的和独特的期望值，让企业管理者充分认识到该项咨询业务对于本企业的作用所在。

辅助决策

管理的本质在于决策。决策是一种判断，是以“选择”、“决定”、“判断”为本质特点的。

由于决策必须建立在方案设计的基础上，或者还必须有细化方案以便决策得以操作执行，这样决策也就包含了以动脑筋“设计”为主要特征的“策划”。由此，管理咨询就成为公司决策的重要辅助。

在理性分析之后，到底走哪条路还是由企业自己决定，决策即具体的操作是咨询公司所无法替代的事。如果把问题的决策权力托付给咨询顾问，那么如果决策失误或者决策执行不力，咨询公司未来在品牌方面都会面临严重的冲击；而如果决策是正确的，并且取得了好的执行效果的话，咨询公司也不会从中得到额外的收益。

方案策划

现代决策讲究科学决策，即不再依靠个人经验进行“拍板”，而是群策群力，借助科学手段与方法进行决策。因此，也就不仅仅是“拍板”，而且包括“拍板”前一系列的策划过程。方案的策划构成了整个决策最主要的内容。

以一个班级的学生为例，他们使用来自同一个老师的教材，接收相同的指示，但是学生最后学到的东西不会一样。关键就在于学生取得信息后，通过脑袋的思考、整合的过程不同，也就是处理信息的方式不一样。套用在企业里，你怎么分析信息，最后就会决定你的做法。因此，能够发展不同“策略”的企业，最后就会胜出。对于多数企业来说，只“比别人做得更好”并不是正确的路，玩不同的游戏才是重点。

多元策略

策略从来不是唯一的。相同产业的主管常有相同的疑问：他们的供货商都相同、组织架构也类似、从相同的信息提供者取得信息、聘请同样的顾问，如何能够发展出不同的“策略”？

20 世纪 70 年代，瑞士帅奇表（Swatch）以技术名闻遐迩。当日本精工表（Seiko）以低价、先进科技等特色来势汹汹，大家都以为这次帅奇表将万劫不复。可是，帅奇表并没有被打倒，它发展出新的竞争优势——样式与设计，和别人玩不一样的游戏。

整合分歧

尽管企业和咨询公司都不愿意承认，但是不可否认的是很多咨询项目在某种程度上都涉及了处理企业的内部纷争。公司政治是任何一个企业都存在的问题，只是这种问题表现的程度不同而已。由于管理咨询项目往往涉及企业的战略、组织架构、绩效、流程、IT 等很多方面，因此难免会涉及企业内部的不同利益、不同想法。很多企业也想通过聘请管理咨询顾问来协调解决企业内部的决策分歧，但是这种项目很大程度上都会给咨询公司和企业带来一定的风险。

对于企业而言，即使通过咨询公司的协调和内部工作，形成了某种折中方案，但是到了方案的落实和实施过程中，如果没有强有力的执行和推动，这些方案可能也仅仅是一纸空文。对于咨询公司而言，遇到这种情况，就面临着如何抉择的问题，也就是站在哪个队。麦肯锡的团队明确提出：只为企业的最高负责人服务，提供管理建议，实际上这就是最大限度来规避这种风险。很多情况下，企业对问题可能有两种想法，即 A 和 B，尽管顾问认为合理的方案可能是 A，但是为了促使项目结束和统一内部分歧，顾问最后推出的方案很有可能是企业董事长赞成的 B 方案。因为顾问看待这个不可能仅仅从管理角度来分析，而更要考虑如何确保项目的收益。

推动实施

如果仅仅把咨询简单地理解为参谋或提供建议这个角色就过于片面了，咨询对于企业的作用价值是和咨询顾问开展工作的原则密不可分的[1]。在管理咨询的项目中，咨询公司往往强调和企业共同组建项目团队，共同来完成咨询方案。这样做的目的也是确保在未来项目方案的实施和落实过程中，企业方面可以将方案落实并加以推动。

咨询公司应针对中国企业状况调整咨询业务的重心，有一些企业已经具备了消化吸收咨询方案的能力，但大多数企业面对咨询报告只是感觉说的都对，但是无法付诸实施。咨询公司应将更多的注意力集中在咨询业务之后的辅助实施方面。

可操作性

管理咨询是策划不是建议，它比建议更完备具体、更具有可操作性。

建议一般是决策层之外的人士向决策者提出建设性的意见，起一种对决策思维施加影响的作用。因此，建议只要求新颖、有针对性、有一定的可行性即可，而不必很具体、很周密、富有可操作性。但是，建议是策划中“策”的部分，是其中创造思维的结晶。

策划最早可见于《后汉书》，意思为计划、打算。策划就是人们事先的筹谋、计划、设计的社会活动过程，即在综合运用各方面信息的基础上，思维主体（包括个体思维或群体思维）运用自身的知识和能力，遵循一定的程序并利用现代的科学方法手段，为了特定目标的实现而事先进行系统、全面的思考、运筹，从而制订和选择具有合理性、现实可行性的能够达到最佳成效的实施方案，并根据目标的要求和环境的改变对方案进行调整的一种创造性、思维性的活动。

更关键的是，策略咨询是否成功，还要看企业是怎么接受、消化和利用这些咨询成果的。所以，在中国，在企业管理变革执行能力普遍较弱的状况下，咨询业务的内容不仅应该包括策略方案，还应该扩展至方案的辅助实施过程。

以和光集团 1997 年开始接受的咨询为例，埃森哲的咨询内容包括财务、预算、物流、ERP、策略和组织等几个部分。其中，前四个部分由于有咨询顾问的跟进监督实施，都取得了较高的认可。但在咨询费用最高的策略和组织阶段，在和光集团引起的争议最大。

作为一套完整的咨询方案，除了提交策略报告之外，还应该能够具备实施的能力。在策略实施过程中，能够全面启动、同步实施固然最好，但往往由于方案牵涉面太广、难以准备充分等原因而出现各种衔接方面的困难，如果因此造成某些方面未能达到预期效果而影响员工和管理人员的信心，那么方案的有效性将大打折扣，甚至会导致方案实施的失败，如实达的咨询案例。

方案实施的可行策略：一是先选择较容易的部分来执行；二是选择对方案有强烈认同感的部门先实施；三是集中力量抓住核心环节。第一种和第二种策略的优点在于通过方案容易部分的顺利实施或在某部门的顺利实施使各级员工建立起对方案的信心，并由此建立下级对上级的信心，这将有助于树立起领导的权威，通过这种方式可以积累进行不断变革的能量。第三种方式的目的是通过抓住核心环节来带动相关环节，集中有限的力量使企业迅速迈上一个新的台阶；或者企业可以仅仅考虑核心环节，其他环节的实施可以暂时不考虑，这一点在现实中也是完全可行的。因为虽然理想的目标是尽善尽美，但现实中往往因为管理人员精力不够或关注点不能太多，或者企业资源条件有限而导致总有这样或那样的遗憾，尽管如此，只要企业总的趋势是向着目标状态发展，并有不断产生足够变革能量的机制，那么有缺陷的现状也是可以接受的。

华为请 IBM 的咨询公司进行的咨询之所以取得较好的结果，就可以说明这一点。1999年华为花费 4 000 万元请 IBM 的咨询公司对其进行集成产品开发（IPD）咨询，整体项目分为三个阶段：第一阶段称为“关注阶段”，即对华为的产品开发过程进行观察并提出问题，时间近一年；第二阶段称为“发明阶段”，即制定对策和流程，费时近半年；第三阶段称为“实践阶段”，又划分为多个阶段，花费 10 个月左右的时间。第一阶段，选择 3 个产品开发团队实施咨询方案，在取得了一定的效果后，进入第二个小阶段，即在 30%的项目中实施。实施的第三阶段：到 2002 年 70%的项目达到规划要求，该项目目前进展顺利。很多当时持怀疑态度的中层管理人员和产品开发人员对此项目的态度和信心已发生了较大转变。

实施难题

首先，咨询方案的落实是需要很长一个阶段的，但是在这个阶段中，顾问往往不会一直参与。其次，顾问由于其外部身份，往往难以被赋予相应的职责和权力，难以有效处理在方案推动过程中遇到的各种阻力。最后，一个项目仅仅历时数月，顾问往往难以理解企业的文化和内部的人员关系，在方案的推动过程中也容易陷入被动。

承担风险

人面临选择时往往是最为困惑的，特别是这种选择所带来的不确定性很大时，往往希望能够找到指引未来的方向，因此就会求助于他人，听听别人的意见，这样也就有了宗教和占卜。企业在抉择过程中发挥决策和主导作用的同样是人。这种抉择是始终伴随着企业的发展过程的，但是如果想通过寻求咨询公司的帮助来科学地预测未来、规避经验和决策的风险是不可能的。咨询顾问在决策中只能起到协助企业进行逻辑和数据分析、尽量降低风险的作用。

咨询顾问不同于企业的管理者和经营者。企业的经营和管理者不但承担着企业管理和经营的风险，同时也从企业的管理和经营中受益；企业的领导者更应该是一个能够从大局思考的人，善于把握机会的人。而作为顾问而言，更多的是对具体问题的解决负责，顾问擅长的是就具体的问题开展理性的逻辑分析，不带有感情地提供决策意见。

专栏

咨询提升公司业绩

新华信企业顾问公司 2002 年出炉的《管理咨询与中国上市公司效用分析》指出：管理咨询对于上市公司的业绩改善具有显著效果。这份历时半年的研究报告在业内首次采用数据统计分析的方法来测算管理咨询给企业带来的收益。

这项研究从上市公司中抽取具有代表性的 641 个样本。其中 240 个样本在 1999—2001 年间做过至少一次咨询，被归入咨询组，而 401 个样本三年间没有做过任何的管理咨询项目，被归入参照组。每个样本都被提取了三个财务指标：总资产收益率、净资产收益率和主营业务收益率。每个指标在所属行业里排在前 1/3 的，列入为高竞争力企业；而指标排在后 1/3 的，则列入低竞争力企业。

新华信企业顾问公司采用有参照的全局动态分析法，在财务指标、不同企业群间、企业群自身时间先后方面都有比较全面的分析，只有三个财务指标呈现出一致趋势，并且这种趋势比较显著时才给予确认，否则都认为没有明显趋势，以此来确保得出的结论具有可信度。

以总资产收益率为例，研究表明，1999—2001年，咨询组低竞争力企业的比例从30.8%下降为21.3%，下降9个百分点；而同期高竞争力企业从33.8%上升为36.7%，上升3个百分点。而在同一时期，参照组里低竞争力企业的比例从1999年的33.9%上升到38.9%，上升了5个百分点；而高竞争力的企业从1999年的32.2%下降到30.4%，下跌2个百分点。

新华信企业顾问公司在研究中还发现，效益偏低的企业对管理咨询的敏感性要远远超过效益较好的企业。1999—2001年做过管理咨询的企业里，有9%的企业摆脱了行业后1/3的帽子，而3%的企业跃居了行业前1/3。同时，三年里未做管理咨询的企业，其中6%滑入了行业后1/3，而2%的企业从前1/3里面跌落出来。

新华信企业顾问公司对此的解释是，上市公司一般都具有一定规模和管理基础，那些处于行业下游的企业，很可能是在公司运作的某个方面出了问题，即这时公司面临的挑战主要来自内部，管理咨询公司帮助解决了这些内部问题，就能使其摆脱原有困境，获得快速发展；而一家公司要从原来处于行业中下游的水平进入到行业前列就不会那么容易，因为这时企业面临的挑战不再只来自企业内部，更多是来自同行业的优秀企业，而这些企业本身处于行业领先地位，他们肯定有自己独特的竞争力，因此管理咨询把中下游企业塑造成上游企业的难度相应就显得更大。

管理方法

作为管理咨询顾问，最值得去做的工作是教育——教会客户及其下属人员自己能更好地进行管理。所以，管理咨询不光是送给企业一条“鱼”（方案），更重要的是教会企业“钓鱼”（管理）的方法。这样，当企业再遇到类似问题时，就可以运用这些方法分析企业问题的症结，进而提出可操作性强的方案解决问题。一旦管理咨询公司成功地教会了企业“钓鱼”的方法，企业就会不断地对其管理体系进行审视、优化和创新，提升管理水平。高层次的管理境界也是企业增强核心能力和竞争优势的强大后盾。

那么管理咨询可以帮助企业做什么呢[1]？

问题分析

就像世界上出现锁以后就必然有与之相应的钥匙一样，问题与方法也是共存的。而如何找到最合适、最高效的工作方法，是每一个管理者需要认真对待的问题。必须让企业明确自己需要的除了咨询方案，还需要咨询公司带给它决策的方法和能力——特别是那些不具备这些能力的企业。

管理咨询最重要的作用是可以帮助企业对关键的管理问题进行全面的梳理和分析。

调查比较

咨询顾问在分析企业的管理问题时，会进行大量的调研和访谈，同时也会对比其他企业的做法和经验，全面地分析和梳理企业的关键管理问题，并对问题产生的原因进行分析和论证。对这些问题的论证将有助于企业的高层管理人员对企业的现状和问题有更全面的、清醒的认识，也能知道企业自身与其他先进企业之间的差距。

外部介入

管理咨询顾问在开展咨询项目时往往会提出自己的观点和建议。这种外部的、客观的观点对于企业高层管理人员是非常重要的。特别是当企业的高层管理人员对当前的管理问题感到困惑，无从下手时；或者对于这些管理问题只是有一个隐约的想法，不知道从何处着手加以解决时，顾问提出的方案往往观点更加鲜明，方案更加严谨而具体。企业的高层管理人员可以从中吸取合理的观点，并对方案提出完善的意见。

此外，通过顾问在企业内部的广泛沟通，企业的高层管理人员也可以全面了解内部的不同意见，并通过顾问的沟通来尽可能地达成共识，为方案的最终落实和执行奠定基础。

主动思考

管理咨询不仅在于解决企业现实存在的重要管理问题，更在于通过管理咨询的实践培育企业管理者去主动发现问题、认识问题并有效地解决问题的方法。詹姆斯·C.柯斯林在其所著的《基业长青——企业永续经营的准则》这本书中指出，能力卓越、高瞻远瞩的公司的领导人往往是造钟者而不是报时者。也就是说，企业的领导人要在企业内部努力建立起一种体制、一种方法，使企业中所有的人都按照这种体制、方法行事，这样企业就能够平稳有序地运营。即使现在的企业领导人离开了企业，该企业还是会继续遵循既有的体制和方法运作。如果企业高层领导事事亲历亲为，那么整个企业会对高层领导形成很强的依赖性，虽然现在企业可能发展得很好，一旦高层领导者离开了企业，企业就会偏离发展轨道，最终走向衰败。因此，"造钟"比"报时"更重要，学会解决问题的方法比解决问题更重要。

理论工具

由于咨询顾问往往通过项目方式来解决企业的具体管理问题，而要在既定的时间内完成对这些复杂管理问题的分析，并提出解决方案，顾问必须具备一些实用有效的管理工具和分析方法。这些工具和方法，大到对企业战略问题的分析工具，小到如何组织好一次小的讨论会，如 2-8 原则、头脑风暴法、七步成诗法等。通过这些方法，可以帮助顾问迅速界定问题、分析问题，并提出问题的解决方案。

对于已经融入全球化市场体系的中国企业，创新还是实现从全球市场加工者转型为全球市场经营者的关键战略选择。创新既是一种战略选择，同时也是一个管理过程，创新的管理依赖于相应的制度、流程和工具。对于大多数的中国企业目前的管理现状，亟需在以下三个领域利用不同的工具加强管理创新[2]。

市场信息

第一类工具与市场信息相关。很多中国企业仍然停留在产品导向的阶段，而管理创新的核心和出发点是需求管理的创新，目的是不断更好地满足客户的（新）需求。贝尔实验室开发自动交换机源于调查显示如果仍然使用人工交换台，全美国的妇女都必须从事话务员的工作，强大的需求促进了新产品和技术的开发。因此，需求管理的创新首先要求企业深入了解市场需求及其发展方向以及需求的满足程度。一般的企业可以通过市场调研和标杆分析（Benchmarking）这两个工具来促进对需求的把握。市场调研的作用已经为大多数企业所认同，而很多企业对标杆研究的利用还仅仅停留在"知其然"的层面。标杆研究对需求管理创新的意义主要表现在两个方面：一是结合市场调研的需求数据和信息利用标杆研究进行需求满足差异度分析，为需求管理的创新打下基础；二是利用系统性的标杆分析挖掘先进企业对未来需求发展动向的研判以及先进的需求管理和创新的机制。而这两点就要求标杆分析要做到"知其然且知其所以然"。

知识管理

第二类工具与知识管理相关。系统性的管理创新源自系统性的知识管理。很多企业都抱怨在以前的经营过程中积累了很多好的经验或技能，但是却不能实现超越，这首先是因为企业缺乏知识审计（Knowledge Auditing）。创新是一个动态的管理过程，因此是一个不断对前期创新结果的发展或扬弃的过程，这就要求企业通过知识审计对现有知识进行评估以进行有效的知识管理并促进新知识（创新）的产生。一般来说，知识审计包含了知识需求分析、知识库存分析、知识流分析以及知识映射分析等模块，通过问卷调查、焦点小组等手段进行。需要指出的是，除了进行知识审计之外，知识管理还必须充分地发挥各级员工的作用并有充分的"容错"机制。前者如丰田公司的"创造性思考制度"；后者如3M开放和宽松的创新环境和文化。

协同网络

第三类工具与协同网络有关，也是绝大多数中国企业进行创新所共同面临的问题。中国企业的组织往往都是按职能进行架构的，部门间利益隔阂，对团队工作的理解也往往局限于同一职能内部。而管理创新无论是创新思想的产生还是创新的实施，都需要企业不同部门的共同努力和部门间协同，因此，架构跨部门工作团队（CFTs）是进行创新管理的重要工具。跨部门工作团队在以下两个方面对管理创新起到了重要作用：一方面实现了创新的管理落地，即实现了对管理创新的专门资源投入，跨部门工作团队利用项目管理工具的工作方式也使得管理创新工作更可控；另一方面则是有效地整合公司的创新资源与能力，实现系统性的管理创新并使得最终的创新成果能够被落地实施，同时也能帮助企业通过项目组的方式对创新活动进行更有效的管理。福特汽车的跨部门工作团队在20世纪80年代早期成功地将新车研发周期从7年缩减到3.5年，而韦尔奇在通用电气组建的各类跨部门团队也降低了新品的研发和上市周期。

以上三个领域中还包含着诸如专利分析、客户关系管理、知识产权管理、团队建设、供应链管理等其他的创新管理手段和工具，而其他的领域中也还存在着多种管理手段和工具，都需要根据各个企业不同的情况进行创新工具的选择或工具的调整或创新。同时需要强调的是，这些工具的使用只是企业整个创新战略和体系中的组成部分，需要与企业的组织、制度和流程相结合才可能发挥出相应的作用。

在一个咨询项目之后，顾问留下来的咨询方案可能被束之高阁，但是顾问所使用的工具和方法对于企业的管理水平的提升还是大有裨益的。

决策实施

对西方企业来说，很多时候聘请咨询公司并不是因为外部力量有多么高明，而是按照咨询公司的研究方案来操作，就不会有人犯错了。

客户参与

当然，方法培育是一个双向互动的过程，需要咨询机构和企业双方都投入到其中。为了有效地解决企业存在的问题，使企业走出危机，向前发展，一方面，咨询机构要向企业传授管理之道，包括基本的管理理论、方法，以及这些理论方法在现实企业中的应用情况，从而提高企业发现问题、分析问题和解决问题的能力；另一方面，企业也要主动地学习这些理论方法，进行理解、消化和创新。在应用理论的过程中，一定要注意与本企业的实际情况结合起来，这样才能使管理理论最大程度地发挥效用，同时，理论与实际结合也是理论创新的源泉。

咨询方案的认可，只有企业高层管理者的直接参与，才能使方案得到认可。此外，中层是一个非常重要的群体，中层管理人员的接受与认可程度会直接影响最终的实施效果。咨询方式除了一般的调查、访谈、诊断、分析、报告的过程，还需要咨询人员和企业更加紧密的结合。特别是在咨询过程中，把教练的方式融入咨询过程，不但告诉企业该怎么做，而且要做出示范，指导企业管理人员按照咨询方案中的方法来工作。在咨询报告提交之后，还要用辅导的方式帮助企业实施和运行，并在实施过程中将企业从现状引导到目标状态上去。

招商局认为麦肯锡咨询结果比较满意的原因之一就在于咨询方式的选择。与和光与埃森哲的合作相比，这个咨询结果有招商局高层非常直接的参与。最终的结果更多是招商局高层自己的智慧和判断。要想使咨询符合企业实际，达到可操作的程度，企业高层就要清楚地理解咨询公司的意图，咨询策略也一定是双方共同制定，而不能咨询公司给出方案，企业照搬实施。

麦肯锡在实达的失利与咨询方式有很大的关系，而华为的 IPD 咨询项目在这方面处理得就较好：在项目的三个产品开发团队实施的过程中，其他部门、团队的管理人员和骨干都要参加其培训和研讨，再由参加的人回到自己所在单位宣讲，方案在实施中虽然问题很多，但参加的人在讨论问题时都已默认了总体框架和思路。

实际上，具体实施方案是所有参加者的智慧而非咨询顾问。由此可以看出，咨询过程必须是双方共同参与，特别是企业的中层管理人员。因为中层管理人员对企业的实际情况和弊病最了解。他们一方面可以为咨询公司提供最真实的信息，另一方面在沟通中他们也接触到了最先进的管理理念，可以通过学习将其移植到企业中，从而保证方案实施效果。一个双方都能认可的咨询，一定是把工作重心调整为双方沟通产生方案的过程和在此过程中帮助客户提升管理能力两大方面。

中国企业必须要参与管理咨询，必须要学会什么，咨询师在咨询过程中一定是和客户互动，很多方案产生是来自客户，不是来自咨询公司。所以必须互动，必须让客户参与，同时要把咨询的工具方法教会客户公司，因为中国企业缺职业化的人才。咨询师就必须要教会客户，要帮助那些业余选手如何掌握这些技术方法，在咨询时不光提供咨询报告，更重要的是教会公司的人才，使得咨询师走了以后，客户能够持续不断根据企业外部环境变化，根据企业成长发展过程，持续不断地改进。这个是与客户成长的互动式咨询模式，当然这个也有一些问题，做顾问涉及太深，可能就变成了“员工”。

寻求共识

从总体上来讲，咨询在中国的成功率很低。而成功率最低的是策略咨询，主要是认同率太低，以至于拒付费用。这一方面反映出企业与咨询公司在价值问题上缺乏有效沟通，另一方面也体现出管理咨询往往使企业看不到实效。

企业文化

企业的文化对企业的影响产生在多个层面，从业务的发展到内部管理的规范性，从员工的工作态度到产品的特征。然而企业文化的形成也是非常复杂和漫长的。就像人的性格一样，企业文化和企业的历史、管理层的意识、员工的文化背景等密切相关，特别是和企业的最高领导的管理风格和处事态度密切相关。这其中很多因素的改变不是一朝一夕所能完成的，不能指望通过一个短期的咨询项目彻底转变企业的文化。咨询顾问可能给企业带来的仅仅是一些清新空气而已。

国际咨询公司在面对中国企业时，虽然尽可能地做本土化，如使用本国的人才，但是往往还是很难理解中国的文化特征及其对企业管理的影响，这也就导致了很多咨询案例的失败。TCL 信息产业集团总经理吴士宏，曾任微软中国总经理，她认为国际上的知名咨询公司或许没有一个能够深入了解中国企业的核心文化，因为中国的文化太深奥，短时间内很难领会透彻。国际上的咨询公司很难深入到中国企业的深层文化里面去。但这并不是说他们咨询的结果没有实用性，而是说它不容易融到企业文化加中国文化、加地域文化的深层里面去。

哈佛商学院曾前后花了一年的时间做了联想的案例，联想总裁柳传志对这个案例的评价是，没有说明太多问题，没有把联想对企业管理学的价值贡献找出来。案例对联想营运层面涉及的资金流、信息流、物流，市场竞争中的策略重点，机制与文化浅表的特性等几大结构进行了提炼与总结。从美国市场的视角了解一家土生土长的中国企业，文化的隔膜使得企业精神在传递过程中会减弱。哈佛这次研究的恰恰不是精神，而是一般性的战略细节。因此柳传志认为哈佛对联想的案例点评不够全面，其注意力集中在联想研发、生产和销售部分，没有研究联想的机制与文化，有“只见树木不见森林”的缺陷。柳传志认为管理就像房屋的结构，屋顶部分是价值链的直接相关部分——生产、销售、研发等，这在不同行业是完全不同的，如麦当劳与PC 在相关方面肯定不一样；第二部分是围墙，主要是管理的流程部分，如信息流、资金流、物流等，在这一部分好的企业有很多相同点；第三部分是地基，也就是机制和文化等，在这一部分好的企业体现方式不同，但是本质是一样的。联想取得阶段性成功的真正原因在于第三部分的“地基”打得好。

对于跨国咨询公司原有的市场环境来讲，其商业环境（像法人治理结构、董事会与股东、管理层的关系、商誉诚信等）往往成熟，没有必要更多地讨论这些基础部分的问题，在中国这些问题却是管理当中的根源性的问题。中国许多企业的管理问题更多地集中在文化和机制层面，咨询公司不能仅仅盯住策略、流程等表层的东西，必须站在中国企业的视角去理解企业面对的问题和思维框架，重视对中国企业文化的熟悉和变革，在中国企业文化大背景下来考虑解决管理的策略性问题，只有这样，咨询方案才有可能对症。

A 公司的咨询实例

A 公司成立于 1979 年，以生产、销售钢管为主，公司曾连续 5 年亏损，每年亏损额大约在 3 700 ~ 4 500 万元左右，公司已经陷入资不抵债的境地，此时留给他们的只有一条路可走，在这种情况下，公司于 2001 年初完成改制，在原企业资产的基础上改组成为股份合作制公司，改制后公司人员规模 500 人。改制后第一年，公司又突然遭遇美国的反倾销诉讼，占公司销量 60％的美国市场将全部丧失。

咨询公司对 A 公司的营销体系进行了重新设计。事实证明，整合后的营销，对 A 公司扭亏增盈、摆脱经营困境起了显著作用：

（1）内销形势大大改观，当年实现净利润 1 028 万元，其中新开发客户就贡献了 58%;

（2）构筑起了 A 公司积极、稳健的营销管理体系，增强了公司规避市场风险的能力。

案例实施背景

企业改制只是完成了惊险的一跳，现实中，为数不少的改制企业并没有如预期的那样通过改制给企业带来实实在在的活力，有的甚至陷入了更深的困境。改制企业面临着诸多的内部矛盾，产品主要市场遇阻对 A 企业又是雪上加霜。A 企业改制后首先面临的是生存问题，因此如何开拓新市场、提高销售队伍的积极性，最终提高销售额是 A 公司改制后的首要工作，也是企业生存的基础。

A 公司在营销管理中面临的关键问题有：

（1）面对激烈竞争的国内市场、外销市场的突然丧失以及自有资源能力的约束，如何制定切合企业实际的营销战略，尤其是竞争策略以保证销售额的实现；

（2）如何改进营销组织和销售渠道的管理，适应新的营销战略，提高运营效率；

（3）如何通过有效的销售政策调动销售队伍和经销商的积极性；

（4）如何控制销售成本，以取得较好的投入产出比。

问题诊断与分析

从产权制度入手进行的企业改制，是多年来国企改革迈出的最大一步，但是改制企业首先面临的问题是观念的转变，A 公司管理者和员工的观念还更多地停留在原来计划经济体制下的理解和认识，这是首先要解决的问题，也是咨询方案能够成功实施的根本。

另外，企业连续的亏损对整个营销体系形成了巨大的冲击，导致 A 企业盲目采用价格竞争，渠道陷于瘫痪，同时由于销售的持续下滑，各种矛盾和焦点均集中在营销部门，销售队伍涣散、怠工现象严重、人员流动加剧、所有的激励措施几乎成了一种乌托邦一样的梦想，没有几个销售人员仍然指望在这种情况下多拿提成，同时销售费用居高不下。

营销体系的衰退很快危及到了企业的采购、生产、研发等整个价值链。

观念转变是改制后的第一步

咨询公司深深知道观念转变是公司能够取得管理提升和稳步发展的前提，也是企业最难解决的问题。A 企业通过前期的机构精简、全员下岗、公开聘用、员工自由认股等改革措施，已经增强了人员的紧迫感、危机感和责任感。但是长期以来企业运行环境相对封闭，“我们面临的竞争环境到底是怎么样的？”、“国内外效益好的公司是怎样进行管理的？”、“我们在管理上的差距是什么？”、“我们需要学习什么样的管理工具和方法来缩小差距？”这些问题其实很多管理者并不十分清楚。

咨询公司一系列的培训，对 A 公司员工的观念、尤其是中高层管理者的观念形成了巨大的冲击，很多人开始重新审视对于“市场”、“企业”、“客户”、“政企关系”、“银企关系”、“竞争与合作”等一系列问题的认识，咨询公司提出的“利润客户”和“成本客户”的概念已经深入人心。这一系列认识上的转变进一步让企业管理者开阔了思路、看到了差距，将长期以来形成的僵化、被动的理解转变成为了一种主动、积极的认识；同时也提高了员工对此次营销管理咨询重要性和必要性的认识。

制定切实可行的市场策略

市场策略实际上是指公司的市场运作手法，市场策略是依靠竞争需要制定的，良好的市场策略应当能够如实地体现企业的个性化特点以及积极进取的精神。面对持续的销售萎缩以及占公司销量60%的美国市场的突然丧失，项目小组和A公司密切配合，通过对客户市场、竞争者市场、销售渠道以及内部营销环境的深入调研分析，提出了“以国内市场为主，国外市场作为稳压器”的指导方针；确定了未来三年的产品战略及投入、产出和盈利计划；制定了国内市场开拓的具体策略和年度营销行动计划。

事实证明，面对境外主要市场的丧失，由于策略对头，公司抓住了国家产业结构调整、基础建设投资加大的市场机会，国内新市场的开拓取得了显著成绩。

重组营销组织

营销组织是对营销策略提供组织支持和保障服务的。根据新的市场策略和对目标市场的深入分析，项目小组对A公司目前的营销组织提出了整合方案，明确了A公司的整合营销模式，建立起了新的内部营销组织和销售渠道，确定了营销组织合理的集权、分权原则，明确了有效的营销管理体制和领导体制，进行了部门的职能分解和岗位的职位描述。针对A公司市场工作薄弱的现实，咨询方案在进行部门职能分解时重点强化了市场调查、信息的收集、筛选和分析功能，使得市场对销售能够提供强有力的支持。

通过规范和完善市场部和销售部的职能、职责和工作关系，充分发挥了组织的指挥、调度、协调、控制效能，提高了营销组织驾驭市场的能力。

构建积极、稳健的营销管理体系

咨询小组在诊断中发现，A公司除了缺乏有效的市场策略之外，更重要的是缺乏有效的营销内部管理体系，经常是机会来了抓不住、抓住了又做不好。市场的应变能力实际上体现为企业的整体协调能力，项目组从企业的整体运营流程入手，重点解决了主营业务流程和产供销的结合，提高了企业的市场应变能力。

流程、考评激励是营销管理体系中重要的支撑环节，有效的销售政策可以保证营销策略的有效执行。在销售政策上，根据A企业首先需要解决的是生存问题的现实，提出了“先激励因素、后保健因素，先放开、后收紧”的销售政策，对原来的考核指标体系进行了完善，既保持了政策一定程度上的延续性，又起到了鼓励销售人员的激励效果。

方案实施后，营销流程清晰、目标明确、奖罚分明。实践证明，积极、稳健的营销管理体系对于企业短时间内销售额大幅提高起到了关键的作用。

培养销售队伍

所有的策略和行动都要落实到人去执行，因此销售人员的素质、技能便成为方案实施成功与否的重要保证。咨询公司根据A公司的实际情况，安排了十多次培训。针对销售管理人员安排的培训有《销售管理技巧》、《区域销售经理专业技能》、《产品经理专业技能》、《营销企划与市场推广》、《渠道管理技能》等；针对销售业务人员安排的培训有《有效的销售技巧》、《商务谈判技巧》、《有效客户服务技能》等。

项目小组为了能够帮助A公司将培训工作长期化、制度化，还帮助企业设计了员工辅导与培训体系，建立了企业的人才培养机制。

通过有针对性的培训，A公司营销人员更新了销售管理观念、掌握了一定的专业营销技能，为公司培育一支能打硬仗的营销队伍，提高了其参与市场竞争的能力；同时也使得营销策划方案能够顺利地得到贯彻和执行。

后期推动

咨询公司在方案设计完后的三个月里，对A公司进行方案实施的跟踪辅导和培训，指导企业实施咨询方案。在辅导实施过程中，制定了实施计划，面向销售人员对方案进行了宣贯；对在实施过程中反映出的问题同企业一起进行解决，并根据实际情况对方案进行了调整和完善，同时还进行了相关的培训。

咨询特色

本次咨询是在企业刚刚完成改制、面对诸多的内外部矛盾的环境下展开的，应该说咨询方案中提出的策略和方案很好地适应了企业的实际需要，可操作性强，并起到了立竿见影的效果。

另一方面，本次咨询强调了知识的有效转移，通过针对不同层面管理者和业务人员的大量培训，一方面提高了销售队伍的管理技能，另一方面也培养了干部，使得公司在咨询结束后具备了持续改进管理的能力。

推动企业实施咨询方案也是此次咨询的一大特点，推动实施中的大量宣传和培训、对方案的调整和完善以及帮助企业解决实施过程中的各种矛盾，为企业统一思想、顺利推行方案起到了很大的作用。

案例实施结果

2001 年是 A 公司实施方案后的第一年，公司在突然遭遇美国的反倾销诉讼、产品的主要市场遇阻的情况下，实现净利润 1 028 万元。如果假设反倾销事件没有发生，按市场正常时的情况推算，实现的净利润应该在 3 000 万元以上。

事实证明，整合后的营销对于 A 企业开发新市场起了巨大的作用。面对占公司销售量 60%以上的美国市场突然受阻的情况，由于市场策略对头，加大了国内市场开拓力度，内销形势得到很大改观，侥幸地躲过了这场灭顶之灾，在 2001 年实现的利润中，当年国内市场新开发的客户就贡献了 58%。

同时，咨询方案的实施构建起了 A 企业积极、稳健的营销管理体系，销售人员积极性显著提高，当年个人销售过百万元的员工达到了七人，而 2000 年还只有两人。统一的策略、规范的流程、清晰的目标、有效的激励使得人员积极性得到很大提高，销售费用明显降低，营销运行效率大幅提升，营销效率的提高同时带来了企业生产成本的降低。

在项目总结上，吴总写道，“我公司积极评价理实佳讯公司该项目的成功完成，并认为，通过该项目的初步实施，我公司在管理改善工作中，开始收到良好效果，我在项目开始时设定的‘培养一批干部、带出一支队伍，留下一筐思想’的目标已经基本实现。”

管理境界

境界（Realm）是用来形容程度和层次方面的，管理境界（Management Realm）也就是管理水平所达到的程度和层次。管理的思想境界十分关键，决定了企业能否日趋强大，管理的障碍首先来源于狭隘的思想。只有树立了全新的管理思想，才会产生最佳的事业组合效果。

管理咨询的另一个重要意义，在于能够提升企业管理者的管理层次与管理品质，从而达到更高的管理境界。本节旨在介绍管理境界及其促进。

管理层次

可以将企业管理划分为三个层次：制度管理、科学管理和文化管理。

制度管理

制度管理又称约束管理层次，以防弊查错、资产保全和督促生产为主。制度管理是企业管理的根本，是管理工作要求达到的最低标准，如果制度管理工作都做不好，就谈不上管理，谈不上发展，谈不上参与国际竞争。一个新建的企业，第一手要抓制度管理工作，包括企业建设、岗位的设置、人员的配备、职责的划分、建章立制、生产计划的安排等。制度管理能够保证企业走上正常运转的轨道。制度管理的重要性要求无论新老企业，都要回过头来重新审视企业的制度管理。如果企业所谓的提高管理，一直还在做企业的制度管理，那么该企业一定停留在争取目标利润甚至防止亏损的阶段，这就说明该企业在制度管理层次上未达到应达到的水平。该企业应该积极研究和运用管理分析技术，或请专家会诊，制定整顿方案，在短时间内完善其制度管理工作。

科学管理

科学管理层次又称绩效管理层次。这一层次建立在第一层次，即制度管理层次完善的基础上，主要表现为将企业生产经营行为逐级细分，将细分环节的生产内容结合具体的岗位职能，用数字指标进行控制，也就是企业通常所提到的责、权、利相结合。制度管理层次重在控制不利行为出现，而科学管理层次的重点在于影响、激发员工产生对企业有利的生产经营行为。企业水平若能够上升到科学管理这一层次，则说明企业管理水平已经满足一个企业正常经营发展的需求了。企业内资金流向的分析，就是科学管理的一个很好的例证。企业根据资金流向决定的成本利润的构成，划分具体的成本中心、责任中心及利润中心，在一定的弹性范围内激发人促使其行为向正确方向努力，努力的结果便是从弹性之中获得超额利益的回报。责、权、利相结合，便是建立企业激励机制。

文化管理

文化管理层次又称协作主动管理层次，是一种自发管理。自发管理是管理中的最高层次，这一管理层次除要建立在前两种管理层次都已完善的基础上，还需要企业形成良好的精神面貌。文化管理的另一个重要特点是培养了企业创造力的环境，能滋生企业全员参与创造、开发的欲望和信心。

那么，企业管理能否达到“无为”的境界呢？有句话叫“胸有成竹”，如果企业从基础管理工作做起，让每一个员工对自己及相关联的范畴的东西能做到“成竹在胸，了如指掌”，整个企业运转就会条理分明、井然有序。对于企业而言就已经达到了“无为”的境界，管理水平日趋成熟，企业不必再拘于形式上的研究分析，会层层放得下，总经理对副总经理放心，副总经理对分管下属放心，车间主任对组长放心，组长对班长放心，班长对工人放心，员工对企业放心。

以上论述了企业经营管理的三个不同层次。第一个层次重在控制不利行为，约束和规范行为；第二层次重在分析，加之引导、激发有利于企业生产经营活动的行为，第三层次重在达成共识、培养形成参与意识、产生主动创造、积极管理的行为。三个层次分别由控制约束引导、激发到积极主动。站在管理者角度，当然希望能实现最后一种管理层次。

从数量分布来讲，中国绝大多数的企业面临的还是制度管理的不足，这主要体现在绝大多数的中小型民营企业、家族企业和新创企业。其次是科学管理的不足，这不仅包括成长型的民营企业，也包括国有企业。而少数企业已经上升到需要进行文化管理的层级，如一些优秀的上市公司、合资企业，以及港资、台资等亚洲型的外资企业。中国企业管理提升需求的数量形成呈金字塔分布，如图 2.1 所示。

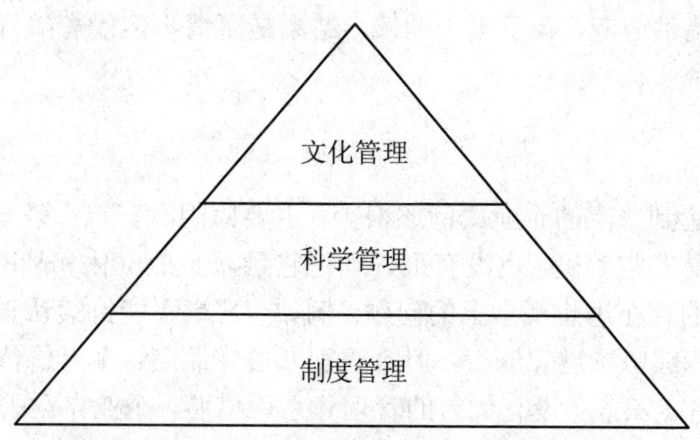

图 2.1　中国企业管理提升需求的数量分布金字塔

管理原则

我们不必去追寻企业发展的历史。在市场经济海洋中，企业的规模有大、有小，企业人才素质也各有千秋，因而不同的企业经营管理水平有高、有低。企业应该掌握其经营管理水平的层次和目前面临着需要改变与完善的地方，然后做出适当的调整，以提高自己的经营管理水平，走出管理中的误区，达到一个较高的境界，不防称之为管理之管理（Management of Management）。企业的发展带动了管理咨询业的发展，除帮助企业防弊查错、诊断管理之外，还帮助出谋划策。如果企业掌握了系统的管理思想，就可以带领自己的人马来诊断自己的企业，而不必求助于管理咨询公司。这就是企业提升管理境界的好处之一。

做实基础

近年来，管理界风云四起，几乎每年都有时髦管理理论问世。这些理论涵盖了管理的各个领域。从绩效管理到知识管理、从价值链到供应链、从执行力到领导力、从细节决定成败到战略决定成败、从企业再造到蓝海战略。据不完全统计，近几年新出现的管理时髦理论超过 25 个之多，每年都有四五个新管理理论发布，搞得企业眼花缭乱，应接不暇。

时髦管理理论主要有一大特征、两大影响[3]。

它的主要特征为：玩的是概念，追求的是时尚。往往表现为三种形式：一是以点带面，夸大局部个案的经验；南橘北枳，种水果要从实际出发；学先进管理经验，也必须从企业的实际出发。二是直接玩概念，把没有经过实践的想法作为管理理论来炒作。更有甚者，会加上咨询公司和学术界人士的推波助澜，造成管理界鱼目混珠的局面。一些企业，原来管理还可以，发展一段时间后，感觉企业的管理“没理论基础”、不现代化，落后了。于是学国外的管理理念，推国外的现代管理方法，最后管理乱了，问题多了，效益下来了。前些年，工业企业学“海尔”，结果没几个学成的。真可谓“邯郸学步，最后不会走路”了！

它的影响主要表现在两个方面：对企业家的影响、对企业本身的影响。

对企业家的影响是：搞乱了企业家的思想。在时髦管理理论的流行过程中，许多企业管理者们走过了“不理睬——观望——躁动——投入”这一过程，好像管理不“时髦”就被忽悠成

“不懂管理、不会管理”的无知者。胸无主见，人云亦云，跟着感觉走，是管不好企业的。

对企业的影响是：影响了企业决策，增加了企业成本。许多企业管理者被动地赶了时髦，昨天搞平衡卡，今天搞供应链，花了不少的钱，结果是事情不但没有搞好，反而造成效益、效率下降，员工们也搞乱了。

明晰身份

目前中国企业中达到二流的企业比例还很少，主要原因有三点：第一，企业老板对企业的使命和企业价值观不是非常明确，也没有很好地把它融入企业文化和战略管理之中。第二，当前中国企业里员工普遍存在思想观念上的问题。例如，凡事不能持续认真对待；缺乏追求卓越的强烈信念；自己不能够坚持遵守制度，但希望别人遵守制度；个人价值观、人生观和世界观等精神理念狭隘或病态。第三，没有优秀的管理体系可借鉴，企业自己去摸索和借助一些管理培训，和企业刚起步时一样，仍然是“摸着石头过河”。那么，如何从三流企业上升到二流企业？[4]

（1）对一个三流企业的管理人员而言，上班跨进企业大门以后，对每天要做哪些工作，头脑里是模模糊糊的，也就是没有一个清楚的当日工作计划，天天都是“当一天和尚撞一天钟”。等待领导的安排和指挥、想到或碰到什么事就去处理一下、做到什么程度就什么程度，因为没有预定标准也不会被检查。没事时就观望别人在做什么、想办法掺和进去体现自己的存在价值、无目的地闲聊……总之，一天的工作没有管理的条理性，也没有进取的思考性，反正到时间就吃饭、下班，这是一个普遍性现象。那么，二流企业的管理人员是怎样的呢？各人每天都有一个日工作计划，要处理哪些事、解决哪几个问题、和哪几个人商谈些什么事、要准备哪几个会议、及时总结一天的工作进程与月工作计划之间的差距等。总之，工作计划贯穿在每个人每天的工作当中，他们会管理自己的时间，自觉按自己的职责行事。这种工作观念和方法上的差异，光看表象是发现不了的，正像一幢楼房柱子是不是很坚固、里面的钢筋够不够粗，从外表是看不出的。管理人员之间这个微妙而又惊人的差异造就了三流企业和二流企业之间的根本差距！

（2）二流企业管理人员的工作态度和方法是经过教导或相互之间影响而形成的。企业中最具影响力的人物是老板或总经理，其次是企业专门的培训机构或委外培训的积累。二流企业管理人员与三流企业相比，有一个截然不同的地方，即都有一个明确的工作目标，它是从企业总体目标详尽分解出来的。然后，由他们自己制订每天的工作计划，并由工作上级对其计划进行指导、督促、检查和考核，激励各人达成自己的计划或超出预定的目标。每个人的工作计划通过横向和纵向衔接起来，就组成了整个企业的目标管理系统，它确保了企业整体有序和高效地运行。这个系统能否健全，根本上取决于企业的总经理和人力资源经理。如果他们头脑里没有这个概念，对目标管理的意识和信念不强，感应不到各人的工作状态和内容，不给下属管理人员以独立思考和决策的权限，没有建立起有效的工作系统，没有逐级对下属的工作成果进行检查、评估和汇总，企业的进步是很有限的（其道理就像一个经常不认真做作业、课后不复习的学生，要考出优良成绩是不太可能的），企业总体目标的达成就永远是个梦想。三流企业管理人员的工作观念和习惯非短期内形成，因而要改变也非一朝一夕之事。根据一般人的心理特点和笔者的亲身实践体验，大约经两年时间的有计划训练和指导才会真正“洗心革面”。

（3）岗位说明书本身就是企业制度的一个种类，其他的制度，包括行政制度、人事制度、生产管理制度、质量管理制度、现场管理制度等，都是为了确保各部门和各员工的工作规范开展和有序衔接而制订的。很多三流企业也早已意识到制度的重要性，但常常只重视一些行政制度的建设（规定员工哪些事情不能做），而没有重视工作制度的建设（教导员工应该要做哪些事情），这是方向性的错误。打个比喻：孩子学习成绩差，父母就规定他不准看电视、不准玩电脑、不准放学后在外面乱玩……结果没有多少作用。实际可以每天花十分钟和孩子交流一下学习的课程、每天检查一下做的作业、经常打打电话问问老师情况……结果就会完全不一样。

固然企业没有好的行政制度，就难于有好的工作秩序。很多企业制度制订了不少，但就是执行力差。原因有两个：一个是制度里都是些废话、空话或不切实际的文字，是“纸上制度”。另一个是制度需要各级管理层去维护，员工违反了制度，如果熟视无睹或视而不见，慢慢制度就无效了。

一个非常典型的靠制度和文化管理成功的例子：中国第一大企业海尔集团在刚起步时，张瑞敏规定员工不准在车间大小便、不准在车间打扑克等，从这样最基本的制度开始，到后来把 76 台不合格的冰箱砸坏（谁做的谁自己当众砸掉），彻底粉碎了员工的麻木思想，再到后来“OEC”管理法的推行，逐步开创了海尔集团的辉煌。

与时俱进

由于咨询顾问每天都在分析和解决不同企业的复杂和棘手的管理问题，因此顾问往往具有开拓的眼界、丰富的管理知识以及高效的工作方法。所以，通过一次管理咨询项目，企业的员工可以从多方面来接触和了解顾问，同时咨询项目也会为企业带来新的管理理念，为管理者和员工开拓管理和经营思路。

爱因斯坦在普林斯顿大学任教时有许多趣闻。一次，他把一份期末考试卷交给秘书复印。细心的秘书发现了问题：教授，你搞错了吧！这是和期中考试一模一样的考题啊！爱因斯坦笑着回答：题目是一样，答案却不同了。

管理的命题也一样。管理的永恒主题总是如何有效地组织众人的活动来利用环境资源，进而实现策略的目标。它永远是关于“如何激励个人行为”、“怎样组织集体合作”、“为什么要顺应环境”、“强调什么策略能力”。但是，对应不同的时代条件，每一代人对同样的命题却有着不同的回答。

管理促进

一直以来，企业的管理层次是不断提升的。正如西方国家从传统管理迈入科学管理阶段一样，企业经营开始注重对人的行为进行分析，企业管理在处理不同的利益关系中掌握激励、引导的技巧，提倡规范化、模式化，企业从资产安全和压迫员工的角度，上升到激发员工从事生产活动。从企业发展的角度来看，以上变化都说明管理的层次在逐渐地提高。

管理的最高境界就是实现管理层次和程度上的超越。

方向牵引

管理咨询是输出前瞻与洞见的行业，有序方向性牵引是管理咨询的事业要求。

所谓有序方向性牵引（Ordered Orientation Traction）是针对事业发展的动因来源而言。只有当事物发生的动因来源真实，而不是出于主观臆断或误断，这样的动因来源才称之为有序方向性牵引。有序方向性牵引是事物正确发展的动力，是人脑力正确判断的结果。只有正确的判断，才不会产生误导和恶果。

在企业管理中，有序方向性牵引处处可见，如顾客对商品性能质量上的要求，或竞争的需求，促使企业改进生产工艺，提高生产技术，高科技围绕社会发展所需源源不断产生，因新的社会需求而引起新的企业诞生。企业在围绕着获利、发展成长努力，就必须研究新的事业产生的动因，寻找有序方向性牵引动因来源，使事业组合能达到预期的效果。

走向融弃

哲学上有个“扬弃”（Sublation）的观念，就是吸取精华、除去糟粕，这是一事物针对另一事物而言。融弃（Introjection and Sublation）是针对事物发展的本身而言，只针对意识形态的事物而言，如思想、知识、个人修养等。

融弃指意识形态上成长而引起意识形态控制下事物的成长，并因此而获取新的事物特征的过程。融弃的概念包括两个要素：一是意识形态的成长，如思想、理论、知识水平等；二是由于第一因素的成长而带动第二因素的成长。做个简单的比喻，一个人读书从小学到大学，这就是一个融弃的过程。当他读完小学，他是以小学文化的出现，同时也只具有小学文化的效果。当他读完高中时，他是以高中文化特征出现，同样他成为大学生后，以大学生应有的特征出现，表现出大学生的功用，但也包括以前小学、中学曾有的功用，只是已不断融弃而已，只表现为现有特征而已。

融弃包含着扬弃的一部分含义，即意识形态及意识形态影响下事物在成长过程中不断地自我调节，以保留有益成分，消除不利因素。佛教中的智慧盘诺就包含了融弃思想，从入门到得道成佛，就是一个融弃的过程。佛的境界和层次也是永无止境的，只有在拥有过去、把握现在、追求未来的情况下，才能不断地提高和融弃。

企业管理指对现有经营中的企业进行管理，旨在维护企业良好的经营以获取最大回报。但企业管理受限于市场的竞争规模的限制和产品周期的制约等，因而必须要从企业管理走向管理企业。管理企业指管理企业构成的要素、资源，以人力资源为中心，结合技术资源、资本资源进行有效的事业组合，共同追求高效和开发不拘形式的企业形态。管理企业的内核是事业组合，以人为中心。资本依靠人才而获利，而不是人依靠资本获益。从企业管理到管理企业，劳资关系发生了质的变化，前者是就业雇用的观念，后者则是委托经营的观念。

优势复制

广泛了解其他企业的业务实践恐怕是每个咨询公司都在大力宣传的卖点了，而管理咨询公司的核心竞争力也就来源于这些最佳实践的案例。通过对这些最佳案例的总结和分析，咨询顾问往往能迅速地了解这个行业的一些共性的管理和业务问题，同时也能对寻求帮助的企业制订出合理有效的咨询方案。相比之下，企业由于竞争、成本、法律等方面的原因很难了解到其他企业如何处理和解决类似自己所困惑的问题的。而咨询公司恰恰提供了这样的一个平台，使得企业可以全面了解、学习其他优秀企业的管理和业务模式。

企业管理中经常令人困顿的是思维的局限。人们很难突破这种个人脑力的局限，当企业为自己树立目标时，想达到的彼岸，有时却不知如何到达，有时会无法确定所定目标的高低，因为谁也不知道什么是最好的标准，尽管目标和方案是坚实可信的东西，但对于环境的改变，不是因缺乏了解而没有反应，就是因为了解不透而反应迟钝。如何能够走在前列，这是对管理思想的最大挑战，唯有不断超越局限，才能引导新的企业行为。

优势复制（Ascendancy Copy）是打破思维局限常用的办法，它是将最好的技术、经营思想、管理方法通过强化培训及标准化贯彻，以达到迅速提高整体水平和质量的目的。优势复制的优点是能够快速提升质数、生产力、竞争力；但缺点也表现在过分的权威会导致来自下层新的理念被封杀。

企业提倡什么、注重什么，会影响到企业下一步的发展和未来的发展。管理阶层的人经常将企业的停滞不前或后退，归咎于过时的管理模式与陈积的企业文化。事实上是真正的停滞来源于管理阶层的意志力惰性，造成企业战斗力下降。意志力惰性主要表现满足现状、成就感、拒绝改变、忽视主要职能等。追求利润极大化与营建一个良好的企业社会环境之间存在着一定的矛盾。企业追求高速成长，在于提高生产率。一切围绕利润的管理作风可能会牺牲一些企业文化方面的东西。相反建立一个现在的企业乐园，可能导致未来的企业贫困。因而企业只有不断地强化企业的战斗力，才能防止产生意志力惰性及企业职能的畸变。企业职能的畸变主要表现为生产经营职能弱化、官僚职能机构滋生、其他附加职能的滋长等。一旦企业职能出现畸变，成本出现增长，事业会萎缩。强化企业战斗力意识是管理思想境界的一项重要内容。

本章概要

本章明确了管理咨询的定位价值是可以不断提升的，是一个多层的内涵。这展示了管理咨询的目的和标的。管理咨询是否有用要看企业是否通过咨询达到了它特定的目的。而这一点只有聘请管理顾问的企业高层才能判断。管理顾问有众多的角色，他可能是一个企业医生、教练、老师、分析师、监控者。在西方，管理顾问也可能是“杀手”或“背黑锅者”。企业可以选择不同的咨询公司扮演不同的角色，因此有不同的判断其功效的标准。

管理境界是管理水平所达到的程度和层次，管理境界尤其是企业管理的思想境界决定了企业能否强大。管理境界可以划分为三个层次：制度管理、科学管理和文化管理。三个层次是递进的关系，只有在前两个层次都完善的基础之上，才能达到第三个层次。管理的最高境界就是实现管理层次和程度上的超越。管理境界的促进要认识到有序方向性牵引，从扬弃走向融弃，复制优势并鼓励创新。

思考练习

1．管理咨询定位的三个层次分别对应或造就什么样的咨询公司？

2．企业如何提升管理境界？

3．企业如何从扬弃走向融弃？

4．企业创新的阻力主要来自哪些方面？如何突破阻力、促进创新？

5．企业自身的管理人员需要掌握管理咨询的技能吗？

6．企业管理是以问题为引导的。哪些问题是通过管理的完善不能解决，而需要通过外部的管理咨询来解决呢？

7．如何充分认识管理咨询的价值？通过本章的学习，对咨询价值的理解与阅读第一章后对咨询价值的认识有何不同？

8．谈谈对管理咨询人员参与程度的看法。

9．管理顾问有众多的角色，他可能是一个企业医生、教练、老师、分析师、监控者等，谈谈你对各种角色的看法，可以尝试为咨询人员扮演每种角色设定一个模式、情景。

10．随着中国管理咨询行业的发展，管理咨询对于提升公司价值是否也随着咨询行业的高速发展有了大幅提升？

延伸阅读

《基于价值的咨询：咨询顾问为客户创造更大的价值（第2版）》（[美]菲奥娜·查尔内斯加．陈文晖，译．北京：经济管理出版社，2011）：本书分为三大模块：选择合适的咨询公司；选择合适的事情；选择合适的方法。书中同时还包括了各个咨询公司（包括小公司或大公司、老公司和新公司）对这些重要问题的观点。

《一群卖思想的人：寻求管理咨询的第三方通鉴》（冷啸．北京：中国社会科学出版社，2004）：作者希望在很精练的篇幅中，尽可能展现各咨询公司的特点，以及中外资咨询公司的特点、IT咨询公司和传统咨询公司的特点、专业咨询公司和综合咨询公司的特点，实属不易。

《咨询绩效评估：跟踪咨询项目的结果与底线》（[美]杰克·菲力普斯．段盛华，余凤霞，译．上海：上海远东出版社，2001）：本书提出的六大测量指标受到各大顶尖公司的实例支持。包括测量投资收益率（ROI），这一均衡的测量方法对希望显示咨询介入的价值的顾问来说至关重要，对于希望顾问们拿出可测的结果的客户来说同样必不可少。

《完美咨询：咨询顾问的圣经》（[美]彼得·布洛克．于凤霞，译．北京：中国劳动社会保障出版社，2004）：现在，越来越多的授权经理把他们的作用界定为咨询型或推动型的。管理者从命令、控制的角色转变为更加富于指导性的角色。在向更为扁平、更加灵活的组织模式转变的过程中，控制型老板已经变得行动缓慢、成本高昂。咨询活动的核心就是在自我管理的世界中实施群体契约和管理。

《企业咨询：咨询业如何运转及如何使之运转的指南》（[英]托平，切尔尼亚夫斯卡．付彦，刘勇，译．大连：东北财经大学出版社，2008）：本书探讨了咨询的新模式。它考察了组织为什么要使用咨询顾问，咨询公司是如何竞争的，以及咨询顾问是做什么的。本书还对如下问题提供了很多宝贵的建议：组织需要做些什么才能从它们所使用的咨询顾问身上获得最大的效用，以及咨询公司需要做些什么才能为客户实现最好的结果。

《共赢天下：国际注册管理咨询师（CMC）案例集》（中国企业联合会管理咨询委员会．广州：企业管理出版社，2010）：本书收编了20个管理咨询案例：《应用于汽车营销的客户数据挖掘技术》、《一流管理模式造就一流企业管理》、《台汽客运民营化前的组织变革》、《清晰实用的“胜利设计文化”》等。

《德鲁克经典管理案例解析》（[美]彼得·德鲁克．高增安，等，译．北京：机械工业出版社，2009）：本书汇集了大量发人深思的管理案例，涵盖大多数极为重要的管理难题，并尽可能全面地展现各种永恒的管理智慧。这些案例可以用来帮助读者在将管理原理应用于实践时，把书中学到的信息和事例转变成自己习得的真正知识。

《德鲁克管理思想精要》([美]彼得·德鲁克. 李维安，王世权，刘金岩，译. 北京：机械工业出版社，2009)：管理最初只建立在为数不多的几条基本原则之上——管理是关于人类的管理，其任务就是使人与人之间能够协调配合、扬长避短。实现最大的集体效益，管理者所做的工作内容都是完全一样的，但他们的工作方式却千差万别。每个企业都有责任坚定不移地树立共同的目标和统一的价值观，管理必须随需要与机会的变化而变化。

《美国第一智库：白宫头号智囊兰德公司的秘密历史》(罗德恩. 北京：电子工业出版社，2011)：本书搜集了大量的历史资料，站在事实的角度为读者详细讲述兰德公司的发展历程，以及其成为“美国第一智库”的原因。同时，还分析了兰德公司的发展趋势。

《高绩效咨询》([美] 罗伯特·谢弗. 燕清联合，译. 北京：中国劳动社会保障出版社，2004)：大多数咨询项目的现状是，企业花费不菲，咨询公司费心费力，反而结果不甚理想。这中间有一个重要的问题是“实施时的差距”。本书中揭示了“实施时的差距”是如何影响咨询效果的，并提出一种结果驱动型的咨询方法。这一方法已经运用于包括通用电气、摩托罗拉、贝尔实验室、世界银行等世界上最成功的组织中。

参考文献

1. 王佑. 管理咨询的“能”与“不能”[J]. 北大商业评论，2005 (1)：124-129.
2. 梅竹. 从模仿到创新[J]. 经济管理文摘，2009 (18)：30-31.
3. 时庆. 管理不要赶“时髦”[N]. 中国质量报，2010-12-17 (7).
4. 佚名. 如何从三流企业上升到二流企业[J]. 中国有色金属，2011 (3)：70-71.

第3章

咨询产业

发达国家现代实业的强劲发展，背后离不开管理咨询业的坚实支撑。

- 把握管理咨询实践发展的基本趋势；
- 明确各国管理咨询在制度与实践上的差异；
- 洞察中国管理咨询业发展的问题与潜力。

管理咨询起源于欧美，在英国、美国、日本等发达国家得到了充分发展，现在正日益受到越来越多国家的企业界的重视。据统计，世界各国咨询业的产值平均占其国民生产总值的 1%，发达国家一般占到 2%～3%。20 世纪 80 年代以来，在欧美主要经济发达国家，管理咨询业以每年 20%～30%的速度增长，没有哪一种行业的发展速度可与之相比，其日益显著的影响渗透到了政治经济生活的许多领域。1996 年全球最大的 20 家咨询公司的总收入为 256 亿美元，2000 年全球的咨询市场价值高达 4 750 亿美元。世界 500 强的企业有 50%左右的公司都拥有与自己长期合作的国际著名咨询公司，100%接受过多次咨询服务。可见，咨询业作为一个独立的产业对世界经济影响之深远。

本章将着力介绍管理咨询的起源，在美国、欧洲、日本等国的发展和在中国的实践概况，指出中国咨询业发展取得的成就、存在的问题和今后的发展空间及巨大潜力。

产业发展

咨询业是对第三产业中以咨询服务为特点的各种行业的总称。因其特点为智力型服务，也被人们称为“头脑产业”，请咨询专家咨询被称为“借脑”。作为一种智力密集型的知识服务性产业，咨询的现代意义是指来自个体和组织外部的专业化技能，它以专门的知识、信息、经验为资源，针对不同的用户需求，提供解决某一问题的方案或决策建议。

特质演变

管理咨询是人类有史以来一直存在的一项古老的活动，并随着时代的进步不断被赋予新的意义和内容。

谋士咨询

根据《圣经》记载，希伯来人的领袖摩西（公元前 1300 年）的岳父亚斯罗可称为世界上第一位著名的管理顾问。因为正是根据亚斯罗的建议，摩西运用管理的"例外原则"建立了一个包括十夫长、五十夫长、百夫长和千夫长等职位在内的较有秩序的部族组织结构。《圣经》还有人类文字记录中最早对咨询的意义做出的说明："不先商议，所谋无效；谋士众多，所谋乃成。"三国时期名相诸葛亮（公元 221—263 年）在其著名的《前出师表》中也有类似的话："宫中之事，事无大小，悉以咨之，然后施行，必能裨补阙漏，有所广益。"中国古代豪门中的食客、朝廷中的谏臣、官员聘请的师爷等都可以看作管理顾问。

管理咨询的行为，历史上可以追溯至中国古代的谋士和门客行为，他们就是一个特定的集团，提供真知灼见，通过"士"们的谋略，影响决策者的选择和行为模式。其中，最有代表性的是：诸葛亮未出茅庐，提出了"三分天下"的战略设计，为刘备的日常经营和关键时刻的选择提供了确实具有愿景意义的指导目标，也会约束和优化刘备日常的决策方式和取舍策略。

企业咨询

现代企业的管理咨询，可以追溯至泰勒从事的搬运试验分析和作业方式优化等，其所进行的内部改进行为就属于典型的内部咨询的范畴。管理咨询作为一种来自于企业外部的专业服务，在麦肯锡公司成立之初就得以确定，主要是为经理层提供发现和解决管理问题的工作，这种开拓性的理念产生和促进了咨询职业与行业的发展。

从古至今，"咨询"的发展脚步从来就没有停止过。在中国古代，咨询大多是指谋略方面，不同朝代的谋略家运用各种计谋、意见，帮助君主取得天下、赢得战事、治理国家、运用人才。今天的咨询更多的是从企业未来发展角度出发，对企业提高管理能力、改善经营管理体系的基本策略提出建议。如何使管理咨询切实发挥其投资价值，是咨询提供方和服务方都很关心的关键问题。

产业咨询

现代意义上的管理咨询是社会化大生产的产物。随着企业规模的不断扩大、专业分工的细化，管理咨询作为一种专门职业逐渐从一般管理职能中分离出来。管理咨询已形成了一种社会性的服务行业，也是 20 世纪 90 年代以来世界上迅速发展的知识密集型产业。

和众多行业的发展规律相类似，咨询业提供的是一种以知识来体现价值的服务产品，所以像其他行业一样，一旦管理咨询的行业全面启动，服务产品的多样化、全方位化也就呈现出来了。总体而言，咨询业的服务产品是由低级的服务转向高级的更细分化的专业产品。

中国目前的管理咨询业产品与过去相比有以下几个特点，如表 3.1 所示。

表3.1 中国本土咨询公司的业务转型

序号	比较点	现在	过去
1	专业	专业性：某一方面具体	全面性：各个方面的管理
2	实施	可操作性：实际操作	可读性：公司上下易懂
3	价值	可衡量性：产生多少效益	可宣传性：对股民、对上级
4	细化	深入性：对某一问题深入具体分析	概念性：基础知识为重
5	特色	定制性：不同公司不同的方案	通用性：各个公司大同小异
6	效果	采纳性：更多地被采纳	工具性：更多地被当作某一类型用途的工具

业务重点

随着时代的发展，不同时期管理咨询的业务重点发生着较大的变化。

科学管理

早在1886年，麻省理工学院的教授约瑟（Arthur Dehon Little）就创建了第一个现代意义的管理咨询公司Arthur D. Little。他们当时的重点在于科学、工程和创新。此后，在泰勒（Fredrick W. Taylor）等人的推动下，科学管理（Scientific Management）迅猛发展。泰勒本人也携自创的科学管理理论，运用时间研究（Time Study）等方法为许多企业提供咨询服务，其咨询重点在于如何运用科学管理提高企业生产效率。

战略管理

20世纪初，管理科学在大学里开始自成一家，会计和审计行业开始职业化，今天世界上大名鼎鼎的管理咨询公司也陆续登场。纽约大学于1900年开设了商务、会计和金融学院。哈佛大学在1908年建立了哈佛商学院，对职业管理教育进行“精心”的尝试。著名的会计师事务所像安达信、永道、毕马威等先后成立。

在1926年，西北大学的会计教授麦肯锡（James O. McKinsey）创建了今天的麦肯锡咨询公司。“汤姆”科尔尼随即加入该公司。不过，因科尔尼和后来加入麦肯锡的波尔（Marvin Bower）在如何运作上意见不一，于是在1937年将芝加哥办公室变为科尔尼公司（AT Kearney）。早期的麦肯锡自称为咨询员和工程师，不过大多做的是一些审计的业务。在20世纪30年代，美国的大衰退为咨询业提供了舞台。在麦肯锡去世、科尔尼离开后，波尔根据律师行的惯例制订了麦肯锡经营原则：

（1）将客户利益置于公司利益之上；

（2）讲实话，不要害怕对客户观点提出质疑；

（3）只接受客户需要，并且麦肯锡能做好的业务。公司将招聘重点转移到那些有潜力培养为能解决问题的毕业生那里。与此同时，另一家传统的咨询公司Booz Allan & Hamilton也在1929年有了自己的核心成员。

第二次世界大战以后，随着技术的发展和企业组织的日益扩大，企业管理变得日趋复杂，同时也增加了对咨询服务的要求。著名会计师事务所普华在1946年成立了独立的咨询业务部门。十多年后，原 GE 公司的战略计划师，后来又为 Arthur D. little 工作的布鲁斯（Bruce Henderson），在 1963 年成立了第一家纯粹的战略咨询公司——波士顿咨询（The Boston Consulting Group）。布鲁斯在咨询中主要运用了经验曲线、成长与份额矩阵等分析方式。

20 世纪 70 年代，美国经济放缓，但全球化和企业计算机化为咨询业带来新的生机。许多咨询公司在海外开设办事处。为提高竞争力，许多企业对信息系统要求剧增，带来了对软硬件和信息系统咨询的巨大要求。1973 年，贝恩（William W. Bain）离开波士顿咨询，自己创立了贝恩咨询。贝恩的咨询模式和波士顿有所不同：波士顿看重战略计划和基于理论的报告；而贝恩的咨询员们则在客户那里一待数月。贝恩以客户为重点，着重与客户关系的模式使他们一度得以高速发展。

信息管理

如果说传统的管理咨询业是知识密集型产业，那么，现代管理咨询业就是知识与技术双密集型产业，需要在传统管理咨询的基础上与现代发展紧密结合。这种与 IT 技术的结合应该体现在以下两个方面。

一方面，从管理咨询企业自身的角度出发，将 IT 技术与自身的管理结合起来，建立完善的信息系统、将数据库网络化，从而使企业内部经验的分享、信息流的传递畅通无阻，才能在复杂多变的形势中实现企业整体的快速反应，立于不败之地。例如，世界著名的邓白氏公司坚信："电子化的信息才有价值。"该公司把信息电子化作为走向市场的桥梁，把采集到的资料输入计算机，建立市场信息库，使得该公司拥有仅次于美国政府的世界第二大数据库系统，其中包括世界 6 000 多万家企业的资料。此后，公司为占领国际市场又建立了一个全球性的信息监控系统，把公司的计算机系统与相关系统连接起来，并加入 Internet，庞大完善的数据库系统是邓白氏最引为自豪的财富。

另一方面，从整个管理咨询行业的角度出发，体现为现代管理咨询业的发展趋势，即 I Consulting。这里的"I"包含了以下五层含义。

（1）面向"电子商务"（Internet Oriented）。获益于 Internet 技术的发展与广泛应用，近年来"电子商务"迅速崛起，在为传统的商务模式带来的巨大变革的同时也注入了新的活力，更为企业管理运作的改善提供了具有创新意义的平台。由此，传统的 BPR（Business Process Reengineering）发展为新型的 IBPR，要求企业重新审视和定义自己的业务领域与发展战略，以适应"电子商务"时代的商业运行环境。IBPR 将运用 Internet 技术帮助企业突破其与供应商和客户间的交易距离与界限，以实现更完善的供应链管理；帮助企业建立虚拟组织并实现虚拟化管理，从而有效利用整个社会一切可利用的资源；帮助企业建立知识管理系统和学习型组织，使企业获得长期发展的竞争力。

（2）面向信息管理（Information Management）。在现代信息量巨大、瞬息万变的商业环境下，企业获取、处理、利用信息的能力已成为影响企业竞争力的一大因素。因此，企业需要依靠现代咨询服务来辅助其制定 IT 技术解决方案，并利用 IT 技术建立自己的信息管理系统，同时利用 Web 技术获取信息、发布信息，并在企业内部进行有效共享。

（3）面向信息系统实施应用（Implementation of Information System）。这一层次指的是现代咨询业将在企业实现管理信息化的过程中，帮助企业有效地控制信息系统应用的核心环节——

实施环节，帮助企业准确识别并事前防范信息系统实施过程中存在的各种潜在危险，排除来自各种可变因素波动的消极影响，提高信息系统应用的成功率。

（4）面向管理持续改善（Improvement of Management Performance）。企业在当今竞争激烈的社会打拼，就好比“逆水行舟”，正所谓“不进则退”，因此，企业只有不断地持续改善其管理水平，才可能不被竞争的洪流击退甚至打翻。这就要求现代咨询业帮助企业建立个性化管理评价指标体系，并辅助企业不定期地对自己的管理进行自我评价，以达到管理持续改善、不断超越自身的目标。

（5）面向企业国际化发展（International Development）。企业要想做大、做强，就必然会面对迈向国际化发展的管理运作问题，这就要求企业能够充分地利用 IT 及 Internet 技术。为此，就需要现代咨询业同时实现国际化发展，以快速响应企业国际化运作过程对 IT 技术应用与维护的需求。

发展依托

现代管理咨询的发展，站在三个方面的基础之上：理论发展、实践需求与知识信息，构成了管理咨询的发展逻辑，如图 3.1 所示。

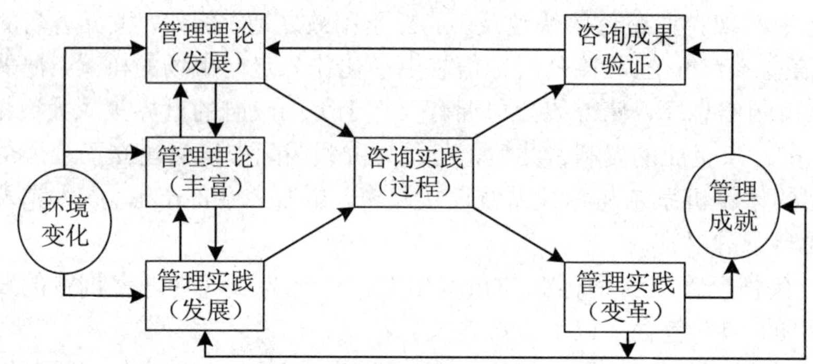

图 3.1 管理咨询的发展逻辑

理论发展

管理理论的发展大大推动了管理咨询业的发展。

现代管理咨询业不再像传统的管理咨询业那样，将业务范围局限在对企业单个管理环节的局部管理改善上，而是扩展为对企业业务处理流程的整体改善，并且将 IT 技术全面融合到企业的管理中去。两者的区别主要表现在以下四个方面[1]，如表 3.2 所示。

表 3.2 传统管理咨询业与现代管理咨询业的主要区别

比 较 点	传统管理咨询业	现代管理咨询业
改善企业管理的方法	注重对企业“科层制”管理模式中各单一管理环节进行局部改善和优化；适应于工业经济时代企业管理的需要	注重对企业管理从整体上进行优化，面向企业业务处理流程实施管理，并建立扁平化组织，以适应对客户和市场的快速反应；适应于知识经济时代企业管理的要求

续表

比　较　点	传统管理咨询业	现代管理咨询业
提供咨询服务的范围	一般不涉及企业管理手段，特别是不注重现代计算机信息技术处理手段在企业管理中的地位及其重要性	注重 IT 手段对于改善企业管理绩效，特别是在提升企业竞争力方面的重要作用，并通过专业化咨询服务提高IT技术在企业应用的成功率和在改善企业管理绩效方面的有效性
依据的管理理论基础	主要依据传统的管理理念、企业战略、市场策略、管理模式等定性化管理分析理论	主要依据数字化管理理论（目前仍在不断发展和完善过程中），以 IT 技术和量化管理分析为基础
咨询师的素质要求	主要以 MBA 和具有丰富管理实践经验的人为主体	不仅要具备管理理论基础和管理实践经验，还要精通 IT 技术及其应用，即跨学科的现代复合型人才

实践需求

管理咨询以成功的企业实践经验和失败的企业教训为依托，企业日益复杂、多样的需要也深化了管理咨询的发展。企业的需要（需方）与咨询业（供方）的成长互相推动，形成了管理咨询业百年的发展轨迹。

当今的世界经济发展日新月异，每天都在发生着不同程度的进步和变革，这样一个大环境为各产业的发展提供了滋养的土壤。管理咨询业，这个新兴的行业也随着整个商业环境的繁荣，随着各产业管理水平的提高、管理意识的增强而开始进入新的发展阶段。

这一切对于年轻的中国管理咨询业来说是不容错过的发展机遇，而与此同时，正因为它的年轻，它也不得不面临巨大的挑战。要迎接挑战，要把握机遇，就必须充分认识到传统管理咨询业向现代管理咨询业的转型，就必须对管理咨询业未来的发展趋势了然于胸。

知识信息

管理咨询业借鉴了其他咨询行业（法律、会计、工程、技术咨询）的运作模式。传统的管理咨询高度依赖知识管理，尤其是本咨询公司的隐性知识（以行业经验、专门咨询技术为主要内涵）管理，日益便利的网络与信息条件正在推动现代管理咨询业的新的发展。

随着信息化以及全球化程度的提高，企业运作所面临的内外环境也必然日趋复杂，竞争日益激烈。从历史角度来看，21 世纪的商界呈现出两个明显的趋势："创新"和以杠杆收购为主要手段的全球兼并收购热潮。从中可以得出两点启示：一方面，"大鱼吃小鱼"模式转变为"快鱼吃慢鱼"，技术更新换代速度的提高要求企业以更快的速度对外界需求变化做出反应，不断推陈出新才能维持强有力的竞争地位。另一方面，随着全球疆域的拓广，企业之间的竞争范围也日益扩大，通过资本运作，一家公司能迅速将另一家企业吞并，从而实现在全球范围的垄断优势。

这种速度和广度时空两维的复杂程度的提高，造成的直接的结果是：

（1）企业成功的关键因素趋于多样，不再像过去那样单一；

（2）企业所面临的问题可能闻所未闻，没有过去经验可以借鉴。这样，传统的经典理论，无论是对于成功经验的总结，还是对于问题诊断的建议，都不一定适用于现在的形势。

产业比较

基于历史渊源、市场制度、政治文化、产业结构等背景的差异，各国咨询产业的发展既有相似点，也有很大的不同面，值得中国咨询业以开放的心态加以全面学习。

美国咨询

管理咨询起源于美国。现在，美国也是世界上咨询业发展最快、行业体制最健全的国家之一。在美国，少数大型管理咨询公司与多数小型管理咨询公司并存的状况，使人很难笼统地归纳出其管理咨询的特点。但从几家国际性咨询公司的情况来看，则有以下共同特点。

领域拓展

管理咨询起源于美国。美国早在19世纪30年代就开始了管理咨询服务。管理咨询的实践最早发轫于第二次世界大战后美国专门从事参谋咨询事务的“兰德公司”、“赫德尔森研究所”等新型集约式智慧型企业。他们将管理咨询的方法和程序用于企业管理，取得了显著成效。当时的欧美企业，资产的所有者往往就是企业的经营者，这些人中有些不善于经营，致使企业萧条，甚至濒临倒闭。为了摆脱困难的处境，企业往往求助于社会上的技术咨询机构，请这些机构派专家或经营顾问到企业进行诊断。

还有另一种情况，就是中小企业为了与大企业竞争，但它们又缺乏人才，只好求助于社会上的技术咨询机构，对企业进行诊断提升。在这种需求形势下，管理咨询就在欧美国家逐步发展起来。

现在，美国管理咨询公司提供管理咨询的触角，已由管理领域伸到法律、金融、工程、技术等相关领域。很多公司原来是以会计、审计、税收为其主要咨询项目，现在也提供技术、工程和管理的咨询项目了。

在美国，投资、形象设计、心理咨询等咨询机构随处可见：总统有总统顾问，州长有州长顾问，一般的法人单位也都聘有专门为自己服务的各类顾问，一般公民有心理问题求助心理医生也是十分平常、十分方便的事情。目前美国已有咨询公司3 500多家，一些大型咨询公司的分支遍布世界各地，还有数以万计的个人咨询服务站，每年营业额高达600多亿美元。

管理专家

美国管理咨询公司的咨询师，已渐渐由职能管理专家变成精通某一行业的管理专家。这个趋向使对咨询师的要求也变得更高了，有的公司在机构的设置上已在考虑这种需求。

各咨询公司对专业人员的资格晋升要求相当严格，从而保证了其咨询高水平、高效率，促进了良好企业形象的形成。特别重视专业人员的资历和实践能力。当然，这里所说的资历不是指混年头，而是意味着广泛的阅历、扎实的知识、多种人际关系、丰富的经验积累。这是保证其诊断高水平、高效率进而带来高效益的根本性条件。

在收费上，大多数公司不按诊断产生的效益分成。他们认为，按人时和按项目收费比例分成更合算。每个顾问的月价码从百至上千美元不等，越是职位高的顾问的收费越难计算。一般根据顾问费用再加上管理费、手续费及直接费用，向客户开价。

产品推销

美国的管理咨询有一部分是由中小企业厅指导部、商工会议所等政府及半官半民的机构提供的，但是更多的是由民间的管理咨询机构承担的。在这种主要由民间机构构成的企业体制下，管理咨询从业者之间及其企业之间都是一种完全的自由竞争的关系。

富克斯（Fuchs）经过调查发现，20 世纪 70 年代下半期，美国管理咨询业提供的咨询服务就已经包含 11 个大类，共计 115 个小类。如果说存在一个不受经济景气与否的影响、永远“旱涝保收”的行业的话，人们首先想到的就是管理咨询业。

现在，美国的管理咨询公司已由单一地为个别企业提供咨询服务，扩展为主动推销自己定型的高智力产品，产生更大的效益。这些公司中，有的已形成自己的研究、开发、生产销售、服务一条龙体系。

欧洲咨询

欧洲各发达国家是最先引进美国的管理咨询的。但由于各国国情不同，所以管理咨询的发展水平也不尽一致，许多国家成立了地区和行业的咨询协会以及国际性的联合会，如国际咨询工程师协会（International Federation of Consulting Engineers，FIDIC）、英国咨询工程师协会（the Association of Consulting Engineers）、英国管理咨询协会（MCA）、美国咨询工程师协会（ACECO）、欧洲咨询协会联盟（FEACO）、德国西部大型诊断企业共同组成独立咨询企业协会（VUB I Verband Unabhangig Beratender Ingenieufimen）和中小管理咨询企业共同组成咨询业协会（Gemen Consult）等。这些协会和联合会大都对会员资格、职业标准、伦理准则、诊断程序以及诊断师的义务等都做出了具体的规定。协会或联合会也可以对成员提供建议和帮助，就同业中共同感兴趣的问题召开研讨会，传递有关成员利益的情报信息，提供交流的机会。

规模巨大

在英国，利用咨询业务促进企业发展在企业家队伍中已成共识，70%的大中型企业常年雇佣一家或数家咨询公司为其提供战略、组织、生产、管理、信息技术等方面的咨询服务。英国的管理咨询，不但专业公司做，各高等经济管理院校也普遍实行“教学、研究、服务”三结合的方针，既做教学又做诊断。2003 年，英国商业和管理咨询总收入高达 100 亿英镑，其中出口达 10 亿英镑。

法国各种专业诊断公司已有 2 000 多家，从业人员近 3 万人。法国专业诊断公司的声誉很高，大型专业公司像欧罗基普公司（EUROOUIP）、管理研究公司（SEMA）、经济发展研究公司（SEDES）等都是国际性的管理咨询公司。仅 SEMA 一家公司就拥有 2 150 名管理咨询专业人员，每年与 50 多个国家签订有关合同。

德国的管理咨询是第二次世界大战后才发展起来的。从总体上看，德国咨询产业呈现稳定、快速发展势头，年增长率远远高于德国国民经济年增长率。咨询产业作为以知识为基础的知识密集型产业，是德国经济中发展最快、最稳定的现代产业部门，成为德国社会经济体系中的有机组成部分。1996年德国咨询产业额达到153亿马克，总从业人员达到46 900人，人均营业额高达32.6万马克，并形成了一系列著名的大型综合性咨询公司，产业高度集中，实现了跨国经营，成为德国一个成熟的现代产业。德国西部有12 000名专职人员、4000多家管理咨询公司，还有许多独立经营的自由职业者，他们的诊断工作注重长期性、系统性，70%左右的诊断服务是一种长期关系。政府还把提供管理咨询服务作为扶持中小企业发展的一项重要政策，多年来在政府财政计划中坚持为中、小企业提供诊断赞助费。一些大型专业公司的力量十分雄厚，也都带有国际性。

行业规范

法国咨询业有着严格的资格审查制度，咨询人员的执业资格由专门的政府机构来认定。在1973年以前，只要是大学或高等学校的毕业生，就有资格从事咨询工作；在此之后，则必须经严格选拔。例如在工程咨询领域，只有经过层层选拔出来的优秀工程师和遵守咨询工程师职业道德的人才能获得执业资格。

行业协会组织对德国咨询业的发展起着积极的促进作用。它们在德国咨询行业中具有很高的威望和信誉。德国咨询协会（BDU）1954年成立，当时仅有25个会员单位，现已发展到413个会员单位、6 400个咨询专业人员，咨询业协会总部设在波恩市。该协会帮助会员单位改善咨询行业的经济环境，通过定期出版刊物、资料，不断宣传协会和咨询企业；为会员单位提供咨询经验与信息的交流，进行咨询人员培训；帮助会员单位协调各种社会关系，使会员单位在社会中树立良好的咨询形象；帮助会员单位开发市场，寻找客户；为会员单位提供一些社会福利性服务工作。咨询业协会的这些工作内容和工作目标吸引了许多咨询公司加入协会，使协会成为指导德国咨询业健康快速发展的重要组织。

人才竞争

德国咨询业发展的主要特点有：人才是咨询业发展的关键，行业协会组织对德国咨询业的发展起着积极的促进作用，咨询业与高新技术紧密结合，加快促进高新技术产业化进程，重视咨询市场的预测与新市场的开拓，以及良好的信誉是长期获得咨询客户的根本保证。

德国对咨询业的管理主要是采取开放式的管理方式，集中在行政和经济方面。在德国，对从事咨询活动的人员和机构并没有任何限制性条款，个人可按规定注册登记，挂起招牌就可以营业。然而这种自由、开放式的管理，实际上给从事咨询活动的人员和机构提出了更高的要求。因为作为咨询机构和咨询人员，要想开展工作并得到发展，获得较好的收益，就必须具有较强的竞争优势，树立自己良好的信誉，在激烈的竞争中立于不败之地。对从事咨询的个人来说，应当具有较高的综合素质；对咨询企业来说，则应当具有自己的服务特点。

德国咨询机构发展迅速，并呈现出两极分化的趋势。德国咨询业始于20世纪50年代，目前德国已有各种形式的咨询机构9 680家。德国的咨询公司主要分为四类：政府决策咨询机构、兼有投资功能的咨询机构、技术转让为主的咨询机构和纯盈利性咨询机构。由于社会信息化发展的加速，使信息技术管理咨询及企业管理咨询成为德国咨询产业的两大核心领域，并且德国咨询业客户来源主要是大中型企业的委托。

日本咨询

日本将企业咨询称为企业诊断。日本的企业诊断作为一个行业，是从欧美引进来的。

公共咨询

日本拥有一定数量、知名度较高的大型综合咨询机构，如三菱综合研究所、野村综合研究所、亚洲经济研究所等。可以说，日本“科技立国”、“贸易立国”等战略的制定，与这些大型综合性咨询机构的咨询工作有着很大的关系，正是这些战略的制定才使得日本的经济得到了高速发展，一跃成为世界上仅次于美国的经济大国。

第二次世界大战前，日本虽然具备咨询业务的能力，但还没有完全独立的咨询企业。第二次世界大战期间，日本作为主要参战国，国家经济遭受了毁灭性的破坏。第二次世界大战结束后，日本急需恢复生产、发展经济。在当时，一种智能性服务业——咨询业便悄然诞生了。到了 20 世纪 50 年代后期，随着日本国土综合开发事业的发展，许多公共事业方面的咨询企业纷纷涌现，日本咨询业逐渐步入快速发展时期。60 年代后半期，日本咨询业进入稳定发展时期，这一时期的特点是咨询综合机构诞生，国际业务增多。1970 年前后是咨询业的大发展时期，一些综合性强、声望高、实力大的咨询机构就创办于此时期，如 1962 年成立了日本经济调查协议会，1963 年成立了日本经济研究所中心，1965 年成立了野村综合研究所，1966 年成立了日本能源经济研究所，1967 年成立了三井情报开发研究所，1969 年成立了社会工程学研究所，1970 年成立了三菱综合研究所，1971 年成立了未来工程学研究所和政策科学研究所，1973 年成立了社会开发综合研究所等。70 年代，咨询热席卷日本列岛，到 1978 年咨询机构达 1 570 余家，仅管理诊断咨询业的从业人员就达 5 万多人。

在日本，咨询市场的供给方有综合研究所、管理咨询机构、工程技术咨询机构三类；需求方则主要分为政府部门和企业界两类。日本咨询市场上的供需基本保持平衡。从需求来看，市场上对咨询的需求是十分旺盛的。就政府而言，其主要委托咨询的内容包括城市问题、公害问题、教育问题及资源问题等；就企业而言，则主要涉及改善企业经营管理效益和提高市场竞争能力等问题，管理咨询是日本咨询市场的一个重要组成部分，其任务就是针对企业提出的问题，深入调查，运用科学的方法，对企业经营管理中存在的问题进行定量和定性的研究分析，找出原因，提出改进方案，并帮助指导实施，以提高企业的经营管理水平和经济效益。

人员结构方面，日本咨询机构一般都有比较合理的人员结构（包括层次、专业、年龄），形成多学科结合的研究咨询队伍，日本咨询业中理工科出身的研究人员数量是社会科学出身的研究人员数量的 3 倍：三菱综合研究所共有 510 名研究人员，其中理工科出身有 380 名，社会科学出身有 130 名。而且人员经常更新，中青年占主导，咨询机构大多由 30～40 岁的研究人员支撑。据统计，研究人员平均年龄 30～39 岁的咨询机构占总数的 70%，平均年龄 40～49 岁的仅占 12.7%，平均年龄 50～54 岁和 25～29 岁的各占 4.8%。在企业方式上，日本采取独特的“派出研究员”制度，即政府、大学、企业、研究所向咨询机构派出研究员，工作 2～3 年，工资由原单位发放，到期回原单位工作。据统计，日本 43.2%的咨询机构有这样的“派出研究员”，其中80%来自企业。例如，综合研究开发机构共有33名研究人员，长聘人员仅3名。

现在，三菱综合研究所共有3 089名员工，年收入734亿日元。三菱综合研究所虽然以“三菱”为名，但来自三菱集团整个企业的业务不过占其总业务的 20%，所以可以说三菱综合研究所是一个完全独立的组织。三菱综合研究所每年有高达100多亿日元的委托研究经费，其中的50%来自于政府、地方公共团体和特殊法人，可见它是具有“政策导向”（Policy Oriented）这一思想库的基本特征的。目前它的研究员人数和常任职员数已接近2 000人，号称为日本最大的思想库。

日本的各类咨询机构，包括综合性机构在内，在接受政府或财团委托项目的同时，还面向社会，特别是企业，承接企业所需的各专业领域内的咨询研究课题，使得日本企业的技术水平、产品开发能力、市场开拓能力等方面具有较强实力。现在，日本企业的各类产品，如汽车、家用电器、电子产品，充斥世界各国市场。此外，许多著名的脑库为政府部门提供咨询服务，出谋划策，如为日本政策设计了“综合安全保障”战略、“环太平洋合作”构想、“技术立国”等国家根本大计。

政府扶植

尽管日本的咨询业起步较晚，但发展很快，是与该国政府积极扶植和引导分不开的。日本政府非常重视脑库的建设，原田中内阁的宫房长官，后任自民党干事长二阶堂进，就是积极倡导和支持脑库的代表性人物之一。他为了筹建综合研究开发机构，联络政界、财界和学术界，亲自主持制订了方案，强调把它建设成为日本的全球性战略研究机构，处理有关经济、政治、外交以及日本发展道路等一切重大问题，并起到全国脑库“总管”的作用。十多年来，日本政府不仅有计划地委托各种脑库研究许多重大的问题，而且首脑人物经常直接参加脑库举办的活动，不少高级官员还在一些脑库中兼职。政府通过综合研究开发机构以及其他途径，为地方脑库的发展在人力、财力方面给予支持。政府为加强对咨询业的引导，建立了专门的管理机构，制订倾斜政策，大力扶植咨询业，如日本把强化咨询研究看做产业界生存、竞争和发展的重要国策之一，每年的咨询研究费约占日本科研经费的1%：在财政、税收、信贷等方面给予支持，如政府对咨询机构外出调查的费用给予补助，政府将发展中国家的开发计划、工程基础和活动方针等情报提供给咨询机构。

加强相应的法规建设，保证咨询业的健康发展，如国家制订“综合研究开发机构法”，使咨询业受到法律的保护和支持。此后，又先后制订了《中小企业论断实施纲要》、《企业合理化促进法》、《中小企业指导法》和《建设咨询人员注册章程》，促进管理咨询业的发展。

日本的咨询机构可分为营利性和非营利性两类。营利性的咨询机构开展咨询活动主要通过咨询研究来获得利润。市场上咨询商品的价格变化，会对咨询活动的开展、机构本身的发展产生很大影响。例如，三菱综合研究所主要依靠同客户签订咨询合同获得咨询项目经费。为了减少因咨询商品价格波动而影响咨询活动的开展，三菱综合研究所通过发行股票筹措资金。现在，除进行部分自主研究外，大部分都属委托研究和合同研究，注册资本达20亿日元。而由于非营利性的咨询机构主要是靠政府资助或基金、财团资助建立起来的，因此价格机制对这类机构的影响不大。

在人员培训方面，日本除向大学宣传培养工程咨询人才的迫切性之外，还鼓励企业举办业务研究班，以吸收新的知识技术，加强企业之间的人才流动。为了使咨询人员积累丰富的经验，还向国外派遣咨询项目的研究生，使他们接受实地训练，或通过外国教育来培养。大学毕业的工商管理硕士、博士，往往是咨询公司争夺的主要对象。然而招聘到合适的人才只是一个好的开端，要想成为合适的管理咨询人员，还需要接受有关咨询技巧和分析方法的系统培训。国外大型咨询公司都制订详细的培训计划，包括获得信息资料的能力，准确分析问题的能力，提出创新性解决问题的方法的能力和人际交往能力等。日本咨询业主要的咨询机构十分注重基础设施建设，如野村综合研究所不仅在东京本部拥有藏书 4 万册、各种杂志 1 200 种、报纸 65 种和特种行业报纸 88 种的图书馆，还拥有自己的“信息银行”，专门收集日本经济、产业的资料，另建有日本 1 700 家企业财务情况数据库。尤其是在信息技术方面占明显优势，信息处理基本上实现了电子化。三菱综合研究所则把情报处理作为所内三大支柱部门之一。1994 年咨询产业信息网络设施建设与开发经费投入就比 1993 年增长了 13%。

此外，为保证咨询业协调、有序地进行，日本仿效欧美建立了专业咨询协会，如 1976 年设立了日本咨询工程师协会（社团法人），协会通过协会章程等形式，对咨询人员从业资格、职业道德做出了明确的规定，发挥辅助管理的职能。起步较晚的日本咨询业自身也不甘落后，并采取各种手段提高自身的竞争力。日本咨询机构把选择高素质的人才作为提高自身竞争力的基本手段。日本咨询机构对经营顾问、咨询人员都有严格的要求，认为从事咨询的人员应具备渊博的知识、丰富的实践经验、良好的企业管理能力、敏锐的观察能力和分析判断能力等。

日本的涉外咨询业务竞争力还比较弱，主要是由于日本咨询业比较年轻、规模小、资金力量薄弱、国外工作经验不足、声望不够等原因所造成的。据统计，1989 年世界信息服务业的市场规模为 1 816.1 亿美元，日本 335 亿美元，占世界市场规模的 18.4%。为摆脱这一状况，日本政府多次派人到欧美考察，并在提高名声和信誉、培养人才、加强提供资金和情报收集工作方面积极采取措施，如向世界银行等国际机构派遣日本职员，通过他们宣传日本咨询机构；鉴于日本涉外咨询的服务对象多为发展中国家和地区，风险较大，日本政府设立出口保险，以补偿咨询机构的损失；对咨询业实行比较优惠的税收政策，日本政府从税制上规定对日本企业在国外承接咨询业务，以及使用外币进行等价交易所得收益实行优惠，这一税制即称为“关于技术性对外交易所得利润的特殊税制”，该税制规定在制定时间内进行技术性对外交易时，计算收入的部分金额可按亏损计算，这样咨询企业就存留了一大笔资金，企业可利用这笔资金加强研究开发设施，完善研究开发体制，培养日本咨询业的高素质人才，并充实和加强对项目的筹备，从而达到发展咨询业的目的；给从事海外咨询的公司以奖励，并发给项目预备阶段调研费用 50%左右的补助金，以利于咨询工作的开展。

组织依赖

日本一些专业性的咨询机构由于受特定因素影响较深，与 FIDIC（国际咨询工程师协会）等要求的咨询机构绝对独立的原则不一致，颇近似于由政府或政府机关控制的法国咨询机构。日本大型的咨询机构一般都设有理事会掌握大政方针，如三菱综合研究所等都设有相应机构，理事会成员由政界、财界和学术界的名人组成，管理上实行高度分权和尊重研究人员个人创造性的体制，管理部门只负责企业专题研究，实行“课题小组负责制”，定期商讨工作。例如，亚洲经济研究所设有“参议会”，负责审议业务方面的重大问题；设有“评议会”，负责审议事业计划、资金预算；还设有“调查协议会”，讨论课题立项。日本各省厅所设立的审议会，其任务也主要是就各种专门问题进行研究，负责向省厅长官提出政策性的审议报告和调查报告，日本政府设有各种审议会212余个，委员达6 000多人。

管理咨询对改善日本企业的经营管理起了重要的促进作用。综合性研究机构集中了各个领域的学者、专家的知识和才能，它们主要负责跨学科的综合性调查研究和接受政府部门的委托，进行各种专题的调查研究，如日本经济研究所每年预算 80%左右的经费是通过向政府经济、技术职能部门申请获得的；此外，还大量接受各企业的委托，从事各种生产技术、科研项目、生产管理、劳动安全、卫生管理的技术指导以及提出各种设计、改进方案，管理咨询机构主要提供包括企业经营管理指导、技术指导、情报和人员培训等方面的咨询服务。工程技术咨询机构承接的业务则主要包括土木工程的规划、设计，解决钢铁工业与建筑设计等技术方面的问题。

日本咨询机构分大型机构和中小型机构。日本咨询机构的一个重要特征是以中小型机构居多，这是由于日本咨询业较年轻、知名度和信用度较低、海外咨询竞争力较弱等因素所形成，但研究人员中30岁以下的年轻人员居多。据日本《智囊团年报》提供的资料，在日本的250个著名的咨询机构中，有150个智囊团的专业人员都在20人以下，这和日本90%以上的企业为中小型企业的现实是相对应的。咨询业在国民经济总体中所占的比例相对其他西方国家来说较低。日本除少数大型脑库拥有庞大的研究队伍外，大多数咨询机构规模不大，有的甚至只有2～3名成员。虽然咨询机构内专业人员不多，但都很精干。日本综合研究所共25名成员，其中研究员有16名，并且专业各不相同，每年可进行10多个项目的研究。据统计，日本大多数咨询机构的研究人员数量占总人数半数以上，有不少甚至达到80%以上。

然而约占日本咨询机构 10%的综合性大型咨询机构，在世界上却享有一定的知名度。综合性的大型咨询机构中著名的有野村综合研究所、社会工程学研究所、三菱综合研究所、日本综合开发机构等。据日本通产省1988年的调查，占日本咨询机构总数1/10的大型综合性机构年均总收入高达1 000亿日元以上。这些大型咨询机构平均拥有100名左右的专业咨询人员，具有很强的研究能力，业务来自日本国内外的企业界或政府。

日本的研究开发咨询主要是以产品技术服务为主，研究人员通过分析，挑选出先进、经济、实用的技术推荐给客户引进，并协助其谈判。这些咨询活动为日本的技术引进、模仿、跟随和创新，直到当今技术水平的赶超都具有不可估量的作用。

产业实践

中国的管理咨询业是随着“全面质量管理”（Total Quality Management，TQM）于20世纪80 年代引进的，借鉴日本和欧美国家企业管理咨询的理论、方法和经验发展起来的。虽然起步较晚，但发展越来越快，并逐渐形成了自己的特色。

市场成长

2002年，国内管理咨询行业迎来她的春天，管理咨询行业的客户比例增长迅速，相比2001

年增高了 11.8 个百分点；2003 年，“非典”爆发对管理咨询市场产生了不小的影响，客户比例相比 2002 年仅提升了 0.5 个百分点；2004 年，客户比例突破 30%，达到 30.7%，相比 2003 年提升了 3.9 个百分点，但远不及 2002 年的增幅；2005 年，咨询行业的客户比例为 35.1%，相比 2004 年增长了 4.4 个百分点，增幅为 10.6%；2006 年，客户比例稍有回落，至 32.91%，降幅 2.19%；2007 年咨询行业的客户比例达到顶峰，达到 35.23%；然而，在 2008 年客户比例有大幅下降，相较 2007 年下降了 6.39%，这一现象打破了管理咨询市场客户比例在过去的 8 年中稳中有升的发展趋势，出现了一个比较明显的下降过程。这种下降可能源于 2008 年下半年席卷全球的经济衰退，绝大多数企业为了在严寒的经济环境中求得生存不得不严格控制预算，导致采购咨询服务的支出减少，如图 3.2 所示。

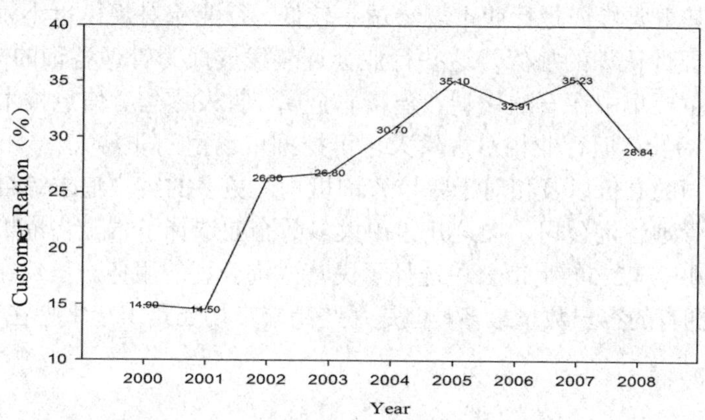

图 3.2　1999—2008 年管理咨询行业客户比例

注：客户比例=当年接受过管理咨询服务的上市公司数量/当年上市公司总数

资料来源：正略钧策管理咨询研究，正略钧策数据库。

客户稳定

目前，中国的管理咨询业已经形成了日益稳定的特征客户群，如图 3.3 所示。

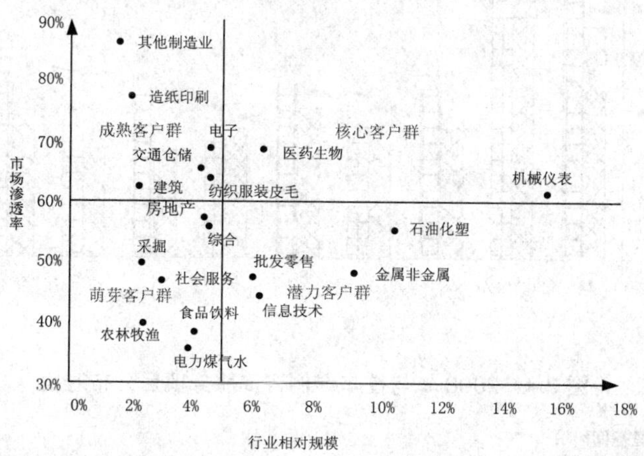

图 3.3　中国管理咨询业不同行业的市场渗透率和行业相对规模

注：市场相对规模=某行业上市公司数量/上市公司总数

“成熟客户群”主要集中在其他制造业、造纸印刷、电子制造、交通仓储、纺织服装皮毛以及建筑这些行业。其主要特征是市场渗透率[①]高，但行业相对规模小，采购管理咨询的市场需求相对饱和，这些行业对管理咨询服务的认可度比较高，对企业自身的问题认识比较清楚，对管理咨询的消费比较理性，针对这些行业，需要咨询公司服务的专业化（对管理咨询公司的专业化要求也比较高）。

“核心客户群”主要集中在机械仪表、医药生物这两类行业。其主要特征是行业市场渗透率较高，行业相对规模大，可挖掘的市场也比较大，这类群体为“兵家必争之地”。同时“核心客户群”的市场渗透率差异不大，其中机械仪表设备行业规模最大，是典型的“核心客户”。

“萌芽客户群”主要集中在房地产、综合、采掘、社会服务、农林牧渔、食品饮料、电力煤气水等七个行业。其主要特征是行业市场渗透率较低，行业相对规模也小。随着这些行业的发展和对管理咨询重要性认识的加深，这些行业会逐步发展成为管理咨询的重点客户。

“潜力客户群”主要集中在石油化塑、金属非金属、批发零售、信息技术这四大行业。其主要特征是市场渗透率低，但行业相对规模大，可挖掘市场空间非常大。

由于外资咨询公司的高价以及相对于院校咨询机构，更多的客户追求综合性、配套性、实践性服务能力更强的管理咨询公司，在这几年中大多数企业选择了本土咨询机构实施管理咨询服务。以 2008 年为例：74.2%的上市公司选择了民营咨询公司的服务。虽然在三类管理咨询机构中，民营咨询公司拥有的客户数量最多。但是那些高端市场还是牢牢掌握在外资公司的手里。

定位鲜明

目前，在中国企业的管理咨询中，人力资源和战略资源咨询市场份额最大。企业战略规划和人力资源管理两个方面随着企业的发展和成熟，依然是方兴未艾。2008 年中国管理咨询市场中人力资源管理咨询和战略咨询的比例最高，分别为 48%和 46%，而且从往年的数据资料来看，两者亦是所有咨询项目中所占比例最高的，分别达到 48.26%和 55.22%，如图 3.4 所示。

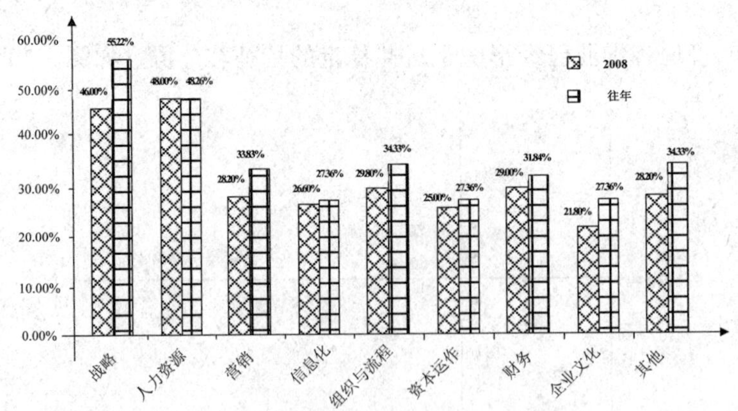

图 3.4　2008 年与往年惯例咨询服务项目分布对比

资料来源：正略钧策管理咨询研究

① 市场渗透率＝至某年所有接受过管理咨询服务的上市公司数量/某年上市公司总数

区域差别

在中国企业的管理咨询中，客户接受管理咨询的地域差别大。沿海地区仍是管理咨询的主要市场区域。以 2008 年为例，东部、南部和北部沿海地区的客户数量占到了管理咨询市场客户总体的 57%，其中以东部沿海地区客户比例最高，是管理咨询市场的热点地区，如图 3.5 所示。

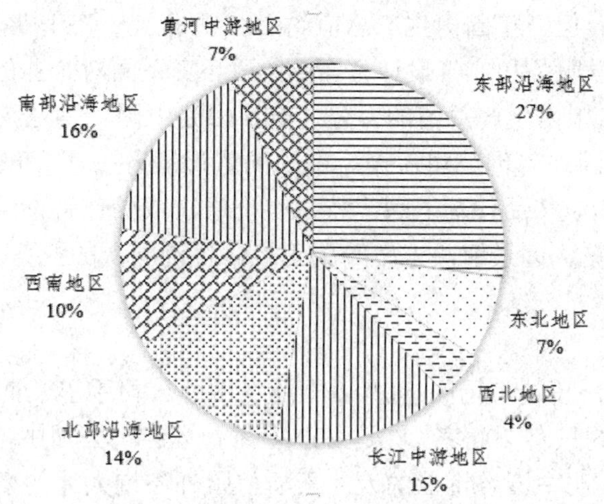

图 3.5　2009 年管理咨询市场客户区域分布比例（中国大陆）[2]

注：区域划分依据中国国务院发展研究中心“十一五”规划区域发展战略中提出的中国（大陆）八大经济区域划分：南部沿海地区，即广东、福建、海南；东部沿海地区，即上海市、江苏省、浙江省；北部沿海地区，即北京、天津、山东、河北；东北地区，即辽宁、吉林、黑龙江；长江中下游地区，即湖南、湖北、江西、安徽；黄河中游地区，即山西、河南、山西、内蒙古；西南地区，即广西、云南、贵州、四川、重庆；西北地区，即甘肃、青海、宁夏、西藏、新疆。

2008 年，广东、上海、浙江、江苏、北京、山东六省市是管理咨询的主要客户市场，其上市公司占到上市公司总数的 50.32%。管理咨询服务客户主要集中在广东、浙江、安徽、北京、山东、江苏六省市，管理咨询服务客户主要集中地与主要客户市场存在一定差异，显著区别点在于上海（9.72%，4.03%）和安徽（3.49%，8.06%）两地。上海市虽然仍保持较高的上市公司绝对比例（9.72%），但管理咨询客户绝对比例（4.03%）有所下降，甚至退出了第一军团，取而代之的是安徽省。2008 年，安徽省虽然上市公司绝对比例仅为 3.49%，但管理咨询客户绝对比例高达 8.06%，跃居第三位。

产业现状

虽然中国管理咨询业在短时间内发展迅猛，并且具有很大的发展潜力和发展空间，在一些经济发达地区，咨询产业渐已成为区域经济新的增长点和重点发展的支柱产业。但必须看到：目前中国管理咨询业（无论是咨询策划业还是其他智力顾问型企业）普遍存在着在对管理咨询工作的范围、作用、自身定位及与周边行业的相互关系方面的认识上的误区。一般来说，这种认识上的误区已经导致了管理咨询业及管理咨询业人士在行为和工作上的畸形发展，并产生了许多令人不安的问题。其具体表现在以下方面。

产业低端

中国的咨询业仍处在发展的初级阶段。这主要表现在以下三个方面：（1）咨询公司数量大但产业规模小。目前全国共有咨询公司3万余家，但真正长期从事咨询服务的仅有1 500余家，而且他们承接的业务量也很小；（2）咨询业在GDP中所占比重相当小，2005年全国咨询业的营业额519亿元人民币，但当年国内生产总值约18.3万亿元，咨询业仅占0.28%。不过这519亿元中还包括移民、留学服务和广告设计方面的收入，真正面对企业的战略、管理咨询的营业额不超过10亿元，只占国内生产总值的万分之一。（3）中国咨询业仍在低端市场挣扎，利润丰厚的高端市场仍然被国外咨询公司占据。中国的咨询服务公司提供的服务大多还是市场调研、营销培训、品牌培育、产品代理等属于特定咨询层次或操作咨询层次的业务，极少有公司涉及企业战略、信息决策、远景解决方案等属于战略咨询层次的业务。

人员素质

中国管理咨询市场，高端市场的90%以上还在国外公司手里，而真正出色的本土管理咨询公司，据统计全国大约只有200家。在这200多家管理咨询公司中，真正能做战略咨询的公司还不到10家。这就说明中国咨询业的人才素质与国外咨询人才的素质还存在很大差距。随着越来越多的中国企业经营规模不断扩大，甚至走出国门，参与世界市场的激烈竞争，他们对外脑必然会存在很大需求，他们需要能为公司定期进行诊断，及时发现问题，并提出可行方案解决问题的咨询专家。虽然现在中国咨询业人才素质还比较低，行业规则尚未建立，法律还不完备，客户与咨询公司之间的信誉机制还不完善，但不可否认的是，高素质咨询人才有着极大的市场需求。

在目前的中国管理咨询业中，尽管从业者中不乏一些有思想、懂业务、有能力的高手，但从业人员鱼龙混杂，也确有不少“庸医”，他们对管理咨询一知半解，却自封为“专家”、“大师”、“高手”，而在实际工作中却常常是要么“有诊无断”，要么“有断无诊”，甚至是“胡诊乱断”，已严重地损害了管理咨询业的声誉，并已影响到了管理咨询业的生存与发展。这也是由于中国没有咨询专家资格认证的严格标准和权威机构，从而使咨询业进入壁垒比较低，从业人员无证上岗是很正常的事。

行业规范

对于中国来说，由于管理咨询的概念和方法基本上是“舶来品”，更由于其“舶来”的渠道、源头，引进者自身素质等方面的不同，故目前在全行业尚未形成一种公认的理论方法，更未形成一种科学而标准的行业量化标准，因此，联合行业精英研讨行业理论与方法、制定行规，制定行业量化标准，已成为管理咨询业必须认真面对的重大现实课题。

整个社会缺乏对管理咨询业的监督考察机制。由于管理咨询业在中国是一个新生行业，故整个社会对其认知度和行业规范尚不完全清晰，这也使宣传媒体对本行业的宣传存在某些误区。例如，对某些个人的神化性宣传，对某个案例的两极化宣传，对某些具体案例中的从业者作用的不恰当的夸大宣传，加上某些个人的不恰当的自我吹嘘、自我标榜性的宣传，使得行业的正规化发展受到了极大的冲击。因此，除行业从业者自身应加强职业道德修养，规范自己的从业行为外，社会及舆论界也应加强对管理咨询业的监督与正面引导，以使本行业的发展能有一个良好的外部环境和运作界面。

虽然中国咨询业发展较快，到目前为止还没有一套完整的产业政策。虽然《中共中央、国务院关于加快发展第三产业的决定》中对咨询业的地位和作用给予了肯定，但还没有真正引起重视，没有采取相应的措施培训专门的咨询业人才，提高从业人员的整体素质，并使之有一支强大的后备人才队伍；没有相应的措施保护和规范咨询业，使之快速健康发展。

除此之外，中国咨询业还存在着咨询机构缺乏准确的核心业务定位、资金实力有限、专业分工不明确和咨询人员与客户的信任关系尚未建立起应有的信誉等诸多问题。这些都需要政府、咨询公司和社会三方面共同努力，创造良好的发展环境，制定产业扶植政策，加强行业管理，提高咨询人员的素质，加大社会对咨询业的监督考察，进而提升中国咨询业的总体水平。

咨询品质

从西方国家企业的成长过程中可以看出，企业的发展离不开管理咨询的支撑。管理咨询在中国的出现也就只有 30 多年的时间，而目前西方咨询公司正统治中国市场，尤其是高端市场。造成这种现状在专业方法方面的原因有如下几方面。

经验缺乏

活跃在中国管理咨询市场的本土公司不少是学院派咨询：它们是由学校教授、行业专家、MBA 人士等组成的，他们的优势在于理论和思想的沉淀。咨询方案尽管很系统，但缺乏有效的操作性，这与管理咨询让企业能够有效地实施的最终目的是背道而驰的。同时，本土企业缺少真正咨询公司必备的组织体系和人力体系，通常由导师带领几个学生为企业咨询，而缺乏一个咨询公司必须具有的资讯、研发、咨询和培训开发的核心体系。

尽管学院派在西方国家也非常盛行，但他们的水平并不在一个层次上：国外的教授很多是具有行业实践经验的，或是从业多年的管理者，或是有许多行业的履历；中国的学院派教授在治学方法和治学精神上还有所差距，从事咨询很多是为了赚钱而衍生出的副业，并且不少还是留校的博士生、硕士生，缺乏商战经验是他们的致命伤。这样的咨询显然只能停留在现状阐述和练习上，不可能有实际操作的技巧。这些学院派主要以价格作为手段进行竞争。举一个例子，某高新区拟通过竞标做一个十二五规划的项目，正常咨询公司咨询顾问人时成本就要 15 万元以上，但是某高校 8 万元就能做，因为作为主要员工的学生的人时成本是极其低的。

相反，国外的咨询企业更多把重点放在解决问题上。不少一流咨询公司的分析报告，他们除了详尽的市场分析过程展示外，更多的是在说明该分析的结果，并把自己积淀的模型和分析结果与具体的公司相结合，提出解决的方向和做法。整个过程非常清晰，能让读者产生如梦初醒的感觉。

文字报告

翻开国内行业分析和咨询报告，最显著的特点就是文字众多、理论详尽而缺乏感性。报告大都以文字说明的形式展现，无非是“前言、现状、原因、展望”等单调的逻辑框架，偶尔有几张简单的图表。事实上行业不同、企业不同，报告的形式也完全应该有所针对、有所侧重。这种情况的根源应该归到中国教育体制的头上：它把拥有高学历的咨询师们训练成千篇一律的“纸上谈兵”的“专家”。

外资咨询公司的分析报告有一个显著的特点：以 PPT 的形式展现给顾客。根据项目的内容，PPT 可以是 20 多页或是 100 多页，每一页都用紧凑的图形、表格组成，文字更多的是以小标题或纲要的形式体现。因为在这些国外咨询师的眼中，客户不可能花很多的时间阅读复杂繁琐的理论分析，他们需要简单明了、能带来感性认识的图表来理解他们想要知道的问题的结果。有的报告中也有大量的文字，但这些内容多以表格比较的形式体现，这也能起到很好的理解分析的作用。

总之，在分析报告的形式上，外资咨询公司更加人性化，更具有顾客导向。

数据有限

咨询报告的价值除了个性化的分析方案外，还包括精确的数据。拥有强大的数据库、强大的信息资源是做好咨询工作的前提。以麦肯锡公司为例，麦肯锡的资源支持无疑是一流的：它有大量的内部数据库和统计资料，订购了各种信息库和行业分析报告，这就方便了项目的开展，节约时间，提高了准确性。一位麦肯锡的员工曾指出：“对于一个类似的项目麦肯锡完成信息收集需要两天，罗兰贝格要一周，而国内的咨询企业时间更长，数据质量也不高。这就是差距。”“用数据说话”是国外咨询公司的生存方式。

然而国外咨询公司在中国遇到了很大的困难：中国没有良好的信息披露机制、缺乏权威的统计机构，这使得它们不得不花费更高的成本于尽职调查。从某种意义上说，愿意在信息收集上投入的公司才具有更强的竞争力。所以在这点上，国内外企业的差距并不是很大，竞争力的差异集中在知识积淀、结构化能力和人才吸引上。

以上就是从中外咨询企业提供的咨询报告的差别看中外咨询企业的差距。当然，中外企业在所拥有的人才队伍和人才架构、运作程序、核心能力等方面也存在着很大差距，这就对中国咨询业的发展构成了很大的挑战，显然，中国咨询公司要赶超国外咨询公司还有很长的一段路要走。

本章概要

本章通过对美国、欧洲、日本和中国的咨询业发展现状的介绍、比较，指出中国咨询业发展取得的成就以及存在的问题。最后，又从中外咨询企业提供的咨询报告的差别角度看中外咨询企业存在的巨大差距，指出中国咨询业的发展还需要政府、咨询公司和社会三方面共同努力，才能取得更加辉煌的成就。

思考练习

1．中国民营企业管理咨询重点问题有哪些？

2．新经济背景下企业管理咨询新问题及其发展趋势如何？

3．中国本土咨询企业与国外咨询公司相比，存在哪些优势和劣势？中国本土咨询企业应该如何发挥优势，避免劣势，增强自己的核心竞争力？

4．对比、归纳美国、欧洲、日本的咨询业特色。

5．针对中国本土公司的劣势，哪些特点是值得中国本土咨询公司借鉴的？

6．中国本土咨询公司应如何抓住中国本土的高端客户？

7．中国本土咨询公司如何拓展国际市场，成长为世界性咨询公司？

8．随着经济的高速发展，谈谈中国企业当前面临的主要问题，最需要管理咨询公司提供怎样的咨询服务？

9．从国外管理咨询行业的发展历程来看，政府的支持都发挥了很大的作用，试着谈谈中国政府对于咨询业的发展的支持，以及需要在哪些方面加以调整。

10．一国的咨询业和它的相关产业优势应该是相辅相成的。如何分析这种相互关系？

延伸阅读

《管理咨询国际指南——全球管理咨询的发展实务及其结构》([英]乔纳森，巴里．钱逢胜，译．上海：上海财经大学出版社，2003)：这本指南描述了世界范围内的管理咨询业，同时还就如何有效地选择和利用管理咨询服务提供了建议。

《顶峰：如何成为最赚钱的咨询顾问》([美]艾伦·卫斯．贾光伟，译．北京：中国财经出版社，2004)：本书涵盖了当今咨询顾问领域的全部内容，以生动的语言描述了公司增长所需的指导原则与战略。

《进入广阔的咨询业》([英] 苏珊·纳什．贾光伟，译．北京：中华工商联合出版社，2004)：本书旨在提供创立并管理咨询公司所需的技术与方法。

《事业单位管理咨询实务》(王璞，李小勇．北京：中信出版社，2004)：本书的主要内容是分析事业单位变革时期存在的主要管理问题以及系统的解决方法。

《咨询大师的忠告》([美]马格里森．牛全保，译．郑州：河南人民出版社，2003)：本书具体内容涉及建立有效咨询关系的实际步骤，人员和人际技巧，使用计划、模型和重要的背景体系，面对的重要政治因素和压力，新概念、新技术正如何改变咨询的方式。

《白宫第一智囊——兰德公司与美国的崛起》([美]阿贝拉．张小燕，梁筱芸，译．北京：新华出版社，2009)：本书揭开兰德的神秘面纱，同时提供一个观察美国 20 世纪后半叶历史的全新视角。

《兰德决策——机遇预测与商业决策》([美]乔迪．四川联合大学，译．成都：天地出版社，1998)：全书以介绍兰德决策技术与决策能力培训为重点，并通过案例分析加以论述。

《绩效咨询·人力资源和培训管理：专业人士实用指南》([美]达纳·盖恩斯·罗宾逊，詹姆斯·C. 罗宾逊．田力，译．北京：清华大学出版社，2011)：对于理解绩效咨询来说，理论和概念当然是重要的，但是绩效顾问在面对实际情景中知道如何应用这些理论和概念也是非常关键的。本书既提供了指导思维的概念，又提供了被证实有效的技术。

《智慧点亮行业：行业跃进的新思维》（IBM 商业价值研究院．北京：东方出版社，2011）：本书专辑收录了 IBM 商业价值研究院 2009—2010 年度出品的 13 篇行业研究报告。这些报告所覆盖行业相当广泛，包括政府与公共事业、金融、电信、消费品、汽车、交通运输、生命科学、媒体与娱乐等领域。

《变革之魂：波士顿咨询公司组织变革理念》（[美]珍妮·丹尼尔·德克．王胜利，译．北京：机械工业出版社，2002）：变革曲线是一种极具操作性的工作方法，让读者了解和对付“变革怪兽”——在推进重大变革时每个人都有的情绪和恐惧。它就像一个罗盘，将会指导读者判断组织的现状，如员工们在理智上和情感上是否都做好了准备，并且是否有能力执行制定的战略计划，能否使一个新的公司获得成功等。

参考文献

1．曾庆学．中国管理咨询产业发展的分析[EB/OL]．中国管理传播网，[2003-10-27]．
2．正略钧策企业管理咨询有限公司．2009 年度中国管理咨询行业市场发展研究报告[R]．北京，2009．

第 4 章

咨询竞标

从优秀到卓越，麦肯锡靠的是方法。没有什么比忙忙碌碌更容易，没有什么比事半功倍更难。

- 明确管理咨询的工作流程；
- 掌握咨询竞标的阶段及工作方法；
- 把握管理工具的价值与发展方法。

企业管理咨询的实施，对于咨询公司与客户企业双方，首先是一个抉择问题，不仅涉及项目的选择、咨询公司的选择，还涉及咨询方法、工具等一系列技术问题的分析。本章将着力于咨询流程、咨询竞标与咨询工具等三个方面的抉择分析。

咨询流程

管理咨询的基本程序，包括整个咨询过程中各阶段的工作内容和方法及其相互关系。该程序按目标和任务划分为五个阶段：接洽咨询阶段、预备咨询阶段、正式咨询阶段、方案实施阶段和后续服务阶段。第一阶段的目标和任务是明确咨询双方合作的意向和条件。第二、三、四阶段则是步步深入地了解客户的问题，帮助客户解决问题的过程。第五阶段则是对咨询成果回顾总结阶段（见图 4.1）。遵循咨询的基本程序开展工作，有利于咨询双方的合作，使咨询工作有条不紊地按照其内在规律向纵深发展，并达到预期的效果。

接洽咨询

接洽咨询阶段是咨询的第一阶段，该阶段的目标和任务是通过洽谈和协商，明确咨询双方是否有合作的意向。该阶段的工作步骤是：初步接洽、研究回复、深入商谈。

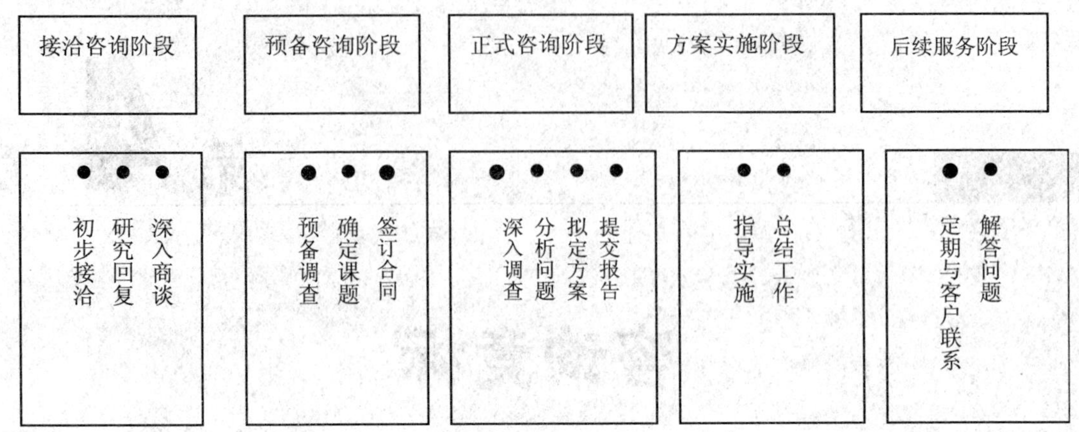

图 4.1　管理咨询的五大阶段

初步接洽

这是咨询双方的初次接触，可能是客户慕名而来，可能是第三方介绍的，也可能是咨询组织自荐的。只要客户的态度是积极的，咨询组织就要重视，并尽早安排正式会晤。

正式会晤一般在客户厂家举行。咨询组织应派一位有丰富知识和经验的高级咨询师前往，以便在短暂的接触中理解客户的要求和意图、介绍咨询工作、树立自身形象、衡量受理能力、判断受理条件。

正式会晤一般要与客户的主要决策人进行，时间为半天至一天。为了解客户的要求，并衡量自身能力是否足够接受委托，咨询师可要求介绍企业的发展过程，提供企业的经济状况资料，陪同参观工厂，如果是制造型企业，则要了解厂房、机械配置、制造工艺流程、工人操作和机器运转情况、在制品及库存数量及现场管理情况等。这也是咨询师迅速全面了解客户情况的一个快捷手段。

研究回复

为做出正确判断，咨询师除了与客户直接接触之外，还需要做一些间接调查，如客户在行业中所处的地位、财务状况、生产状况、营销状况、人力资源状况和企业信誉等。无论是否有合作意向，咨询组织都要给客户以正式答复。

有合作意向时要与客户提出双方合作的初步方案，供客户考虑。

深入商谈

经过初步接洽，如果客户也有合作的意愿，那么双方需要就咨询组织提出的初步方案进行商讨。当客户是咨询组织不熟悉的行业，或客户的问题不明确时，一般需要通过快速、全面的预备调查来确定具体咨询课题。预备调查的准备工作和合作方式是深入商谈的重点。

如果双方能达成一致意见，咨询工作就进入下一阶段；否则，双方的接触到此结束。

预备咨询

该阶段的目标和任务是通过快速、全面的调查，明确客户的关键问题，共同确定咨询课题，并签署咨询协议。与第一阶段相衔接，该阶段的工作步骤是：预备调查、确定课题、签订合同。

预备调查

预备调查是为了确定咨询课题而进行的一次短期的综合性调查。双方要做好相应准备并在调查中积极配合。客户要提供调查条件、调查资料，派出联络陪同人员，准备系统介绍情况；咨询组织要组建咨询调查组，选派咨询组长，拟定调查计划，必要时准备调查表格。调查过程中，调查组首先要听取企业主要领导、主要部门领导介绍各自工作、整个企业及部门现状及存在的问题。随后，参观整个企业，形成对企业的直观印象。调查结束后，咨询组应研究企业提供的材料，包括企业概况、财务报告、生产经营统计资料等；查阅同行业的对比资料，了解企业与同行业先进水平的差距及行业市场情况，对企业环境中的机遇、威胁，竞争中的成功关键因素，企业内部的优势和劣势以及客户的关键问题，均有基本把握。

确定课题

确定咨询课题一般分两步。首先，咨询组根据紧迫性、可行性、实效性和收益性的原则，对客户存在的各关键问题分类排队，内部形成对咨询课题的统一认识；与客户企业领导交换意见，了解企业领导对企业存在问题的看法和对咨询诊断的要求，统一双方对关键问题及咨询课题的认识。如果咨询组认为客户的意见不妥，一定要用充分的根据和道理耐心说服客户领导。课题一旦确定，双方还要共同选择最适宜的咨询方式。咨询师在此基础上要制定各分课题的咨询计划，包括工作方法、日程安排、咨询人员、工作时间、预期目标、大致的费用等，并以书面形式（通常称之为项目建议书）提交客户，作为双方咨询合同商讨的基础。

项目建议书一般包括如下内容：封面、目录表、建议的依据、表达对此项目的兴趣、对任务的阐述、对项目目标的理解、对项目采取的方法和途径、项目流程图、咨询服务范围、咨询服务的进度安排、交付或提供的服务及其最终产品、项目组成人员名单和组织图、公司经验或具体项目的业绩、项目组人员的简历及业绩。

签订合同

咨询双方以咨询建议书为基础商谈，在达成一致意见后，形成咨询合同书，并正式签订合同。合同中要有报酬数额及付款方式的条款，并且合同条款的语言要清晰、简练、严谨，双方要就每一合同条款都达成一致意见，对于暂时未考虑的方面，要在条款中注明一旦出现此种情况，是按照惯例还是由双方商议决定。尽可能采取书面的合同方式，一旦今后出现一方违约的情况，合同可以发挥法律效力。

正式咨询

该阶段的目的和任务是通过深入调查分析，判断各课题领域内的问题及原因，提出系统、可行的改善方案，并为方案的实施作必要的思想和组织准备。该阶段的工作步骤是：深入调查、分析问题、拟定方案和提交报告。

深入调查

深入调查指在预备调查的基础上，围绕咨询课题展开深入调查以弄清问题的细节和各因素之间的关系。

深入调查一般包括下面三个方面的工作。

（1）综合调查，弄清问题的细节及原因。在这个阶段，企业要配合咨询人员，落实协助部门和人员，落实任务和责任；召开企业情况介绍会，由企业高层领导和有关部门负责人介绍各自职能管理情况；咨询人员与企业重点部门的负责人和有关人员面谈，并索取有关资料，这里的资料包括书面材料、数字资料。咨询人员通过与企业重点部门负责人面谈，获取最真实的数据；根据需要咨询人员可征得企业同意进行问卷调查；运用多种分析调查工具分析所掌握的资料；把分头调查到的情况汇总，将问题归类。

（2）专题调查，探讨解决问题的可能性。咨询人员要深入企业生产和管理现场，收集第一手资料；与现场管理人员和操作人员面谈，听取他们对问题、原因及解决方案的意见和设想。因为现场管理人员和操作人员最了解一线情况，他们通常会观察到别人不可能观察到的问题，所以，他们的意见和设想是至关重要的。吸取了一线人员的意见的方案通常可行性更高。

（3）向企业提交中间报告。中间报告可不拘形式，采取口头报告或书面报告等形式；中间报告的重点是说明问题的原因和解决问题的思路。各课题的咨询人员要分步确定调查目标、制定调查方案、界定调查范围，经咨询组长审核并协调各课题工作关系后执行。咨询组长负责指导各课题组的调查工作，控制调查进度等。

分析问题

分析问题是要分析问题的实质、分析发生问题的根本原因；同时分析解决问题的可能性与条件，为制定改善方案打下基础。分析问题的过程根据调查过程也分两步走：首先，重点分析与机能层有关的诸问题；然后，深入分析与管理职能层或运行机制有关的原因。分析工作要遵循企业的内在联系，由此及彼、由表及里地寻找产生问题的真正原因和解决问题的障碍，探索解决问题的出路。

有时在咨询过程中发现的问题，不一定都写进改进方案中去，如果能同委托企业的管理人员事先协商解决，不实施公开化，反而更好。这样，最后整理出的问题都是最重要的、亟待解决的问题。

拟定方案

拟定方案是指在弄清问题实质及其根本原因的基础上，为解决问题制定各种改善方案，并对其可行性和实效性进行评价，对方案进行修改，使其更完善。制定改善方案是个关键性的步骤。由于调查分析任务繁重，咨询工作往往不能严格如期完成，造成拟定方案时间紧迫。咨询组遇到这种情况，要从客户的利益出发，与客户磋商，争取更多的时间，以提供若干更完善的可行方案，供企业选择决策。拟定方案的工作一般分为四步：首先，形成总体思路。该思路应在咨询组内外集思广益的基础上产生，并由咨询组长提出；其次，根据总思路，各课题组分别制定具体改善方案。再次，在咨询组长的主持下，集体讨论、研究、协调各课题方案，形成若干系统的总体改善方案。最后，对各方案（包括总体方案及其包含的课题分方案）进行评价，选择最满意的方案。改进方案，其初步设想和框架要尽量征求企业有关领导和管理人员的意见，每个改进方案都应有预计的效果和实施的具体条件，都应是具体可行的。满意方案的最后选定，如能与企业领导取得一致意见则最好，但咨询人员不应放弃自己的客观立场。

提交报告

此步骤是指把正式咨询调查分析的成果及改善方案撰写成文字简练、图示清晰的咨询报告，提交给客户。

咨询报告分总报告和各课题报告。总报告的主要内容包括：客户概况及咨询课题；咨询目标、方针、计划和组织实施过程；咨询报告的总体思路、各课题方案之间的关系；各总体方案预期的效果及实施中应注意的问题。分课题报告主要包括：课题的问题分析；课题的原因分析；课题的咨询改善方案及其预期效果；课题的改善方案在落实过程与相关部门的关系及应注意的问题，以及列入报告附录的调查结果。

咨询报告的撰写，要在小范围内审查，听取客户有关部门的意见，检验咨询报告发表的效果，以便作最后的修改与补充。如果改善方案被企业决策者采纳，咨询报告得到最终承认，则本阶段的工作结束。如果客户企业还希望咨询人员继续帮助实施方案，咨询工作将延续到实施阶段。

方案实施

方案实施阶段是咨询的第四阶段，该阶段的目的和任务是帮助客户企业实施改善方案，使整个咨询工作产生实效。

外资的咨询公司只做咨询方案而不做执行的模式被很多的中国咨询企业所模仿，外资培训公司的主要的课程式的产品形式也被很多中国培训公司所效仿，但是现在经常看到的是：很多的企业请外部咨询公司做完咨询方案之后方案被束之高阁，因为企业自身没有足够能力执行下去。咨询公司的产品目前也存在严重的同质化现象，因为咨询公司的同仁都盲从于当年麦肯锡创立的规则：不做执行，这样在很大程度上降低了咨询公司的运营风险；但从反方向也看到，因为没办法执行，企业对咨询的作用也产生质疑。很多的咨询公司，更多关注的是目标客户对自己的现金流的贡献，却忽略了自身产品应随着外部需求来完善和改变。根据目前中国很多企业还没有能力进行独立执行的现实，咨询的产品设计应该根据市场客户的实际情况进行改进，特别是本土的一些咨询公司，更应该在执行工作中提供直接支持或辅助支持。

工作步骤

咨询师不光要帮助客户企业起草一个咨询方案，更重要的是把整个方案落实到流程上，产生实效。实施是管理咨询成功的关键。没有实施过程，再出色的咨询解决方案也不会有多大价值。即使咨询师没有参与实施过程，他们也应该考虑到解决方案的实施问题。

在实施阶段，咨询公司的工作步骤是：指导实施、总结工作。指导实施指咨询人员继续留在客户企业中，帮助实施咨询改善方案，推行管理上的变革。

一旦客户具备独立实施方案的能力，咨询人员将适时退出。

咨询帮助

咨询人员应提供以下帮助：制定执行计划和保证计划完成的措施，对客户负责实施咨询方案的人员提供培训和指导，指导实施方案的范围、责任、日程和方式，并在实施初期负责对实施计划进行调整和修改，检查诊断效果，巩固和完善诊断成果，具体商讨对方案实施效果的评价标准。

在协助客户实施方案阶段，咨询公司要提供相关的支持信息，辅助客户企业实施变革方案。当出现意外时，咨询公司应该重新审视环境变化，对既定方案进行调整，并对客户企业的相关实施人员进行指导。在这一阶段，咨询顾问通常不在客户现场，而是进行幕后指挥，主要是接受电话咨询和通过电话进行指导。

咨询公司对客户的协助不当往往导致咨询项目失败。例如，管理咨询公司和企业对辅导实施阶段的重要性认识不足，对辅导实施过程所要花费的人力、物力分配较少，远远满足不了推行咨询成果的要求；管理咨询公司辅导实施手段单一，不能解决咨询成果中的实质性问题，通常仅限于电话咨询、短时间的现场指导（其实指导不了什么）或提供一些培训；管理咨询公司越俎代庖，替代企业实施咨询成果。

某企业聘请管理咨询公司进行营销管理体系的全面提升，三个月后，管理咨询成果提交，项目进入辅导阶段。

在咨询成果实施的过程中，营销人员发现企业对经销商返回的报销单据处理周期不但没有比咨询项目开始前降低，反而延长了周期，经销商非常不满，甚至有经销商发函表示要终止与该企业的合作。管理咨询公司仅根据管理咨询合同上的约定，“电话指导和上门培训”，在电话中提出了三点意见：（1）维护营销管理流程的权威性，该淘汰的经销商主动淘汰反而是件好事情；（2）营销管理人员应加强对经销商的培训，使其了解企业的管理流程；（3）企业管控部门要提高工作效率；并配合企业组织了一次针对经销商的培训活动。结果问题不但没有得到解决，报销单据处理周期反而更长，选择终止合作的经销商也达到了十几家，其中优质、重点的经销商就占了一半。企业无奈之下，废除了相关规定——咨询成果的主要部分——回到管理咨询项目开始前的状态。

后续服务

完整的方案实施还应该包括良好的后续服务。

客户和咨询师常常会同意结束一项具体的咨询任务，而不是完全终止他们的工作关系。如果咨询师进一步的工作与当前咨询任务在某些方面仍有关系，称之为后续服务。有些后续服务的需要经常在评价咨询任务时确定。如果咨询师确信后续服务符合客户的利益，并且他可以向客户再提供点什么，就可在最后报告以及同客户的会谈中提出建议。许多客户单位可能发现，通过后续服务这样一种有效的帮助形式，新的问题和机会在变得令人头痛之前就能被发现和提出。但是，如果客户不感兴趣，就不应强迫其接受后续服务的安排。

中国的管理咨询公司往往不重视后续服务阶段的工作——无论是出于咨询成本的考虑，还是出于对咨询成果的信心不足，对企业的后续服务相当有限，甚至认为这是可有可无的。

服务价值

客户已经发现基于短期、项目型的管理咨询服务已经不能满足自身要求，其对管理咨询服务的需求是长期的，需要真正了解自己的顾问，也就是需要长期的咨询和服务伙伴，因为对客户的了解越深入就越能提供真正适用的、有价值的服务。通过提供后续服务，可以为客户和咨询方搭建良好的沟通平台，在不断的合作中互相了解、互相信任，最终形成长期密切的合作关系，成为战略发展伙伴。

其次是对整个咨询业的推动作用。许多客户找咨询师，不仅是为了寻找一个具体问题的解决办法，而且是想获得咨询师的专门技术知识（环境分析、企业重构或质量管理）和评估组织、识别问题与机会、开发改进方案以及实施变革所采用的方法（会晤、诊断、交流、说服、反馈、评价以及类似的技巧）。作为专业化服务，管理咨询提供有关实际管理操作和经营的技术知识与方法，管理咨询师是通过学习和实际操作，积累了各种管理背景中的大量知识，获得了解决问题、改善组织效能的各类所需方法。同时，咨询师了解各类组织的性质与目标，具有独有的信息收集、分析、综合方法，并具备研究与提出改进工作的方案的能力；还要具有与人广泛交流、策划改革的目标及步骤、克服改革的阻力、动员组织成员并帮助客户创新的专业服务能力。在此基础上，由于管理咨询师阅历了许多不同组织及各种情况的组合变化，能识别一般趋势和产生问题的共同成因，选择适当时机确定一个适当的解决方法。在提供后续服务的同时也给予客户学习的机会，在一个相当长的时间内甚至是长期的合作中提供专业知识。当咨询委托变成了学习委托，通过向客户组织传授新的技能，帮助管理者及工作人员去学习咨询师的经验而壮大客户力量，咨询的教育效应也许是最重要、最持久的效应，这便是整个社会的福利。

当咨询方案完成之后，如果咨询公司承诺继续进行后续服务，那么由于咨询方案实施后的一些缓慢暴露的问题也会需要咨询公司来解决。实际上很多问题已经超出了管理咨询的范围，属于企业自身的管理问题，应当由企业自己来解决。根据咨询内容的不同，后续服务的情形也有所差别。

服务选择

咨询师实施后续服务有多种选择。在咨询任务涉及的领域将有新的技术发展，这是需要后续服务的一个原因。此外，还有一些其他原因使客户希望咨询师以新的目光看一下由实施建议方案而产生的新情况。因此，客户可能对后续服务的安排有兴趣。与具体咨询任务相关的后续访问通常按计划在一个有限的时期内进行。客户可能有兴趣与其满意的咨询师保持更持久的工作关系。例如，咨询师将在两年的期间里，每三个月进行一次短暂的访问。其目的是评述实施的进程，帮助采取任何需要的纠正措施，研究是否有新的问题。

一个咨询机构的后续服务主要表现在以下方面。

- 建立客户服务档案，保留客户资料，随时可提取，并及时更新。
- 对咨询项目阶段性成果的实施、改进提供有效的指导，及时更正错误，调整方向。

- 监督环境，对咨询项目的效果进行进一步的跟踪并指导改进。
- 采用电话跟踪或定期走访等方式与客户保持沟通，了解客户的想法。
- 对客户需配套或需升级的管理内容提供进一步的咨询或指导。
- 帮助解决日常工作中遇到的疑难问题。
- 对客户时间要求比较高的，可以采取入驻客户公司的咨询方式。
- 帮助客户培训其内部方案实施相关人员，提高专业水平等。

管理咨询后续服务具体流程，如图4.2所示。

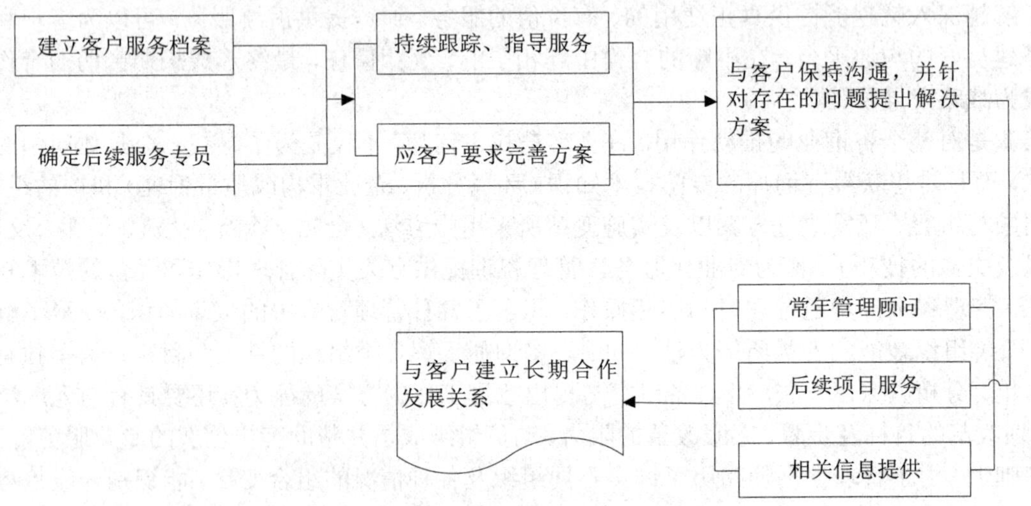

图4.2　管理咨询后续服务流程图

组织领导

为保证方案实施的效果，在方案正式实施一段时间之后，咨询师还应该定期与客户联系，对实施过程中遇到的各种问题给予及时解答。应该注意的是，在咨询工作的整个过程中，客户领导层和全体员工的积极参与是非常重要的。

为保证整个咨询过程的顺利进行和改善方案的有效实施，客户企业一般要成立项目领导委员会和项目小组，项目领导委员会由客户最高领导任主任，成员包括决策层人员和主要部门负责人，其主要职能是对咨询工作和项目小组的工作起指导和促进作用。项目小组由与本次咨询活动有密切关系的部门中层和基层人员组成，最好由一名企业决策层人员担任组长，负责与咨询组的联系和领导项目工作小组与咨询组配合工作。

问题诊治的程序

下面以经营咨询为例，谈谈如何进行差距分析；找出并解决企业的经营瓶颈。

首先，进行单项差距分析。由于企业的经营目标是战略目标，因此，必须将其分解成战术目标进行深入分析。这些单项差距分析包括：

（1）产品品种差距分析。

（2）生产能力差距分析，包括设备能力差距和工程设计能力差距。

（3）产品开发周期与生产周期的差距分析。

（4）产品质量差距分析。

（5）成本差距分析。

在上述差距分析中，管理咨询总结的许多方法都可以采用，用数据说话，使分析结果真正有说服力，也可以用主次因素排列图、因果分析图等来直观表示。

然后，在单项差距分析的基础上进行综合的差距分析。因为企业是一个统一体，在品种、能力、交货期、成本、质量之间有密切的联系，这种联系错综复杂，有相互促进也有相互制约。这就要求抓住主流，反映企业的本质问题，即企业生产经营的瓶颈。

最后，根据企业存在的问题，提出可操作性的方案，并由咨询机构帮助培训相关人员，指导实施改进方案。

项目竞标

咨询项目竞标包括对问题的陈述及其范围达成协议、项目规划、准备项目建议书与演示说明项目建议书四个阶段，每个阶段各有其独特的内容与技能要求。

表 4.1 项目竞标的四个阶段及其技能要求

阶　段	必要的技能
对问题的陈述及其范围达成协议	积极倾听 提问有效 理解业务 模糊情形的概念化 能够同客户和谐相处 职业销售 澄清 解决问题的技能 创造性思维 谈判（某些情形下）
项目规划	形成概念 清晰结构 理解咨询公司的资源与能力 项目管理
准备项目建议书	确定范围 估计时间和成本 项目建议书撰写 合同法
演示说明项目建议书	演示技能

项目问题

项目协商的关键是对问题的协议。

服务沟通

确定咨询服务的过程是一个动态的交互过程，即管理咨询公司与咨询客户互相交流企业的现状、发展遇到的问题等，来共同探讨客户企业的咨询需求所在。这个过程，也是咨询服务的需求与提供双方相互考察和拟合的过程。

项目竞标阶段，咨询公司与客户有其各自的目的：咨询公司想让客户相信自己能够给客户带来最大价值，树立自己的形象和信誉；而客户则希望挑选出一个真正能为本企业做好诊断的咨询公司，从而通过实施改善方案获取经济利益，如表4.2所示。

表4.2 项目竞标阶段的目的

咨询公司的角度	客户的角度
从咨询项目中获取经济利益	从咨询介入所产生的结果中获取经济利益
理解客户所面临的真正问题	寻找同自己的理解一致的咨询公司的观点
确保咨询公司有能力提供优秀的咨询项目	了解咨询公司的能力
说服客户相信自己就是客户的选择	使自己相信相应的咨询公司就是最佳候选，能够提供所期望的价值
签订有关付费的法律合同	签订一个使咨询能够产生期望效果的法律合同
即便投标不成功也要建立公司的信誉	加强自己的判断：相应的公司就是最合适的候选对象

客户信息

在项目初次协商前，咨询公司应该尽可能搜集有关客户组织及相关行业的信息，并把所搜集的信息同客户的会见紧密地联系起来。在协商中咨询公司要提供有关自己能力的细节信息，并应尽可能获取相关信息。

项目协商中咨询公司应获取的相关信息

- 接受项目建议书的决策权在谁的手中？
- 谁能够对这种决策产生影响？
- 客户做出抉择的过程是什么？
- 项目建议书应该在什么时间之前提交？
- 其他被邀请参加项目投标的公司有多少？
- 竞争对手是哪些公司？
- 客户的组织结构和框架是什么？
- 客户所界定的问题是什么？
- 这个问题为什么重要？
- 为什么要雇请咨询师？
- 客户是不是已经采取了一些行动来解决相应的问题？
- 项目的规模（相应问题领域中的管理者和雇员数量、相应活动的地点、活动地点的数量等）有多大？
- 是不是存在某些报告或文件可以进一步提供相应问题的信息？

- 客户期望的项目进程时间表是什么？
- 客户所能够提供的资源有哪些？
- 客户会不会同意咨询公司获得所有信息以及接触所有层次上的管理者和雇员？
- 是不是存在客户将施加而且还需要进行清晰界定的限制条件？
- 客户同咨询公司进行合作能够获得什么经验？
- 对咨询项目的大致价格范围是不是有共同的观点？

现实问题

现在，许多中国企业经常被以下问题所困扰：

- 为什么企业发展到一定阶段会遭遇瓶颈？
- 企业现行的管理制度是否能够与企业的发展相匹配？
- 企业现有的组织结构是否合理，部门划分是否适当？
- 企业现有的组织结构能否适应企业规模的不断扩张？
- 如何及时、有效地发现企业生产经营中存在的问题？
- 如何找到产生上述问题的原因？
- ……

项目规划

项目规划阶段首先要考虑咨询模式。咨询活动的模式不仅将影响知识的运用方式和咨询公司的思维模式，而且还将影响咨询公司运用具体工具与技术的方式。

在进行收集信息之前，有必要确定需要研究的是什么，从而确定真正所需要的数据。为此，必须确立一个“实施模型”，这包括两种类型的分析：第一，战略性分析，评价组织的主要活动以及这些过程得以执行的环境；第二，常规性分析，从日常经营运作的角度考察组织。

战略分析

对公司问题的诊断首先应该从整体的战略角度分析开始，以对公司有一个整体性的了解，确认公司发展的约束瓶颈，以及可能会提高其竞争力和盈利能力的领域。

分析思路

一般而言，企业战略需涉及愿景设计、总体战略目标制定、公司战略制定、业务发展目标制定、业务战略制定、职能战略制定和管理实施的七个阶段，战略因此可分解为公司战略、业务战略、职能战略三大层次。每一层次的战略分别对应着不同的咨询目的。因此，要利用不同层次的数据和咨询工具进行咨询工作。图 4.3 描述了战略咨询项目的总体思路。

战略分析应该研究以下问题。

- 核心业务：组织核心业务的目的。
- 业务单元：各个业务单元。
- 战略地位：组织的整体战略地位以及业务单元的战略地位，研究现在和可能的强处、弱点和竞争对手。

- 战略潜力：组织和业务单元的战略潜力。

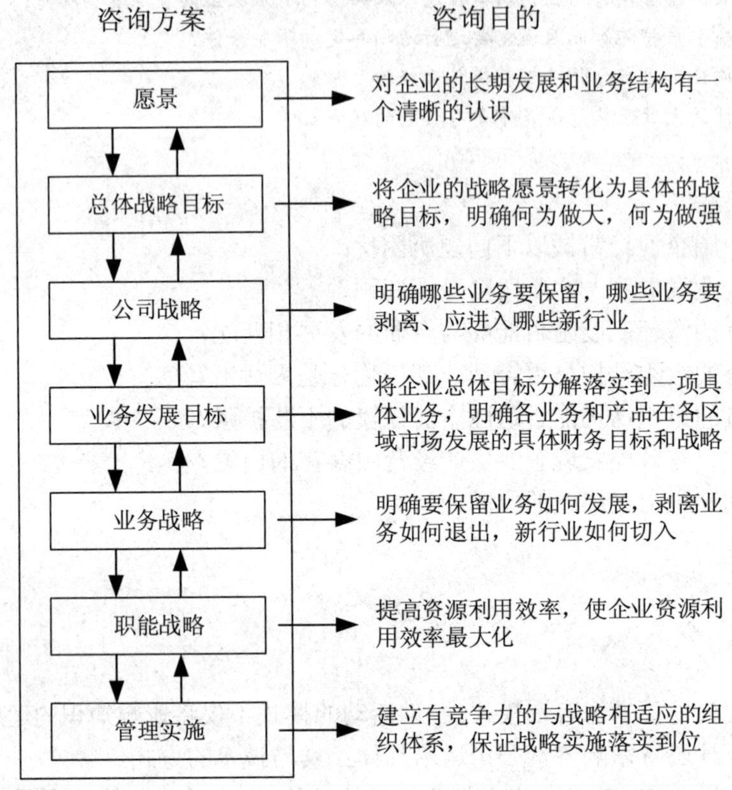

图 4.3 战略咨询项目总体思路

如波特所说，战略分析应该考察：公司所在行业的竞争状况和结构，对公司产生影响的各种市场力量及其竞争对手，以及公司中所有的竞争优势源泉。

战略支持

具体来讲，企业的组织问题和各职能模块都要进行战略分析。战略分析应该得到下列各个判断的支持。

组织管理

对组织本身的判断、对组织结构的判断以及对公司健康性的判断。因此，咨询师应该提出下面一些问题。

- 组织结构：组织的结构是一个刚性结构还是一个柔性结构？
- 沟通渠道：沟通渠道非常清晰有效，还是存在一定的问题？
- 组织使命：组织的使命宣言与核心业务目标是不是得到了理解和认可？
- 组织重点：组织的重点最近是不是有所变化？
- 组织变化：组织的目标或权力斗争是否有大幅度的变化？
- 组织历史：组织的历史是有助于还是有碍于理解现在的活动？

组织的主要职能也应该从战略的角度进行分析。下面每一个职能的战略都需要考察和审查。

财务管理

咨询师需要了解以下问题。

- 经理目标：财务经理所要实现的目标是什么？
- 公司目标：公司在营运资金和流动性管理方面的目标是什么？
- 外部压力：是不是存在某些决定财务领域战略的特定外部压力？
- 财务战略：财务战略有效运作的程度如何？

市场营销

要分析市场营销战略，咨询师必须寻找下面各个问题的答案。

- 战略导向：市场营销战略是以产品为导向、以生产为导向还是以市场为导向？
- 顾客需求：公司的产品在多大程度上满足了顾客的需求？
- 产品互补：公司的产品相互支持的程度有多大？
- 产品调整：能不能对公司的产品进行调整，以便解决市场问题与顾客问题？
- 市场目标：公司所追求的是成为市场领导者还是成为市场追随者？
- 战略缺陷：市场营销战略的弱点何在？

人力资源

咨询公司必须了解以下问题。

- 人力资源战略：公司目前的人力资源战略是什么？
- 战略与组织的匹配：公司目前的人力资源战略同组织的整体要求在多大程度上匹配？
- 战略的投入：公司人力资源战略的投入是什么？
- 政策地位：相应的政策体系处于公司层级结构中的什么层次上？
- 战略效应：组织的人力资源战略对组织的促进或阻碍程度有多大？

信息技术

咨询公司必须了解以下问题。

- 信息需求：组织的信息需求是什么？
- IT 战略：当前的 IT 战略在多大程度上满足组织的信息需求？
- 职能评价：总经理常常发现，相对其他方面来讲，很难评价 IT 职能部门的业绩。
- 政策制定：IT 领域往往还是组织中冲突的源泉，因为各个相应的信息系统不能提供所需要的信息——以正确的格式，在正确的时间。因此，应该审查和分析 IT 职能部门制定政策的方式。

战略评估

最后进行战略评估和控制，发现问题及时对战略做出调整，以保证战略始终具有可行性和指导意义。而在战略评估和控制的过程中，一个完善的沟通、反馈机制对整个战略管理过程是一个强有力的保证，如图 4.4 所示。

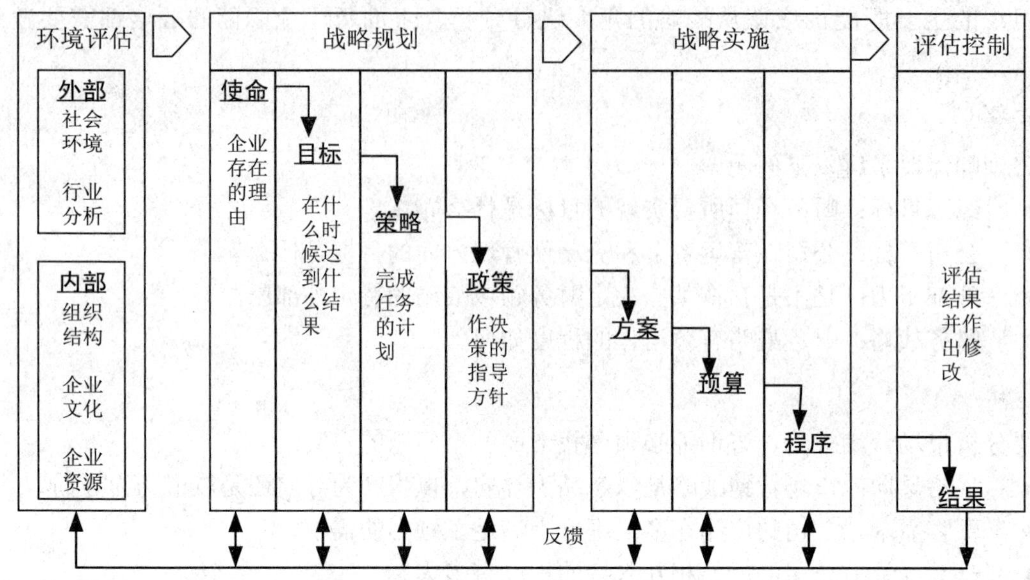

图 4.4　系统化的战略管理体系

常规分析

不管公司的战略地位如何良好，如果内部的常规运作存在缺陷，这种良好的战略地位也得不到良好的发挥。因此，有必要对公司进行常规分析，即经营运作分析。经营运作分析应该包括活动分析和信息分析。

活动分析

这里的"活动"指的是"管理产品、服务或资源的一个有逻辑关系的决策和行动的集合"。

对整个组织进行完整的活动分析需要大量的时间，因此，也就几乎不太可能做这样的完整分析，而必须选择其中的一些活动来进行分析。而战略分析的结论将决定选择进行分析的活动和内容。在进行活动分析时，有一个非常有用的分析工具——价值链分析（Value Chain Analysis），公司全部被顾客认知的价值创造过程，重点放在生产、营销和交付/支持产品和服务所必须开展的工作上。

信息分析

信息分析的目的是考察已经确认下来的价值链中各个活动之间的信息流。

信息分析很可能会凸显其中的一些问题，其结果可能会显示哪些活动具有"信息密集性"，它可以使咨询师能够比较公司的价值链和公司组织结构之间的差异。因此，信息分析所关注的活动应该是那些组织联系脆弱的活动，应该凸显常规运作效率比较低的环节。

研究方法

管理咨询离不开科学的研究方法。只有方法正确、科学，才能保证结论正确，这样提出的方案才有效。下面具体看看这些研究方法。

学科交叉

与管理学有关的学科有经济学、会计学、法学、心理学、社会学、统计学甚至政治学等。虽然这些学科与管理学有着一定联系，但它们同管理学还是有区别的。例如，政治学与管理学之间的联系是：政治学的应用会涉及企业内部的人际关系及权力的应用，这是管理咨询所必不可少的内容。就社会学而言，它与管理学的区别在于：第一，管理学一般从个体角度进行研究，而社会学则经常从群体角度进行研究，涉及“阶层”、“企业”等重要层面；第二，就方法而言，管理学常为试验的方法，而社会学多为理解的方法。

系统研究

管理咨询是一个完整的系统工程，包括接受委托、制定计划、实施诊断、提出建议和指导改进的全过程。每个步骤之间都有着密切的联系，从而构成了一个完整的系统。因此，管理咨询还提供了一种系统思考的思维方式。

系统分析是一种研究方略，是咨询研究的最基本方法，是指把要研究的问题作为一个系统，把一个咨询项目看成系统工程，通过对系统目标、要素、环境、资源和管理进行综合分析，准确地诊断问题的本质，深刻揭示问题起因，明确咨询目标，找出解决问题的可行方案，并通过一定标准对这些方案进行比较，帮助客户决策者在复杂的问题和环境中作出科学抉择。

系统分析方法的具体步骤，如图 4.5 所示。

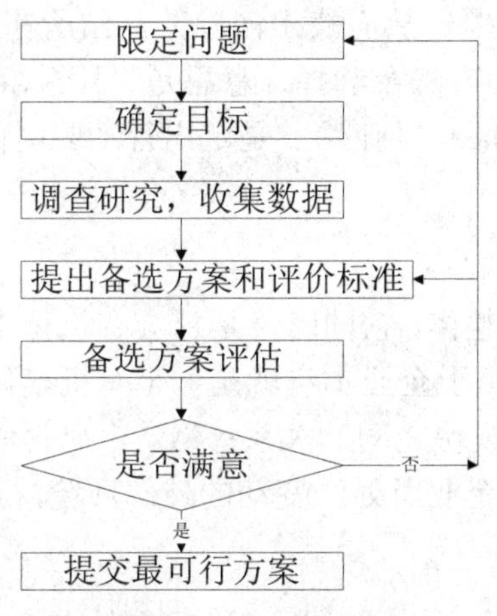

图 4.5 系统分析流程

（1）限定问题：限定问题就是要明确问题的本质或特性、问题存在的范围和影响程度、问题产生的时间和环境、问题的症状和原因等。

（2）确定目标：目标应该根据客户要求和对研究问题的理解确定，如有可能应尽量通过指标表示，以便进行定量分析。

（3）调查研究，收集数据：收集的数据和信息应包括事实、见解和态度。要对数据和信息去伪存真、交叉核实，保证真实性和准确性。

（4）提出备选方案和评价标准：备选方案是解决问题和达到咨询目标的可供选择的建议和设计，应提出两种以上的备选方案，以便进一步评估和筛选。为了对备选方案进行评估，要根据问题的性质和客户具备的条件，提出约束条件或评价标准，供下一步应用。

（5）备选方案评估：根据上述约束条件或评价标准，对解决问题的备选方案进行评估，评估应是综合性的，既要考量技术因素，也要考量社会经济等因素。根据评估结果确定最可行方案。

（6）提交最可行方案：最可行方案是在约束条件内，根据评价标准筛选出的最现实可行的方案。如果客户不满意，则要与客户协商调整约束条件或评价标准，甚至重新限定问题，开始新一轮系统分析，直到客户满意为止。

征兆分析

征兆分析法包括经营者行为征兆、职工行为征兆和企业行为征兆等。通过观察经营者、职工和企业行为，预测这些行为将产生的结果，然后制定相应的措施消除不利因素，使企业向其所希望的方向发展。

因果分析

这种方法主要分析什么原因会产生什么结果。5W1H 解析法就是一种常用的因果分析法。

5W1H 解析法是兰德公司在 20 世纪 50 年代创造出来的有效的分析方法之一，当问题与现状不清楚时可使用此法。这种方法的原理是把分析的对象作为一个整体，然后按构成这个整体的因素进行分解，通过对这些因素的分析来界定问题的性质。

5W1H 分别是：Who（谁人），就是当遇到问题时应确定与谁人有关；Why（为什么），是尽量去分析为什么会发生这个问题，从而找出问题的症结所在，以便能对症下药；What（什么），是指列出一切可解决问题的方法及选择，意思是“什么事可以做呢？”；Where（哪里），找出解决问题的地点或方向；When（何时），是定出行动的时间；How（如何），是通过什么方法去实践呢？

生态分析

由于企业本身是一个有机的整体，它同时又是社会有机体中的一个组成部分，这需要从两个角度对企业进行分析：第一，由于企业本身就是一个有机整体，因此，在进行完单元分析之后，要从整体把握企业各个职能模块之间的关系；第二，企业是社会有机体中的一部分，这需要把企业放到整个社会中，分析企业所处的变动的外部环境，使企业与社会环境保持和谐。

定性研究

近几年来，在美国以及世界各地，人们对定性研究的态度有了重大转变：从原来的否定、怀疑转变到今天的肯定和支持[1]。自从 1941 年罗伯特·蒙顿（Robert Merton）博士和保罗·拉札斯费尔德（Paul Lazarsfeld）在美国召开了全球第一次“小组座谈会”（Focus Group）之后，60 多年来定性研究已经逐渐成为一种争议渐少，而备受赞誉尊崇的重要研究方法。即使是那些定量研究的中坚力量团体，如 AC Nelsen，在过去的几年里也纷纷设立“定性研究事业部”，并努力使其成为一个新的利润增长点。定性研究被用来塑造和规范定量调查问卷的设计，以及更为详尽生动地解释定量研究的各种结果。

此外，定性研究几乎在所有产业、所有市场都获得了日益提升的知名度和赞誉度，这也为定性研究的飞速发展奠定了坚实基础。如今，定性研究的应用领域达到了前所未有的宽广程度，涉及各种事件、各种问题的处理和解决。例如，医院可以出资进行乳腺癌和艾滋病研究；联邦政府或地方政府则召开小组座谈会来讨论公共政策的实施。名牌大学则以小组座谈的形式去发现和招收富有潜质的学生。此外，劳资双方矛盾的缓解也可以从小组座谈中得到反馈和启发；计算机软硬件设计，网络站点的开发也可以采用传统面访的形式或网络调查的形式加上小组座谈探索灵感。而且，各大公司在联营或兼并之前往往也要召开小组座谈会，希望从中探索各自的品牌价值；甚至于英国的托尼·布莱尔和美国的比尔·克林顿都亲自召开小组座谈会来探讨对策，无论是在选举期间还是在日常演讲和意见决策期间。

正如生活中的其他事件一样，定性研究项目也开始变得更加快速而高效。虽然绝大多数的美国客户明白，高质量的调查项目需要较长的时间来完成，但是它们却愈来愈希望更快、更早地得到调查结果：在座谈会后两天获知初步结果，两周内得到最终报告。虽然这是难以想象的，但是一些客户却日益希望这些成为未来的发展趋势。很明显，当受访者的言行举止仍然历历在目、生动新鲜时撰写的定性研究报告，必然会比几周后印象已经淡漠时写的报告富有价值。当然，这种趋势对于调查人员的职业熟练程度和语言表达能力提出了更高的要求。

具体分析

此种方法强调在经营诊断时重视企业的具体情况。只有对企业的具体情况进行深入分析，才能找到企业中存在的深层次的问题，才有助于把握企业问题的实质，从而制定有效的方案改善企业的处境。

关键业绩驱动因素分析

绩差公司模仿绩优公司在经营管理上的做法，却得不到绩优公司所得到的效果，即使排除资源差异、模仿程度等差异，结果也大多如此；同一企业的不同阶段中，经营管理者的努力程度几乎相同，而且外部环境也没有太大变化，可仍然有绩优阶段和绩差阶段之分。在现实的商业世界里，这种现象大量存在，这和企业是否有效识别和利用了关键业绩驱动因素有密切关系。

驱动业绩增长的六个主要因素

从企业自身可以实现的内驱力看，有六个方面的因素影响企业的业绩增长，这六个“业绩驱动因素”是战略驱动、营销驱动、结构驱动、激励驱动、制度驱动和文化驱动。各因素对业绩的驱动表现如表 4.3 所示。

表 4.3　业绩驱动因素的基本表现形式

业绩驱动因素	表 现 形 式
战略驱动	引入和培育新的业务；在自制和外购之间重新做出决策；改变经营模式；改变盈利模式；收购、兼并与重组
营销驱动	使用各种营销手段增加市场需求，通过需求拉动业务增长
结构驱动	改变各类业务生产组织方式；流程改造；改变管理结构；改变组织结构
激励驱动	改变薪酬政策；使用新的激励手段；变革职业通道；优化内部公平体系
制度驱动	强化各类标准化工作；形成和实施各类工艺文件和质量文件；提高规范化程度；提高工作约束程度
文化驱动	引入新的竞争理念、工作理念；改变价值认识；改变思维模式

存在关键业绩驱动因素，且各阶段有所不同

在企业发展的不同阶段，上述六个因素对公司业绩的驱动力是不同的，投入相同的管理资源在不同的业绩趋动因素上，所带来的业绩贡献存在明显差异。

企业的业绩是所有业绩驱动因素共同起作用的结果，一旦某个业绩驱动因素相对太弱，它就会严重制约其他业绩驱动因素发挥作用，在实践中，经营管理者称这种因素为“管理瓶颈”。实际上，这种对业绩产生“瓶颈作用”的因素就是“关键业绩驱动因素”。此时，一旦在该关键业绩驱动因素上投入较多的管理资源，改变这种“管理瓶颈”，那么，能够带来的业绩提升就会很大，远远大于在其他业绩驱动因素上投入管理资源所能够实现的业绩提升程度。

关键业绩驱动因素，就是这种投入20%管理资源可产出80%业绩的因素，而对于其他一般性业绩因素，投入80%管理资源却只能收益20%业绩，这就如同人们经常提起的管理学中的2/8原则，关键业绩驱动因素正是这种影响企业业绩的2/8杠杆。

有效识别和利用关键业绩驱动因素，迅速提升公司业绩

如果一个公司能在每一个管理阶段都能较早地发现关键业绩驱动因素，并对其进行管理资源的重点投入，那么，该公司的业绩就能维持在一个较高的水平上，如图4.6中曲线*A*所示。相反，如果一个企业在所有的管理阶段都未能识别出关键业绩驱动因素，而是把管理资源的重点投入到非关键业绩驱动因素上，那么，该公司的业绩必然维持在一个较低的水平上，如图4.6中的曲线*B*所示。当然，由于在各个不同的阶段都能较早识别和利用关键业绩驱动因素非常困难，所以现实中的企业更多的情形是，在有些阶段对关键业绩驱动因素识别和利用的较早，从而出现一段绩优阶段，而在有些阶段却未能识别出关键业绩驱动因素，或者识别的较晚，于是就出现一段绩效相对较差的阶段。绩优阶段较多的公司就成为了行业内的绩优公司，而绩优阶段较少的公司则成为了行业内的绩差公司。

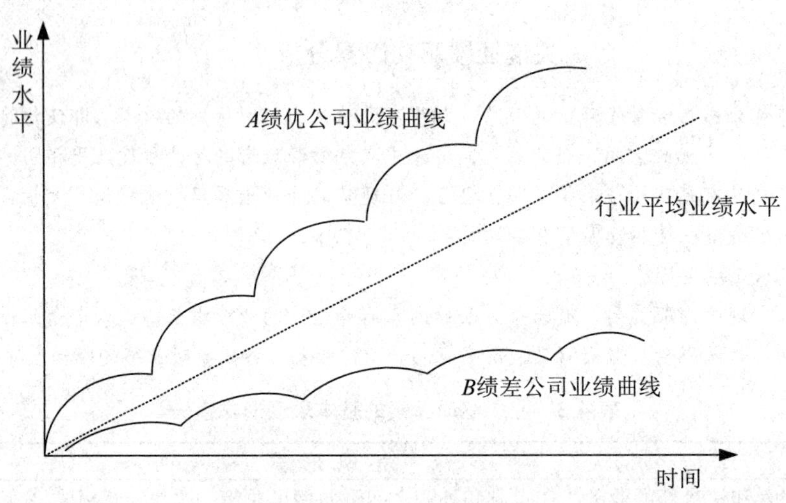

图4.6　极端情况下的绩优和绩差企业的业绩情况

绩优公司之所以是绩优公司，乃在于能在不同的管理阶段都能较早地识别和利用关键业绩驱动因素，而对于那些绩效较差的公司，尽管学习了绩优公司各种改善业绩的做法，但由于所学习的做法并不能很好地用在相应的管理阶段上，而未能产生很好的效果。

高层经营者应把关键业绩驱动因素的识别放在业绩管理的重要位置，确保把企业有限的管理资源重点投入到影响业绩的关键因素上。而对于欲向绩优公司学习的企业，应首先对影响自身业绩增长的各个因素进行分析，确定出关键业绩驱动因素——这是不可能从其他公司学来的（如果没有识别能力，可以购买管理咨询公司的相关服务），然后，再研究、学习绩优公司利用该关键业绩驱动因素的做法，这样的学习才可能有效。

项目建议

客户在选择咨询公司时，往往需要考虑咨询公司的人员构成、人员素质和以往的业绩等方面。但是，仅从报纸、杂志、网络或其他受诊企业提供的信息，很难全面了解咨询公司的业绩与能力。只有咨询公司提供的项目建议书能全面介绍其所具有的各方面的优势，提供给客户他们通过外部渠道无法获得的信息。项目建议书主要包括以下几个部分。

相关问题

主要介绍该项目的背景。介绍客户业务形势、战略和竞争地位和存在的主要问题，并指出双方有必要合作，改善企业的经营绩效。

团队介绍

这一部分为咨询公司充分展示自己丰富的咨询经验和骄人的业绩提供了极好的机会。如果这一部分介绍得好，便能有效地吸引客户的眼球，使客户相信咨询公司能为本企业增加价值。

经验能力

对过去操作过的项目所作的冗长陈述可以作为附录，对曾经操作过、同客户项目比较相近的项目进行大致描述往往有比较大的价值。要根据客户的要求以及客户可能有的担心，陈述咨询公司的能力。

专业人员

对专业团队进行简单描述，包括团队成员的姓名、学历、专长、咨询经验以及获奖情况等。咨询公司的人员素质代表了咨询公司的实力，因此，对专业人员的介绍一定要重点突出、有吸引力。

分析方法

分析方法包括定量分析和定性分析。该部分要给出咨询公司所使用的分析工具以及计量模型。

分析工具

咨询公司可以采用的分析工具有很多，包括财务方面、生产运营方面、营销方面、人力资源方面和战略方面的工具。关于分析工具第三篇将做具体介绍，在此不赘述。

计量模型

此部分主要是对客户企业的情况运用计量模型进行分析。可以采用加权分析、频数、交叉分析、均值分析、相关分析、方差分析、T 检验、多元回归分析、因子分析、聚类分析、联合分析、多元对应分析、多维偏好分析、市场细分、判别分析、多维尺度分析、时间序列分析、马尔可夫（Markov）链预测分析、联立方程组分析、数据挖掘、结构方程模型、多层线性模型等。

期望结果

应该清楚地阐明客户支付咨询费能够获得什么，项目建议书的方案为什么能够解决客户所面临的问题。同时，承诺必须兑现，因此不要发表不负责任的陈述和观点。

阶段安排

本部分要列出咨询的日程计划，包括阶段划分和每一阶段的内容。

项目周期

不能让咨询项目开展的周期太短或太长。一般一个咨询项目合适的周期在3～6个月。如果项目太短，少于一个月，顾问不会很充分地了解企业，而提出的管理建议也可能脱离企业的实际。如果项目太长了，则会容易造成大家的疲劳心态，对项目的关注程度也会降低，不利于项目成果的落实和推进。

阶段划分

确定咨询工作期并且确定咨询过程的每个阶段，包括资料收集、问题分析、方案制定、方案实施和指导培训等阶段的大体起始、终止时间。

阶段内容

对咨询工作每一阶段的工作内容作具体、详细的安排。除了要列明工作内容外，还要明确每项工作的负责人，其责任、权利和义务等。

开始时机

如何选择适当的时机开展管理咨询项目。管理咨询项目是一个复杂程度非常高的项目，特别是咨询方案的分析和讨论需要高层管理人员的大量参与，而在方案的推动过程中，也同样需要高层管理人员的支持。因此，确保企业的高层管理人员，特别是最高管理者参与时间对于一个管理咨询的成功是至关重要的。

但是人们往往会看到企业由于内部或外部的原因，在同一个时间开展了很多大的事情，如企业上市、大型信息系统的实施、重大的组织结构调整等。这些对于开展管理咨询项目都或多或少会产生影响。因为企业在同一时间内不能有太多的管理重心，因此在启动管理咨询项目之前，高层管理人员必须明确当前企业的管理重心放在哪里，是否能确保参与项目的时间。

工作方法

工作方法这一部分要写清楚咨询公司的职责和客户的职责，做到责、权、利对等，这也是咨询工作顺利进行的重要保证。

团队职责

咨询公司主要是通过收集资料，对客户经营管理过程中存在的问题加以分析，提出改进方案并指导客户实施。在咨询的过程中，要为客户保守商业秘密，注重实效，提高工作效率，要与客户共同参与咨询过程，并且要提供高质量的服务。

客户职责

客户的职责就是要全力配合咨询公司的咨询工作，为其提供它所需要的公司内部资料，包括战略、生产、营销、财务和人力资源等方面的资料，并且保证这些资料的真实性，以保证良好的咨询效果。

资料提纲

在资料提纲这部分，要分别介绍咨询过程中所使用的资料类别和资料来源。

资料类别

咨询过程中会用到受诊企业、其竞争对手、供应商、客户、所处行业发展情况等方面的资料。要把这些资料分类列出来，这样会使报告结构清晰、条理清楚，便于阅读。

资料来源

在列出各种资料的同时，还要注明资料的来源，以显示资料的真实性、可靠性。来源要说清楚所引用的资料的时间、引自哪里（某期的报纸、网站还是某本书）。

质量评估

咨询工作质量好坏，是否达到了预期目标、实现了预期价值，都要靠质量评估。

评估标准

质量评估要有明确、合理的评估标准。评估标准要清晰地列出，使参与咨询工作的每个人都清楚，以这个标准衡量自己的工作是否到位。还要注意的是，评估标准一定要设计得合理，既不能太低，这样不能形成有效的激励；也不能设定得太高而无法实现。

评估方法

质量评估有其专有的一套方法。运用这些方法可以看到咨询工作是否达到了预先设定的标准，是否实现了预期收益。如果评估结果显示没有达到预期目标，那么企业可以及时采取纠偏行动。

标准条款

标准条款主要涉及合同的标准术语、咨询费等问题。

费率开支

尽可能采用简单的费率。需要考虑的事项包括：

（1）咨询费之外的任何费用支付（如差旅费）；

（2）在下列情形下价格应该如何提高：项目启动被迫延迟、项目需要跨越几个年度并且附加增值税（或其他类似的法定税）。

支付协定

咨询公司给客户开具发票的方式以及费用支付时间应该陈述清楚。

标准条款

标准术语部分的目的是确保对合同有一个真正准确的理解。对咨询公司来说，这样做是为了让客户接受自己的术语和定义，而不是接受客户所提出的术语和定义。实际的例子：

- 哪里的法律？如在跨国接受咨询的条件下。
- 一天指什么？如在按天支付报酬的情形下。不足一天如何处置？
- 开支指的是什么？客户是不是清楚需要支付费用的地方？
- 双方在什么情况下可以取消合同？应该收取多少合理的取消费用？
- 对项目结束之后咨询公司向客户提供的资料，客户有多大的使用权利？
- 确认咨询公司能够保密。
- 在不可抗拒力量产生失误的情况下，商定互不追究对方的责任，也是非常明智的做法。
- 在导致延迟的情况下，界定有关成本。

项目演示

演示是咨询公司充分向客户展示其咨询成果的绝好机会。

工具选择

管理咨询是通过材料来说明观点（问题与方案）的，但材料本身并不"说话"，而是通过"工具"来"说话"。管理咨询工具在管理咨询活动中充当了材料解释与假设论证的重要角色，如图4.7所示。

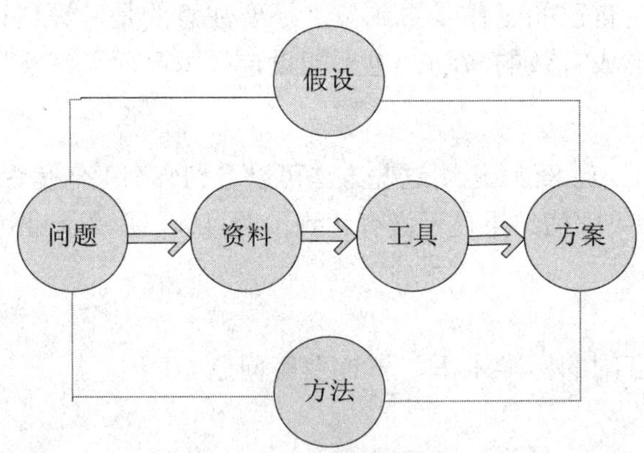

图4.7　管理咨询流程解析

许多流行的观点（如核心能力、价值链、标杆学习、业务过程再造和全面质量管理），它们的创始人往往是用宽泛的概念性术语来描述的。相应文章与著作的语气和调子往往具有强大的说服力，很容易让人信服，但是却缺乏相应的细节来阐述如何去运用相应的方法、概念和过程。本章所要讨论的就是采用相应的方法和模式，来运用他人发展或提出的概念，开发出自己的咨询产品和服务，从而为客户增加价值，提高咨询公司的质量标准，建立咨询公司的差别化基础。

一般来讲，对咨询工具的掌握涉及三个重要方面：（1）咨询工具的内涵与方法。这是最核心的工具内容，包括：研究框架；操作思路（步骤）；关联因素；分析模式，涉及定性与定量两个方面；分析软件，即在人工分析的基础上，可能发展出的应用软件。（2）咨询工具的起源与发展。这个方面要充分了解咨询工具的理论起源、发展沿革及最新进展，并力图使用最新的成果。（3）咨询工具的适用性与修正。咨询工具的掌握不在数量多少，而在于使用的适合性与发展的充分性。世界著名的咨询公司大多数都拥有自己核心的咨询工具，同样，著名的咨询师也拥有自己专长的咨询工具。要充分了解咨询工具的适用条件、适用领域、适用问题，理解其优点与缺点，同时对使用中所要进行的修正有充分的思考。

工具选择

一个优秀的管理咨询顾问往往非常清楚各种研究方法和工具的优缺点。特别地，咨询顾问必须清楚哪些中间因素将决定研究的成败。

知彼知己

咨询顾问自己必须十分清楚自己对管理问题的心理假设和专业假设。这些自然的、本能的、习惯性的假设往往具有强大的影响力，尤其是当咨询顾问处于一种下意识状态时，这种情况会更加明显。

咨询顾问还必须知道他们自己对组织所产生的影响。仅仅是出现在组织中或访谈一些问题，咨询顾问都会改变组织中的行为。Markham（1991）提到 20 世纪 30 年代工业心理学家梅奥在美国所作的霍桑实验研究。梅奥的研究指出：人们的行为方式往往会因为他们受到观察而受到影响。

一些研究方法问题已经在 Chris Argyris 的著作《介入理论和方法》（*Intervention Theory and Method*）（1970）中得到了有力的阐述。Argyris 提请他的读者注意“精确研究的无意结果”。他指出：组织中的外部研究小组将被当作一个独立的社会系统。因此，他们的存在可能就会激起怀疑和恐惧，从而会产生欺骗和不合作行为。

Argyris 在提到另一个著名组织理论家 Warren Bennis 时指出，研究人员进行访谈盘问的精神可能被当作研究组织的文化的恶魔。这就意味着，访谈设计或问卷设计就不一定能够发现研究人员所预期的真相。

假说显化

管理咨询也需要假设。

Argyris 还有另外一个重要的担心。他问到：研究人员进行解释性的研究时，是不是没有假说（Hypothesis）？每一种认识行为都是一个有选择性的决策过程，该过程包括很多应该显性化的假说，（被调查的）职员指出，开展解释性研究的研究人员，在提问和记录的过程中往往有一个或多个假说。

然而在咨询项目中，把假说显性化就会显得不够明智。一定程度的隐瞒往往有必要，以便防止被访者预先判断提问者的意图。

管理咨询中假设的主要来源有：

（1）客户的直觉。主要为在项目洽谈过程中客户反映出来的观点，包括问题或解决方案的指向。

（2）标杆企业的经验。主要为咨询公司积累的相关企业的经验。

（3）科学研究的成果。主要为既有学术研究所得出的结论性意见，包括理论与方法。

（4）智力激荡的产物。通过个人或团队脑力激荡，形成问题的创造性解答。

专有方法

咨询公司往往可能意识到了新思想，并且希望在客户的咨询项目中运用相应的新思想，因为公司相信这种新思想的运用将给客户创造更多的价值，在此情况下，公司可能自己开发相应的方法体系。

工具形成

咨询工具的形成是通过一个模型化的过程完成的，如图 4.8 所示。

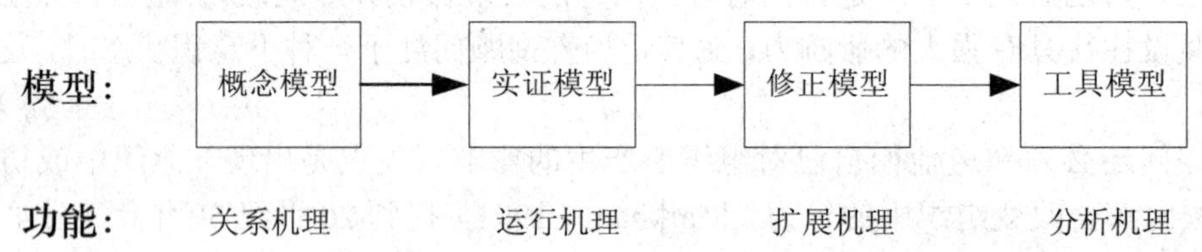

图 4.8　管理咨询工具的形成：模型化及其机理

传统的管理学学术研究只做概念模型，现在已经扩展到实证模型的结合。在新加坡国立大学，博士生已经被要求在自己所完成的博士学位论文中实现向工具模型的拓展，以更好地落实研究成果的可操作性。

原创工具

全部原创总是不容易的，因为一个优秀的专有方法往往需要大量的概念作为支持，往往需要大量的知识作为基础。因此，这里所要谈到的专有方法某种程度上指的是超越某个概念的实际运用的专有方法；指的是如果客户雇请相应的咨询公司就完全能够给客户带来真正具有差别化价值的专有方法。这种专有方法对咨询公司来说也有着非常大的吸引力：它能够提供某种属于公司独特智力资产的东西。大量的咨询公司已经采纳了这种做法，并且非常成功，值得深入研究和考虑。

Kepner Tregoe 是一个著名的全球化咨询公司。它的业务基础是一种特殊的问题解决模型，在兰德集团（Rand）工作时，Benjamin Tregoe 和 Charles Kepner 就认识到各个公司的管理者非常需要一种解决问题和进行决策的逻辑方法，于是，他们就离开了兰德集团，开发了一种用于解决问题、业务决策和规划的独特的系统方法，并在这种系统方法的基础上，于 1958 年创办了他们自己的咨询公司。到 1981 年，他们可以宣称：他们的技术被美国规模最大的 100 家公司中的 60 家采用，全球规模最大的 1 000 家公司中的 400 家采用。他们的公司定位是决策的过程专家，而波士顿咨询集团则定位于战略决策的内容专家。两家公司今天仍在从事咨询业务，而且有大量的著作在讲述 Kepner Tregoe 的方法。

Larry Farrell 曾经是 Kepner Tregoe 的总裁。1983 年，他创办了自己的咨询公司。公司最初的业务基础是向全世界的公司推广 Tom Peters“追求卓越”的概念。在此基础上，他开始关注如何在大型组织中建立企业家精神。他对这个问题进行了深入的研究，然后建立了自己的一套概念和过程，现在这一套概念和过程仍然是其主要业务活动。现在，Farrell 的公司通过许可合伙人制在全球范围内开展咨询业务。

开发方法

下面以美国波士顿的 Harbridge House 为例，看看他们是如何开发创造性的革新方法的。他们发现很多客户往往把革新和创造力混淆了，实际上，创造力只是革新的一个组成部分。研究是第一步，选取一个大样本，被选入这个样本的组织在革新方面取得了相当的成功，不管这种成功是表现在产品上，还是表现在过程或系统上。与从事革新工作的管理者进行深入访谈，研究他们在从基本思想到具体行动这个过程中具体开展了什么工作。深入访谈取得了两个结果：一是相应的一系列“管理行为”或能力；二是把相应的管理行为进行分组，形成了一个变革领导模型。所有这些工作结束之后，他们获得了一个所有革新管理成功的共同特征。然后，通过讨论在各个成功实现革新的组织中所发现的结果，证实相应共同特征的正确性。

该咨询公司已经掌握了许多反馈工具，同时拥有支持这些工具的数据库，而且对这些工具模型的运用也有近 20 年的经验。开发一种相应的反馈手段，衡量组织中的管理者在多大程度上正在用一种推动革新的方式进行管理，这种做法当然是非常自然的一个步骤。相应的成功革新模型和反馈手段就成了相关培训项目的核心，不仅使参与者能够识别阻碍革新的障碍，而且还能够学会和运用成功实现革新所需要的行为模式。对此，培训教程的创造性发挥了非常重要的作用，但是其中最大障碍在于如何对从创意到应用的过程进行管理，如果不解决这些问题，在创造力方面所作的努力就只能会是“竹篮打水一场空”。

这一系列工作所获得的结果（相应的方法与模型），不但可以运用于咨询业务，也可以运用于培训业务，而且还可以解决客户所面临的真正问题，使客户能够提供竞争对手无法完全匹敌的产品。其中的基本理念并不新颖，但是所识别出来的必要因素，以及具体解决方案的形成模型却具有独创性。

开发专有素材的方式绝非仅此一种，事实上，具体的技术或程序不同，相应的最佳模式也会不同。但是，它确实表明：它不仅仅是一个聪明创意的问题，公司还担负着不可推卸的责任，必须确保相应的工具确实能够给组织增加价值。只有当那些使用技术工具的人对技术工具背后的概念有全面的理解时，才能实现专有方法与模型的发展与成型。

方法利用

相应的工具、技术、方法或者模型如果真正被应用于那些专长于支持这些技术工具的领域，那么它们就不但能给客户增加巨大的价值，而且还会给咨询公司增加巨大的价值。但如果咨询顾问的知识和经验非常有限，仅仅局限于技术工具的应用，那么就会产生相当的负面影响。这是因为在任何一个咨询项目中，咨询顾问都必须对适合相应情势的技术工具作出判断，即使是构思周全的最佳方法体系也需要进行调整，才能在具体的情势下创造最大的价值。如果咨询师只有一本技术工具规则指导书，只知道其中一种运用方式，并不知道支持这些技术工具的真正知识，那么对客户来说，工具可能就没有用处了。

完全依赖一种方式很可能非常危险，在很多情况下，各种技术工具的综合运用往往可以深入对相应问题的认识。每种技术都会着眼于问题的某一个方面，只有当这些角度组合起来才能帮助客户做出一个更好、更恰当的决策。

一种技术、工具、方法或模型可能对于某种特定状况不合适，这种情况下，顾问必须能够认识其缺陷所在，并采取相应的行动。对会计上各种不同的成本核算方法，就会遇到这种情形。成本核算方法吸收成本法（每一项费用都分担或分摊到直接成本上）；直接成本法（只把变动费用分摊到产品上，固定费用则当作期间成本）；作业成本法（以活动为基础的成本，直接计算每一项活动的真正成本）；累积成本法（关注变动所产生的效应）。这些成本核算方法都没有错，但是它们也没有一个在任何情况下都是正确的方法。一个只知道一种方法，试图将它运用于每一种情况的会计人员将会造成无法弥补的损害。因此，咨询顾问必须有因地制宜的能力，针对不同的情况，采用不同的研究方法和研究工具，以保证研究结果的准确性和提出的方案的可行性。

模型诊断

随着信息化时代的到来和一系列工具手段的发展，人们越来越有可能利用模型的方法进行诊断。

方法起源

传统的企业诊断方法是人工诊断法，主要由诊断专家进行，通过对企业内、外部以及整个行业的调研获得企业现状的有关信息，依据诊断专家的经验来分析企业中存在的问题，其诊断结果的正确性和有效性能够得到一定的保障。但是由于不同人经验间的差异，可能会对同一问题做出不同的诊断，使诊断结果存在一定的随意性和不一致性。此外，诊断主要来源于专家知识，也使诊断过程的系统性和完整性难以保证。系统需求分析诊断方法，是基于对企业现状的需求获取、需求规范和需求分析，根据企业生产经营总目标，诊断出企业在生产管理方面的瓶颈问题，发现企业现有功能和业务流程的缺点，提出系统的优化需求，最终确定未来系统的功能、信息与性能需求，建立企业的需求模型。

随着人工智能的发展，出现了基于规则的诊断方法，基于“症状→故障”因果模式进行推理，所使用的规则（知识）是通过对相关领域专家的领域知识进行整理和提炼而成。这种方法使用系统的表层知识，可以迅速确定故障源。但是它首先要解决知识获取的问题，况且由于表层知识的局限性，不可能对诊断过程及诊断结果作出详细的解释，同时诊断结果只能以文字的方式显示给用户，使用户对问题的了解较为模糊。为了克服人工诊断和基于规则的诊断方法存在的不足，出现了基于模型的诊断方法。

方法内涵

基于模型的诊断方法是将企业抽象为一个可以计算化的模型，通过该模型将被诊断系统的内部结构和行为方面的深层知识应用于企业诊断；通过检测诊断系统所对应的模型状态，得到更可靠的诊断结果，并提供对系统处理结果更深刻、更详细的解释。基于企业模型的诊断方法论，主要研究企业现状调查方法与过程、企业诊断模型的建立方法与过程、企业模型性能评价体系、企业诊断规则的表示与管理、企业诊断过程与优化方法、企业需求确定过程以及企业诊断与企业需求分析过程管理等。首先，建立企业的现状模型，并由此提取企业的诊断模型，主要描述企业的目标、功能分解和信息流，运用通用规则和企业业务规则，从诊断模型中发现企业功能划分、信息流动以及生产计划中存在的问题。另外，通过对模型仿真结果的分析，还可以发现企业经营过程中关于时间、成本和设备负荷的问题，最终达到企业诊断、提出企业建模需求的目的。

基于模型的企业诊断过程是从企业模型抽取诊断模型，结合诊断方法与诊断规则，发现并分析企业经营过程中存在的问题、提出改进意见的过程。对企业特性的诊断和分析是改进企业性能、确定企业需求的基础，而建立相应的企业模型又是进行企业分析的前提。例如，为了对制造系统进行性能分析，需要建立企业现状模型与诊断模型，对模型的性能进行分析与诊断；对企业动态性能的分析与诊断，需要在模型仿真的基础上，对仿真结果进行综合分析，从而确定企业需求，优化企业模型。

应用阶段

基于模型的企业诊断过程包括以下四个阶段。

（1）从企业参考模型库、应用模型库、规则库、算法库等数据源中抽取诊断信息，构成企业诊断信息库。

（2）对企业诊断信息库中的企业诊断信息进行仿真，生成企业仿真报告。

（3）运用诊断方法对企业诊断信息进行分析、比较，给出企业分析报告。

（4）利用诊断规则，对企业仿真报告和企业分析报告中得到的信息进行诊断，并由模型诊断规则将模型中展现的问题转换成企业实际中存在的问题，通过对企业模型的直接修改来明确企业需求，为优化企业经营管理模式提供决策支持。

本章概要

本章首先介绍了管理咨询工作的五个步骤：接洽咨询阶段、预备咨询阶段、正式咨询阶段，方案实施阶段和后续服务阶段。

项目规划阶段，咨询模式将影响公司的思维模式和咨询公司运用具体工具和技术的方式。分析问题时，要对项目进行分解，包括战略分析和常规性分析；对于问题的研究方法包括多学科交叉法、系统研究法、征兆分析法、因果分析法、生态分析法、定性研究法和具体分析法。

本章还介绍了咨询工具的基本类型以及选择和使用咨询工具的方法，还介绍了专有咨询工具的价值与创造途径。在工具选择方面，要知己知彼，并对假说显性化的问题进行了讨论。咨询公司在传统分析工具的基础上，还要开发利用专有方法。企业诊断发展到现在可以采用模型诊断的方法，其四个步骤是：从现有数据中抽取诊断信息，对诊断信息进行仿真，对诊断信息进行分析比较，给出分析报告以及最终进行诊断，提出支持决策。

思考练习

1．管理咨询遵循的五大步骤是什么？

2．在与客户进行访谈时，应该做好哪些准备？

3．在进行问卷调查时，开放式问题和封闭式问题各有哪些优缺点？何时使用开放式问题？何时使用封闭式问题？

4．咨询公司为受诊企业提出改进方案后，还要做哪些后续工作？为什么还要进行这些后续工作？

5．客户评价咨询公司的标准是什么？

6．IBM 公司 Enterprise Process Management （EPM）是什么样的内涵？

7．为什么咨询模型是咨询公司的核心竞争力？

8．在项目协商中，咨询公司应该展示自身的哪些品质？在项目协商中，咨询公司最应该了解哪些信息，包括客户和竞争对手？

9．如何保证项目建议书的特色，以增强竞争力？

10．管理咨询为什么要重视咨询工具的使用？

延伸阅读

《咨询项目建议书写作指南（第 3 版）》（[美]赫尔曼·郝茨．燕清联合，译．北京：中国劳动社会保障出版社，2004)：本分析制作项目建议书所必须知道的一切事情，包括如何调研、设计、撰写、展示和最有效地利用建议书。它告诉你客户到底想从你的建议中去得到什么，以及如何使他们得到满足。

《管理咨询的神话：告诉你一个真正的管理咨询业》（[美] 马修·斯图尔德．任文科，译．北京：中国人民大学出版社，2009)：没有念过 MBA，不知管理为何物，一个找不着工作的哲学博士，摇身一变成了一位管理大师，甚至开办了与麦肯锡对打的 700 人咨询公司……这究竟是一段意外离奇的迷情之旅？还是一场瞠目结舌的荒诞闹剧？甚至是管理咨询业界的悲哀和反思？管理咨询到底是一门科学，还是一门生意？

《谋：管理咨询师的 24 个成功要点》（[英]威克姆．马惠琼，译．北京：中国市场出版社，2008)：本书系统地对管理咨询师的工作进行了分析：从咨询师是什么，企业为什么需要咨询师，咨询师的日常工作所用到的工具，九个分析的步骤，五种要承担的责任等内容，使人可以对咨询师的工作有一个清晰的认识。

《管理咨询：优绩通鉴》（[英]菲利普·萨德勒．段盛华，译．北京：中国标准出版社，2001)：本书将探析咨询过程中专业技能背后的原理问题、客户与顾问之间的关系问题等，涵盖七大部分内容：当代管理咨询业、咨询过程、管理咨询的业务管理、变革管理、概念与工具、咨询业务的不同领域、挑战与展望等。

《麦肯锡方法》（[美]埃森·拉塞尔．张薇薇，译．北京：机械工业出版社，2010)：在总结自己于麦肯锡公司一线工作数年的经验并大量采访现在及过去的麦肯锡咨询师的基础上，揭示了麦肯锡严格保守的管理技巧，提供了一套强有力的方法，哪怕是最为复杂的商业问题，在这套方法面前也会迎刃而解。

《麦肯锡卓越工作方法》（[美]埃克·拉塞尔．金雨，译．北京：机械工业出版社，2004)：本书的主旨是介绍麦肯锡在具体实践中解决问题的基本方法，尽管麦肯锡面对的问题或项目千变万化、错综复杂，但这些方法总是能够帮助麦肯锡咨询师驾轻就熟、以简驭繁，用最短的时间最好地完成任务。

《麦肯锡意识》([美]艾森·拉塞尔，保罗·弗里嘉．张涛，赵陵，译．北京：华夏出版社，2002)：本书从各个角度审视了麦肯锡的奥秘：麦肯锡的 MECE（彼此是独立的，联合起来却是摧毁性的）进攻方式。构造商业问题，使其在严格基于事实的分析之下容易受到影响。使用同样基于事实的分析与内心中的本能相结合而做出战略决策。进行有意义的面试并且有效总结面试的内容。分析数据并找出“该怎么办”。与所有相关的决策制定者清楚地交流基于事实的解决办法。在任何一个组织里获得和管理知识，使组织价值最大化。

《麦肯锡工具》([美]弗里嘉．赵银德，季莹，译．北京：机械工业出版社，2010)：本书介绍了麦肯锡如何开展和运作具体的项目，把重点放在行动上。

《像咨询顾问一样思考》(王佑．北京：机械工业出版社，2003)：管理咨询究竟能给企业带来什么？咨询顾问如何对企业进行诊断和研究？怎样才能成为一名优秀的咨询顾问？企业如何选择合适的咨询公司开展咨询项目？……本书将为你解开这些疑惑。

《埃森哲方法》([美]罗伯特·哈伯勒，托马斯·凯利，查尔斯·凯特曼．任锡源，译．北京：高等教育出版社，2004)：在本书中，三位来自埃森哲的资深管理顾问从数百家顶级企业的 3 万多页的研究报告中，萃取出 40 多个企业的经典案例，并着重阐述了这些公司在确认目标客户、调查客户意见以及了解客户需求的过程。此外，在对这些企业进行深入的研究后，他们为客户导向的企业运营流程建构了一套 6 阶层的模式，并在其中整合了优秀企业改善服务、建立伙伴关系及掌握忠诚客户方面的先进理念。

参考文献

1．刘来．美国定性研究的六大发展趋势[EB/OL]．3see 市场研究信息网，[2002-07-03].

第二篇

咨询研究

任何一门学科的成果都是研究的结果。管理咨询更不例外：管理咨询的方案绝不仅仅是创意的结果，而应该是研究的成果。管理咨询应该遵循规制的研究方法，包括研究程序、实证调查、科学方案及实践应用。理解、把握与应用管理咨询的研究方法，是管理咨询专业化发展的基本起点。

第 5 章

咨询问题

问题的质量对咨询方案的质量具有决定性，定量上来说超过了一半。

学习目标

- 了解咨询问题的界定意义;
- 把握咨询问题的界定思路;
- 掌握咨询问题的现实刻画。

管理大师彼得·德鲁克曾在《卓有成效的管理者》[1]一书中简明扼要地指出:“效率是‘以正确的方式做事’，而效能则是‘做正确的事’。效率和效能不应偏废，但这并不意味着效率和效能具有同样的重要性。我们当然希望同时提高效率和效能，但在效率与效能无法兼得时，我们首先应着眼于效能，然后再设法提高效率。”而要寻求效率与效能的兼得，问题的准确刻画十分重要。

初步分析往往会使咨询师重新考察项目的焦点。对咨询师来说，这个时期往往非常棘手，尤其是在客户对需要开展的工作以及所存在的主要问题已经有了成见的情形下。作为一个采取外部观点的咨询师，可能会从另外一个角度来研究相应的问题。上述的一系列分析可能会发现客户曾经低估、忽视甚至遗漏的信息。例如，有一个咨询项目从表面上看是帮助客户实现分权。最后，在几次访谈之后却发现组织实际上是由于缺乏有能力的总经理，才阻碍了分权的进行。因此，客户的问题就重新界定为:“为一个分权化的组织，设计一个开发管理者的项目”。

管理咨询的问题选择，宜“点”不宜“面”，即聚焦于一个核心问题的论证研究，而不要流于面上问题的泛泛描述。问题的界定是企业管理咨询有效展开的前提。但问题的重新界定常常会延长相应的项目时间，因此咨询机构和委托企业双方应就相应的附加成本和时间认真协商。

企业具有三大系统轴承，即层次轴、功能轴和时间轴，如图 5.1 所示。图 5.1 中的中轴是层次轴。企业内部根据其经营的需要分为高、中、低三个层次。企业的三个层次必须界定清楚，不能高层当中层用，也不能中层当基层用。各个层次的责权应该分明。

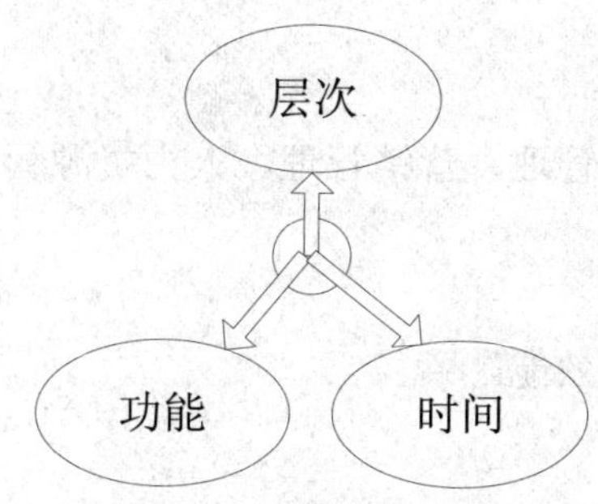

图 5.1　企业的三大轴承

下面将根据企业的三大系统轴承，对管理咨询的问题进行界定分析。

问题层次

准确地理解企业管理的问题，需要建立在企业是个有机体的认知基础上。

企业结构

图 5.2 是企业成功运营的框架图。要想成功运营一个企业，需要将如图 5.2 所示的三大方面协调好。这三大方面分别是上层结构、五大支柱、底层基础。

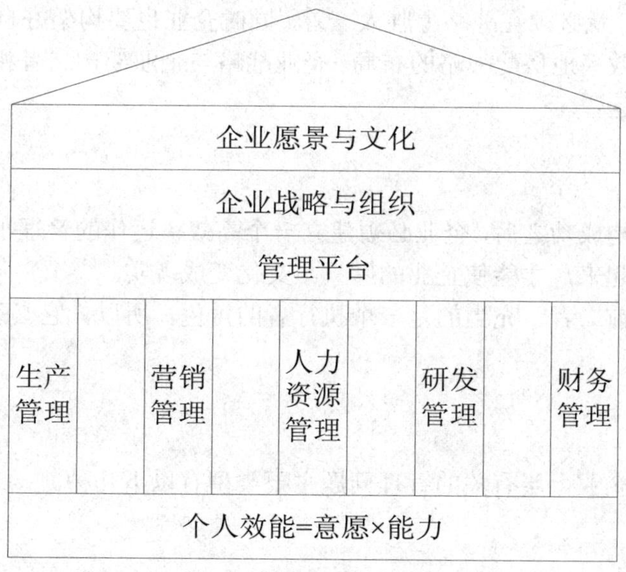

图 5.2　企业成功运营的架构

上层结构

图 5.2 中房子的“上层结构”是企业愿景与文化、企业战略与组织、管理平台。

五大支柱

房子的“五大支柱”是生产管理、营销管理、人力资源管理、研发管理、财务管理。

底层基础

房子的“底层基础”是个人效能。

上层结构

企业的上层结构构成企业管理的上层问题的主要来源。上层结构也就是图 5.2 中房子顶层的三条横梁，是企业高层管理者必须要解决的三个课题。

企业愿景

企业的高层经营者必须确定企业未来发展的愿景，也就是企业发展的方向。

企业愿景是目标所指的状态、结果。和人一样，每个人都会为自己做一种规划，希望自己能变成什么样的人。那么企业也是一样，在企业的发展战略上也会有企业的愿景，也就是带领全体企业员工把企业发展成所要达到的那个目标和成绩！如苹果电脑公司的愿景是：让每人拥有一台计算机。

企业战略

企业要经营得好，就必须在战略上胜人一筹。同时企业也要构架好自己的企业，要使企业的企业架构能够更有效率地搭配战略的布局。企业战略与企业架构二者相辅相成，一定要搭配合理，企业才能有效运作。

管理平台

当战略和企业架构成功之后，企业必须建立一个高效率运作的管理平台，才能使企业的战略和企业科学地运作起来，才能使企业的愿景与文化变成现实。

管理平台相对于前二者，充当的是一个执行者的角色，所以，它必须具有很强的操作性。

问题举例

中国现实中，与企业上层有关的管理问题主要类型有以下几种。

战略制约

中国过去，确确实实有很多企业的成功不是靠战略。但是没有战略绝对不能促进一个企业持续成功。很多中国的企业过去单一抓住某一项产品、某一项科技、某一项服务，利用非常规的运作把企业做大，但是下一步怎么可持续发展，心里没有数。如何从产品型的企业走向真正的企业型的企业，这时必须要进行战略思考。这方面的其他主要问题是：成长持续/加速的战略——该如何使企业的成长持续/加速，并使其成为世界性的企业集团？该如何使潜在的机会最大限度地显露出来？

例如，现有普通消费品的国内市场已经饱和，消费者在减少购物，现有市场的收益率在降低。另一方面，高科技、生物工程、互联网和通信等新的机会在产生。新产业领域和国际市场无疑仍在不断成长。那么，公司到底该优先选择哪些领域，具体来说该如何向这些领域进攻，该按照什么样的优先级集中资源，该如何将业务结构由现有的业务转向新的领域等，在涉及这些具体问题时，只靠自己公司的经营战略人员很难满足要求，需要咨询公司能够给它提供服务。

制度约束

中国企业在加速发展过程中，面对着制度的约束。所谓制度的约束主要指治理结构的约束。一个企业是否能够持续增长，取决于是否具有一个好的制度。现在很多的民营企业，在治理结构上存在着若干问题。归结起来，主要有以下几项。

（1）企业产权问题。中国的很多家族企业、民营企业自身产权不明晰。

（2）很多民营企业的产权是不合法的。民营企业过去在早年创业时期为了注册的需要，为了发展的需要，纷纷都是挂靠了某些事业单位，或者国有机构的牌子。所以很多企业做大以后，没有剪断与红帽子的产权瓜葛。从过去的不合法真正走向合法，这是中国民营企业面临的一个大问题。

（3）产权结构优化的问题。民营企业应借助引入战略投资来优化产权结构。因为只有产权结构优化，才能带来决策程序的科学化，才能真正解决老板光靠个人决策的这种状况。对企业来说，咨询公司可以帮助中国企业去研究设计各种方案。

这方面的主要问题还涉及：企业经营的控制支配——如何保护企业股东的利益，适当地控制经营者，达到目标？如何提高中国企业经营透明度，防止贪污和滥用职权？如何重新研究董事会的构成与作用、对经营的监督、设置防止违法乱纪的安全措施等？这些问题不是经营者自身能够解决的问题。

集团管理

很多企业实现集团化管理以后，却对整个集团定义不清楚。自己这个集团究竟是金融性的，还是经营性的，还是管理性的，企业集团并不清楚。不同的集团定义实际上是处理集团和下属公司之间的关系，如何处理他们之间的游戏规则呢？这也是目前中国很多的民营企业和国有企业实行集团化管理面临的一个重要问题。这方面的主要问题还有：企业集团的调整/重组——合并/吸收后该如何谋求企业集团的最大价值？该如何重新构筑企业集团？

不论是出于自己公司的战略考虑，还是很多时候由于政府的要求不得已，合并/吸收其他公司的例子在增多。亏损企业的整顿、过剩人员的安排等诸多难题，政治因素影响很多，咨询公司也很难插手。但是，对于新获得的企业能力和潜在的成长可能性该如何评价，如何使其充分创造价值，如何实现与现有业务之间的综合协同效应等问题，均需要来自外部的客观评估。

组织支撑

很多企业进入很多新的层面，寻求新的利益增长点，但是背后却没有新的组织作为支撑，或者组织的支撑体系没有建立起来，所以进入很多产业以后，新的产业发育不出来。企业在高速成长时期，在市场成长空间很大的条件下，可以不断创新新的组织。但在市场出现平均利益化时，就要靠组织再造，涉及系统本身如何瘦身。另外，企业追求资源共享，同时又要发挥灵活性和自主性，这就面临着规范和灵活的矛盾，以及组织管控失效等这些问题。

这方面的核心问题是：如何建立利于成长的体制：为实现成长战略，该如何建立企业的内部体制？为了持续成长，该形成一种什么样的新企业能力？问题形成的背景是：市场范围由地方向全国扩展，产品由单一产品向跨越多个业务部门的产品扩大，业务范围由依赖于引进技术、贸易，向公司自身的技术开发、制造扩大；业务部、子公司、支店与外资的合资等不同企业形式的企业集团化，企业集团本部机构作用的增大，员工、机构的庞大与复杂化等。总而言之，现在，企业业务经营的复杂程度与难度正以几何级数增大，需要从根本上重新研究企业内部管理制度和机构设置，研究如何使用 IT 技术、ERP 等新的管理技术和方法。在没有经验的背景下，需要外部专家的支援。

竞争优势

中国很多企业还没有形成自己的核心专长与技能，尤其没有自主知识产权的这种合法性。很多企业发展到今天需要重新进行经营模式的创新，应该采用什么样的创新性的经营模式呢？企业在整个产业之中的地位，如何来培育自己的核心专长与技能呢？企业如何在整个产业价值链中获取竞争优势和地位呢？究竟企业要聘什么样的投资专家？未来的成功关键是什么？

相关的研究还涉及对中国市场进化过程的评价：未来的中国市场将如何发展？在这期间自己公司将面临什么样的机会或威胁？机会与威胁的优先顺序是什么？现在到底该做什么样的准备？现在，全球化的影响、政府放宽限制的速度……互联网和电子商务普及的宏观的方向性已经很明确，但是什么时候、怎么样、有多大的概率发生？发生时对自己公司的业务会有什么样的影响？将产生什么样的风险？对这些进行系统的分析，定量地把握风险与机会，是制定出令人信服的经营战略的第一步。

问题功能

当上层的架构已经建立好之后，就要树立企业的五大支柱。这样，在企业高层的指导下，生产、营销、人力资源、研发以及财务管理这五大部分的经理人就能够有目的地发挥各自的能力。同时，这五大支柱之间还要互相协调，统一运作。

企业的五大支柱是指生产、营销、人力资源、研发和财务五大部门。它们构成了企业成功运营的中层部分。

功能轴指的是企业的五大支柱——产、销、人、发、财。对于企业高层来说，实际上并不需要涉入其中的具体事务，但是必须要懂得如何整合这五大支柱。

企业能力

企业的成长与衰退取决于两个重要因素：一个叫做弹性（Elasticity）；另一个叫做控制力

（Controlling Force）。这两个因素控制着企业的竞争力，决定着企业的发展，如图 5.3 所示。

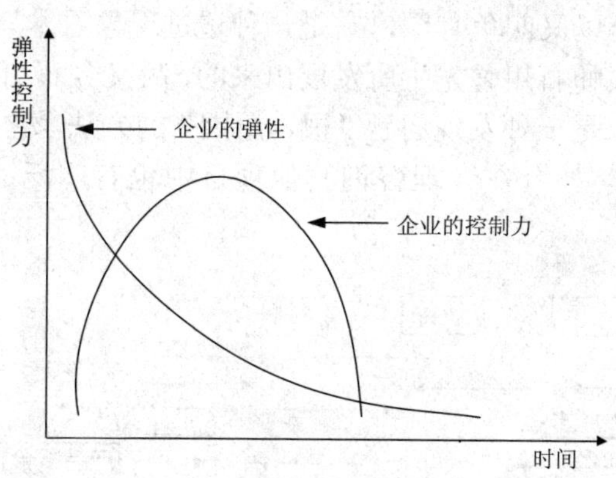

图 5.3　企业的弹性与控制力

企业的弹性

企业的弹性随着企业的成长越来越小。企业成立之初的弹性很大，整个企业随时都在应变，虽然此时的组织结构还没成型，也没有规章制度。当企业渐趋成熟时，它的制度、规章、企业层次、控制系统就会越来越严谨，这时企业的弹性反而会变得很小。

一个企业的发展壮大一般只会带来一种情形，那就是企业内部的层次会增多，产品线会拓宽，企业的控制会更加严密。与此同时，企业变化的速度和弹性却是越来越小。

其实这样的情况很好理解，任何事物在起始阶段都是最有爆发力和行动力的。因为人们对新生的事物往往充满了好奇，也渴望着成功。随着事物向着越来越完善的阶段发展，尤其对一个企业来说，方方面面已经基本趋于成熟，企业的领导者很容易产生一种功成名就的快感。在这样的时候，求变、求新往往不再是企业的主题，它们会被求稳、求妥所代替，打江山容易守江山难，正像一句俗话所说的：“万里江山千钧担，守业更比创业难”。

企业的生命力在于变化和弹性，只有跟随时代变化而不断调整经营策略的企业才能“稳如泰山”。对企业来说，在不断发展的同时，一定要不断激发自身弹性，不断加快自身变化的速度，否则，很容易在最辉煌时坠落。这是企业的高层领导需要认真面对的一个挑战。

企业的控制力

企业的控制力是一个有起有落的过程。正如人一样，婴孩时期没有什么控制力，想哭就哭。伴随着成长的脚步，企业自我控制的力量会慢慢地增强。老时，控制力也随之老化，最后走向衰亡。

企业的弹性和控制力会有一个交叉点，这个交叉点是弹性和控制力获得平衡的点，也就是企业拥有最佳竞争力的时期。

因果分析

问题的特性总是受到一些因素的影响，可以通过头脑风暴法找出这些因素，并将它们与特性值一起，按相互关联性整理而成，层次分明、条理清楚，并标出重要因素的图形就叫特性要因图。因其形状如鱼骨，所以又叫鱼骨图，它是一种透过现象看本质的分析方法。

鱼骨图是由日本管理大师石川馨先生所发展出来的，故又名石川图。鱼骨图分析法（Cause & Effect/Fishbone Diagram）是一种发现问题“根本原因”的方法，它也可以称之为“因果图”。鱼骨图原本用于质量管理，如今在管理咨询其他项目中也有广泛的应用。其基本结构，如图5.4所示。

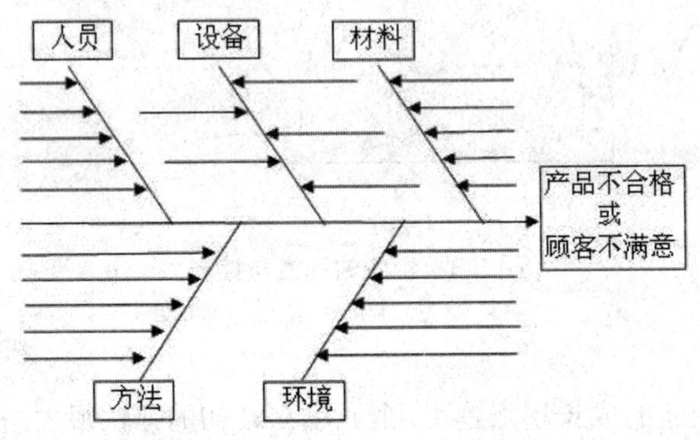

图5.4 鱼骨图的基本结构

方法作用

因果鱼骨图的作用在于：

（1）使项目小组能集中于问题的实质内容，而不是问题的历史或组员不同的个人观点；

（2）使组员了解项目小组在围绕某个问题时产生的集体智慧和意见，有助于找到有效的解决方案；

（3）使项目小组聚焦于问题的原因，而不是问题的症状。

方法类型

鱼骨图的类型有以下几种。

（1）整理问题型鱼骨图（各要素与特性值间不存在原因关系，而是结构构成关系）。

（2）原因型鱼骨图（鱼头在右，特性值通常以“为什么……”来写）。

（3）对策型鱼骨图（鱼头在左，特性值通常以“如何提高/改善……”来写）。

制作鱼骨图分两个步骤：分析问题原因/结构、绘制鱼骨图。

分析问题

（1）针对问题点，选择层别方法（如人机料法环[①]等）。

（2）按头脑风暴法分别对各层别类别找出所有可能原因（因素）。

---

① 人机料法环是对全面质量管理理论中的五个影响产品质量的主要因素的简称。人，指制造产品的人员；机，制造产品所用的设备；料，指制造产品所使用的原材料；法，指制造产品所使用的方法；环，指产品制造过程中所处的环境。

（3）将找出的各要素进行归类、整理，明确其从属关系。

（4）分析选取重要因素。

（5）检查各要素的描述方法，确保语法简明、意思明确。

分析要点：

- 确定大要因（大骨）时，现场作业一般从“人机料法环”着手，管理类问题一般从“人事时地物[①]”层别，应视具体情况决定。
- 大要因必须用中性词描述（不说明好坏），中、小要因必须使用价值判断（如不良）；脑力激荡时，应尽可能多而全地找出所有可能原因，而不仅限于自己能完全掌控或正在执行的内容。对人的原因，宜从行动而非思想态度面着手分析。
- 中要因跟特性值、小要因跟中要因间有直接的原因—问题关系，小要因应分析至可以直接下对策。
- 如果某种原因可同时归属于两种或两种以上因素，请以关联性最强者为准（必要时考虑三现主义，即现时到现场看现物，通过相对条件的比较，找出相关性最强的要因归类。）
- 选取重要原因时，不要超过 7 项，且应标识在最末端原因。

绘图过程

- 填写鱼头（按为什么不好的方式描述），画出主骨。
- 画出大骨，填写大要因。
- 画出中骨、小骨，填写中小要因。
- 用特殊符号标识重要因素。

要点：绘图时，应保证大骨与主骨成 60 度夹角，中骨与主骨平行。

使用步骤

- 查找要解决的问题。
- 把问题写在鱼骨的头上。
- 召集同事共同讨论问题出现的可能原因，尽可能多地找出问题。
- 把相同的问题分组，在鱼骨上标出。
- 根据不同问题征求大家的意见，总结出正确的原因。
- 拿出任何一个问题，研究为什么会产生这样的问题。
- 针对问题的答案再问为什么，这样至少深入五个层次（连续问五个问题）。
- 当深入到第五个层次后，认为无法继续进行时，列出这些问题的原因，而后列出至少 20 个解决方法。

案例分析

鱼骨图分析法是咨询人员进行因果分析时经常采用的一种方法，其特点是简捷实用，比较

---

① 人事时地物是“人物、事件、时间、地点、物品”的简称。

直观。现以某产品情况作为实例，采用鱼骨图分析法对其市场营销问题进行解析，具体如图5.5所示。

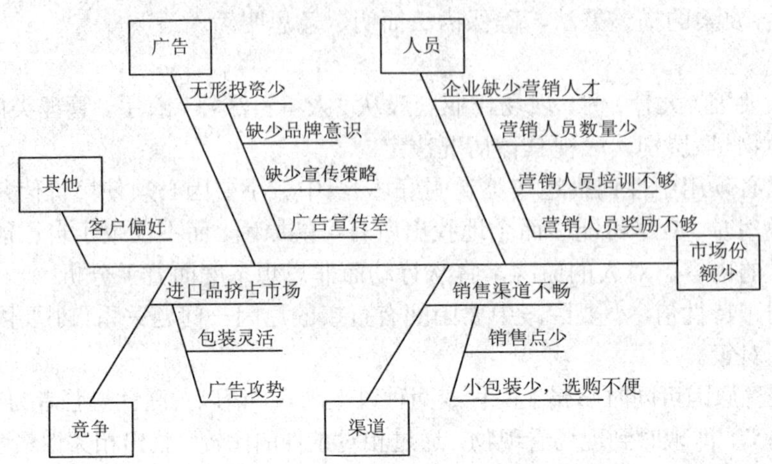

图5.5 市场营销中的鱼骨图分析法使用

图5.5中的“鱼头”表示需要解决的问题，即该产品在市场中所占份额少。根据现场调查，可以把产生该炼油厂市场营销问题的原因，概括为五类。即人员、渠道、广告、竞争和其他。在每一类中包括若干造成这些原因的可能因素，如营销人员数量少、销售点少、缺少宣传策略、进口油广告攻势等。将这五类原因及其相关因素分别以鱼骨分布态势展开，形成鱼骨分析图。

下一步的工作是找出产生问题的主要原因，为此可以根据现场调查的数据，计算出每种原因或相关因素在产生问题过程中所占的比重，以百分数表示。例如，通过计算发现，“营销人员数量少”在产生问题过程中所占比重为35%，“广告宣传差”为18%，“小包装少”为25%，三者在产生问题过程中共占78%的比重，可以被认为是导致该炼油厂产品市场份额少的主要原因。如果针对这三大因素提出改进方案，就可以解决整个问题的78%。该案例也反映了“20:80”原则，即根据经验规律，20%的原因往往产生80%的问题，如果由于条件限制，不能100%解决问题，只要抓住其中20%的原因，就能够解决80%的问题。

问题举例

在中国现实中，与企业中层有关的管理问题主要类型有产品经营、市场营销、人力资源、精细管理、技术研发、客户服务。

产品经营

中国企业普遍面临着联产一体化，使得整个产品推向市场的速度较慢。如何引进产品经营市场？尤为企业面临的大问题。

推行产品经营制，企业必须内部建立理性权威。一个产品经营从研发设计开始，一直到产品的市场推广，整个流程必须要由一个责任人来负责。如果企业内部没有一个清晰的流程，没有流程的责任体系和目标体系，那么产品经营体制很难推行下去。

市场营销

一个企业如何设计它的产品组合，如何使它的产品组合符合新战略的要求，如何进行产品新的整合，如何进行工业链的整合，这些都是中国企业发展中在产品市场所面临的问题。尤其是中国企业现在正面临一个营销模式转型的问题：中国企业更多依靠的是终端推力，而高端拉力是相对薄弱的。虽然现在很多中国企业靠终端推动能力，靠自建营销网络体系赢得了市场的主动权，但是现在很多企业的营销体系都面临管理成本过大、效益越来越低和员工创业积极性递减等问题。如何从过去的产业价值链各个利益相关点的对抗走向均衡？如何转变营销模式、改革营销组织？如何提升营销战略水平？如何建设营销队伍？这些都是整个营销体系所面临的核心问题。

这方面的主要问题还有顾客的争取和稳定——如何寻找新的顾客？如何稳定已争取到的顾客？即使想出新的办法，也马上会被竞争对手模仿。消费者会因为很少的价差就马上转为其他公司的顾客。广告宣传等市场营销费用在不断地上升。在这种严峻的市场竞争中如何争取顾客，而且如何将争取到的顾客拴住，使其稳定，这都是许多经营者头疼的问题。不易模仿的竞争差别化、顾客忠诚度的提高、巩固的公司品牌的确立等，极其需要一种全新的思考方法。

人力资源

企业在成长发展过程中，人力资源管理是最重要的。以民营企业为例，民营企业过去在高速成长时期没有科学合理的选人标准，因此现在这种不科学的选人、用人机制的问题都暴露了出来。民营企业家如何和职业经理人打交道？如何处理新老创业者之间的矛盾问题？如何解决企业冗员的问题？企业有了成果以后如何确定游戏规则？这一系列的问题都是人力资源管理现在面临的问题。人力资源管理已经成为中国企业成长和发展的一个瓶颈。

（1）企业经常忽视的一个问题就是人才的退出机制问题。过去的人力资源管理过于注重如何选人、用人，但是恰恰忽视了人才退出的问题。现在很多企业都被冗员问题所困扰。要解决冗员问题，就必须建立正常的人才退出机制。企业经营越好越是需要有计划、有步骤的裁员，使一部分不适应企业发展的人才退出来，以最大程度地发挥企业内部的活力。

（2）这方面的另一个主要问题是：领导人的培养——如何发现、培养能够领导新企业的人才？成功的国内企业的大多数领导人是冒险型的天才领导。没有受过高等教育，主要是以天生的第六感觉和领导才能带领了企业的成长和发展。但是，企业在发展到一定规模以后，无论是什么样的天才，光靠一个人都不能进行管理，需要专业的管理人员来管理企业。现在有很多企业，对企业集团本部的管理者、子公司的经营者、国际业务的负责人、产品开发的负责人等，这些主要领域的经营人才的培养很不及时，人才不足。而且，也为如何建立一种有效地利用这些人才，并能使他们安心在自己公司工作的机制而苦恼。

（3）家族成员之间的矛盾。首先，家族企业的产权问题。家族企业产权问题是个敏感的话题，一般产权对于单个家庭成员是个共同的产权，但一般不会把产权明晰到个人，而往往这是个棘手的问题。当家族最高权威者（大多为家长）还健在时，这个问题一般被最高权威者掩盖，使得矛盾没有被激化。但这是时间问题，如没有妥善处理，将使企业面临一场危机。

其次，内耗过多。在家族企业里，亲情与事业总是分不开。如果家族成员之间的关系发生矛盾、使得感情疏远可能导致企业无法正常经营，严重降低企业的效率。如何建立完善的制度是家族企业最紧迫的问题。

（4）家族成员与员工的矛盾。如果问老板，民营家族企业是谁的？99%的老板的答案是自己的。而如果问员工，民营家族企业是谁的？99%的员工的答案也是老板自己的。从员工的角度来看，他们无论做得多么棒，业绩成绩多么好，实力多么强，他们的位置始终爬不到家族成员的头上；从家族成员的角度来看，则一直苦恼为什么很难提高员工的积极性，苦恼员工为什么不能像老板他们自己那样为了企业的健康发展把一切投入到企业。

精细管理

精细化管理是一种理念、一种文化。它是源于发达国家（20世纪50年代的日本）的一种企业管理理念，它是社会分工的精细化，以及服务质量的精细化对现代管理的必然要求，是建立在常规管理的基础上，并将常规管理引向深入的基本思想和管理模式，是一种以最大限度地减少管理所占用的资源和降低管理成本为主要目标的管理方式。精细化管理是由过去的粗放型管理向集约型管理的转变，由传统经验管理向科学化管理的转变。

“精细化管理”的特质体现在：

（1）是一个管理哲学，不是单纯的细节管理，是“精”的管理理念和“细”的运作方式的融合，是企业管理思想的再反思。

（2）是企业精细化文化的具体体现，是员工职业意识、责任意识、精细化的行为习惯在工作中的具体体现。

（3）是企业战略实施的管理平台，是将企业战略、经营目标层层分解、步步落实的流程标准化运行系统。

（4）是企业绩效产出的管理平台，是全方位、全员、全过程实现工作绩效的管理模式。

如何转向精细化管理是企业面临的重要问题。在整个产业价值链上，企业如何实现资源合理配置？如何进行策略联盟与合作？如何寻求合作伙伴？在这个过程中，咨询公司也起着非常重要的作用。

技术研发

中国确实有很多企业没有形成自己的核心技术，研发上是最薄弱的环节，绝大多数企业还处于卖力气阶段。正是因为如此，中国企业很难形成差异化。中国企业为什么喜欢打价格战？因为技术没有差异化，管理没有差异化！所以在这样一种背景下，中国企业总是处于一种低价打架的恶性循环过程中。如何帮助一个企业构建它的技术研发系统并实施强有力的技术管理，也是目前中国企业管理咨询过程中的热点。

客户服务

很多企业不知道如何引进客户经营市场？如何进行客户服务？客户服务则要为客户提供系统化的解决方案，这涉及了一系列系统的便利与创新的问题。事实上这是整个企业流程重组的问题。

问题时间

企业和人一样，有自己的生命周期，也有自己的婴儿期和成熟期，也有所谓的生老病死。但是，企业的生老病死又不完全和人一样：企业是一种组织，它的生老病死不受时间的控制，有一定的自主性，有其自身发展的规律。

时间轴反映了企业有其自身的生命周期。了解企业的生命周期就是要了解企业当前正处在哪个时期的哪个阶段，针对不同的阶段要制定不同的策略。

管理角色

关键角色

爱迪思（Adizes）[①]的 PAEI 管理角色模型是指在一个成功管理团队中的四个关键角色，即业绩创造者（Producer）、行政管理者（Administrator）、企业家（Entrepreneur）、整合者（Integrator）。

PAEI 即为上述四个角色的英文首字母缩写，PAEI 模型评估与强调了在一个成功团队中上述四个角色的作用与贡献。PAEI 的潜在思想是没有哪一个管理人员能够单独应对企业的所有挑战。面对今日日益复杂的世界和生存环境，任何一个企业都必须组织管理团队来应付它。PAEI 模型并非要求所有的管理团队都要一一设置上述四个角色，在现实当中，管理团队可能超过或少于这四个角色。

- 执行 P 角色关注的是短期目标，能带来短期效益。
- 行政 A 角色关注的是短期控制，能带来短期效率。
- 创新 E 角色关注的是长期目标，能带来长期效益。
- 整合 I 角色关注的是长期控制，能带来长期效率。

一个完善和理想的决策必然同时关注短期的效益、效率和长期的效益、效率。

组织管理

这四种角色解释了为什么企业需要组织化管理：管理者在不同环境中和岗位上，只要是正常人，身上都能扮演并体现这四种角色。但完全承担这四种角色的人，即完美的人是不存在的。一个人只能在现实中承担并突出一到两种角色，而其他角色必须由其互补的合作者来承担，组织由此而来。

爱迪思（Adizes）的 PAEI 四大角色解释了企业是如何通过组织管理来制定决策的，并给出了 CAPI（权威，即结合了的职权、权力和影响力），同样也解释了企业如何通过行政和企

[①] 伊查克・爱迪思（Ichak Adizes）是美国最有影响力的管理学家之一，企业生命周期理论创立者，组织变革和组织治疗专家。美国当代著名的管理学思想家、教育家、组织健康学的创始人，加州大学洛杉矶分校终身教授，斯坦福大学、特拉维夫大学和位于耶路撒冷的希伯莱大学的客座教授。他在企业和政府部门有超过 30 年的诊疗经验，开发出了爱迪思法，并创立了爱迪思学院，受政府特许在组织健康领域授予硕士和博士学位。美国主流媒体评价爱迪思为 20 世纪 90 年代“唯一一名处于管理尖端领域的人”。

业文化管理来组织贯彻实施的。爱迪思的理论结合了西蒙的决策理论，描述了企业如何通过决策的制定和实施，来创造组织决策和实施的管理机制。

每一个角色的重要程度也是相对性与绝对性的统一，取决于组织环境因素，如组织类型、组织规模、组织外部环境、组织发展阶段。

企业动力

总的来说，企业最具行动力的还是企业的底层基础，也就是企业的员工。因为无论有多么好的上层和中层理念，最终将理念变成现实的还是企业的员工。而是否能将理念很好地转化为现实，还要取决于员工工作效能的高低。工作意愿乘以工作能力就等于工作的效能。只有当员工既肯干又能干时，企业的竞争力才能有质的提升。

个人效能=意愿×能力

企业生命力也来自于PAEI，如图5.6所示。

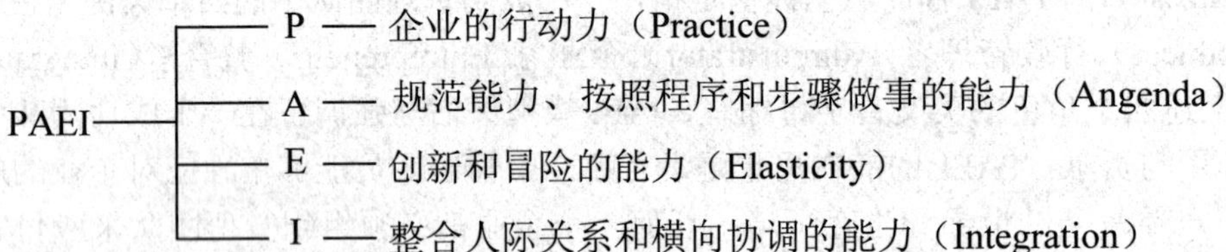

图5.6 企业组织的生命力要素

行动力

如果一个企业的行动力很强，它往往有很明确的目标，有极强的贯彻力，整个公司行动至上。表现为公司说什么员工就干什么，而且不畏辛苦，只求结果，但是缺乏耐性。这是P（Practice）的特性。

程序力

一个公司如果具备良好的A（Agenda），也就是公司重视规范和程序，具体表现为公司的员工习惯于依照一定的步骤与程序来做事。整个公司都呈现出一种规规矩矩的状态，工作讲求方法，习惯于制定一定的标准。员工都主动遵循公司的规章制度，所有的共同规范都是由大家讨论决定的。

创新力

企业若是充满了E（Elasticity）的力量，那就是充满了创新和学习的力量。企业重视构思新点子、发展新产品、开拓新市场、开办新事业、学习新事物和采用新方法。

整合力

而I（Integration）则是整合的力量。表现为非常注重团队关系，经常进行各种系统的和跨部门的整合，经常开展维系关系的活动，这些都是属于 I 的力量。

以上的四种力量，也就是 PAEI，对一个企业而言很重要，它们是企业的生命力要素。一定要协调好这四种力量，只有协调好它们，企业的运作才能非常的顺畅。如果协调失败，企业就会处于这四种要素的相互矛盾中，而难以生存。

生命周期

企业的生命周期分为成长（向上）和老化（向下）两个时期。成长时期包括婴儿期、学步期、青春期、壮年期四个阶段。而老化时期包括稳定期、贵族期、官僚期三个阶段，如图 5.7 所示。

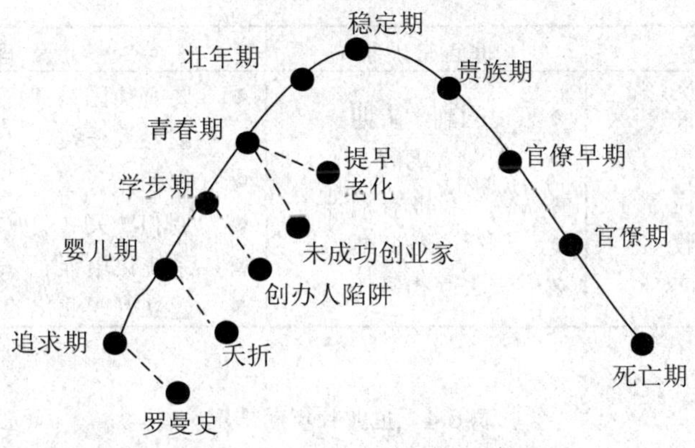

图 5.7　企业组织的成长与衰退

图 5.7 全面地反映了企业成长与衰退的不同时期。曲线上的圆点是企业正常发展可能出现的从成长到衰退的全过程。曲线外的圆点则是表明了相应时期未成功先成仁的情形。

成长期

下面用表格的形式来描述成长期各个阶段的现象和管理要点（表 5.1～表 5.4）。其中，企业的动力 PAEI 用符号来代替，每个字母用大写表示相应的此种能力很强，小写则表示能力很弱，如果完全没有那个能力就画一条横杠。

表 5.1　企业婴儿期情况

企业婴儿期 Paei	正常现象	非正常现象	管理重点
	● 不打退堂鼓 ● 现金不足 ● 辛勤工作 ● 缺乏管理深度、制度与授权 ● 允许犯错	● 遇难而退 ● 长期现金不足 ● 丧失目标与意愿 ● 过早授权与制度化 ● 创办人失控 ● 不许犯错	● 必须集中焦点去突破一个市场 ● 企业要讲求行动力，要聘用吃苦耐劳的人 ● 要以周为单位来控制现金流量，并且要连续 16 周控制现金的流量 ● 要多方面争取支持的力量

表 5.2 企业学步期情况

企业学步期 PaEi	正常现象	非正常现象	管理重点
	● 一赚到钱马上多方面扩充业务 ● 做事规划不完整 ● 被动的销售导向 ● 做事缺乏一致性，缺乏重点	● 过快地多元化 ● 过早地分权 ● 落入创办人陷阱 ● 因为规划不周而导致危机	● 要谨慎投资，每种投资要能跟企业本来的核心竞争力搭配，以免让企业失去焦点，不要有重大的失误，要考虑成本与困难 ● 建立和加强经营与管理团队 ● 做好中层骨干的培训

表 5.3 企业青春期情况

企业青春期 pAEi	正常现象	非正常现象	管理重点
	● 创业团队的冲突 ● 暂时丧失远景 ● 奖惩制度不完善 ● 权力时放时收 ● 政策无法落实	● 退回到学步期 ● 创业者离散 ● 陷入创业者陷阱 ● 例行事务瘫痪 ● 失去互相信任	● 要避免因为“内斗”失去互相信任而使创办人分裂 ● 规范化管理 ● 调和冲突 ● 系统化培训 ● 建立好职业化的队伍

表 5.4 企业壮年期情况

企业的壮年期 PAEi	
特征	● 制度与企业功能运作非常好，他们做事严谨，有创新力 ● 远景构架与创新能力实现了制度化 ● 客户满意度很高 ● 事前计划且计划均能实现 ● 事情在掌握中表现卓越 ● 销售量跟利润能够同步增长 ● 逐渐衍生新事业、子公司
正常现象	人员的素质、训练与企业业务领域高度、宽度、扩张、速度不相称
非正常现象	企业过度的自满自大，或因为有了一些钱就开始过度享受
管理重点	● 做好战略重整，改造整个流程，快速提高竞争力 ● 激发危机意识，以防老化 ● 最好能建设自己的培训大学，全面化地培养一批拥有企业自己独特文化的干部和员工 ● 要把自己的企业文化扎根，以此来弥补管理的空缺 ● 要快速积累核心竞争力，避免让竞争对手进入或侵扰自己的领域

以上四个表分别说明了企业成长期的四个阶段各自不同的特征、存在的问题以及相应的管理重点。可以通过对这些表的学习，在实际工作中做到有的放矢。

老化期

下面用表 5.5 来说明企业在老化期的各个阶段的相关内容。

表 5.5 企业老化期情况

	企业老化期			
	第一阶段稳定期	第二阶段贵族期	第三阶段官僚前期	第四阶段官僚期
	PaeI	PAeI	PA-i	--A-
企业特征	● 企业注重人际关系，不敢冒险，不思变革，喜欢奖励听话的人 ● 忽视开发新市场，推出新产品 ● 依靠老市场、老产品维持生命，热衷于回顾过往而不是构筑愿景	● 投资于控制力和福利 ● 重视形式和传统 ● 不敢兴风作浪 ● 害怕变化，缺乏内部创新 ● 资金多	● 互相推卸责任，争吵不断 ● 偏激、隐藏自我 ● 不关心客户 ● 内斗严重	● 企业与外部环境脱节 ● 制度齐备，然而做事效果不佳 ● 对结果缺乏把握 ● 客户需要自己打通关卡
管理重点	● 要不断地强化危机意识，提醒目前存在的忧患 ● 要不断地重新激发创新能力，可以建立创新奖励机制 ● 避免整个企业出现老态龙钟的现象 ● 容许犯错，避免保守	● 要强化行动力，尤其要重视领导者的以身示范作用 ● 重树创业精神，订立创新指标，加强开发新事业 ● 避免浪费，扭转企业内部的奢侈之风	● 要建立改革小组，寻找解决矛盾的突破口 ● 突破口要小而精，焦点集中 ● 在取得一小部分的成绩后，再进行全面改造	● 病情诊断： ● 可以诊断就减员增效，必须是一步到位的减员增效 ● 诊断无果就破产重组

管理诊断

在全面了解了企业的生命周期，了解了每个阶段企业会出现的正常和非正常情况，掌握了应该怎样抓住要点来管理企业之后，就要学习怎样进行管理咨询，怎样有效地使用对策。简而言之，咨询师要学会正确应用企业的生命周期理论为管理咨询服务。图 5.8 就是整个企业诊断和制定解决方案的流程图。

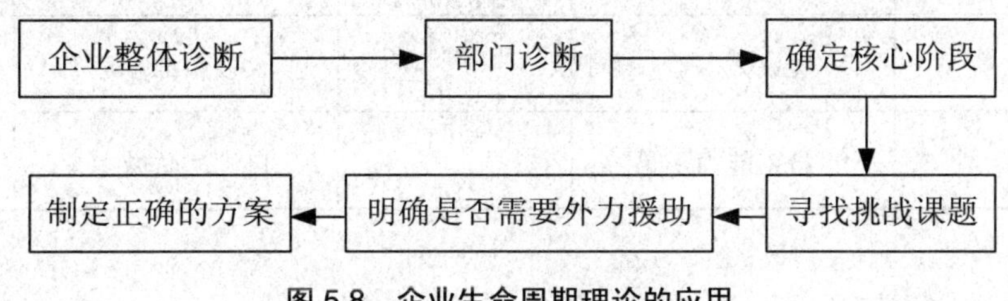

图 5.8 企业生命周期理论的应用

逐层分析

生命周期的诊断对企业来说有两个层次，即整体和部门。企业首先要进行的是整体的诊断，即观察企业当时大概处在它生命周期的哪一个阶段。大部分的企业都不会刚好处在一个点上，而是在两三个阶段之间移动。接着就要对企业进行部门诊断，了解企业的各个部门分别处在什么阶段。这样可以帮助确立企业的核心阶段，对核心阶段要重点维护，重点调整，并且还要找出企业及其各个部门挑战性的课题，把这些课题设计好，然后根据这些课题的要求逐个进行调整。

例如，企业的某个部分最主要还处在学步期，那就要抓准焦点，避免混乱；如果这个部门已经进入到青春期，那就要赶快建立规范化、自动化，避免做事凭经验或者“公说公有理，婆说婆有理”的情况发生。如果某个部门还在婴儿期，那就要放手让它干，尽量不要约束，这对一个集团在投资新事业时也特别重要。

典型时期

典型的需要外力协助的阶段是在青春期。在企业需要规范化、制度化时最好能有外力协助。同时，如果企业已经进入到贵族期的后半期，企业自身无力回天，这时可以通过外力，寻找咨询师或者其他的力量来激活企业。所以，在适当时通过外力来协助企业度过难关是很重要的。

总而言之，对企业生命周期理论的应用，必须对症下药，首先判断整个企业是在成长还是在老化，然后界定其属于具体的哪一个阶段，最后才能制定治疗方案。企业的高层经理人只有在正确掌握了企业生命周期的规律之后，才能力争让自己的企业尽快度过成长的前面阶段，保持竞争力，最好能始终维持在最佳的壮年期阶段。

综上所述，如何根据企业发展阶段去选择企业合适的模式是非常关键的，管理无所谓先进、落后之分，适应才是最重要的。现在，企业追求了太多的管理，追求了太多的不切合企业发展阶段、不切合企业实际的利润管理模式，最后很多企业越学越失去自己的核心专长与技能。从这一点上讲，在咨询过程中既要保持个性，又要保持企业家的激情，同时使得一个企业建立一个理性常规，建立逐步开放结构，这一点应该说对咨询公司很有价值。

请根据对以上表格的学习，对表5.6所示的问题做出判断。

表5.6　企业管理问题的调查与诊断

企业生命周期	请选出成长期不同阶段的正常的抱怨			
婴儿期	缺乏授权	正常□ 非正常□	长期资金不足	正常□ 非正常□
学步期	事情太多	正常□ 非正常□	自大、集权	正常□ 非正常□
青春期	会议太多	正常□ 非正常□	太多内部争斗	正常□ 非正常□
壮年期	员工能力不足	正常□ 非正常□	自满、骄傲	正常□ 非正常□

本章概要

任何企业都会存在问题，但什么才是真问题？问题又该如何归类？本章从企业生命周期角度分析，看企业在生命周期的各个阶段存在不同的问题，其管理重点也不尽相同，因此，应采取不同的诊断方法。本章同时提供了部分问题实证，分析中国企业在战略、竞争优势、精细化管理、制度和组织、技术、市场营销和人力资源方面存在的问题。

思考练习

1．在管理咨询中，为什么首先要进行问题界定？

2．试分析企业在成长期和老化期的各个阶段的 P、A、E、I 变化发展的过程？企业在生命周期的各个阶段存在不同的问题，其管理重点也不尽相同，因此，应采取不同的诊断方法，请你做一个具体的分析？

3．从当前中国企业遇到的具体情况来看，他们存在的主要问题有哪些？试做简要分析，并举例说明？

4．有哪些方法与工具可资借鉴去分析企业管理的核心问题与本质问题？

5．客户企业管理问题识别程序、问题框架与问题评价方法是什么？

6．你所知道的管理咨询的优秀例子是什么？请对其问题分析的方法及经验加以归纳与提炼。

7．对问题进行原因分析的方法还有哪些？请举例详细分析。

8．企业不同层次的管理问题，在性质上存在什么差异？

9．如何进行企业管理问题的调查？

10．从问题的时间性出发，新创企业与成熟企业，在管理问题上存在什么样的区别？

延伸阅读

《咨询的 7C 模式：咨询业务全程指导》([美]米克・科普．北京燕清联合传媒管理咨询中心，译．北京：机械工业出版社，2004)：本书提出了咨询过程的 7C 模式，即客户、明确、创新、变化、确认、持续、结事这七个环节，并在第一个环节提供了非常实用的工具和方法。

《你的灯亮着吗?——发现问题的真正所在》([美]唐纳德・高斯，杰拉尔德・温伯格．章柏幸，等，译．北京：清华大学出版社，2003)：本书关注了像“人们如何思考”、“人们在遇到棘手的难题时会如何思考和处理”、“对于某一个特定的问题，人们会用什么样的角度去思考”这样的话题；提出了像“问题其实就是你期望的东西和你体验的东西之间的差别”、“不管看上去如何，人们很少知道他们想要什么，直到你给了他们所要的东西”这样的深刻见解，这为人们思考能力的提高提供了一些启迪性的帮助。

《未来的企业：中国企业的智慧转型》(IBM 中国商业价值研究院．北京：东方出版社，2009)：本书将组织内部的变革视为一种“永恒不变的常态”，只有彻底变革管理模式，中国的企业才能把握商机。面对产品同质化、利润率不断下降以及消费者需求日益严苛等难题，中国制造企业“重生产轻服务”的模式将难以维持。从纯粹的产品生产向服务业务模式转型，企业才能更好地体现差异化竞争，创造利润并锁定顾客，在新一轮的竞争中脱颖而出。

《说服：全球顶尖企业的商务沟通之道》([美]杰瑞・魏斯曼．左科华，陈亮，刘超，译．北京：科学出版社，2005)：把商业说服力渗透到故事编创、叙述结构、开场白、启承转合设计、幻灯片及图表制作等基本技巧中去，说服最为挑剔的听众。

《在中国做咨询》(王颖．北京：机械工业出版社，2006)：本书基于对中外文化和中外企业管理差异的分析，本着解决客户管理问题，实现咨询价值的出发点，就适合中国企业的咨询服务模式提出了全新的思考和探索，同时还与读者分享了问题诊断、问题解决、咨询思维以及管理技巧等多方面的管理经验。

《如何提问》([英] 伊恩·麦凯．姜涛，译．上海：上海人民出版社，2006)：无论在大幅度、评估或简单的意见沟通过程中，所有管理人员都需要磨练其提问技能。本书为此提出了有益的指导建议：利用多种形式的开放式问题，包括追问、简单质疑、观点询问、假设、澄清等；通过支持性陈述与感叹语来鼓励和引导发言人；通过封闭式问题或直接提问法来确认一些具体的事实；在培训过程中练习提问。

《高效能方法：整理、分析和解决问题》([日]日本能率协会咨询中心．蔚花蓉，译．北京：东方出版社，2006)：解决问题的效率高低取决于对问题是否有准确的整理和分析。没有周密的整理和分析，就没有问题的解决。本书以此为中心，试图把咨询顾问掌握的相关方法整理成体系。

《看清你的思维图谱》([英]马尔科姆·克雷格．程云琦，译．北京：机械工业出版社，2003)：本书研究了十四张核心图及其商业运用。从它们的组合出发，你可以完善绘图技能。

《黑天鹅：如何应对不可预知的未来》([美]纳西姆·尼古拉斯·塔勒布．万丹，译．北京：中信出版社，2009)：黑天鹅存在于各个领域，无论金融市场、商业、经济还是个人生活，都逃不过它的控制。本书教你以全新的视角理解现实世界，采取有效的策略防范未知风险，并把握黑天鹅带来的机会。

《首先，打破一切常规——世界顶级管理者的成功秘诀》([美]马库斯·白金汉，柯特·科夫曼．鲍世修，方晓光，译．北京：中国青年出版社，2002)：每个人首先应当是管理自己的人，这种管理包括你的思想、身体、金钱、才能、工作、情感、欲望和构成你生活的各种成分。本书提供了一个简明而实用的模型，并配以具体行动方案，帮助公司在生产效率、员工敬业度、顾客满意度和利润率上取得重大进步。

参考文献

1. [美]彼得·德鲁克．卓有成效的管理者[M]．许是祥，译．北京：机械工业出版社，1993.

第 6 章

咨询调查

企业管理上的共性需求不一定需要咨询公司来解决，而最关键的恰恰是需要如何解决一些特性的问题。

- 了解咨询数据的基本类型；
- 熟悉咨询数据获取的途径；
- 掌握咨询数据分析的方法。

任何咨询工作都应以事实为依据，不能凭主观臆断、经验估计而形成概念。资讯科技的进步，已使以往必须大费周章的资料收集与整理工作变得轻而易举。能善用工具（通过公司内部的资料库或网络搜索引擎等）收集资料，并利用资料为解决问题的假设提供佐证，是管理咨询成功的关键。

资料类型

数据收集的目的是收集一定量的客观事实，但是会因为额外的主观事实和解释而被歪曲。随着具体项目的不同，主观性信息可能同客观性信息同样重要，在某些情况下甚至更加重要。

数据收集类型的抉择不仅会受到客户组织的明显商业考虑的影响，而且还会受到组织内其他文化和政治因素的影响。例如，某些个人或部门的观点虽然表面上同项目没有联系，但是在选择数据类型时应该考虑。对这种情形，咨询师就必须运用策略、判别力和直觉。即使客户不愿意跟踪某些信息调查，咨询师也必须进行解释和辩护。同样，咨询师应该记住一点：所需要的数据以及数据收集的方式，随着更多信息的出现，初步分析往往需要进一步发展和变化。

管理咨询时应明确所要调查的资料类型，以及如何收集这些资料。项目的性质将决定所需要收集的数据类型。

内部数据

数据往往包括内部数据和外部数据。对内部业务数据的来源，咨询师应该求助于以下方面。

销售业绩

- 公司账目和报告。
- 业务计划和预算。
- 技术记录和销售记录。
- 个人记录。
- 有关关键供应商和顾客的记录。

这些记录应该使咨询师能够做出有关组织销售和财务业绩的评价。

财务健康性

组织的财务健康性可以通过各种比率来进行判断，如权益比例、长期负债比例、库存销售比例、资本回报率、权益回报率、回款利润率以及营业利润。从这些比例中所推演出来的信息可以用来进一步做出对组织的评价。

IT 信息

IT 也是组织活动的一个重要方面，收集 IT 系统的信息非常有用。例如，IT 系统是如何运作的、IT 的目标是什么、用户对系统的认识如何等。因此，所收集的数据应该对书面信息和以访谈为基础的信息兼收并蓄。

人力资源

有些项目可能需要人力资源方面的数据，如在职人员数量、职务、人员流动率、薪酬、雇员态度、公司文化等。这种信息可以通过问卷、调查、访谈和公司记录等形式来获得。

外部数据

咨询师还需要获取有关股东、供应商、顾客、市场和竞争力、竞争对手方面的外部数据。

股东数据

谁是主要的股东？他们的持股比例是多少？股东对公司的影响程度有多大？金融界对组织的看法如何（如果它是一家上市公司）？

供应商数据

谁是组织的主要供应商？他们的产品质量如何？服务如何？他们是否与公司建立了长期合作关系？供应商的产品替代性如何？供应商所在行业集中度如何？供应商对公司的影响程

度如何？它们的财务状况如何？它们在市场上的地位如何？

顾客数据

谁是组织主要的顾客？他们的忠诚度如何？顾客的转换成本高吗？除了主要顾客以外，公司还存在着哪些顾客？他们有没有可能成为公司的忠诚顾客？还有哪些人虽然现在不是公司的顾客，但将来可能是？顾客对公司的产品及服务是否满意？

市场数据

组织的市场有多大？这个市场的成长速度有多大？它的发展模式怎样？它面临什么威胁？

竞争力数据

组织在各个市场上的市场地位如何？组织的市场产品/服务建立的基础是什么？价格、质量、技术或服务的范围、地理定位、历史联系怎样？组织的优势和劣势是什么？组织是否具有别人难以模仿的核心竞争力？

竞争对手

竞争对手在市场上的地位如何？他们的战略、核心竞争力是什么？他们与本企业相比，优势、劣势是什么？本行业与竞争对手横向比较的数据可以通过行业协会、客户调查及业内相关咨询与市场调研机构获取。

以上这些信息的来源除了一手资料，如实地调研和企业访谈等外，也包括来自下列各种出版物的市场研究，如 Jordan、Euromonitor、Key Note、Mintel、股票经纪人报告、贸易期刊和报纸。绝大多数这种信息也可以作为研究客户组织及其竞争对手的标杆和基准。详细的标杆分析将会显示一个组织在生产率、效率和质量方面落后其竞争对手的程度。

注意事项

在收集数据时，有以下三个方面需要注意。

历史数据

除了收集实时数据外，咨询顾问还要收集历史数据，以便纵向考察企业绩效及发展态势。通过历史数据与实时数据的比较，可以看出企业的发展情况。

收集清单

在进行客户内部资料收集时，要编写数据收集清单，经项目经理审核后，交给客户方面的项目负责人。项目小组成员不得私自向客户索要资料。

资料保密

拿到客户的各方面资料后，要遵守商业道德，为客户保守商业秘密。不得擅自复印客户资料，更不许将客户资料提供给其竞争对手。

调查方法

每个企业均有其独特的管理方式和企业文化，同样问题在不同企业有不同的处理方法，因此，必须调查清楚与咨询项目有关的历史、现状、标准、管理模式、内部条件和外部环境等各方面的资料，才能为下一阶段分析提供足够的有价值的信息。收集资料是管理咨询工作最费神费力的工作，又是咨询的最重要的基础工作，可以说一切咨询成败的关键在于对事实的深入调查。

方法归类

综观各学派收集资料的做法，大体可看出有两种收集资料的途径，可形象地比喻成“拉大网法”和“定点撒网法”。

拉大网法

拉大网法是不管重点、非重点，把来访者的过去、现在、自身、环境所有资料一股脑儿收集起来，就像渔人用一个大围网把池塘中的鱼儿悉数全捕上来一样。

拉大网法不易失误，但是太费时，并且收集到的资料可能荒芜杂乱，需要另外进行分析归纳。

定点撒网法

定点撒网法则以咨询者的某种假定、判断为依据，定向地收集相关资料，就像渔人用小网在不同水域撒网一般，哪儿有他要打的鱼，要凭他的经验判断。

定点撒网法比较经济、灵活，收集和分析理解资料同时进行，但有时难免有失误之处。

对于有限次数的咨询来说，定点撒网法更可取。

主导方法

常用的调查方法主要有资料调查、问卷调查、访谈调查和实地观察等。首先需要说明的是，每一种方法都有各自的优点和缺点。任何一种单一的调查方法均不足以对工作信息进行完全有效的提取和收集，因此，应当根据不同调查方法的特点配套使用，互相补充。一般是以问卷法为主，以访谈法和观察法为辅开展工作调查。

资料调查

这种调查一般是指利用企业的各种现有资料，如有关生产、材料、销售、劳务等方面的资料进行综合研究，并且分析企业的健康状况。此外，还可利用分工规则、就业规则、会计规则、工作标准、厂内规定等条文来整体了解分析企业内部存在的问题点。

调查重点

这种调查的重点在于统计调查。在调查时，为了使对方能够填写方便，资料的形式最好少用文章的形式、多采用分项的形式。同时，为了便于企业人员的处理，最好采用标准的格式。

资料品质

在取得各种相关资料之后，就要对企业整个经营状况进行研究，通过这种研究分析，可以了解企业的经营情况，可以大体知道企业的好坏及健全、收益率、生产率等。因为这种数值可以和同行业者的平均值或标准值进行比较，所以在诊断企业的健康的第一阶段，这是一种有效的也是必需的调查方法。但利用这种经营分析进行判定是有限度的，所以也不要过分相信其在诊断中的作用。

如果报告和文件对事实的反映保持准确性的话，那么它们很可能可以为数据的收集奠定基础。文件和报告的劣势在于：它们往往是专为某一个特定的读者撰写的，往往会假定读者已经获得了某些知识，可能跳过了很多看起来并不重要的问题，但是却对咨询师有着很重要的阅读价值。

问卷调查

调查问卷是由任职人员填写经过特别设计的调查问卷来获取工作信息的方法，是收集一手资料最常用的办法。

同访谈比较起来看，问卷调查并不是时间密集型的数据收集方式，可以使咨询师进行对比，也比访谈更加易于了解和分析员工的看法。但是，被调查的员工也会有压力而不可能知无不言，他们会害怕自己的问卷内容被发现，所以，所给出的答案也就是他们认为是必要的答案。同时，问卷调查经常没有留出补充的余地。

问卷结构

问卷是调查研究中用来收集资料的主要工具，在形式上是一份精心设计的问卷表格。在实际调查中所用的问卷各不相同，但大多数包含卷首语、问题和回答方式、编码、其他资料等。

- 卷首语。它是问卷调查的自我介绍信。其内容应包括：调查的目的、意义和主要内容，选择被调查者的途径和方法，对被调查者的希望和要求，填写问卷的说明，回复问卷的方式和时间，调查的匿名和保密原则，以及调查者的名称等。卷首语一般放在问卷第一页的上面，也可单独作为一封信放在问卷的前面。
- 问题和回答方式。它是问卷的主要部分，一般包括调查问询的问题、回答问题的方式以及对回答方式的指导和说明等。
- 编码。就是把问卷中询问的问题和被调查者的回答全部转变为 A、B、C…或 a、b、c…等代号和数字，以便利用电子计算机对调查问卷进行数据处理。
- 其他资料。包括问卷名称、被访问者的地址或单位（可以是编号）、访问员姓名、访问开始时间和结束时间、访问完成情况、审核员姓名和审核意见等。这些资料是对问卷进行审核和分析的重要依据。

专栏

问卷结构

一份完整的问卷应该包括以下部分。

卷首语

卷首语是对问卷的一个简单介绍，是为了提高调查对象参与调查的积极性，使他们愿意如实填写该问卷。卷首语应当包括以下内容。

（1）调查者的身份。

（2）介绍调查的内容。

（3）介绍调查的目的。

（4）如果需要，请调查对象填写一些自身的背景资料，如性别、年龄等。

（5）说明调查对象是如何被选中的，即对象的选取方式。

（6）问卷将以何种方式、在何时间被回收。

（7）向调查对象表示感谢。如果附赠礼物，应当加以说明。

指导材料

在卷首语之后，应当由一段材料来指导调查对象如何填写问卷。指导语应该简捷明了，用语明确而无歧义。

问题

这是问卷的主体部分。从回答形式上分，问题可以分为封闭式和开放式两种。封闭式问题由问卷提供答案选项，调查对象只能从中选择一个或几个作为答案。开放式问题不提供答案选项，调查对象可以自由回答问题而没有任何限制。开放式问题的答案往往能够出现出人意料的、更丰富的材料。但对其答案进行归类和统计是比较麻烦的，而其对调查对象的要求较高。另外，这种问题的回答费时费力，因而其有效性也会有所降低。

结束语

向调查对象表示感谢。

问卷设计

- 调查问卷应该经过特别设计，其所提问的问题的内容、形式、语言和次序都应该经过斟酌。
- 任职人员填写问卷前最好就填写要领进行必要的辅导，以保证回收问卷的质量。
- 任职人员独立填写，以保证问卷能反映任职人员自己的心声。
- 调查问卷的内容要简明、扼要，不能过于复杂、繁琐。

咨询师的研究中的一个核心部分就是访谈、问卷和调查，这些技术都需要结构化的方式。问卷的设计可能会受到问卷结果评价标准的影响。问卷设计还应该考虑调查对象的社会差异和专业差异。因此，问卷中的措辞不应该因为对象的不同而产生不同的理解和解释。问卷还应该体现清晰性、客观性和对新观念的开放性。

问卷语言

调查问卷的设计语言要求非常严格，在文字、内容、提问方式以及格式上都有着明确的要求[1]。

（1）文字。文字应该简明、清晰、浅显易懂，避免错别字。

（2）内容。调查问卷的内容要对调查目的有用。问题不宜过于分散，一般仅围绕两三个主题，不要提被调查者不愿回答或难以回答的问题。

（3）提问方式。提问题的方式要委婉，不能使用命令式的口吻。问题要能清楚地传达调查者的目的；问题要层次分明，可以首先提出概括性的问题，然后再提出具体的问题。

（4）格式。开头要有问候语，要写明此次调查的目的；每个问题后留有适当的空间，以便被调查者能自由做出答案；问题的排列要先易后难；调查问卷结尾要有感谢调查的字样，给被调查者留下好印象。

问题设计

问题的形式主要有开放式问题(如认为公司最大的优势是什么？)和封闭式问题(如性别)。调查人员可以根据调查目的选择问题的设计形式，通常采用开放式问题和封闭式问题结合的形式。

问题的设计一般遵循以下原则。

- 客观性原则，即设计的问题必须符合客观实际情况。
- 必要性原则，即必须围绕调查课题和研究假设设计最必要的问题。
- 可能性原则，即必须符合被调查者回答问题的能力。
- 自愿性原则，即必须考虑被调查者是否自愿真实回答问题。

问题设计很有讲究。一份问题设计不规范、不科学的调查问卷，往往无法收集到准确而全面的资料，从而影响调查结果。要设计一份质量较高的调查问卷，应做到如下“六忌”。

（1）忌提不必要的问题。明确调查目的、选准调查对象、确定好调查内容是设计调查问卷的基础。调查问卷的问题应直接为目的服务，问卷问题应紧紧围绕主题提出，层层递进，环环紧扣，与此无关的问题均不应列入。

（2）忌措辞不得体。问卷的言语要符合被调查人群的表达习惯和思维习惯，应考虑文化程度、年龄、职业、地区等因素，注意使用适合被调查者身份、学识水平的词句或用语，尽量做到通俗易懂，慎用学术语言和书面语。

（3）忌含义笼统。含糊的问题只会得到含糊的答案，每个问题都应设计得具体、明确，避免歧义，使所有受访者对这个问题都有同样的理解。

（4）忌带诱导性。问题的题性要设置在中立位置，不参与提示或主观臆断，提问应创造自由问答的气氛，避免诱导性。受访者在有外界影响的情况下，往往会选择符合问卷偏好的答案，而不是他自己真正的意思表达。

（5）忌题义不准确。在题目设计中，要避免涵盖的问题不准确、不穷尽或处于同一维度的情况。题义不准确，不恰当地使用含糊的形容词、副词，特别是在描述时间、数量、频率，以及“有时、经常、偶尔、很少、很多、几乎”之类的词时，可能因为不同的人对同一个可塑性概念的不同理解而失去题义设计的意义。

（6）忌题序排列不恰当。问卷设计好后，问题顺序的安排也就有一定的规律可循。正确的排序应前后连贯、先易后难、合乎例题之间的逻辑。否则受访者可能会因为问题一开始就太难、太散或“本”“末”倒置等而终止被访。

访谈调查

访谈法是通过工作分析人员与任职人员面对面的谈话来收集工作信息数据的方法。它以较深入的讨论来了解他们做什么工作、为什么要做这些工作以及如何来做这些工作。

访谈是获取信息的一个常见方法，因为这种方式可以允许个人之间的接触，能够获取组织中重要的主观问题。在访谈中，咨询师应该让那些被访谈的人相信他们在为项目的结果作贡献。然而，访谈过程却是一个耗费时间的过程，需要巧妙周全的构建。

访谈时可以是一对一访谈或集体访谈。

访谈原则

对关键人物进行访谈，也是获得重要资料的管道。不过要发挥此管道的功能，事前必须先为访谈进行结构规划，列出访谈大纲。必须注意的是，有计划的访谈也是一种主动倾听，可以有效地利用语言或肢体信号，引导受访者进行谈话。如果访谈技巧运用得宜，受访者可在很自然的情况下，一同参与解决问题的过程。

- 访谈不仅是得到信息与资料的过程，也是一次进行自我介绍宣传和建立客户关系的过程。
- 一定要两人共同访谈，互补互动，比较结果。
- 主访者一定要有清晰的问题树。
- 一定要尊重别人，不论其职位高低。
- 注意时间效益。

访谈准备

- 构建问题树：对所面对的问题进行分析，将问题进行细分，直到可以具体提示并有明确答案。
- 准备访谈提纲：提纲与问题树要对应。
- 提纲的主要内容：项目介绍，访谈目的，主要假设，支持的事实资料，其他要点。

访谈过程

- 营造气氛。咨询师首先要自我介绍，并简要介绍公司的状况、项目背景、目的、时间安排，被访者介绍公司、个人。
- 开放式问题。优点：表明被访者的观点、判断标准，给被访者组织回答的自由度，可能引出意外的信息，探知被访者对议题所知深度；缺点：耗费时间和精力，难以控制访谈、记录并整理答案，被访者很难把握回答的深度。
- 封闭式问题。优点：节省时间和精力，最大限度地控制访谈，适合于缺乏经验的访谈主持者，便于重新组织访谈；缺点：限制信息，使被访者不需要解释回答或就回答作进一步说明，难以辨别虚假信息。
- 总结。重述访谈目的、主要观点和结论，重述对方的其他要求，并问对方是否有需要补充的内容，对客户接受访谈表示感谢。

常见问题

- 访谈出现冷场局面——换时间/换人员（双方）/利用幽默感。
- 访谈中发现被访者在编谎——再次陈述目的/换人/换时间/礼貌地告诉对方不方便回答的可以不回答。
- 客户批评别人——适当缓和气氛，千万不要参与。
- 客户有戒备心理——陈述背景/目的/原则/立场，消除对方的戒备心理。

- 客户有难言之隐——转换话题，不再追问。

访谈技巧

- 双方谈话时间比例控制在 3∶7 左右。
- 处理好开放式问题和封闭式问题之间的关系：发现对方钻牛角尖时，适当地提一些开放式问题；发现客户跑题时，提一些封闭式问题。
- 根据环境和对方的肢体语言判断对方的基本心态和性格。
- 一边访谈，一边整理问题树，灵活改变提纲。
- 在对方的意思不是很清楚时，及时重复，取得被访者的认可。
- 任何相关联的信息都要记录。
- 留心被访者的兴趣。
- 关注个人隐藏的目的。
- 注意特殊的信息。
- 注意特殊的反应。

小组座谈

在美国，小组座谈（Focus Group）仍然占全国定性研究总量 80%的份额。但是为了适应不同的研究目标，定性研究方法已经变得日益多样化。当然，一对一的访谈（One-On-One Interview）仍然在生产商和广告代理商心目中占有重要地位。但是今天，三人组访谈（Triads）、成对组访谈（Dyads）或者多组访谈等方式都时常用来探索一些敏感的、对抗性的事件，或重大问题结论的制定。

为了特定的目的，3 小时的小组座谈或 1 小时的“迷你”型小组座谈，现在也被逐渐视为恰当的研究形式。此外，早餐/午餐座谈会、周五晚座谈会、周六座谈会也得到了越来越多的应用——对于那些由于太忙或太累而不能参加座谈会的人来说，上述时间比较方便且容易接受。

实地观察

实地观察法是工作分析人员在工作现场运用感觉器官或其他工具观察特定对象的实际工作动作和工作方式，并以文字或图表、图像等形式记录下来的收集工作信息的方法。

在家中、商店里或工作场合进行的生活观察法（Ethnography Observation）一直在不断增长，尤其对那些急于捕捉生活真实细节的广告商们，这种观察法尤为重要和实效[2]。

方法要点

- 要取得现场工作者以及主管的信任。
- 不要影响现场工作者工作的正常进行。
- 详细记录有关资料，如需要努力的程度、体力的消耗、噪音、高温等。
- 观察完成后向现场工作者表示感谢。
- 和该职位的主管讨论观察的结果。
- 将观察的结果汇总整理。

应用限制

实地观察是一个良好的数据收集方法，绝大多数咨询几乎都在不自觉地运用这一方法。这对收集第一手信息有着非常重要的价值，但是它的有用性却受到以下两个因素的限制。

- 咨询师可能只注意他所寻找的信息，从而导致信息收集的不全面性。
- 咨询师的存在往往会改变周围人们的行为，使人们不是按照通常的做法行事，而是试图掩盖一些一贯的不好行为。

然而，实地观察仍然可以暴露有关组织的详细信息，也就是在这些详细信息中很多大问题才慢慢显露出来。

除了问卷调查和实地调查以外，还可以采用以下几种调查方式：（1）电话调查，建立计算机辅助访问系统，可以实现全程电话录音、问卷答案自动逻辑检查、数据库自动生成；（2）邮寄调查，通过邮寄问卷来调查客户的一些信息，此种方法主要应用于咨询公司和客户间的地理位置很远时；（3）随机 Web 网页调查或随机 E-mail 调查，这两种方法可以自动检查答卷逻辑与自动生成数据库。

在线调查

在线调查（On-Line Research），无论是在网络聊天室进行的 90 分钟的访谈，还是持续一周时间的 E-mail 互动式访谈，现在都得到了广泛应用。

按照目前国内的现状，在线调查可以分为两类：普通网站调查、专业在线调查。

普通网站调查

一般网站利用网络简单编程的方式将问卷生成页面，用户在浏览页面时，对问卷进行回答，生成简单的调查结果。一般门户网站上的调查多属此类。

普通网站调查的弊端有以下几点。

- 对于没有调查系统的网站来讲，此种调查比较依赖网站的技术人员，也就是说，每份问卷的生成都必须靠网站的技术人员来实现。
- 无论是谁都可以来参与调查，与调查对象必须具有代表性相背离。网络调查，特别是一些门户网站开展的调查，一般都会提到有几十万甚至几百万的网民参与了此次调查。受众经常会被这个数字震惊，并且认为越多的人参与，数据的准确性越强，其实这样混淆了两个问题：其一，一般网站的调查都是一个人可以多次参与回答；重复率没有排除。其二，调查人人都可以参与，缺少针对性。从调查的专业角度来说，80 个有针对性的样本就能说明一个问题了，而不在于参与者的多或少。如果参与对象都与样本要求相符，当然人越多精确度就越高，但如果都偏离样本要求，人越多误差反而越大。

专业在线调查

专业的在线调查是将传统的调查过程完全在线化、智能化，并做出深度分析，最终形成专业调查报告。将调查分为建立问卷、问卷测试、问卷发送、数据收回、统计报告、项目管理、系统使用权限等。

专业在线调查的优势体现在以下方面。

- 普通会使用计算机的编辑人员登录系统账号即可录入问卷。
- 从表面上看，专业在线调查问卷与一般网络调查没有区别，但是专业在线调查可以利用内在的逻辑校验等分析工具，自动筛除不符合调查要求的样本。

- 专业的在线调查公司掌握着庞大的样本库，对这些样本库有多种属性，有着明确的记录，针对不同的调查需求，将问卷发送给不同的样本。例如，第一调查网拥有超过 100 万的样本库，包含个人、社会、工作、财产、消费五大属性 28 项详细指标，可以满足用户的多种条件抽样。
- 对配额、结果进行自动控制，避免样本的浪费，成本提高。
- 系统自动将结果进行交叉分析，得出简单的交叉分析结果。

设备发展

如今，众多调查公司都拥有了非常先进的技术设备，如视频会议设备（Video-Conference Facilities）、室内手动匿名投票装置（Hand-Held Polling Devices）、访谈专用计算机记录软件等。事实上，正是这些设施的广泛应用直接导致了调查业的高速发展。

录音录像

录像报告或录像剪辑报告的形式日益流行：它们可以让那些没有参加座谈会的管理者们观看到座谈会的全过程，包括受访者对广告的反映、面部表情、肢体语言等。要知道，那些大型客户或那些“大牌”经理往往更乐于足不出户，坐在自己舒适的公司总部里面开展业务调查，因此视频会议这种形式对他们来说容易被接受。而最终调查结果和战略分析则由于他们的“观看参与”而变得易于理解而被接受。

现在，英国也加入到美国和其他欧洲国家的行列，开始在访谈室中使用单面镜、录音录像等设施。单向的单面镜（One-Way Mirror）、计算机工作站、录音录像设备和其他计算机辅助设备，以及充足而富有营养的食物，再加上知识渊博、经验丰富的研究人员，这一切都给人们提供了一个轻松舒适的环境。而当研究内容涉及敏感问题、冒险行为或与性有关的问题时，室内手动匿名投票装置使得每个受访者都能够在小组中以匿名的方式，更加自然地参与讨论和投票表态。在这样的环境中，受访者可以专心致志地探讨自己的观点，而委托方/客户则可以一心一意地观测整个访谈过程，双方互不干扰。

数据录入

此外，随着现代化的高效数据录入设备的大幅应用，以及 MRA（Moorfields Regression Analysis）提供了大量的培训项目，所以在美国，数据录入已经变得前所未有的清洁而高效。如今市场上已经出现了这样的计算机软件：在访谈进行的同时，计算机可以逐字逐句地即时记录受访者原话，与此同时对话语进行分类和编码。不难想象，在定性研究领域，更直接、更高效的优质软件将会得到更快、更广泛的应用。

资料评价

在市场信息系统成分固有质量得到一定保证的情况下，其效能取决于所生产信息的量、种类和适用性。对质量的评价，既与来源相关，又与解释程序有关。质量指标为准确性、时效性和可靠性。

准确性

应首先明确企业用语的精确含义，如“促销活动”，可以包括迥然有异的各种现实，可以包括或不包括广告、行业沙龙、展览、资助等。

在同竞争对手或行业进行比较时，明确这些用语的精确含义至关重要。

时效性

信息是否持续不断地随时进行整理？用多少时间可到使用者的手中？这段时间是否可以尽量缩短？

可靠性

所使用的信息是否可信？系统的可靠性可能被收集信息方面的错误（此种情况经常出现）和分析上的错误所减弱。

可靠性涉及外部资料的可靠性和内部资料的可靠性。

可靠性的验证应以调查为基础，选择并分析某些关键资料，同其他来源资料进行比较。对于间接（第二手）资料，咨询人员应该查明是否通过几种不同和独立的信息进行对证（如利用预备性资料分析结果进行评价），如果没有，资料的可信度便值得考虑。

直接（第一手）资料应该在以下几个方面进行评价：寻找资料的方法与希望获得的资料是否适应？即选定的方法与寻找的目标是否相适应，且费用是否最少？是否遵循了收集资料的方法规则？咨询人员亦可进行现场核实，向一定数目的企业人员进行调查。例如，向子公司人员了解程序的统一性；向分销人员了解产品的实际情况、实际销售价格和企业形象等；向供应商了解企业形象；向某些客户了解其概况、动机；向提供服务者进行调查，如广告公司、大众媒介等。

许多缺陷有意或无意地加进了企业内部所收集的信息中：系列性差错，如与付酬方式相关的数据、评价方法有误等；资料没有集中；对资料的解释缺乏严格性和客观性。

专栏

中国咨询业面临数据造假的严峻挑战[3]

做项目就是找到客户需要的数据，他们面对投资者、渠道商和消费者时都需要所谓的“第三方数据”。数据造假已经成为咨询行业的一个突出问题。

某IT创业型公司希望在向投资者、客户等宣传时，被包装成为业界排名第一的公司，于是就派人与咨询公司进行商谈，希望炮制一份自己所需要的报告。经过商定，该公司最终以10万元价格购买一份其所需的报告，并由咨询公司以召开发布会的形式进行宣传。“10万元只是这个案例中的定价，不同的报告价格可能会差别较大，关键就看该公司和咨询机构具体的谈判。”该业内人士说。

除了一些知名的咨询公司外，很多由十几个人组成的小咨询公司运作得更加厉害，这种小型的咨询机构和企业之间的地位根本就不是对等的，很大程度上被企业绑架了。这种小公司的操作方法更离谱，投行去购买他们的报告，买过来一看，大量来自网络。经了解后才知道，这些公司人数非常少，很多事情都是外包给一些高校研究生去做。

一些咨询报告如 CCID 等的统计数据严重失实，完全脱离了行业实际情况，没有保持咨询机构应该有的中立性、客观性，丧失了职业道德。

在提供 IPO 数据咨询服务的公司中，赛迪顾问是业内唯一一家上市公司，除了汉鼎咨询外，其余的公司都是一大堆小公司。据赛迪顾问 2009 年年报，其自称为创业板 12 家成功上市企业提供行业研究和募投可行性研究服务，在该领域市场占有率 20%以上，位居国内同行第一。

正方软件成立 10 年，2009 年度收入仅 5 300 万元。但赛迪顾问提供的报告却称，正方软件在教学管理类软件领域有超过 25%市场占有率。

中国国内迄今没有一个明确监管机构来监督咨询公司数据的真实性和权威性，这也是咨询行业过去十多年发展的重大挑战。

数据分析

资料收集阶段所收集起来的信息并不一定都指向同一个方向。诊断分析可以披露具体的情形。数据也称观测值，是实验、测量、观察、调查等的结果，常以数量的形式给出。数据分析是指用适当的统计方法对收集来的大量第一手资料和第二手资料进行分析，以求最大化地开发数据资料的功能，发挥数据的作用。数据分析的目的是把隐没在一大批看来杂乱无章的数据中的信息集中、萃取和提炼出来，以找出所研究对象的内在规律。在实用中，数据分析可帮助人们作出判断，以便采取适当行动。数据分析是组织有目的地收集数据、分析数据，使之成为信息的过程。

问题分析

独立分析

咨询人员既不要相信客户的分析诊断，也不要接受客户的职员所做的诊断分析。原因是人们往往不会把自己看做是所讨论的问题的一部分，而且客户在分析问题时往往存在思维定势，不像咨询人员那样能从第三者的立场，更客观地分析问题，因此，客户的分析诊断往往存在偏见，咨询人员应该从收集到的数据出发，采用更科学的分析工具，对客户公司存在的问题进行多方面的原因分析。

防止早判

终止早期对问题或解决方案的判断。特别地，咨询师可以在一定程度上超脱客户的问题以便保持自己的客观性。

去伪存真

分析是通过对所获得的各种资料进行整理、归纳、分类、判断与推理的过程。因此，分析之前必须对所占有的资料性质、来源、可靠性进行核对，去粗取精、去伪存真地筛选，剔除不真实的数据。分析工作要遵循企业的管理现状，以事实为依据，寻找产生问题的真正原因，判断问题的性质，通过定量和确有论据的定性相结合的分析，从管理上找到产生问题的因果关系及其内在联系，从观念体制或机制上找到产生问题的根源。

关联分析

使用者希望从市场信息系统获得什么？其基本的需要可分为三类：(1) 用于分析目前和潜在环境的信息。这类信息是用来找到由于不可控变化因素变化而产生的机会和威胁。(2) 制定计划所必需的信息。这类信息是用来预测新活动方向发展计划及目标，是建筑在整体历史资料和瞻望性资料的基础上所制定的。(3) 控制检查计划所必需的信息。结果的测定和同目标的比较构成评价和修正计划的依据。

下一步的调查是对系统所产生的信息种类和使用者的需要进行比较，检查系统是否与使用者的实际需要相适应。其中，包括两个方面：(1) 使用者提出或未提出的需要；(2) 使用者现在和潜在的需要。调查必须回答下面两个问题：(1) 所生产的信息是否与内部标准相适应；(2) 信息系统的类型与先进程度是否与同行业发达系统进行了比较。

逻辑分析

麦肯锡分析问题最常使用的工具就是“逻辑树”。麦肯锡逻辑树又称问题树、演绎树或分解树等。逻辑树是将问题的所有子问题分层罗列，从最高层开始，并逐步向下扩展，如图6.1所示。

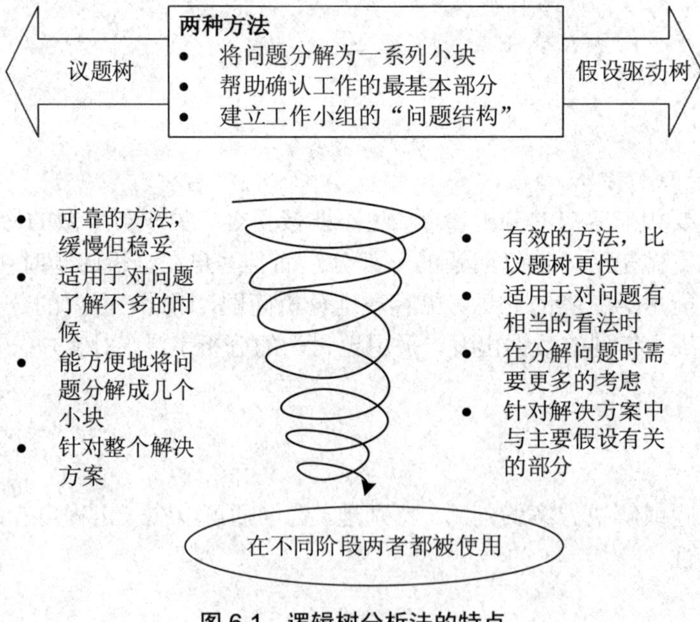

图6.1 逻辑树分析法的特点

把一个已知问题当成树干，然后开始考虑这个问题和哪些相关问题或者子任务有关。每想到一点，就给这个问题（也就是树干）加一个“树枝”，并标明这个“树枝”代表什么问题。一个大的“树枝”上还可以有小的“树枝”，依此类推，找出问题的所有相关联项目。

逻辑树主要是帮助理清自己的思路，不进行重复和无关的思考。逻辑树能保证解决问题的过程的完整性，它能将工作细分为一些利于操作的部分，确定各部分的优先顺序，明确地把责任落实到个人。

逻辑树是所界定的问题与议题之间的纽带，它能在解决问题的小组内建立一种共识。

逻辑树的类型如图 6.2 所示。

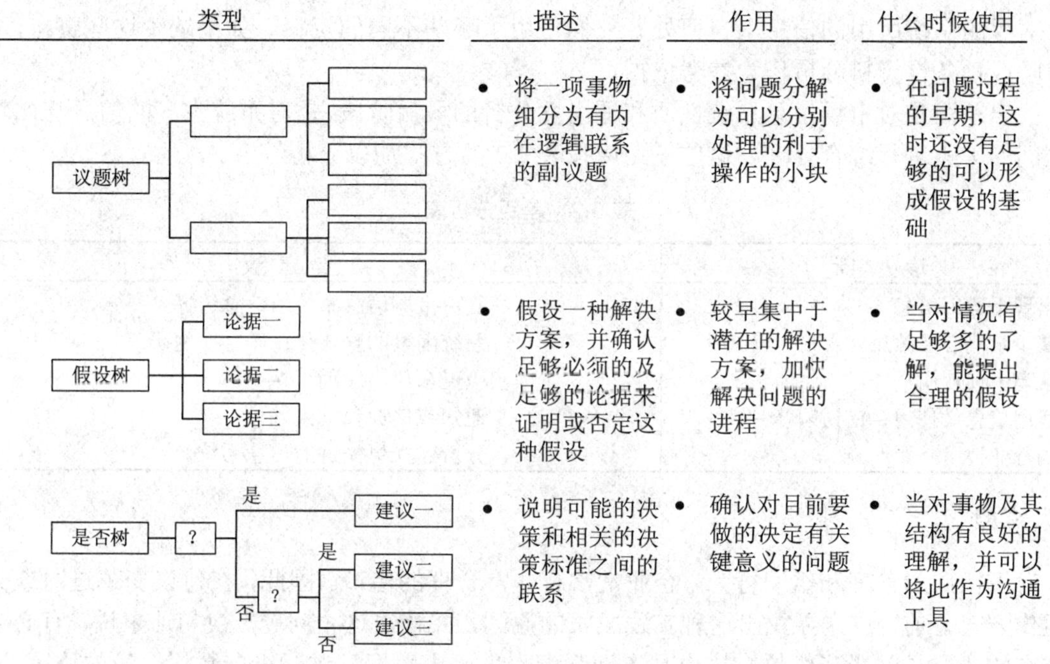

图 6.2　逻辑树的类型

内部匹配

在回答前一个问题时，咨询人员应该了解各使用者（市场部门、销售部门、产品及市场负责人、促销负责人等）对信息优劣势的评价。在同各负责人的谈话中，可将这些问题予以验证：所产生的信息是否符合需要；所产生的信息是否被切实而正确地加以利用。

在这种咨询中，有一个十分困难的问题，即动机问题：市场研究是否构成了帮助决策的切实依据；是否出于其他目的而进行市场研究。表 6.1 的分析表可以解决这一问题。

表 6.1　研究类型表

使用说明	帮助决策	帮助谈判	帮助行动
支持一个决定	支持性研究： 论证自己喜欢的决定	辩护性研究： 他人舍弃的决定辩护	证明行为有理的研究： 由果测因，给论证已经做出的决定
比较决定	澄清性研究： 明确一个决定的来龙去脉	许可性研究： 证明有理由参加谈判	箝制性研究： 延缓做出决定
拒绝一个决定	否定性研究： 说服自己否决一个决定	破坏性研究： 阻止他人提出的决定	保护性研究： 与一个已做出的决定背道而驰

外部匹配

信息使用情况的检查主要是调查某些关键数字，如销售预测的依据，调查是否有与技术演变相关的完整资料，是否建立有顾客档案和保修档案等。

咨询中应判明系统与建立的初衷是否一致，考虑为保证系统高效运作所必需的人员智能水平。应该将企业信息系统与成绩卓著的竞争对手的系统相比较，并与外部标准相比做出评价。竞争对手的系统所用的信息来自何处？它们使用了哪些不同的资料？如果缺少这些资料，可以将前阶段预备性资料分析作为参考依据。

找出差距是对市场信息系统性质和适用性分析的最后阶段，是对系统生产的信息与比较标准之间的差距进行综合处理。这些差距应按表 6.2 的方式加以分析综合。

表 6.2　差距分析表

诊　断	初 步 建 议
出现不适用信息	复审市场信息系统的信息选择
缺少某些必要信息（现在、潜在）	系统因素的整体化：确定专题研究
信息未核使用	检查未使用原因
适用信息（使用、错误解释）	通知或培训负责人
同行业技术差距	分析建立更先进的信息系统

相互依赖

对于糟糕的管理和组织行为，企业常常有非常合理的借口。因此，在建议变革过时或无效的运作方式之前，首先寻找出这种实践成长的原因，并解决这个问题。换句话来说，有必要了解现在的情况是怎样形成的？这也是咨询强调收集历史数据、进行纵向数据比较的原因。

有效的诊断所要求的不仅仅是考察外部环境、企业的技术和经济特性以及组织中非管理者成员的行为。咨询师还必须探询下列问题的原因：执行经理所做出的某些决策为什么现在会成为一个错误？为什么会忽略一些现在非常重要的因素？

原因分析

鉴别病因

人们告诉咨询师的大部分内容是病症而不是病因。对人们告诉咨询师的东西，咨询师当然可以获取进一步的信息，但是咨询师的任务是寻找原因。通过对病症的分析，寻找产生这种病症的原因，特别是深层次的原因，以便对症下药。

对此，“五个为什么”可能是一个非常有价值的工具：对每一个答案/反应问五个“为什么”，详细地探寻答案后面的五个层次上的原因，如图 6.3 所示。

“五个为什么分析”也被称作“为什么分析”，是一种诊断性技术，被用来识别和分析因果关系链，它的根源会引起：

- 恰当的定义问题。
- 不断提问“为什么”前一个时间会发生，直到回答“没有好的理由”或直到“一个新的故障模式被发现”时才停止问题。

- 解释根本原因以防止问题重演。
- 文件中所有带有“为什么”的语句都会定义真正的根源(通常需要至少五个“为什么”)。

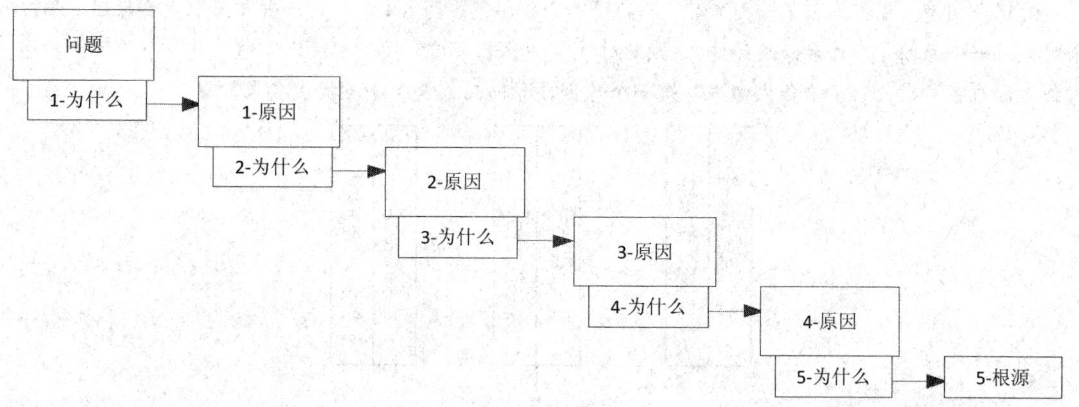

图 6.3 五个为什么

审查每一棵树背后所掩藏的东西。在诊断阶段，要深刻理解相应的问题，不要被表面现象所迷惑，要由表及里地分析隐藏在现象背后的深层次原因。而且，客户的问题不太可能只有单一的原因，对问题的解决方案可能出自一些看似不太可能的来源，因此，应该采用多因原则，争取找到引发这种现象的各方面的原因。

多因原则

客户的问题不太可能只有一个原因。任何事物都是普遍联系着的，并且是不断运动发展着的，事物自身内部有错综复杂的联系，事物与其他事物也是普遍联系着的。因此，导致某一现象产生的原因也是多样化的，特别是对于一些比较严重的问题，在其背后更是存在着极其复杂的原因。所以，分析一个问题产生的原因，要接受多因原则，既要分析表层原因，又要分析深层次的原因，还要发散性地分析更广范围的原因。

情形分析图

情形分析图是一种分析问题并解决或预防问题的工具。该工具是通过画出已经存在，或者实施过程中可能的错误问题，进而根据所列出的问题，逐一加以解决或避免。

应用步骤

该工具使用起来很简单，包括下列几个步骤。

第一步，准备一张挂纸。

第二步，将影响对象（课题、难题或项目名称）表述出来，并把它写在挂纸中央的椭圆里。

第三步，开展集体讨论，激发群体思维，尽可能找出影响问题的所有因素。这里，可以使用 5W2H 法，也可以使用六顶思考帽、头脑风暴法，以及其他脑力激荡方法。

第四步，将每一个因素列出来，并用箭头指向挂图中央的椭圆。

第五步，逐一分析这些因素，并逐一找出对策，对策写在因素的旁边，为了区分，不同因素可以使用不同色彩或字体。

例如，某办公室的秘书面临一个头痛的问题：经常不得不重新打印文件。

针对这个问题，秘书画出了如图6.4所示的情形分析图。在图6.4中，显示出有六个主要原因，相应地有六个对策。一个原因是“作者修改稿件”，预防对策是“作者事前定稿”；“缺乏沟通”是一个原因，预防对策是“作者和打字员讨论”；“准备太匆促”是一个原因，预防对策是“早点提出要求”等。

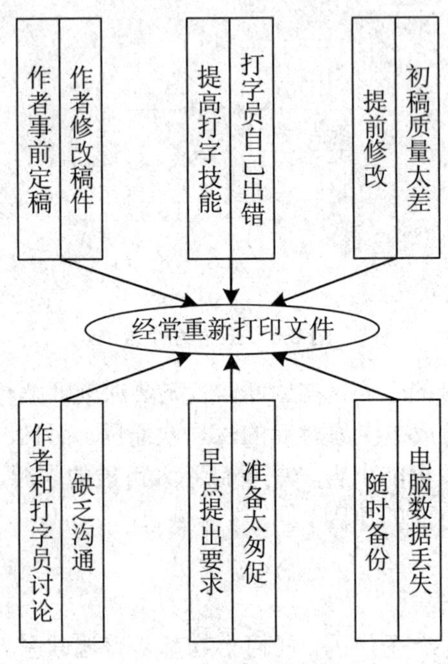

图6.4 情形分析示例

应用时机

情形分析图可用于各类管理问题的预防和解决，并经常与头脑风暴法结合使用。

原因关联

不仅事物与其他事物是普遍联系的，而且产生某一结果的原因之间也是联系着的，因此，要分析原因之间的相互关系。

例如，IT 系统不能进行有效运作的事实可能同公司战略的变化有关系，可能同供应商的变化有关系，可能同管理者某些需求的变化有关系，而不是IT系统本身出了毛病。因此，导致IT系统崩溃的各个原因是相互联系的。

专栏

鱼缸会议

喜欢将错误归结于自身之外的因素，是管理中常见的现象。销售部门责怪制造部门：“我们一直达不到销售目标的原因，是我们的品质无法同别人竞争”；制造部门责怪工程部门；工程部门回头责怪销售部门：“如果他们不干扰我们的设计，让我们尽情发挥设计产品，我们已经是业界的领导者了。”

由于传统的职能分工，使我们仅仅专注于自己的职务，看不见自己行为的影响是怎样延伸到职务范围之外的。当有些行动的影响回过头来伤害到自己，我们还误认为这些新问题是由外部引起的。就像被自己的影子追着跑一样，我们似乎永远无法甩掉它们。

鱼缸会议是一种组织会议的方式。不同的群体本着合作的精神，一起分享各自的观点和资讯。因此，让销售部门与客户服务部、高层管理人员与管理顾问碰头，对各部门进行诊断。被诊断的部门自始至终不能发言，只能记录其他部门的意见。由于这时，被诊断的部门好像鱼缸中供人观赏的金鱼，因此，这种会议被称为鱼缸会议。

应用时机

何时用：鱼缸会议使某些群体与顾客、供应商和经理等其他与之利益攸关的群体加强沟通。

何时不用：如果用这种方法不能明确地分清各群体的职责，就不宜使用。

培训：会议召集人需要接受培训。

会议作用

鱼缸会议为各部门看清自己或者自己部门的行为对系统、对其他部门的影响提供了一种好的方法，能达到各部门迅速增进了解、扫除误解。以对部门的诊断为例。将相关的部门集中起来，尽可能地罗列被诊断的部门存在的问题，由被诊断的部门对问题进行记录，被诊断的部门自始至终不能发言，只能记录其他部门的意见，从而对各个部门出现的问题进行各个击破。

之所以不让被诊断的部门发言，是为了防止在辩解中强化对问题的习惯性防卫心理，让其他部门可以无拘无束地谈出自己的意见，使被诊断部门可以充分地了解其他部门对自己的看法，看清自己的行为是如何对其他部门造成影响的。

应用事项

会议结束后，被诊断的部门可以通过三色笔法和鱼骨图法，对问题进行进一步的分析，并提出相应的解决方案。使问题最终得到改善。

注意事项：这类会议影响巨大。可能会暴露实情，使内情人和旁观者感到受威胁，因此需要精心组织。

使用程式：把与会者安排成内外两圈。内圈人员会上比较活跃，外圈人员则从旁观察、倾听，必要时提供资讯。会议结束时推荐改进方案，取得外圈人员的赞同。

点的分析

一旦数据收集起来了，需要诊断分析的问题也就更加清晰了。通常情况下，往往会发现一堆一堆的问题点。这些出现的问题点表明组织的目标和能力之间存在差距，或者组织的目标同财务业绩存在着差距。这些问题点可能表明公司正采取的战略现在已经出现了互相矛盾的地方。那么，如何在众多的问题之中确定问题点呢？可以采取帕累托原则、配对比较和关键事件法等。

定性分析

帕累托原则

帕累托原则（Pareto Principle）又称为帕累托定律。这里的“帕累托”与经济学中著名的“帕累托效率”（Pareto Efficiency）中的“帕累托”是同一个人——维尔弗里多·帕累托（Vilfredo Pareto，1848—1923），他在 19 世纪末期至 20 世纪初期是意大利经济学家兼社会学家。

这个原则的大意是：在任何特定的群体中，重要的因素通常只占少数，而不重要的因素则占多数，因此只要能控制关键性的少数因素即能控制全局。这个原理经过多年的演化，已变成当今管理学界所熟知的“二八原则”（the 80/20 Principle），即百分之八十的价值是来自百分之二十的因素，其余的百分之二十的价值则来自百分之八十的因素。二八原则广泛地存在于日常生活中。

基于帕累托法则，成功的管理人与失败的管理人之间的一个显著的区别便是：前者懂得掌握“重要的少数与琐碎的多数原理”（Principle of “Vital Few” and “Trivial Many”）。举例说明如下。

实例一：在存货管理制上，有所谓“ABC 分类法”。该分类法是将存货分为 A、B、C 三类。A 类代表“重要的少数”，这类存货量少而值高。它们应备受重视而享有最佳的存货管制，包括最完整的记录、最充裕的订货等候时间、最小心的保管等。C 类存货则指“琐碎的多数”。这类存货量多而值低，例如文件夹、订书针、纸袋、公文袋、信封、邮票等办公文具等，对这类物品来说，简直不需有任何存货管制，因为如施以精密管制，则所花的费用可能超过这些物品本身的价值。因此，在一般情况下，当负责人发觉这类物品用尽时，才设法加以补充。B 类存货则指介乎 C 类与 A 类之间的货品。通常这类存货管理可采用机械化方式，即当存货量降至某一特定数量时，企业应自动增补存货。

实例二：某保险公司在偶然情况下针对其客户的大小进行分类统计，结果发现总营业额之中几乎有 90%的营业额源自总客户中不足 10%的大客户。这个发现促使该公司对大小客户一视同仁的营业政策产生巨大的改变——集中时间与服务以照顾少数的大客户。结果，该公司的总营业额及利润即刻出现增长的趋势。

实例三：某公司曾经要求各阶层主管指出阻碍公司利润增长的因素，计得 37 项。由于项目太多，无法同时予以解决，公司当局遂要求各阶层主管将这 37 项因素按其重要性的高低循序予以编排，最终发现前五项因素构成了阻碍利润增长的“重要的少数”的罪魁祸首。

实例四：某钟表公司的总裁发觉该公司所生产的众多钟表模型之中，约有三分之一的模型的销售额只占总销售额的 4%，遂决定停止这些模型的制造。在其后六个月内该公司的利润逐渐递增。

实例五：某部门主管因患心脏病，遵照医生嘱咐每天只上班三四个钟头。他很惊奇地发现：这三四个钟头之内所做的事，与以往每天花费八九个钟头所做的事相比，在质与量方面几乎没有两样。他所能提供的唯一解释便是：他的工作时间既然被迫缩短，他只好将它用于最重要的工作上，这或许是他得以维护工作效能与提高工作效率的主要原因。

配对比较

配对比较法也称相互比较法、两两比较法、成对比较法或相对比较法，就是将所有要进行评价的职务列在一起，两两配对比较，其价值较高者可得 1 分，最后将各职务所得分数相加，其中分数最高者即等级最高者，按分数高低顺序将职务进行排列，即可划定职务等级。由于两种职务的困难性对比不是十分容易，所以在评价时要格外小心。对相同数据中的不同因素进行配对比较（Paired Comparison），从而按照各自的重要性进行排列，是诊断分析过程中确定重要问题点的方法。这种方法的运用可以使咨询师排除细枝末节，突出重要的难点。

关键事件

关键事件法又称关键事件技术（Critical Incident Technique，CIT），是指确定关键的工作任务以获得工作上的成功。关键事件是使工作成功或失败的行为特征或事件（如成功与失败、盈利与亏损、高效与低产等）。关键事件法要求分析人员、管理人员、本岗位人员，将工作过程中的“关键事件”详细地加以记录，并在大量收集信息后，对岗位的特征和要求进行分析研究的方法。关键事件（Key Events）技术集中关注关键的事件，来解释深入的基本问题。不管是采用问卷调查还是深入访谈作为主要的数据收集工具，其主要的目的都是为了寻找激发重大事件的关键事件。在某些情况下，这些关键事件在组织内众所周知，但是在有些情况下，这些关键事件往往下意识地掩藏在人们的经验之中。

KJ 法

KJ 法又称 A 型图解法、亲和图法（Affinity Diagram），是将未知的问题、未曾接触过领域的问题的相关事实、意见或设想之类的语言文字资料收集起来，并利用其内在的相互关系做成归类合并图，以便从复杂的现象中整理出思路，抓住实质，找出解决问题的途径的一种方法。

KJ 法所用的工具是 A 型图解。而 A 型图解就是把收集到的某一特定主题的大量事实、意见或构思语言资料，根据它们相互间的关系分类综合的一种方法。

把人们的不同意见、想法和经验不加取舍与选择地统统收集起来，并利用这些资料间的相互关系予以归类整理，有利于打破现状，进行创造性思维，从而采取协同行动，求得问题的解决。

KJ 法的来源

KJ 法是其创始人日本川喜田二郎提出的一种质量管理工具（KJ 是他的英文姓名 Kawakita Jiro 的缩写）。川喜田二郎在多年的野外考察中总结出一套科学发现的方法，即把乍看上去根本不想收集的大量事实如实地捕捉下来，通过对这些事实进行有机的组合和归纳，发现问题的全貌，建立假说或创立新学说。后来他把这套方法与头脑风暴法相结合，发展成包括提出设想和整理设想两种功能的方法，这就是 KJ 法。这一方法自 1964 年发表以来，作为一种有效的创造技法很快得以推广，成为日本最流行的一种方法。KJ 法的主要特点是在比较分类的基础上由综合求创新，在对卡片进行综合整理时，既可由个人进行，也可由集体讨论。

运用范围

KJ 法的应用范围很广，常用于以下生产管理活动中。

（1）迅速掌握未知领域的实际情况，找出解决问题的途径。

（2）对于难以理出头绪的事情进行归纳整理，提出明确的方针和见解。

（3）通过管理者和员工的一起讨论和研究，有效地贯彻和落实企业的方针政策。

（4）成员间互相启发、相互了解，促进了为共同的目的的有效合作。

实施步骤

1．准备

主持人和与会者 4～7 人。准备好黑板、粉笔、卡片、大张白纸、文具。

2．头脑风暴法会议

主持人请与会者提出 30～50 条设想，将设想依次写到黑板上。

3．制作卡片

主持人同与会者商量，将提出的设想概括为2～3行的短句，写到卡片上。每人写一套。这些卡片称为“基础卡片”。

4．分成小组

让与会者按自己的思路各自进行卡片分组，把内容在某点上相同的卡片归在一起，并加一个适当的标题，用绿色笔写在一张卡片上，称为“小组标题卡”。不能归类的卡片，每张自成一组。

5．并成中组

将每个人所写的小组标题卡和自成一组的卡片都放在一起。经与会者共同讨论，将内容相似的小组卡片归在一起，再给一个适当标题，用黄色笔写在一张卡片上，称为“中组标题卡”。不能归类的自成一组。

6．归成大组

经讨论再把中组标题卡和自成一组的卡片中内容相似的归纳成大组，加一个适当的标题，用红色笔写在一张卡片上，称为“大组标题卡”。

7．编排卡片

将所有分门别类的卡片，以其隶属关系，按适当的空间位置贴到事先准备好的大纸上，并用线条把彼此有联系的联结起来。如编排后发现不了有何联系，可以重新分组和排列，直到找到联系。

8．确定方案

将卡片分类后，就能分别地暗示出解决问题的方案或显示出最佳设想。经会上讨论或会后专家评判确定方案或最佳设想。

应用流程

原理：结合脑力激荡、分类法、归纳法等。

适用情况：问题复杂，起初情况混淆不清，牵涉部门众多，检讨起来各说各话时特别适用。例如公司营运不善、供产销不协调、市场占有率节节败退等。

优点：解决问题过程可以促进团队学习，开拓视野，突破部门藩篱，并获得整体的观点，有助于减轻内部矛盾，并将精力集中于解决问题，而不是内部耗损。

困难：需要较有经验的主管引导，才能有效地促成坦诚与开放的态度，并在分类与归纳过程能形成合理的答案。

1．组织团队

将问题可能涉及的相关部门人员组织起来，少则可以是3～5人，多则数十人。意见特别强烈的人不能被摒除在外，平时不讲话的人，只要工作相关便需邀请参加。

2．建立共识

运用团队技巧，让团体成员降低压力，建立整体共存共荣的一体感，避开针对个人与部门的攻击，减轻防卫性的心理状态。研讨会不要在公司里，封闭式效果更好，座位的安排不要依照组织位阶，围成圆圈或马蹄型较佳。

3．定义挑战

清楚提出挑战，并指出期望的结果。例如，公司已经投入3亿元开发高新科技项目，至今尚无成果，讨论的目标是找出问题的关键，并决定是否继续投入资金，如果要继续投入，未来该如何控制本项目，并如何确保成果。

4．展开脑力激荡

人数如果在 12 人以下，可以集体操作，如果在 12 人以上，最好分成几个小组，每组约 4～8 人，将同部门的人分散在不同的小组，以便能互相交流。此阶段主要将所有问题现象详细列出，并将问题写在 N 次贴的贴纸上，每张贴纸只写一个问题，时间约为 30～90 分钟。如果问题太多，可以延长时间，但中间需要休息。

5．汇集问题

脑力激荡结束，集合各小组成员，由各小组轮流上台发表脑力激荡结果，并将 N 次贴一一贴在事先准备好的大海报纸上，如果有相同点，便将该问题贴在一起，当全部发表完后，所有可能的问题已经全部呈现在大家眼前。一般问题会在数十个左右，特别复杂的情况可能多达几百个。

6．分类整理

此时由主持人引导大家将问题分成几个大类，分类完成后，经过检查一遍，便形成几大类的问题了。

7．排出顺序

将每一大类的问题根据其严重性排列顺序，如果问题甚多，可以分成 A、B、C 三组，A 组是最重要的，B 组是一般重要的，C 组是次要的。

8．责任划分

将各类问题牵涉的部门以矩阵图的方式列出，并标示出主要负责部门与参与解决部门。主要负责部门标示以◎，参与部门标示以○。

9．构思方案

由主要负责部门带头，举办小型研讨会，并提出建议方案；经由决策小组同意后，形成决策，同时交付执行。

10．效果确认与跟进

根据执行计划，定期与不定期地检讨成果与进度，并做适当的调整与修正，直到问题解决完毕。

11．标准化

如果此问题将来还会遇到，必须将此次的经验变成标准化的流程，并将相关的资料书面化，以利未来的参考，不仅能节省时间与成本，更能促成组织的学习能力，这也是未来组织的重要核心能力——知识管理能力的体现。如果公司有内联网，应该将此信息公布于网上，以便将此经验转化为全公司的技能。

定量分析

统计分析

咨询人员可以使用的统计软件主要是 SPSS、SAS、AMOS、LISREL、MPlus、MATLAB、ChaidWin 等专业统计软件。统计分析技术可以采用加权分析、频数、交叉分析、均值分析、相关分析、方差分析、T 检验、多元回归分析、因子分析、聚类分析、联合分析、多元对应分析、多维偏好分析、市场细分、判别分析、多维尺度分析、时间序列分析、马尔可夫（Markov）链预测分析、联立方程组分析、数据挖掘、结构方程模型、多层线性模型等。

趋势线分析

用于近似分析咨询项目效用的另一个有效方法称为趋势线分析技术。这种方法是在过去业绩数据的基础上作出一条业绩发展趋势线，从而对未来可能的业绩状况进行推测。在咨询项目实施后，把实际业绩状况与趋势线所反映的推测值相比较，如果实际值高于推测值，就有理由把业绩的改善归因于咨询项目的采用。尽管不太准确，但这至少提供了一种对咨询项目效用进行合理估计的方法。

图 6.5 反映了一个把趋势线分析技术应用于某大型图书分销公司货运部的实例。图 6.5 中的百分比代表实际货运量与计划量之间的比值。该部在七月份采用了一个咨询项目，在咨询项目实施之前的业绩数据本身存在逐月上升的趋势。为了体现咨询项目的效用，可以用咨询介入前六个月的平均业绩（87.3%）与其后六个月的平均值（94.4%）相比较，两者差值为 7.1%。然而实践发现，虽然咨询项目对业绩改善有明显影响，但即使不采用咨询项目，业绩值也存在不断改善的趋势。因此，更加准确的比较方法是把咨询介入后六个月的实际平均值与趋势线所反映的推测值（92.3%）相比照。在实例中，这个差值是 2.1%。很明显，后一种比较方法提高了剥离咨询效用工作的精确性与可靠程度。

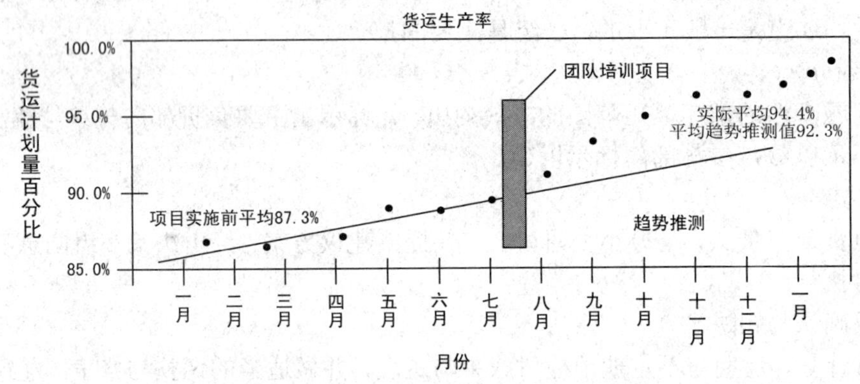

图 6.5　趋势线分析案例应用

这种方法最大的优点是操作简便且成本低廉。只要能够获得历史数据，就能很快作出趋势线，并通过比较得出差异值。尽管它不太准确，但是作为一种方便、有效的估计方法还是可以胜任的。

这种趋势线分析技术的最主要缺陷是无法保证精确程度的稳定。它假设在咨询项目介入之前对业绩存在影响的诸因素在咨询项目介入后仍然发挥同样的效用，也就是说，在咨询项目介入前建立的业绩发展趋势在其后仍将维持。另外，这种方法还假设在咨询项目实施过程中没有新的影响因素进入系统，而这在现实中明显无法得到保证。

预测分析

一种比趋势线分析技术更为完善的方法是对预测法的运用。它事先考虑了对业绩状况造成影响诸因素可能的变动，从而可以解决在咨询项目实施过程中新影响因素进入系统的问题。该方法在全面考察影响因素变化的前提下对业绩状况进行预测，并将预测值与实际发生值相比较，其差值则反映了咨询项目的效用。

可以用一个实例来对这种方法的应用作进一步阐释。一家大型计算机零售连锁店定期发布销售预测指标，该公司所使用的预测模型其精确性为人们所公认。预测是基于员工水平、广告力度、经济形势以及竞争状况而进行的。该模型具有灵活性的特点，可以加入新的影响变量，也可以将那些不再有影响的因素排除出系统。销售预测指标每月修订一次，以前各月的产出值也是重要的参考依据。然而在一些情况下以前各月的影响也可能忽略不计。

该公司正在实施一个旨在改善其销售状况的咨询项目，主要内容包括订单处理系统的调整，针对员工能力水平的培训，以及各种工作细则。对于这个咨询项目效用的重要衡量指标之一，是各加盟连锁店的平均产品销售额。咨询项目介入前各加盟连锁店的平均产品销售额通过趋势线分析技术得出，而项目实施后六个月每一员工的平均日销售额为 1 500 美元。在此必须回答两个问题：两者之间的差值是否完全归因于咨询项目的采用？是否存在其他因素对销售水平的变动造成了影响？咨询项目结束后，所有系统调整与培训工作完成。

经过一些管理人员总结与回顾，最后认为有两个因素——广告宣传力和竞争产品价格在咨询项目实施期间发生了显著变化。在此情况下，以过去各店销售业绩数据为基础的趋势线分析技术就不适用了，因为过去趋势与未来状况之间由于影响因素变化而不再存在直接联系。很显然，如果广告宣传投入与竞争产品价格上升，平均销售业绩必然出现一定比例的相应增长。用于预测未来销售业绩的模型则将这两个因素变动考虑在内：图 6.6 中显示了预测值，而过去几个月的影响则被略去以实现对咨询项目效用的剥离。

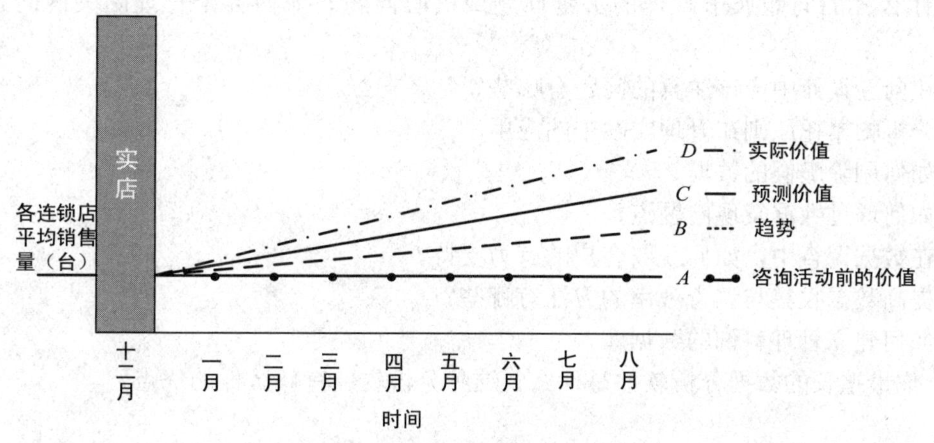

图 6.6　咨询项目的预测法应用

在图 6.6 右侧的注释性文字中，*A* 代表咨询项目介入前的业绩值，在销售水平保持稳定时可以实现；*B* 代表根据趋势线推测出的业绩值，在所有影响因素不发生变动时可以实现；*C* 代表综合了两个影响因素变动后的预测值（广告宣传投入与竞争产品价格）；*D* 则代表咨询项目完成后企业的实际业绩值。实际业绩值与预测业绩效之差代表咨询项目介入对每月业绩值之差（*D*–*C*）代表咨询项目介入对每月业绩状况造成的影响，将每月效用乘以 12，可以得到咨询项目的年度效用总值。假设其他因素对业绩的影响未发生变动，则该总值就是咨询项目的效用。

在运用预测技术的过程中，如果进入的影响变量数目较多，这种方法就会显现出明显缺陷。

咨询需要进行更为复杂的多因素分析，同时必须使用更为复杂的统计工具，即便如此，也无法为预测模型提供充足而恰当的数据。更为棘手的是，一些企业尚未在有关投入与产出变量之间建立清晰、合理的函数关系，而没有这一基础，预测技术是无法在实践中得以运用的。

这种方法的最大优点在于它可以精确预测没有咨询介入情况下的企业未来业绩水平。当然，其前提条件是预测模型合理，所需数据充分。

本章概要

本章介绍了数据的基本类型、调查方法以及分析数据的方法。数据分为内部数据和外部数据。内部数据包括销售业绩、财务健康性、IT 信息和人力资源数据；外部数据包括股东、供应商、顾客、市场、竞争力和竞争对手数据。咨询公司可以采取资料调查、问卷调查、访谈调查和实地调查、在线调查。数据分析的原则是防止早判、深层剖析、独立分析、去伪存真、鉴别病因、多因原则、原因关联及相互依赖等。

思考练习

1. 试说明数据资料在管理咨询中的重要性。
2. 什么样的问题属于管理的关键问题或核心问题？如何界定管理的关键问题或核心问题？
3. 在问卷设计中应该注意的问题有哪些？
4. 分析帕累托原则在管理实践中的应用。
5. 如何剔除虚假的数据？
6. 如何通过数据发现问题点？
7. 在数据调查中，如何获取客户的有力支持？
8. 提高数据收集与调查效率的方法有哪些？
9. 如何建立管理咨询的数据库？
10. 你最擅长的数据分析软件是什么？这种分析软件有什么样的优点？

延伸阅读

《管理的定性研究方法》([瑞典]伊弗特·古默桑. 袁国华，译. 武汉：武汉大学出版社，2006)：本书阐述了学术研究和管理咨询的质量评估、学术研究人员和管理咨询师的个人品质、研究过程和研究内容上的禁忌等前沿问题，将一般意义上和社会范畴内的行动科学拓展到了管理科学领域，开创性地提出了行动科学的管理范式概念，提出管理学界的研究人员和实践人员都要力争做一名行动管理学家。

《数据分析竞争法——企业赢之道》([美] 托马斯·达文波特，珍妮·G. 哈里斯. 康蓉，吴越，译. 北京：商务印书馆，2009)：领先的企业不仅只是收集和储存大量的数据，它们现在正围绕着由数据引发的新观点，制定竞争战略，这使企业获益无穷。它们的秘密武器是什么？答案就是数据分析法：先进的定量和统计分析，以及预测性建模的方法，企业有理解数据的高层领导，还拥有强大的信息技术。

《标准化调查访问：如何实现访问员相关误差最小化》([美]弗洛伊德・福勒，托马斯・曼吉奥诺. 孙龙，徐方敏，译. 重庆：重庆大学出版社，2009)：本书作者就访问员相关误差的概念、来源及评估方法进行了系统探讨，并以大量实地调查资料和实验数据为基础，从学理层面就优化访问情境、改进问卷设计、选聘合适的访问员、培训访问员和监督访问员对于减少误差、提高数据质量的效应进行了深入研究，并提出了有针对性的建议。

《市场调查宝典：问卷设计——经典培训工具箱》([美]伊恩・布雷斯. 胡零，刘志勇，译. 上海：上海交通大学出版社，2005)：本书详细阐述了调查问卷在市场调查活动中的作用，并对种种不同类型的调查问卷给出详尽分析，同时还提醒读者注意何时何地应用何种调查问卷。

《公司能力分析：确定战略能力》([美]珀尔・简斯特，大卫・赫西. 冀书鹏，译. 北京：人民邮电出版社，2004)：本书首先系统综述了在财务、营销、生产、技术、MIS 和人力资源等关键职能领域被广泛采用的最前沿、最有效的各种分析技术，为公司评价提供了有力的分析工具。不仅如此，作者还深入考查了如关键成功因素、业务组合分析、标杆学习、流程再造、价值链分析，以及核心能力等重要的战略管理思想，通过图表、清单、问卷、十个基本问题、均衡法以及对比法等行之有效的工具，使得上述那些战略思想免于空泛的坐而论道，具有实践应用上的可操作性。

《问卷设计手册：市场研究、民意调查、社会调查、健康调查指南》([美]诺曼・布拉德伯恩，希摩・萨德曼，布莱恩・万辛克. 沈崇麟，赵锋，译. 重庆：重庆大学出版社，2011)：这是一本全面论述问卷设计的权威手册。全书分为三个部分：第一部分给出了问卷设计中设计者需要注意的总体性的概念框架；第二部分从第一部分出发，分章论述了题项设计需要注意的主要问题；第三部分则将问卷作为一个整体，阐明了问卷中题项安排的要旨。

《管理咨询：理论、方法与实务》(史璞. 北京：机械工业出版社，2004)：本书提出了管理症状问诊、组织体格检查、管理测量的管理检查方法体系，阐述了管理症状诊断、管理病因诊断、管理病理形态诊断和管理病理生理诊断的管理诊断体系，提出了管理疾病的分期与分型、2*17 问题分类、4*10 原因分析方法等。

《调查问卷的设计与评估》([美]弗洛德・J. 福勒. 蒋逸民，等，译. 重庆：重庆大学出版社，2010)：设计好的调查问卷是一项技术含量极高的专业活动，有的学者的终身成就不过是设计了一份高质量的、广为使用的调查问卷。美国著名调查研究方法专家福勒在这本十多万字的小册子中，试图从专业的角度系统地回答问卷设计的所有问题：什么是一份好的调查问卷？什么是一个好的调查问题？如何起草调查问题并在经验的层面上加以评估？如何在撰写问题时选择合适的措辞，以及如何选择问题的格式？如何撰写用来收集事实数据的问题，以及如何撰写用来测量主观状态的问题？什么是“好的”和“坏的”调查问题，以及“坏的”调查问题何以导致了有缺陷的答案？如何对问卷问题进行评估？

《身边的咨询顾问》([英]卡尔沃特・马克汉姆. 曾献，赵超，姜赛红，译. 北京：民主与建设出版社，2002)：本书以“理论”和“模型”为依托，牵涉的范围既可以大到整个商业领域，小也可到你所在的特定公司。如果你希望透视公司运作的程序，详细了解公司面临的困境，那么你就有必要利用这些模型来明确你的起点和目的地。

《公司战略透视：波士顿顾问公司管理新视野》([美]小乔治・斯托克，卡尔・W. 斯特恩. 波士顿顾问公司，译. 上海：上海远东出版社，1999)：本书收集了 BCG 最富影响力的 75 篇文章，其间处处闪现着创新思想与真知灼见，堪称 30 年来最富创新性、最具争议性和最令人兴奋之作的荟萃，并有来自实践的经验教训。

参考文献

1．李静，张皓．调查问卷问题设计六忌[J]．考试周刊，2009（5）：238．
2．刘来．美国定性研究的六大发展趋势[EB/OL]．3see市场研究信息网，[2002-07-03]．
3．侯继勇．“赛迪事件”引爆咨询业乱象[N]．21世纪经济报道，2010-05-05（20）．

第7章

咨询方案

一个咨询项目的成功，需要咨询公司不仅具有精深的专业经验，而且要具备客户所在的行业经验。只有两种优势相结合，才能真正为客户设计出优秀的咨询方案。

- 掌握创造咨询方案的方法；
- 掌握咨询报告撰写的技术；
- 掌握咨询方案演示的技巧。

形成和提出推荐方案，可以建议的形式，也可以解决方案的形式。不管咨询项目的性质如何，也不管咨询师同客户之间的关系如何，分析诊断总会要让位给建议和推荐方案的提出。

方案创造

咨询建议可能是一对一地用口头的形式提供，也可能通过演示或报告的形式提供。咨询建议或推荐方案可能是分阶段提供的（尤其是在咨询项目所占用的时间非常长时），也可能是在项目结束时提供的。不管是什么情况，咨询师都必须权衡客户所面临的种种选择，清楚客户对建议方案可能存在的抵制，清晰地说明相应方案对客户所面临的情形的影响。

假设验证

麦肯锡思考、分析问题的方法是“以事实为基础，以假设为导向，严格的结构化”。

分析是每个企业解决问题的必经过程，这个过程可借由主管或顾问的协助完成。麦肯锡常采用以事实为基础、以假设为导向地解决总程序，其第一个步骤就是界定问题，将其细分为各个子题，以便很快找出可能成为解决方案的假设。接下来进行分析设计、资料收集与解释，以验证假设“是否获得事实的支持”。

架构问题

一定要将问题结构化。结构化的意思是指解决问题的架构。将问题的范围界定清楚，才能进一步剖析问题，找出可能成为解答的假设。麦肯锡公司对于问题的结构化有个术语，就是MECE（Mutually Exclusive Collectively Exhaustive）——“彼此独立，互无遗漏”，也就是每个重点要完整，且要尽量避免重复和遗漏。

初始假设

建立初始假设。此举可以节省时间，使决策更有效率。当在玩纸上迷宫时，一定会发现，从终点向入口倒回去找路，要比从入口向终点摸索前进容易许多。这也是为何在解决问题时，要在第一次会议上就找出假设的原因。当然，建立假设有时需要凭借胆识与专业直觉，特别是在处理一个全新的问题，没有往例可循时，更是如此。

建立假设通常有着结果导向的意味，不过对经理人来说，仍应在直觉与事实数据中找寻平衡点，以支持假设的正确性。当然，从假设出发的好处，在于避免同时进行许多不相关的分析研究。

依序验证

找出分析的优先顺序。时间与资料的压力，将迫使你只能选择进行最重要、最有利的分析工作，而略去不相干的分析。

以顶极家饰公司（假名）为例来说明这个分析模式。该公司董事希望管理团队能降低家饰品的生产成本。专案小组接到任务后，在首次的脑力激荡中，先得出几个可能降低生产成本的假设，例如：

（1）希望原料供应商降价，减轻公司进料成本；

（2）在产出维持不变的情况下，精简投入的人力；

（3）减少制程时间，进而提高生产量。

在得出以上可能的解决途径后，小组就得凭经验或常识，以消减法进行检验。例如，要原料供应商降价可不可能？答案是效果不大，因为根据家饰产品的生产成本结构显示，原料成本仅占生产成本的35%。再者，消息显示，几家原料厂商可能进行合并，而合并将使所需原料的总产能降低，因此原料价格恐怕还会有上升的压力。

再看看第二个假设：精简人力。答案也是不可行。因为根据最近公布的一份生产力研究报告显示，顶极家饰公司的单位劳工生产力是同业中最高，显见顶极家饰的人力运用已是同业中最具效率的了，因此要再进一步精简人力，空间恐怕不多。

于是再进行第三个假设的检验：减少制程时间。其实若能减少制程时间，不仅可以减少成本，还能降低库存，老实说是个极为理想的做法。

但接下来的问题是，技术上可不可行？刚好，小组成员在最近一期的产业期刊上，发现了一种可以达到相同品质，但制程时间缩短一半的技术。这就非常令人振奋了，因为对于解决董事会提出的问题，小组已经获得初步的解决方案假设。

接下来，必须朝着第三个假设方向继续建立“议题树”，进一步剖析问题。此议题树的中心议题当然是：“我们能利用新的制程来提高产品获利率吗？”而子题则包括：

（1）新的制程可以降低成本吗？

（2）公司在现有生产架构下，可以执行这个新制程所需的调整吗？

（3）公司可以在采用新制程的同时，维持原有的产品品质吗？

在这三个子题之下，还可以再细分出其他次子题，例如在子题之下，可以再问：

（1）新的制程需要什么特殊工具吗？

（2）新的制程需要什么特别的技术吗？当你所罗列的子题及次子题都能得到解决，并得到资料的支持时，恭喜你，你的假设分析大致已获得了验证。

验证原则

假设毕竟需要获得验证或推翻，但是资料本身不会说话，得靠分析者将资料的内涵点出来，才能为企业创造附加价值。

创设验证不要太计较绝对的精确。商业决策假设的验证并不需要像物理或数学一样，追求100%的精确。相反地，商业决策重视的是质而非量。例如，对一项新产品的推出，应该关切的是：它对公司未来的贡献“到底是 500 万美元，是 5 000 万美元，还是 5 亿美元”，而不是将焦点放在“到底是 5 000 万美元，还是 7 500 万美元”。对一项商业决策而言，一开始最重要的是掌握方向，而非精确数字的估算，否则将因此丧失商机。

方案清单

咨询师角色中一个重要方面就是列举客户所面临的各种方案选择。客户必须知道：他们面临一系列备择方案，每一个备择方案都有自己的优点、代价甚至风险。

问题回顾

在形成咨询建议和推荐方案时，咨询师必须回头简单地考虑客户最初所提出的问题陈述。沉于大量的数据、事实、数字和访谈记录，咨询师有时可能会忘却最初所提出的项目目的。

问题梳理

在咨询建议和推荐方案的形成阶段，咨询师应该考虑下面各个问题。

- 该客户的核心问题或问题点是什么？
- 在客户所面临的所有问题中，哪些是最关键的问题？
- 对客户来说，问题解决的优先序列是什么？

客户特质

在产生最终的分析报告时，有两点值得注意：

（1）要能看穿客户（或主管）心里到底想要什么。

（2）要尊重客户（或自己服务的企业）本身可能有某些能力上的限制。

因此，在分析备择方案时，咨询师应该考虑客户组织的下列特征。

- 客户的直接需求。
- 客户的长远要求。
- 客户的技能和能力。
- 客户的财务健康性。
- 客户的财务要求和理想。
- 客户的内部政治格局。
- 客户的组织文化因素。
- 客户变革的能力。

所有这些特征将对变革的备择方案产生影响。它们将决定各种备择方案应该指向哪个方向，而且对咨询师的推荐方案究竟会不会得到实施产生强烈的影响。如果咨询师的报告或推荐方案没有得到客户的采纳，通常是因为这些备择方案对上面所列举的特征或要素没有处理好。

客户中，可能会有一些赞成激进变革的观点，也可能会有一些倾向累进性变革的观点。但是，所有的数据或诊断都指向一个相同的方向几乎不太可能，所以，咨询师的技能也就体现在对各种可能性的评价上，必须运用财务标准、技术标准、市场标准、人力资源标准来权衡评价每一个备择方案。

问题斟酌

- 我为该客户尽力实现的是什么？
- 建议的变革将如何提高组织的盈利水平和盈利能力？
- 变革的时间规模是什么，也就是说，客户内部发生变革之前还有多少时间？
- 是不是存在某些具体的环境因素（外部的或内部的）在项目开始之后有所变化？（例如，董事会中是不是有新近任命的人物？有些竞争对手是不是改变了它们的战略或推出了新产品或服务？行业或整个经济的经济预测是不是有所改变？）
- 变革是否会受到很大的阻力？如何消除这些阻力？

考虑角色

咨询师在项目期间所扮演的角色往往会影响客户的期望，从而将影响客户形成推荐建议的方式。因此，在提出咨询建议或推荐方案之前，考虑一下咨询师在与客户关系中所扮演的角色。

从总体上来讲，咨询师往往会扮演下面四种角色中的一种。咨询师所扮演的角色可能是一个研究员，也可能是一个外聘的职员，也可能是“催化剂”。

专家

作为专家的咨询师是教导者，是知识宝库，往往是问题的主要解决者。客户把解决问题的重任托付给咨询师。

然而，在咨询师被当作专家的情形下，客户则期望咨询师给予强大的指导，虽然这并不意味着客户将机械地接受咨询师的观点和看法。

帮手

在咨询师扮演助手角色的情形下，客户往往保留大部分主动权，咨询师的角色就是为既定的问题提供答案。

合作者

如果咨询师同客户一起工作的方式具有很大程度上的合作性，那么，问题的解决过程也就成了一项联合工作，处理技术问题时既要关注技术问题还要关注人际影响和人际技能。咨询师不会解决管理者所面临的问题，他们往往会运用自己的技能帮助管理者解决他们所面临的问题。此时的咨询师不仅是客户的良师，还是益友，运用其所具有的丰富经验和技能帮助客户解决问题。

在咨询师扮演合作者角色的情形下，客户实际上已经对诊断分析完成了大量的工作，而且也已经有了一些解决方案方面的意向。

风险承担者

咨询师还有一个相对比较新的角色：风险承担者。这种角色通常出现在 IT 项目中，因为在这种项目中，咨询公司和客户都分担项目的风险，共享项目的利益。这样的角色系统有利于更好地激励咨询公司。

权衡方案

权衡方案时，还应该考虑下面四种因素来说明建议的备择方案。

一致性

建议行动方案本身是不是存在内在的一致性？也就是说，它的所有成分是不是很好地协同起来了？如果不是，怎样才能使它们彼此很好地协调起来？

现实性

所提出的行动方案是不是满足了客户的真正需求？绝大多数咨询研究一方面界定相应的咨询问题，但是另一方面所实施的解决方案却只是迎合咨询师或客户所钟爱的观点。推荐方案应该同最初的问题匹配起来，脱离实际的解决方案永远不会是恰如其分的解决方案。

实践性

建议方案是不是完全可行？如果不是，应该做出什么样的修改来使建议方案可行？所建议的方案在财务上所产生的重要意义在哪里？

如在战略管理的咨询上，咨询师所能做的事情只是帮助一个企业去确定它的战略状态，而不是完全按照咨询师的战略方案去做。咨询师要告诉客户的企业进入的战略状态，同时根据这种战略状态选择咨询师的竞争方式，选择咨询师的经营模式，选择咨询师的组织与人力的整个系统，所以这个时候管理咨询要基于战略渐进性的系统解决方案。如果战略是准确的，方案的推进一定是渐进性的。不可能通过咨询公司的非常理想化的方案来解决，这个企业消化不了。有时一些大的公司不是因为方案不好，而是因为方案不太适应企业现状。中国企业本身的变迁，也是一个间接式的过程，所以咨询成果的转化过程也是一个渐进式的过程。

趋势性

行动方案是不是考虑到了未来的情境变动？换而言之，推荐建议是不是超越了最近的未来？是不是超越了推荐方案的实现？如果不是，那么这些行动方案所带来的利益就会是昙花一现。

最终方案

在列出被选方案的基础之上，需要采用适当的方法找出最终推荐的方案。这些方法可以是集合专家智慧、让客户参与方案或者举行备择方案评价会。

专家智慧

聚合专家智慧就是采用特定的方法，把专家聚集起来，收集专家建议并进行分析，最后找到最佳解决方案的方法。聚合专家智慧可以采用德尔菲法、头脑风暴法、质疑头脑风暴法。

德尔菲法

德尔菲法（Delphi Technique）是兰德（RAND）公司首创的咨询方法，使用流程如下：

（1）把委托方提出的咨询内容写成若干条含义十分明确的问题，分别发给不同的专家；

（2）专家们在背靠背、互不通气的情况下阐述个人对问题的看法，做出书面的回答，送交组织者；

（3）把回收的专家意见进行定量的统计归纳；

（4）将统计归纳的结果反馈给专家们，每个专家根据结果修订自己的意见，再送交给组织者。

如此经过三四轮的反馈过程，就可以得到比较集中的意见了。这种方法适于对事情作预测。

方法特征

德尔菲法有区别于其他专家预测方法的三个明显的特点是：匿名性、多次有控制的反馈、小组的统计回答。

（1）匿名性。德尔菲法是一种利用函询形式的集体匿名思想交流过程，本质上是一种反馈匿名函询法。匿名是德尔菲法的极其重要的特点，从事预测的专家彼此互不知道其他有哪些人参加预测，他们是在完全匿名的情况下交流思想的。

（2）多次有控制的反馈。德尔菲法往往用于解决重大问题，为规划目的服务。它既是一个诊断工具，也是一个数据收集工具。它的基础是邀请组织内部或/和外部的专家回答一系列基本问题，这些问题可能是同一个行业、部门或一项技术紧密联系的问题。

德尔菲法的做法是，在对所要预测的问题征得专家的意见之后，进行整理、归纳、统计，再匿名反馈给各专家，再次征求意见，再集中，再反馈，直至得到稳定的意见。其过程可简单表示如下：匿名征求专家意见——归纳、统计——匿名反馈——归纳、统计……若干轮后，停止。

小组成员的交流是通过回答组织者的问题来实现的。它一般要经过若干轮反馈才能完成预测。

（3）小组的统计回答。以往，一个小组的最典型的预测结果是反映多数人的观点，少数派的观点至多概括性地提及一下，但是这并没有表示出小组的不同意见的状况。

统计回答却不是这样，它报告一个中位数和两个四分点，其中一半落在两个四分点内，一半落在两个四分点之外。这样，每种观点都包括在这样的统计中了。

应用程序

德尔菲法中的调查表与通常的调查表有所不同。通常的调查表只向被调查者提出问题，要求回答，而德尔菲法的调查表不仅提出问题，还兼有向被调查者提供信息的责任。它是专家们交流思想的工具。

在德尔菲法过程中，始终有两方面的人在活动：一是预测的组织者；二是被选出来的专家。德尔菲法的程序是以轮来说明的。在每一轮中，组织者与专家都有各自不同的任务。

第一轮：

（1）由组织者发给专家的第一轮调查表是开放式的，不带任何框框，只提出预测问题。请专家围绕预测主题提出预测事件。如果限制太多，会漏掉一些重要事件。

（2）预测组织者要对专家填好的调查表进行汇总整理，归并同类事件，排除次要事件，用准确术语提出一个预测事件一览表，并作为第二轮调查表发给专家。

第二轮：

（1）专家对第二轮调查表所列的每个事件做出评价。例如，说明事件发生的时间，叙述争论问题和事件或迟或早发生的理由。

（2）预测组织者收到第二轮专家意见后，对专家意见作统计处理，整理出第三张调查表。第三张调查表包括事件、事件发生的中位数和上下四分点，以及事件发生时间在四分点外侧的理由。

第三轮：

（1）把第三张调查表发下去后，请专家做以下事情：重审争论；对上下四分点外的对立意见作一个评价；给出自己新的评价（尤其是在上下四分点外的专家，应重述自己的理由）；如果修正自己的观点，也请叙述为何改变，原来的理由错在哪里，或者说明哪里不完善。

（2）专家们的新评论和新争论返回到组织者手中后，组织者的工作与第二轮十分类似：统计中位数和上下四分点；总结专家观点，重点在争论双方的意见。形成第四张调查表。

第四轮：

（1）请专家对第四张调查表再次评价和权衡，做出新的预测。是否要求做出新的论证与评价，取决于组织者的要求。

（2）当第四张调查表返回后，组织者的任务与上一轮的任务相同：计算每个事件的中位数和上下四分点，归纳总结各种意见的理由以及争论点。

注意：

（1）并不是所有被预测的事件都要经过四轮。可能有的事件在第二轮就达到统一，而不必在第三轮中出现。

（2）在第四轮结束后，专家对各事件的预测也不一定都达到统一。不统一也可以用中位数和上下四分点来做结论。事实上，总会有许多事件的预测结果都是不统一的。

案例分析

如某书刊经销商采用德尔菲法对某一专著销售量进行预测。该经销商首先选择若干书店经理、书评家、读者、编审、销售代表和海外公司经理组成专家小组。将该专著和一些相应的背景材料发给各位专家，要求大家给出专著最低销售量、最可能销售量和最高销售量三个数字，同时说明自己做出判断的主要理由。将专家们的意见收集起来，归纳整理后返回给各位专家，然后要求专家们参考他人的意见对自己的预测重新考虑。

从表 7.1 中可以看出，专家们完成第一次预测并得到第一次预测的汇总结果以后，除书店经理 B 外，其他专家在第二次预测中都做了不同程度的修正。重复进行，在第三次预测中，大多数专家又一次修改了自己的看法。第四次预测时，所有专家都不再修改自己的意见（表中没有列出）。因此，专家意见收集过程在第四次以后停止，最终结果为最低销售量 26 万册，最高销售量 60 万册，而最可能销售量 46 万册。

表 7.1 书刊销售的德尔菲法运用

专家小组成员		第一次预测			第二次预测			第三次预测		
		最低销售量	最可能销售量	最高销售量	最低销售量	最可能销售量	最高销售量	最低销售量	最可能销售量	最高销售量
书店经理	A	25	60	85	25	70	80	25	75	80
	B	35	50	75	35	50	75	35	50	75
	C	50	60	70	40	50	60	50	70	75
书评家	A	5	15	37	9	22	47	9	24	47
	B	30	55	85	35	50	70	25	68	75
读者	A	40	55	80	35	45	70	25	35	60
	B	10	25	55	22	35	60	20	35	60
编审	A	19	22	31	22	28	34	22	28	34
	B	20	30	45	22	34	44	22	34	44
销售代表	A	16	22	31	12	25	31	28	37	62
	B	20	35	50	20	35	50	25	45	50
海外公司经理		20	35	55	20	35	50	25	45	50
小组平均数		23	39	58	24	40	57	26	46	60
书店平均数		37	57	77	33	57	72	37	65	77
书评家平均数		18	34	61	17	36	59	17	46	60
读者平均数		22	42	65	25	41	63	22	38	60
编审平均数		20	26	38	22	31	39	22	31	39
销售代表平均数		18	29	41	16	30	41	27	41	56
海外公司经理平均数		20	35	55	20	35	50	25	45	50

头脑风暴法

头脑风暴法（Brain Storming）是美国 BBDO（Batten Barton Durstine and Osborn）广告公司创始人奥斯本（Alex Faickney Osborn）于 1938 年首创的。

头脑风暴法是一种通过小型会议的组织形式，诱发集体智慧，相互启发灵感，最终产生创造性思维的程序法。它把一个组的全体成员都组织在一起，使每个成员都毫无顾忌地发表自己的观念，既不怕别人的讥讽，也不怕别人的批评和指责，是一个使每个人都能提出大量新观念、创造性地解决问题的最有效的方法。同时它也是一种能够保证群体决策的创造性，提高决策质量的方法。头脑风暴法又可分为直接头脑风暴法（通常简称为头脑风暴法）和质疑头脑风暴法

（也称反头脑风暴法）。前者是专家群体决策尽可能激发创造性，产生尽可能多的设想的方法；后者则是对前者提出的设想、方案逐一质疑，分析其现实可行性的方法。

这种方法与德尔菲方法之间存在两个重要的差别：

（1）它的分析是建立在小组讨论的基础上，而德尔菲分析中专家对调查问卷的回答是独自秘密进行的；

（2）它的分析过程具有更大的结构性，同时也是按照小组会议的形式来进行的；而在德尔菲模型下，进行分析诊断的是咨询师本人。

专家筛选

专家的人选应严格限制，便于参加者把注意力集中于所涉及的问题，具体应按照下述三个原则选取。

（1）如果参加者相互认识，要从同一职位（职称或级别）的人员中选取。领导人员不应参加，否则可能对参加者造成某种压力。

（2）如果参加者互不认识，可从不同职位（职称或级别）的人员中选取。这时不应宣布参加人员职称，不论成员的职称或级别的高低，都应同等对待。

（3）参加者的专业应力求与所论及的决策问题相一致，这并不是专家组成员的必要条件。但是，专家中最好包括一些学识渊博，对所论及问题有较深理解的其他领域的专家。以小组为基础的分析诊断往往需要经验丰富的咨询师，他应该熟谙群体动态学。

头脑风暴法专家小组应由下列人员组成。

（1）方法论学者——专家会议的主持者。

（2）设想产生者——专业领域的专家。

（3）分析者——专业领域的高级专家。

（4）演绎者——具有较高逻辑思维能力的专家。

为便于提供一个良好的创造性思维环境，应该确定专家会议的最佳人数和会议进行的时间。经验证明，专家小组规模以 10～15 人为宜，会议时间一般以 20～60 分钟效果最佳。

会议主持

采用头脑风暴法组织群体决策时，要集中有关专家召开专题会议，由主持者以明确的方式向所有参与者阐明问题，说明会议的规则，在融洽轻松的会议气氛中，由专家们“自由”提出尽可能多的方案。

头脑风暴法的主持工作，最好由对决策问题的背景比较了解并熟悉头脑风暴法的处理程序和处理方法的人担任。

会议提出的设想应由专人简要记载下来或录音，以便由分析组对会议产生的设想进行系统化处理，供下一阶段（质疑）使用。对会议产生的设想系统化处理程序如下。

（1）对所有提出的设想编制名称一览表。

（2）用通用术语说明每一设想的要点。

（3）找出重复的和互为补充的设想，并在此基础上形成综合设想。

（4）提出对设想进行评价的准则。

（5）分组编制设想一览表。

操作程序

头脑风暴法的操作程序如下。

（1）准备阶段。CI 策划与设计的负责人应事先对所议问题进行一定的研究，弄清问题的实质，找到问题的关键，设定解决问题所要达到的目标。同时负责人应选定参加会议人员，一般以 5～10 人为宜，不宜太多，然后将会议的时间、地点、所要解决的问题、可供参考的资料和设想、需要达到的目标等事宜一并提前通知与会人员，让大家做好充分的准备。

（2）热身阶段。这个阶段的目的是创造一种自由、宽松、祥和的氛围，使大家得以放松，进入一种无拘无束的状态。主持人宣布开会后，先说明会议的规则，然后随便谈点有趣的话题或问题，让大家的思维处于轻松和活跃的境界。如果所提问题与会议主题有着某种联系，人们便会轻松自如地导入会议议题，效果自然更好。

（3）明确问题。主持人扼要地介绍有待解决的问题。介绍时需简洁、明确，不可过分周全，否则，过多的信息会限制人的思维，干扰思维创新的想象力。

（4）重新表述问题。经过一段讨论后，大家对问题已经有了较深程度的理解。这时，为了使大家对问题的表述能够具有新角度、新思维，主持人或书记员要记录大家的发言，并对发言记录进行整理。通过记录的整理和归纳，找出富有创意的见解以及具有启发性的表述，供下一步畅谈时参考。

（5）畅谈阶段。畅谈是头脑风暴法的创意阶段。为了使大家能够畅所欲言，需要制订的规则是：第一，不要私下交谈，以免分散注意力。第二，不妨碍他人发言，不去评论他人发言，每人只谈自己的想法。第三，发表见解时要简单明了，一次发言只谈一种见解。主持人首先要向大家宣布这些规则，随后引导大家自由发言、自由想象、自由发挥，使彼此相互启发、相互补充，真正做到知无不言、言无不尽、畅所欲言，然后将会议发言记录进行整理。

（6）筛选阶段。会议结束后的一二天内，主持人应向与会者了解大家会后的新想法和新思路，以此补充会议记录，然后将大家的想法整理成若干方案，再根据 CI 设计的一般标准，如可识别性、创新性、可实施性等进行筛选。经过多次反复比较和优中择优，最后确定 1～3 个最佳方案。这些最佳方案往往是多种创意的优势组合，是大家的集体智慧综合作用的结果。

应用原则

采用头脑风暴法应遵守如下原则。

（1）庭外判决原则。对各种意见、方案的评判必须放到最后阶段，此前不能对别人的意见提出批评和评价。认真对待任何一种设想，而不管其是否适当和可行。

（2）欢迎各抒己见，自由鸣放。创造一种自由的气氛，激发参加者提出各种荒诞的想法。

（3）追求数量。意见越多，产生好意见的可能性越大。

（4）探索取长补短和改进办法。除提出自己的意见外，鼓励参加者对他人已经提出的设想进行补充、改进和综合。

案例

头脑风暴法案例

有一年，美国北方格外严寒，大雪纷飞，电线上积满冰雪，大跨度的电线常被积雪压断，严重影响通信。

过去，许多人试图解决这一问题，但都未能如愿以偿。后来，电信公司经理应用奥斯本发明的头脑风暴法，尝试解决这一难题。他召开了一种能让头脑卷起风暴的座谈会，参加会议的是不同专业的技术人员，要求他们必须遵守以下原则。

第一，自由思考。即要求与会者尽可能解放思想，无拘无束地思考问题并畅所欲言，不必顾虑自己的想法或说法是否“离经叛道”或“荒唐可笑”。

第二，延迟评判。即要求与会者在会上不要对他人的设想评头论足，不要发表“这主意好极了!”、“这种想法太离谱了!”之类的“捧杀句”或“扼杀句”。至于对设想的评判，留在会后组织专人考虑。

第三，以量求质。即鼓励与会者尽可能多而广地提出设想，以大量的设想来保证质量较高的设想的存在。

第四，结合改善。即鼓励与会者积极进行智力互补，在增加自己提出设想的同时，注意思考如何把两个或更多的设想结合成另一个更完善的设想。

按照这种会议规则，大家七嘴八舌地议论开来。有人提出设计一种专用的电线清雪机；有人想到用电热来化解冰雪；也有人建议用振荡技术来清除积雪；还有人提出能否带上几把大扫帚，乘坐直升机去扫电线上的积雪。对于这种“坐飞机扫雪”的设想，大家心里尽管觉得滑稽可笑，但在会上也无人提出批评。相反，有一工程师在百思不得其解时，听到用飞机扫雪的想法后，大脑突然受到冲击，一种简单可行且高效率的清雪方法冒了出来。他想，每当大雪过后，出动直升机沿积雪严重的电线飞行，依靠高速旋转的螺旋桨即可将电线上的积雪迅速扇落。他马上提出“用直升机扇雪”的新设想，顿时又引起其他与会者的联想，有关用飞机除雪的主意一下子又多了七八条。不到 1 小时，与会的 10 名技术人员共提出 90 多条新设想。

会后，公司组织专家对设想进行分类论证。专家们认为设计专用清雪机，采用电热或电磁振荡等方法清除电线上的积雪，在技术上虽然可行，但研制费用大，周期长，一时难以见效。那种因“坐飞机扫雪”激发出来的几种设想，倒是一种大胆的新方案，如果可行，将是一种既简单又高效的好办法。经过现场试验，发现用直升机扇雪真能奏效，一个久悬未决的难题，终于在头脑风暴会中得到了巧妙的解决。

质疑头脑风暴法

在决策过程中，对上述直接头脑风暴法提出的系统化的方案和设想，还经常采用质疑头脑风暴法进行质疑和完善。这是头脑风暴法中对设想或方案的现实可行性进行估价的一个专门程序。

应用程序

在进行质疑头脑风暴法时，主持者应首先简明介绍所讨论问题的内容，扼要介绍各种系统化的设想和方案，以便把参加者的注意力集中于对所论问题进行全面评价上。质疑过程一直进行到没有问题可以质疑为止。质疑中抽出的所有评价意见和可行设想，应专门记录或录音。

质疑头脑风暴法可以分为以下三个阶段。

第一阶段，是要求参加者对每一个提出的设想都要提出质疑，并进行全面评论。评论的重点是研究有碍设想实现的所有限制性因素。在质疑过程中，可能产生一些可行的新设想。这些新设想，包括对已提出的设想无法实现的原因的论证，存在的限制因素，以及排除限制因素的建议。其结构通常是：“××设想是不可行的，因为……如要使其可行，必须……”

第二阶段，是对每一组或每一个设想编制一个评论意见一览表，以及可行设想一览表。

第三阶段，是对质疑过程中抽出的评价意见进行估价，以便形成一个对解决所讨论问题实际可行的最终设想一览表。对于评价意见的估价，与对所讨论设想质疑一样重要。因为在质疑阶段，重点是研究有碍设想实施的所有限制因素，而这些限制因素即使在设想产生阶段也是放在重要地位予以考虑的。

由分析组负责处理和分析质疑结果。分析组要吸收一些有能力对设想实施做出较准确判断的专家参加。如果须在很短时间就重大问题做出决策时，吸收这些专家参加尤为重要。

应用原则

质疑头脑风暴法应遵守的原则与直接头脑风暴法一样，只是禁止对已有的设想提出肯定意见，而鼓励提出批评和新的可行设想。

客户参与

让客户参与到推荐方案的形成过程中来也具有非常重要的意义。客户在这个过程中扮演一个积极的角色，将有助于提高推荐建议的有效性和权威。如果客户没有参与形成解决方案的过程，他们就不太可能对解决方案的实施有一种使命感，也就不会对推荐方案有多大"主人翁责任感"。因此，客户应该参与进来，对咨询师草拟的备择方案提出批评意见。

从实施的流程来看，一个科学的咨询方案需要评估者、实施者和制定者三方共同的努力，也只有从这三个角度出发而出台的战略方案，在执行的过程中，才能保证将推行的阻力降到最低，方案的成功几率也就相对较高。图7.1展现了咨询方案从制定到实施的整体流程。完整的方案制定实施流程经过认清情况、评估现状、提出备选方案、评估备选方案、选择方案、实施计划等阶段，管理咨询也可以基于方案制定实施流程，从每一个阶段中寻找存在的问题。

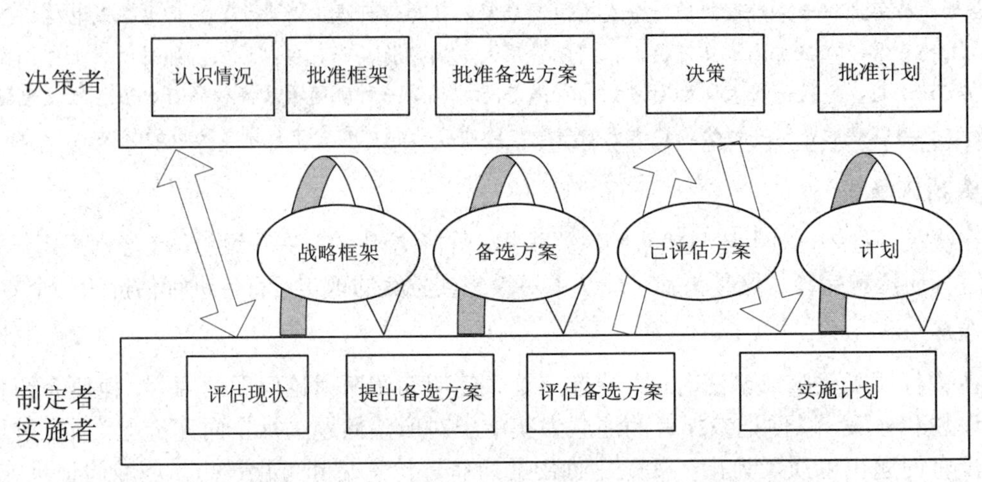

图7.1 评估者、实施者和制定者三方共同进行方案的制定和评估

客户小组

客户参与最理想的情形是，客户能够提供一个小组同咨询师进行合作，共同考察咨询师所提出的备择方案。然而，咨询项目的这个阶段具有比较强的政治敏感性。咨询师和客户可能会决定严格封锁初步建议的细节，只对极少数公开：对那些可能会提供支持的人公开。另一方面，咨询师和客户往往又会"泄露"建议方案中的某些信息，在组织中进行态度测试。

咨询师在这个阶段同客户所进行的讨论可能会产生推荐建议形成过程的另一个阶段。客户并不全盘接受或拒绝咨询师的建议方案，他们可能会提出建议方案的部分环节需要修改，尤其是在客户战略发生变化或组织发生变化的情况下。同样，咨询师所提出的推荐建议本身可能就会使组织不能抓住一些新的机遇，而这些新的机遇在建议方案推行的情况下会对建议方案本身产生很大的影响。因此，现在需要做的工作就是召开由客户职员和咨询师共同参与的会议，共同讨论初步推荐建议以及出现的新观点，最终形成一个达成一致意见的解决方案。

客户投入

任何管理咨询项目一定要保障企业的投入，这种投入不仅仅是指付给管理咨询公司的费用，更重要的是企业内部的人力投入。很多企业往往忽视这种投入，其实这一块所占的比重非常大。既然叫“项目”，就意味着是要员工在完成日常工作基础上要额外做的事情，而一个项目一般持续 3～6 个月，要持续保证项目组成员的参与积极性，企业一定要采取相应的措施，并规定相应的责、权、利，以提高企业员工的参与积极性。

客户邀请

在开展管理咨询项目的全过程中，企业员工的全程参与是至关重要的，是确保管理咨询公司提交有效的、体现企业个性化需求解决方案的关键。但企业往往由于各种各样的原因在整个咨询过程中参与程度低，甚至有的完全由管理咨询公司操刀，最后由管理咨询公司提供一套方案。有些企业疏于投入是因为他们没有参与的意识，不知道他们的参与是项目个性化的必然条件，而管理咨询公司也未予强调。也有的管理咨询公司为了加快项目进度，疏于与企业员工交流，凭自己的经验闭门造车，拿出方案敷衍了事；还有的管理咨询公司由于在打单阶段夸下海口，在开展项目阶段，却发现自己的承诺几乎无法实现，于是不得不下猛药，在咨询报告中套用行业中在国际上排前几名跨国公司的运作方法，形成一套牵强的方案。

例如某服装销售企业引进专卖店连锁管理项目。在项目开展过程中，除了诊断阶段，管理咨询顾问与企业员工密切接触外，在进行方案设计、方案细化的过程中，与客户的交流就相当少，根本谈不上企业员工的参与。这个项目进行到中期汇报就进行不下去了，原因是中期报告无论如何通不过企业的讨论。最后，项目不得不流产。

会议评价

在最终推荐方案形成之前，咨询师往往会“促成”一次备择方案创意评价会。在某些情形下，这种促成角色往往是咨询师和客户联合扮演的。

会议管理

要把创意评价会议开成一次成功的会议，咨询师应牢记下面一些因素和考虑：

（1）留出足够的时间，可能的情况下可以是一整天；

（2）应该向每一位与会者简要传达一些必要的事实和数字信息；

（3）咨询师应该提出一个具有灵活性的日常方案。其中的一个方法就是把评价分成创意展示、创意评价、实践意义和后果。

分段评价

在创意展示阶段，重要的是鼓励新建议和新概念。不管看起来是多么的与众不同或不合惯例，甚至模糊、混沌的观点也是有价值的，因为它们可能就蕴涵着价值的种子。同样，开始看起来不切实际的观点最后可能也会具有可行性。咨询师不仅应该促进其他人作出贡献，而且还应该在恰当的时机提出自己的问题和观点。

创意评价阶段的目的是寻找大量需要进一步考察和分析的创意。然而，重要的一点是要把创意评价阶段所产生的批评意见分成客观评价和主观评价，因为有些观点从主观的角度来看并不充分，但是从客观的角度来看却非常正确。咨询师在这个阶段可能会扮演非常重要的角色：从容地质疑一些非正统性批评观点。

在第三阶段，对被选择的观点，进一步从更加实际的角度进行考察。例如，一个建议的新产品已经通过了评价，但是可能需要设立一个新的分销路线，或者需要对客户的制造过程进行变革。因此，在这个阶段就必须对新观点的实际后果进行全面的分析评价。这一个阶段可能会产生一系列意见一致的解决方案，这些意见一致的解决方案就可以成为咨询师进行报告撰写的基础。

案例

兰德公司服务案例[1]

回顾过去，兰德公司不仅帮助美国政府制定宇航计划，而且为建立当今的因特网作出了不可替代的贡献。兰德公司设计、组装了美国国内最早的一台计算机，发明了使用于因特网发展需要的电信技术。兰德公司对中国抗美援朝、苏联捷足发射第一颗人造卫星、中美建交、越南撤军、古巴导弹危机、美国经济大萧条和德国统一等重大事件进行了成功预测。

中国将出兵朝鲜

20世纪50年代，朝鲜战争前夕，兰德公司组织大批专家运用德尔菲法（Delphi）对朝鲜战争进行评估，并对“中国是否出兵朝鲜”进行预测，得出的结论只有一句话：“中国将出兵朝鲜。”当时，兰德公司欲以500万美元将研究报告转让给五角大楼。但美国军界高层对兰德公司的报告并不感兴趣。在他们看来，中国刚经历了8年抗日战争、3年解放战争，无论人力、财力都不具备出兵的可能性。然而，战争的发展和结局却被兰德准确言中，引起美国军界一片哗然。战争失败后，五角大楼为了全面检讨在朝鲜战争中的决策失误，还是花了280万美元买下兰德那份已经显得过时的研究报告。虽然报告的结论只有一句话，但是在附有的328页的分析材料中，报告运用丰富的历史材料和相关数据，详细分析了中国国情，用充分的证据论证中国绝不会坐视北朝鲜的危机而不救。并且断言：一旦中国出兵，美国将以不光彩的角色主动退出战争。这一事件让美国政界、军界乃至全世界都对兰德公司刮目相看。

第一颗人造卫星

第二次世界大战结束后，美国、苏联形成了称雄世界的两极格局。美国一直企图了解苏联的卫星发展状况。20世纪50年代初，兰德公司曾向美国国防部提出过一份关于人造卫星的初步设计书，并在说明书中详尽解释了人造卫星在未来作战中无与伦比的作用。但当时美国五角大楼的官员们却搞不清卫星到底为何物，因此这一建议未被采纳。1957年，兰德公司又在预测报告中详细地推断出苏联发射第一颗人造卫星的时间，结果与实际发射时间仅差两周，这令五角大楼震惊不已。苏联人捷足先登发射了第一颗人造卫星，使美国朝野懊悔万分，从此对兰德公司的报告再也不敢轻视。此外，兰德公司对中美建交、古巴导弹危机和德国统一等重大事件进行了成功预测。

越南撤军

美国尼克松政府时期的国务卿基辛格，从1960年到1968年一直是兰德公司的顾问。他于1965年赴越南考察，评估“越战是升级还是撤军”。回到美国后，基辛格在向总统汇报工作之前，首先到兰德公司作了越南之行报告，经过兰德公司的最高决策机构研究，正确预测了越战的走向，美国政府因此做出了从越南撤军的决策。

中美建交问题

兰德公司属全能型智囊团，它不但研究科学技术、社会学、经济学，还研究军事学和政治学。例如，关于停止核武器试验会谈等这样一类重要的国际会议，兰德公司的成员也被派担任现场顾问。在中美建交问题上，也是由兰德公司成员惠廷与理查得·索罗门经过仔细分析后向总统提出了方案，并研究了技术细节和日程安排，对中美关系正常化起过重要作用。后来他俩都被聘到美国国务院任职。兰德公司目前有 100 多人参加美国各级政府的 120 多个常设委员会的工作。

方案报告

对绝大多数咨询师或管理者来说，报告撰写并不是一件轻而易举的事，它是一种技能，是后天获得的，需要经验来培育。

报告类型

一般来讲，咨询报告有三种类型：（1）期间报告；（2）讨论报告；（3）终期报告。

期间报告

在咨询过程中，每个阶段的咨询结束后，需要撰写期间报告。

讨论报告

在咨询顾问和企业的相关人员对各种方案进行讨论时，还需要撰写讨论报告，讨论后，需要针对反馈意见和建议对方案进行补充和完善。

终期报告

咨询结束后，还要撰写终期报告。

本节讨论的重点是终期报告，其中包括咨询公司的结论和推荐方案。

报告形式

在考虑撰写报告之前，咨询师应该问自己“是不是有必要写这个报告？”也就是说，报告可以分为两种形式：文字报告与口头报告。只有在需要文字报告的情况下，才进行报告撰写；其他情况下，更多的是进行口头报告。

文字报告

一般认为，在下列情况下往往需要撰写文字报告。

- 有需要报告的事情。
- 咨询师想宣布项目中取得的进展。

- 为了激发对某个问题更多的思考和讨论。
- 项目将近尾声。

只有在报告有重要意义的情况下才撰写文字报告。

口头报告

有时由于以下两个原因，不必撰写报告：第一，客户是大忙人，他们往往更喜欢通过面对面的方式接受信息，而不是通过报告的形式；第二，太多的报告撰写工作不仅会占用咨询师的时间，而且还会在客户与咨询师之间树立障碍。

以下的分析主要针对文字报告而言。

报告结构

结构设计

咨询师的报告必须进行精心的结构设计和构思。其原因有以下两点。

第一，良好的结构和逻辑缜密的观点陈述会使所陈述的观点一目了然、清晰明了，因此也就会使报告易于阅读和理解。

第二，报告的结构越好，报告中的观点越中肯，报告就越能够有力地驳斥批评意见。

在进行报告的结构设计时，请记住：客户可能对所建议的变革仍持有保留意见，而且对报告的绝大多数读者来说，其中所包含的信息大部分都是新的。

报告内容

一篇精心设计和构思的报告包括以下几部分。

（1）开篇做执行小结。突出陈述初步的问题和推荐建议，不要超过两页纸。主要叙述诊断的目的、进行诊断的时间、调查时所用的资料、对哪些部门和人员做过调查，以及诊断工作的程序和方法。

（2）大致描述最初的参考术语和条款。告诉读者咨询师为什么受到客户的雇请，这样有助于后续内容在脑海中显现出来。

（3）总结所收集的数据。证明每一种调查的途径都已经研究过了，所收集的数据是客观的，并且已经得到了认真的分析。

（4）陈述研究结果。评价对被诊断企业有关质量管理工作方面的成绩和存在的问题，归纳成几个方面，肯定成绩，指出问题。然后，再就几个重要问题深入进行分析和评价。

（5）清晰陈述推荐建议，集中清晰地陈述需要开展的工作。针对存在的主要问题，提出建议和改进措施，并指明要求实施的轻重缓急。展示实施推荐建议所带来的利益，尤其是财务优势；同时也要指出，如果推荐建议没有得到实施或没有得到完整实施所带来的风险，短期和长期的财务利益都应该清晰地展现出来。应该清晰地陈述相应的商业利益，如市场份额的提高、提供更加广泛产品和服务的能力、可能的成本或价格降低。

至关重要的一点是把变革的时间框架设计出来，既要包括商业方面的考虑，也要包括组织中变革所需要的时间方面的考虑。

（6）证明其中的意义。建议变革所产生的意义和影响可能很多，这些影响和意义也应该清晰地表述出来。如果其中的某些影响比较麻烦，那也应该说明相关的问题可以得到缓解，保持正面积极的态度。

（7）结尾列出附录。不可能把所有的材料都放到报告的主体中去。一些数字和图表形式的支持材料应该放在报告的末尾。附录也是解释所采用的方法体系的地方，例如所选择的调查方式和分析技术。

报告语言

文字简洁

简洁地把核心的东西表达出来，但是又不能过分简单。请记住：所撰写的报告阅读对象是客户，没有必要炫耀自己的知识、运用行业术语或使评论过于复杂难懂。咨询师可能会觉得自己的观点比较复杂，需要进行修改：观点是正确的，但还可以做到简洁一些。为此，咨询师可以集中陈述自己的核心观点，然后分别把修正观点按照逻辑顺序提出来。

保持信息传达简洁性的另一个原因是：简洁性要求用一种简洁明快的方式来思考问题，也就是采取聚焦的思考方式。如果咨询师觉得很难在撰写时实现简洁性要求，那就可能表明自己实际上并不知道所要表达的东西。

麦肯锡公司曾经得到过一次沉痛的教训：该公司曾为一家重要的大客户做咨询。咨询结束时，麦肯锡的项目负责人在电梯间里遇见了对方的董事长，该董事长问麦肯锡的项目负责人："你能不能说一下现在的结果呢？"由于该项目负责人没有准备，而且即使有准备，也无法在电梯从 30 层到 1 层运行的 30 秒内把结果说清楚。最终，麦肯锡失去了这一重要客户。

从此，麦肯锡要求公司员工凡事要在最短的时间内把结果表达清楚，要直奔主题、直奔结果。麦肯锡认为，一般情况下人们最多记得住一二三，记不住四五六，所以凡事要归纳在三条以内。这就是如今在商界流传甚广的"30 秒电梯理论"，或称"电梯演讲"。

但是，这里需要注意的是，千万不要以牺牲报告的深度来换取长度的缩减。

投影为主

由于定性研究的分析报告提交速度的加快，以及人们阅读视觉的敏锐程度的提高，必然导致了定性研究分析方式的改变：定性研究报告变得更加简短，更富有启发性、战略性；而不再是无边无际、拥挤成堆的数据和文字。如今，研究报告越来越多地采用简单易懂的口语陈述的语言风格，以 PowerPoint 的形式向人们展示研究结果，而不是原来的那种学术性的、冗长的报告书[2]。

事实上，演示软件（Presentation-Style Software）使得定性研究人员的思考和写作更具启示性、战略性。现在几乎所有出色的出版物，包括报纸、杂志、说明书及研究分析报告，都依赖于形象生动的工具条、下拉式注解文字、图框旁注等，为读者提供清晰、明确、易懂的信息资料。

善用图表

图形、图表的运用将使报告直观易懂、充满活力，使报告的正文错落有致。而且，生动图表材料的运用可以使报告易于记住。

图表材料必须具有创意、特色和想象力，尤其在列举数据、描述流程和进行比较时，应用饼形图、柱形图、流程图以及表格可以使复杂的过程清晰简单地表述出来，便于读者理解、记忆。

报告文化

组织文化

在撰写报告时，必须考虑组织的文化。需要做到以下两个方面：第一，理解并且表明认知组织演进发展起来的方式、组织现在运作的方式以及人们表达价值观和信念的方式；第二，所采用的语言也要反映和配合组织的语言。例如，对一个高度以行动为导向的组织，应该采用那些强调活动而不是思考的措辞和术语。

尽量把对组织来说比较新的思维方式和观念写进报告，但是如果要想使这些写进报告的新观念、新思维被客户接受，它们就不能偏离、古怪，除非有足够的理由说明其合理性。

客户为主

站在客户的立场上考虑一下对咨询人员来说是非常重要的，也就是通常所说的“试穿对方的鞋”。咨询师的推荐方案应该从客户目前的状况开始。推荐方案应该具有实践意义、鼓动性和鼓舞士气。

研究结果以及推荐建议，对客户与对咨询师，可能会有一个截然不同的结果。咨询师往往会忽略这一点。对客户来说，咨询师的报告是他们和他们的同事可能必须忍受或接受的某种东西；而对咨询师来说，这只是他们工作生活中的另一份报告而已。因此，咨询师不要长篇累牍地陈述组织的失误和缺点，客户已经在心中知道了这些。

信息保密

不要把过分敏感的信息放到报告中来，尤其是那种竞争对手可能会看到的信息，因为即便是机密保守最严密的报告也可能会流到竞争对手那里去。为了避免这种问题，应该同客户就最后版本达成一致意见。

报告评价

到底怎样的咨询服务才是能让客户满意的，一份好的咨询报告需要包括哪些方面。有了一个评价机制后，咨询公司才能以此为参照，提高自己的服务质量，进而提升竞争力。

通过选取世界顶级咨询公司麦肯锡的咨询建议书作为范例和标准，进行分析，罗毅颋总结出了一套具有很强可操作性的咨询报告评价模型[3]。

评价模型

咨询报告的度量可分为五个层级，如表 7.2 所示。

表 7.2　度量表结构

指标标度	指标描述	标度值（0～10）
很好	完全符合甚至超越客户要求	10
好	比较符合客户要求	6
一般	基本符合客户要求	4
差	没有符合客户要求	2
极差	内容缺失	0

本度量表适用于以下各子模型，如果咨询报告中缺失某一部分则评为“极差”，标度值为零，而在“好”与“很好”之间，有一个 4 分的标度区间可供选择，其他等级之间则有 2 分的区间，这样做使得评价更有弹性。特别是对于特别好的项目，评分更需谨慎。需要指出的是，本评价模型的打分将全部由客户企业来完成，以做到客观公正。

外观样式

外观样式的评价见表 7.3。

表 7.3　*A* 子模型变量定义

变量名称	变量描述	标度值（0～10）	备注
A_1=幻灯片母板	是否使用了咨询公司专有模版，外观是否能让客户企业看得赏心悦目		该变量反应咨询公司是否专业，对塑造品牌是否有好处
A_2=幻灯片动作	是否使用了恰当的却不做作的播放动作		合适的幻灯片动作给人以清晰的层次感，但太花哨容易让人反感
A_3=目录结构	是否使用目录，各大部分之间是否有明显分割标志		清晰的目录和分割符可以让客户在最短的时间内了解报告的结构和重点
A_4=语言表述	是否使用简洁的描述性语言阐述问题，是否具有可读性		一个好的观点一定是能够用语言阐明的，这也是咨询顾问的一个基本功

A 子模型旨在描述报告的外部情况，好的报告最好能做好这四点，但这四点也不是报告的核心部分，毕竟只是一个外观形式上的东西。但如果做得好就会给客户留下好印象，并使客户能够更好地理解报告的内容。该子模型最后的评估总分为各变量之和，即：

$$A = A_1+A_2+A_3+A_4$$

结构逻辑

结构逻辑的评价见表 7.4。

表 7.4　*B* 子模型变量定义

变量名称	变量描述	标度值（0～10）	备注
B_1=各大板块逻辑	各个大板块是否使用了能让客户理解的清晰层次，是否有逻辑树		大板块逻辑一般为总分或递进等，不管什么逻辑，必须要适合具体的咨询项目

续表

变 量 名 称	变 量 描 述	标度值（0～10）	备　　注
B_2=板块内部逻辑	每一个板块内部是不是以层进的逻辑写的，同一等级的内容应该有统一的内容模板		这里的关键在于分析同样等级的内容，报告要有全面而统一的模板做参照，可使客户一目了然
B_3=方案可行性	最后得出的方案是否建立在之前的假设推断之内，能否令客户信服		咨询公司得出的方案应该严格按照之前的假设和数据论证支撑

B 模型旨在描述报告的内有结构逻辑，使报告有一个得体的骨架。这部分对于报告来说至关重要，清晰的逻辑框架有助于客户在最短时间内明白咨询公司的方案层次，并对照自身情况，充分理解方案的内涵及其可行性。该子模型最后的评估总分为各变量之和，即：

$$B = B_1 + B_2 + B_3$$

内容分析

内容分析的评价见表7.5。

表7.5　*C*子模型变量定义

变 量 名 称	变 量 描 述	标度值（0-10）	备　　注
C_1=数据使用	咨询报告中是否大量使用了数据作为论证支撑，既要考虑数据来源的可靠性，也要考察数据对于结论的强大支撑作用，综合两方面考虑后，才能给该变量做出一个合适的标度		咨询报告中数据是所有论证的基础，这些数据只有很小一部分来源于网上的二手资料，而很大一部分应该来源于咨询公司通过各种途径得到的一手资料
C_2=图表使用	咨询报告中是否合适地使用了图表来辅助客户企业理解，图表要起到两个作用：首先是要把数据直观化，其次是要理清各要素之间的逻辑关系		图表可以最直观的方式帮助客户企业理解咨询公司的观点，枯燥的文字不利于咨询公司表达自己，因此一份好的咨询报告必须有一定的图表支撑
C_3=咨询工具使用	咨询报告中是否运用到一些现成的分析工具，要看工具的套用是否得当，是否能够把问题分析好		麦肯锡有一句名言叫“不要重新发明轮子”说的就是要利用前人积累的经验和方法，从最快速的路通向解决方案
C_4=关键驱动因素	咨询报告中是否找出了问题的关键，并花费相对多的篇幅来进行论证和描述		一份咨询报告不可能涉及企业的方方面面，必然有一到两个关键因素是带动企业成长的驱动力，咨询公司必须要找出这20%的要素来帮助客户企业取得80%的利润

C 模型旨在描述咨询报告的内容，关注报告所用的咨询工具和方法，是否有明确的假设，是否有一手的数据作为论证的支撑，是否能找出问题关键，论证的过程是否能令人信服等。评估时需仔细探究这些分析过程是否能成立，这部分是报告的关键，将占有很大的比重。该模型最后的评估总分为各变量之和，即：

$$C = C_1 + C_2 + C_3 + C_4$$

模型综合

最终的评价模型是在基于以上三个子模型的基础上得到的。由于以上三个子模型在重要性上不同，因此不能把三个子模型简单地相加，必须赋以不同的权重。从子模型 A 来看，它关注的只是报告的外部因素，不是报告质量好坏的决定性环节，当然这部分的好坏也体现了一名优秀咨询顾问的修养；而子模型 B 则是一个框架性内容，从重要性来看，显然要高于子模型 A，但是和子模型 C 相比，B 是一个基础性架构，C 才是报告内容的核心，其重要程度相当于前两者的总和。因此，综合以上，可赋以三个子模型以各自的权重为 2∶3∶5，最终的评价结果为

$$V = 0.2\sum_{i=1}^{4} A_i + 0.3\sum_{i=1}^{3} B_i + 0.5\sum_{i=1}^{4} C_i$$

评估结论

上述这套评估模型包括三个子模型，分别对应报告的三个方面：外观与样式、结构与逻辑、内容与分析；并且赋予三个子模型以 2∶3∶5 的权重，通过标度值的评分加权得出最后的总分。

在满分的情况下，总分应为 37 分，咨询公司可据此为参照，寻找自己和世界顶尖咨询公司的差距所在，并查看自己到底在哪些方面存在欠缺，从而不断改进。

方案演示

做演示说明是绝大多数咨询师的家常便饭：在项目投标时需要做演示说明，在项目运作过程中提交进度报告时需要做演示说明，在项目结束时需要做演示说明。演示说明往往会决定许多东西。演示说明对管理咨询的重要性在于，他（或她）的商业成功取决于演示说明的成功。在这一部分将集中论述项目结束时所做的演示说明。

投影制作

内容简明

每一页 PPT 的内容不宜过多，过多的文字叙述会使观众感到疲乏，最好用概括性的语言把此页内容叙述出来，然后由报告者就该点展开讲解。这也对报告者的语言表达能力和现场应变能力提出了要求。

实际中往往有这样一种倾向：在一张幻灯片上包括太多的内容。如果咨询师的可视材料展示涉及复杂的图表，那就应该考虑解释相应图表的方式。期望听众自己理解图表的意图和内容完全是浪费时间，也是一种不攻自破的想法，因为在他们看幻灯片的那个极短的时间内往往会错过其中的重要信息。

投影设计

每页的主题文字用黑体，正文文字用宋体，突出内容可以采用黑体、楷体、加粗或变换颜

色来表示；尽可能用直观的图形来阐释观点。

注意，每一种图形、标注、流程符号都有其特定的含义，不能为了美观而乱用；各行文字间距稍微大一些；页面不能上顶天、下落地，左右也要留出空白。

可视辅助

熟谙可视辅助材料的运用，极少有演讲者能够掌握这门艺术。不管展示什么样的可视辅助材料，都必须同演讲内容交相辉映，而不是同演讲内容互不相干。

可视辅助材料所传达的信息必须清晰、直观，不致杂乱无章。

请记住：可视辅助材料不仅可以支持所要传达的观点，也可以作为控制演示说明进度的手段。如果想在演讲中增添少许幽默，做一个相应的幻灯片往往会是一个比较好的方式。

演示控制

演示说明

演示说明的内容应该清晰明了，设计缜密。

演示说明的内容应该考虑听众的构成。因为所面对的听众内部可能在专业观点和优先序列方面存在着差异。

在开始时，把演示说明的大纲列出来，然后按照演示大纲继续下面的内容往往非常有益。

时间分配

时间在分析、研究结果和推荐方案的平衡分配将取决于具体的情况。但是，一般来讲，如果在分析和研究结果这两部分过于拖沓而抢占推荐方案的时间，就犯了一个大错，因为绝大多数听众所关注的是推荐方案。

因此，通常要把大部分时间分配给推荐方案的介绍。

听众讨论

演示说明的格式将取决于听众的多少。听众的数量越少，演示说明的正式程度就可能会越低，可以留出更多的时间来回答问题和公开讨论。听众的数量越多，演示说明就越需要比较高的结构化程度。

演示准备

演示说明的准备有三种类型：地点选择、演示排演和准备道具。

地点选择

咨询师并不一定能够在所有的情况下都影响演示说明的地点选择。如果可能的话，那就选择一个对听众是中性的地点，应该尽量不在客户组织所在的地点。

演示排演

最起码一点，咨询师应该在演讲之前统揽一遍演示说明文稿/文件，如果可能的话，还要做一次排演。经验揭示：咨询师的排演时间将小于实际演示说明时间。因此，如果排演时间等于演示说明允许时间，那就表明文稿中所包含的材料太多，应该砍掉一些！

准备道具

在进行演示说明那一天，应该确保所有的必需设备都已到位，并且能够取得满意的效果。咨询师应该需要一个合适的地方来放置笔记便笺，易于取拿。而且，还要确定所相对听众的演讲位置，这个地方应该能够使咨询师在讲话时还能轻松地阅读笔记便笺，有效地操作视听设备。

把咨询师置于听众之中：他们需要轻松地看到咨询师本人，清晰地听取咨询师的演讲，理解咨询师的视听辅助材料，同时不要伸脖子、扭身子。

因为这些动态问题没有得到解决而使演示说明搞砸的案例实在太多了！

本章概要

本章着重介绍咨询方案设计、撰写与演示过程。

在创造方案过程中，首先要明确假设验证的流程：是从将问题结构化开始，建立初步假设到依据分析原则分析初步假设，对假设进行细分，逐步验证其可行性；列出备择问题清单，在此阶段，要回顾基础问题、考虑咨询师的角色、客户需求特征、权衡备择方案的一致性、现实性以及实践性；然后创造最终推荐方案，可以采用聚合专家智慧（德尔菲法、头脑风暴法和质疑头脑风暴法），让客户参与推荐方案和备择方案评价会等方法。

报告撰写要注意以下几个问题：明确报告类型、报告的必要性，报告有重要意义时才撰写报告，精心设计报告的结构，报告的语言要符合企业文化，语言简洁、富有逻辑性，运用图形进行解释，报告以客户为主体，注意信息保密。报告评价可借助评价模型，由客户为咨询服务打分，从而看出哪些方面做得还不够，以期进行后续的沟通与完善。

进行方案演示时要注意格式、长度、内容、可视辅助、地点选择和演示前准备。

思考练习

1．管理咨询报告应该包括哪几个基本构件？

2．咨询角色如何影响方案设计？

3．采用聚合专家智慧举行备择方案评价会可以有哪些做法？各做法的特征和区别是什么？

4．头脑风暴法专家小组人员的组成情况以及各小组人员在其中的活动是什么？

5．客户参与对最终推荐方案的形成有什么重要意义？

6．撰写管理咨询报告需要注意哪些问题？

7．撰写 PPT 形式的和 Word 文档的报告分别需要注意哪些方面？

8．管理咨询方案的评价标准研究是什么？

9．你所认知的管理咨询分析的优秀案例是什么？其成功的经验有哪些？

10．管理咨询方案的演示需要注意哪些问题？如何增强演示的效果？

延伸阅读

《创造性问题求解的策略》（[美]H.斯科特·福格勒，史蒂文·E. 勒布朗. 欧阳绛，译. 北京：中央编译出版社，2005）：每个人都有这类或那类的创造性技巧，并且，如果他们经过有规律的锻炼，这些技巧会变得更加娴熟。本书为磨练创造性问题求解的这些技巧提供一个框架。

《企业管理咨询——全周期卓越运作》（顾元勋. 北京：清华大学出版社，2010）：本书将企业管理咨询作为观念、行为、结果三个维度形成的统一方法体系和工作实践体系，以管理咨询的有效营销为起点，以遵循规范的咨询程序作为掌控咨询项目和控制风险的基本规范。在咨询业务开展的过程中，项目建议书、诊断方法与流程、诊断工具、咨询报告、企业管理问题研究等，构成了企业管理咨询从需求到方案的运作关键环节。

《企业问题解决方案设计》（[美]范登博施. 代宏坤，袁春晓，译. 重庆：重庆大学出版社，2008）：企业问题解决方案设计介绍了经理人和管理顾问的结构化流程，包括界定问题、确定目标、构建范围、发展假设、制订计划、产生方案、推动执行，使问题解决方案变得更加有效和可执行。此外，使用一个完整的案例对书中介绍的管理工具和技术进行了全面应用。

《双赢咨询：英国管理咨询协会获奖案例研究》（[英]菲奥纳•切尔尼亚夫斯卡，保罗•梅. 韩燕，等，译. 北京：水利水电出版社，2007）：本书展示了顶级咨询公司如何与其客户通力合作，取得卓越成就的过程。

《乔布斯的魔力演讲》（[美]卡迈恩·加洛. 徐臻真，译. 北京：中信出版社，2010）：苹果公司创始人史蒂夫·乔布斯（Steve Jobs）是世界舞台上最具沟通魅力的大师级人物，也是全世界最擅长掳获人心的演讲者，任何人与他相比都是望尘莫及。

《麦肯锡咨询方法》（程爱学. 北京：北京大学出版社，2008）：方法比知识重要。本书内容涵盖了麦肯锡管理咨询的方方面面：麦肯锡的发展历史，麦肯锡咨询的重要规则，麦肯锡的团队管理、客户管理方法，麦肯锡数据收集方法，麦肯锡寻找问题、分析问题、解决问题的方法，麦肯锡制定决策方案、推销方案的方法以及麦肯锡战略咨询方法。

《找对方法做好咨询》（[美]维尼吉亚·拉格罗萨，苏珊·萨克斯. 莫燕萱，译. 北京：高等教育出版社，2004）：本书介绍了风靡于美国顶尖咨询师的卓越工作方法——咨询式工作，即“与他人合作以产生最优成果，与此同时，建立双方的信任和承诺”。

《80/20 法则》（[英]理查德·科克. 冯斌，译. 北京：中信出版社，2008）：本书将引领读者重新认识 80/20 法则的价值，并找到以“少”胜“多”的秘诀——专注于重要的 20%，即“关键少数”。

《用演示说话：麦肯锡商务沟通完全手册》（[美]基恩·泽拉慈尼. 马振晗，马洪德，译. 北京：清华大学出版社，2008）：本书提供了切实可行的技巧和建议，涉及从优美的语调到推出一个有力结论的方方面面，图表、条目、例子，每一要点都清晰、明白，非常方便于演示时使用。

《学会提问——批判性思维指南》（[美]尼尔•布朗，斯图尔特·基利. 赵玉芳，译. 北京：中国轻工业出版社，2006）：本书作者应用批判性思维领域的最新研究成果，列举科学研究和日常生活中的大量实例，教授人们富有理性、逻辑性和批判性地提出、思考、判断和解决问题的方法。

参考文献

1. 刘静一. 今日美国信息服务公司及其信息服务个案分析——以兰德公司为例[J]. 贵图学刊，2008(4)：31-33.
2．刘来．美国定性研究的六大发展趋势[EB/OL]．3see 市场研究信息网，[2002-07-03].
3．罗毅颋．咨询报告的评价模型[D]．上海：复旦大学管理学院，2007．

第 8 章

咨询实施

一个优秀的管理咨询公司，不仅能够产生高质量的问题解决方案，更能高效地辅助客户实施变革方案。

- 理解实施的领导原则；
- 掌握实施的管理措施；
- 学习实施的评价方法。

随着时代的发展，咨询为客户带来变革、创造价值这些最基本的东西，提出的要求更高了，重要的是不仅提出好的想法，还要帮助客户付诸实践。

“Implementation”（实施）是从动词“Implement”演变过来的，后者指的是完成、开展或执行，极少情形下也指提供器具（Implement）。这是一个中世纪英语单词，词根是意大利语动词 Implere，它的意思是填满或完成。字典的解释中隐含着一个假设：存在一种空的东西（通常是某种情形），需要把某种东西填进去（通常是咨询方案）。当然，对咨询方案来说，在（咨询方案的）实施过程之前还有一些工作，通常是咨询方案的形成过程。实施过程和形成过程存在一个本质的区别。咨询方案的形成过程通常是建立在对客观事实的理性分析基础之上，咨询师一般都是在这个客观事实的理性分析领域进行项目的设计，并且为客户提供帮助。但是，咨询方案的实施过程往往是一个有关人的过程，而人通常不具有完全的理性。因此，一项咨询方案（产生于一个理性的世界）就被投入到了一个人的世界（通常是非理性的）中来。实施过程就是完成这项工作的过程，因而实施领域也就不同于形成领域。

项目（干预）成功的两个基本条件是：

（1）有效的项目设计。即如果项目干预方案得到完全实施，那么，项目的目标就能实现，项目所要解决的问题就能解决。

（2）项目实施。即项目的方案得以按质、按量地实施、完成。为了咨询项目的成功，有效的项目设计与项目实施二者缺一不可。否则，就会失败，如图 8.1 所示。

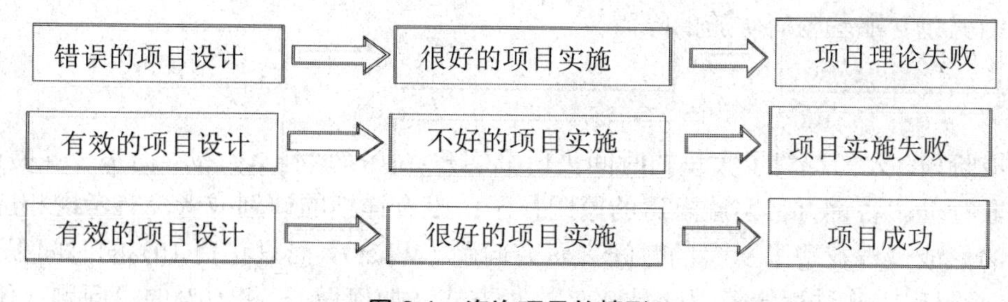

图 8.1　咨询项目的情形

实施领导

咨询方案实施的失败可能有很多原因。然而，一般来讲，“原因”可能是一系列原因，而不仅仅是一个原因。减少失败的首要措施，是进行正确的实施领导。

方案检测

咨询方案形成过程的质量将在一定程度上影响实施过程的质量。

分析质量

方案分析的质量不高，体现在观点考虑到的方案相关者范围太窄或主观性太强，问题（What）界定的质量很差等。

如果咨询方案的形成过程所建立的基础是质量不高的分析，或考虑范围太窄或主观性太强的观点，那么就会包含实际错误，阻碍咨询方案的实施。一个典型的情形是：咨询方案的形成过程将产生非常广泛的影响，但是完全是建立在中高层管理者观点的基础上，却没有得到外部利益相关者（Stakeholder，如客户和供应商）以及组织层级结构中低层地位上的人的承认。

方案实施的失败另一个可能是：逻辑本身存在缺陷，从而使得那些在实施的过程中抵制变革的人能够有机可乘。一个比较严格的检验就是自问一个问题：谁将受到变革的影响？他们在多大程度上得到了考虑？如果那些在实施过程中将受到影响的人没有得到考虑，那么实施失败的危险就会提高。

需求确认

咨询方案形成过程中的另一个典型错误是：咨询方案的重点放在客户的愿望（Wants）上，而不是放在客户的需求（Needs）上。一个典型的情形是：战略咨询项目，在这种项目中想得到一个新的公司战略。但是，根本的需求可能同下面的事实有密切联系：客户的团队出现了严重本位主义，各自为阵，很难达成一致意见。客户也可能缺乏为自己制定战略的技能。合理的上乘战略制定过程可能会步履维艰，因为根本的需求还没有得到确认，团队的统一问题还没有得到解决。实际上，咨询师可能会成为问题本身的一个部分，而不是解决方案的一个部分。

一个应该提出的恰到好处的问题是：是什么促使客户产生了雇请咨询师的需求？这个问题

的答案可能就包含那些阻碍实施的障碍。

实施规划

在形成阶段，人们花费了大量的时间去研究客户必须采取什么行动，而很少花费时间去研究如何采取行动。咨询方案实施阻碍的原因在于：没有详细的计划或者没有考虑相应的后果。咨询方案的形成过程花费了90%的时间去研究问题（What），而只花费10%的时间去研究方式（How）。而阻碍实施过程的障碍则是90%的“方式（如何做）”和10%的“问题（做什么）”，典型的情形是：界定所必须开展的行动花费了大量的时间，最后没有什么耐心去研究行动的实施；相应的问题刚刚得到澄清，实施过程又开始了。然而，因为没有制定和协商出清晰的计划，没有把实施过程所可能产生的后果进行研究估计，所以实施过程很快就会徘徊不前。这样，行动规划（以及相应的细节）在咨询方案的形成和实施两个过程之间悄悄地被人遗忘了，到头来，咨询方案的形成过程是时间的大量耗费，咨询方案的实施则成了一场灾难，所有参与的人都感到失望，受到伤害。

咨询方案的形成过程非常重要，不仅是这个过程的运作方式，而且还包括这个过程的内容。然而，咨询师必须小心谨慎！分析和规划如果太过，就可能导致瘫痪！因此，必须对形成过程中的各个因素进行权衡，以便降低实施过程的风险。规划不足的另一面是规划拘泥细节，以至于从一开始就把灵活性给排除了。缺乏灵活性也可能会导致实施失败。任何咨询方案都是一定假设基础上的预测。然而，制定详尽的计划后，不管事先假定的是一个什么样的静态世界（这种详尽的计划就是建立在这个世界一成不变的假设基础之上），都严格遵守计划。对实施来说，这样做显然不是一个明智的方法。实施计划所基于的很多假设迟早会发生变化。按照20世纪最后10年以及21世纪早期的变化速度（预计的情形）计算，假设的变化速度将会非常快。整个世界将不再像过去那样是一个静态的世界了。

因此，成功的实施战略应该是可以调整的，否则缺乏灵活性将导致失败。虽然行动（What）方案可能是固定的，但是行动的执行方式（How）却应该有一定的灵活性。保证执行方式灵活性的一个方式就是在规划实施方案时，把规划做成权变规划或情景规划。这种做法将在规划中考虑相应的灵活性，就如同对实施过程采取灵活的思考方式一样。其中，后者比前者可能具有更重要的意义，因为许许多多的情景完全遵从现实情况。

咨询师的检验单

在实施领域中，几乎没有什么灵丹妙药和速成秘笈，下面的一个检验单作为咨询师进行调查时的一个起点，而不是设计一个板上钉钉的清单——如果在这个清单上的问题上得了高分，就注定会成功。

（1）咨询方案的实施在多大程度上是建立在理性的、经过深入研究和分析的客观事实的基础上？

（2）参与实施过程的人是不是一致认同和相信相应的咨询方案就是正确的方案？

（3）客户的基本需求在多大程度上得到了满足？咨询方案为什么能够得以形成？

（4）实施计划的详细程度如何？

（5）那些对实施起着关键作用的因素有多少在最初的形成阶段已经得到考虑和解决？

（6）是不是已经清晰地确认了现状所产生的痛苦？

（7）实施将产生的利益是不是得到了清晰的确认？

（8）痛苦和利益是不是从个人的角度进行过考虑（与其用“降低份额／降低价格”，还不如用“失业”）？

（9）是不是已经确认出了那些将遭受损失的人？有没有什么计划可以帮助他们？

（10）有没有一个清晰一致的沟通计划，并且包含各种具体的方法？

（11）是不是已经考虑了实施的各种备择方案，并且已经作出了清晰的优先序列排定？。

（12）实施过程计划中是不是包括建立主人翁责任和归属承诺的成分？

（13）有没有清晰的权责概念？

（14）那些参与实施过程的人是不是拥有相应的技能（如项目管理）？

（15）如果建立了实施项目，那么是不是有质量项目计划：界定清晰，关键路线明确，最终产品清楚？

（16）有没有透明和定期的进度和结果测量过程？

（17）对进度测量之后，有没有相应的后续活动？

（18）最初的咨询方案所基于的假设是不是经常变化？

（19）那些参与实施过程的人所获得的学识是不是沉淀下来供组织中的其他人学习？

（20）那些为实施提供支持的人是不是拥有相应的技能和经验？还是瞎子在带领盲人？

这些问题可以按照答案进行打分，也可以作为讨论的基础。但是，一定要记住：这是起航，不是归航！

变革情景

咨询实施前期宣传工作最重要的目的就是把企业的现状、为什么选择这个方案、不选择这个方案的痛苦、方案实施所要达到的目标、方案实施的流程、实施结束后的绩效评定、奖惩机制以及方案实施后企业的发展前景等信息清楚地传递给全体成员，从而为全体成员描绘一个美好蓝图。不仅使全体成员都了解整个方案实施的过程，还对全体成员形成一个强有力的激励，激励他们为企业将来更好的发展而齐心协力推动方案的实施。

上面已经提到，在咨询方案的形成过程中，花费了大量的时间去研究必须执行的行动（What），这一点差不多时，再去研究如何执行行动（How）。然而，将要实施的变革可能会涉及那些没有参与形成过程的人。即便这些人参与了咨询方案的形成过程，但是具体情形也可能是：咨询方案设计得很好，但是却没有对变革设定一个清晰的情景。不能为变革设定一个清晰的情景（Scenario）是一个通病。

另一个通病则是：为变革设定了一个清晰的情景，但是这种情景只对设定者有说服力，却并不能说服其他人。当人们询问为什么要实施变革时，不要期望他们把这样一个模糊的原因当作激励自己的因素：“提升股东价值”。

精心设计的规划往往会详细地考虑不实施咨询方案所产生的后果。也就是说，用那种能够抓住实施过程涉及的人的感情的方式，把实施所带来的利益以及不实施所招致的痛苦都给清晰地表达出来。成功的实施（往往带来大规模的改善）之前常常是某种危机，这并不是某种巧合。

因此，一定要确保在实施开始之前设定了说服力强大的清晰的愿景：能够吸引那些将参与变革的人的情绪，不但包括实施所带来的利益，而且包括不实施所招致的痛苦。完成这项工作的一个方式就是填写所谓的利益/痛苦矩阵，如图 8.2 所示。

在图 8.2 所示的四种情景中，只有一个区域蕴涵着成功，其他 75%的情境都是失败的温床。因此，在这个具体区域中，失败的几率大于成功的几率！认真阅读这一部分中所列举的失败的原因，就会明白为什么实施并不是一个容易的过程，也就会明白为什么那么多的“变革”最后都失败了。

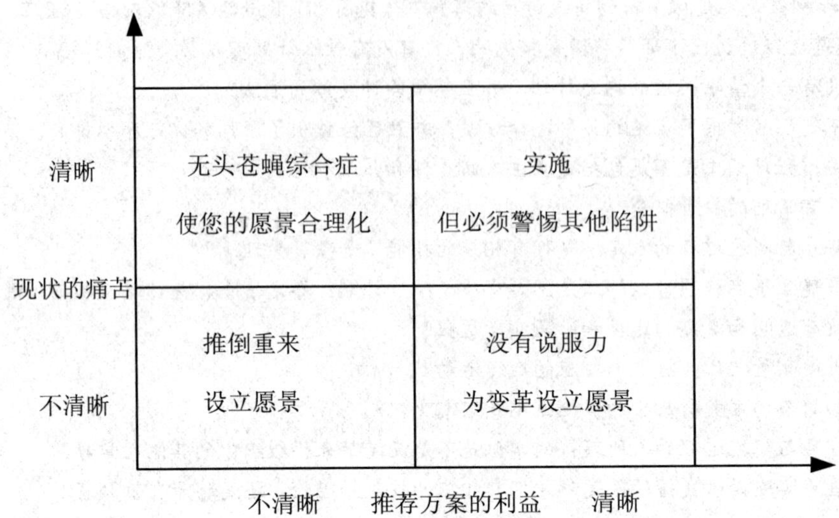

图 8.2 痛苦/利益矩阵

下面来看一个针对客户公司委托人的自测调查问卷。

你的咨询项目前景如何

说明：针对每一题的陈述，选择出与你所在公司咨询项目实施现状与管理理念最相符合的一个答案。请根据实际看法认真完成。

1. 你公司引入咨询项目的目的是什么？
   A. 跟潮流、赶时尚、随大流
   B. 各部门主管有这方面要求，决策层作为必要调整；
   C. 基于长远考虑和战略规则
2. 你公司所引入咨询工作的基本运作模式是：
   A. 咨询人员根据管理者与相关员工的要求提出解决方案
   B. 咨询人员协助管理者处理危机，制订解决方案
   C. 咨询人员与管理者共同制订和实施解决方案以避免问题与危机的产生
3. 咨询项目的解决方案通常关注于：
   A. 改变公司人员的认识与观念
   B. 提高相关人员的业务技能与工作绩效
   C. 提升业务指标，增强工作绩效
4. 绝大多数新的解决方案的制订依据是：
   A. 同样的解决方案在其他公司获得成功
   B. 根据管理人员的需求
   C. 通过分析显示该解决方案是必要而有效的

5. 在制订具体解决方案的过程中：
   A. 管理人员从一系列现有解决方案中选择最为恰当的一个
   B. 征求一线员工与班组长的意见，并制定方案
   C. 通过对当前主要存在的业绩问题的系统分析确定所需方案
6. 在为受众对象确定解决方案时：
   A. 为较大范围的受众对象提供笼统的方案
   B. 考虑特定受众对象的具体需要，作为制订方案的参考
   C. 根据特定对象的需要制订针对性很强的方案
7. 对于咨询项目的成果：
   A. 完全由咨询人员负责
   B. 由咨询人员和客户公司主管人员共同负责
   C. 由咨询人员、项目涉及人员和相关管理人员共同负责
8. 为确保项目涉及人员充分投入咨询项目实施过程，而设计的系统而客观的项目成果评价方案：
   A. 从未制订过。对项目的评价通常是在项目实施过程中进行，主要关注于项目涉及人员的满意程度
   B. 偶尔制订过。项目涉及人员需要关注项目实施对本职工作是否发生了效用
   C. 经常制订系统方案。在咨询项目实施结束后，咨询人员要对业务绩效的改善状况进行评价
9. 咨询项目的具体实施队伍：
   A. 由公司内部专业人员组成
   B. 经过考察选择一家咨询公司
   C. 在确保预期目标实现同时不超过成本预算的前提下，由内部专业人士与外部咨询人员共同组建
10. 咨询项目所提出的解决方案：
    A. 没有针对性，主要是依据主观判断
    B. 依据学习效果数据和技能知识实际应用数据
    C. 依据业务绩效指标、实际应用数据、实施效果数据和满意度数据
11. 对于咨询项目成本的计量：
    A. 采用一般方式，只计总量
    B. 参考其他相似项目的计量方法
    C. 对具体项目实施具体的成本计量过程
12. 管理人员参与到咨询工作中的情况：
    A. 很少发生，偶尔发表意见
    B. 在咨询人员要求或客观必要时会参与
    C. 为主要咨询项目制订周密的参与计划，确保管理人员成为项目实施的重要力量
13. 为了确保咨询项目效用转换为业务绩效的改善，我们：
    A. 鼓励项目涉及人员将其所学应用于实际工作
    B. 要求管理者对项目成果进行支持
    C. 为不同情况制订不同的转换方案
14. 咨询人员与管理者之间的互动交流：
    A. 几乎没有。咨询人员从未与其讨论过有关问题
    B. 偶尔发生。主要是在需求分析和项目协作过程中
    C. 很有规律地发生。双方有稳定的协作关系

15. 咨询项目投资回报状况的主要衡量依据是：
    A. 主观评判
    B. 管理人员通过对项目涉及人员的反应进行观察得出
    C. 将劳动生产率、成本、质量或客户服务指标改善量转化为具体货币价值量得出
16. 缺乏正规评价方式的咨询项目在我们公司中：
    A. 经常采用
    B. 偶尔采用
    C. 从不采用
17. 对于咨询项目成果的反馈与交流：
    A. 在有人需要了解有关信息时进行
    B. 偶尔进行，主要针对公司管理者
    C. 定期进行，受众对象多种多样
18. 管理人员对咨询项目实施所承担的职责：
    A. 很小，没有具体的职责要求
    B. 对某些项目承担非正式规定的职责
    C. 非常明确具体，管理人员对于在本职所辖部门采用的咨询项目承担较大职责
19. 在经营状况趋于衰退时，咨询项目的预算额：
    A. 总是第一个被削减的对象
    B. 维持原预算水平不变
    C. 不会受影响，有时甚至会提高
20. 咨询项目成本预算方案的制订是依据：
    A. 前一年的预算方案
    B. 由与咨询公司讨价还价的结果决定
    C. 依据自身需求以及对项目成果的预期
21. 对项目开支有最终决策权的是：
    A. 咨询人员
    B. 咨询人员与项目涉及部门的主要管理者
    C. 客户公司负责项目实施的高层管理者
22. 在过去两年中，咨询项目开支在公司运营成本中所占比例：
    A. 下降了
    B. 维持不变
    C. 提高了
23. 公司高层管理者参与咨询项目的情况：
    A. 局限于情况介绍、决定宣布以及庆祝活动
    B. 包括会议开闭幕式、对工作进度的审查讨论等
    C. 包括直接参与项目实施、监控进程、要求关键人员参与等
24. 作为一名直接参与项目的公司员工，他：
    A. 除了委派的工作不做其他任何事
    B. 收集与项目有关的信息，运用从项目中获得的知识与技能
    C. 成功完成本职工作，鼓励他人投入项目实施过程，汇报成果

25. 大多数管理人员对咨询项目的看法是:

A. 没有必要，浪费了大量资源和时间

B. 有必要，作用不容忽视

C. 是改善公司现状的最为重要的力量

希望根据以上问卷的例子，可以使得更多的客户以及咨询顾问重视对于咨询项目的绩效评估，以免资源浪费、时间上的浪费、客户员工士气低沉、有害的建议以及项目中的某些员工的职业生涯受挫。

文化性格

每一个组织都有自己独特的文化，有很多不同的方式界定和描述文化和个人性格。把文化和性格联系起来的原因是：一个组织中的各种性格将影响组织文化的形成。在实施咨询方案时，常常会因为公司的文化因素没有得到考虑而导致失败。

例如，在一个具有企业家创新精神的分权化销售队伍中实施一个非常系统的过程，如果其中的部分过程不留出试验的空间，那就不太可能成功。实施方式必须认同当前的文化，而不能否认当前的文化。

另一个例子：一个非常愿意授权的管理主管，他是组织的新成员。他对下面的情形就会感到非常沮丧：他必须推行的变革，会让人们承担更多的责任，而这个组织又是一个自上而下的集权体制。在这样一个组织中，人们往往不太愿意那么快地承担责任，因此变革必须充分考虑文化方面的因素，采取渐变的方式。

在每一天工作的结束，实施都是人来推动的，都是人来实现的。咨询师所拥有的能够描述文化和性格的工具和技术越多，在实施时，装备就越精良。这些工具和技术能够深入地洞察一些问题，从而更加清楚地认识到组织中通常被人们所忽略却又对成功至关重要的各种微妙之处。

主体意识

主人翁责任和归属承诺是实施成功和持续的关键。没有主人翁责任和归属承诺，实施过程很快就会崩溃。如果不允许那些必须“拥有”咨询方案及其实施过程的人创造亲自参与其中部分环节的设计，那么主人翁责任的建议如果说不是不可能，也会有相当大的困难。也就是说，如果人们被剥夺了为正在进行的事情作出贡献的权利的话，也就不要期望他们拥有主人翁责任和归属承诺。

有很多技术工具可以促进主人翁责任和归属承诺的建立。

变革反应

管理咨询方案的实施几乎无一例外地会意味着变革，对变革的反应如果被忽略，就会导致实施的失败。

随着相应变革的推行，人们所做出的反应往往会从震惊，到否认，到愤怒，到沮丧，最后到实现和接受。其中的秘诀就是：让它发生，而不是否认它。如果推行咨询方案的人对那些他们认为是没有理由的反应（如否认和愤怒）不能做出自然的反应，就会产生很多实施方面的问题。

那些实施咨询方案的人的典型经历是：很多人的感觉都会从“不知情的乐观主义情绪”变到“知情的悲观主义情绪”，尤其是当实施过程变得艰难时。之后，他们就进入到“退堂鼓区域”：他们往往会通过缺席的方式或走过程的方式开始逃避。实施的过程开始变得步履蹒跚，最后以失败而告终。高层管理部门对那些负责推进实施过程的人所提供的有形支持仅仅是对此作出补救行动，但是悲哀的是，很多情况下，就是这种补救行动都没有。

情感信仰

实施过程要得到坚持和遵从的话，那些参与实施的人就必须认同实施过程。这种信仰必须具有情感性，必须是建立在理性的和逻辑的理解框架之上，如图 8.3 所示。换而言之，实施过程中仅凭理智认同是不够的，要得到坚持和遵从。为此，还必须获取情感信仰——没有情感信仰，人们很难做出承诺。那些认同但不相信的人常常会服从，但是随着时间的推移，人们的服从却未必会形成归属/承诺，因此实施过程也得不到坚持。在一个雇佣特色非常浓的组织中，人们的服从甚至可能是建立在害怕的基础上而不是认同的基础上。随着实施过程的展开，并不是很多组织能够获得归属/承诺，因而变革也就得不到坚持，设想的结果也实现不了。

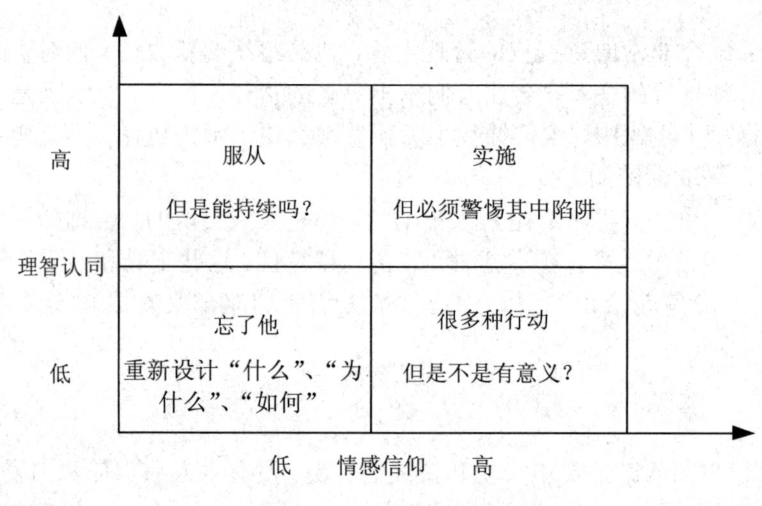

图 8.3 信仰和归属的平衡

实施过程要取得成功，不但要获得基于理智的认同，而且还要获得基于情感的承诺。咨询方案设计得越健全、越有逻辑性，获得理智认同的机会就越大。“为什么”和“如何”方面的工作做得越到位、越彻底，赢得信仰的机会就越大；二者缺任何一个都会形成危险的情形。

政治格局

在正常的情况下[①]，没有不遇到阻力的改革方案。实施改进方案对于组织来讲是一种变革，这种变革由于涉及相关人员的既得利益，没有预见未来的趋势，组织的惯性及惰性以及对变革人员存在偏见等原因，常常会招来很大的阻力。

---

① 非正常的情况如极权、暴政、独裁等，会产生阻力的完全消失。

存在组织的地方，经常有“公司政治学”（Corporate Politics），而在某些领域（尤其是那些专业从事设计、提供咨询意见的公司），人们却感到非常自豪，因为能够“超越于政治冲突之外”，处于一种高尚、专业、公正的立场。而对那些公司内部的人来说，谈论这些问题却常常具有很大的政治敏感性。所以，这些问题也就得不到解决，而且非常悲哀的是，这又常常是实施失败的原因。这种问题常常藏得很深，看不见，摸不着，就像潜藏着的暗礁；满怀信心的咨询方案在看似平静的公司海港开始起航，但是这些暗礁却会把咨询方案的实施过程迎面剖开。

公司政治这种问题最好应该在形成阶段得到解决，而不应该拖到实施阶段来。解决这种问题的起点是初步估测一下，谁将成为“赢者”，谁将成为“败者”。对变革实施的抵制常常来自于这样一些人：他们认为如果咨询方案实施下去的话，他们将失去一些东西。如果不能确定这样一个人群，同时采取具体的计划来确保他们自己认识到的损失得到有效的管理和控制，使其朝积极的方向发展，那么实施失败的风险就会提高。

在形成阶段，如果实施所带来的人的方面的后果没有得到充分的考虑，那么实施过程将会变得更加艰难。不要把这个问题看成是一个安慰工程：这不是一个善良与否的问题，而是一个有效与否的问题。

领导策略

如果实施过程不能按照计划（而且绝大多数情形都会是这样），那么就有四种领导策略选择来推动事态的进展。

无为而治

要分析一下事态发展偏离计划的原因。阻碍实施的障碍可能会是很多种因素。人们自然而然的倾向就是：埋头苦干，挑出原因。然而，在埋下头来进行分析之前，应该考虑一下另外一个选择机会：无为而治。很多问题都会自行解决。虽然这种方法同英国（盎格鲁-撒克逊）的管理风格格格不入，但是如果问题并不大，还是省点精力、时间和金钱来解决可能出现的更大的问题。

改变方式

可以从三个方面下手：时间、成本、质量。时间问题可以在关键路线模型中进行研究，不过，可能不允许有拖延现象。下一种可能性就是投入更多的资源（人或钱），从而增加额外的成本。最后，只能拿质量开刀：不是 100%的解决方案，而或许是 80%的解决方案。要实现 100%的解决方案，按照帕累托原则，另外的 20%可能需要 80%的努力，这样值吗？如果所说的质量是相关人的生活质量（而实际又常常是这样的），就需要问这样的问题：人们为什么要竭尽全力去实现一个根本就不现实的计划？计划实施所带来的痛苦真的那么大吗？其中的危险在于：实施所带来的痛苦比维持现状所产生的痛苦与成功的利益之和还要大。在这种情形下，实施过程就会徘徊不前，甚至彻底失败。

调整期望

看一看现在正实施的是不是实际真正所需要的。愿望可能是世界上最美好的，但是关键假设所面临的客观因素可能会使得实施计划的最初形式完全没有意义。最初作出这种决策时所面临的就是一件艰难而勇敢的事情。然而，一旦作出决策，通常所选择的就是最优。在规划阶段采用情境规划模式常常能够帮助决策，因为可以进行模拟：如果关键的假设是错误的或者发生了变化，那将出现什么情形。

在考虑上述任何一种选择之前，最好对当前的事态进展要有自己的真正感受。具有透明性的定期测量大有帮助，用耳去倾听，用心去理解，也非常有帮助。在评价各种选择之前，最好应该首先去理解，然后才去判断；咨询师在促成这种理解的过程中扮演着非常重要的角色，抛弃那些参与者的自然倾向，让他们发泄自己的感情。

控制失败

很多实施计划都没有在现实生活中得以生存下去。很多人都会把它看作一种失败，而且被牵涉的人也会受到伤害。然而，这种态度往往形成一种恐怖气氛，不太愿意承担风险，而这样就会使得实施过程充其量也就是一个平平庸庸的过程，最坏的情形就可能会是有效性不高，甚至具有毁灭性。同样，人们可能会因为没有能力而导致实施过程失败，人们可能会没有成功所必需的技能。

很多实施过程的失败都是因为在失败出现时，人们常常忽略它，而让相应的形势拖下去，以致到最后，所有的努力都付之东流。不过，如果失败能够在早期得到积极的控制，把它作为一种学习、调整和提高的机会，那么相应的实施行动就会具有更大的灵活性，从而能够更加容易取得成功。

实施新的咨询方案几乎无一例外地会改变一些东西，要么是替换原来的，要么是为原来的提供补充。几乎在所有的情形下，都不仅需要实施方面的诀窍，而且还需要新的技能和资源。通常情况下，因为重点是把咨询方案实施起来，而忽略了这一点。其中的一个典型问题是培训必要的新技能，这个问题可能没有得到充分的注意。很多实施过程依赖于项目小组。而这些所谓的项目小组通常又是草草拼凑起来的，然后他们被授权推进变革，但是这种授权却是在没有给予恰当培训情况下的授权，如项目管理方面的培训，例如，项目小组中知道关键路线的人微乎其微。另一个通常没有关注的领域是群体动态学。实施的成功通常依赖于各个小组的成功运作，然而很多人几乎没有甚至完全没有得到这个方面的培训。同样，当群体的动态变化阻碍实施过程时，实施过程本身也就会踌躇不前。

另外一个方面的因素就是适时控制所必要的沟通和测量。在各个实施项目推出之后，通常没有测量体系：实施的进展如何，取得了什么成绩。目标也不具有 SMART 特性，即具体性（Specific）、可测量性（Measurable）、可实现性（Achievable）、以结果为导向（Result-oriented）、有最后时间期限（Time-based）。同时，时间、成本和质量之间的平衡也得不到管理和控制。因此，资源就得不到正确的配置，实施本身也会对企业的日常运作产生“漏球”影响，实施进展陷入泥潭，最后也就平静地偃旗息鼓了。

一旦实施过程失败了，其原因通常不仅仅是上述因素中的一个，而常常是几个因素的组合。

对那些想成为实施大师的人来说，其中的秘诀就是对所发生的一切保持警觉，以便能够更加敏锐地洞悉其中的陷阱。

实施管理

咨询方案在实施过程中存在着多处陷阱，深陷这些陷阱中会使得方案最终以失败而告终。如何避免掉入上述管理咨询方案实施的陷阱？或者如何在出现陷阱时绕过它们呢？

如图 8.4 所示，一个有效的变革管理（CM）计划应包括以下内容：

（1）沟通机制。为项目沟通创造和维护有效的渠道。

（2）组织设计。设计报告结构、岗位和责任。

（3）流程变更。确认和实施新的流程和程序。

（4）效益实现。建立商务分析，量化和保持利益。

（5）用户培训。设计和协调必要的培训。

（6）决策管理。开发决策模式和相关的政策、程序。

（7）小组效率。设计业绩考核标准和监测职员业绩。

（8）知识共享。设计和实施知识共享机制。

（9）股东管理。确认主要股东，设计行动计划来管理他们。下面按其要点进行分析。

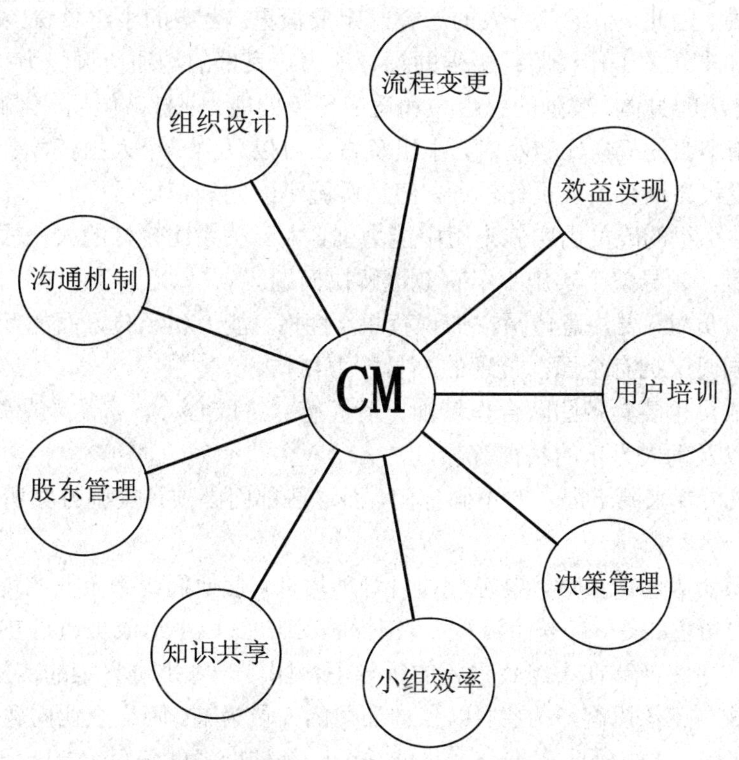

图 8.4　变革管理（CM）：任务和结构

组织建设

变革小组

组建变革小组协助管理各种跨职能部门的实施项目，越来越普遍了。方案实施阶段的第一个步骤就是建立实施小组，全面负责方案的实施工作。这个小组可以是实体部门，如有些制造业内部的工业工程部、获取竞争优势部等，也可以是虚拟的组织。当一个项目涉及范围广，牵涉人员多，就需要由更高层面的领导担当项目推进组织的负责人，甚至有的项目需要企业的一把手负责。

项目小组的重点是完成某个项目，而变革小组的角色通常不具有项目小组的这种焦点性，常常被用来协助管理公司内各种行动方案/项目的执行和运作。变革小组通常向最高层汇报，能够代表最高层协助整个公司内的实施过程。变革小组有着特别的意义，一旦实施过程进入艰难时期，项目变革小组中的成员就可以作为人才储备腾出来协助实施过程的进展。变革小组的意义还表现在：它可以作为一种职业发展机会，因为它往往能够扩展相关成员的视野。如果一个组织需要跨过职能部门边界实施很多项目，那么变革小组（负责协作实施）的存在将大大提高成功的几率。这种小组有助于保证质量和强化权责。

实施小组负责人的选择至关重要，因为他是整个小组的灵魂人物，是带领小组成员共同推动方案实施的关键。因此，小组负责人的选择一定要慎重。合格的小组负责人应该具备以下素质：全面的知识和丰富的工作经验；极强的领导能力；良好的沟通协调能力；极强的责任心；快速应变能力；健康的身体、较强的忍耐力和适应环境的能力；打破僵局、化解危机的幽默感。

此外，当实施小组的规模比较小时，小组负责人可以只由一个人担任，小组负责人来源于客户企业，同时授权咨询公司人员作辅导。但当实施小组的规模比较大时，可以成立实施小组的领导小组，领导小组的成员由实施小组中能力强、人际关系比较好的人构成，这样就可以利用群体智慧的力量，领导整个实施小组有效地解决问题。

在选择小组成员时，要注意成员在知识背景、性格、能力和经验方面的互补性，这样才能在团队尽量小的同时又拥有全面、合理的人员能力结构。

同时，小组成员也要具备团队合作精神、责任感、进取心、丰富的专业知识和工作经验、极强的学习能力以及助人为乐的精神等。

再者，小组成员要来源于公司的不同部门，而这些部门必须是实施方案所要牵涉的利益相关单位。

选择了小组负责人和成员后，要进行项目管理培训，使他们明确企业的现状、咨询方案的目标、各自扮演的角色、变革的整个流程以及时间安排。然后小组成员通过在工作当中不断的磨合、相互了解，最终能够在小组负责人的领导下，团结一致推进方案的实施。

实施小组的成员应该以客户为主，以咨询公司的人员为辅。因为企业问题的解决最终是要靠企业自身成员的共同努力的，咨询公司只能扮演一个辅助者的角色，指导企业完成方案的实施。因此，咨询公司和企业要明确各自的角色，扮演好各自的角色，成功解决企业的问题。

变革小组的另类组织

焦点小组

自发性“对角切”焦点小组技术也是另一种常见的咨询实施组织方法。“对角切”的意思是跨越层级结构和职能部门，抛开级别体系。

可以要求焦点小组研究和考察具体的实施问题，并且提出相应的推荐行动方案。促成这种小组的形成往往是一个非常清晰的服务交付（通常是为整个高层管理部门或全部职员所作的演示说明会），他们的讨论也往往有非常清晰的焦点问题。这种焦点小组能够使人们积极参与对问题的研究，而不是被强行地架到小组成员的脖子上。同时，由于这些小组成员最接近问题本身，因此也就能够对实施问题形成实际的解决方案。

焦点小组面临的一个最大的挑战，是管理者必须让人们积极参与。对这一点的处理必须非常谨慎，但是，如果处理得好，就会使组织中的人们学会管理自己的时间，学会采取最好的方式。

学术机构

很多大型的实施项目往往需要大量的新技能和态度。建立组织的一个学术机构将有助于改善这个过程。新改进行动的实施可以同发生在这种学术机构中的学习活动联系起来。在这种情形下，实施过程和学习过程之间的界限就模糊了，变成了一个活动，或者更准确地说，整个系列不同的活动都通过一个主题而联系起来了。在这种类型的组织中，实施过程变成了生活之道，而不是作为一种推进咨询方案的活动。

实施计划

拟定实施计划是实施小组成立后的第一个任务，也是比较关键的一个任务。在这一阶段，可以由领导小组或实施小组负责人制定实施计划纲要，然后由实施小组成员共同编制实施计划。

实施计划通常包括以下几个部分。

- 行动日程安排。
- 实施计划要达到的总体目标和总目标分解后的分阶段目标。
- 每个成员担任的角色、工作范围、个人需要达到的目标。
- 明确每个成员的责任、权利和义务。
- 相关部门应该协助的事项。
- 出现紧急情况时的应急措施。

实施计划制定好之后，应该向全体成员正式公布。

项目管理

大部分公司内部都会推行一些旨在改善内部运作的项目。其中，成功的秘诀就是要确保那些参与相应项目的人精通各种项目管理的技术工具。详细地论述项目管理的各种道道不是本章的主要论述范围，有很多相应的技能培训教程。总体来说，成功的项目依赖于下面的一些关键因素。

每一个项目都应该任命一个项目经理，负责项目的操作，管理/协调项目小组。相应的项目还应该有一个“倡导人”，一般是高层执行经理，项目经理向他汇报，并从他那里获取支持和建议。在项目小组内部，每一项需要完成的工作都必须分配清楚，对每一个必须完成的工作有一个清晰的期望。项目管理过程应该包括：定期的进度测量和报告，即有相应的评审又有相应的进度里程事件（也就是说，必须界定具体的日期所对应的预期行动/结果）。

一个项目应该有非常清晰的界定，包括具体的目标、成本与利益、完成产品、成功的测量标准、基本的假设。目标应该符合SMART原则。在项目开始之前就应该核算出相应的成本和利益，需要什么资源，在什么时候投入。完成产品应该是一些可见的东西，如培训材料、演示说明文件、职员个人技能的提高等。成功的测量标准以及具体测量的过程都应该进行清晰的界定，从而确保能够实现计划中的利益。各种基本的假设也应该显性化并且得到监控（如果基本假设改变了，实施本身的理论基础也应该作相应的变化）。例如，一个目标为"提高销售额"的项目就不符合SMART原则。项目所带来的利益是销售额的提高，但是项目的目标应该在措辞上具体说明应该采取什么样的行动和措施来实现销售额的提高。这种目标的一个实际例子可能是："在第三季度之前建立一个训练有素的电话中心销售队伍"。

为了监控各项项目完成所必需的不同行动，往往有必要采用甘特图或PERT图。完成相应项目所必须采取的行动必须得到规划：行动之间的相互依赖性，谁负责具体的行动，相应行动的完成所需要的时间。通过理解相应任务之间的逻辑过程以及持续的时间，项目经理就应该可以清晰地了解整个项目所需要的时间以及整个项目的关键路线了。

在每一天工作结束时，任何一个项目都要进行时间、成本（包括资源）和质量的平衡。如果对项目所要实现的目标非常明确，时间、成本、质量方面的有关优先序列也清晰明了了，那么项目成功的几率也就会很大。不管在项目计划中预算了多少时间，实际情形都可能发生意外，所以，项目成功的秘诀就是：对环境的变化时刻保持警觉，并且保持足够的灵活性，以便在环境发生变化时快速作出反应和调整。

沟通培训

沟通对实施的成功起着关键的作用，然而几乎没有一个实施计划包括明显的沟通战略。那些有明显沟通战略的实施计划通常会比没有沟通战略的实施计划要效果好。

沟通必须是一个双向过程，才能有效；成功的实施计划应该包括一个双向沟通战略。这种战略应该包括各种各样的沟通方法、手段，而不是仅仅依靠一种方法。

座谈研讨

建立主人翁责任和归属承诺的一个常见的工具是研讨，每一次研讨都必须进行精心的规划，必须把预期的结果清晰地表达出来。举办座谈会是分享咨询方案的一个非常有用的方式，而且可以通过让参加的人员详细地讨论有关细节以及相应的后果来取得人们的理解。因此，一次成功的座谈会应该留出大量的时间来让参加的人提出和讨论新的观点。

主持座谈会的人可能期望传递一些信息，但是他们必须乐于并善于接收和修正参加人员所作出的贡献。

成功主持座谈会的一个关键技巧是促进和鼓励。促进和鼓励是一项实施的关键技能，那些想在实施咨询领域中争取卓越成绩的人必须接受促进和鼓励方面的培训。

座谈会对人数相对比较少的情形比较有效，但是在人数很多的（如大于50人）情况下运用起来却有一定的难度。当然，还是存在大人数群体下的座谈会类型的介入。大规模介入技术有三个很好的例子：开放空间技术（Open Space Technology，OST）工具、未来调查技术（Future Search）、圆桌技术。

在 OST 技术下，参与日常方案是个人。首先作一次演示说明，提出主要的论题供大家讨论，然后每个人可以任意组成讨论小组。每个小组都有一个记录员，记录小组的讨论。记录员把记录递送给中心小组，由中心小组整理整个团队的讨论细节。中心小组全体成员的讨论常常会认同一些关键的行动。由于能够让大量的人员参加讨论，所以这种技术非常有效，不过自由讨论可能会在某种程度上遮盖核心话题。

未来调查是一个稍微集中和控制的过程。这个过程需要作“整个系统”的演示说明，从而，如果某家公司要进行未来调查，那么在作相应的演示说明时，就必须让所有关键群体的代表参加，如职员、管理者、供应商、顾客、社区、股东。一次未来调查所需要的时间往往会持续三天，在这三天时间内，每一个参与者都认真地回顾过去、研究现在、展望将来，从而为变革建立主人翁责任、归属承诺以及一致认同。

圆桌技术的重点是让人们参与到对话中来。这种技术的运用，通常是在开始让那些想要传达咨询方案、战略远景或变革必要性方面信息的人作演示说明。演示说明比较简短，听众围坐在圆桌的周围，倾听演讲者的演示说明。每一个圆桌都有三个关键问题（通常是：“这样做是不是正确？我们错过了什么没有？”、“实施所面临的关键障碍是什么？”、“在我们既有的战略方向上，我们应该停止的行动是什么？我们应该开始的行动是什么？”）。最后，各个圆桌的讨论由圆桌协调员反馈并整理送给全体出席的会员。这种技术有助于快速产生实施过程的创意，也有助于检验所提出的假设。如果各个圆桌通过一个“客户/服务器”手提电脑系统联结起来的话，就可以快速地获取大量的数据。如果这个过程能够得到很好的管理和控制，一次同时参加的人可以达到几百人。

领导培训

咨询方案的实施离不开企业领导者的大力支持，因此，前期宣传工作一定要把企业领导者包括在内，而且还要重点向企业领导者做好宣传工作，使他们了解咨询方案的目的、流程和预期结果，以及将给企业带来的好处。这样可以得到企业领导者的大力支持和协助，从而推动方案顺利实施。

咨询培训

咨询式培训就是将咨询的技术与某些运作程序与培训结合，以解决问题为导向，通过诊断、培训、牵引、发掘与实践辅导等步骤，全面发展内升力并实践问题解决和业务发展的培训方法。

一般来讲，培训的类型有：

（1）常规培训——仅局限知识、技能获取和一定的思路启发与知识技能分享需要，而达不到如何与企业真实环境与实践相结合，解决问题的需要，即无法达到知识技能利用（解决问题）的层面；

（2）咨询式培训——它的要点在于根据企业的实际情况，基于企业的现实，提出基于战略的渐进性系统解决方案之后，通过针对性的培训一步一步帮助企业达到能够操作的水平，一步步走出可能的战略：目标理解与共识、有效梳理与分享、问题解决与业务发展。

咨询式培训的特点在于：

（1）聚焦基于战略的问题解决；

（2）自始至终强调并坚持互动与参与；

（3）关注人的业务内升力（境界、能力、动力）；

（4）依据资源轻重缓急，确保实践效果；

（5）培训、交流、提炼、总结、实践，步步为营。

学习策略

如果实施过程同学习过程联系起来的话，失败就会得到快速确认，而不是让它产生破坏。在这种情况下，失败被当作一个学习、提高和调整的机会。个人方面的失败就可能会获取人们的教导，而不是人们的谴责，不过，如果个人方面的失败一而再，再而三，那就表明此人的能力同其所扮演的角色是不相匹配的，应该转移到一个更加合适的位置上去。

对当今和未来的组织来说，学习都是至关重要的。咨询方案的实施过程所提供的机会就是：帮助培育一种学习的文化、一种探索（学习的必要条件）的文化。

标杆学习

实施咨询方案的一个关键障碍是：在新咨询方案实施之前，它们只是一种假定。换而言之，组织中的很多人都很难想象新咨询方案的实施具有的可能性，能够带来的利益。然而，事实上，很可能在其他组织已经实施了类似的咨询方案。最初对标杆学习的运用是为了研究其他组织（通常是那些展现出最优做法的组织）所取得的成绩。在成为一种常见管理工具之后，标杆学习在运用中的范围却相对缩小了，与业绩的测量密切相关。它的应用通常会涉及访问相关的公司，分析他们取得了什么样的业绩标准，然后用这些业绩标准来作为自己业绩的“标杆”。不过，这种访问所提供的价值不仅仅是获得相应的业绩标准：它们不仅能够使组织知道可能实现的东西，而且还知道如何去实现。

咨询师可能很难说服组织相信可能实现的东西。访问已经实现了相似咨询方案的公司可以作为一个非常强大的手段来帮助客户树立信心，做出承诺。把组织的管理者带到另一家公司去亲身感受那些可能实现的东西，去感受实现的途径，能够确立管理者的归属承诺。而且，通过这种方式建立起来的归属承诺往往比建立在对咨询师的理智认同基础上的归属承诺要持久得多。标杆学习技术下，访问成功的关键是：咨询师必须非常清晰要在访问中寻找答案的问题是什么。

需要指出的是，从标杆学习中得知的其他组织业绩提升情况虽然令人鼓舞，但不能犯了盲目照搬的错误，重要的是要从自身实际情况出发来借鉴别人的成功模式。

团队学习

各个实施项目中所涉及的工作通常是由小组来执行的。这种小组里的成员通常来自组织的各个不同部门，在他们各自的日常工作中可能并没有什么一起工作的机会。这样，他们就获得一种向组织其他领域学习的机会。他们所运用的技能同平时所运用的技能完全不同，这种情形也有助于提高学习。在小组解散之后，在实施过程完成之后，组织就可以获得那种在评价小组所得到的学识。这样就可以使未来的实施小组在这些学识的基础上成长起来，避免以前的小组必须花大力气才能避免的失误。

在很多情形下，建立学术机构往往成本太高，对一般的小企业来说，操作性太弱，意义不大。相反，培训却常常能够提升实施过程的质量。其中，建立 JIT（Just-In-Time，精益生产）培训是实现这一点的有效方式。例如，如果一个实施小组需要项目管理方面的培训，除了把他们送到一个一般性的项目管理培训教育之外，一个比较有效的方式可能就是在他们制定相应项目的计划时，对他们进行项目管理方面的培训。把培训运用到实施任务的实施过程中去，不但可以提高实施过程的质量，而且还可以提高学习本身的质量。

重视理念

在竭尽全力去建立主人翁责任和归属承诺的过程中，绝大多数努力都是建立在理性和逻辑的基础上。因此，在座谈会和标杆学习访问所建立起来的基础中，逻辑的出发点应该是事实。但是，这种逻辑却不能拓展到其他“软”技术上去。在已经认识到一些必要的行为方式有助于实施过程的实现的前提下，价值观的运用往往会有助于建立主人翁责任和归属承诺。行为方式的基础是价值观和态度。如果新咨询方案同组织努力实现的价值观紧密联系起来的话，它们的实施也就会变得更加容易。

然而，通常的情况却是：组织所渴望的价值观同实际存在的价值观存在出入，例如，质量和灵活性可能非常必要，但是，如果组织不能忍受错误而试图改变现状，决策所依赖的是级别和权力，那么这种必要的质量和灵活性也就不太可能存在。当前价值观的确认或确定将有助于参与实施过程的人员分析咨询方案的匹配性。如果咨询方案同当前的价值观不匹配，但是同组织所渴望的价值观相匹配，那么就应该在实施咨询方案的同时实施相应的价值观，这样将有助于把咨询方案与价值观体系在更加具体的层次上联系起来。

实施评价

咨询实施评价研究的目的是：检验新的做法是否被实施？如果被实施，效果如何？目标人群是否受益？项目的效果是否可持续？如何进一步改进、完善？

评价思路如图 8.5 所示。涉及的主要问题是：

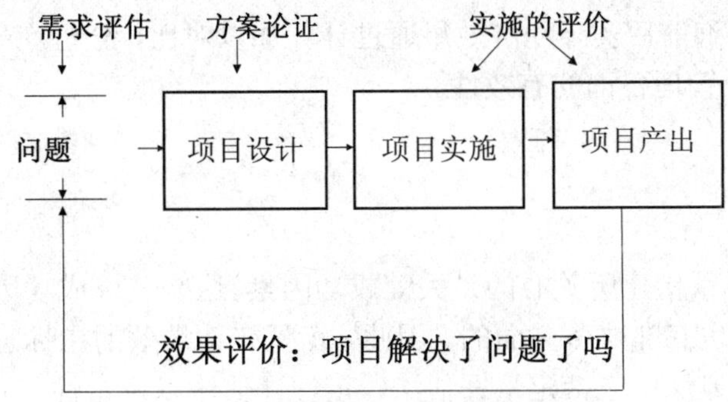

图 8.5　咨询基础上评价的思路

（1）需求评估。是问题吗？问题有多严重、范围有多大、影响谁？
（2）项目论证。对设计进行评估。项目设计有效吗？
（3）实施评估，过程评估。项目执行了吗？
（4）效果评估：项目有效果吗？
（5）项目干预值得吗？

评价类型

过程评价

企业过程评价是指从经济性、技术性、进度以及实施环境等方面对实施过程中的活动以及实施整体情况进行评估，其主要评估指标，如图8.6所示。

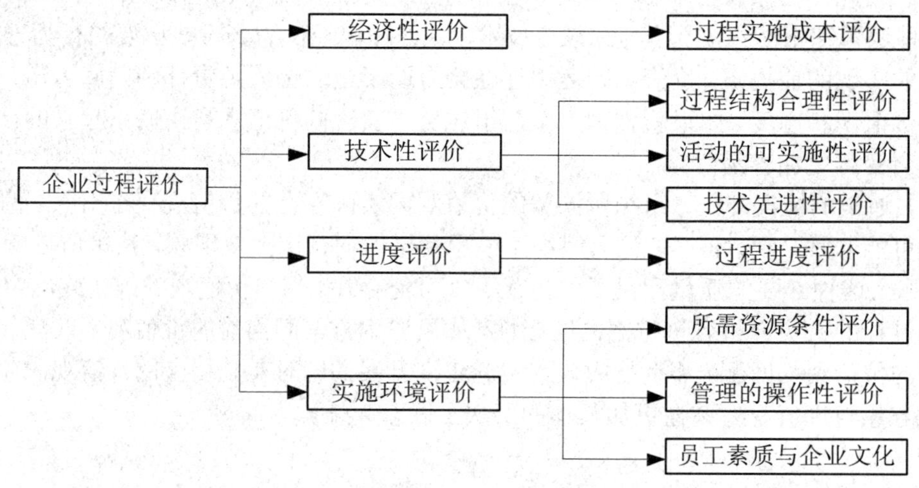

图8.6　企业过程评价指标

效果评价

企业效果评价是指企业经过咨询后的一段时间内，由咨询组对被咨询企业进行回访，考察企业管理水平、经济效益的变化，同时调查分析新产生的问题等，以评价咨询问题的准确性，检查咨询对策的针对性，分析咨询结果的有效性。企业效果评价采用定性分析和定量分析相结合的方法，将企业咨询前后实际经济效果通过计算加以对比，分析产生背离的原因，反馈评价结果，不断提高企业管理咨询的有效性。

评价方法

绩效评估方法体系构建所关心的是关键成功因素。这些关键成功因素具体表现在评价指标上，有财务方面的，也有非财务方面的。因此，衡量咨询绩效的指标也有财务指标和非财务指标[1]，进而绩效评估方法则包括定量评估法、定性评估法以及定性与定量相结合的方法[2]，如图8.7所示。其中，定量法主要包括硬数据指标、投资回报率、净现值法、投资回收期法、内部收益率等财务方法；定性法主要包括对外部顾客、内部员工和项目执行力等方面的评估；定性定量结合法则包括目标管理法、层次分析法、控制组技术等。

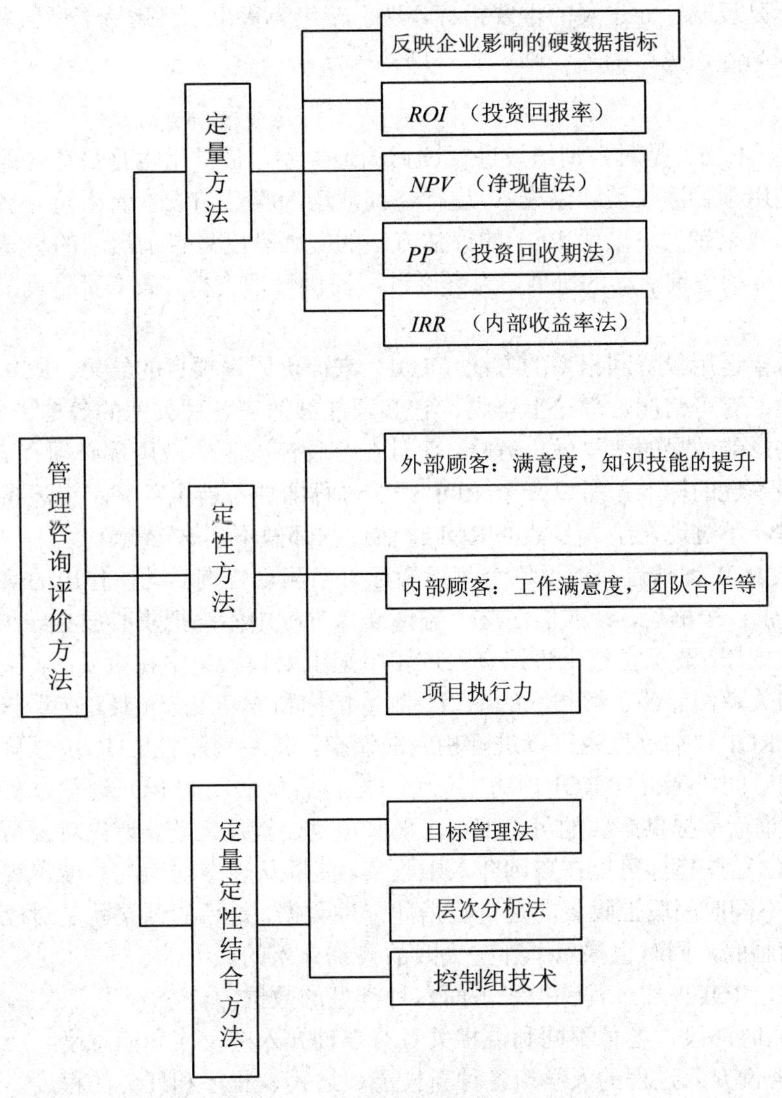

图 8.7 管理咨询绩效评估方法体系

一个相对完整的绩效评估方法体系是由一系列指标而非单一指标组成的。系列指标能够全方位地显示咨询产品的质量，使咨询结果——提出的改进方案更加科学合理，可信度和执行力更高，执行效果更好。

定量方法

咨询绩效的定量评估方法主要有以下几种。

硬数据指标

反映企业影响的硬数据指标是指那些易于量化的反映改进方案对客户公司影响的指标，包括产出、成本、质量和时间等指标 [3]309。这些指标通过计算能够直观地反映项目改进方案对客户公司产生的影响。

硬数据指标是反映企业进展的重要指标，易于转化为货币，因此易于量化和度量，十分客观，可信度也很高。积极影响大，则说明咨询效果好。

投资回报率

投资回报率（ROI）是对咨询绩效进行评估的最原始、最常用也是最适合的财务指标。投资回报率通常是用项目净收益除以成本，进行咨询活动的收益和成本的比较。投资回报率越高，说明项目产生的效果越大。采用 ROI 的评估方法的好处有度量咨询活动的贡献、制定优先选择的咨询方案、推动咨询活动的进展、为咨询过程提供管理支持、改变了咨询的认识、简化复杂问题等。

客户通常希望运用投资回报率的方法（ROI）来评价咨询项目的结果。ROI 评估过程必须简洁、有经济性、有可信度、理论上可靠，它必须能够适应各种类型的数据、各种咨询项目，能够对其他一些影响结果的变量做出解释，而且在各种情况下的应用都必须有成功记录。因为这些都是一些根本性的标准，所以一个 ROI 评估过程即便不能全部满足上述条件，也必须满足绝大部分条件，不过现在绝大多数的 ROI 评估过程都做不到这一点。

咨询活动的 ROI 评估过程通过六个测量指标可以测量咨询活动所作出的实际贡献。除此之外，它还提供了一个框架，让人们在这个咨询介入过程中始终把重心放在结果上。该过程的起始阶段是评估规划，要求在整个咨询介入过程中把主要精力集中在重要的测量指标上，从而让所有的利益相关者都能够了解相应的期望、测量指标和成功度。而且，在那些需要预计未来估计的情形下，ROI 评估过程也可以进行相应的调整，提供前瞻性的 ROI 预测，或者在实际咨询介入的不同时间段上提供 ROI 预测。总而言之，咨询活动的 ROI 评估过程是一个有效的工具，能够为咨询活动提供必要的可见度。在采取正确的措施之前，请先对公司目前咨询项目的前景进行自测。这些指标可以在咨询介入中收集，能够从一个均衡的角度审视咨询项目的成功度。它们包括不同时间段上收集的定量数据和定性数据，最后的结果就是对成功的咨询介入形成一个丰富的画面，同时也揭示了那些失败的咨询介入的原因。

从本质上讲，ROI 评估过程获得了下面六种类型的数据。

（1）在不同时间段，各种不同利益相关者对咨询介入的反应和满意度。

（2）参与咨询介入过程的人学习各种新技能、过程、程序和任务的程度。

（3）随着相应建议过程在实际工作中的实施，咨询介入实际应用和执行的成功度。

（4）实施咨询项目的工作单元中所体现的实际业务变革。

（5）以百分比或比例的形式报告的实际投资回报率。

（6）无形测量指标，通常是软数据。

净现值

净现值法（NPV）是通过计算一个投资项目的年现金流的净现值，决定是否应该采用这个投资项目。一般来讲，如果净现值大于零，可以采用；如果净现值小于零，则不应该接受此项目。而且，项目产生的现金流的净现值越大，说明咨询项目的绩效越高。净现值的计算公式如下：

$$NPV = -I + \sum_{t=1}^{n} \frac{CIF_t}{(1+r)^t}$$

其中，r 为贴现率；I 为项目的期初投资；CIF_t 代表第 t 年的现金流入量；n 为项目持续的时间。

投资回收期

投资回收期（PP）就是收回期初投资所需要的时间。如果项目的投资回收期长，则说明企业需要花费很长时间来收回期初投资，这暗示着企业每年现金流入比较少或该项目期初投资过多，那么这个咨询项目的收效就不大。

计算投资回收期分以下两种情况。

（1）如果每年现金流入之和与期初投资总额相等，则经营年数就等于投资回收期。

（2）如果每年现金流入之和与期初投资总额不等，则投资回收期（PP）用下面的公式计算：

$$PP = n + \frac{I - \sum_{t=1}^{n} CIF_t}{CIF_{t+1}}$$

其中，n 为经营年份，CIF_t 为第 t 年的现金流入；I 为期初投资额。

内部收益率

使净现值为零的贴现率是内部收益率。一般来说，如果内部收益率大于资本成本，则接受该项目；如果内部收益率小于资本成本，则拒绝该项目。

值得说明的是，在不同的评估背景下，不同的指标的重要性是不同的，可以通过加权进行修正，对不同的指标给予不同的权重。这种方法不仅在定量评估中可以使用，在定性与定量方法之间也可以使用。

定性方法

定性评估法主要采用非财务指标。财务指标的可量化性固然好，但是咨询绩效不能仅用财务指标来衡量，有些方面，如顾客和员工的满意度以及项目本身可行性方面就不能采用量化的方法衡量，而要适当地采用观察法、调查问卷法或行为列表等定性的方法来衡量。

非财务指标主要涵盖对以下三大方面的测量：外部顾客、内部顾客和项目执行力。

外部顾客

对外部顾客，即受诊企业要用顾客满意度、顾客保留程度、顾客获利能力以及顾客受诊后的知识技能的提升情况来衡量。

满意程度

顾客是咨询方案的直接作用对象，咨询方案的好坏很大程度上是通过顾客满意度体现出来的，因此顾客满意度对评估最终的咨询绩效是十分重要的。可以通过调查问卷法和访谈法了解客户企业对咨询公司提供服务的质量的感知度和满意程度。顾客的这些反馈信息可以作为咨询绩效评估的重要依据。

值得提出的是，咨询机构回复顾客的时间是影响顾客满意度的重要因素。为了缩短咨询机构回复顾客的时间，咨询机构应该采用灵活的组织结构，如矩阵制，或项目团队的形式，对顾客的需求做出比竞争对手更快速的反应，提供高质量的产品和服务，从而提升顾客满意度。

保留程度

由于开发一个新顾客的成本是维持一个老顾客成本的5倍，因此，顾客保留对于企业来讲是降低营销成本、提升企业价值的很好的途径。若企业为顾客提供的咨询服务是高质量、高效率的，则顾客会重复购买企业的产品，此时顾客就是企业真正的利润源泉，企业的顾客保留策略也就成功了。因此，顾客保留程度是衡量咨询绩效的一个有效指标。

获利能力

高效的咨询公司能够为顾客提供适合的、有效的、执行力强的改进方案，从而改善顾客的日常运营，提升管理水平，增强获利能力。

知识提升

顾客知识技能的提升情况可以通过标准参照性测试、绩效考核、模拟方式以及结构化程度较低的活动来度量[3]307。标准参照性测试事先预订了及格分数线的客观测试，目的在于度量、报告、分析客户在学习目标上的表现情况；绩效考核是让客户展示他们在咨询活动中学到的技能，用于培训，去展现他们所学所知；运用模拟的方式度量学习情况，即“工作模拟”，包括设计并实施一个程序和任务、咨询活动包含的工作，其模拟方法有电子机械模拟、任务模拟、商务模拟、案例分析、“一揽子”模拟、角色扮演、评估中心方法；运用结构化程度比较低的活动来度量学习状况，就是运用一个非正式的调查来检验参与者的知识技能或态度变化，可以通过练习活动、自我评估以及咨询员评估等方法实现。

内部顾客

这里所说的内部顾客主要指项目小组的成员。咨询机构与一般的制造型企业不同的就是它是服务型企业，而且它提供的产品是知识型产品。这就决定了咨询机构要十分重视它所拥有的人力资本，通过采用适当的激励方式对人力资本所有者进行激励，提升他们的满意度，放大人力资本效应，提高产品和服务的质量，最终提升顾客的满意度。可见，咨询机构的内部顾客同外部顾客至少有着同样的重要性。宝洁前任董事长杜普利曾说过“如果你把我们的资金、厂房及品牌留下，把我们的人带走，我们的公司会垮掉；相反，如果你拿走我们的资金、厂房及品牌，而留下我们的人，十年内我们将重建一切。”这句话充分说明了企业中的人力资本的重要性。

企业对员工的评价指标包括员工满意度、挽留率、培训与技能、团队合作与沟通能力[4]。这些指标中，相对重要的就是员工满意度。咨询机构可以通过以下方法提升员工的满意度：为员工提供舒适的工作环境，由于咨询机构中的员工，特别是项目小组的成员大多是高级知识分子，这样可以为他们提供弹性工作时间。咨询机构还可以通过工作丰富化、授权和让员工参与决策等方式达到激励团队成员的目的，从而提高团队成员之间的沟通和合作，提高决策的速度和效果。

同时，咨询机构在进行成员绩效管理时，还要注意始终保持成员的个人目标与公司中的战略目标的一致性。这点可以通过建立组织的绩效文化实现。

项目执行力

咨询项目执行力也就是咨询项目的应用与实施的能力。项目执行力强，说明咨询方案的可行性很高，咨询绩效高。通常，可以通过事中衡量方法和事后衡量方法衡量项目执行力。事中衡量方法有观察法，包括行为列表、延迟报告的方法、录像、声音监控和计算机控制法；事后衡量方法包括调查问卷法、访谈或重点群体法。

定量定性结合方法

以上介绍了咨询绩效评估的定性方法和定量方法。但是，仅仅是用这两种方法中的一种，使得绩效评估过于简单化，不足以全面、客观地对咨询绩效进行评估，因此，这两种方法经常用于对某些指标进行评估，成为评估方法体系中的子方法。为了弥补单一方法的缺陷，定性定量结合法应运而生。它充分考虑了咨询成果的复杂性和人类思维模式的模糊性，因而受到咨询界的重视。在此，将主要介绍目标管理法和绩效评估的层次分析评判法。

目标管理

绩效评估的一个很直接的办法就是比较取得的结果和预订的目标，看咨询活动是否达到了预定的目标。如果没有达到，则咨询活动的绩效显然不高；反之，若达到了预期目标，则可以进一步比较成本与收益，看效率和效果如何。这就引出一个问题：只有事先设定好目标，才能进行结果与预期目标之间的比较。而目标管理法是设定目标和进行比较的有效方法。

目标管理是一种综合的以工作为中心和以人为中心的系统管理方式。它是由组织的各级管理人员和员工一起共同制定组织目标，并把其具体化展开至每个部门、层次、成员，与组织的每个部门、层次和成员互相密切联系，明确规定他们的职责范围，并用这些措施进行管理、评价和决定奖励报酬的一整套系统化的管理方式。目标管理的中心思想就是让具体化展开的组织目标成为每个成员、层次、部门的方向和激励，同时又使其成为评价组织每个成员、层次、部门绩效的标准，从而使组织能够有效地运作 [5]332。

目标管理的全过程包括三个阶段：组织总目标的设定、组织总目标的分解以及业绩考评。

目标设定

组织要有一个总体目标，这个总体目标的设定要遵循 SMART 原则。S 代表 Specific，即设定的目标一定要清晰，这样组织从上到下的所有成员才能明确组织想要达到的结果，才能合理地安排工作以实现目标；M 代表 Measurable，即目标是可衡量的，只有目标具有可衡量性，对结果进行评估才具有可能性；A 代表 Achievable，即目标是可实现的，目标可实现才具有激励性，同时还要注意目标不能轻易就实现，这种目标的激励效力不大，目标也不能不可实现，这样的目标形同虚设，不会起到任何作用；R 代表 Result-oriented，即结果导向，绩效评估活动就是以结果为导向的，要使得结果达到预定标准；T 代表 Time-based，即目标要在预定的时间期限内达到，否则即使实现了目标，也是无效率的。

目标分解

一般来讲，虽然总目标的设定要符合 SMART 原则，但是总体目标对于普通员工来讲还是比较抽象的高层次的目标，这需要将总目标进行分解，或按时间分解为阶段性的目标，或按组织的内部的等级链将总目标分解到组织的每个部门、层次、成员那儿，这样形成的子目标更加清晰、具体，易于理解和接受。

业绩考评

目标管理正是通过比较结果与预先设定的目标之间的差距，进行绩效考核。在绩效考核时，可以先进行组织成员的自我评估。之后，由组织借助一些评估指标进行复评，从而得出咨询方案的执行效果。最终，根据评估结果进行目标修订或者采取绩效改进策略。

目标管理很大的一个优点在于：它能够激励经理和员工就目标完成情况进行面对面的沟通，以确认员工在多大程度上完成了目标。而沟通在绩效评估过程中是至关重要的一环。所有的评估工具都有一个共同的特点，那就是如果缺乏有效的当面沟通，它们就不能改善绩效。一个具备优秀沟通技巧的称职经理能让任何评估方法生效，而一个不称职的经理用什么样的评估方法也没用[6]89。目标管理能够促使组织建立一个畅通的信息沟通渠道，使上下级之间进行充分有效的沟通，这正是目标管理成为有效的绩效评估方法的关键所在。

层次分析

层次分析法的主要特点是将因素复杂、牵涉面广、边界模糊的系统问题通过比较而定量化。下面，将简要介绍此方法的内容和应用。

目标层次

一个咨询项目的解决方案往往会有多个目标层次，包括客户反应、学习目标、应用目标、影响目标和投资回报等目标。

客户反应

前面提及，客户满意度是衡量咨询绩效的一个很重要的指标。一个成功的项目方案必定要求其利益相关者做出积极反应，这也在一定程度上表达了客户，或者说利益相关者的满意度。只有客户对咨询方案满意，才能使方案能够得到顺利实施并取得理想中的效果。

学习目标

在学习性组织越来越盛行的今天，学习因素有着相当重要的意义。学习会在利益相关者的内心产生一种强大的驱动力，使利益相关者主动去寻找使方案生效所需要的东西。与此同时，学习目标还反映了学习方案的预期成果，因此可以通过预期目标与实际结果之间的比较来度量学习情况。

学习目标一般有三类：熟悉规则、概念、程序，对概念、步骤或程序的总体理解，以及至少在基础的层次上可以展示技能的能力的表现。

应用目标

咨询项目方案实施时，就可以清晰地界定实施与应用目标："我们期望什么"，并且常常指出"我们期望得到什么样的一种程度"。应用层次与学习层次的目标十分接近，但前者反映了方案在工作中的实际应用。

基本的应用的目标有两类：以知识为基础的应用目标和以行为为基础的应用目标。前者着重于概念、步骤、程序的一般应用；后者则注重于参与者所具有的在实践中运用技能、完成任务和实现阶段性目标的能力。

影响目标

由于影响目标界定了对咨询活动的最终期望收益，它们对于度量咨询绩效十分重要。影响目标不仅描述了应当与咨询解决方案相联系的经营单位的绩效水平，而且还描述了达到那些关键客户群体所期望和需求的底线成果。

投资回报

这一目标明确定义了从学习方案中获得的预期收益，并将投入资源与项目的最终产出值相比。比较典型的是以一个“满意的投资回报率”的形式表现出来：

$$\text{满意的投资回报率}=\frac{\text{年度货币收益}-\text{投入成本}}{\text{投入成本}}\times 100\%$$

应用步骤

用层次分析评价咨询绩效可以采用以下六个步骤。

（1）建立层次结构。层次分析法一般建立三个层次结构，即目标层、准则层和方案层。所谓目标层是分析行为的实施目的，准则层是分析指标系统，方案层是被评的不同的咨询成果。

（2）建立判断矩阵。针对某一准则，两两比较不同的方案，建立判断矩阵。

（3）层次单排序。层次单排序就是针对某一准则，排列出各种方案。主要通过求解判断矩阵的每行之和进行。

（4）正规化。

（5）层次总排序。

（6）一致性检验。一致性检验分为单排序判断矩阵的一致性检验和总排序判断矩阵的一致性检验。如果一致性检验的结果不甚令人满意，就应当检查判断矩阵中各个元素间的关系有无不当之处，进行调整，直到具有满意的一致性为止。

控制组技术

在对咨询项目效用进行剥离的所有方法中最为精确的应该是所谓控制组技术，这是一个经过特别设计的实验过程。在整个实验中包含一个控制组和另一个与之相对照的实验组。对实验组采用咨询介入项目，而对控制组不施加同样影响。两个小组的人员构成情况尽可能相似并随机选取，这样做的目的是确保两个小组的绩效受到相同因素的影响。在此情况下，当环境条件基本相似时，两个小组工作绩效的差异可以视为是咨询介入项目效用的体现。

如图 8.8 所示，在咨询介入项目采用之前不需要对控制组和实验组的绩效进行测量，这种测量可以放到咨询项目采用之后再进行。两个小组工作绩效之间的差异反映了改善的程度，而这种改善的幅度与咨询介入项目直接相关。

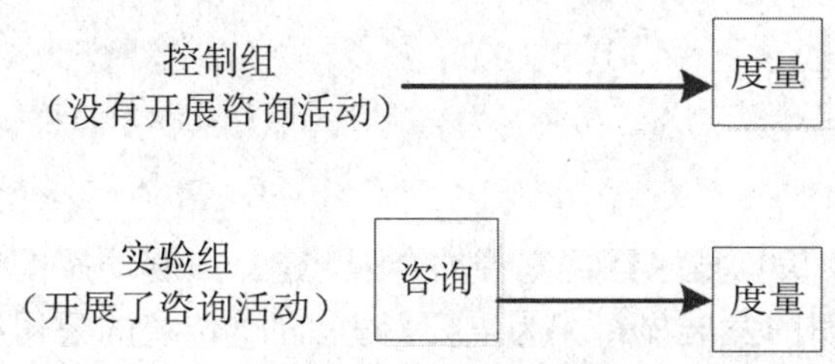

图 8.8　咨询项目的控制技术

对于这种控制组技术，有人认为咨询专家制造了一种实验室的氛围，影响了参与者的行为和心理，因而与实际情况存在差异。为了使实验更加真实，一些企业选择咨询项目所涉及工作人员作为实验组，并以之为样板构建控制组，但事先不向他们透露有关实验的消息。

在戴尔计算机公司所采用的一个咨询项目中就使用了控制组技术。这个咨询项目涉及公司各级销售主管、会计主管、会计人员、销售代表等，衡量指标包括利润定额、总收入、边际利润以及各种销售数据。咨询专家认真构建了相互匹配的实验组与控制组。控制组成员是从公司数据库中随机抽取的，同时确保两个小组的成员具有相同的工作职位、工作职务以及工作经验。两个小组之间的唯一差异只有是否采用了该咨询项目。

控制组技术自身也存在着一些问题，给其在实际中的应用造成困难。首要的问题是两个对照组的构建与人员的匹配选择。从实际上看，实验组与控制组构成状况完全相同是不可能的，能够影响员工工作表现的个人因素与环境因素多得不可胜数。因而在实际工作中，最为适宜的方法是从中选择4～6个对工作绩效影响最大的因素作为选择的标准。举例来说，在为一家大型零售连锁店直销额的提升所做的咨询项目中，咨询专家选择了三家零售店作为实验组，将其销售业绩与另外三家作为控制组的零售店相比较。在店铺选择的过程中，咨询专家主要是基于各店经理认为对销售业影响最大的市场区位、店铺规模、交通状况和以前的业绩四个因素表现来进行的。尽管还有其他许多因素可能对销售业绩造成影响，但以这四个因素作为选择标准已经非常充分，可以达到预期的目的。

另一个问题是因实验的“污染”而造成结果不纯。当实验组的成员与控制组成员之间交流信息时，这种“污染”就会发生。有时控制组成员对实验组成员行为的有意模仿也会造成同样的影响。在这些情况下，咨询项目的影响会转移作用到控制组，这就是所谓实验的“污染”，造成实验结果不能如实反映两者之间的差异。为了将这种“污染”的可能最小化，可以尽量安排两个小组成员在不同时间、不同地点工作。如果这些不可能实现，那么向两个小组声明他们将先后作为实验组的做法或许有所助益。另外，强调实验组成员的责任感，要求其不得与他人分享信息的方法也会有效。

当不同小组受到不同环境条件影响时，也会引起问题的产生。各小组可能处于不同的地区，因而这类问题往往就会存在。有时加强对各小组选择的周到和细致程度可以避免此类问题的发生，另一种应对方法是构建比实际需要更多的参照组，以排除环境因素的影响。

对于剥离咨询效用的工作来说，控制组技术是一种非常有效的方法。如果需要对咨询项目进行详细的投资回报分析，则应当考虑选用这种方法。因为在这种情况下，对咨询效用剥离的高精确度是最主要的要求，而这恰好是控制组技术这种方法的最大优势。

新经济法

发展背景

在新经济迅速发展、信息技术日益完善的今天，建立一套动态的符合企业竞争环境要求的公司绩效评价体系对公司的发展显得尤为重要。过去的、传统的公司绩效评价体系其理论基础是财务、会计原理，其思想方法也是让企业的经营管理去适应会计原理以及财务权责理论，无论是哪种，基本上都是线性的、单一的，而且是滞后的，但在新经济的环境里，仅以财务数据进行的财务绩效评价体系弊端日显。

宏观背景

对于传统的会计方法对企业的业绩进行评价管理有如下不足。

（1）许多对企业管理产生重大影响的非财务因素，难以在财务报告中反映出来，因而难以正确评价企业的全面行为，容易忽略重要的因素。

（2）传统的业绩管理制度是基于历史的会计数据，是对过去的经营业绩的总结与评价，虽对当前和未来有一定的参考和指导，但不能为日常工作及时提供行动指南，无法协调企业当前与长期战略目标。

（3）传统的会计式业绩管理，易使管理层急功近利，引发短期行为。

（4）传统的业绩管理是相对静态的、滞后的，无法动态的、全面的，并随着企业发展对企业的业绩实施评价和指引。

微观背景

（1）财务数据是根据传统的会计报表数据计算而得的，由于传统的会计报表完全按有关的会计原则来编制，无法按物价水平或通货膨胀程度来调整有关数据，使账面值与实际价值有一定差距。加上不同企业可能选择不同的会计方法，如对存货计价可采用先进先出法和后进先出法等，对所得税可采用应付税款法和纳税影响会计法，使不同公司的财务数据缺乏可比性，这些都严重影响到财务数据对事实的真实反映程度。

（2）以单纯的财务指标为中心的财务绩效评价体系，使得管理人员有强烈的冲动去操纵财务数据，热衷于利润数字的游戏。为了不同的目的，他们将利润指标玩弄于股掌之中，通过随意调整折旧时间、提前或推迟收入的确认、债务重组等来达到预期的目的。例如，1995 年，深圳某上市公司与某债权人达成重组方案，以其在建的××大厦产权约人民币 0.3 亿元抵偿所欠 1.6 亿元的债务，确认重组收益 1.3 亿元。重组完成后，该公司又以 1.6 亿元的价格买回该大厦的产权。通过这一番交易，该公司账面上产生了 1.3 亿元的收益和资产。实际上公司并没有实现任何收益。

（3）与此同时，许多管理人员对使用以收益基础的财务数据测评绩效也感到焦虑。以收益为基础的财务数据虽然能反映有关决策的执行成果，但不能很好地预测公司未来。如果经理人员只看重财务数据，沾沾自喜，将可能导致公司的失败。近几年来，我国一些上市公司的业绩报告已证明了这一点，不少公司本来有不错的财务指标，但由于不注意新产品的开发、市场份额的丧失、公司内部技术能力制造水平的提高及领先，使得客户满意程度逐渐恶化，公司走向衰退。今年绩优，明年亏损公司的不断出现，也使得投资者开始摒弃以财务数据为核心的公司绩效评价体系，而越来越看重关系公司是否真正健康的评价方法和牵引公司持续发展的指标体系。

（4）根本上滞后的会计指标是无法传递基于目标的策略和方法的，也不能清晰地向组织成员明示战略的路径和标识，而恰恰这些又是组织和组织成员困惑和渴望明了的，组织向着战略方向健康发展的指引缺乏是目前许多企业日见衰败的重要原因。

方法类型

事实上，如果说以财务、会计方法为核心的绩效评价方法已经难以适应新经济状态下的企业实践的话，那么，新经济的发展本身也为管理创新和采用更先进的管理方法提供了条件和运行基础。下面介绍目前在企业界成功使用的两种新的评价方法。

价值链成本核算法

新经济的一个主要特点是以信息网络为技术手段。由于计算机的广泛运用，电子商务的迅速发展，使得信息共享已成为可能，也使得价值链成本核算法得以实现，从而为建立新的绩效评价体系提供了技术上的可能性。

资源的有限性及信息创造利润的巨大性，使企业之间不再是绝对的竞争关系，合作变得更为重要。共享信息以降低信息成本，达到资源的最有效配置，才能实现双赢。因此，公司仅仅了解自身的经营成本还不够，还需要了解与产品有关的整个价值链成本，并与处于价值链上的其他厂商合作，共同控制成本，寻求最大收益率。丰田公司在这方面就做得很好，它了解并控制它的供应商和销售商的成本，它与所有的供应商和销售商组成一条价值链，通过这个网络，公司可以像管理单一的成本流一样管理汽车制造、销售、维修服务，使成本降到最低，从而使收益最高。最近，上海汽车集团公司将销售权全部收回不能说没有这方面的考虑。目前，国产彩电的价格战仍在继续，它与20世纪90年代初通用、福特和克莱斯勒等公司的价格竞争十分相似。当年，通用、福特和克莱斯勒的价格竞争不但花费了三大汽车巨头的巨额资金，还损失了大量的潜在客户，使其市场地位大大下降，而日本汽车制造商却从中得利。如果当时能从整个价值链进行成本核算，无谓的价格竞争便不会发生。

近年来，计算机硬件性能价格比发生了巨大的变化，计算机软件和数据库技术也取得了飞跃式发展，公司可以从更多的渠道，以更快的速度和更低的成本取得信息，并加以分析、储存和传播。为了进入这个快速运转的系统中，以享受信息利润，各公司自然会采取相匹配的会计系统，主动加入价值链管理体系中。

平衡计分法

信息共享使平衡计分法建立信息组织成为可能。平衡计分法是以公司的战略目标和竞争需要为基础，将财务测评指标和顾客满意度、内部程序及公司的提高学习能力结合起来，有助于公司在产品、程序、顾客和市场开发等关键领域取得突破性进展的管理体系。该体系将所有影响公司竞争力的因素放在同一份管理报告中，防止了次优化行为，如公司为了得到较好的应收账款周转率，因而减少对优质顾客的赊销，带来大量销售收入的流失。通过平衡计分法将摒弃这种次优化行为。

平衡计分法主要从四个方面来观察和评价公司。

第一，从财务角度说明公司是如何满足股东要求的。该部分从传统的财务绩效评价体系中转化而来，通过设置一系列财务指标来显示公司的战略及其执行是否有助于公司利润的增加，公司的财务目标是否实现。典型的财务目标包括盈利、成长和股东价值。例如用现金流量、权益报酬率来衡量股东价值的提高，用销售收入和经营收入的增长来衡量公司成长性。

第二，从顾客角度说明公司是如何在满足顾客的价值主张中有所收益。该部分运用各种方式，包括自己组织或委托第三者进行顾客调查，从交货时间、新产品上市时间、产品质量性能和服务等方面了解顾客对公司的评价，并将此评价与其他竞争者进行比较。这样使公司与顾客建立直接联系，实现较高的市场反馈水平，有助于市场份额的提高。

第三，从内部业务角度说明公司必须擅长什么或如何产出高效，才能满足顾客要求（包括内部客户）。要满足顾客要求必须要求公司内部组织中有一套有效的程序、决策和行为。该部分通过设置一系列内部测量指标，及时反馈影响顾客评价的程序、决策和行为是否有效。例如，若经理发现按时交货的总体测评结果较差，马上就可通过内部测量指标确定是销售部门哪个环节导致了交货的推迟。该部分指标的设置向公司所有成员清楚无误地传达了与顾客建立紧密关系并满足顾客需要的重要性。

第四，从创新与学习角度说明公司成员必须具备哪些素质、技术、技能才能满足前三者的需求，其实是在说明如何才能提高并创造价值的后劲。创新学习能力包括公司技术领先能力、产品成熟所需时间、开创新市场能力和对竞争对手新产品的灵敏程度。

案例

实达电脑的咨询案例剖析[7]

从1998年底到1999年底上半年，实达在引进麦肯锡咨询的过程中，由于最后执行的结果不成功，以至于草草收兵，甚至由此造成数千万元的间接损失。

管理问题提出

1996年实达电脑股票上市以后，实达集团跃上了一个更广阔的平台，投资项目骤然增多，据说当时每一次董事会议上都有几个投资议案需要审议。随着投资战线的拉长，各个子公司各自为政，管理几乎失控，资源和管理跟不上企业发展步伐的弊端已经显露无遗。从企业内部来看，随着产业重组的顺利实施，实达已拥有涵盖从主流到非主流、从硬件到软件的产品群，不断增多的产品种类对管理的要求也越来越高，原有的管理方式的缺陷日益显现出来，如企业的资源（尤其是市场资源）不能共享，以产品为中心的管理体系直接削弱了实达产品对客户的影响力，忽视市场营销造成了企业运行（从产品战略到销售各环节）的低效率和随意性等等，这些都极大地阻碍了实达向更高层面发展。实达要快速发展为国内信息产业的主流供应商，就必须突破管理上的“瓶颈”。

从当时的外部环境看，中国IT业的竞争已进入白热化阶段，尤其在IT业的主流领域表现得更为明显。竞争的加剧导致IT业进入微利时代。在这一背景下，企业间的竞争更多地表现为管理水平的竞争以及建立在管理基础上的包括品牌、质量、附加值、成本、核心技术能力、市场能力等方面的全方位竞争。

导入麦肯锡

从1998年10月16日开始，实达集团开始导入新的组织架构和管理体系。一场被媒体称为“千人换岗”的大变革开始了。在拆散了原有的各产品事业部的基础上进行资源整合和管理重组，成立了以纵横交叉为特征的矩阵型组织体系。这次管理重组与之前进行的产权重组、产业重组一起，被称为实达的“战略重组”。

重组是从实达最强的环节——销售体系开始的，尤其突出的是把营销和销售分开。然而在执行过程中，麦肯锡没有提供明确的帮助，集团在运作过程中很多环节凭感觉和想象，业务流程做下去后出现很多事情职责不清、业务流程不明确，造成效益低、扯皮、推诿的事情很多。由于相关管理制度没跟上，出现物流混乱、账物不符、信息流不通畅等弊病，业务量急剧萎缩，由此导致了调整最后的失败。

对困难的预计以及遇到的困难

组织架构调整都是要付出代价的，短期内甚至可能在经营上造成倒退，对这一点实际上集团在实施方案之前也有充分的准备，但执行的过程发生了由量变到质变的结果，给合作双方都留下了遗憾。

新的组织体系共设计了七个程序，包括新产品开发程序、定价程序、广告促销程序、品牌管理程序、关键客户管理程序、渠道战略管理程序和业务计划程序。从某种意义上说，麦肯锡给出了一个学术上的理想模式。然而并不是说有了程序就万事大吉了，就如曾在麦肯锡公司纽约办事处工作过的埃森·拉塞尔在其著述《麦肯锡方法》一书中提到，要“确保你的解决办法适合你的客户”，要了解这个组织的优势、弱势和能力。麦肯锡也曾提醒实达，程序要成功运作必须具备几个关键因素：集团高层领导的坚定决心，在“监督”的保证下进行“放权”，总裁以及高层领导的抽查，以确保程序得到严格执行；集团逐步形成制度化、程序化管理的文化，树立“人人尊重程序”的观念；容忍过程中的一些“失败”，不因这些“失败”而放弃实践，并将成功的经验迅速推广；在实践过程中修正程序，使其不断更新，促进市场和销售运作，“程序是动态的而不是静态的”。

麦肯锡当时提出可以分三个步骤走，渐进的，从局部整合开始，先在子公司内部实行，成功后再向集团推广。但是实达选择了一步到位，直接在集团内部进行全局性大调整。麦肯锡也提到了一步到位的难度，但没有说难在哪里。

公司也意识到，作为一个完整的体系，新体系对实达是一个很大的挑战。首先，它是对实达过去的成功做法的改善，甚至是对成功的否定，员工必须有足够的心理承受力来正视改变。其次，新体系是在西方产生的，与国内的大环境有较大的差距，所以存在如何中国化、实达化的问题，有一个适应和熟悉的过程。

在这一次重组中，面临的比较突出的问题有三个方面：一是除硬件产业的产品公司调整幅度相对小一些外，其他机构均是过去相对独立部门人员的组合，许多人员彼此之间还不认识，使得相互之间的了解与磨合成为重要课题。二是许多人员在这次重组中要调整工作岗位，从事自己还不熟悉的工作，许多专业要重新开始学习，这对员工个人的能力无疑是一个很大的挑战。三是在机构之间，原来熟悉的工作方式改变了，出现了一系列规范化的新的管理程序。新的工作程序的出现使部门之间、岗位之间的工作关系也发生了很大的变化。行政命令少了，协商沟通多了，基础决策多了，凡事请示的少了，拍脑袋的决策少了，对数据分析、科学论断的要求高了。原来由总经理决定的事，现在通常要由一些职位不是很高的人（例如产品经理、客户经理等）协调决定。这三个方面，特别是最后一个方面，会带来许多的不适应，甚至导致出现反弹现象，处理不好，就会出现效率不但没有提高，反而下降的情况。

可惜，一切都不幸言中。在信息产业领域，技术更新、市场变化的速度非常快，这就要求企业必须有极高的反应速度和运作效率。这次管理重组，客观上使得信息传递和内部协调的环节增多了，至少短期内组织的整体效能受到影响，运作效率有所降低，而运作效率不高将构成对IT企业的致命威胁。

本章概要

管理咨询方案的实施能够使人们在咨询方案的基础上进行创造和建设，而不是把咨询方案当作逝去的结论来消耗。保证质量和权责取决于实施过程的精心规划。因此，对实施过程的规划仅仅考虑“什么”方面的问题是不够的，还必须考虑“如何”方面的问题。

把实施过程同学习过程联系起来是一种非常有用的技术工具，有助于避免实施行动通常会遇到的典型陷阱。这种工具确实需要作出一定的努力，但是一旦能够真正做到这一点，给组织所带来的利益就不仅仅是实施过程本身所带来的利益了。

思考练习

1. 如何进行管理咨询的后续服务？

2．管理咨询方案需要三重衡量标准：科学性、可行性与操作性。这三重衡量标准有什么样的反映指标？

3．咨询方案实施失败的原因有哪些？

4．有哪些方法可以促进主人翁责任和归属感的建立？

5．咨询方案不能按照计划完成时，咨询师应如何做？

6．什么是咨询式培训？其与常规培训的区别有哪些？

7．实施小组的人员选择有哪些要求？建立实施小组时应注意哪些事项？

8．方案在实施过程中会遇到哪些阻碍？应如何解决？咨询方案在实施过程中存在哪些陷阱？

9．管理咨询绩效评估的方法有哪些？实施评价的内容有哪些？并说明评价各内容的具体意义。

10．实施过程的规划应注意哪些方面的问题？

延伸阅读

《成功之母》([美]悉尼·芬克斯坦．俞利军，译．北京：高等教育出版社，2007)：本书以强生、三星、摩托罗拉等企业经历的 10 多个败局为例，详细阐述了各种商业败局的发展过程和典型特征，并对高级主管的失败过程做了全面剖析，揭示了导致高级主管失败的四个关键。

《QBQ！问题背后的问题》([美] 约翰·米勒．李津石，朱新丽，译．北京：电子工业出版社，2009)：本书以简明有趣的故事与易读的篇章，教授读者尝试一种实用的方法，将个人责任意识融入到日常生活中。执行的结果是惊人的：问题获得解决、内部障碍消除、服务改善、团队效率增加，以及应变能力的增强。

《领导者讲故事指南——掌握商业会议的艺术与规律》([美]斯蒂芬·丹宁．丁栋虹，等，译，校．上海：上海财经大学出版社，2007)：这是一本全面介绍讲故事程序、方法与技巧的力作，展示了说故事如何成为处理重要而且最困难的领导力挑战的有用手段之一：激励行动，驱动人们协同工作，领导人们走向未来。在适当的时间的适当类型的故事，能够促使一个组织乐意接受一个新的观念。

《中国管理 10 大解析》(陈春花．北京：中国人民大学出版社，2006)：应接不暇的西方管理理论和成功方法，为什么用到中国企业管理中就变味走样？当不确定性成为常态时，企业应该怎么做？

《超越竞争：微利时代的经营模式》(陈春花．北京：机械工业出版社，2007)：在生产者主导特征日趋弱化、消费者主导特征日益凸现的当代市场经济中，企业只有真正回归到顾客层面，围绕顾客价值的创造与交付，构建起新的竞争模式与管理体系，才能赢得自身的生存发展空间，否则将面临被淘汰出局的命运。

《细节决定成败》(汪中求．北京：新华出版社，2004)：这部《细节决定成败》意在提示企业界同仁：精细化管理时代已经到来，一定要把小事做细。

《彼得原理》([美]劳伦斯·J. 彼得，赫尔．闾佳，等，译．北京：机械工业出版社，2007)：在一个等级制度中，每个职工趋向于上升到他所不能胜任的地位。每一个职工由于在原有职位上工作成绩表现好（胜任），就将被提升到更高一级职位；其后，如果继续胜任则将进一步被提升，直至到达他所不能胜任的职位。由此导出的推论是，每一个职位最终都将被一个不能胜任其工作的职工所占据。层级组织的工作任务多半是由尚未达到不胜任阶层的员工完成的。

《疯狂的时代呼唤疯狂的组织》([美]汤姆·彼得斯．席玉苹，译．北京：中信出版社，2006)：在本书中，彼得斯研究并阐述了这十二字箴言的深刻涵义——超越变化、超越授权、超越组织解构、超越企业再造等，并且对企业经理人、中层管理者和一线员工给予最直接有效的指导和警示。

《控制自我评估：以协调为基础的咨询指南——管理咨询与审计系列》（[美] 理查德·特里特. 李海风，朱军霞，译. 北京：清华大学出版社，2004）：本书概括了改进业务流程的最佳方法，一改以往传统咨询一对一的面谈方法，作者以协调为基础的咨询理念使咨询工作上升到“共享知识，达成一致”的境界，使员工能面对面地讨论公司不断做出的政策和进行的实务，削减了部门间的沟通幅度，使所有的观点意见都有公平表述的机会，最终能收集到对有关共识问题的解决方案。

《不换思想就换人》（[美]蒂姆·赫森. 张猛，译. 北京：机械工业出版社，2009）：思考什么并不重要，重要的是要会思考，而它讲究的就是如何控制猴子（集中思想）、驾驭鳄鱼脑子（主动回应）以及斩断拴象索（摆脱思维定势）——本书谈的正是这个主题。

参考文献

1. 张涛，文新三. 企业绩效评价研究[M]. 北京：经济科学出版社，2002.
2. 丁栋虹，朱菲，陶卫娟. 管理咨询的绩效评估方法[J]. 经济界，2008（1）：53-57.
3. 余明阳. 咨询学[M]. 上海：复旦大学出版社，2005.
4. [美]杰克·菲利普斯. 咨询绩效评估[M]. 段盛华，余凤霞，译. 上海：上海远东出版社，2001.
5. 芮明杰. 管理学：现代的观点[M]. 上海：上海人民出版社，1999.
6. [加]罗伯特·巴克沃. 绩效评估[M]. 艾茂林，译. 北京：机械工业出版社，2005.
7. 百汇. 麦肯锡方案：带来的和留下的[EB/OL]. 中华企业内刊网，[2003-08-19].

第三篇

咨询工具

任何一门操作性强的学科，最核心的知识是它的研究工具。管理咨询的专业化发展，需要建立在使用科学咨询工具的基础上。管理咨询所涉及的分析工具都是相关领域的学者经过自己的悉心摸索、总结并提炼形成的，又经过实践的不断使用、检验与修正。它们是特定理论对实践的直接映射，更是实践于研究者的思维镜像的“透镜”。

企业管理内容重点依次在于产品咨询、人才咨询、价值咨询与定位咨询；相应的咨询各有特质的重大差异。本篇各章对不同项目的重点咨询工具进行应用分析。

没有工具的管理，没有未来！

第 9 章

产品咨询

一家高瞻远瞩的公司就像一件伟大的艺术品，你无法指出是哪一点使得整个作品如此完美，倒是整个作品——所有细节协调一致创造出来的整体效果——造就出经得起时间考验的伟大特质。

——柳传志

- 解析产品开发的工具；
- 分析质量管理的方法；
- 掌握市场营销的路径。

产品是创业及企业运营的核心。不同行业的产品价值、用途、使用方法以及各种产品生命周期及其所处阶段不同，消费者购买不同产品的动机和习惯不一。因此不同行业里，企业的市场营销会有较大差异。企业要生存，要在市场上有一席之地，就离不开与竞争对手的较量。因此市场营销咨询应该在为企业制定能够战胜现实竞争对手及潜在竞争对手，能够立于不败之地的竞争战略及策略上下工夫。

产品开发

产品开发是创业及企业运营的基础，是企业发展的起点，也是创业理念和创业领导力的核心体现。伟大的产品造就伟大的企业[1]。

奥康剃刀

“奥康剃刀”又称奥卡姆剃刀定律（Occam’s Razor），是由 14 世纪逻辑学家、圣方济各会修士奥卡姆的威廉（William of Occam，约 1285—1349 年）提出。奥卡姆在《箴言书注》2 卷 15 题说“切勿浪费较多东西去做用较少的东西同样可以做好的事情”。这个原理称为“如无必要，勿增实体”（Entities should not be multiplied unnecessarily）。

定律起源

公元 14 世纪，英国奥卡姆的威廉对当时无休无止的关于“共相”、“本质”之类的争吵感到厌倦，于是著书立说，宣传唯名论，只承认确实存在的东西，认为那些空洞无物的普遍性要领都是无用的累赘，应当被无情地“剃除”。他所主张的“思维经济原则”，概括起来就是“如无必要，勿增实体。”因为他是英国奥卡姆人，人们就把这句话称为“奥卡姆剃刀”。这把剃刀出鞘后，剃秃了几百年间争论不休的经院哲学和基督教神学，使科学、哲学从神学中分离出来，引发了欧洲的文艺复兴和宗教改革。同时，这把剃刀曾使很多人感到威胁，被认为是异端邪说，威廉本人也受到伤害。然而，这并未损害这把刀的锋利，相反，经过数百年越来越快，并早已超越了原来狭窄的领域而具有广泛的、丰富的、深刻的意义。

今天，这把阴冷闪光的剃刀又向复杂的企业管理发出了挑战，指出许多东西是有害无益的，组织正在被这些自己制造的麻烦压垮。事实上，组织正不断膨胀，制度越来越繁琐，文件越来越多，但效率却越来越低。这迫使组织使用“奥卡姆剃刀”，采用简单管理，化繁为简，将复杂的事物变简单。

定律依据

为什么要将复杂变简单呢？因为复杂容易使人迷失，只有简单化后才利于人们理解和操作。随着社会、经济的发展，时间和精力成为人们的稀缺资源，管理者的时间更加有限，许多终日忙忙碌碌的管理者却鲜有成效，究其原因正是缺乏简单管理的思维和能力，分不清“重要的事”与“紧迫的事”，结果成为了低绩效或失败的管理者。从这个意义上讲，管理之道就是简化之道，简化才意味着对事务真正的掌控。

简单管理对于处于转型和成长时期的中国企业具有非凡的意义，但简单管理本身却不是简单。奥卡姆剃刀定律也认为：把事情变复杂很简单，把事情变简单很复杂。一些人动辄以“无为而治”、“治大国若烹小鲜”来概括简单管理，但又有几人能若庖丁般游刃有余？一流的企业家无不抱着异常谨慎的态度经营企业，如比尔·盖茨“微软离破产只有 18 个月”的论断、张瑞敏“战战兢兢、如履薄冰”的心态以及任正非一直所担忧的“华为的冬天”。可见，简单管理作为一种古老而崭新的管理思维和能力，蕴涵着深刻的内涵。

定律运用

对于组织在目标设置与执行过程中因上述种种原因而出现的目标曲解与置换，有一个根本的解决之道，即“无情地剔除所有累赘”，这也正是“奥卡姆剃刀”所倡导的“简化”法则：保持事物的简单化是对付复杂与繁琐的最有效方式。具体而言，有以下三种措施可以帮助组织避免目标曲解与置换现象的发生。

（1）精兵简政，不断简化组织结构。组织结构扁平化与组织结构非层级化已经成为企业组织变革的基本趋势。在新型的组织结构中，传统的企业组织结构中严格的等级制度已经不复存在，组织中上下有序的传统规则被淡化，员工之间的关系是平等的分工合作关系，基层员工被赋予更多的权力，他们有可能参与部门目标甚至组织目标的制定，组织内的信息不再是上下级之间的单向传递，而是一种网络化的即时式双向沟通。在这种组织中，顾客的需要成为员工行动的向导，人们的行为具有明确的目标导向。同时，由于员工的积极参与，组织目标与个人目标之间的矛盾得到最大程度地消除。

（2）关注组织的核心价值，始终将组织资源集中于自己的专长。也就是说，组织需要从众多可供选择的业务中筛选出最重要的、拥有核心竞争能力的业务，在自己最具竞争优势的领域确定组织的目标。这样，才能确保组织集中精力，就可以最少的代价获得最丰厚的利润。反之，如果目标数量过多，往往会使经营者难以同时兼顾太多的业务，从而顾此失彼。韦尔奇上任通用电气公司总裁时，从简洁高效的角度出发，提出“非一即二”原则：必须把本产品做成数一数二的产品，否则一律卖掉。

（3）简化流程，避免不必要的文书作业。事实上，由于个体受自身思维方式的限制，简单的信息远比复杂的信息更有利于人们的思考与决策。因此一个优秀企业的主要特征，就是他们知道如何保持事情的简单化，不管多复杂的事情都能将其变得简单易行。

尽管导致组织目标曲解与置换的原因很多，但奥卡姆剃刀定律对解决目标的曲解与置换提供了一种“简单”的理念与思路。

波士顿矩阵

波士顿矩阵（Boston Matrix）是以设计这种分析工具的公司波士顿咨询集团（Boston Consulting Group，BCG）命名的。波士顿矩阵法又称波士顿咨询集团法、四象限分析法、产品系列结构管理法等，是一种根据市场份额、盈利水平以及成长潜力分析公司活动的方法。

波士顿矩阵是伴随着波士顿咨询公司的发展而发展的。长期以来麦肯锡（McKinsey）和波士顿（BCG）等一些知名企业被认为是最早进军战略咨询领域的企业。运用商业概念的鼻祖，澳大利亚工程师布鲁斯·亨德森（1915—1992）于1963年成立了现今盛誉全球的波士顿咨询公司。该公司一直倡导：如果没有战略指导，即使出现机遇，也常常会与其失之交臂。在这一理念指导下，波士顿咨询公司通过对管理和咨询实践的不断探索、总结和创新，开发了著名的波士顿矩阵（Boston Matrix）、经验曲线（Experience Curve）、持续增长方程式（Sustainable Growth Formula）、以基于时间的竞争（Time-Based Competition）、股东总价值（Total Shareholder Value）等实用的咨询分析工具，被公认为“世界上最具创意的专业咨询公司”。其中，波士顿矩阵是战略规划时代的标志。整整一个时代中，企业界的高级经理们通过划分“现金牛”、“瘦狗”、“明星”和“问题”业务来制定企业相关的战略规划

波士顿咨询集团通过研究发现，市场增长率与相对市场占有率两个因素相互作用，会出现四种不同性质的产品类型，形成不同的产品发展前景：（1）市场增长率和相对市场占有率“双高”的产品群（明星类产品）；（2）市场增长率和相对市场占有率“双低”的产品群（瘦狗类产品）；（3）市场增长率高、相对市场占有率低的产品群（问题类产品）；（4）市场增长率低、相对市场占有率高的产品群（现金牛类产品）。这四种情形如图9.1所示。

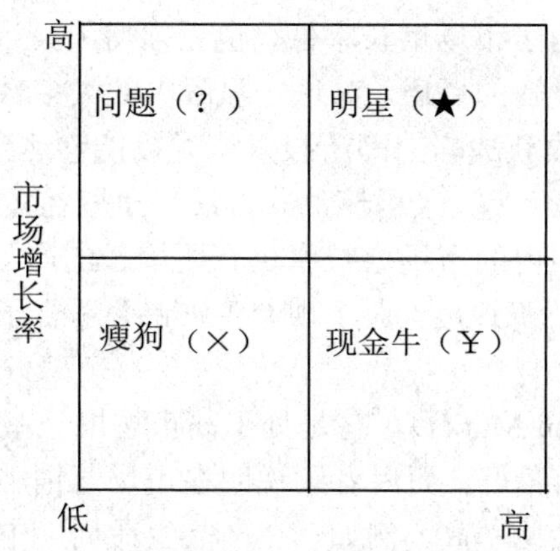

图 9.1 市场增长与市场份额

在图 9.1 中，纵轴代表市场（业务单元所在的市场）增长的程度，横轴描述相应业务单元的相对市场份额。对于企业来说，如果能同时具有问题产品、明星产品和现金牛产品这三类，就有希望保持企业当前的利润和长远利润的稳定，形成合理的产品结构，维持资金平衡。

战略对策

波士顿咨询集团法对于企业产品所处的四个象限具有不同的定义和相应的战略对策。

表 9.1 BCG 法的应用

业务分类	特征
明星类	问题类业务经营成功的就会转变为明星类业务，成为高速成长市场中的市场领跑者 必须大量投资跟上高速成长市场并击败竞争者 业务常常有利可图，公司未来财源
现金牛类	市场增长率低、相对市场占有率高 称霸市场，享有规模经济和较高的利润率，为公司提供大量现金 这类业务越多，说明公司实力越强
问题类	高市场增长率和低相对市场占有率 需要大量资金支持，公司应慎重考虑是否合算，否则应精简淘汰
瘦狗类	市场增长率和相对市场占有率都低的业务单位 通常利润微薄甚至亏损，应压缩或淘汰

（1）明星产品（Stars）。它是指处于高市场增长率、高相对市场占有率象限内的产品群，这类产品可能成为企业的现金牛产品，需要加大投资以支持其迅速发展。对明星类产品应采用发展战略：积极扩大经济规模和市场机会，以长远利益为目标，提高市场占有率，加强竞争地位。对于明星产品可以采用发展战略，对其管理与组织最好采用事业部形式，由对生产技术和销售两方面都很内行的经营者负责。

（2）现金牛产品（Cash Cows），又称厚利产品。它是指处于低市场增长率、高相对市场占有率象限内的产品群，已进入成熟期。其财务特点是销售量大、产品利润率高、负债比率低，可以为企业提供资金，而且由于市场增长率低，也无须增大投资。因而成为企业回收资金，支持其他产品，尤其明星产品投资的后盾。对这一象限内的大多数产品，市场占有率的下跌已成不可阻挡之势，因此可采用收获战略，即所投入资源以能够达到短期收益最大化为限。① 把设备投资和其他投资尽量压缩；② 采用榨油式方法，争取在短时间内获取更多利润，为其他产品提供资金。对于这一象限内的市场增长率仍有所增长的产品，应进一步进行市场细分，维持现存市场增长率或延缓其下降速度。对于现金牛产品，适合于用事业部制进行管理，其经营者最好是市场营销型人物。

（3）问题产品（Question Marks）。它是处于高市场增长率、低市场占有率象限内的产品群。前者说明市场机会大，前景好；而后者则说明在市场营销上存在问题。其财务特点是利润率较低，所需资金不足，负债比率高。例如，在产品生命周期中处于引进期、因种种原因未能开拓市场局面的新产品即属此类问题的产品。这类产品如果发展得好，则会成为很有发展前途的明星类产品，一旦发展不好，则会向瘦狗类产品转化。对问题产品应采取选择性投资战略，即首先确定对该象限中那些经过改进可能会成为明星的产品进行重点投资，提高市场占有率，使之转变成明星产品；对其他将来有希望成为明星的产品则在一段时期内采取扶持的政策。因此，对问题产品的改进与扶持方案一般均列入企业长期计划中。对问题产品的管理组织，最好是采取智囊团或项目组织等形式，选拔有规划能力、敢于冒风险、有才干的人负责。

（4）瘦狗产品（Dogs），也称衰退类产品。它是处在低市场增长率、低市场占有率象限内的产品群。其财务特点是利润率低、处于保本或亏损状态，负债比率高，无法为企业带来收益。对这类产品应采用收缩、撤退和转移战略：首先应减少投资，逐渐撤退，对那些市场增长率和市场占有率均极低的产品应立即淘汰。其次是将剩余资源向其他产品转移。再次是整顿产品系列，最好将瘦狗产品与其他事业部合并，统一管理。

施行步骤

本方法将企业所有产品从销售增长率和市场占有率角度进行再组合。在坐标图上，以纵轴表示企业市场增长率，横轴表示市场占有率，各以10%和20%作为区分高、低的中点，将坐标图划分为四个象限，依次为“问题（？）”、“明星（★）”、“现金牛（￥）”和“瘦狗（×）”。在使用中，企业可将产品按各自的市场增长率和市场占有率归入不同象限，使企业现有产品组合一目了然，同时便于对处于不同象限的产品做出不同的发展决策。其目的在于通过产品所处不同象限的划分，使企业采取不同决策，以保证其不断地淘汰无发展前景的产品，保持“问题”、“明星”、“现金牛”产品的合理组合，实现产品及资源分配结构的良性循环。

基本步骤主要包括：

（1）核算企业各种产品的市场增长率和市场占有率。市场增长率可以用本企业的产品销售额或销售量增长率。时间可以是一年或是三年以至更长时间。市场占有率，可以用相对市场占有率或绝对市场占有率，但需用最新资料。基本计算公式为

本企业某种产品绝对市场占有率＝该产品本企业销售量/该产品市场销售总量

本企业某种产品相对市场占有率＝该产品本企业市场占有率/该产品市场占有份额最大者（或特定的竞争对手）的市场占有率

（2）绘制四象限图。以10%的市场增长率和20%的市场占有率为高低标准分界线，将坐

标图划分为四个象限。然后把企业全部产品按其市场增长率和市场占有率的大小，在坐标图上标出其相应位置（圆心）。定位后，按每种产品当年销售额的多少，绘成面积不等的圆圈，顺序标上不同的数字代号以示区别。定位的结果即将产品划分为四种类型。

这样把企业的产品进行定位后，可以针对每种产品采用相应的战略措施，以优化企业内部资金流向，形成更加科学合理的产品结构。

应用法则

按照波士顿咨询集团法的原理，产品市场占有率越高，创造利润的能力越大；另一方面，市场增长率越高，为了维持其增长及扩大市场占有率所需的资金亦越多。这样可以使企业的产品结构实现产品互相支持，资金良性循环的局面。按照产品在象限内的位置及移动趋势的划分，形成了波士顿咨询集团法的基本应用法则。

第一法则：成功的月牙环。在企业所从事的事业领域内各种产品的分布若显示月牙环形，即现金牛产品多，其次为明星产品，问题产品和瘦狗产品最少，这是成功企业的象征，因为盈利大的产品不只一个，而且这些产品的销售收入都比较大，可以为需要资金支持的明星类产品和有发展前景的问题产品提供强大的资金支持。问题产品和瘦狗产品数量少，因此不会浪费企业更多的资金，优化企业的资金配置。若产品结构显示散乱分布，说明其事业内的产品结构未规划好，企业业绩必然较差。这时就应区别不同产品，采用不同策略。

第二法则：黑球失败法则。如果在第四象限内一个产品都没有，或者即使有，其销售收入也几乎近于零，可用一个大黑球表示。该种状况显示企业没有任何盈利大的产品，说明应当对现有产品结构进行撤退、缩小的战略调整，考虑向其他事业渗透，开发新的事业。

第三法则：东北方向大吉。一个企业的产品在四个象限中的分布越是集中于东北方向，则显示该企业的产品结构中明星产品越多，越有发展潜力；相反，产品的分布越是集中在西南角，说明瘦狗类产品数量大，该企业产品结构衰退，经营不成功。

第四法则：踊跃移动速度法则。从每个产品的发展过程及趋势看，产品的市场增长率越高，为维持其持续增长所需资金量也相对越高；而市场占有率越大，创造利润的能力也越大，持续时间也相对长一些。按正常趋势，问题产品经明星产品最后进入现金牛产品阶段，标志了该产品从纯资金耗费到为企业提供效益的发展过程，但是这一趋势移动速度的快慢也影响到其所能提供的收益的大小。

如果某一产品从问题产品（包括从瘦狗产品）变成现金牛产品的移动速度太快，说明其在高投资与高利润率的明星区域的时间很短，因此对企业提供利润的可能性及持续时间都不会太长，总的贡献也不会大；相反，如果产品发展速度太慢，在某一象限内停留时间过长，则该产品也会很快被淘汰。

在本方法的应用中，企业经营者的任务，是通过四象限法的分析，掌握产品结构的现状及预测未来市场的变化，进而有效地、合理地分配企业经营资源。在产品结构调整中，企业的经营者不是在产品到了“瘦狗”阶段才考虑如何撤退，而应在“现金牛”阶段时就考虑如何使产品造成的损失最小而收益最大。

方法局限

（1）业务局限：公司中并不是所有的业务都可以看做“瘦狗”，而且“现金牛”本身也会有问题，因为此“奶”来之不易，而且很可能是从其他业务单位“挤”过来的。过去，咨询公司以这种方法为基础所提出的一些推荐方案违犯了客户组织的政治格局。

（2）技术局限：由于评分等级过于宽泛，可能会造成两项或多项不同的业务位于一个象限中；其次，由于评分等级带有折中性，使很多业务位于矩阵的中间区域，难以确定使用何种战略；同时，这种方法也难以同时顾及到两项或多项业务的平衡。因此在使用这种方法时要尽量占有更多资料，审慎分析，避免因方法的缺陷造成决策的失误。

成长矢量矩阵

产品/市场方格也往往被称作安索夫矩阵（Ansoff Matrix）、产品市场扩张方格（Product Market Expansion Grid）、成长矢量矩阵（Growth Vector Matrix）。

策略管理之父安索夫（Ansoff）博士于 1975 年提出安索夫矩阵。以产品和市场作为两大基本面向，区别出四种产品 / 市场组合和相对应的营销策略，是应用最广泛的营销分析工具之一。

成长策略

安索夫矩阵（Ansoff Matrix）是以 2×2 的矩阵代表企业企图使收入或获利成长的四种选择，其主要的逻辑是企业可以选择四种不同的成长性策略来达成增加收入的目标，如图 9.2 所示。

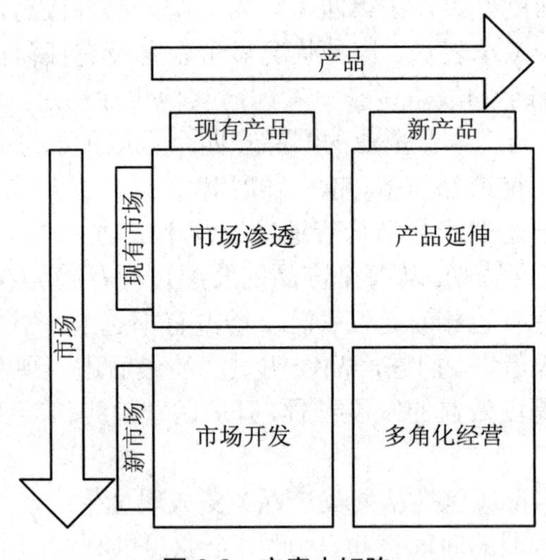

图 9.2　安索夫矩阵

（1）市场渗透（Market Penetration）——以现有的产品面对现有的顾客，以其目前的产品市场组合为发展焦点，力求增大产品的市场占有率。采取市场渗透的策略，借由促销或是提升服务品质等方式来说服消费者改用不同品牌的产品，或是说服消费者改变使用习惯、增加购买量。

（2）市场开发（Market Development）——提供现有产品开拓新市场，企业必须在不同的市场上找到具有相同产品需求的使用者顾客，其中往往产品定位和销售方法会有所调整，但产品本身的核心技术则不必改变。

（3）产品延伸（Product Development）——推出新产品给现有顾客，采取产品延伸的策略，利用现有的顾客关系来借力使力。通常是以扩大现有产品的深度和广度，推出新一代或是相关的产品给现有的顾客，提高该厂商在消费者荷包中的占有率。

（4）多元化经营（Deversification）——提供新产品给新市场，此处由于企业的既有专业知识能力可能派不上用场，因此是最冒险的多角化策略。其中成功的企业多半能在销售、通路或产品技术等方面取得某种综效（Synergy），否则多角化的失败几率很高。

矩阵完善

安索夫后来对矩阵做了一个修改，增加了地理区域上的复杂性，如图 9.3 所示。这种三维模式的矩阵可以被用来定义战略选择和业务的最终范围。图 9.3 表明，客户可以选择市场需求、产品/技术、市场区域等变量中的一种来界定服务市场。

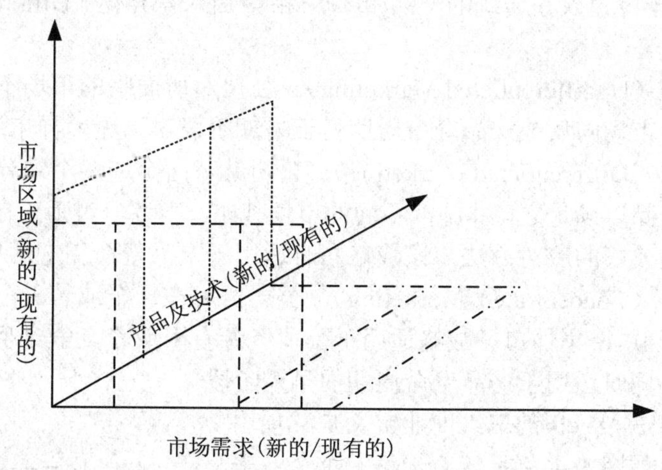

图 9.3 安索夫地区增长矢量图

安索夫定义的投资组合战略的第二个要素是公司在每一服务市场上设法获取的竞争优势。第三个要素由可获得的业务之间的协同作用构成，最后一个要素是可获得的战略灵活性程度。战略灵活性可以通过两种途径获得：一是在公司外部，通过地理区域、服务需求和技术的多元化获得，使得任何战略业务单位的突然变化都不会对公司产生严重的影响。二是战略灵活性可以通过增大业务间资源和能力的可转移性获得。

核心步骤

产品市场多元化矩阵可以帮助企业科学地选择战略模式，但在使用该工具时，必须掌握以下核心步骤。

- 首先考虑在现有市场上，现有的产品是否还能得到更多的市场份额（市场渗透战略）。
- 考虑是否能为其现有产品开发一些新市场（市场开发战略）。
- 考虑是否能为其现有市场发展若干有潜在利益的新产品（产品开发战略）。
- 考虑是否能够利用自己在产品、技术、市场等方面的优势，根据物资流动方向，采用使企业不断向纵深发展的一体化战略。

矩阵发展

安索夫的产品/市场方格理论，尽管已经问世很多年，但它指导企业成长与战略发展方面的价值仍然是很明显的。Derek F. Abell 提出了 Three Dimensional Business Definition（三维商业定义），较之安索夫矩阵更为高明。

在 Abell 三维定义提出之前，商业定义一直遵循以下两种模式。

- 资源能力（Resource Capabilities）。例如，某商业定义：制造高价值、低价格的电子设备。
- 项目活动（Programs of Activity）。这一传统定义法主要阐释提供什么产品、服务哪些市场。

Kottler 在 1975 年曾建议在传统的产品/市场方格中加入差异化（Differentiation）标准，以区别。

- 无差异市场（Undifferentiated Marketing）。公司对所面临的市场不做差异性区别。当产品同质、市场同质或产品寿命周期处于早期阶段时，无差异市场战略较为适宜。
- 差异性市场（Differentiated Marketing）。公司针对两个或多个细分市场分别设计、生产不同的产品以满足之，并施以不同的市场战略。当竞争对手正在分割市场，差异性市场战略是较好的应对办法，该战略同时适用于产品寿命周期的后期阶段。
- 密集性市场（Concentrated Marketing）。公司努力在一个或若干个次级市场上占据较大的市场份额。密集性市场战略适用于公司资源有限或者竞争对手正在分割市场的情况，该战略同时适用于产品寿命周期的早期阶段。

哈佛教授 Derek F. Abell 的三维商业定义是一项用以定义商业的模型，如图 9.4 所示。对于每一个企业来说，商业定义是一项绝不能等闲视之的工作，Abell 在他的《定义商业：战略规划的起点》（*Defining the Business: The Starting Point of Strategic Planning*）一书中指出了传统的产品—市场两维商业定义法的许多不足之处，并由此提出三维商业定义模型：所专注服务的顾客群、所欲满足的顾客需要、满足这些需要所需的技术。

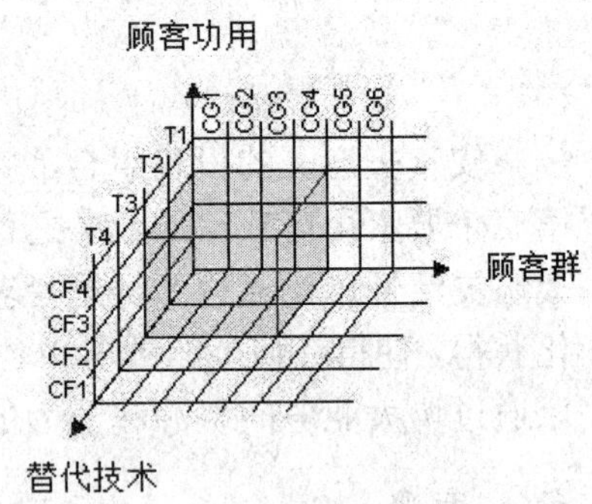

图 9.4　三维商业定义

- 顾客类别（Who：为谁服务）。
- 顾客需求（What：需要什么）。
- 需求满足法（How：需求如何满足）。

三维商业定义的方法适用于以下三个层次上的商业范围定义。

- 公司层次。
- 业务单元层次。
- 低级组织层次。

这个方法能够应用于以下几方面。

- 对公司的商业定义变革进行描述和沟通。

- 对竞争对手的商业定义进行描述和沟通。
- 系统地分析商业成长机会。
- 对市场演变进行描述和沟通。

三维商业定义的方法的优点如下。

- 强调产品仅仅是为了满足某个特定顾客群体的特定功能需求而采取的技术应用的物性表征。是从技术、功能以及顾客三者中进行选择，然后提供服务，而不是从产品中进行选择。
- Abell 三维模型的核心是顾客，而不是公司。
- 这一模型既可以用来描述当前的现实状态，也可以描述未来的期望状态。对于公司员工来说，三维商业定义图表简单易懂。

三维商业定义的方法的局限如下。

- 较之二维模型更为复杂。
- 该模型只提供抽象的成长导向。
- 该模型对决定商业规模、大小没有帮助。

麦肯锡三层面理论

理论内涵

麦肯锡资深顾问梅尔达德·巴格海（Mehrdad Baghai）、斯蒂芬·科利（Stephen Coley）与戴维·怀特（David White）通过对世界上不同行业的 40 个处于高速增长的公司进行研究，在《增长炼金术——企业启动和持续增长之秘诀》中提出，所有不断保持增长的大公司的共同特点是保持三层面业务的平衡发展：第一层面是拓展和守卫核心业务；第二层面是建立新兴业务；第三层面是创造有生命力的候选业务。它们能够源源不断地建立新业务，能够从内部革新其核心业务，而又同时开创新业务，它们所掌握的技巧在于保持新旧更替的管道畅通，一旦出现减退势头便不失时机地以新替旧。这就是著名的三层面理论（Three Aspect Theories），如图 9.5 所示。

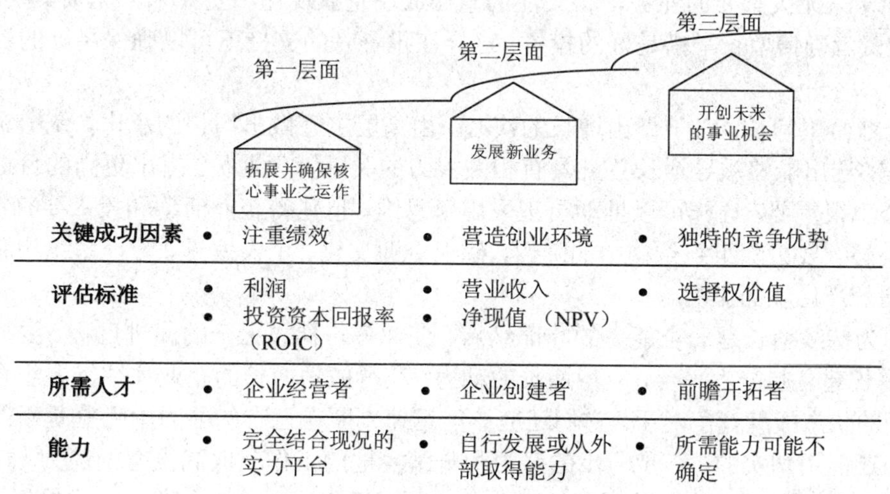

图 9.5　麦肯锡三层面理论

三层面增长理论认为健康的企业增长要综合平衡管理企业的三个层面的业务：第一层面是守卫和拓展核心业务，第二层面是建立即将涌现增长动力的业务，第三层面是创造有生命力的未来业务，如图9.5所示。

三层面增长理论给正在寻求增长的中国企业带来了四个启示：突出核心业务，为营造今后的主业而实施多元化；企业发展必须有利可图，兼顾行业整体要求，竞争与合作并行；中国企业应着力于满足现有国内需求，同时通过创新适当超前，塑造市场；中国企业应学会在不景气中寻求发展机遇。

主要观点

麦肯锡公司根据它们对于世界上不同行业的40个处于高速增长中的公司进行的研究，提出了增长阶梯的概念。它们认为高速增长的公司每一段时间都会前进一步，每一步都会带来新行动和新能力；成功的增长公司强调针对近期和远期的远景和策略；真正伟大的公司是能维持增长同时追求增长的公司。它们提出增长有三个层面：第一层面是守卫和拓展核心业务，第二层面是建立即将涌现增长动力的业务，第三层面是创造有生命力的未来业务，公司实现增长就必须同时管好增长三层面。

对于企业来说，要成功地进行三层面的增长，一个宏伟的远景目标加上有效结合长、中、短三个时间层面的发展战略规划是企业增长的关键。要达到领先，企业必须对三个发展层面进行均衡管理，对于不同层面的业务应该采用不同的战略与管理。第一层面是公司当前的核心业务，这一业务实实在在地为公司带来大部分的营业收入、利润和现金流，具有高成长性，而且公司也期望在不久的将来第二层面的业务也会像第一层面的业务那样带来盈利。第三层面是处于探索阶段的未来业务，它们不仅是领导人的一些想法，而且是具有实质性运作或投资的一些小的项目，这些项目在将来有的能发展成为第二层面的业务，甚至成为第一层面的业务。

对于寻求发展的企业来说，要成功地启动三层面的增长必须首先取得增长的资格。所谓增长的资格，第一，要以优良的运营业绩力图成为领先市场的强竞争力企业。这样为建立增长的基础提供必要的资源保证的同时，使管理者能领导并有足够的财务和相关能力支持增长。第二，要剥离对企业未来无关紧要的业务，将关注的重心放在企业现在和企业未来无关紧要的业务。第三，要使投资者确信增长举措是好的投资，这样在投资者的支持下可以确保足够的资金以实现增长。

其次，企业希望增长，必须做出增长的决心。由高层主管做出增长的承诺，统一领导层对于增长的认识，选出能够领导增长并且具有相关能力的关键管理人员。提出更高的目标对于做出增长的决心也很重要，这样可以推动员工采用新思维，也使得企业活动和投入要有重点。做出增长的决心必须要去除组织结构中的障碍，确保企业文化、个人偏见、管理系统和激励机制不会对启动增长产生负面影响。

再次，因为持续增长是一个能力的吐旧纳新、使业务阶梯式上升的演进过程，要启动增长就一定要为增长建立起能力平台，取得增长的动力。获得成功增长的企业往往需要组合所需的能力，以良好的状态战胜竞争对手。它们还应该能迅速判断在已有的能力中哪些是新的能力平台所需要的，还能用切实的、一步一步的努力和脚踏实地的工作获取尚没有的能力，以充实能力平台。成功的企业的能力平台随不同层面业务的不同而不同，并能在增长阶梯的每一步，都能在原有基础上进行充实，以形成竞争者难以模仿的能力。

企业三层面的可持续发展还要求有一种独特的企业文化，要针对长、中、短三个时间层面不同的发展战略，用不同的方式对长、中、短三个时间层面的业务、人才和业绩进行系统管理。

理论启示

一般来说，中国很多企业在寻求增长和发展过程中，面临一系列的战略选择和困惑，往往可持续性不强。在搞好主业还是寻求多元化上，很多企业盲目发展多元化，失败例子很多，如著名的巨人集团。中国企业很多情况下搞不清增长和利润是否有矛盾，不知道哪个更重要。造成了过分追求规模与量的扩张，而忽视利润与价值创造，在许多行业造成恶性竞争、重复投资、市场高度不规范。在技术创新理论上，中国企业认识很多也知道其中的重要性，但是实践成功还不多。不少企业仍缺乏真正的创新能力，同时也有不少企业觉得国内需求本身就与先进技术发展有脱节。因此，是赶超世界先进趋势还是满足现有国内需求常常让中国企业迷惑不解。自从 1998 年金融风暴和 2001 年互联网泡沫破灭以来，全球的整体宏观经济环境动荡不安，中国入世后市场竞争环境日趋激烈，这些外部环境的变化使不少中国企业放弃了或至少延缓了本来宏伟的发展目标，尤其是第二、三层面业务的开拓，使企业缺乏自身寻找新的经济增长点和启动市场的能力。

第一个启示：突出核心业务，为营造今后的主业而实施多元化。首先必须明确核心技能与核心业务，可以有几个，但总体上宜少不宜多，通过节支、增收与技术创新，来创造最大的价值，取得发展的权利。同时必须清楚地认识到，任何现有业务都会有一个成熟、利润率逐步下降的过程，因而必须及时考虑多元化；但多元化不是为了今天的规模扩张，也不是为了多元化而多元化。多元化是为了不断寻找并发展未来两三年来可以成为新的经济增长点的新的核心业务，也就是说，核心业务是动态的概念，应该不断调整，它永远是企业的中心任务和最主要的利润源泉。多元业务之间应该是有一定的联系的。中国企业管理者因此必须同时具备今天和未来若干年的眼光，而不是局限于短期考虑，争上项目，扩大短期规模与知名度。

第二个启示：企业发展必须有利可图，兼顾行业整体要求，竞争与合作并行。首先是第一层面的业务必须能产生足够利润以支持其他层面，第一层面的业务发展必须基于增加盈利能力的基础。在中国特殊的环境中，这在相当程度上意味着改善行业整体行为，积极促使行业结构调整，而不是依靠恶性循环的不良竞争。第二层面的业务可以销售收入快速增长为主要目标，但也必须充分认识今后盈利的可能性，确保净现值最大化。既要有远见敢于投资，又必须确保投资的总效益，必要时考虑适当的投资组合，减少风险，增大效益。比较远的第三层面的业务则应以少量投资，增大选择的可能性与灵活性为主。可以多做一些基础工作，考虑与行业内外企业的多种形式的广泛合作，既规避风险，也有利于促发市场朝某一有利方向发展。

第三个启示：中国企业应着力于满足现有国内需求，同时通过创新适当超前，塑造市场。企业首先要能做到至少在某几个领域能比其他所有竞争对手都能满足现有需求。这也是取得发展的资格的重要因素。根据中国的现实条件，加强主业经营以取得增长的资格，与启动增长可以同步，不一定要分先后。优秀的企业应该考虑如何主导市场，塑造顾客需求，发掘潜在的需求。在许多行业，中国顾客通常需求特征细分不明显区别，无从取舍者数量不小。有效地塑造这些需求，既可产生第二层面业务的创意，也能在第一层面业务上加强顾客忠诚度。技术创新就是开拓新产品、新业务的重要途径，必须与适当超前的塑造挖掘顾客潜在需求结合起来，注重产业化与市场化。创新的第一个问题应该是“我们将给用户带来怎样的额外价值？”，而不是“我们新产品的指标如何先进？”具备能够给用户带来实际的巨大额外价值的技术创新才能开创新的业务与新的经济增长点。

第四个启示：中国企业应学会在不景气中寻求发展机遇。许多中国企业在一段时间内的超高速的发展往往得助于有利于其发展的宏观大环境，甚或某些特殊政策。但是，在中国入世后许多政策的放宽，企业面临的内外战略环境的变化，使得在竞争日益激烈及不可避免地受到全球经济动荡的影响下，不少企业适应能力不强，持续性增长能力不强。要保持增长发展，就要学会在不景气中寻找机会。通常至少有几类发展机会。一是加大市场投资，利用其他企业松缓下滑时机，迅速取得更大的市场主导权，使市场占有率取得跳跃式增长（如 20 世纪 90 年代初美国康柏等）。二是利用行业不景气的现实，加速行业结构调整重组（如民航、化工等）。三是加速发展第二层面业务，反过来刺激支持第一层面业务，形成良性循环（如在美国大萧条时期成立的 CE 金融事业部，中国的信贷消费与农村市场的启动等）。四是剥离部分业务，敢于有所不为，取得发展资金。在不景气下成长发展的企业必将具有独特竞争力，并形成持久发展的能力与动力。

产品组合

产品好比人一样，都有其由成长到衰退的过程。因此，企业不能仅仅经营单一的产品，世界上很多企业经营的产品往往种类繁多，如美国光学公司生产的产品超过 3 万种，美国通用电气公司经营的产品多达 25 万种。当然，并不是经营的产品越多越好，一个企业应该生产和经营哪些产品才是有利的？这些产品之间应该有些什么配合关系？——这就是产品组合问题。

组合变数

所谓产品组合是指一个企业生产或经营的全部产品线、产品项目的组合方式，它包括四个变数：宽度、长度、深度和一致性。例如美国宝洁公司的众多产品线中，有一条牙膏产品线，生产格利、克雷丝、登奎尔三种品牌的牙膏，所以该产品线有三个产品项目。其中克雷丝牙膏有三种规格和两种配方，则克雷丝牙膏的深度就是 6。如果能计算每一产品项目的品种数目，就可以计算出该产品组合的平均深度。

组合抉择

企业在进行产品组合时，涉及以下三个层次的问题需要做出抉择。

（1）是否增加、修改或剔除产品项目。

（2）是否扩展、填充和删除产品线。

（3）哪些产品线需要增设、加强、简化或淘汰——以此来确定最佳的产品组合。

三个层次问题的抉择应该遵循既有利于促进销售，又有利于增加企业的总利润这个基本原则。产品组合的四个因素和促进销售、增加利润都有密切的关系。一般来说，拓宽、增加产品线有利于发挥企业的潜力、开拓新的市场；延长或加深产品线可以适合更多的特殊需要；加强产品线之间的一致性，可以增强企业的市场地位，发挥和提高企业在有关专业上的能力。

三维分析

一种分析产品组合是否健全、平衡的方法称为三维分析图。在三维空间坐标上，以 *X*、*Y*、*Z* 三个坐标轴分别表示市场占有率、市场增长率以及利润率，每一个坐标轴又为高、低两段，这样就能得到八种可能的位置。三维分析图如图 9.6 所示。

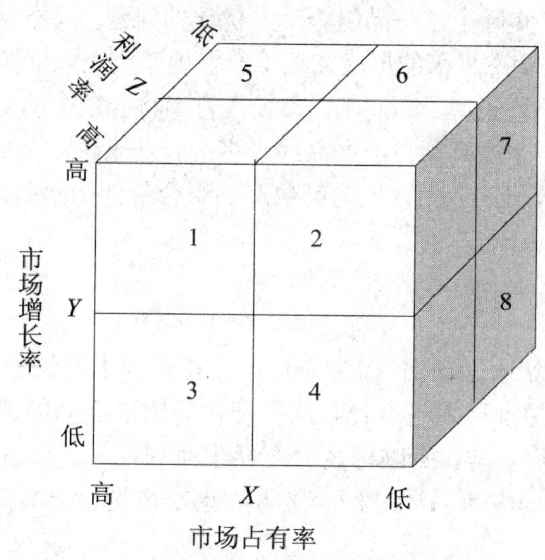

图 9.6　三维分析图

如果企业的大多数产品项目或产品线处于 1、2、3、4 号位置上，就可以认为产品组合已达到最佳状态。因为任何一个产品项目或产品线的利润率、增长率和占有率都有一个由低到高又转为低的变化过程，不能要求所有的产品项目同时达到最好的状态，即使同时达到也是不能持久的。因此企业所能要求的最佳产品组合，必然包括：目前虽不能获利但有良好发展前途、预期成为未来主要产品的新产品；目前已达到高利润率、高增长率和高占有率的主要产品；目前虽仍有较高利润率而市场增长率已趋降低的维持性产品；已决定淘汰、逐步收缩其投资以减少企业损失的衰退产品。

组合策略

根据以上产品线分析，针对市场的变化，调整现有产品结构，从而寻求和保持产品结构最优化，这就是产品组合策略，其中包括如下策略。

- 产品线扩散策略：包括向下策略、向上策略、双向策略和产品线填补策略。
- 产品线削减策略。
- 产品线现代化策略：在迅速变化的高技术时代，产品现代化是必不可少的。
- 产品组合的动态平衡。

由于市场需求和竞争形势的变化，产品组合中的每个项目必然会在变化的市场环境下发生分化，一部分产品获得较快的成长，一部分产品继续取得较高的利润，另有一部分产品则趋于衰落。企业如果不重视新产品的开发和衰退产品的剔除，则必将逐渐出现不健全的、不平衡的产品组合。为此，企业需要经常分析产品组合中各个产品项目或产品线的销售成长率、利润率和市场占有率，判断各产品项目或产品线销售成长上的潜力或发展趋势，以确定企业资金的运用方向，做出开发新产品和剔除衰退产品的决策，以调整其产品组合。所以，所谓产品组合的动态平衡是指企业根据市场环境和资源条件变动的前景，适时增加应开发的新产品和淘汰应退出的衰退产品，从而随着时间的推移，企业仍能维持住最大利润的产品组合。可见，及时调整产品组合是保持产品组合动态平衡的条件。动态平衡的产品组合亦称最佳产品组合。

产品组合的动态平衡，实际上是产品组合动态优化的问题，只能通过不断开发新产品和淘汰衰退产品来实现。产品组合动态平衡的形成需要综合性地研究企业资源和市场环境可能发生的变化，各产品项目或产品线的增长率、利润率、市场占有率将会发生的变化，以及这些变化对企业总利润率所起的影响。对一个产品项目或产品线众多的企业来说，这是一个非常复杂的问题，目前系统分析方法和电子计算机的应用，已为解决产品组合最佳化问题提供了良好的前景。

产业周期

企业不能期望它的产品永远畅销，因为一种产品在市场上的销售情况和获利能力并不是一成不变的，而是随着时间的推移发生变化，这种变化经历了产品的诞生、成长、成熟和衰退的过程，就像生物的生命历程一样，所以称之为产品生命周期。产品生命周期就是产品从进入市场到退出市场所经历的市场生命循环过程，进入和退出市场标志着周期的开始和结束。

周期阶段

一个产业的兴衰跨越了引入期、成长期、成熟期和衰退期四个阶段，如表 9.2 所示。对某产业处于哪一阶段的判断，可由该产业的增长率、销售额、每个客户的成本、产品线、平均利润率、竞争对手、典型定价方式、进入障碍以及典型广告方式九个方面推算出来。分析出了该产业所处的生命周期阶段后，就可以根据每个生命周期的特点，制定出相应的战略。

表 9.2　产业生命周期模型

	引　入　期	成　长　期	成　熟　期	衰　退　期
增长率	缓慢增长	加速增长	水平	衰退
销售额	低	上升	顶峰	衰退
每个客户的成本	高	一般	低	低
产品线	很短	增长	多样化	缩减
平均利润率	负	增加	可以很高	衰减
竞争对手	很少	增加	更多但肯定	减少
典型定价方式	成本加成	价格渗透	竞争价格	减价
进入障碍	技术	竞争对手	竞争对手	产量过剩
典型广告方式	认知和教育	大众市场认知	市场细分	减少

引入期

新产品投入市场，便进入了引入期。此时顾客对产品还不了解，除了少数追求新奇的顾客外，几乎没有人实际购买该产品。在此阶段产品生产批量小，制造成本高，广告费用大，产品销售价格偏高，销售量极为有限，企业通常不能获利。

成长期

当产品进入引入期，销售取得成功之后，便进入了成长期。这是需求增长阶段，需求量和销售额迅速上升，生产成本大幅度下降，利润迅速增长。

成熟期

经过成长期之后，随着购买产品的人数增多，市场需求趋于饱和，产品便进入了成熟期。此时，销售增长速度缓慢直至转而下降，由于竞争的加剧，导致广告费用再度提高，利润下降。

衰退期

随着科技的发展、新产品和替代品的出现以及消费习惯的改变等原因，产品的销售量和利润持续下降，产品从而进入了衰退期。产品的需求量和销售量迅速下降，同时市场上出现替代品和新产品，使顾客的消费习惯发生改变。此时成本较高的企业就会由于无利可图而陆续停止生产，该类产品的生命周期也就陆续结束，以至最后完全撤出市场。

阶段测定

能否正确判断产品处在生命周期的哪个阶段，对企业制定相应的营销策略非常重要。企业最常用的判断产品生命周期阶段有下面两种方法。

类比法

该方法是根据以往市场类似产品生命周期变化的资料来判断企业产品所处市场生命周期的何阶段。例如，要对彩电市场进行判断，可以借助类似产品，如黑白电视机的资料为依据，作对比分析，进行判别。

增长率法

该方法就是以某一时期的市场增长率与时间的增长率的比值（K）来判断产品所处市场生命周期阶段的方法，具体如表 9.3 所示。

表 9.3　不同比值下所处市场生命周期阶段

比值（K）	所处生命周期阶段
$K<0.1$	引入期
$K>0.1$	成长期
$-0.1<K<0.1$	成熟期
$K<-0.1$	衰退期

方法运用

引入期

引入期是产品成功的开始，但是往往很多新产品在向市场投放以后，还没有进入成长期就被淘汰了。因此，企业要针对成长期的特点，制定和选择不同的营销策略。可供企业选择的营销策略，主要有以下几种类型。

- 迅速夺取策略。指以高价格和高促销水平推出新产品的策略。采用此策略必须具备如下条件：产品鲜为人知；了解产品的人急于购买，并愿意以卖主的定价支付；企业面临潜在的竞争，必须尽快培养对本产品“品牌偏好”的忠实顾客。
- 缓慢夺取策略。指以高价格和低促销水平推出新产品的策略。它适用于这样一些情况：市场规模有限；顾客已经了解该产品；顾客愿意支付高价；没有剧烈的潜在竞争。
- 迅速渗透策略。指用低价格和高促销水平推出新产品的策略。所必须具备的条件如下：市场规模大；顾客并不了解该新产品；市场对价格比较敏感；有强大的潜在竞争对手存在。
- 缓慢渗透策略。指以低价格和低促销水平推出新产品的策略。所必须具备的条件如下：市场规模大；产品有较高的知名度；市场对价格敏感；存在潜在的竞争对手。

成长期

企业在成长期的主要目的是尽可能维持高速的市场增长率。为此，可以采取以下市场推广策略。

- 改进产品质量，增加花色品种，改进款式、包装，以适应市场的需要。
- 进行新的市场细分，从而更好地适应增长趋势。
- 开辟新的销售渠道，扩大商业网点。
- 改变广告宣传目标，由以建立和提高知名度为中心转变为以说服消费者接受和购买产品为中心。
- 适当地降低价格以提高竞争能力和吸引新的顾客。

成熟期

成熟产品是企业理想的产品，是企业利润的主要来源。因此，延长产品的成熟期是该阶段的主要任务。延长产品成熟期的策略可以从以下三个方面考虑。

- 发展产品的新用途，使产品转入新的成长期。
- 开辟新的市场，提高产品的销售量和利润率。
- 改良产品的特性、质量和形态，以满足日新月异的消费需求。

衰退期

处于衰退期的产品常采取立刻放弃策略、逐步放弃策略和自然淘汰策略，但有的企业也常常运用一些方法延长其衰退期。例如唐山自行车总厂，其生产的“燕山牌”加重自行车在各城市滞销后，该厂采取撤出城市、转战农村的策略，为该厂产品重新找到了出路。

产品生命周期是一个很重要的概念，它和企业制定产品策略以及营销策略有着直接的联系。管理者要想使他的产品有一个较长的销售周期，以便赚到足够的利润来补偿在推出该产品时所做出的一切努力和经受的一切风险，就必须认真研究和运用产品的生命周期理论。此外，产品生命周期也是营销人员用来描述产品和市场运作方法的有力工具。但是，在开发市场营销战略的过程中，产品生命周期却显得有点力不从心，因为战略既是产品生命周期的原因又是其结果，产品现状可以使人想到最好的营销战略。此外，在预测产品性能时产品生命周期的运用也受到限制。

RATER 指数

RATER 指数是全美最权威的客户服务研究机构美国论坛公司投入数百名调查研究人员，用近十年的时间对全美零售业、信用卡、银行、制造、保险、服务维修等十四个行业的近万名客户服务人员和这些行业的客户进行了细致深入的调查研究，发现一个可以有效衡量客户服务质量的 RATER 指数。

RATER 指数是五个英文单词的缩写，分别代表 Reliability（信赖度）、Assurance（专业度）、Tangibles（有形度）、Empathy（同理度）、Responsiveness（反应度）。成为衡量客户服务质量的一种有效方法。是衡量客户服务质量的五大要素，而客户对企业的满意度直接取决于 RATER 指数的高低。而这又是企业提升市场竞争力的关键。

指数内容

（1）信赖度（Reliability）：是指一个企业是否能够始终如一地履行自己对客户所做出的承诺，当这个企业真正做到这一点时，就会拥有良好的口碑，赢得客户的信赖。

（2）专业度（Assurance）：是指企业的服务人员所具备的专业知识、技能和职业素质。包括提供优质服务的能力、对客户的礼貌和尊敬及与客户有效沟通的技巧。

（3）有形度（Tangibles）：是指有形的服务设施、环境、服务人员的仪表以及对客户的帮助和关怀的有形表现。服务本身是一种无形的产品，但是整洁的服务环境、餐厅里为幼儿提供的专用座椅、麦当劳里带领小朋友载歌载舞的服务小姐等，都能使服务这一无形产品变得有形起来。

（4）同理度（Empathy）：是指服务人员能够随时设身处地地为客户着想，真正地同情、理解客户的处境，了解客户的需求。

（5）反应度（Responsiveness）：是指服务人员对于客户的需求给予及时反应并能迅速提供服务的愿望。当服务出现问题时，马上回应、迅速解决能够给服务质量带来积极的影响。作为客户，需要的是积极主动的服务态度。

运用意义

企业市场竞争力的强弱，在相当程度上取决于 RATER 指数的高低。客户服务的满意度与客户对服务的期望值是紧密相联的，企业需要站在客户的角度不断地通过服务质量的五大要素来衡量自己的服务，只有所提供的服务超出客户的期望值时，企业才能获得持久的竞争优势。世界上优秀的公司都是服务型企业，都是通过服务来获得振兴、提升竞争力的。

产品的价格和技术差别正在逐步缩小，影响客户购买产品的因素除产品的品牌和公司的形象外，最关键的还是服务品质。服务能够主导产品销售的趋势，服务的最终目的是提高顾客的回头率，扩大市场占有率。这就要求企业提升 RATER 指数，

客户认为这五个服务要素中信赖度和反应度是最重要的。这说明客户更希望企业或服务人员能够完全履行自己的承诺并及时地为其解决问题。而企业则认为这五个服务要素中有形度是最重要的。这正表明企业管理层对于客户期望值之间存在着差距。

至此，可以看出客户服务的满意度与客户对服务的期望值是紧密相联的。企业需要站在客户的角度不断地通过服务质量的五大要素来衡量自己所提供的服务，只有企业所提供的服务超出客户的期望值时，企业才能获得持久的竞争优势。

质量管理

品质管理或质量管理，是指为保障、改善制品的质量标准所进行的各种管理活动。其不仅包括在制品的制造现场所进行的质量检查，还包括在非生产部门为提高业务的执行质量而进行综合性的质量管理。

质量管理可以使质量成本由20%降至2.5%[2: 18]。质量成本包含预防成本、鉴定成本、内在成本、外在成本等。通过质量管理活动，虽然增加了预防性支出，但是可以减少检测等鉴定费用与相关失效改善之内外支出，即产品于设计阶段将可靠度设计植入（design-in）是必要的，且有利于企业经营。

全面质量管理

全面质量管理（Total Quality Management，TQM）就是一个组织以质量为中心，以全员参与为基础，目的在于通过让顾客满意和本组织所有成员及社会受益而达到长期成功的管理途径。

方法起源

20世纪50年代末，美国通用电气公司的费根堡姆和质量管理专家朱兰提出了“全面质量管理”的概念，认为“全面质量管理是为了能够在最经济的水平上，并考虑到充分满足客户要求的条件下进行生产和提供服务，把企业各部门在研制质量、维持质量和提高质量的活动中构成为一体的一种有效体系”。60年代初，美国一些企业根据行为管理科学的理论，在企业的质量管理中开展了依靠职工“自我控制”的“无缺陷运动”（ZeroDefects），日本在工业企业中开展质量管理小组（QC Cycle）活动行，使全面质量管理活动迅速发展起来。

基本方法

全面质量管理的基本方法可以概况为四句话十八字，即一个过程、四个阶段、八个步骤、数理统计方法。

一个过程，即企业管理是一个过程。企业在不同时间内应完成不同的工作任务。企业的每项生产经营活动都有一个产生、形成、实施和验证的过程。

四个阶段，根据管理是一个过程的理论，美国的戴明博士把它运用到质量管理中来，总结出“计划（Plan）→执行（Do）→检查（Check）→处理（Action）”四阶段的循环方式，简称PDCA循环，又称“戴明循环”。

八个步骤，为了解决和改进质量问题，PDCA循环中的四个阶段还可以具体划分为八个步骤。（1）计划阶段：分析现状，找出存在的质量问题；分析产生质量问题的各种原因或影响因素；找出影响质量的主要因素；针对影响质量的主要因素，提出计划，制定措施。(2) 执行阶段：执行计划，落实措施。(3) 检查阶段：检查计划的实施情况。(4) 处理阶段：总结经验，巩固成绩，工作结果标准化；提出尚未解决的问题，转入下一个循环。

在应用 PDCA 四个循环阶段、八个步骤来解决质量问题时，需要收集和整理大量的书籍资料，并用科学的方法进行系统的分析。最常用的七种统计方法是排列图、因果图、直方图、分层法、相关图、控制图及统计分析表。这套方法是以数理统计为理论基础，不仅科学可靠，而且比较直观。

管理内容

全面质量管理注重顾客需要，强调参与团队工作，并力争形成一种文化，以促进所有的员工设法、持续改进组织所提供产品/服务的质量、工作过程和顾客反应时间等，它由以下要素构成，如图 9.7 所示。

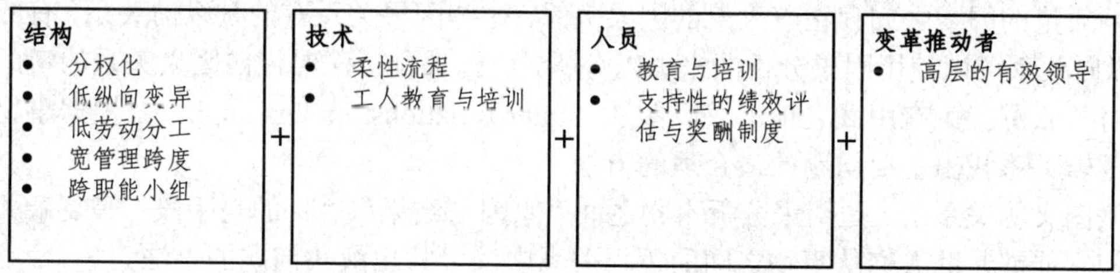

图 9.7　全面质量管理的组成因素

全面质量管理由结构、技术、人员和变革推动者四个要素组成，只有这四个方面全部齐备，才会有全面质量管理这场变革。

全面质量管理有三个核心的特征，即全员参加的质量管理、全过程的质量管理和全面的质量管理。

全员参加的质量管理，即要求全部员工，无论高层管理者还是普通办公职员或一线工人，都要参与质量改进活动。参与“改进工作质量管理的核心机制”，是全面质量管理的主要原则之一。

全过程的质量管理必须在市场调研、产品的选型、研究试验、设计、原料采购、制造、检验、储运、销售、安装、使用和维修等各个环节中都把好质量关。其中，产品的设计过程是全面质量管理的起点；原料采购、生产、检验过程实现产品质量的重要过程；而产品的质量最终是在市场销售、售后服务的过程中得到评判与认可。

全面的质量管理是用全面的方法管理全面的质量。全面的方法包括科学的管理方法、数理统计的方法、现代电子技术、通信技术等。全面的质量包括产品质量、工作质量、工程质量和服务质量。

另外，全面质量管理还强调以下观点。

- 用户第一的观点，并将用户的概念扩充到企业内部，即下道工序就是上道工序的用户，不将问题留给用户。
- 预防的观点，即在设计和加工过程中消除质量隐患。
- 定量分析的观点，只有定量化才能获得质量控制的最佳效果。

- 以工作质量为重点的观点，因为产品质量和服务均取决于工作质量。

意义与范围

全面质量管理的意义有提高产品质量、改善产品设计、加速生产流程、鼓舞员工的士气和增强质量意识、改进产品售后服务、提高市场的接受程度、降低经营质量成本、减少经营亏损、降低现场维修成本、减少责任事故。

范围：全面质量管理的基本原理与其他概念的基本差别在于，它强调为了取得真正的经济效益，管理必须始于识别顾客的质量要求，忠于顾客对他手中的产品感到满意。全面质量管理就是为了实现这一目标而指导人、机器、信息的协调活动。

关联图法

影响质量的因素之间存在着大量的因果关系，这些因果关系有的是纵向关系，有的是横向关系。纵向关系可以使用因果分析法来加以分析，但因果分析法对横向因果关系的考虑不够充分，这时关联图就大有用武之地。关联图法（Inter-Relationship Diagraph）是根据事物之间横向因果逻辑关系找出主要问题的最合适的方法。

关联图又称关系图，是用来分析事物之间“原因与结果”、“目的与手段”等复杂关系的一种图表，它能够帮助人们从事物之间的逻辑关系中，寻找出解决问题的办法。

“事物之间存在着大量的因果关系，如图所示，因素A、B、C、D、E之间就存在着一定的因果关系，……”

这两段及图形修改结果如下：

事物之间存在着大量的因果关系（见图9.8），因素A、B、C、D、E、F之间就存在着一定的因果关系，其中因素E影响因素A、C、D、F，但它又受B影响……。在这种情况下，理清因素之间的因果关系；从全盘加以考虑，就容易找出解决问题的办法。

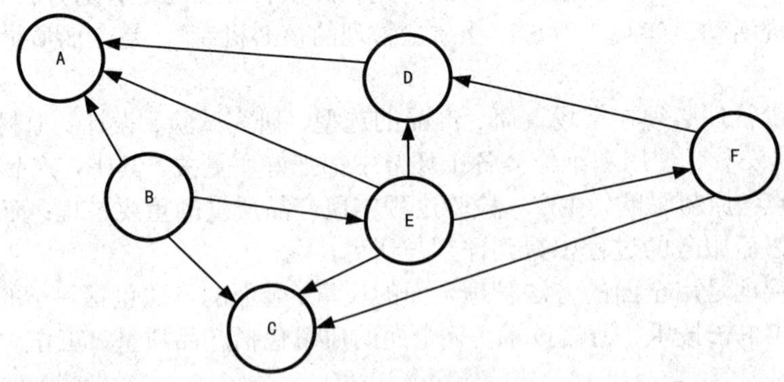

图9.8 关联图

关联图由圆圈（或方框)和箭头组成，其中箭头由原因指向结果，由手段指向目的。文字说明力求简短、内容确切易于理解，重点项目及要解决的问题要用双线圆圈或双线方框表示。

图形绘制

关联图法适用于多因素交织在一起的复杂问题的分析和整理。它将众多的影响因素以一种较简单的图形来表示，易于抓住主要矛盾、找到核心问题，也有益于集思广益、迅速解决问题。

其具体绘制方法如下。

（1）提出认为与问题有关的所有因素。

（2）用灵活的语言简明概要地表达它。

（3）把因素之间的因果关系用箭头符号做出逻辑上的连接。

（4）抓住全貌。

（5）找出重点。

关联图法的使用非常简单，它先把存在的问题和因素转化为短文或语言的形式，再用圆圈或方框将它们圈起来，然后再用箭头符号表示其因果关系，借此来进行决策、解决问题。

方法用途

关联图法的应用范围十分广泛，它的应用范围主要有以下方面。

（1）推行 TQC 工作、从何处入手、怎样深入。

（2）制订和实施质量保证的方针、目标。

（3）研究解决如何提高产品质量和减少不良品的措施。

（4）促进质量管理小组活动的深入开展。

（5）从大量的质量问题中，找出主要问题和重点项目。

（6）研究满足用户的质量、交货期、价格及减少索赔的要求和措施。

（7）研究解决如何用工作质量来保证产品质量问题。

使用步骤

影响产品不良品率的因素很多，这些因素之间存在着大量的因果关系，可以使用关联图法寻找其主要因素，以改善生产过程，降低产品的不良品率。具体步骤如下。

（1）做编组准备。召开小组成立会议，将 4～5 名生产人员组成一个小组，使每个成员都了解要解决什么问题，达到什么目的，怎样应用关联图法去解决问题等。

（2）共拟草图。在做好一定准备工作的基础上，召开小组会议，充分发扬民主，广开言路，找出影响产品不良品率各因素间的逻辑关系，并画上箭头，对重点问题要画在双线圆圈或方框内。在找逻辑关系时，要多提出一些为什么，通过互相讨论，广泛议论，共同画出一份或几份草图。会后每个成员都要对会上画出的草图进行深入分析、研究，对不同的草图提出对比评价，对别人提出的议论要进行深入理解或提出不同的看法，对重点问题要进行现场调查或实测数据。在此基础上组长要进行调查研究，个别交换意见，通过分析后整理出草图，印发给每一个成员，为下一次统一认识做好准备。

（3）制订草图，做出对策计划。再次召开小组会议，对草图提出修改和补充意见。经过共同分析、研究和整理，强调使全组人员取得共同的意见，提出重点问题的要害，共同画出正式关联图；研究实际数据，做出对策计划，会后要采取行动措施。

（4）评价和修订关联图。对关联图所采取的措施，可以多次召开小组成员会议，进行评定和估价。同时根据变化了的环境，对关联图进行修订。

在使用关联图法时，要注意充分发扬民主，广开言路，集思广益，在统一认识的基础上，画出关联图；关联图中使用的语言和文字要简练、表达要清楚，尽量使用不失原意的文字和语言来表达因素，使关联图准确、简练，一目了然；要不怕麻烦，不断反复地分析、研究和修改，努力寻找真正的重点问题；要重视评价和修正，及时根据外部情况不断地修改关联图。

戴明循环

戴明循环（Deming Cycle）又称PDCA循环（PDCA Cycle）、PDSA循环（PDSA Cycle）戴明循环研究起源于20世纪20年代，有"统计质量控制之父"之称的著名的统计学家沃特·阿曼德·休哈特在当时引入了"计划—执行—检查（Plan-Do-See）"的PDS循环概念，戴明后将休哈特的PDS循环进一步发展成为计划—执行—检查—处理（Plan-Do-Study-Action）。

戴明循环是一个质量持续改进模型，它包括持续改进与不断学习的四个循环反复的步骤，即计划（Plan）、执行（Do）、检查（Check/Study）、处理（Action）。戴明循环有时也被称为戴明轮（Deming Wheel）或持续改进螺旋（Continuous Improvement Spiral），如图9.9所示。

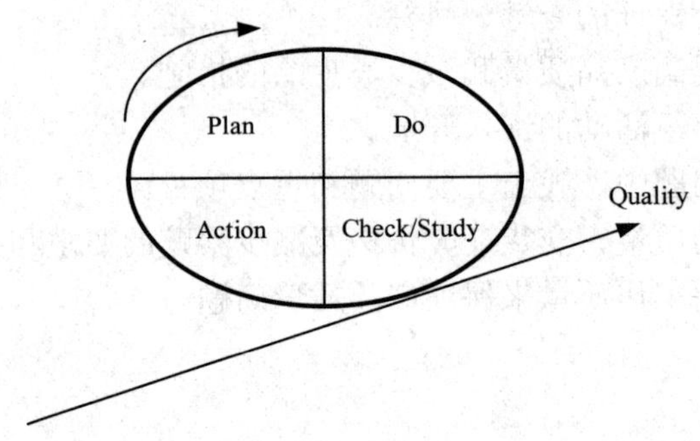

图9.9 戴明轮（Deming Wheel）

方法优点

戴明循环有以下优点。

- 适用于日常管理，且同时适用于个体管理与团队管理。
- 戴明循环的过程就是发现问题、解决问题的过程。
- 适用于项目管理。
- 有助于持续改进提高。
- 有助于供应商管理。
- 有助于人力资源管理。
- 有助于新产品开发管理。
- 有助于流程测试管理。

循环特点

戴明循环有如下两个特点。

（1）大环带小环。如果把整个企业的工作作为一个大的戴明循环，那么各个部门、小组还有各自小的戴明循环，就像一个行星轮系一样，大环带动小环，一级带一级，有机地构成一个运转的体系。

（2）阶梯式上升。戴明循环不是在同一水平上循环，每循环一次，就解决一部分问题，取得一部分成果，工作就前进一步，水平就提高一步。到了下一次循环，又有了新的目标和内容，更上一层楼。图 9.10 表示了这个阶梯式上升的过程。

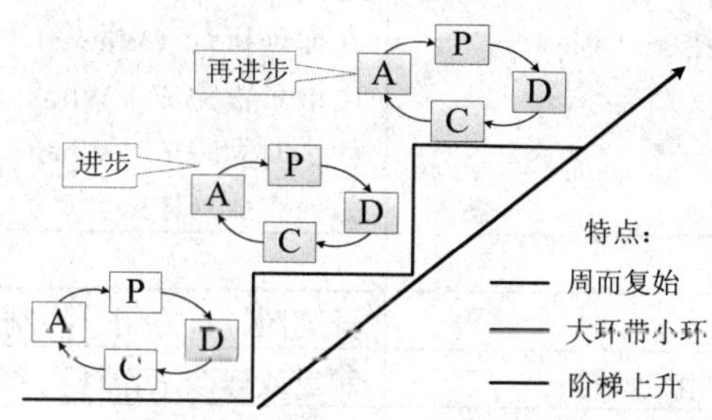

图 9.10 戴明循环的阶梯上升

循环应用

PDCA 循环作为全面质量管理体系运转的基本方法，其实施需要搜集大量数据资料，并综合运用各种管理技术和方法。

一个 PDCA 循环一般都要经历以下四个阶段，如图 9.11 所示。

- P（Plan）——计划，确定方针和目标，确定活动计划。
- D（Do）——执行，实地去做，实现计划中的内容。
- C（Check）——检查，总结执行计划的结果，注意效果，找出问题。
- A（Action）——处理，对总结检查的结果进行处理，成功的经验加以肯定并适当推广、标准化；失败的教训加以总结，以免重现，未解决的问题放到下一个 PDCA 循环。

戴明循环应用以 QC 七种工具为主的统计处理方法以及工业工程（IE）中工作研究的方法，作为进行工作和发现、解决问题的工具。戴明循环的四个阶段又可细分为八个步骤，如图 9.12 所示。

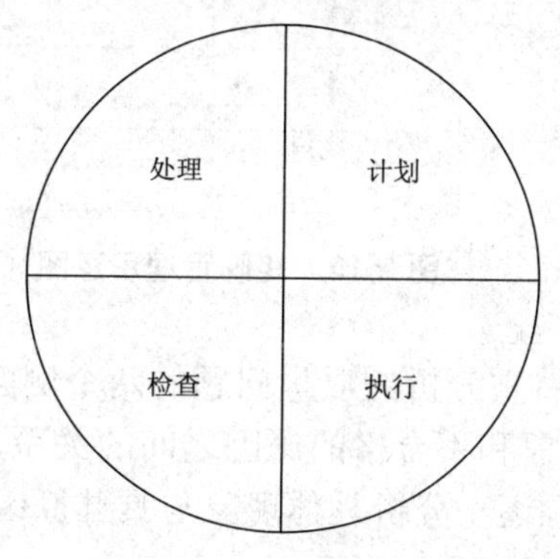

图 9.11 PDCA 循环的四个阶段

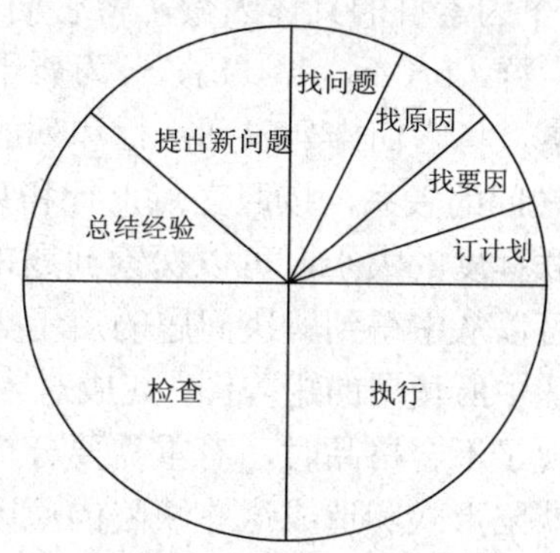

图 9.12 PDCA 循环的八个步骤

每个步骤的具体内容和所用的方法，如表9.4所示。

表9.4 戴明循环的步骤和方法

阶段	步骤	主要办法
P	1．分析现状，找出问题	排列图、直方图、控制图
	2．分析各种影响因素或原因	因果图
	3．找出主要影响因素	排列图，相关图
	4．针对主要原因，制定措施计划	回答“5W1H” 为什么制定该措施（Why）？ 达到什么目标（What）？ 在何处执行（Where）？ 由谁负责完成（Who）？ 什么时间完成（When）？ 如何完成（How）？
D	5．执行、实施计划	
C	6．检查计划执行结果	排列图、直方图、控制图
A	7．总结成功经验，制定相应标准	制定或修改工作规程、检查规程及其他有关规章制度
	8．把未解决或新出现的问题转入下一个PDCA循环	

矩阵图法

矩阵图法就是从多维问题的事件中找出成对的因素，排列成矩阵图，然后根据矩阵图来分析问题，确定关键点的方法，它是一种通过多因素综合思考，探索问题的好方法，如图9.13所示。

在复杂的质量问题中，往往存在许多成对的质量因素，将这些成对因素找出来，分别排列成行和列，其交点就是其相互关联的程度，在此基础上再找出存在的问题及问题的形态，从而找到解决问题的思路。矩阵图的形式如图9.13所示，A为某一个因素群，a_1、a_2、a_3、a_4、…是属于A这个因素群的具体因素，将它们排列成行；B为另一个因素群，b_1、b_2、b_3、b_4、…为属于B这个因素群的具体因素，将它们排列成列；行和列的交点表示A和B各因素之间的关系，按照交点上行和列因素是否相关联及其关联程度的大小，可以探索问题的所在和问题的形态，也可以从中得到解决问题的启示等。

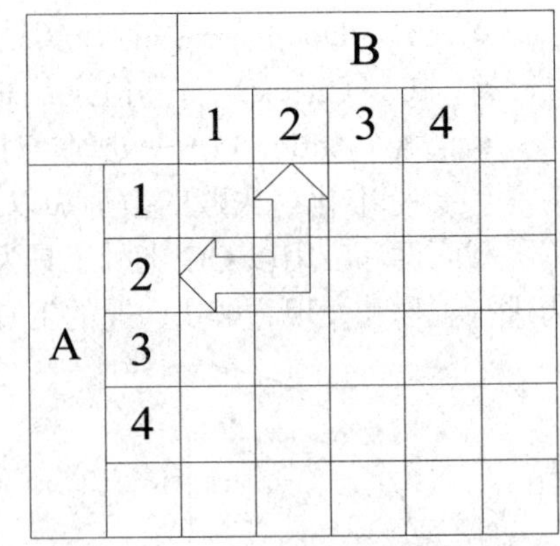

图9.13 矩阵管理示意图（L型）

质量管理中所使用的矩阵图，其成对因素往往是要着重分析的质量问题的两个侧面，如生产过程中出现了不合格品时，着重需要分析不合格的现象和不合格的原因之间的关系，为此，需要把所有缺陷形式和造成这些缺陷的原因都罗列出来，逐一分析具体现象与具体原因之间的关系，这些具体现象和具体原因分别构成矩阵图中的行元素和列元素。

矩阵类型

矩阵图法在应用上的一个重要特征，就是把应该分析的对象表示在适当的矩阵图上。因此，可以把若干种矩阵图进行分类，表示出他们的形状，按对象选择并灵活运用适当的矩阵图形。常见的矩阵图有以下几种。

（1）L 型矩阵图。是把一对现象以矩阵的行和列排列的二元表的形式来表达的一种矩阵图，它适用于若干目的与手段的对应关系，或若干结果和原因之间的关系。

（2）T 型矩阵图。是 A、B 两因素的 L 型矩阵和 A、C 两因素的 L 型矩阵图的组合矩阵图，这种矩阵图可以用于分析质量问题中“不良现象—原因—工序”之间的关系，也可以用于分析探索材料新用途的“材料成分—特性—用途”之间的关系等。

（3）Y 型矩阵图。是把 A 因素与 B 因素、B 因素与 C 因素、C 因素与 A 因素三个 L 型矩阵图组合在一起而形成的矩阵图。

（4）X 型矩阵图。是把 A 因素与 B 因素、B 因素与 C 因素、C 因素与 D 因素、D 因素与 A 因素四个 L 型矩阵图组合而形成的矩阵图，这种矩阵图表示 A 和 B、D，B 和 A、C，C 和 B、D，D 和 A、C 这四对因素间的相互关系，如“管理机能—管理项目—输入信息—输出信息”就属于这种类型。

（5）C 型矩阵图。是以 A、B、C 三因素为边做出的六面体，其特征是以 A、B、C 三因素所确定的三维空间上的点为“着眼点”。

应用步骤

制作矩阵图一般要遵循以下几个步骤。

（1）列出质量因素。

（2）把成对因素排列成行和列，表示其对应关系。

（3）选择合适的矩阵图类型。

（4）在成对因素交点处表示其关系程度，一般凭经验进行定性判断，可分为关系密切、关系较密切、关系一般（或可能有关系）三种，并用不同符号表示。

（5）根据关系程度确定必须控制的重点因素。

（6）针对重点因素作对策表。

方法用途

矩阵图法的用途十分广泛，在质量管理中，常用矩阵图法解决以下问题。

- 把系列产品的硬件功能和软件功能相对应，并要从中找出研制新产品或改进老产品的切入点。
- 明确应保证的产品质量特性及其与管理机构或保证部门的关系，使质量保证体制更可靠。
- 明确产品的质量特性与试验测定项目、试验测定仪器之间的关系，力求强化质量评价体制或使之提高效率。
- 当生产工序中存在多种不良现象，且它们具有若干个共同的原因时，希望搞清这些不良现象及其产生原因的相互关系，进而把这些不良现象一举消除。

- 在进行多变量分析、研究时，从何处入手以及以什么方式收集数据。

方法优点

矩阵图的最大优点在于，寻找对应元素的交点很方便，而且不会遗漏，显示对应元素的关系也很清楚。矩阵图法还具有以下几个特点。

- 可用于分析成对的影响因素。
- 因素之间的关系清晰明了，便于确定重点。
- 便于与系统图结合使用。

六西格玛

六西格玛（Six Sigma/6σ）概念于1986年由摩托罗拉公司的比尔·史密斯提出，此概念属于品质管理范畴，西格玛（Σ，σ）是希腊字母，这是统计学里的一个单位，表示与平均值的标准偏差。旨在生产过程中降低产品及流程的缺陷次数，防止产品变异，提升品质。

方法由来

六西格玛是在20世纪90年代中期开始被GE从一种全面质量管理方法演变成为一个高度有效的企业流程设计、改善和优化的技术，并提供了一系列同等地适用于设计、生产和服务的新产品开发工具。继而与GE的全球化、服务化、电子商务等战略齐头并进，成为全世界上追求管理卓越性的企业最为重要的战略举措。六西格玛逐步发展成为以顾客为主体来确定企业战略目标和产品开发设计的标尺，追求持续进步的一种管理哲学。20世纪90年代发展起来的6σ（六西格玛）管理是在总结了全面质量管理的成功经验，提炼了其中流程管理技巧的精华和最行之有效的方法，成为了一种提高企业业绩与竞争力的管理模式。

管理内涵

6σ 管理法是一种统计评估法，核心是追求零缺陷生产，防范产品责任风险，降低成本，提高生产率和市场占有率，提高顾客满意度和忠诚度。6σ 管理既着眼于产品、服务质量，又关注过程的改进。

“σ”是希腊文的一个字母，在统计学上用来表示标准偏差值，用以描述总体中的个体离均值的偏离程度，测量出的σ表征着如单位缺陷、百万缺陷或错误的概率性，σ值越大，缺陷或错误就越大。6σ 是一个目标，这个质量水平意味的是所有的过程和结果中，99.999 66%是无缺陷的，也就是说，做100万件事情，其中只有3.4件是有缺陷的，这几乎趋近到人类能够达到的最为完美的境界。

6σ 管理关注过程，特别是企业为市场和顾客提供价值的核心过程。因为过程能力用σ来度量后，σ越大，过程的波动越小，过程以最低的成本损失、最短的时间周期满足顾客要求的能力就越强。6σ 理论认为，大多数企业在 3σ～4σ 间运转，也就是说，每百万次操作失误在6 210～66 800之间，这些缺陷要求经营者以销售额在 15%～30%的资金进行事后的弥补或修正，而如果做到6σ，事后弥补的资金将降低到约为销售额的5%。

σ 含义为“标准偏差”，6σ 意为“6 倍标准差”，在质量上表示每百万坏品率（Parts Per Million，简称 PPM）少于 3.4。

当然，6σ 模式的含义并不简单地是指上述这些内容，而是一整套系统的理论和实践方法。它着眼于揭示生产流程中每百万个机会当中有多少缺陷或失误，这些缺陷和失误包括产品本身、产品生产的流程、包装、转运、交货延期、系统故障、不可抗力等。图 9.14 是 6σ 模式和 3σ 模式的产品质量分布图。

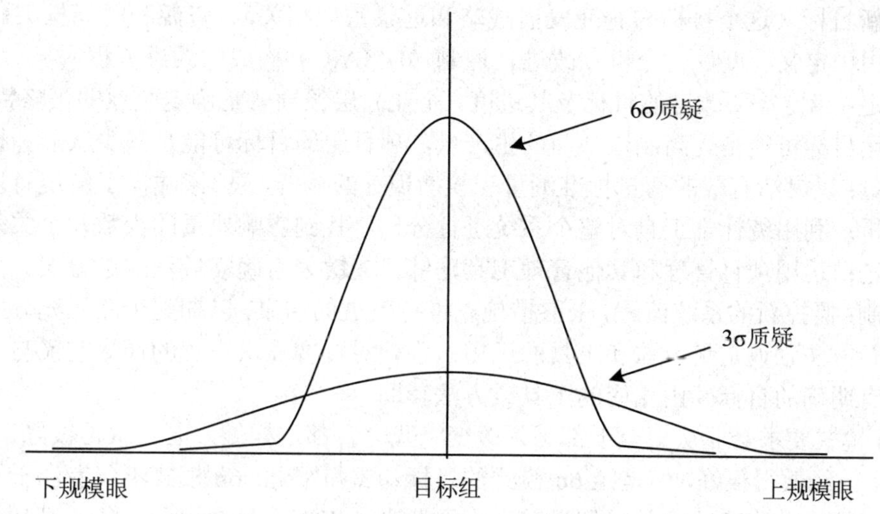

图 9.14　6σ 产品质量标准

管理作用

在企业内部，规范的 6σ 模式项目一般是由称为“6σ 模式精英小组”（Six Sigma Champion）的执行委员会选择的，这个小组的职责之一是选择合适的项目并分配资源。一个公司典型的 6σ 模式项目可以是矫正关键客户的票据问题，也可以是改变某种工作程序提高生产率。领导小组将任务分派给黑带管理人员们，黑带管理人员们再依照 6σ 模式组织一个小组来执行这个项目。小组成员对 6σ 模式项目进行定期的严密监测。

6σ 管理是获得和保持企业在经营上的成功并将其经营业绩最大化的综合管理体系和发展战略，是使企业获得快速增长的经营方式。经营业绩的改善包括以下方面。

- 市场占有率的增加。
- 顾客回头率的提高。
- 成本降低。
- 周期降低。
- 缺陷率降低。
- 产品/服务开发加快。
- 企业文化改变。

6σ 管理将对企业文化建设或改进产生很大的作用。在分析一些成功企业，特别是处于顶层位置的企业文化建设方面的经验教训时发现，成功的企业在实施质量战略时，比别的企业多走了一步，那就是他们在致力于产品与服务质量改进的同时，肯花大力气去改造他们与6σ质量不相适应的企业文化，以使全体员工的信念、态度、价值观和期望与6σ质量保持同步，从而创造出良好的企业质量文化，保证了6σ质量战略的成功。

管理流程

6σ 模式是一种自上而下的革新方法，它由企业最高管理者领导并驱动，由最高管理层提出改进或革新目标（这个目标与企业发展战略和远景密切相关）、资源和时间框架。推行6σ模式可以采用由定义、度量、分析、改进、控制（DMAIC）构成的改进流程。

- 界定：确定需要改进的目标及其进度，企业高层领导就是确定企业的策略目标，中层营运目标可能是提高制造部门的生产量，项目层的目标可能是减少次品和提高效率。
- 测量：以灵活有效的衡量标准测量和权衡现存的系统，根据数据，了解现有质量水平。
- 分析：利用统计学工具对整个系统进行分析，找到影响质量的少数几个关键因素。
- 改进：运用项目管理和其他管理工具，针对关键因素确立最佳改进方案。
- 控制：监控新的系统流程，采取措施以维持改进的结果，以期整个流程充分发挥功效。

这种革新方法强调定量方法和工具的运用，强调对顾客需求满意的详尽定义与量化表述，每一阶段都有明确的目标并由相应的工具或方法辅助。

推行6σ模式要求企业从上至下都必须改变“我一直都这样做，而且做得很好”的惯性思维。也许确实已经做得很好，但是距6σ模式的目标却差得很远。6σ模式不仅专注于不断提高，更注重目标，即企业的底线收益。假设某一大企业有1 000个基层单元，每一基层单元用6σ模式每天节约100美元，一年以300天计，企业一年将节约3千万美元。通过实施模式，企业还可清晰地知道自身的水平、改进提高的额度与目标的距离等。

典型的6σ管理模式解决方案以DMAIC流程为核心，它涵盖了6σ管理的策划、组织、人力资源准备与培训、实施过程与评价、相关技术方法（包括硬工具和软工具）的应用、管理信息系统的开发与使用等方面。

为了达到6σ，首先要制定标准，在管理中随时跟踪考核操作与标准的偏差，不断改进，最终达到6σ。现已形成一套使每个环节不断改进的简单的流程模式：界定、测量、分析、改进、控制。

6σ管理战略是企业获得竞争优势和经营成功的金钥匙，在已经实施6σ管理并获得成功的企业名单上，可以发现摩托罗拉、联信、联邦快递、杜邦、福特这样的“世界巨人”。今天，越来越多的企业加入了“6σ实践者”的行列，也许这其中就有现在的或将来的竞争对手。

现场管理

即使拥有世界上最先进的生产工艺或设备，如不对其进行有效的管理，工作场地一片混乱，工件乱堆乱放，其结果只能是生产效率低下，员工越干越没劲，这样的企业只会生产问题和制造麻烦，对人类社会没有任何积极的意义。5S现场管理可以有效地解决这个问题，它能使企业的生产环境得到极大改善，是企业走上成功之路的重要手段。

5S来自日文Seiri（整理）、Seiton（整顿）、Seiso（清扫）、Seiketsu（清洁）、Shitsuke（修

养）发音的第一个字母“S”，所以统称为“5S”。5S 活动不仅能够改善生产环境，还能提高生产效率、产品品质、员工士气，是其他管理活动有效展开的基石之一。

近年来，随着人们对这一活动认识的不断深入，有人又添加了“安全(Safety)、速度(Speed)、节约（Save）”等内容，分别称为 6S、7S、8S。

管理内容

5S 现场管理包括整理、整顿、清扫、清洁、修养五方面的内容。

整理

整理就是将必需品与非必需品区分开，必需品摆在指定位置挂牌明示，实行目标管理，不要的东西则坚决处理掉，在岗位上不要放置必需品以外的物品。这些被处理掉的东西可能包括原辅材料、半成品和成品、设备仪器、工模夹具、管理文件、表册单据等。其要点如下。

- 对每件物品都要看看是必要的吗？非这样放置不可吗？
- 要区分对待马上要用的、暂时不用的、长期不用的。
- 即便是必需品，也要适量；要将必需品的数量降低到最低程度。
- 在哪儿都可有可无的物品，不管是谁买的，有多昂贵，也应坚决处理掉，绝不手软！
- 非必需品是指在这个地方不需要的东西在别的地方或许有用，并不是“完全无用”的意思，应寻找它合适的位置。
- 当场地不够时，不要先考虑增加场所，要整理现有的场地，会发现竟然还很宽绰。

整顿

除必需品放在能够立即取到的位置外，一切乱堆乱放、暂时不需放置而又无特别说明的东西，均应受到现场管理干部（小组长、车间主任等）的责任追究。这种整顿对每个部门都同样重要，它其实也是研究提高效率方面的科学，它研究怎样才可以立即取得物品，以及如何能立即放回原位。任意存放物品并不会让自己的工作速度加快，反而使自己的寻找时间加倍，自己必须思考分析怎样拿取物品更快，并让大家都能理解这套系统，遵照执行。这样：

- 将寻找的时间减少为零。
- 有异常（如丢失、损坏）能马上发现。
- 其他人员也能明白要求和做法，即其他人员也能迅速找到物品并能放回原处。
- 不同的人去做，结果是一样的（已经标准化）。

清扫

就是将工作场所、环境、仪器设备、材料、工具等上的灰尘、污垢、碎屑、泥沙等脏东西清扫擦拭干净，创造一个一尘不染的环境，公司所有人员（含董事长）都应一起来执行这个工作。

- 最好能分配每个人应负责清洁的区域。分配区域时必须绝对清楚地划清界限，不能留下没有人负责的区域（即死角）。
- 对自己的责任区域都不肯去认真完成的员工，不要让他担当更重要的工作。
- 到处都干净整洁，客户感动，员工心情舒畅。
- 在整洁明亮的环境里，任何异常，包括一颗螺丝掉在地上都可马上发现。
- 设备异常在保养中就能发现和得到解决，不会在使用中“罢工”。

清洁

清洁就是在“整理”、“整顿”、“清扫”之后的日常维持活动，即形成制度和习惯。每位员工随时检讨和确认自己的工作区域内有无不良现象，如有，则立即改正。在每天下班前几分钟（视情况而定）实行全员参加的清洁作业，使整个环境随时都维持良好状态。实施了就不能半途而废，否则又回到原来的混乱状态。

- 领导的言传身教、制度监督非常重要。
- 一时养成的坏习惯，要花十倍的时间去改正。

修养

修养就是培养全体员工良好的工作习惯、组织纪律和敬业精神。每一位员工都应该自觉养成遵守规章制度、工作纪律的习惯，努力创造一个具有良好氛围的工作场所。如果绝大多数员工能够将以上要求付诸实践的话，个别员工就会抛弃坏的习惯，转向好的方面发展。

- 学习、理解并努力遵守规章制度，使它成为每个人应具备的一种修养。
- 领导者的热情帮助与被领导者的努力自律是非常重要的。
- 需要人们有更高的合作奉献精神和职业道德。
- 互相信任，管理公开化、透明化。
- 勇于自我检讨反省，为他人着想，为他人服务。

方法作用

现场管理对企业的重要意义可从以下几个方面来认识。

（1）亏损为零。至少在行业内被称赞为最干净、整洁的工厂；无缺陷、无不良、配合度好的声誉在客户之间口口相传，忠实的顾客越来越多；知名度很高，很多人慕名来参观；大家争着来这家公司工作；人们都以购买这家公司的产品为荣；整理、整顿、清扫、清洁和修养维持良好，并且成为习惯，以整洁为基础的工厂有很大的发展空间。

（2）不良为零。产品按标准要求生产；检测仪器正确地使用和保养，是确保品质的前提；环境整洁有序，异常一眼就可以发现；干净整洁的生产现场，可以提高员工品质意识；机械设备正常使用、保养，减少次品产生；员工知道要预防问题的发生而非仅是处理问题。

（3）浪费为零。7S能减少库存量，排除过剩生产，避免零件、半成品、成品在库过多；避免库房、货架、天棚过剩；避免卡板、台车、叉车等搬运工具过剩；避免购置不必要的机器、设备；避免“寻找”、“等待”、“避让”等动作引起的浪费；消除“拿起”、“放下”、“清点”、“搬运”等无附加价值动作；避免出现多余的文具、桌、椅等办公设备。

（4）故障为零。工厂无尘化；无碎屑、碎块和漏油，经常擦试和保养，机械移动率高；模具、工装夹具管理良好，调试、寻找时间减少；设备产能、人员效率稳定，综合效率可把握性高；每日进行使用点检，防患于未然。

（5）切换产品时间为零。模具、夹具、工具经过整顿，不需要过多的寻找时间；整洁规范的工厂机器正常运转，作业效率大幅上升；彻底的7S，让初学者和新人一看就懂，快速上岗。

（6）事故为零。整理、整顿后，通道和休息场所等不会被占用；物品放置、搬运方法和积载高度考虑了安全因素；工作场所宽敞、明亮，使物流一目了然；人车分流，道路通畅；“危险”、“注意”等警示明确；员工正确使用保护器具，不会违规作业；所有的设备都进行清洁、检修，能预先发现存在的问题，从而消除安全隐患；消防设施齐备，灭火器放置位置、逃生路线明确，万一发生火灾或地震时，员工生命安全有保障。

（7）投诉为零。人们能正确地执行各项规章制度；去任何岗位都能立即上岗作业；谁都明白工作该怎么做，怎样才算做好了；工作方便又舒适；每天都有所改善，有所进步。

（8）缺勤率为零。一目了然的工作场所，没有浪费、勉强、不均衡等弊端；岗位明亮、干净，无灰尘、无垃圾的工作场所让人心情愉快，不会让人厌倦和烦恼；工作已成为一种乐趣，员工不会无故缺勤旷工；7S 能给人“只要大家努力，什么都能做到”的信念，让大家都亲自动手进行改善；在有活力的一流工厂工作，员工都由衷感到自豪和骄傲。

约束理论

约束理论（Theory of Constraints，TOC）是以色列物理学家、企业管理顾问戈德拉特博士（Dr. Eliyahu M. Goldratt）在他开创的优化生产技术（Optimized Production Technology，OPT）基础上发展起来的管理哲理，该理论提出了在制造业经营生产活动中定义和消除制约因素的一些规范化方法，以支持连续改进（Continuous Improvement）。同时，TOC 也是对 MRP Ⅱ 和 JIT 在观念和方法上的发展。

技术原理

戈德拉特创立约束理论的目的是想找出各种条件下生产的内在规律，寻求一种分析经营生产问题的科学逻辑思维方式和解决问题的有效方法。可用一句话来表达 TOC，即找出妨碍实现系统目标的约束条件，并对它进行消除的系统改善方法。

TOC 强调必须把企业看做一个系统，从整体效益出发来考虑和处理问题。TOC 的基本要点如下。

（1）企业是一个系统，其目标应当十分明确，那就是在当前和今后为企业获得更多的利润。

（2）一切妨碍企业实现整体目标的因素都是约束。按照意大利经济学家帕累托的原理，对系统有重大影响的往往是少数几个约束，为数不多，但至少有一个。约束有各种类型，不仅有物质型的，如市场、物料、能力、资金等，而且还有非物质型的，如后勤及质量保证体系、企业文化和管理体制、规章制度、员工行为规范和工作态度等，以上这些，也可称为策略性约束。

衡量指标

为了衡量实现目标的业绩和效果，TOC 打破传统的会计成本概念，提出了三项主要衡量指标，即有效产出、库存和运行费用。TOC 认为只能从企业的整体来评价改进的效果，而不能只看局部。库存投资和运行费用虽然可以降低，但是不能降到零以下，只有有效产出才有可能不断增长，如表 9.5 所示。

表 9.5　TOC 的三项衡量指标

有效产出	指企业在某个规定时期通过销售获得的货币
库存	指企业为了销售有效产出，在所有外购物料商投资的货币
运行费用	指企业在某个规定时期为了将库存转换为有效产出所花费的货币，运行费用包括了除材料以外的成本，库存保管费也包括在运行费用中

约束因素

约束因素的分析采用“鼓—缓冲—绳法”（Drum-Buffer-Rope Approach，DBR法）和“缓冲管理法”（Buffer Management）。

TOC把主生产计划（MPS）比喻成“鼓”，根据瓶颈资源和能力约束资源（Capacity Constraint Resources，CCR）的可用能力来确定企业的最大物流量，作为约束全局的“鼓点”，鼓点相当于指挥生产的节拍；在所有瓶颈和总装工序前要保留物料储备缓冲，以保证充分利用瓶颈资源，实现最大的有效产出。必须按照瓶颈工序的物流量来控制瓶颈工序前道工序的物料投放量。换句话说，头道工序和其他需要控制的工作中心如同用一根传递信息的绳子牵住的队伍，按同一节拍，控制在制品流量，以保持在均衡的物料流动条件下进行生产。瓶颈工序前的非制约工序可以用倒排计划，瓶颈工序用顺排计划，后续工序按瓶颈工序的节拍组织生产。

决策方法

TOC强调了三种方法，统称为思维过程（Thinking Processes，TP），如表9.6所示。

表9.6 思维过程方法

因果关系法	为了找出“要改变什么？”设定一些尽可能少的假设，通过分析和考验，逐一排除，找出造成约束的根源原因（Root Cause），从而找出解决要害问题的有效方法
驱散迷雾法	用来处理“改变的方向（What to change to）”问题，该方法发展了对消除无效劳动和浪费的“刨根问底”思想，并提出了一些指导性的规则
苏格拉底法	老师只提问题，不给答案，在找出核心问题之后，发动学员对如何解决核心问题献计献策，使献计策的人感到问题是由于他提出了办法才得以解决，因而产生一种“参与感”，更主动地投入改革活动

实践案例

应用TOC获得成功的企业很多，如美国得克萨斯食品公司深感缩短提前期在竞争上的必要性，从1992年就开始进行了TOC改善活动。它先以福特公司的电子事业部为样板引进了TOC，结果省去了为增产所需的数亿美元的投资。半导体乌耶哈工厂也引进了TOC，提前期在1年半内减少了75%，生产能力在同样的设备条件下提高了25%。

质量功能法

公司在引进一项对于公司的生存和发展至关紧要的新产品或新服务时，是否面临战略性的选择问题？可以设想有一种方法，在尝试之前就能获知该项目的潜在功能，能够帮助公司降低从开发设计到正式生产的30%时间，而且能够提高产品质量和降低项目投入成本。这种方法就叫做Quality（质量）、Function（功能）与Deployment（展开），简称QFD，如图9.15所示。

质量功能法，即QFD法（Quality Function Deployment，质量功能展开），也称质量功能配置、质量机能展开、质量功能部署。

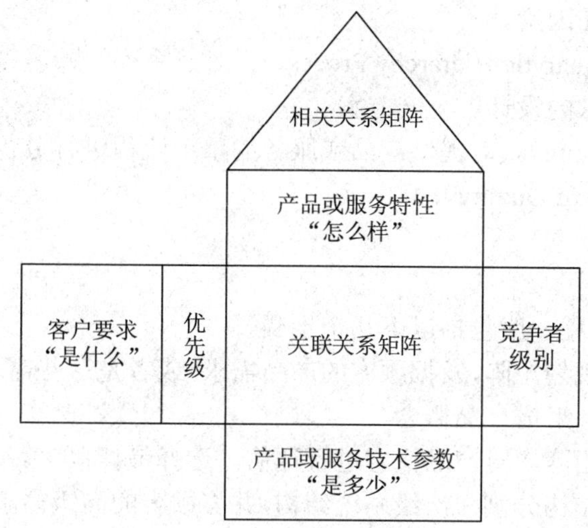

图 9.15　QFD 框架图

方法特点

质量功能展开是一种在设计阶段应用的系统方法，它采用一定的方法保证将来自顾客或市场的需求精确无误地转移到产品寿命循环每个阶段的有关技术和措施中去。

质量功能展开于 20 世纪 70 年代初起源于日本的三菱重工，由日本质量管理大师赤尾洋二（Yoji Akao）和水野滋（Shigeru Mizuno）提出，旨在时刻确保产品设计满足顾客需求和价值。后来被日本其他公司广泛采用，现已成为一种重要的质量设计技术，得到世界各国的普遍重视，认为它是满足顾客要求、赢得市场竞争、提高企业经济效益的有效技术。质量功能展开首先成功地应用于船舶设计与制造，现在已扩展到汽车、家电、服装、集成电路、建筑机械、农业机械等行业。

传统的生产质量控制是通过对生产的物质性检查——用观察与测试的手段来取得的，这种措施通常也被归于检验质量的方法。QFD 方法则帮助公司从检验产品转向检查产品设计的内在质量，因为设计质量是工程质量的基石，所有在设计阶段，QFD 早在产品或服务设计成为蓝图之前就已经引进了许多无形的要素，使质量融入生产和服务及其工程的设计之中。

简单地说，QFD 把客户的要求转换成相应的技术要求，帮助企业的研究小组系统化地达成共识：做什么？什么样的方法最好？怎样用最好的指令去完成工作？对员工与资源有什么要求？

管理工具

QFD 架构下的典型质量管理工具有以下几种。

- 亲和图（Affinity Diagrams）。使具有深层结构特征的顾客需求“浮出水面”。
- 关系图（Relations Diagrams）。用以发现优先需求、造成产品质量流程问题的根本原因以及沉默顾客的需求。
- 树图（Hierarchy Trees）。用来寻找亲和图和树图中的缺陷和遗漏。
- 各种矩阵（Various Matrixes）。用来表示各指标之间的关系、优先项以及责任等。
- 流程决策程序图（Process Decision Program Diagrams）。用以分析可能造成新产品或服务失败的潜在因素。

- 层级分析法（Analytic Hierarchy Process）。对一系列的顾客需求进行优先排列，并选出满足这些需求的设计、生产方案。
- 蓝图（Blueprinting）。对提供产品或服务的整个流程进行分析、描述。
- 质量屋（House of Quality）。

应用步骤

一个典型的QFD流程一般包括以下几个步骤。

- 通过运用产品规划矩阵，发掘顾客的产品需求，或者是这些需求表现出来的技术特征。
- 通过顾客需求，形成产品概念。
- 运用概念选择矩阵，对产品概念进行评估，选择最佳概念。
- 将系统概念或结构分割为次级系统结构，并将顾客的高级需求及其需求的技术特征分配给这些分割开的次级系统结构。
- 通过运用零部件展开矩阵，将次级系统需求转化为低级的产品/零部件需求和属性。
- 对于关键的零部件，将产品/零部件属性转化为制造操作流程规划。
- 确定这些零部件的生产流程。

根据以上这些步骤，确定生产组织结构需求、流程控制以及质量控制，从而确保合格制造出这些关键性的零部件，或者说满足零部件属性的需求。

顾客需求特性之间会有一定的联系，顾客需求特性中并不是所有要求都是同等重要的，应在充分考虑顾客意愿的基础上确定出全部顾客需求特性的相对重要性。如果产品有竞争对手，企业欲以质取胜超过对手，就应通过调研，掌握顾客对本企业的产品及对竞争对手的产品质量特性间的评价，顾客需求特性的相对重要性及顾客的评价。

与竞争对手比较一下，就可以发现有质量改进的机会。顾客对本公司产品的评价不理想，该项目应是质量改进的重点所在。

怎样才能改进产品质量呢？顾客需要"什么"项目已经清楚，企业应该"如何"做？这就需要用工程的语言，也就是用生产过程有关人员都懂得的语言来描述生产特性，即根据顾客的需求特性设计出可定量表示的工程技术特性。这就需要有顾客需求特性和工程技术特性的关系矩阵图。关系矩阵有助于人们对复杂事物进行清晰思维，并提供机会对思维的正确性反复交叉检查。如果发现某项工程技术特性项目与任何一项顾客需求特性没有关系，那么这项工程技术特性就可能是多余的，或者设计小组在设计时漏掉了一项顾客需求特性。如果某项顾客需求特性与所列的任何工程技术特性都没有关系，那么，就有可能要增加产品的工程技术要求，在工程技术上应加以满足。

质量屋的基本应用是倾听顾客的意见，捕捉顾客的愿望，很好地理解顾客的需求，并将顾客需求特性设计到产品中去，合理确定各种技术要求，应该为每一项工程技术特性确定定量的特性值。质量功能展开过程通过质量屋全面确定各种工程技术特性和间接工程技术特性的值。在质量屋每一项工程技术特性下加上对应的顾客测量值，根据顾客测量值来设计每项工程技术特性的理想值，即目标值。如果某项产品同时有几家公司生产，则公司之间存在着产品质量的竞争。这时质量屋可提供本公司的产品质量与主要竞争对手产品质量的比较。质量屋矩阵的右边为顾客对各项顾客需求特性的评价，分别按本公司的产品及竞争对手产品的质量以五级记分来评价。质量屋的下面分别列出了本公司的产品和竞争对手产品的各工程技术特性的客观测量值。这样，在质量屋中既有顾客需求特性及其重要性的信息，又有与顾客需求特性相关的工程技术特性信息及工程技术特性之间的相互关系信息，再加上对顾客需求特性和工程技术特性的竞争性评价，就可以借此分析、判断本公司工程技术特性的规范是否符合顾客要求，同时也可以确定质量改进所在。

某一顾客需求特性重要性较大，而顾客的评价又不怎么高，企业就应重点研究与该特性正相关特性是否合适。另外，在技术项目的目标值方面还应考虑该项技术实现的难度、重要性及经济性等因素，考虑这些因素后的质量屋又扩展了产品的技术。

质量功能展开之所以可以取得很好的效果，其原因在于它强调“团队”工作方式，也提供了比较严格规范的工具，使得各方面的专家可以按照一定的工作程序一步一步地实现“要求”和“措施”之间的映射，并可得出应重点进行质量控制的项目。

方法优势

质量功能展开（QFD）是 种系统性的决策技术，在设计阶段，它可保证将顾客的要求准确无误地转换成产品定义（具有的功能、实现功能的机构和零件的形状、尺寸、公差等）；在生产准备阶段，它可以保证将反映顾客要求的产品定义准确无误地转换为产品制造工艺过程；在生产加工阶段，它可以保证制造出的产品完全满足顾客的需求。在正确应用的前提下，质量功能展开技术可以保证在整个产品寿命循环中，顾客的要求不会被曲解，也可以避免出现不必要的冗余功能，还可以使产品的工程修改减至最少，也可以减少使用过程中的维修和运行消耗，追求零件的均衡寿命和再生回收。正是由于这些特点，质量功能展开真正成为一种可以使制造者以最短的时间、最低的成本生产出功能上满足顾客要求的高质量产品。

QFD 既积极寻求顾客明确告知的需求，又努力发掘没有言传的顾客需求，并尽可能最大化能够为顾客带来价值的“积极的”质量，如简便易用、制造快乐、产生豪华感等。传统质量系统的目标是最小化“消极的”质量，如产品缺陷、服务不佳等。

不同于传统的设计流程集中于工程技术性能而较少关注顾客需求，QFD 以满足顾客需求为基础，关注产品发展的各个环节。方法的使用能够减少设计时间、减少设计变动、减少设计和制造成本、提高产品质量、提高顾客满意度。有资料显示，通过采用 QFD，丰田公司减少了 61%的启动成本损失。马自达公司减少了半数的最后设计变更等。

QFD 使得那些无形需求和公司的战略优势清晰可见，进而使得公司能够对它们进行优先考量。

方法局限

作为一项由日本人开发的管理技术，QFD 在西方企业环境和文化下的应用，可能会出现水土不服的问题。

顾客感知是通过市场调研获得的，一旦市场调研不准，其后的所有分析结果只会给公司带来灾难。

今天，顾客的想法和需求瞬息万变。作为一项综合管理系统和结构化的质量控制方法，要顺应如此快速的市场变化，比较复杂。

市场营销

市场营销（Marketing）又称为市场学、市场行销或营销学。简称“营销”；指个人或群体通过创造并同他人交换产品和价值，以满足需求与欲望的一种社会和管理过程。美国市场营销协会下的定义是：“营销是创造、沟通与传送价值给顾客，及经营顾客关系，以便让组织与其利益关系人（Stakeholder）受益的一种组织功能与程序。”菲利普·科特勒下的定义强调了营销的价值导向：“市场营销是个人和集体通过创造产品和价值，并同别人进行交换，以获得其所需所欲之物的一种社会和管理过程。”而格隆罗斯给的定义强调了营销的目的：“营销是在一种利益之上下，通过相互交换和承诺，建立、维持、巩固与消费者及其他参与者的关系，实现各方的目的。”

关系营销

越来越多的企业意识到，寻求与客户建立和维系一种长期的战略伙伴关系是使交易双方企业获得“双赢”的最大保障。因此在此基础上，关系营销应运而生。

关系营销是美国营销学者巴巴拉·杰克逊（Barbara Bund Jackson）于1985年首先提出的，菲利普·科特勒（Philip Kotler）在其《营销管理》第六版也有论述，从20世纪80年代起迅速风靡全世界。它是现代西方营销理论与实践在传统的“交易型营销”基础上的一个发展和进步。

关系营销是针对交易营销的弊端提出的，提出的原因是单靠交易营销建立的品牌忠诚度不稳，回头客太少；而现实营销中企业的生意不断，有些企业则是一次性交易。究其根源是企业与顾客的关系不同。为了扩大回头客的比例，提出关系营销。

营销实质

关系营销指买卖“双方间创造更亲密的工作关系与相互依赖关系的艺术”。企业与顾客、分销商、经销商、供应方等建立、保持并加强关系，通过互利交换及共同履行诺言，使有关各方实现各自的企业与购买者之间创造更亲密的工作关系和相互依赖伙伴关系，建立和发展双方的连续性效益，提高品牌忠诚度和巩固市场的方法和技巧。

关系营销的实质是在买卖关系的基础上建立非交易关系，以保证交易关系能持续不断地确立和发生。关系营销的关键是顾客满意。

交易营销与关系营销在一些重要方面存在重要差异，如表9.7所示。

表9.7 交易营销与关系营销的比较

项　目	交易营销	关系营销
适合的顾客	眼光短浅和低转换成本	眼光长远和高转换成本
核心概念	你买我卖	建立与顾客之间的长期关系
企业着眼点	近期利益	长远利益

续表

项　　目	交 易 营 销	关 系 营 销
企业与顾客的关系	不牢固	比较牢固
对价格的看法	主要竞争手段	不是主要竞争手段
市场占有率，一锤子买卖也干	企业强调	建立长久关系，顾客满意
营销管理的追求	追求单项交易利润最大化	追求与对方互利关系最佳化
市场风险	大	小
了解顾客文化背景	没有必要	非常必要
最终结果	未超出营销渠道的概念范畴	超出营销渠道的概念范畴，可成为战略伙伴

建立步骤

（1）筛选出值得和必须建立关系的顾客。

（2）对筛出的顾客指派专人负责，明确职责范围：每一客户由关系经理负责；关系经理职责分明；派一名总经理管理关系经理。

（3）分别制定长期的和年度的工作计划，经常与关系对象进行联络和沟通。

（4）进行反馈和追踪。测定长期需求，了解顾客兴趣。

营销技巧

关系营销作为新的聚合点，它以市场为导向，把服务与质量有机地结合起来。关系营销的着眼点不像传统营销观念那样只有一个，而是两个，即赢得客户与拥有客户。过去，市场营销的重点很大部分放在怎样“赢得”而不是如何长期“拥有”客户上面；而关系营销的目的正是在于使服务、质量和营销这三者环环相扣，使赢得客户与保有客户这两方面呼应扣合起来。因此关系营销导向是将服务、质量和营销融为一体，客户服务和全面（全公司范围内的）质量决策是以竞合为基础。实施关系营销应做好的工作，如表 9.8 所示。

表 9.8　实施关系营销应做好的工作

应　　该	不　应　该
积极主动地打电话	只回电话
语言坦率	语言模棱两可
使用电话联系	使用文件
出现误解表示理解	出现误解也不作解释
主动提出维修	等待对方提出维修
触及问题的实质	只对问题做出反应
双方沟通使用简朴的行话和速记字条的文字	使用冗长的沟通方式
不忌讳个人品格	忌讳个人品格问题
谈及“我们共同的未来”	谈及过去所获得的好处
反应常规化	反应仓促
勇于承担	推诿转嫁责任
计划未来	回顾过去

未来的竞争环境更加变幻莫测，这对企业的市场应变能力提出了更高的要求。通过与客户之间建立起长期稳定的战略伙伴关系，能够更有利于企业与合作伙伴共享资源，培育和加强企业市场竞争优势。

价格敏感性

企业如何估计产品对于顾客的经济价值？在和那些见多识广、极其老练的购买者打交道时，怎样正确地描述和预测购买者行为？如何在不了解可选方案或者在购买之前评估它们，使得寻找最佳交易变得容易并且避免风险？价格敏感性测试是回答这些比较棘手的问题的有效方法。

影响因素

有很多因素会影响经济价值模型对实际购买决策的作用。如果管理者想要根据消费者类型细分市场，想要影响他们的决策方式，预测他们对不同的价格可能的反应，那么，了解这些因素是十分必要的。

- 认知替代品效应。相对于购买者了解、认知的其他替代产品，产品价格越高，购买者对价格越敏感。
- 独特价值效应。购买者对某种产品区别于竞争产品的特色评价越高，他对价格越不敏感。
- 转换成本效应。更换供应商所必需的投资越大，购买者挑选产品时的价格敏感性越低。
- 价格—质量效应。当高价在某种程度上代表高质量时，购买者的价格敏感性会降低。
- 支出效应。费用发生较大（总额或占家庭收入的比例较大）时，购买者的价格敏感性越高。
- 最终利益效应。产品价格占最终利益总成本的份额越大（小），消费者对价格越（不）敏感。

测量方法

对消费者的价格敏感性进行数值上的估计，有时对完善定价策略有很大的帮助。但是，有些对价格敏感性的分析也会将管理引入一个误区，使决策者制定出错误的定价策略。即使是最好的估计，也不能替代对价格敏感性的管理分析、对消费者的透彻理解，这是非常关键的。如果管理人员是对那些有关价格敏感性的数据进行分析并仔细研究，然后将它们作为已有信息的一个补充，而不是代替那些信息，那么，花一些钱获取这些数据是非常值得的。估计价格敏感性有各种各样的方法，如表9.9所示。

表9.9 测量价格敏感性的方法

测量变量	测量条件	
	无控制的条件	实验控制的条件
实际购买情况	累计的销售数据 商店审计数据 消费者小组的数据	店内实验 购买实验
偏好和意图	直接问卷 购买反应的调查	模拟购买调查 综合分析

各种方法各有利弊，到底采用哪种方法并不是绝对的。在进行估计之前，要针对产品本身的特点来选用合适的方法。

方法应用

选择哪一种测量方法并没有绝对的标准。不同情况下有效的方法是不同的。在对价格敏感性进行数值估计时，到底采取什么样的技术还取决于产品开发进行的阶段。

如果产品还处于产品概念阶段或原型阶段，只能通过调查消费者的偏好和意图来获取一些资料。比较分析的方法在这个阶段特别有用，因为使用它可以估计出产品每一个属性的价值，这样就可以帮助厂商在设计产品时，决定在最终产品中包括哪些功能才有利可图。如果一种产品正准备推向市场，店内实验和实验室模拟实验的方法更合适，因为这两种方法与实际购买的情况更接近。如果要开发的产品是成本比较高的耐用品，如电视机、影印机，那么采用实验室购买实验的方法就比较好了。对于这些价格比较昂贵的产品来说，消费者对价格是比较注意的，采用简单的实验室实验或者模拟购买调查的方法进行研究是比较合适的。采用购买—反馈调查的方法可以估计出潜在的消费者愿意支付的价格范围。

如果产品已经上市一段时间了，那么实际的销售数据就是一个很好的来源。有时仅凭实际的销售资料还不能够得出确定的答案，但是它也可以提供一些价格和销售量之间的关系，以便在采用其他方法进行研究时，可以得到比较可靠的结果。管理人员在与消费者接触时，应该尽量思考一些有助于研究人员使用历史数据的问题。例如，购买的周期是多长？如果未来价格会上涨，购买者会多购买多少商品充实？即使有时利用历史数据得不到什么确定的结论，通过对这些数据的分析，也可以看出销售量和价格以及其他营销变量之间的一些关系，这将有助于使用其他的测量技术进行价格敏感性分析。

企业不管用什么方法来估计价格敏感性，管理者都不能够用这种数学上的分析来替代管理的判断。有些数值估计很不准确，如果管理人员盲目地依赖这些结果是十分危险的。管理人员应该充分地了解自己产品的消费者，并以此为基础作出自己的预测，与数字估计的结果进行比较。如果二者有冲突，管理者就应该重新检查一下，到底是测量的过程有问题，还是自己以前对用户的了解不够。管理者自己的经验在数值估计过程中会有很大的作用，数值估计的质量往往取决于管理者的判断是否正确。

绿色营销

随着全球环境保护意识的增强，世界各国经济都在实施可持续发展战略，强调经济发展应与环境保护相协调。作为绿色保护运动的一个重要组成部分——绿色营销业正成为社会和企业认真研究的热门课题。绿色营销是指企业以环境保护为经营指导思想，以绿色文化为价值观念，以消费者的绿色消费为中心和出发点的营销观念、营销方式和营销策略。它要求企业在经营中贯彻自身利益、消费者利益和环境利益相结合的原则。因此，绿色营销管理包括以下五个方面的内容。

营销观念

绿色营销观念是在绿色营销环境条件下企业生产经营的指导思想。绿色营销观念在传统营销观念的基础上增添了新的思想内容。企业生产经营研究的首要问题不是在传统营销因素条件下，通过协调三方面关系使自身取得利益，而是与绿色营销环境的关系。

绿色产品

产品策略是市场营销的首要策略，企业实施绿色营销必须以绿色产品为载体，为社会和消费者提供满足绿色需求的绿色产品。

产品价格

价格是市场的敏感因素，定价是市场营销的重要策略，实施绿色营销不能不研究绿色产品价格的制定。一般来说，绿色产品在市场的投入期，生产成本会高于同类传统产品，因为绿色产品成本中应计入产品环保的成本，主要包括以下几方面。

（1）在产品开发中，因增加或改善环保功能而支付的研制经费。

（2）在产品制造中，因研制对环境和人体无污染、无伤害而增加的工艺成本。

（3）使用新的绿色原料、辅料而可能增加的资源成本。

（4）由于实施绿色营销而可能增加的管理成本、销售费用。

但是，产品价格的上升会是暂时的，随着科学技术的发展和各种环保措施的完善，绿色产品的制造成本会逐步下降，趋向稳定。企业制定绿色产品价格，一方面当然应考虑上述因素，另一方面应注意到，随着人们环保意识的增强、消费者经济收入的增加，消费者对商品可接受的价格观念会逐步与消费观念相协调。所以，企业营销绿色产品不仅能使企业盈利，更能在同行竞争中取得优势。

渠道策略

绿色营销渠道是绿色产品从生产者转移到消费者所经过的通道。企业实施绿色营销必须建立稳定的绿色营销渠道，策略上可从以下几方面努力。

（1）启发和引导中间商的绿色意识，建立与中间商恰当的利益关系，不断发现和选择热心的营销伙伴，逐步建立稳定的营销网络。

（2）注重营销渠道有关环节的工作。为了真正实施绿色营销，从绿色交通工具的选择、绿色仓库的建立，到绿色装卸、运输、储存、管理办法的制定与实施，认真做好绿色营销渠道的一系列基础工作。

（3）尽可能建立短渠道、宽渠道，减少渠道资源消耗，降低渠道费用。

促销活动

绿色促销是通过绿色促销媒体，传递绿色信息，指导绿色消费，启发引导消费者的绿色需求，最终促成购买行为。绿色促销的主要手段有以下几方面。

（1）绿色广告。通过广告对产品的绿色功能定位，引导消费者理解并接受广告诉求。在绿色产品的市场投入期和成长期，通过量大、面广的绿色广告，营造市场营销的绿色氛围，激发消费者的购买欲望。

（2）绿色推广。通过绿色营销人员的绿色推销和营业推广，从销售现场到推销实地，直接向消费者宣传、推广产品绿色信息，讲解、示范产品的绿色功能，回答消费者绿色咨询，宣讲绿色营销的各种环境现状和发展趋势，激励消费者的消费欲望。同时，通过试用、馈赠、竞赛、优惠等策略，引导消费兴趣，促成购买行为。

（3）绿色公关。通过企业的公关人员参与一系列公关活动，如发表文章、演讲、影视资料的播放，社交联谊、环保公益活动的参与、赞助等，广泛与社会公众进行接触，增强公众的绿色意识，树立企业的绿色形象，为绿色营销建立广泛的社会基础，促进绿色营销业的发展。

绿色营销是在消费者绿色需求的条件下产生的，所以，绿色需求是绿色营销的动力。因此企业应当注重培养绿色文化意识，从而形成绿色营销的文化环境；在产品设计、制造和服务过程中，不断研究和创造有利于保护生态环境、消费者身心健康的科学技术成果，形成绿色营销的科技环境；以是否能最佳满足消费者绿色需求作为企业间竞争的焦点，形成市场营销新的竞争环境。

尽管绿色营销是传统营销的延伸与扩展，但它毕竟是社会经济发展到现阶段的产物。所以，它与传统营销相比，无论是营销观念还是营销组合策略，都显示出自身独特的、崭新的内涵，显示出顽强的生命力，绿色营销必将成为 21 世纪市场营销的主流。

转移矩阵法

单个生产厂家的产品在同类商品总额中所占的比率，称为该厂产品的市场占有率。在激烈的竞争中，市场占有率随产品的质量、消费者的偏好以及企业的促销作用等因素而发生变化。企业在对产品种类与经营方向做出决策时，需要预测各种商品之间不断转移的市场占有率。市场占有率的预测可采用马尔科夫转移矩阵法（Markov Analysis），也就是运用转移概率矩阵对市场占有率进行市场趋势分析的方法。

分析模型

马尔可夫是俄国数学家，他在 20 世纪初发现：一个系统的某些因素在转移中，第 n 次结果只受第 n-1 的结果影响，只与当前所处状态有关，与其他无关。例如，研究一个商店的累计销售额，如果现在时刻的累计销售额已知，则未来某一时刻的累计销售额与现在时刻以前的任一时刻的累计销售额都无关。在马尔可夫分析中，引入状态转移这个概念。所谓状态是指客观事物可能出现或存在的状态；状态转移概率是指客观事物由一种状态转移到另一种状态的概率。

实际分析中，往往需要知道经过一段时间后，市场趋势分析对象可能处于的状态，这就要求建立一个能反映变化规律的数学模型。马尔可夫市场趋势分析模型是利用概率建立一种随机型的时序模型，并用于进行市场趋势分析的方法。

马尔可夫分析法的基本模型为

$$X_{(k+1)}=P\times X_{(k)}$$

式中：X（k+1）表示趋势分析与预测对象在 t=k+1 时刻的状态向量；X（k）表示趋势分析与预测对象在 t=k 时刻的状态向量；P 表示一步转移概率矩阵。

必须指出的是，上述模型只适用于具有马尔可夫性的时间序列，并且各时刻的状态转移概率保持稳定。若时间序列的状态转移概率随不同的时刻在变化，不宜用此方法。由于实际的客观事物很难长期保持同一状态的转移概率，故此法一般适用于短期的趋势分析与预测。

在较长时间后，马尔可夫过程逐渐处于稳定状态，且与初始状态无关。马尔可夫链达到稳定状态的概率就是稳定状态概率，也称稳定概率。市场趋势分析中，要设法求解得到市场趋势分析对象的稳定概率，并以此做市场趋势分析。

在马尔可夫分析法的基本模型中，当 $X=PX$ 时，称 X 是 P 的稳定概率，即系统达到稳定状态时的概率向量，也称 X 是 P 的固有向量或特征向量，而且它具有唯一性。

市场策略

马尔可夫分析法是研究随机事件变化趋势的一种方法。市场商品供应的变化也经常受到各种不确定因素的影响而带有随机性，若其具有"无后效性"，则用马尔可夫分析法对其未来发展趋势进行市场趋势分析，提高市场占有率的策略预测市场占有率是供决策参考的，企业要根据预测结果采取各种措施争取顾客。

提高市场占有率一般可采取以下三种策略。

（1）设法保持原有顾客。

（2）尽量争取其他顾客。

（3）既要保持原有顾客，又要争取新的顾客。

第三种策略是前两种策略的综合运用，其效果比单独使用一种策略要好，但其所需费用较高。如果接近于平稳状态时，一般不必花费竞争费用。所以既要注意市场平稳状态的分析，又要注意市场占有率的长期趋势的分析。

争取顾客、提高市场占有率的策略和措施一般有以下几种。

- 扩大宣传。主要采取广告方式，通过大众媒体向公众宣传商品特征和顾客所能得到的利益，激起消费者的注意和兴趣。
- 扩大销售。除联系现有顾客外，积极地寻找潜在顾客，开拓市场，如向顾客提供必要的服务等。
- 改进包装。便于顾客携带，增加商品种类、规格、花色，便于顾客挑选，激发顾客购买兴趣。
- 开展促销活动。如展销、分期付款等。
- 调整经营策略。根据市场变化，针对现有情况调整销售策略，如批量优待、调整价格、市场渗透、提高产品性能、扩大产品用途、降低产品成本等，以保持市场占有率和扩大市场占有率。

分析步骤

马尔可夫分析法的一般步骤如下。

（1）调查目前的市场占有率情况。

（2）调查消费者购买产品时的变动情况。

（3）建立数学模型。

（4）预测未来市场的占有率。

组合策略

企业的营销工作是一门艺术也是一门科学，先进的营销理念将提出企业的市场业绩。从营销组合策略的角度讲，市场营销理念经历 4P—4C—4R 三个阶段。

4P

4P（产品、价格、渠道、促销）营销策略自 20 世纪 50 年代末由 Jerome McCarthy 提出以来，对市场营销理论和实践产生了深刻的影响，被营销经理们奉为营销理论中的经典。而且，如何在 4P 理论指导下实现营销组合，实际上也是公司市场营销的基本运营方法。

4P 指代的是 Product（产品）、Price（价格）、Place（地点，即分销，或渠道）和 Promotion（促销）四个英文单词。这一理论认为，如果一个营销组合中包括合适的产品、合适的价格、合适的分销策略和合适的促销策略，那么这将是一个成功的营销组合，企业的营销目标也可以藉以实现。

但是简洁也常常意味着有所遗漏。这就像一件考究的中式长袍，谁都能穿，但不是谁穿着都合身。如同一位欧洲学者 / 咨询顾问所言，"营销组合的 4P 模型被广泛接受的原因，恐怕并非由于其普适性，而在于它是一个优美的理论"。

4C

随着市场竞争日趋激烈，媒介传播速度越来越快，4P 理论越来越受到挑战。到 20 世纪 80 年代，美国劳特朋针对 4P 存在的问题提出了 4C 营销理论。

4C 分别指代 Customer（顾客）、Cost（成本）、Convenience（便利）和 Communication（沟通）。

- Customer（顾客）主要指顾客的需求。企业必须首先了解和研究顾客，根据顾客的需求来提供产品。同时，企业提供的不仅仅是产品和服务，更重要的是由此产生的客户价值（Customer Value）。
- Cost（成本）不单是企业的生产成本，或者说 4P 中的 Price（价格），它还包括顾客的购买成本，同时也意味着产品定价的理想情况，应该是既低于顾客的心理价格，亦能够让企业有所盈利。此外，这中间的顾客购买成本不仅包括其货币支出，还包括其为此耗费的时间，体力和精力消耗，以及购买风险。
- Convenience（便利），即所谓为顾客提供最大的购买和使用便利。4C 理论强调企业在制订分销策略时，要更多地考虑顾客的方便，而不是企业自己方便。要通过好的售前、售中和售后服务来让顾客在购物的同时，也享受到了便利。便利是客户价值不可或缺的一部分。
- Communication（沟通）则被用以取代 4P 中对应的 Promotion（促销）。4C 认为，企业应通过同顾客进行积极有效的双向沟通，建立基于共同利益的新型企业 / 顾客关系。这不再是企业单向的促销和劝导顾客，而是在双方的沟通中找到能同时实现各自目标的通途。

4C 理论也留有遗憾。总起来看，4C 营销理论注重以消费者需求为导向，与市场导向的

4P 相比，4C 有了很大的进步和发展。但从企业的营销实践和市场发展的趋势看，4C 依然存在以下不足。

- 4C 是顾客导向，而市场经济要求的是竞争导向，中国的企业营销也已经转向了市场竞争导向阶段。顾客导向与市场竞争导向的本质区别是：前者看到的是新的顾客需求；后者不仅看到了需求，还更多地注意到了竞争对手，冷静分析自身在竞争中的优、劣势并采取相应的策略，在竞争中求发展。
- 4C 理论虽然已融入营销策略和行为中，但企业营销又会在新的层次上同一化。不同企业至多是个程度的差距问题，并不能形成营销个性或营销特色，不能形成营销优势，保证企业顾客份额的稳定性、积累性和发展性。
- 4C 以顾客需求为导向，但顾客需求有个合理性问题。顾客总是希望质量好、价格低，特别是在价格上要求是无界限的。只看到满足顾客需求的一面，企业必然付出更大的成本，久而久之，会影响企业的发展。所以从长远看，企业经营要遵循双赢的原则，这是 4C 需要进一步解决的问题。
- 4C 仍然没有体现既赢得客户，又长期地拥有客户的关系营销思想。没有解决满足顾客需求的操作性问题，如提供集成解决方案、快速反应等。
- 4C 总体上虽是 4P 的转化和发展，但被动适应顾客需求的色彩较浓。根据市场的发展，需要从更高层次以更有效的方式在企业与顾客之间建立起有别于传统的新型的主动性关系，如互动关系、双赢关系、关联关系等。

4R

针对上述问题，近来，美国 Don. E. Schuhz 提出了 4R（关联、反应、关系、回报）营销新理论，阐述了一个全新的营销四要素。

- Relativity（顾客关联）。在竞争性市场中，顾客具有动态性。顾客忠诚度是变化的，他们会转移到其他企业。要提高顾客的忠诚度，赢得长期而稳定的市场，重要的营销策略是通过某些有效的方式在业务、需求等方面与顾客建立关联，形成一种互助、互求、互需的关系。
- Reaction（市场反应）。在今天相互影响的市场中，对经营者来说最现实的问题不在于如何控制、制定和实施计划，而在于如何站在顾客的角度及时地倾听顾客的希望、渴望和需求，并及时答复和迅速做出反应，满足顾客的需求。
- Relation（关系营销）。在企业与客户的关系发生了本质性变化的市场环境中，抢占市场的关键已转变为与顾客建立长期而稳固的关系，从交易变成责任，从顾客变成用户，从管理营销组合变成管理和顾客的互动关系。沟通是建立关系的重要手段。从经典的 AIDA 模型："注意－兴趣－渴望－行动"来看，营销沟通基本上可完成前三个步骤，而且平均每次和顾客接触的花费很低。
- Retribution（营销回报）。对企业来说，市场营销的真正价值在于其为企业带来短期或长期的收入和利润的能力。

4R 理论有以下四大优势。

（1）4R 营销理论的最大特点是以竞争为导向，在新的层次上概括了营销的新框架。4R 根据市场不断成熟和竞争日趋激烈的形势，着眼于企业与顾客互动与双赢。

（2）4R 体现并落实了关系营销的思想。通过关联、关系和反应，提出了如何建立关系、长期拥有客户、保证长期利益的具体操作方式，这是一个很大的进步。

（3）反应机制为互动与双赢、建立关联提供了基础和保证，同时也延伸和升华了便利性。

（4）“回报”兼容了成本和双赢两方面的内容。追求回报，企业必然实施低成本战略，充分考虑顾客愿意付出的成本，实现成本的最小化，并在此基础上获得更多的顾客份额，形成规模效益。这样，企业为顾客提供价值和追求回报相辅相成，相互促进，客观上达到的是一种双赢的效果。

当然，4R 同任何理论一样，也有其不足和缺陷。例如与顾客建立关联、关系，需要实力基础或某些特殊条件，并不是任何企业都可以轻易做到的。但不管怎样，4R 提供了很好的思路，是经营者和营销人员应该了解和掌握的。

4P、4C、4R 三者是什么关系呢？不是取代关系而是完善、发展的关系。由于企业层次不同，情况千差万别，市场、企业营销还处于发展之中，所以至少在一个时期内，4P 还是营销的一个基础框架，4C 也是很有价值的理论和思路。因而，两种理论仍具有适用性和可借鉴性。4R 不是取代 4P、4C，而是在 4P、4C 基础上的创新与发展，所以不可把三者割裂开来甚至对立起来。在了解体现了新世纪市场营销的新发展的 4R 理论的同时，根据企业的实际，把三者结合起来指导营销实践，可能会取得更好的效果。

本章概要

本章重点介绍与产品有关的咨询工具与方法，涉及产品开发、质量管理及市场营销三个方面的主要内容。

产品开发解析了奥康剃刀、波士顿矩阵、成长矢量矩阵、麦肯锡三层面理论、产品组合、产业周期及 RATER 指数等重点工具。质量管理解析了全面质量管理、关联图法、戴明循环、矩阵图法、六西格玛、现场管理、约束理论及质量功能法等主要方法。对市场营销，分析了关系营销、价格敏感性、绿色营销、转移矩阵法和组合策略等。

思考练习

1．奥康剃刀对产品开发有什么样的指导意义？中外企业在产品开发上，就此原则涉及的指向，有什么重大差异？

2．为什么中国企业最关注的是市场营销，而国际企业最关注的是产品开发？您如何理解这种差异？

3．RATER 指数研究有什么新发展和实际应用？请详细分析。

4．中国企业质量管理的现状存在什么问题？请实证分析。

5．您认为，还有哪些市场营销的重要工具需要被重点解析以助管理者利用？

6．最新的质量管理研究，在理论、工具与方法上，有什么实质性的发展？

7．产品开发方面，还有哪些重要内容宜被分析？

8．在产品有关的咨询领域，您觉得最成功的案例是什么？请详细分析。

9．本章涉及的产品开发、质量管理及市场营销，各自有哪些经典的咨询失败案例？请解析。

10．产品咨询对于咨询师有哪些专业的要求？时代的发展，又提出哪些新要求？

延伸阅读

《创业管理（第 2 版）》（丁栋虹．北京：清华大学出版社，2011）：本书是一部企业家视角下的充满深刻感悟和独到见解的创业管理著作。贯穿创建、生存与成长的创业全程，建构了企业家视角下创业管理的完整学习体系。本书并不简单进行知识的介绍，更着力于创业理念、思维与方法的传播与启迪，藉以提升创业者的能力、创业的成功率和企业的品质。

《标准管理：一流企业精细化管理实践》（鲍勃·菲尔普斯，等．黄如金，译．北京：经济管理出版社，2005）：当公司的股价下跌 70%时，CEO 仍然能够获得全额奖金。这是为什么？因为薪酬委员会说他已经“实现了他所有的运营目标”。本书通过讲述方法和案例介绍应当怎样分析公司并确定恰当的目标。

《戴明论质量管理》（[美]W. 爱德华兹．钟汉清，戴久永，译．海口：海南出版社，2003）：戴明博士提出了一个新的营销理论架构，提出十四项管理要点及七种恶疾的疗法，并以丰富的实例从顾客、员工、管理层及政府的角度进行探讨如何克服质量大敌。

《新产品开发流程管理：以市场为驱动（第 3 版）》（[美]罗伯特·G. 库珀．青铜器软件公司，译．北京：电子工业出版社，2010）：在这个全面升级和扩充的版本中，作者用令人信服的证据，阐明了为什么协同开发对公司的成长至关重要、如何最大限度地提高新产品开发的成功率等。第 3 版引用了作者大量的最新研究成果，突出展示了 3M、艾克森化学、吉尼斯啤酒等行业领先公司的创新实践，提供了一套取得产品领先的实践计划。

《简约至上：交互式设计四策略》（[美]科尔伯恩．李松峰，秦绪文，译．北京：人民邮电出版社，2011）：本书介绍交互式设计的技术与技巧，讲述如何从目标用户的需求和期望出发，结合人类本身的心理特征和行为特点，用最简单的方法创建易用、有效而且让用户愉悦的设计。书中阐释了合理删除、分层组织、适时隐藏和巧妙转移这四个令交互式设计成果最大程度简单易用的策略。

《公众风潮：互联网海啸》（[美]查伦·李，乔希·贝诺夫．陈宋卓涵，译．北京：机械工业出版社，2010）：网络风潮来势汹汹：你的顾客正在博客上大谈你的产品，如果不能顺应并挖掘这股网络力量，企业注定会死得很难看。但在你被迫拟定对策之前，一定要先问问自己：网络时代的生存法则，你又了解多少？

《用户体验要素：以用户为中心的产品设计》（[美]加瑞特．范晓燕，译．北京：机械工业出版社，2011）：用简洁的语言系统化地诠释了设计、技术和商业融合是最重要的发展趋势。用清晰的说明和生动的图形分析了以用户为中心的设计方法来进行网站设计的复杂内涵，并关注于思路而不是工具或技术，从而使你的网站具备高质量体验的流程。

《创造突破性产品：从产品策略到项目定案的创新》（[美]恰安，博赫尔．辛向阳，潘龙，译．北京：机械工业出版社，2004）：作者总结多年的研究成果，指明了与产品创新相关的一系列因素，并提供了一套全新的开发突破性产品的理论与方法，该书旨在帮助企业、技术和设计人员：获得对用户的需求和市场新的趋势的准确洞察力；认识可以创造新市场的产品机会缺口；指导产品模糊前期的构造；正确地运用定性和定量的研究方法；确立产品开发与企业整体策划和品牌管理之间的关系；建立灵活、高效的团队。

《营销管理（第 14 版）（[美]菲利普・科特勒，凯文・莱恩・凯勒．王永贵，译．北京：中国人民大学出版社，2012）：第 14 版进行了重要更新：充分体现营销环境的重大变化，强调重要主题：新的营销现实使得营销者奉行更加全方位的营销观，显得比以往任何时候都重要。

《服务营销》（[美]克里斯托弗・洛夫洛克，约亨・沃茨．晓燕，赵伟韬，译．北京：中国人民大学出版社，2011）：本书吸收了最新的学术与管理思想，阐明了最前沿的服务理念。

参考文献

1．丁栋虹．创业管理[M]．第 2 版．北京：清华大学出版社，2011．

2．王宗华．可靠度工程技术手册[R]．台北：台湾质量学会，1996．

第10章

人才咨询

据我所知，还没有一个企业能够在创始人离去之后继续保持企业家化，除非创始人已在企业内部建立起一整套企业家型管理的政策和实施条例。如果没有这些，企业最多在几年之内就会成为胆小和落后的。

——[美]德鲁克[1]198

- 解析知识管理的工具；
- 掌握领导力的评测方法；
- 熟悉人力资源的评价思路。

人才是企业唯一的价值增值因素。知识管理、领导力与薪酬绩效是人才咨询的三个最重要的方面。

知识管理

一般意义上的知识管理战略是指在知识经济条件下，以企业内外部的知识作为最重要的资源进行管理的一系列战略、策略和管理方法的集成，其目的是提高组织的知识创新能力，形成并保持企业的核心竞争力，最终实现企业的价值。

在内涵方面，Hansen、Nohria&Tierney[2]认为，知识管理战略可分为“系统化战略”与“个性化战略”。系统战略将企业看作一个信息处理系统，认为IT及其相关的系统为知识管理提供了理想的框架，将不同程度的信息处理和商业信息系统的研究作为理解知识管理的本质和结构的正确选择。利用系统战略的企业将知识编码、存储在数据库中，公司任何人都可以通过计算机网络直接调用。人文战略主要针对隐性知识的管理，强调企业知识的社会属性，知识通过直接的人员交流得到传播和分享。人文战略认为人是知识管理持续改进的关键，在社会关系占主要地位的软环境中，IT 往往被看作管理工具而不是成功的本质因素。采用系统战略的企业，知识管理活动主要以系统化、文字化的资料、档案为主导，企业只要将所创新或获得的知识加以系统化地编码、存储、利用，即可维持本企业的运营和生产活动，并获得低成本的竞争优势。一般而言，这种战略多出现于产品生命周期中的“成熟期”，企业需要依赖于大规模生产来创造最大的效益。若企业内存在着大量难以言喻或只能通过个人心智模式（Mental Mode）认知的知识，就该采取人文战略。人文战略适合气氛活泼的企业，鼓励员工在企业内或与外界交流，以获得知识创新的基础。

知识链模型

美国学者 C. W. Holsapple 和 M. Singh 提出了一个系统的知识链模型概念，该知识链模型由主要活动功能和辅助活动功能两部分组成。主要活动功能又由知识获得、知识选择、知识生成、知识内化、知识外化五个阶段组成；辅助活动功能由领导、合作、控制、测量四个层次组成，构成了知识链的五阶段四层次结构。该知识链模型表明了知识链的“产出”是各个阶段的知识“学习”活动的结果，如图 10.1 所示。

图 10.1 知识链模型

主要功能

（1）知识获得：从组织外部获取知识，并使之变得易为组织所用。

（2）知识选择：从组织内部选择知识资源，并使之易为组织所用。

（3）知识生成：从现有的知识中发现和分化出新的知识。

（4）知识内化：将已经获得、选择和生成的知识通过分发和储藏等方式进行整理，从而改变组织的知识资源状态。

（5）知识外化：将知识融入组织的产品中。

辅助功能

（1）领导：建立条件使得知识管理的引导工作更富有成效。

（2）合作：在知识管理活动中，加强合作管理，将合适的过程和资源在合适的时间带到合适的地点，并充分加以运用。

（3）控制：使得知识面的质量和数量满足需求，并符合安全性的要求。

（4）测量：评估知识资源、知识生成和知识新陈代谢的价值。

功能特征

知识链的功能特征有以下几项。

- 知识链具有传播性。
- 知识链具有动态性。
- 知识链具有制衡性。
- 知识链具有收益递增性。

四个部分

知识链的四个部分是内部知晓、内部响应、外部知晓和外部响应。知识链的四个部分之间的相互渗透，加快创新的速度。

（1）内部知晓（Internal Awareness）是知识链的第一个组成部分，描述一个组织通过结构和功能边界对它的优势及弱点的集体理解。内部知晓不只是使工作有序化，而是要知道它是怎样的顺序。

（2）内部响应（Internal Responsiveness）是知识链的第二个组成部分，描述了在未过滤的资源及外部市场估价的基础上即刻响应的组织能力。

（3）外部知晓（External Awareness）是知识链的第三个组成部分，强调在自身期限内预见市场的永久能力，它是基于资源和市场的更好连接，对环境条件的快速响应的水平。

（4）外部响应（External Responsiveness）是知识链的第四个组成部分，描述了组织了解其产品和服务的市场价值、根据市场需要改变方向的能力。当与内部知晓结合时，外部知晓能带来新市场的成功发现。

知识供应链模型

知识供应链（Knowledge Supply Chain，KSC）是由美国的“下一代制造项目”（Next Generation Manufacturing Project，NGMP）提出的。知识供应链是指通过需求与供应关系将知识的供应、创新、传播、使用等过程的相邻知识结点联系起来的，把概念转换为知识化产品，再到最终用户的一个功能网链。J. Rechard Hall & Pierpaolo Andfiam 从供应链的角度提出知识链的概念，认为知识链是一种管理供应链隐性知识的方法。知识链的管理过程其实就是核心能力的识别、培育和转换的过程。在这个意义上，美国学者 C. W. Holsapple 和 M. Singh[3]提出了一个系统的知识链模型（Knowledge Chain Model），该知识链是从组织内的知识和组织的核心竞争能力的关系出发构建的，包括了知识链的主体部分和知识链的产出，知识链的主体部分包括了五种初级活动和四种高级活动。五种初级的知识活动：知识获取、知识选择、知识生成、知识内化和知识外化。四种高级的知识活动：领导、合作、控制和测量。知识链的产出就是知识。在两者的基础上通过提高竞争能力、组织敏捷性、商业名誉和创新来构建企业的竞争优势。

知识供应链机理

知识供应链是指以满足顾客需求为导向，通过知识创新，将知识的供应者、知识的创新者、知识的使用者连接起来，以实现知识的经济化、整体最优化以及利润最大化目标的网络结构模式。这一概念强调以下几点。

（1）知识供应链的驱动力主要源自市场，以顾客需求为导向，是需求拉动式供应链模式。

（2）企业的经营活动，特别是知识型企业的经营活动不再是以物流为中心，而是以知识流的活动为中心，围绕知识创新活动而展开，所以，在这个意义上讲，知识供应链是对传统的实物供应链（即物流管理的扩展与深化）。

（3）在知识供应链上必存在一个核心主体来管理链上的创新活动，核心主体的创新能力对整个知识供应链起着决定性的作用。

（4）知识供应链的实质是知识创新，其管理目标是追求知识的经济化与实现整体最优化和利润最大化。

（5）对不同企业而言，输入的新知识在组织内部或直接被应用于生产经营中，提高生产能力、产品质量和组织管理水平；或经消化、吸收与组织储备的知识存量高度集成和有机整合，又产生新的知识。创新能力越强的企业，整合知识的能力越强。对知识链中的知识价值的贡献度越大；反之，则越小。

（6）知识供应链呈网链结构模式。孤立的知识链是不存在的，任何一个组织均呈辐射状与外部众多组织发生基于知识流的密切联系，联系越广，知识流动的水平越高，越有效。

基于以上对知识供应链的理解，建立知识供应链概念模型，如图 10.2 所示。

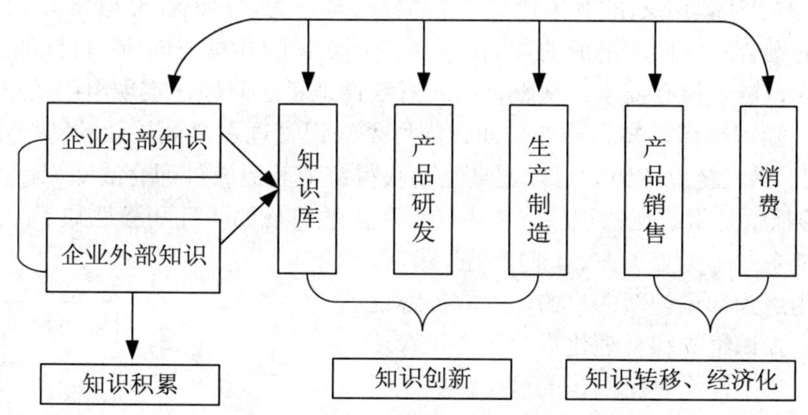

图 10.2 知识供应链模型

从图 10.2 中可以看出，知识在知识供应链模型上的流动主要包括知识积累、知识创新、知识转移和经济化三个阶段。在知识的积累阶段，知识供应链管理工作主要是建立好企业知识库这个创新平台。知识的来源有企业内部已有的知识与外部知识两个方面。在知识的创新阶段，主要完成知识形态的转化，最终形成新的生产技术，这是知识供应链上最关键的环节，它直接决定着产品的价值结构，即物化劳动的比例与知识成分的大小。在知识的转移经济化阶段，生产制造出知识的载体——产品，经过分销，最终流向用户手中，在顾客需求得到满足的同时，企业的知识创新得到了回报。

知识供应链管理

知识供应链与物料供应链不同，它是抽象的、动态的和复杂的。但是，知识的价值与物质资源一样，在实现生产对时间、质量和成本效益的过程中是不断增值的。因此，可以利用物料供应链的管理原则来管理知识供应链，促进技术创新的过程，使科学技术成果转化为生产力。

知识供应链的管理原则如下。

（1）技术创新过程是一个集成化的系统，只有将所有涉及这一过程的伙伴捆绑在一起，有效地发挥团队的协作精神，才能发挥它的最大作用。

（2）所有伙伴都应明确什么知识内容才能满足最终用户需求，知识转移的特征和形式，最终用户是谁，他们何时需要使用这一知识。

（3）信息流和通信流对所有伙伴是开放的，每一个伙伴都能够了解使知识供应链实现最大增值的信息及其特征。

（4）在每一个知识供应者和使用者之间建立信息反馈，使信息交换更为有效。

（5）知识供应链中的每一个伙伴能够感受到整个系统和他们自己都从中获得巨大利益，认识到自己是链中不可缺少的重要环节。

知识供应链契合

知识供应链的管理过程其实质就是组织核心能力的识别、培育和转换的过程，知识管理应用到知识供应链中就是对知识供应链中的各个环节进行管理，使组织的知识在运动中不断增值，进而为组织带来持续不断的竞争优势，提高核心竞争力。知识管理与知识供应链的契合之处就在于二者的融合及它们所形成的共同之处：注重知识的共享与创新；目标都在于提高组织的竞争优势；知识链是核心要素；从整体出发系统性地考虑问题，实现组织效益最大化。

知识获取、知识存储、知识传递与知识应用是知识管理在微观层面的四个组织部分，在图 10.3 中，知识供应链上的组织可以通过互动获得链上其他成员拥有的知识，同时传递自己的知识，知识传播就是组织在知识供应链中转移和扩散自己的显性和隐性知识的过程，这种传播在知识供应链企业中无处不在、无时不在。最后，通过知识的应用达到知识创新的目的，并取得螺旋式上升的效果。知识维护和合理化贯穿于知识管理整个管理过程，它不仅是更新知识的过程，更重要的，它是知识供应链成员间知识水平的协调过程。包括成员间的知识存量、知识的吸收能力、知识的利用能力的协调。其目标是保证最终产品在各个环节上能在知识上得到保证，实现其功能的协调和优化。知识管理的实施与知识供应链的有效运转离不开信息技术的支持，因此技术基础也贯穿于这一过程的始终。

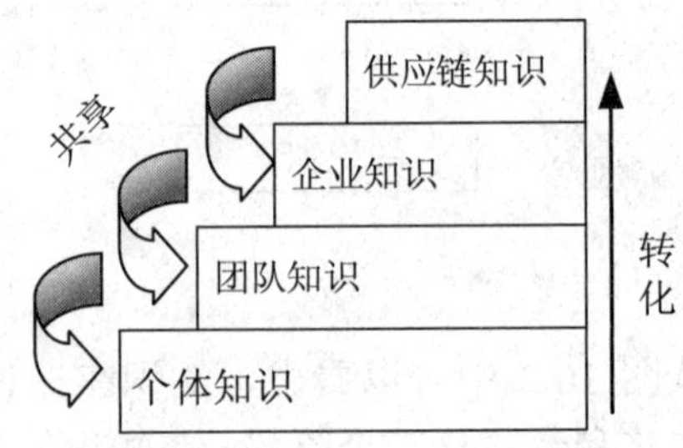

图 10.3　知识供应链的知识类型

知识供应链知识

从知识的层次面来讲，知识供应链中的知识可以划分为个体知识、团队知识、企业知识、供应链知识四个层次，如图 10.3 所示。其中，下层的知识在适当的条件下通过合适的方式可以转变为上层的知识。供应链企业之间不能只停留在一般信息的共享，而是要实现最高层面，即供应链层面知识的共享。

从知识的转化层面来讲，知识供应链中的知识可以划分为显性知识和隐性知识，如图 10.4 所示。显性知识为客观的理性知识、顺序性知识与数字知识，是经过编码化的、可以清楚辨认，保存于产品、程序、手册等具体形态中，且可以通过正式形式及系统性语言传递的知识。显性知识是不依附于员工个人而存在的企业结构的全部知识技能，包括组织结构、规章制度、企业文化、营销流程、商誉和发展战略等知识资产。隐性知识通常无法直接辨认，难以通过文字、程序或图形等形式向外传递，此类知识传递较为费时。

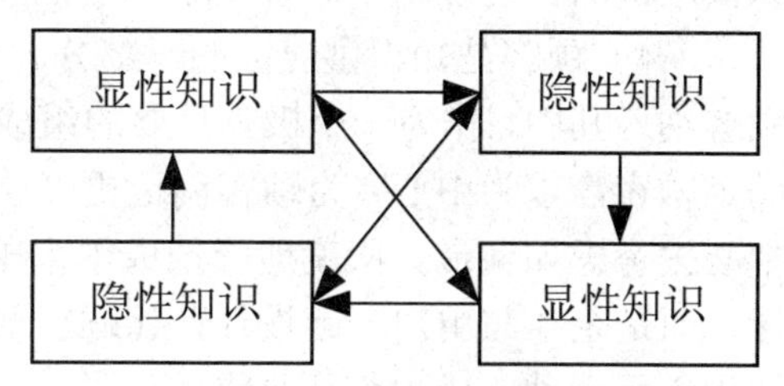

图 10.4 知识转化与知识类型

最早提出隐性知识这一概念的是哈耶克（Friedrich August von Hayek），他认为隐性知识是“特定时间、地点和环境下的知识”；日本学者野中和根野认为隐性知识是“一套很重要但没有组织起来的知识”，“是高度个性化、难以形式化或沟通、难以与他人共享的知识”。隐性知识既包括个人主观的经验、技能及个别情境特殊性知识，也包括隐含在机械设备、精密仪器内的核心技术知识。企业通过对其内部及知识供应链上隐性知识与显性知识的相互转换促进知识的创新，并实现知识创新的螺旋式上升。在知识供应链中，显性知识与隐性知识都不是孤立存在的，它们是存在于同一共同体中，互为补充的不同知识，并通过相互转化达到在供应链中共享知识的目的。

知识供应链特征

（1）不确定性。供应链最大的一个特点就是不确定性，牛鞭效应就是这种不确定性的表现，企业一般通过设立仓库，以库存对抗不确定性。但是，与传统的供应链相比，知识供应链的不确定性不只是来自市场竞争，而是与知识供应链有关的知识风险。当掌握企业核心技术知识的人离开企业时，尽管企业用法律手段来保护知识产权，但是仍无法弥补或很难弥补由此带来整条知识供应链中断的损失。组织的学习应具有连续性，重建知识供应链的核心环节比资本的扩张更困难。

（2）动态复杂性。节点组织因适应内外部环境的变化而在不同时期调整发展战略，从而其知识管理战略也会发生相应改变，组织输入与输出的知识也随之动态变化。另一方面。知识链中的知识的层次、水平本身是不断发展变化的。同时知识链往往由多个不同类型的组织构成，组织在作为知识的消费主体的同时又可能成为另一主体的知识供给者。而且，节点组织可以是这条知识链中的成员，同时又是另一条知识链中的成员，众多的知识链形成网络交叉结构。随着信息网络技术的不断发展，节点企业间的空间跨度不断增大，故知识链的结构模式较为复杂。

（3）价值增值性。传统供应链管理的最终目的是用系统的管理思想最大限度地降低企业进入市场的成本，通过成本的最小化来获取利润最大化；而知识供应链管理不仅仅强调成本的最小化，同时更重要的是创造新的价值，来降低产品中物化劳动比例，提高新增价值的分量，为顾客创造价值，真正做到物美价廉、物有所值，更好地满足顾客的需求。节点组织中，输入的新知识与原有知识的有机整合而产生出新的知识，应用于企业的生产经营，获得巨大收益，既实现资产的价值增值，又促进了知识的发展。因而，组织的成功不仅依赖于它从外部知识中获取价值的能力，还依赖于它将新增知识与现有知识相整合进行知识创造的能力，并且随着知识供应链的良性互动，这种基于知识的收益具有递增性。

（4）顾客是知识供应链的一部分。与传统供应链（即实物供应链）并行的知识供应链将顾客纳入其中，作为一个极其重要的组成部分，企业知识创新的界面后移，企业的创新活动以满足顾客需求为中心，为顾客创造更多、更好的价值，快速地响应市场需求，而不是以企业为中心去考虑如何最大限度地降低成本来击败竞争对手抢占市场。最好的产品不是企业为用户设计，而是企业与用户一起设计，让顾客通过 Internet 等途径对产品提出具体要求，参与企业的知识创新活动，成为创新小组的一员，真正实现“我的产品我设计”。

（5）共事、学习性。知识链的形成是基于节点组织的知识需求而发生、发展的。企业的知识需求或是为了弥补知识差距，或是为了获取互补性知识资源。总之，节点组织的知识需求是知识流扩散和转移的动力源。知识链可以延展到企业各个部门和产品，使得企业内部和与合作伙伴之间能够实现知识共享。知识链的共享可以使知识链的价值得到提升。同时，基于知识供应链的知识管理能使企业成为学习型组织，使企业每一个成员不是从个体利益出发，而是从整个知识供应链的角度去理解和企业相关的知识，拓展知识空间，加强知识的交流与共享。促进知识的学习、积累、再生与共享，提高企业的知识创新能力。

知识价值链模型

知识价值链模型（Knowledge Value Chain，KVC）是一个整合模型，主要以德鲁克提出的知识工作者与下一个社会、迈克尔·波特的价值链、日本的野中郁次郎（Ikujiro Nonaka）的知识螺旋、哈佛商学院的罗伯特·卡普兰及诺朗诺顿研究所所长戴维·诺顿的平衡计分卡与哈佛大学心理学家迦　德纳（Howard Gardner）的多元智慧理论所推演而成。

模型结构

知识价值链模型主要包含三部分：知识输入端（Input Knowledge）、知识活动面（Knowledge Activities）与价值输出端（Output Values），如图 10.5 所示。在知识输入端的设计，是以知识经济的发展趋势与 Drucker 提出的知识工作者与下一个社会为基础；知识活动面主要是根据 Porter 的价值链与 Nonaka 的知识螺旋推演而得；价值（目标）输出端则整合了罗伯特·卡普兰及戴维·诺顿的平衡计分卡与迦德纳的多元智慧理论。以下将分别以知识输入端、知识活动面与知识输出端三个角度来说明知识价值链模型观念的推演过程。

知识输入端

德鲁克指出，知识工作者将支配未来公司的竞争力。未来社会的信息与知识将很轻易可以通过信息基础建设（Information Infrastructure）的三个重要管道获得，即企业内部的局域网络（Intranet）、企业与企业间的合作网络（Extranet）和因特网所形成的企业对外网络（Internet）。由这些管道获得的知识将汇集至企业信息入口（Enterprise Information Portal，EIP）网站。若再整合其他并非直接来自 EIP 管道的各种内隐知识（Tacit Knowledge）与外显知识（Explicit Knowledge）后，企业的知识将以广泛而多元的方式进入企业，并收敛至单一窗口而输入至企业组织的各式知识活动中，如图 10.6 所示。

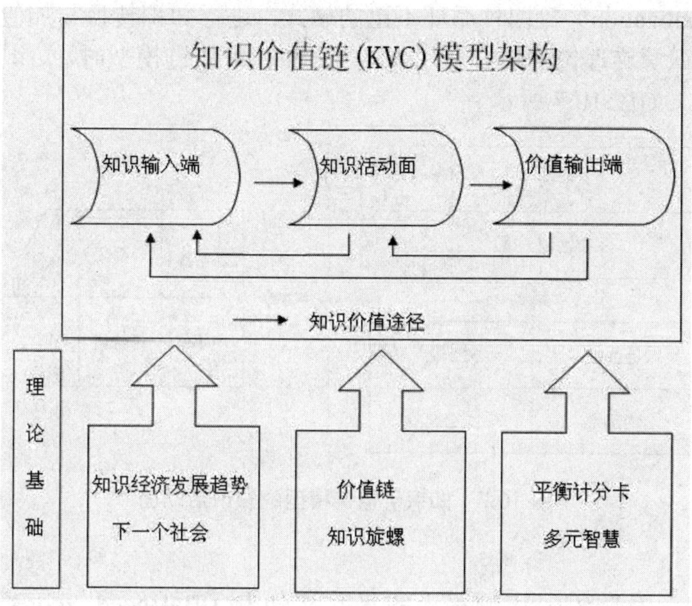

图 10.5　知识价值链模型的组成与理论基础

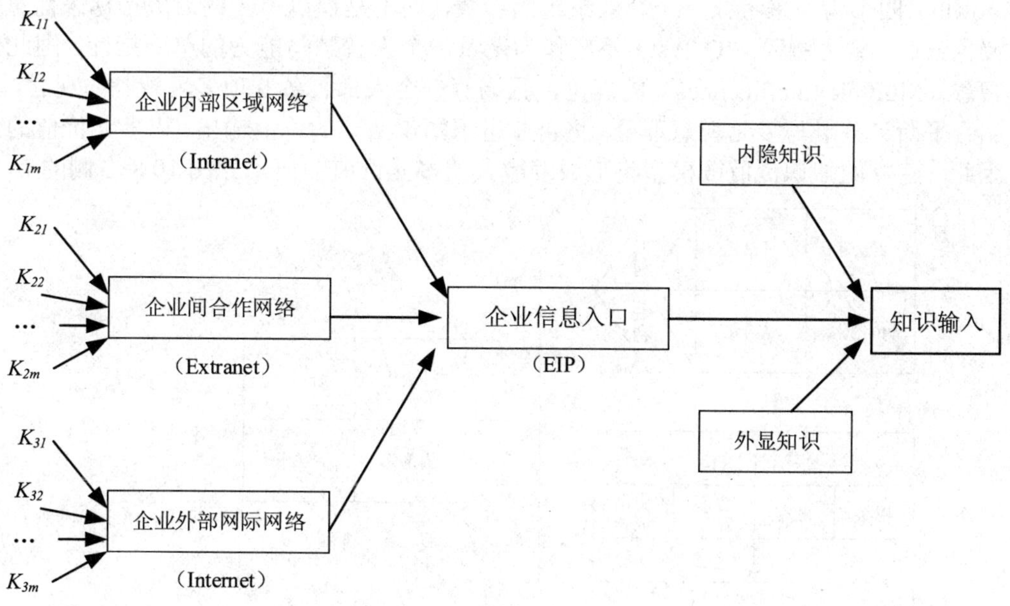

图 10.6　知识价值链模型的知识输入端

知识活动面

迈克尔·波特认为企业的价值链是由一连串价值活动所组成的，这些价值活动包括主要活动与支持活动。财务上的毛利与企业的价值可通过各种加值活动来达成。延伸此观念应用至企业的知识活动，认为企业的知识价值链也是由许多可让知识加值的知识活动所组成。

借由野中郁次郎教授于 1991 年提出的知识螺旋（Spiral of Knowledge）理论得知，企业组织的知识活动可通过社会化（Socialization）、外部化（Externalization）、结合化（Combination）以及内部化（Internalization）等四种循环不已的模式，进行知识转换与加值。因此将价值链的活动加值过程与知识螺旋理论的结合应用，是建立知识价值链模型时，知识经由活动得以加值的重要核心与依据，如图 10.7 所示。

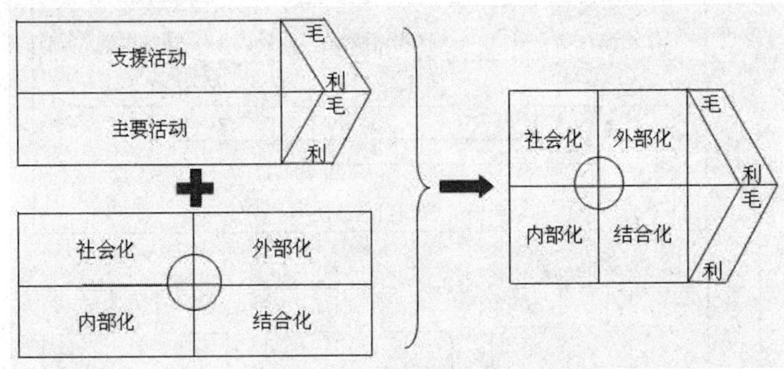

图 10.7　知识价值链模型的知识活动面

价值输出端

罗伯特·卡普兰及戴维·诺顿提出的平衡计分卡（Balanced Scorecard），建议以财务（Financial）、顾客（Customer）、企业内部流程（Internal Business Process）、学习与成长（Learning and Growth）四个构面来考核一个企业组织的绩效，而不是仅以单一的财务指标来衡量；迦德纳教授也强调，智力测验（IQ Test）不应作为衡量一个人智慧与能力的单一指标，因此他提出多元智慧（Multiple Intelligences）的理论，强调每一个人都具备八项多元智慧的观念。

结合平衡计分卡与多元智慧理论，将企业组织知识活动的价值输出，以多元价值的角度呈现。因此，建立的知识价值链模型将形成发散式的多元价值输出，如图 10.8 右侧的 V_1～V_n。

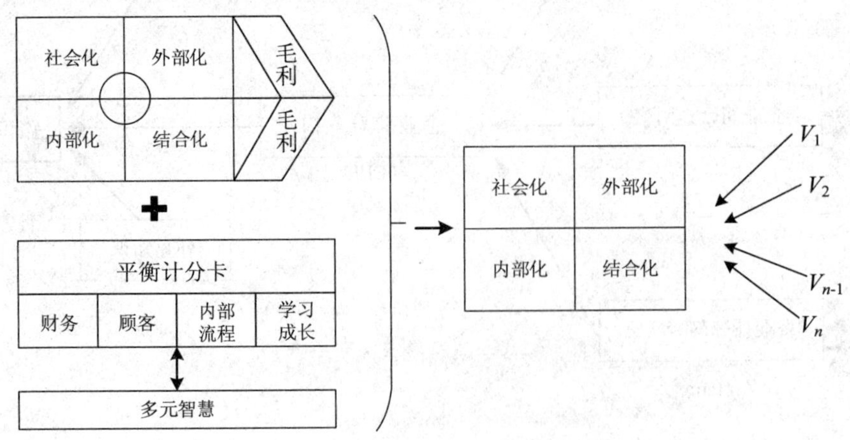

图 10.8　知识价值链模型的价值输出端

模型特质

知识价值链（KVC）模型是一个包含知识输入端、知识活动面、价值输出端的整合式模型（见图 10.9），其核心精神是指知识以多元管道汇集，并收敛至单一窗口进入企业组织的知识库中，通过以知识螺旋为核心的四种知识加值活动运作后，再以发散式的多元价值（目标）贡献度输出。

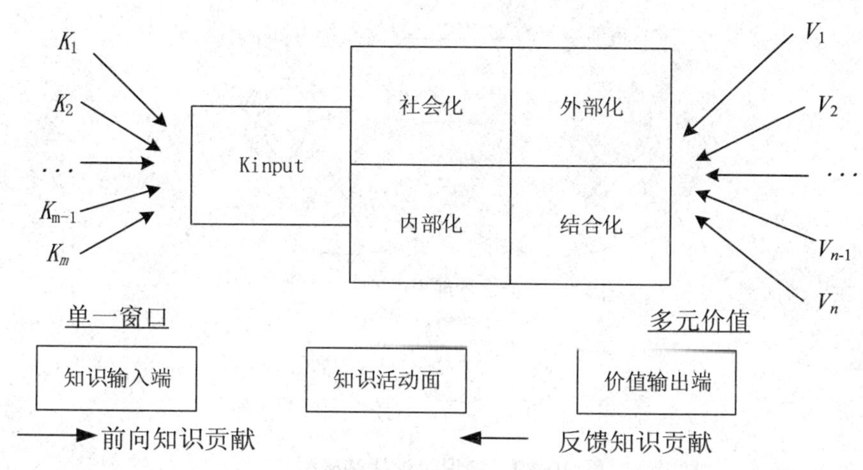

图 10.9　知识价值链（KVC）模型

由知识输入、知识活动到价值输出过程中，每一阶段的加值都可以是双向的加值演进。亦即知识加值不仅是前向（Forward）贡献给下阶段的知识输出，亦可反馈（Backflow）加值到前阶段的知识来源。例如知识活动的价值贡献，一则可为未来的价值输出加值，亦可以反馈更新知识输入端。同样地，价值输出的结果，可以反馈加值到前一阶段的知识活动，甚至可以反馈加值到更前面的知识输入阶段。

经过整合后的多元价值输出，对内可以不断反馈在知识来源或知识活动过程，形成双向的知识加值演进，对外则可与上、中、下游的企业组织以各自的知识价值输出链形成另一个更庞大的知识价值链体系，企业组织间便得以将知识的价值整合并发挥到最大效益。

知识螺旋理论

知识螺旋（Knowledge Spiral）是由野中郁次郎于 1989 年《知识创造的企业》的著作首度提出，知识螺旋是指组织动员个人的内隐知识，经由四种知识转换模式在组织内部加以扩大，成为较高层次的知识本体，知识转移与创造的过程，强调隐性知识的交换。

战略构建

构建企业的知识管理战略，即如何从全局、最大化企业价值的角度对企业内外知识进行管理。对于企业内外知识的管理，最重要的是控制企业内外的知识流，从而进行知识转移，同时对转移路径上存在的问题、困难进行管理，实现顺畅的知识共享，并将这些知识在组织层面上沉淀下来，实现知识的创新和增值。首先要界定知识转移过程中的三个区域：个人（个人所具有的知识）、企业内部（企业所具有的知识）和企业外部（供应商、顾客等所具有的知识）。这三个区域中的九种知识转移都可以为企业创造价值，每一种转移战略都能增加企业的独特知识，进而增强企业的能力。

知识管理战略模型（见图10.10）涉及以下几方面内容。

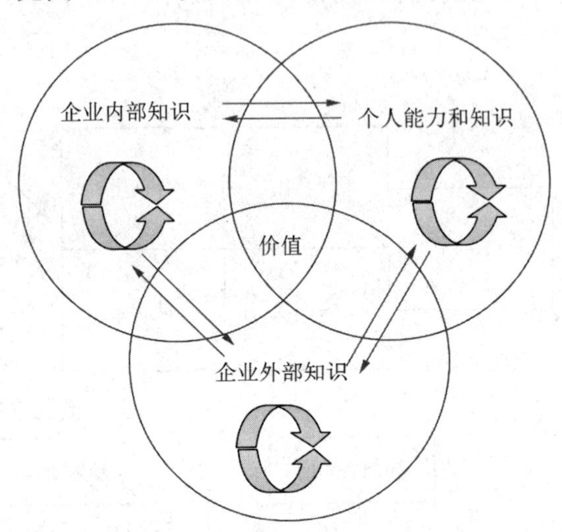

图 10.10　知识管理战略模型

（1）个人之间的知识转移。个人之间的知识转移涉及如何使组织中雇员之间的沟通达到最好，其中的战略问题是如何提高组织中人们的知识转移能力？最关键的问题也许就是组织中的信任，即人们在多大程度上愿意分享他们所知道的东西，结果在于企业如何开展信任度的建立、促进团队活动、工作轮换、师徒安排等。

（2）个人向企业外部的知识转移。从个人向企业外部的知识转移涉及组织员工如何把他们的知识向外界转移，其中的战略问题是：组织员工如何提高顾客、供应商和其他利益相关者的能力？解决这个问题常用的方法是培养员工在下列几个方面的能力：帮助顾客学习产品知识、与顾客角色互换、召开产品研讨会、为顾客提供教育机会等，例如麦肯锡的咨询顾问都被鼓励出版他们的研究著作和方法论，以建立公司的声誉。

（3）从企业外部到个人的知识转移。员工可以从顾客、供应商和社团的反馈中学到很多想法、新的经验和新的技术知识。从企业外部到个人的知识转移涉及组织员工如何从企业外部中学习的问题。组织常常有捕获这些知识的系统，但是它们是离散的、不标准的，因此不能系统地影响战略的制定，其中的战略问题是：组织的顾客、供应商和其他利益相关者如何提高雇员的能力？方法就是创造和维持双方之间良好的个人关系。

（4）从个人能力到企业内部的知识转移。20世纪90年代，人们花费了巨额投资想把个人所拥有的能力（通常是隐性的知识）转化到数据知识库中，当时的想法是知识库中的信息可以为整个组织所共享，数据库软件的制造商也取得了巨大的商业成功，管理者甚至相信这种方法就等同于知识管理，其中的战略问题是：如何提高个人能力向系统、工具和模板的转化？方法是使工具、模板、流程和系统更利于知识的共享。这方面的例子很多，如医疗诊断的人工智能系统、内部网、文档处理系统、数据库等。

（5）从企业内部到个人能力的知识转移。一旦个人能力被系统捕获了，那么它需要提供给其他个人以提高行动的能力，否则这个投资就浪费了，其中的战略问题是：如何通过使用系统、工具和模板来提高个人能力？常用的方法包括提高系统的人机接口、基于行为的学习过程、模拟和交互式的 E-learning 环境。

（6）外部环境之间的知识转移。顾客相互之间对组织服务的评价是什么？知识的观点通过关注顾客能力如何在企业外部中的利益相关者之间传递，给传统的顾客满意度调查增加了更丰富的内涵，其中的战略问题是：如何促成顾客、供应商和其他利益相关者之间的对话，以提高他们的能力？常用的策略有合作和联盟、提升组织的形象、提高产品质量、进行产品研讨会等。

（7）从企业外部到企业内部的知识转移。从外部到内部的知识转移涉及组织能够从外部世界得到什么知识，以及学习如何转化成行动，其中的战略问题是：如何使来自顾客、供应商和其他利益相关者的能力有利于组织系统、工具和流程、产品的改进？常用的策略有设置呼叫中心来处理顾客投诉、创建联盟来产生新产品的思想、研发联盟等。

（8）从内部到外部的知识转移。其中的战略问题是组织的系统、工具和流程及产品如何提高顾客、供应商和其他利益相关者的能力？方法是使组织的系统、工具和流程更有效地服务于顾客、外部网、产品跟踪、电子商务等。

（9）企业内部之间的知识转移。企业内部的知识是组织知识的支柱，其中的战略问题是：组织的系统、工具和流程、产品如何更有效地整合？方法是打造整合的 IT 系统、改进办公室规划等，例如普华永道的内部网整合了企业内部数以千计的数据库，而以前这些数据库都是相互独立的。

（10）价值创造最大化。大部分企业中都存在上述九种知识转移，它们常常包含在一个连贯的战略中，但是企业中还存在很多与之相抵触的现象，如许多企业还存在历史遗留下来的系统或者公司文化阻止这种价值创造过程。从个人的观点来看，知识分享也许意味着损失，如工作机会的丧失、外部性和失去重视，如果组织的气氛是高度竞争性的，那么投资在一个复杂的 IT 系统进行知识共享就是毫无意义的，共享的只会是垃圾；鼓励个人竞争的报酬系统会极大地阻碍知识共享的努力；缺乏标准或者分类不清也会减少文档处理系统的价值；禁止商业秘密共享的红头文件也会使与顾客共享知识的计划达不到预期的效果。

创新过程

知识经济时代是创新的时代，持续不断的知识创新是企业持续发展的原动力。从知识形态的角度讲，知识创新都是显性知识与隐性知识的转化过程。显性知识是指正式和规范的、客观有形的、可以清晰地表述和完整地向他人传递的知识。隐性知识是复杂的、隐含的、高度个体化的、难以形式化或沟通的、难以与他人共享的主观知识。

关于知识的创新模式，最著名的模式是野中郁次郎提出的 SECI 模型。野中郁次郎基于对显性知识和隐性知识及其相互作用和促进的深入认识，尤其是显性知识、隐性知识在知识的转化、运用和创新中的相互联系，提出了 SECI 模型。在该模型中，知识创新分为四种模式，即社会化、外化、整合化和内化。

- 社会化（Socialization）是隐性知识转化为新的隐性知识的创新模式。
- 外在化（Externalization）是隐性知识转化为显性知识的创新模式。

- 整合化（Combination）是把显性知识转化为更加复杂的、系统化的显性知识的知识创新模式。
- 内在化（Internalization）是把显性知识转化为隐性知识的创新模式，是显性知识在整个企业内部得到共享，并被员工吸收而转化为个人隐性知识的过程。

SECI 模型如图 10.11 所示。

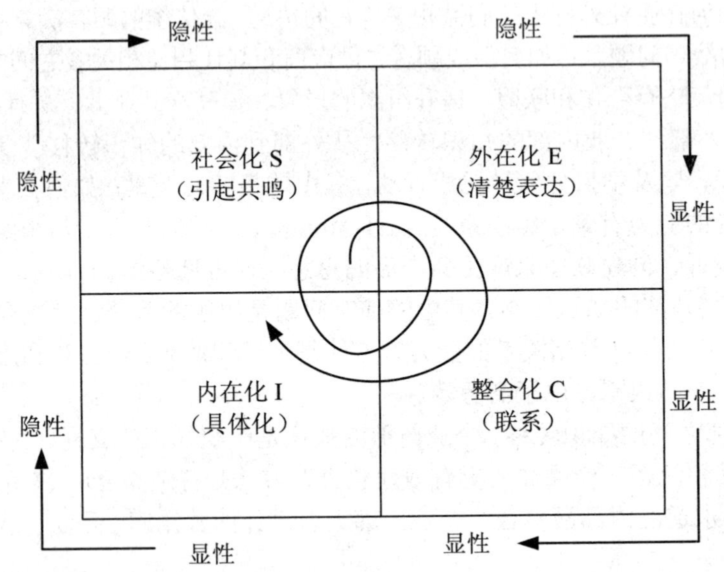

图 10.11　SECI 过程模型

在企业中，显性知识只是整个企业知识的冰山一角，大量的知识是以隐性知识的形式存在的，企业的创新能力很大程度上依赖于隐性知识的创新，因此如何实现知识的社会化、外化对于一个企业来说是非常重要的。采用人文战略能够创造有利于隐性知识传播和共享的环境，从而促进知识社会化。例如，变革企业组织结构，使金字塔式组织结构向扁平化转变；建设能够使企业员工进行交流的设施与环境，每个员工可以自由地约任何人进行谈心，交流思想；建设学习型企业文化，在企业内倡导个人学习和组织学习等都是有效的人文管理战略。再通过隐喻、类推、丰富的语言想象、故事、可视化工具、模型、图标等技术和手段实现知识的外化。同时，在知识社会化和外化的过程中也不能忽视系统战略的作用，例如，充分利用视频会议、组件（组件指的是当人们距离很远时帮助人们一起共同工作的程序）、企业内部网的聊天系统、虚拟现实技术等来促进隐性知识交流、共享和传播。

如何把企业内部或外部存在的大量的显性知识收集、整合、编辑或加工，以形成新的知识为企业所用，这是许多企业所面临的知识整合化，进而内化的问题。采用系统战略，特别是知识管理系统，有利于加速知识的系统化和优化，提高现有知识的转换和转移速度，易于员工吸收而转化为个人隐性知识。当知识被内化为个人隐性知识的一部分，形成了可以共享的智力模型或技术，它就成为一种珍贵的资产。这种个人积累的隐性知识，通过社会化与他人共享促进了新一轮的知识创新。

产品创新过程实质上就是一种新知识的发展过程，产生一个想法需要知识的交流，而想法最终成为创新的知识则需要充分应用个人组织、内外部的知识，可以说，它和知识螺旋有着密切的关系，如图 10.12 所示。

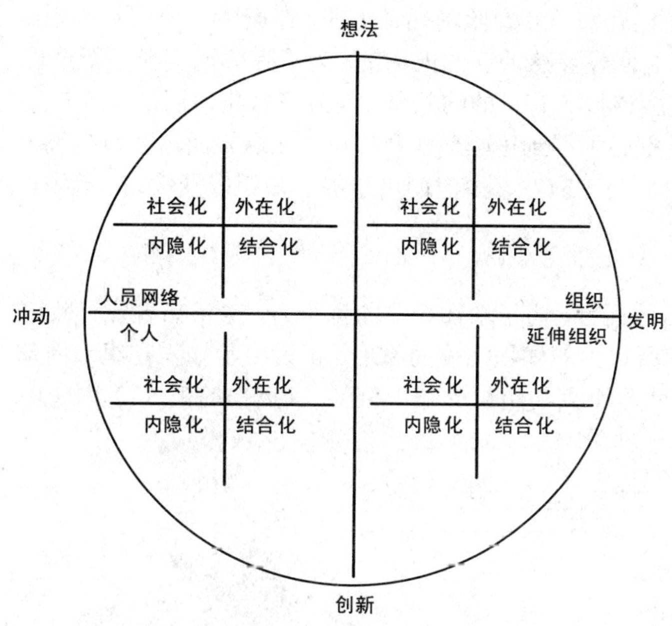

图 10.12　创新过程和知识螺旋之间的关系

（1）产生一个想法需要知识社会化过程。新的想法通常产生于个人的灵感，讨论、模拟、实验等方法可以帮助人们产生各式各样的灵感火花。在此过程中，知识的共享和交流通常是一种隐性方式，交互的员工间大都具有共同的经验、心智模式以及相似的观点，因此知识社会化过程在这里起主导作用，一种创新性的想法的诞生通常都来源于知识的社会化过程。因此，在这方面需要强调的是建立一种信任关系和创建人员网络。

（2）开发一项发明需要知识外在化过程。为了最终决定什么想法能够得到继续和发展，企业的有关部门和人员需要能够理解这个想法所蕴涵的基本思路和方法，因此必须要将这种隐性的想法明晰化，否则这种想法很难和特定人员网络之外的人进行沟通并被理解，因为他们通常具有不同的心智模式，并使用不同的“语言”。换句话说，这个想法应该能够外在化为一种明确的概念，这个概念可以是字面的描述、原型、试验等。这样，想法就能够一步步得到证实并最终成为一种发明。在这方面，需要有正式的结构、方法和工具来支撑隐性知识的外在化，尤其需要强调的是建立一种标准的“共同语言”，因为不同人员、部门的“功能语言”也像方言一样，阻碍了知识的理解和交流。

（3）实现一个创新需要知识结合化过程。为成功实现产品的商品化，需要一种整体方法将企业已有知识和伙伴知识有效地整合起来，这就是知识的结合化过程，有效的知识结合对于最终开发一个有市场价值的产品非常重要。在这方面应该保证贯穿整个组织的人员能够及时得到必要的知识，因此正式的知识网络和结构化的知识地图就很重要。此外，由于知识还需要跨越组织得到整合，因此也应能够实现和供应商、分销商、广告代理商等之间的知识交流。Intranet、Internet 提供了知识结合化的基础环境，而其他如内容管理系统、协作系统则提供了实现结构化知识和知识协同的有力工具。

（4）激发一种冲动需要知识内隐化过程。冲动是如何产生的？我们说，对问题的意识或灵感的火花是建立在已有知识和经验基础之上的，在产生一个创新的想法之前，知识的内隐化过程就已经发生，它是激发灵感冲动的催化剂。为了有效地实现创新过程中的知识和经验的内隐化，相关的知识就应该得到有目的的共享，因为信息和知识过载通常反而会干扰一个人的知识积累，因此学习过程必须得到正确理解和进行。在这方面需要得到明确的问题，包括：什么是最有效的学习工具？员工应花多少时间用于提供知识以及学习、消化知识之上？等。

螺旋运作

就知识管理的目的而言，为了增加企业的竞争力，也意味着要有效地扩大组织与个人的知识范围。野中郁次郎所提出的知识螺旋的原理，正说明了知识在组织内部，经由几种活动的运作与循环，有效地扩大了个人与组织的知识范围。其运作的模式可以图 10.13 做一简单的表示。

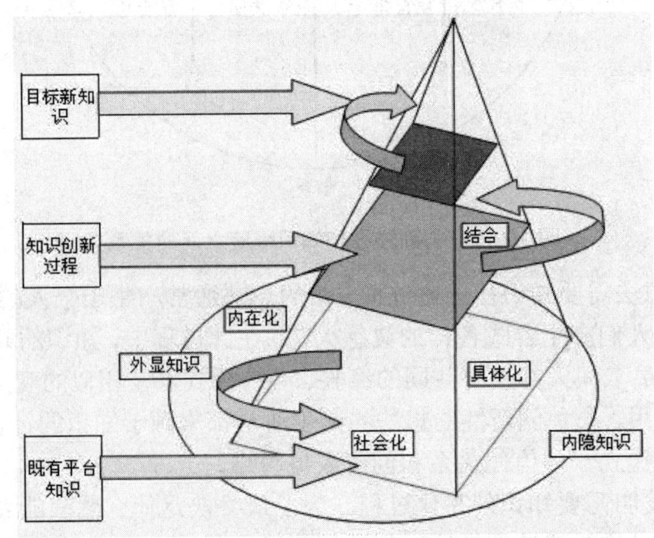

图 10.13　知识螺旋的运作

简单地说，知识螺旋的运作在于下列四股力量的持续性的进行，让四种知识得以有效的交互移转与创造。

（1）社会化（Socialization）。人与人间的知识分享，内隐知识和内隐知识的交流。

（2）外在化（Externalization）。通过有意义的交谈，具体表达内隐知识，将内隐知识转变成外显知识。

（3）整合化（Combination）。将具体化的外显知识和现有知识结合，扩大知识的基础。

（4）内在化（Internalization）。学习新知识，将外显知识变成员工自己的内隐知识。

经由上述四种力量循环性的运作，将有效地移转个人的知识到组织之中，并扩大个人与组织的知识基础，进而创造出更多的知识。

了解上述原理之后，对于企业的知识管理推动人员而言，更重要的是如何在实务的过程中有效地促发四种力量的运作。就实作的角度来看，为了方便操作与推广，可以将知识螺旋的运作视为知识累积与知识分享两大过程的运作。经过这两大过程相对应的方法，将有效地在个人内隐知识、个人外显知识、企业内隐知识、企业外显知识中做知识的移转与创造。

如图 10.14 所示，每一个方格中所叙述的方式，均为个人、企业知识移转的手法之一。例如，就右下角半边的方式来看，借由著述的方式，可以将个人内隐知识转为个人外显知识。利用团队共识的运作，可以将个人内隐知识转换为企业的内隐知识。右下角半边的方法大致都可归类为“知识累积”的相关手法。同样地，左上角半边的方式，则可视为促进组织知识分享的相关手法。借由表中各种手法的交互安排、运作，将有效地协助企业扩大自身的知识基础，并保留对企业竞争力影响甚大的核心知识。

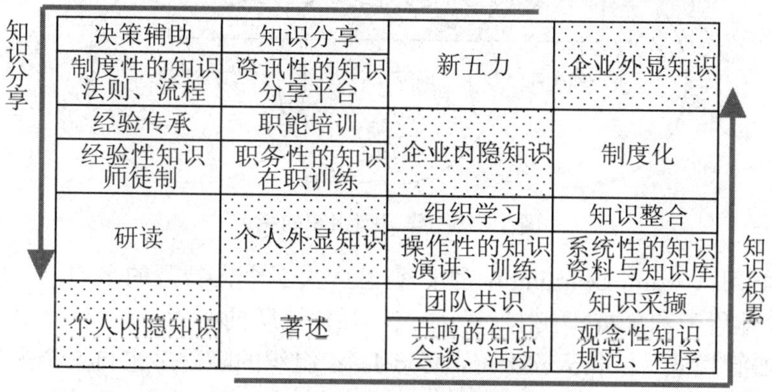

知识分享

决策辅助 制度性的知识 法则、流程	知识分享 资讯性的知识 分享平台	新五力	企业外显知识
经验传承 经验性知识 师徒制	职能培训 职务性的知识 在职训练	企业内隐知识	制度化
研读	个人外显知识	组织学习 操作性的知识 演讲、训练	知识整合 系统性的知识 资料与知识库
个人内隐知识	著述	团队共识 共鸣的知识 会谈、活动	知识采撷 观念性知识 规范、程序

知识积累

*新五力：学习力、竞争力、控制力、执行力、成长力

图 10.14　知识转移的模式

学习型组织

学习型组织（Learning Organization），美国学者彼得·圣吉（Peter M. Senge）在《第五项修炼》（*The Fifth Discipline*）一书中提出此管理观念，企业应建立学习型组织，其含义为面临剧烈变革的外在环境，组织应力求精简、扁平化、弹性因应、终生学习、不断自我组织再造，以维持竞争力。

学习模型

学习型组织不存在单一的模型，它是关于组织的概念和雇员作用的一种态度或理念，是用一种新的思维方式对组织的思考。在学习型组织中，每个人都要参与识别和解决问题，使组织能够进行不断的尝试，改善和提高它的能力。学习型组织的基本价值在于解决问题，与之相对的传统组织设计的着眼点是效率。在学习型组织内，雇员参加问题的识别，这意味着要懂得顾客的需要。雇员还要解决问题，这意味着要以一种独特的方式将一切综合起来考虑以满足顾客的需要。组织因此通过确定新的需要并满足这些需要来提高其价值。它常常是通过新的观念和信息而不是物质的产品来实现价值的提高。学习型组织的特点可以用图 10.15 来表示。

五项要素

学习型组织应包括以下五项要素。

（1）建立共同愿景（Building Shared Vision）：愿景可以凝聚公司上下的意志力，通过组织共识，大家努力的方向一致，个人也乐于奉献，为组织目标奋斗。

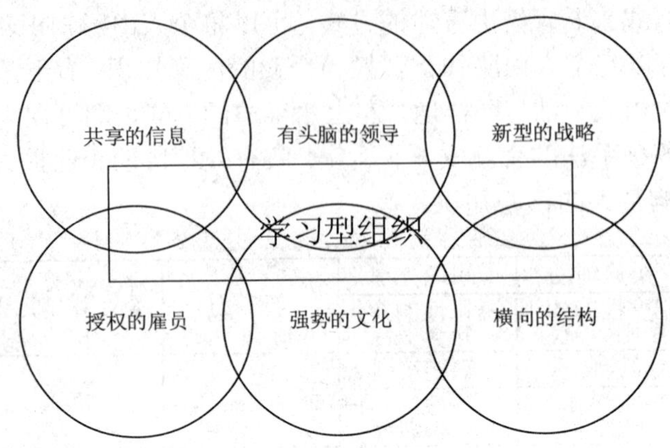

图 10.15 学习型组织的特点

（2）团队学习（Team Learning）：团队智慧应大于个人智慧的平均值，以做出正确的组织决策，通过集体思考和分析，找出个人弱点，强化团队向心力。

（3）改变心智模式（Improve Mental Models）：组织的障碍多来自于个人的旧思维，例如固执己见、本位主义，唯有通过团队学习以及标杆学习，才能改变心智模式，有所创新。

（4）自我超越（Personal Mastery）：个人有意愿投入工作，专精工作技巧的专业，个人与愿景之间有种“创造性的张力”，正是自我超越的来源。

（5）系统思考（System Thinking）：应通过资讯搜集，掌握事件的全貌，以避免见树不见林，培养综观全局的思考能力，看清楚问题的本质，有助于清楚了解因果关系。

学习是心灵的正向转换，企业如果能够顺利导入学习型组织，不只能够达致更高的组织绩效，更能够带动组织的生命力。

组织领导

学习型组织是从组织领导人的头脑中开始的。学习型组织需要有头脑的领导，他要能理解学习型组织，并能够帮助其他人获得成功。学习型组织的领导具有三个明显的作用。

（1）设计社会建筑。社会建筑是组织中看不见的行为和态度。组织设计的第一个任务就是培养组织目的、使命和核心价值观的治理思想，它将用来指导雇员。有头脑的领导要确定目标和核心价值观的基础。第二个任务是设计支持学习型组织的新政策、战略和结构，并进行安排。这些结构将促进新的行为。第三个任务是领导并设计有效的学习程序。创造学习程序并且保证它们得到改进和理解需要领导的创造力。

（2）创造共同的愿景。共同的愿景是对组织理想未来的设想。这种设想可以由领导或雇员的讨论提出，公司的愿景必须得到广泛的理解并被深深铭刻在组织之中。这个愿景体现了组织与其雇员所希望的长期结果，雇员可以自己自由地识别和解决眼前的问题，这一问题的解决将会帮助实现组织的愿景。但是，如果没有提出协调一致的共同愿景，雇员就不会为提高组织整体效益而行动。

（3）服务型的领导。学习型组织是由那些为他人和组织的愿景而奉献自己的领导建立的。作为靠自己一人建立组织的领导人形象不适合学习型组织。领导应将权力、观念、信息分给大家。学习型组织的领导要将自己奉献给组织。

横向结构

学习型组织废弃了使管理者和工人之间产生距离的纵向结构，同样也废弃了使个人与个人、部门与部门相互争斗的支付和预算制度。团队是横向组织的基本结构。伴随着生产的全过程，人们一起工作为顾客创造产品。在学习型组织里，实际上已经排除了老板，团队成员负责培训、安全、安排休假、采购，以及对工作和支付的决策。

部门之间的界限被减少或消除，而且组织之间的界限也变得更加模糊。公司之间以前所未有的方式进行合作，新兴的网络组织和虚拟组织是由若干个公司组成，它们就是为了达到某种目的而联合起来，这些新的结构提供了适应迅速变化着的竞争条件所需的灵活性。

领导力

在面向未来的一轮又一轮的学习和研究中，人们不断地对提升领导力这个论题表示出了极大的关注。人力资源研究院（Human Resource Institute）的研究发现，对于有效的人事管理来说，领导力是摆在第一位的问题[4]。该项研究要求 312 名公司高层主管人员去找出他们公司所面临的最紧迫的人事问题。其研究结果发现：领导力是最重要的，而且超过 70%的被调查者认为这个问题极其重要。在由人力资源计划协会（Human Resource Planning Society）、人力资源管理协会（the Society for Human Resource Management）、《劳动力杂志》（*Workforce Magazine*）和麦肯锡咨询公司（Mckinsey）各自进行的关于未来领导力的后续研究中，一系列类似的对于领导力问题的重大关注，开始层出不穷地展现在人们面前。

领导风格评价

领导力必须借由适合的领导风格，才能达到良好的效果。

问卷设计

下面是一个关于领导风格的问卷调查，被调查者可以根据结果评判自己的领导风格型态及其有效性。

假设你处于下列十二种状况，请仔细阅读下列各项说明，并考虑在各种状况时，你会如何处置，然后圈选出最接近你所采取措施的选项，只能选一项。在下列各状况中，请依据你认为最常处于的领导地位来解释一些重要的观念，例如：

“属下”一词，你如果（常自认）为一工程经理，那么“属下”即为你的工程人员；若你身为父（母）亲，则你的子女即为你的“属下”；若为老师，则学生即为你的“属下”。

作此问卷时，请从头至尾保持着同一种假定，当然你可以用不同的假定，分别完成此问卷，来看看你在不同情况的领导行为。

状况1

你的属下并不听从你和颜悦色的劝告，而且显然地，他们只关心他们本身的利益，且表现得十分糟时：

A．强调作一致及任务完成的重要性

B．在不勉强的原则下，使自己和他们有沟通的机会

C．和属下谈谈，并订下目标

D．刻意的不介意

状况2

你的工作群显然在进步着，且你相信每个人都很了解他们的本分及标准

A．和他们友善地接触，但继续了解工作群对本分及标准的注意

B．并不采取什么特定的措施

C．让你的工作群有受重视感及参与感

D．强调限期及工作的重要性

状况3

你的工作群遭遇一个问题，而他们自己无法解决，平常你都让他们自行运作，且工作群日常的表现及团队精神都不错。

A．加入这个工作群，并一起努力解决问题

B．让他们自行解决

C．赶快纠正，重新指正

D．鼓励他们对这个问题努力，并提供必要的咨询建议

状况4

你在考虑做一个重大的改变，属下的工作纪录相当优秀，他们期望这个改变

A．允许他们参与设计此项改变，但并不强迫

B．宣布改变事宜，并严密督导其执行

C．让属下们自行规划新方向

D．综合属下的意见，但由自己掌握方向

状况5

过去几个月来，你的属下每况愈下，他们对于目标漠不关心，虽然重新分配职务曾有所助益，但常需提醒他们准时完成工作。

A．让他们规划自己的方向

B．综合其意见，但务求达成目标

C．重新订定目标并小心督导

D．允许但不强制他们加入目标的决定

状况6

你新到一个高效率的环境，前任领导人要求很严，你想维持原先的高生产率，但也想加入人性化的措施

A．尽量做一些让工作群感觉是重要且乐于参与的决策

B．强调最后期限及任务的重要性

C．刻意地不干涉他们

D．让工作群参与决策

状况 7

你想在组织结构上做个重大的改变，你的工作群亦曾建议需要改变，他们在平时表现出具有很大的弹性。

A．明确地指示改变之处并仔细督导

B．征得工作群对改变措施的同意并让他们整合此项实行的工作

C．很愿意依建议作改变，但控制其执行

D．避免麻烦，一切照旧

状况 8

工作群的表现及团队精神均不错，而你对工作群今后的方向不甚确定

A．让他们自行处理

B．和他们讨论目前的状况并开始采取必要的改革措施

C．采取步骤，订定计划，并按部就班督导工作群

D．要小心，不要太冲动，以免破坏上下的关系

状况 9

你的上级交付一项工作，该工作难度远超过你们所能建议的程度，你的工作群并不清楚目标为何，开会的出席率很差，流于嘻嘻哈哈，他们显然需要有能力者的协助。

A．让他们自行解决

B．收集他们的建议并注意必须符合目标

C．重新订定目标并仔细督导

D．让他们参与目标的订定，但并不强迫

状况 10

最近的资料显示属下间有内在的困难，他们有非常好的工作纪录，成员们已有效地维持着长期的目标，过去和他们工作得甚为和谐，每一位对工作均可胜任。

A．和你的属下一起找出问题，并检讨是否需要新的方式

B．让属下自己找出来

C．迅速并坚持改正，且重新规划方向

D．（使）自己（变得）可以商量，但注意不要破坏上下的关系

状况 11

你调到一个新的职务，前任领导者并未融入工作群的业务中，但此工作群的工作及方向相当正确，其相互关系亦甚好。

A．采取步骤使属下按部就班地工作

B．使属下一起投入决策，并强化良好表现

C．和属下讨论过去的表现，然后你来检视是否需要新的训练

D．继续让他们独立发展

状况 12

你的属下一向服从性高，但却不服从你最近订定的标准

A．允许他们加入重新拟定标准的工作，但并不强迫

B．重新订定标准并仔细督导

C．不施任何压力以免麻烦冲突

D．综合工作群的意见，但要求符合目标

领导型态

上述问卷每题不同的选择填入表 10.1，并对应不同的分值。表 10.1 为评分表，表中分数并非真正分数，而是根据所选答案的型态所赋予的代号。

表 10.1　领导型态等级

栏　　次	领导型态等级			
	1	2	3	4
1	A	C	B	D
2	D	A	C	B
3	C	A	D	B
4	B	D	A	C
5	C	B	D	A
6	B	D	A	C
7	A	C	B	D
8	C	B	D	A
9	C	B	D	A
10	C	A	D	B
11	A	C	B	D
12	B	D	A	C
	领导等级			

第一象限，代表重工作、轻人际。

第二象限，代表重工作、重人际。

第三象限，代表轻工作、重人际。

第四象限，代表轻工作、轻人际。

将每一项（1，2，3，4）出现的次数填在下面的方格中，出现最多次的就是你的主领导型态，出现次少的为你的次领导型态，如图 10.16 所示。

需要注意以下方面的内容。

（1）以上所得是你自己认为属于自己的型态，和他人眼中的有些差异，而领导型态的定

义却是“表现于外，为人所了解”的，因此，以上的结果不一定能反映出你的领导型态。接受你领导的人，是对他们所了解的你做出反映，而非你自己所了解的你，所以也许你以为自己是相当温和、民主的老板，而在属下的心目中，却认为你粗暴专制呢！因此也设计为测验属下之用，你可以由此获得一些对自己行为了解的回馈。

象限3 轻工作 重人际	象限2 重工作 重人际
象限4 轻工作 轻人际	象限1 重工作 轻人际

图 10.16　领导者行为的基本型态

（2）也可以你的上司、同僚（平行阶层）等为对象，使你的了解更广泛，特别是你每日或每周会接触一次的其他主管，例如你是生产经理，就和其他部门经理保持联系，若你是学校老师，则和其他老师保持联系。

通常你的领导型态等级，必须由你作答的结果参照表 10.1 以及其出现的次数来决定。在比较研究时，若要对自己的领导型态了解多一点，应把上面的问卷交给部属，由部属给你的评估，和自己对自己评估，综合起来讨论。假设你得到的答案如图 10.17 的 A，则你的领导型态是比较突出一格，如你得到的答案是如图 10.17 的 B，则你的领导型态是较广泛的。

A

象限3	象限2
12	0
象限4	象限1
0	0

B

象限3	象限2
3	5
象限4	象限1
2	2

图 10.17　领导型态等级

在四个象限中，以象限 2 的型态为最佳（重工作，重人际），而以象限 4 最差（轻工作，轻人际）。可把部属给自己的评估和自己对自己的评估相比较。

领导评判

对自己的领导型态了解以后，那么到底哪种表现是最有效的领导？在上面所提的十二项状况中，选择哪个答案是表示领导型态最有效？现在将有效行为模式给予配分，最有效的行为模式给予+2 分，次之+1，反之，较差的行为模式为-1 分，最差为-2 分。将这种计分法规列入十二项状况选择中，其分数分布如图 10.18 所示。

状况	A	B	C	D	状况	A	B	C	D
1	−2	−1	−1	−2	8	−2	−1	−2	−1
2	−2	−2	−1	−1	9	−2	−1	−2	−1
3	−1	−1	−2	−2	10	−1	−2	−2	−1
4	−1	−2	−2	−1	11	−2	−2	−1	−1
5	−2	−1	−2	−1	12	−1	−2	−2	−1
6	−1	−1	−2	−2	小计				
7	−2	−2	−1	−1	总分				

图 10.18 领导型态的调适性

按照图 10.18 所列的积分，将自己所选择的答案或部属所选择的答案数量化后，把分数计算一下，以求自己领导的行为模式是否最有效？若总分落在-1～-24 之间，则领导行为模式可能需要改变。最好总分能落在+1～+24 之间，愈接近+24 则表示你的领导行为模式愈有效。

管理方格理论

管理方格理论（Management Grid Theory）是由美国得克萨斯大学的行为科学家罗伯特·布莱克（Robert R. Blake）和简·莫顿（Jane S. Mouton）在 1964 年出版的《管理方格》（1978 年修订再版，改名为《新管理方格》）一书中提出的。管理方格图的提出改变了以往各种理论中“非此即彼”式（要么以生产为中心，要么以人为中心）的绝对化观点，指出在对生产关心和对人关心的两种领导方式之间，可以进行不同程度的互相结合。

理论内涵

管理方格理论（Management Grid Theory）是研究企业的领导方式及其有效性的理论，这种理论倡导用方格图表示和研究领导方式。他们认为，在企业管理的领导工作中往往出现一些极端的方式，或者以生产为中心，或者以人为中心，或者以 X 理论为依据而强调靠监督，或者以 Y 理论为依据而强调相信人。为避免趋于极端，克服以往各种领导方式理论中的“非此即彼”的绝对化观点，他们指出：在对生产关心的领导方式和对人关心的领导方式之间，可以有使二者在不同程度上互相结合的多种领导方式。为此，他们就企业中的领导方式问题提出了管理方格法。

管理方格图是一张纵轴和横轴各 9 等分的方格图，纵轴表示企业领导者对人的关心程度（包含了员工对自尊的维护、基于信任而非基于服从来授予职责、提供良好的工作条件和保持良好的人际关系等），横轴表示企业领导者对业绩的关心程度（包括政策决议的质量、程序与过程、研究工作的创造性、职能人员的服务质量、工作效率和产量)，其中，第 1 格表示关心程度最小，第 9 格表示关心程度最大，如图 10.19 所示。

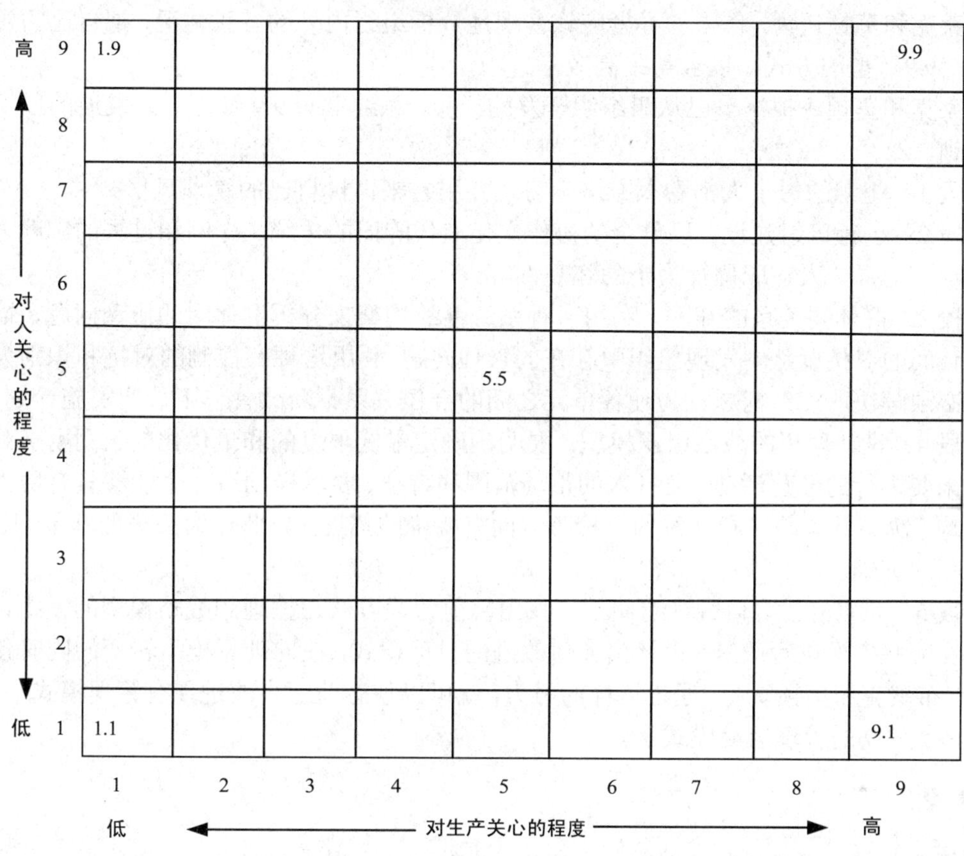

图 10.19　管理方格图

在管理方格图中，“1.1”方格表示对人和生产都很少关心，这种领导必然失败。“9.1”方格表示重点放在生产上，而对人很少关心。领导人员的权力很大，指挥和控制下属的活动，而下属只能奉命行事，不能发挥积极性和创造性。“1.9”方格表示重点放在满足职工的需要上，而对指挥监督、规章制度却重视不够。“5.5”方格表示领导者对人的关心和对生产的关心保持中间状态，只求维持一般的工作效率与士气，不积极促使下属发扬创造革新的精神。只有“9.9”方格表示对人和生产都很关心，能使员工和生产两个方面最理想、最有效地结合起来。这种领导方式要求创造出这样一种管理状况：职工能了解组织的目标并关心其结果，从而自我控制，自我指挥，充分发挥生产积极性，为实现组织的目标而努力工作。

除了那些基本的组合外，还可以找出一些组合。例如，5.1 方格表示准生产中心型管理，比较关心生产，不大关心人；1.5 方格表示准人中心型管理，比较关心人，不大关心生产；9.5 方格表示以生产为中心的准理想型管理，重点抓生产，也比较关心人；5.9 方格表示以人为中心的准理想型管理，重点在于关心人，也比较关心生产。

管理培训

布莱克和莫顿认为，作为领导者应该客观地分析组织内外的各种情况，把自己的领导方式改造成“9.9”型的方式，以求得最高效率。

布莱克和莫顿还根据自己从事组织开发的经验，总结出向9.9管理方式发展的以下五个阶段的培训。

阶段1：组织的每个人都卷入方格学习，并用它来评价自己的管理风格。

阶段2：进行班组建设，以健全的协作文化取代陈旧的传统、先例和过去的实践，建立优秀的目标，增强个人在职位行为中的客观性等。

阶段3：群体间关系的开发，利用一种系统性的构架来分析群体间的协调问题，恰当地利用好群体间的对抗以从中发现组织中存在的管理问题，利用这种有控制的对抗和识别为建立一体化所必须解决的症结问题，为使各单元之间的合作关系不断改善作下一次实施计划。

阶段4：设计理想的战略组织模型，要明确确定最低限度的和最优化的公司财务目标，在公司未来要进行的经营活动、要打入的市场范围和特征、要怎样创造一个能够具有协力效果的组织结构、决策基本政策和开发的目标等方面有明确的描述，以此作为公司的基本纲领，作为日常运作的基础。

阶段5：贯彻开发。研究现有组织，找出目前营运方法与按理想战略模型的差距，明确企业应该在哪些方面进行改进，设计出如何改进的目标模式，在向理想模型转变的同时使企业正常运转。布莱克和莫顿认为，通过这样的努力，就可以使企业逐步改进现有管理模式中的缺点，逐步进步到9.9的管理组合模式上。

领导类型

根据企业管理者“对业绩的关心”和“对人的关心”程度的组合，可以将领导分为以下五种类型。

（1）贫乏的领导者：对业绩和对人关心都少，实际上，他们已放弃自己的职责，只想保住自己的地位。

（2）俱乐部式领导者：对业绩关心少，对人关心多，他们努力营造一种人人得以放松，感受友谊与快乐的环境，但对协同努力以实现企业的生产目标并不热心。

（3）小市民式领导者：既不偏重于关心生产，也不偏重于关心人，风格中庸，不设置过高的目标，能够得到一定的士气和适当的产量，但不是卓越的。

（4）专制式领导者：对业绩关心多，对人关心少，作风专制，他们眼中没有鲜活的个人，只有需要完成生产任务的员工，他们唯一关注的只有业绩指标。

（5）理想式领导者：对生产和对人都很关心，对生产和对人都很投入，在管理过程中把企业的生产需要同个人的需要紧密结合起来，既能带来生产力和利润的提高，又能使员工得到事业的成就与满足。

方格意义

管理方格法问世后便受到了管理学家的高度重视。它启示我们在实际管理工作中，一方面要高度重视手中的工作，要布置足够的工作任务，向下属提出严格的要求，并且要有纪委规章作保障；另一方面又要十分关心下属个人，包括关心他们的利益，创造良好的工作条件和工作环境，给予适度的物质和精神的鼓励等。从而使下级机械及其工作人员在责、权、利等方面高度统一起来，以提高下属的积极性和工作效率。

360 度反馈

360 度反馈是一组相互联系的技术，用来衡量管理者的管理风格，界定成功的管理所需要的行为，然后从同事、下属和上级三个方面，通过严格控制的方式测量其相应的管理风格结果，如图 10.20 所示。

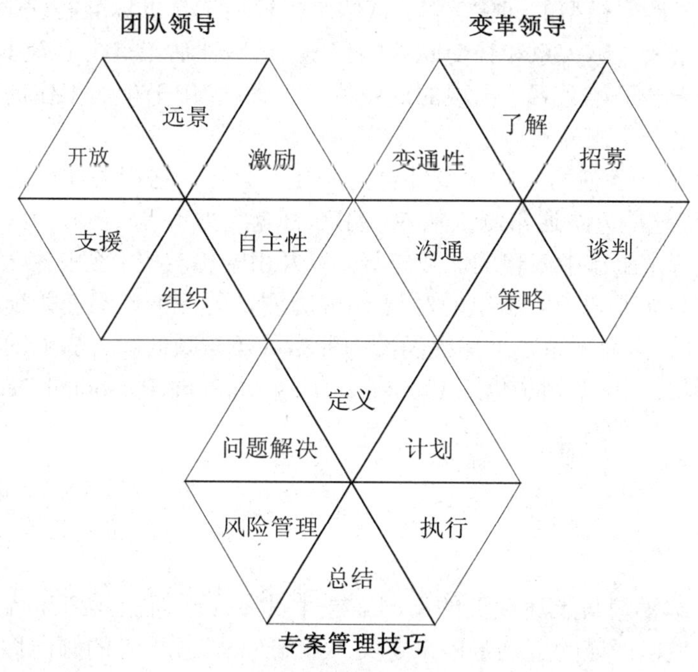

图 10.20　360 度反馈

在实际运用中，根据相应目的，必要的工作可能是自下而上反馈，也可能会打破内部圈子，接受来自客户和供应商的反馈。

360 度反馈技术可能成为正规评估过程的一部分，其内在的逻辑是：与更传统方法相比，相应的整套方法对个人的业绩能够提供一个更平衡的评价。360 度反馈技术的运用在 20 世纪 90 年代非常流行。然而，作为一种技术，为了获得在培训计划中使用的信息，为了衡量组织氛围和各种其他目的，360 度反馈有更长的历史，从 20 世纪 70 年代起就已经被 Harbridge House（现在是 Coopers & Lybrand 的一部分）和 Forum Group 使用。

其中的概念非常简单，但是发展有效的方法、建立统计数据库使对个人的调查结果能够与同行和同事进行比较、建立合乎道德且保守机密的方法，却完全可能成为咨询师的一个独特的机会。

佩斯模型

佩斯领导力业绩模型（Perth Leadership Outcome Model，PLOM）简称佩斯模型，是一个以财务业绩来区分领导者的领导力模型，它与关注领导者人格，行为技能和商业胜任力的两类传统领导力模型有着显著区别。该模型由泰德·普林斯博士于2002年至2006年间开发。

传统的领导力模型主要基于人格或者行为学/胜任力方法。基于人格的方法扎根于20世纪初期流行的“伟人”理论，这些传统方法上的研究目的在于寻求区分领导者和追随者、卓越领导者和一般领导者的人格，其中典型例子包括迈尔斯类型指标（MBTI 人格理论）、基本人际关系取向行为（FIRO-B），以及像NEO人格量表修订版（NEO PI-R）或霍根人格问卷（HPI）这类基于人格结构五因素模型的评估工具。这些个性评估工具以标准心理学理论为基础，其目的在于衡量和显示个人人际关系和社交职能的程度。这些评估工具由心理学家设计，但这些工具却并非设计运用于若干年之后才出现的商业领导力评估(用于预测工作场所内心理职能的霍根领导力预测工具是一个例外)。

与之相反，行为学/胜任力方法主要针对商业环境设计，它们关注如愿景、执行力和毅力等个人管理竞争力。这些方法通常测量从60～100种竞争力不等，它们相应的知识遗产是一系列个体应该如何在特定工作中表现的职业指导，以及由哈佛教授、企业家大卫·麦克利兰的经典文章《测量胜任力而非智力》引出的对智力/能力测试的抨击。即使如今胜任力模型已经延伸到高级领导者层次，然而无论是上述提及的职业指导还是减低智力影响的方法都不是专门针对这个人群设计的，其中典型例子包括Lominger、Hay-McBehr、Personnel Decisions International和其他组织提供的胜任力模型。

模型特质

财务业绩

佩斯领导力业绩模型与上述模型的不同点在于其专注于商业业绩和特定的个人和领导者类型的联系。该模型以严谨的金融术语来定义“业绩”，将领导者的倾向性与其追逐的财务目标，尤其是他们的领导力将会带来的财务价值和估值结果联系起来。

该模型指出由于该模型专注于组织和个人的财务业绩，所以它远远不同于其他传统模型。传统的个性和胜任力模型并没有像佩斯领导力业绩模型那样特定解释领导者和组织的财务表现。

财务特质

佩斯领导力业绩模型（PLOM）提出了个体财务特性这个概念，它被称为财务特质。财务特质被描述为一种每个人都拥有的一种本能倾向，它驱动着每个人在风险和报酬、亏损和盈利等情况下作出的判断行为。每个人都有一种具有显著特征的方法去处理这些情况，而这种特定的方法将对所有能产生财务影响的决策附加一个系统的，但不被察觉的偏向性。了解这个模型将有助于预测领导者的财务决策类型以及他们的财务决策将带来的财务影响，故凭借该模型可以预测和分析这些领导者对财务业绩、盈利能力和他们运营的公司组织的财务价值，以及市场估值产生的影响。与此同时，这些预测和分析可以延伸至团队和组织层次。

财务使命

佩斯领导力业绩模型指出个人不能改变他们的财务特质，由于它是天生的，或者至少在较长的一段时间内是固定不变的。然而他们可以改变自身的财务使命，也就是他们在实际行为中如何表达自身的财务特性的方式。每个人能改变自身财务使命的程度都不同，大部分人可以做出一定改变，但只有少部分人可以做出巨大的变化。然而，只要一个组织的关键领导者们少量地改变财务使命，他们所在公司组织的财务业绩和市场价值就会得到显著的改变。

业绩评估

佩斯领导力研究院提供一系列评估工具，其中包括揭示和测量个人财务特质的财务业绩评估（FOA），揭示个人如何提高财务使命和领导力业绩的主管业绩评估（EXOA），以及改善组织财务特质和财务使命的企业财务业绩评估（CFOA）。

行为金融学

PLOM 代表了行为金融学和行为经济学领域中的一个全新方法。这两个领域以及其“经济非理性行为”核心假说主要是针对消费者，然而现在该领域内更多的方法已把这个假说延伸至少部分企业内作出投资决策的领导者。与其不同，PLOM 的方法将这个“非理性行为”假设延伸至所有的企业主管和经理人，同时包括那些没有企业财务决策责任的领导者。

三大风格

所有领导者在资源利用和价值增加的表现上，都可以归结为三种风格——盈余、赤字、混乱，如图 10.21 所示。

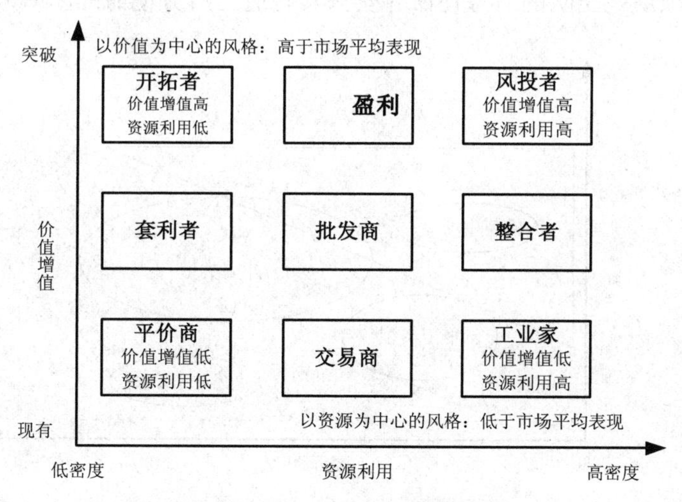

图 10.21 九种财务特质类型

盈余风格（价值中心型）

- 开拓者（HV/LR）：这种类型的表现是价值增加高、资源利用低，反映出极高的正盈余差。
- 盈利者（MV/LR）：这种类型由于价值增加高及资源利用适中，而产生正盈余差。
- 套利者（MV/LR）：适度的价值增加与少量的资源利用，形成的是正盈余差。

赤字风格（资源中心型）

- 工业家（LV/HR）：价值增加低，加上资源利用过高，这种类型的领导者将创造出极度负面的盈余差。
- 交易商（LV/MR）：资源利用适中，但价值增加低，造成负盈余差。
- 整合者（MV/HR）：由于高资源利用与适度的价值增加而形成负盈余差。

混乱风格（平衡型）

- 风投者（HV/HR）：高度的价值增加倾向与资源利用倾向，长期来看，这类领导风格将导致零盈余差。
- 平价商（LV/LR）：低度的价值增加倾向与资源利用倾向，长期来看，这类领导风格将导致零盈余差。
- 批发商（MV/MR）：中度的价值增加倾向与资源利用倾向，长期来看，这类领导风格将导致零盈余差。

领导者的成功在于其财务特质是否与组织文化互相配合。需要指出的是，财务特质本身没有好坏，企业发展的不同阶段需要具有不同财务特质的领导者，合理分配才是关键。

四种关系

合伙关系可能由具有不同的财务使命的人所组成，形成各种财务使命的混合体。根据合伙人的财务特质，可以定义出四种合伙关系（见图 10.22），每种关系都具有不同的结果和内在运作过程。该模型将能判断团队是否能有建设性地工作和团队能否创造或者消耗资本。要运用这个模型，领导者必须清楚团队的财务使命并安排具有适当财务使命的团队来达到财务结果。

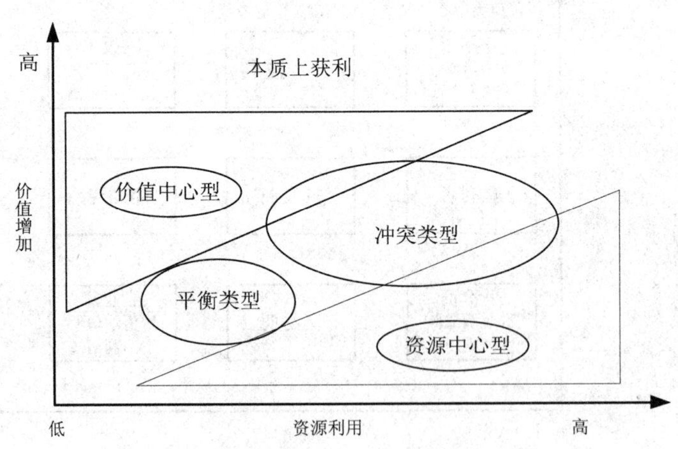

图 10.22　财务使命与高级管理团队

历史发展

PLOM 在许多方面都是独创的，不过它与两个学术先驱有密切的关系。其中一个是著名的德国著名社会学家马克斯·韦伯，在其著作《新教伦理与资本主义精神》中，他曾把社会学和经济学因素联系起来，然而韦伯并没有进一步探讨行为和企业经济结果之间的关系。

另外一个先驱是上面提及过的哈佛心理学家大卫·麦克利兰。他在19世纪50年代发表的著作探讨了资本主义社会的崛起与创业行为之间的联系。其中，他在著名的《成就社会》一书中揭示了从希腊时期到近代存在的这些联系。不过，他的作品并没有模型化个人的创业行为和财务行为结构，也没有展示这些行为与企业财务业绩之间的联系。简而言之，他的研究主要针对社会，而不是企业。即使他的方法在当时具有重大影响，麦克利兰的方法并没有得到广泛延伸。直到行为金融学和行为经济学的出现引起了人们对这个领域的重新关注，而PLOM的研究反映了这一趋势。

模型验证

佩斯领导力研究院的研究是具有独创性的。基于自身统计数据的研究证明了财务特质和公司财务业绩之间的关系，然而，它亦需要更多其他的研究人员重复试验来做出最终确定性的验证。

德尼森模型

企业文化与企业经营业绩之间的关系一直是企业管理界和企业文化研究人员关注的基本问题，德尼森企业文化调查体系[5]为探索这一问题提供了值得借鉴的工具。丹尼尔·德尼森博士曾在美国密歇根大学商学院任教，现任瑞士洛桑国际管理发展学院企业发展学教授。在15年中，他调查了1 000多家企业，积累了40 000个个人调查结果，形成了企业文化调查的基准数据库和调查模型。从中，可以看出西方企业文化研究的基本思路，并可以在实际工作中借鉴和创造性地应用这一模型。

德尼森企业文化调查模型，通过对关键文化特性的分解，把文化特性与企业经营管理的核心要素、企业管理行为及员工的行为联系起来，并把这种联系安排在一个科学的象数体系中，为人们从量和质的角度考察企业文化与企业经营管理以及企业经营业绩之间的关系，提供了直观的测量模型和工具。

关键特性

德尼森企业文化调查模型建立在4个文化特性基础之上[5]。这4个文化特性与企业的经营管理有着密切的关系，它们是相容性、连续性、适应性和使命感。在十多年的研究中，德尼森发现，这4个文化特性与企业的经营业绩有着必然的联系，如资产收益率、投资收益率、产品开发、销售增长额、市场占有率、产品质量、顾客满意度等。通过挖掘每一个特性对企业经营管理的关键环节以及管理行为和员工行为的影响，人们可以发现这些文化特性作用于企业经营及经营业绩的内在机理。

德尼森对4个文化特性作了明确的界定，并分别用3个方面的指标对每一个特性进行衡量，对4个文化特性作了初步的分解。相容性是指培养员工的能力、主人翁精神和责任心。这一特性是通过授权、团队定位和提高员工的能力3个指标衡量的。连续性是指确定价值观和构建强势文化体系。这一特性是通过确立核心价值观、内部共识和协调一致3个方面来衡量的。适应性是指把商业环境的需求转化为企业的行动。这一特性是通过推动改革、关注顾客和建立学习型组织3个方面衡量的。使命感是指为企业确定有积极意义的长期的发展方向。这一特性是通过愿景、战略方向、战略目标3个方面反映出来的。这样，4个文化特性就分解为企业经营管理的12个方面的指标。

在初步分解的基础上，德尼森分别用 5 个更加具体的条目来衡量上述的 12 个指标。这样，4 个企业文化特性就通过作为中间环节的 12 个指标，分解为企业经营管理过程中的 60 个更加具体的条目，最终形成了以 4 个文化特性为基础、12 个经营管理实践指标为中间环节、60 个具体条目为最终考察对象的企业文化调查体系。限于文章的篇幅，仅以 4 个文化特性中的相容性为例（见图 10.23），可以看出德尼森企业文化考察模型层层分解的情况。

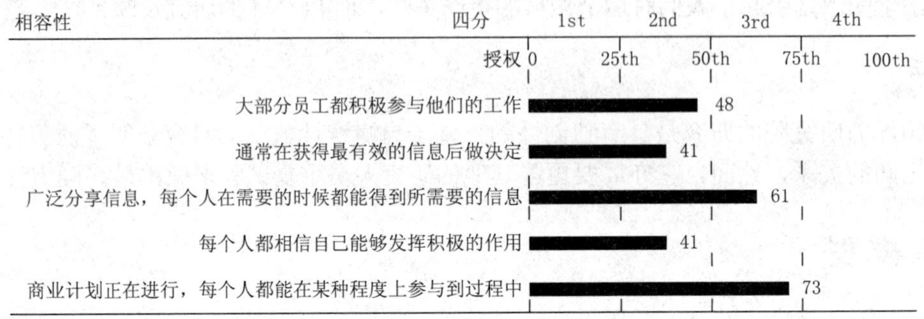

图 10.23 4 个文化特性与企业的经营业绩

4 个文化特性不是孤立的，它们共同作用于企业的经营业绩。德尼森认为，企业的经营业绩具体体现在企业的稳定性、灵活性、企业的内部和外部 4 个方面，而这 4 个方面的业绩恰恰是 4 个文化特性的外在表现。进一步说，某一方面的经营业绩是由 4 个文化特性中的两个方面决定的。“使命感”和“相容性”决定企业的稳定性。这两个文化特性主要影响财务方面的性能指标，例如资产收益率、投资收益率和销售收益率。“相容性”和“连续性”关注的是企业内部。这两个特性主要影响产品和服务的质量、员工满意度和投资收益率。“连续性”和“适应性”决定企业的灵活性，这两个特性主要影响产品更新和升级。“适应性”和“使命感”关注的是企业外部，这两个特性主要影响企业的收入、销售额和市场份额，如图 10.24 所示。

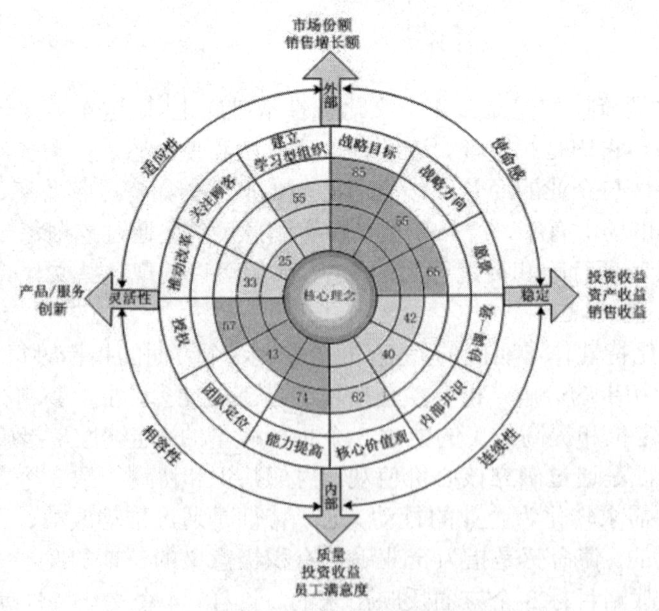

图 10.24 企业文化作用于经营业绩

测量要素

德尼森企业文化调查模型除上述理论框架外，还包括一系列基本的测量要素和把所有量度要素整合在一起的象数结合的调查结果显示模型[5]。

测量要素主要包括以下几个方面。

百分位数和四分位数

德尼森调查模型通过利用统计学方面的百分位数和四分位数，在原始调查统计数据的基础上，与基准数据进行比较，可以得出被调查企业文化状况的相对参考数据，通过这些数据，可以判断该企业的文化状况。具体来说，一个百分位数也就是一个百分数。以小孩的体重为例，如果一个孩子的体重处于第 92 个百分位数，意思是说，孩子的体重比 92%的所有其他同龄孩子的体重要重。而四分位数则是百分位数的另一种表述，它把 100%划分为四等份，由低到高分为四段。第一个四分位段表示 1%～25%，第二个四分位段表示 26%～50%，第三个四分位段表示 51%～75%，第四个四分位段表示 76%～100%。如果孩子的体重处于第 92 个百分点，那就是处在第四个四分位段。

测量基准体系

德尼森企业文化调查模型建立了一个企业文化测量标准体系，是一个由 500 多家企业及组织的调查结果构成的数据库，数据库有 60 个项目的标准平均值和 12 个指标的标准值。通过将被调查企业或组织的调查结果与这套标准数值进行比较，得到百分位数。从百分位数可以看出，被调查企业的文化状况处在怎样的水平，有哪些优势以及不足。

项目及指标百分位数的计算

项目百分位数的得出需经过一套严格而科学的调查和统计过程。首先，由被调查人员根据对企业经营管理情况的了解，对 60 个具体的条目进行评分，然后，调查人员统计得出每个条目的原始平均值，在此基础上，将每个条目的原始平均值与标准的平均值进行比较，得出相应的百分位数。由此，对该企业经营管理的具体方面作出准确的考察和比较，并得出这一具体方面经营管理水平的程度判断。举例来说，假设构成“授权”指标的 5 个条目的原始平均值是 3.4、3.6、4.0、4.1 和 4.2。将这 5 个数值与标准体系数据库里的相应条目的标准数值进行统计比较，得到相应的百分位数分别为 48、41、61、41 和 73。运用按照四分位划分的条形图来表示这一结果，如图 10.23 所示显示了“相容性”下“授权”指标的 5 个条目的调查结果，第一个条形图显示了“大部分员工都积极参与他们的工作”这一问题的百分位数为 48，表示被调查企业在这一方面只比 48%的其他企业好。

指标百分位数的计算，是以该指标所分解的 5 个条目的原始评分为依据的。首先，统计得出 5 个条目各自的原始平均值；然后，求得这 5 个条目原始平均值的平均值，即该指标的原始平均值；最后，将该指标的原始平均值与测量标准数据库里相同指标的标准数进行比较得到百分位数。以此，判断该企业在 12 个指标方面的状况。如上述的“授权”指标，首先得到这 5 项原始数值（3.4、3.6、4.0、4.1 和 4.2）的平均值（即 3.86），即“授权”指标的原始平均值。然后把这个值与数据库里其他组织的同一指标（它们的原始平均值）的标准值作比较，统计得到相应的百分位数。例如经过统计比较，得到“授权”的指标百分位数为 57，这反映了该企业在“授权”这一管理活动上的得分高于 57%的其他企业。这一结果通过下述象数模型来表达。

象数模型

象数模型是把前述理论框架和测量要素整合在一起，并由数字和图形显示调查结果的直观的测量工具。该工具由一个十字划分的4个象限，以及以核心理念为圆心、以四分位段为半径的同心圆构成的。十字的横轴两端分别代表企业的灵活性和稳定性及相关的业绩，纵轴的两端分别表示企业的内部和外部业绩。4个象限分别表示4个文化特性，每一个象限又划分为三等份，分别代表该文化特性所分解的3个指标；圆的核心表示企业文化的核心理念；最外一层所示为12个指标的名称；中间四个圆用来表示每一个指标的四分位数，以标示具体指标相应的程度。如果一个指标的百分位数为51%～75%，它将占满从内到外的3个小扇形环，如图10.23中"相容性"下的"授权"指标数为57，四分位数为3，在图中用深色填充满从内到外的3个扇形环显示四分位数排在第3个，并标示出百分位数值57，显示出该指标的百分位数排在57，由此直观地反映出，该企业在授权这一管理实践方面与其他众多企业相比较的程度和状况。

通过这一模型，可以很直观地反映出企业的文化状况与其他企业相比的情况和企业经营业绩的情况。如图10.24所示的企业文化调查结果显示：企业的"使命感"特性的3个指标的数值都在第3和第4个四分位上，"连续性"和"相容性"特性的指标数值都处在第2和第3个四分位上，而"适应性"的指标数值处在第1到第3，且主要处在第1和第2个四分位上。这说明该企业在"使命感"方面做得很优秀，提出了共同认可的使命、战略、目标，并且大部分员工能团结协作，支持企业目标的实现，所以员工对企业比较满意，能保证较高的产品质量，有较稳定的投资收益和市场份额。但是，企业的适应市场变化的能力较差，在产品和服务创新上存在不足，市场销售增长不快。

德尼森企业文化模型的每一个特性与企业效益有着密切的联系。运用该模型，可以考察每一特性影响相应的经营业绩和企业最终效益的程度。例如，投资收益率较低（以9%为例）的公司的各项指标都处于第1和第2个四分位，而投资收益率较高（以30%为例）的公司的各项指标都处于第3和第4个四分位数，如图10.25所示。

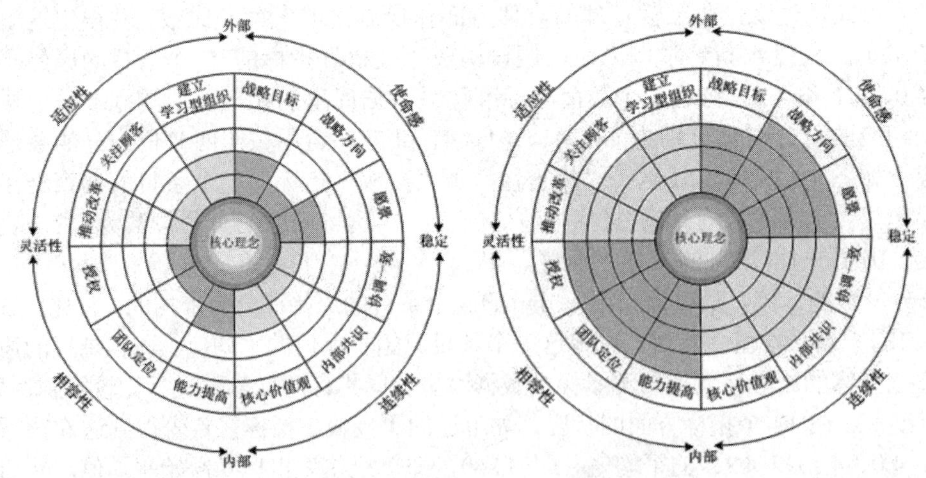

（a）经营业绩差的公司（投资收益率为9%）的指标构成

（b）经营业绩好的公司（投资收益率为30%）的指标构成

图10.25 德尼森企业文化模型指标构成

模型运用

德尼森企业文化模型可以广泛运用于各种企业、团队以及个人。例如，一般性商业公司、正经历合并和收购的企业、面临产业调整的企业、新成立的企业、处于衰落的企业、进行战略调整的企业、面临顾客服务挑战的企业、新任的 CEO 等。通过运用德尼森企业文化模型，可以把某一企业的文化分别与较好和较差经营业绩的企业的文化进行对比，以明确该企业在文化建设方面的优势和不足；可以对业务单位或部门进行考察，以了解该组织内的亚文化；可以测量企业现存的文化以及考察该企业文化如何在提高经营业绩方面发挥更好的作用；可以在测量的基础上提出改进企业文化的方案，以及提高经营业绩的具体建议；可以为企业发展和企业文化变革提供决策依据；可以更好地促进合并及重组过程等。

对于一般性的企业来说，运用该模型可以达到以下目的：对目前企业文化的优势和不足作出基本评价；与其他经营业绩好的企业文化进行比较分析，根据企业所期望的业绩确定文化变革的目标；明确文化变革的短期、中期和长期目标和任务；分析与经营业绩（利润、销售或收入增长率、市场份额、质量、创新和员工满意度）有直接联系的文化要素，找出哪些因素导致了经营业绩的增长，哪些因素阻碍了经营业绩的提高；提高领导者个人对企业文化的认识，进一步引导他们积极发挥企业文化的作用；提供个人和企业双方都可以使用的分析报告，形成共同认可的文化体系。

德尼森企业文化调查模型还可以广泛应用于企业的合并及并购工作，可以促进企业合并及并购的快速成功。该模型可以做到，分析合并及并购双方企业的相同和不同之处，寻求前进的合力；创立合并后企业共同奋斗的企业文化；可以转移双方在谴责、担忧和内部竞争方面的注意力，使之转向创造共享的文化：制定被合并企业的领导者选拔和发展计划，以促进双方认同的理想的企业文化的发展。

失败 CEO 的典型行为

（1）他们把自己与自己的企业看成产业环境的主宰，所有游戏规则都是由他们制定的。

（2）他们自认为自己就代表了企业，公私利益之间界线不清。

（3）他们自认为掌握了所有问题的答案。

（4）他们无情地铲除不能百分之百效忠于自己的人。

（5）他们是企业的代言人，花最多工夫经营公司形象。

（6）他们往往低估重大的挑战。

（7）他们顽固地坚持往昔的成功模式。

以自我为中心，是这些失败企业 CEO 最大的共同点。这些 CEO 就是被自己的成就所扩大的我想（自我为中心），占满了自己的内心，听不到其他的声音，包括顾客、员工、市场等的声音，因此，也回不了事业的基本面，看不到真实的情况。没有管理能力，就不能进入新的行业、新领域、新发展。CEO 不能面对企业经营的真实的情况，无法应对顾客需求与环境变化，造成企业失败。

薪酬绩效

组织本身和每个个体最关注的就是自身利益，核心就是利益分配问题，从制度角度讲就是组织中应该有一个合理的薪酬管理制度，分配时需要实现在能力、贡献、绩效上公平，强调多劳多得，按绩效高低和贡献大小进行分配，实现相对的公平。这样就可以激发每一个员工的积极性和创造性来为实现组织目标而努力。

360度薪酬

360度薪酬又称全面薪酬，包括经济性薪酬与非经济性薪酬两项。经济性薪酬包括固定工资、月度奖金、年度奖金、现金补贴、保险福利、带薪休假、利润分享、持股等；非经济性薪酬包括工作认可、挑战性工作、工作环境、工作氛围、发展、晋升机会、能力提高、职业安全等。

制订360度薪酬的目的，在于保证薪酬在劳动力市场上具有竞争性，吸引优秀人才，对员工的贡献给予相应的回报，激励保留员工，通过薪酬机制，将短、中、长期经济利益结合，促进公司与员工结成利益共同体关系。

如图10.26所示的模型包括一个整体薪酬项目的所有内容。它既包括直接的经济薪酬（工资）和间接的经济薪酬（福利），又包含了非经济的薪酬（工作及环境），是物质薪酬与精神薪酬的统一。

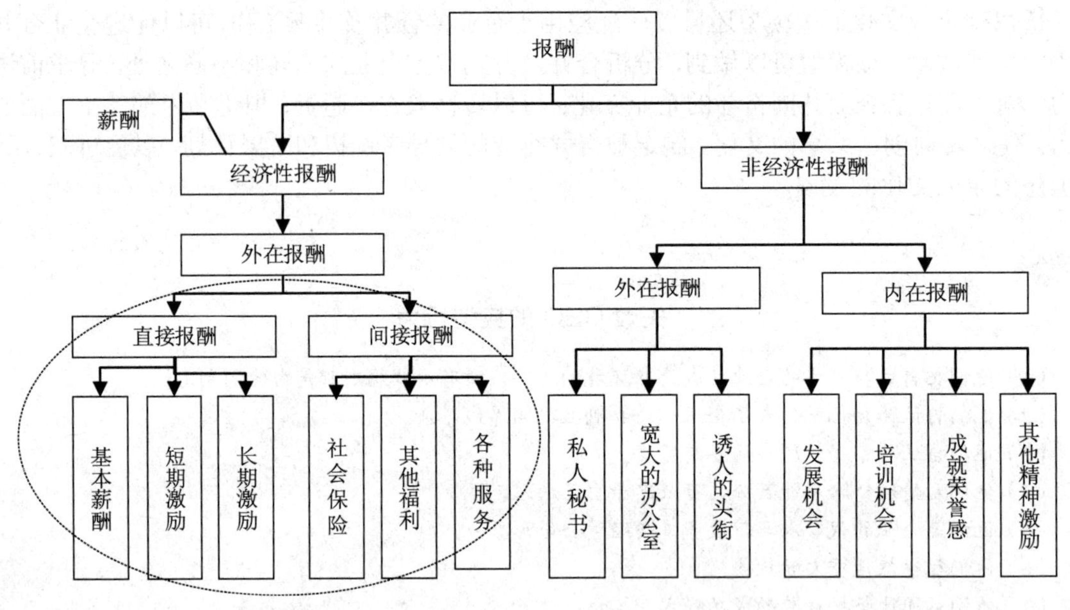

图10.26　360度薪酬方案的模型

工作评价

使用360度薪酬，首要要建立因素评价系统，开发工作评价手册。

因素评价系统综合了三种工作评价方法：排列法、因素比较法和评分法。为工作评价提供了一个系统的程序。

（1）排列法：工作评价者要考查每一项被评价工作的说明，并且按照工作对公司的价值大小顺序排列。其中，特别值得注意的是被评价对象是工作而不是个人。

（2）因素比较法：工作评价委员会首先按照工作中每个因素的相对难度，排列所挑选出的每个标准工作的顺序，然后委员会按照相关因素的重要性将每项工作的整体工资率分配给每一个因素。由于决策具有很强的主观性，这一步骤是最难向员工解释并使之满意的。使用尺度来评价，评价者只需将每项工作按照每个因素与出现在工作比较尺度中的那些工作进行比较，然后将每一项工作放在图中适合的位置，找出对应的薪酬水平，然后对剩余的四个因素重复这一过程，将每个工作五个因素的估价汇总即可得到这一工作的总价值，从而确定其基本薪酬。

（3）评分法：工作评价者对具体的工作部分提供定量价值，这些价值的总和就是一项工作的相对价值评价。评价委员会选择能用来衡量工作价值的因素作为评价标准，按照各因素对所评价的工作重要性确定各因素的权重。然后确定每一个工作因素等效的数量及确定每一等级。

最后一步，就是为工作因素的等级评价。每个因素的最高分即系统总分乘以相应的权重（如：学历最高分=500×50%=250）。等级间的间隔则用最高分减最低分，然后除以所采用的等级数量减 1 来计算（如：学历的间隔=（250-50）/（5-1）=50），这种等差级数式分值是很容易理解且便于向员工解释的。

这种评价方法看起来会耗费大量的时间和精力，但是一旦编写出固定的工作评价手册，就可以使用很久，即使在新工作产生或原有工作发生变化时，只须对手册进行修改。

浮动工资

根据工作评价手册，制定激励导向式的薪酬策略，建立浮动工资制度。

浮动工资制度的工资由标准工资、最低固定工资和最高工资三部分构成。

（1）标准工资建立在工作评价手册基础上，它可以认为是一般的技能/岗位工资，它所体现的主要是内部公平。

（2）最低固定工资根据均衡工资率或现行贴现率，与该类劳动力细分市场挂钩，按劳动力市场价格确定最低工资水平。它是公司保持竞争力的基础，体现的是外部公平。

（3）最高工资主要是针对工资刚性，为降低公司的工资支出成本而设计。关键之处在于工资总额与效益挂钩要有弹性，工资浮动部分按工作绩效来算，主要由公司的增长率、产品销售情况和所占市场的份额的增减决定。

新工资制度将公司的全部雇员分为以下三个层次。

- 公司主要负责人，他们的浮动工资在效益好时增长 50%，效益差时减少 25%。
- 公司中高级雇员，他们的浮动工资在效益好时增长 30%，效益差时减少 15%。
- 公司的一般雇员，他们的浮动工资在效益好时增长 20%，效益差时减少 10%。

这一制度由于引入了风险机制，使得薪酬成为一种激励与鞭策并用的措施：由于它既体现出物质方面的奖励和处罚，又使不同层次的员工具有不同的风险，这就不但从物质上激励员工奋发进取，而且从心理上激发员工与公司荣辱与共的决心和相互竞争的雄心。

弹性福利

改变传统单一的模式，实施弹性福利计划。

由于不同员工会有不同的需求和爱好，而且展望未来，员工需求将愈多元化，传统的福利制度已不能满足需要，人力资源部门就要提供多样化的福利项目，让员工自由选择，甚至建立自助餐式的福利政策，由公司给予员工一定福利点数，员工可在点数范围内随意挑选喜欢的福利项目，使福利的效用最大化，以最终实现薪酬管理的支持和激励功能。

关键绩效指标

企业关键绩效指标（Key Performance Indicator，KPI）是通过对组织内部流程的输入端、输出端的关键参数进行设置、取样、计算、分析，衡量流程绩效的一种目标式量化管理指标，是把企业的战略目标分解为可操作的工作目标的工具，是企业绩效管理的基础。KPI可以使部门主管明确部门的主要责任，并以此为基础，明确部门人员的业绩衡量指标。建立明确的切实可行的KPI体系，是做好绩效管理的关键。关键绩效指标是用于衡量工作人员工作绩效表现的量化指标，是绩效计划的重要组成部分。

方法特质

KPI的特点

（1）来自于对公司战略目标的分解。这首先意味着，作为衡量各职位工作绩效的指标，关键绩效指标所体现的衡量内容最终取决于公司的战略目标。当关键绩效指标构成公司战略目标的有效组成部分或支持体系时，它所衡量的职位便以实现公司战略目标的相关部分作为自身的主要职责；如果KPI与公司战略目标脱离，则它所衡量的职位的努力方向也将与公司战略目标的实现产生分歧。

KPI来自于对公司战略目标的分解，其第二层含义在于，KPI是对公司战略目标的进一步细化和发展。公司战略目标是长期的、指导性的、概括性的，而各职位的关键绩效指标内容丰富，针对职位而设置，着眼于考核当年的工作绩效，具有可衡量性。因此，关键绩效指标是对真正驱动公司战略目标实现的具体因素的发掘，是公司战略对每个职位工作绩效要求的具体体现。

最后一层含义在于，关键绩效指标随公司战略目标的发展演变而调整。当公司战略侧重点转移时，关键绩效指标必须予以修正以反映公司战略新的内容。

（2）关键绩效指标是对绩效构成中可控部分的衡量。企业经营活动的效果是内因、外因综合作用的结果，这其中内因是各职位员工可控制和影响的部分，也是关键绩效指标所衡量的部分。关键绩效指标应尽量反映员工工作的直接可控效果，剔除他人或环境造成的其他方面影响。例如，销售量与市场份额都是衡量销售部门市场开发能力的标准，而销售量是市场总规模与市场份额相乘的结果，其中市场总规模则是不可控变量。在这种情况下，两者相比，市场份额更体现了职位绩效的核心内容，更适于作为关键绩效指标。

（3）KPI是对重点经营活动的衡量，而不是对所有操作过程的反映。每个职位的工作内容都涉及不同的方面，高层管理人员的工作任务更复杂，但KPI只对其中对公司整体战略目标影响较大，对战略目标实现起到不可或缺作用的工作进行衡量。

（4）KPI是组织上下认同的。KPI不是由上级强行确定下发的，也不是由本职职位自行制定的，它的制定过程由上级与员工共同参与完成，是双方所达成的一致意见的体现。它不是以上压下的工具，而是组织中相关人员对职位工作绩效要求的共同认识。

KPI的意义

KPI所具备的特点，决定了KPI在组织中举足轻重的意义。

第一，作为公司战略目标的分解，KPI 的制定有力地推动公司战略在各单位、各部门得以执行。

第二，KPI 为上下级对职位工作职责和关键绩效要求有了清晰的共识，确保各层各类人员努力方向的一致性。

第三，KPI 为绩效管理提供了透明、客观、可衡量的基础。

第四，作为关键经营活动的绩效的反映，KPI 帮助各职位员工集中精力处理对公司战略有最大驱动力的方面。

第五，通过定期计算和回顾 KPI 执行结果，管理人员能清晰了解经营领域中的关键绩效参数，并及时诊断存在的问题，采取行动予以改进。

制定过程

确定关键绩效指标一般遵循下面的过程。

1．建立评价指标体系

可按照从宏观到微观的顺序，依次建立各级的指标体系。首先明确企业的战略目标，找出企业的业务重点，并确定这些关键业务领域的关键业绩指标（KPI），从而建立企业级 KPI。接下来，各部门的主管需要依据企业级 KPI 建立部门级 KPI。然后，各部门的主管和部门的 KPI 人员一起再将 KPI 进一步分解为更细的 KPI。这些业绩衡量指标就是员工考核的要素和依据。

2．设定评价标准

一般来说，指标指的是从哪些方面来对工作进行衡量或评价；而标准指的是在各个指标上分别应该达到什么样的水平。指标解决的是需要评价“什么”的问题，标准解决的是要求被评价者做得“怎样”、完成“多少”的问题。

3．审核关键绩效指标

对关键绩效指标进行审核的目的主要是为了确认这些关键绩效指标是否能够全面、客观地反映被评价对象的工作绩效，以及是否适合于评价操作。

提取流程

KPI 指标的提取，可以用“十字对焦、职责修正”一句话概括。但在具体的操作过程中，要做到在各层面都从纵向战略目标分解、横向结合业务流程“十”字提取，也不是一件非常容易的事情。以下说明 KPI 指标的提取流程，如图 10.27 所示。

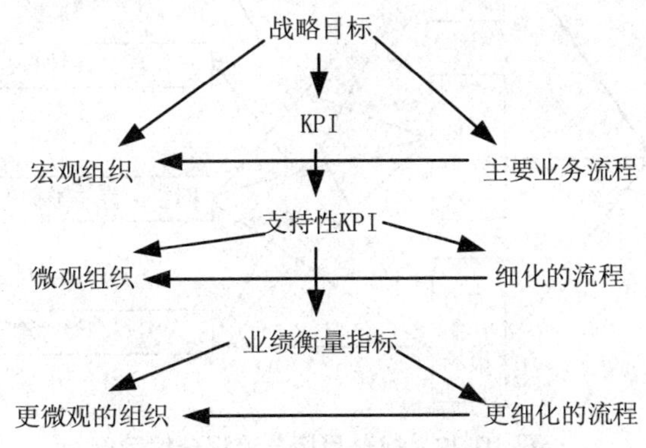

图 10.27　KPI 指标提取总示意图

战略分解

分解企业战略目标，分析并建立各子目标与主要业务流程的联系。

企业的总体战略目标在通常情况下均可以分解为几项主要的支持性子目标，而这些支持性的更为具体的子目标本身需要企业的某些主要业务流程的支持才能在一定程度上达成。因此，在本环节上需要完成以下工作。

（1）企业高层确立公司的总体战略目标，可用鱼骨图方式，如图10.28所示。

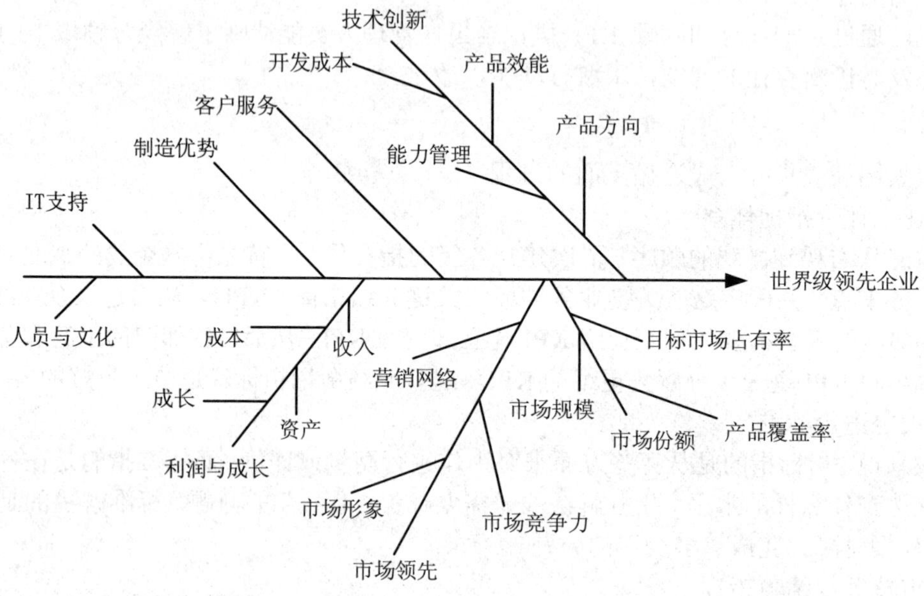

图10.28 战略目标分解鱼骨图方式示例

（2）由企业（中）高层将战略目标分解为主要的支持性子目标，可用鱼骨图方式，如图10.28所示。

（3）将企业的主要业务流程与支持性子目标之间建立关联，如图10.29所示。

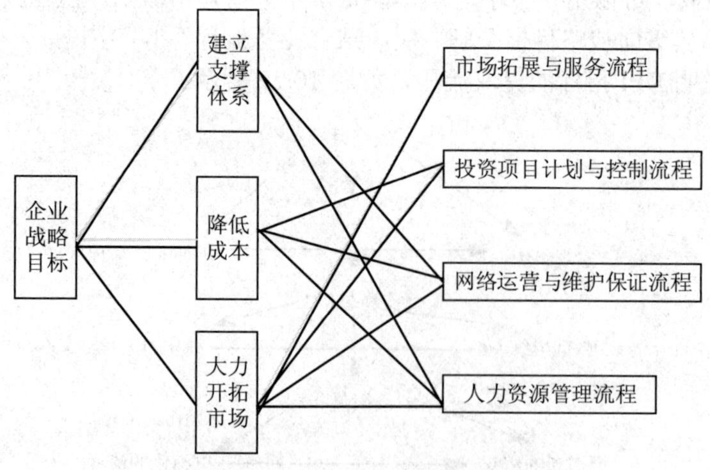

图10.29 战略目标与流程分解示例

业务目标

确定各支持性业务流程目标，如表 10.2 所示。

在确认对各战略子目标的支持性业务流程后，需要进一步确认各业务流程在支持战略子目标达成的前提下流程本身的总目标，并运用九宫图的方式进一步确认流程总目标在不同维度上的详细分解内容。

表 10.2　确认流程目标示例

流程总目标： 低成本快速满足客户对产品质量的服务要求		组织目标要求（客户满意度高）			
		产品性能指标合格品	服务质量满意率	工艺质量合格率	准时齐套发货率
		产品设计质量	工程服务质量	生产成本	产品交付质量
客户要求	质量	产品设计好	安装能力强	质量管理	发货准确
	价格低	引进成熟技术	……	……	……
	服务好	……	提供安装服务	……	……
	交货周期短	……	……	生产周期短	发货及时

部门联系

确认各业务流程与各职能部门的联系，如表 10.3 所示。

本环节通过九宫图的方式建立流程与工作职能之间的关联，从而在更微观的部门层面建立流程、职能与指标之间的关联，为企业总体战略目标和部门绩效指标建立联系。

表 10.3　确认业务流程与职能部门联系示例

流程：新产品开发	各职能所承担的流程中的角色				
	市场部	销售部	财务部	研究部	开发部
新产品概念选择	市场论证	销售数据收集	……	可行性研究	技术力量评估
	……	……	……	……	……
产品概念测试	……	市场测试	……	……	技术测试
	……	……	……	……	……
产品开发建议	……	……	费用预算	组织预研	……
	……	……	……	……	……

部门指标

部门级 KPI 指标的提取，如表 10.4 所示。

表 10.4　部门级 KPI 指标提取示例

		关键绩效指标（KPI）维度			指标
		测量主体	测量对象	测量结果	
绩效变量维度	时间	效率管理部	新产品（开发）	上市时间	新产品上市时间
	成本	投资部门	生产过程	成本降低	生产成本率
	质量	顾客管理部	产品与服务	满足程度	客户满意率
	数量	能力管理部	销售过程	收入总额	销售收入

在本环节中，要将从通过上述环节建立起来的流程重点、部门职责之间的联系中，提取部门级的KPI指标。

目标统一

目标、流程、职能、职位目标的统一，如表10.5所示。

根据部门KPI、业务流程以及确定的各职位职责，建立企业目标、流程、职能与职位的统一。

表10.5 KPI进一步分解到职位示例

流程：新产品开发流程		市场部门职责		部门内职位职责			
				职位一		职位二	
流程步骤	指标	产出	指标	产出	指标	产出	指标
发现客户问题，确认客户需求	发现商业机会	市场分析与客户调研	市场占有率	市场与客户研究成果	市场占有率增长率	制定出市场策略，指导市场运作	市场占有率增长率
			销售预测准确率		销售预测准确率		销售预测准确率
			市场开拓投入率、减低率		客户接受成功率、提高率		销售毛利率增长率
			公司市场领先周期		领先对手提前期		销售收入月度增长幅度

实际应用

在KPI体系的建立过程中，尤其是在制定职位的关键业绩指标时，需要明确的是建立起KPI体系并不是我们工作目标的全部，更重要的是在KPI的建立过程中，各部门、各职位对其关键业绩指标通过沟通讨论，达成共识，运用绩效管理的思想和方法，来明确各部门和各个职位的关键贡献，并据此运用到确定各部门和各个人的工作目标。在实际工作中围绕KPI开展工作，不断进行阶段性的绩效改进，达到激励、引导目标实现和工作改进的目的，避免无效劳动。

在实际工作过程中如何应用KPI来改进工作，避免产生建立KPI与应用KPI脱节现象？

业绩指标

KPI是关键业绩指标，不是目标，但可以借此确定目标。

（1）KPI是反映一个部门或员工关键业绩贡献的评价指标，即衡量业绩贡献的多少，从另一个角度看，是衡量目标实现的程度。

（2）公司阶段性目标或工作中的重点不同，相应各个部门的目标也随之发生变化，在阶段性业绩的衡量上重点也不同，因此关键业绩指标KPI存在阶段性、可变性或权重的可变性。

（3）涉及职位的员工业绩指标不一定是从部门KPI直接分解得到的，越到基层部门KPI就越难与职位直接相联，但是应对部门关键业绩指标有贡献，不同职位的业绩指标的权重也要根据部门的阶段性目标而变化。

（4）一旦各部门或职位的KPI明确后，相应的工作重点，即阶段性关键的业绩贡献也就能够明确，结合所在部门的工作目标，每个人的工作重点也就是清楚的，即每个人对所在部门的目标完成所做的关键业绩贡献也就十分清楚了，避免了一些无效的、对目标达成没有意义的工作。

（5）部门管理者给下属制定目标的依据来自部门的 KPI，部门的 KPI 来自公司的 KPI。这样保证每个职位都朝公司要求的总体目标发展。

绩效考核

绩效考核是绩效管理循环的一个环节，KPI 是基础性依据。

（1）绩效考核是绩效管理循环中的一个环节，绩效考核要实现两个目的：一是绩效改进；二是价值评价。面向绩效改进的考核重点是问题的解决及方法的改进，从而实现绩效的改进。

（2）绩效管理最重要的是让员工明白公司对他的要求是什么，他将如何开展工作和改进工作；主管也要清楚公司对他的要求，对他所在部门的要求，即了解部门的 KPI 是什么，同时主管要了解员工的素质，以便有针对性地分配工作和制定目标。

定量的 KPI 可以通过数据来体现，定性的 KPI 则需要通过对事实的描述来体现阶段性绩效改进考核的过程（以一个季度为例，KPI 已经确定）。

（1）季度初，部门经理根据公司的目标围绕本部门的 KPI 制定工作目标计划，目标应该是 SMART 的（具体的、可以量化的、可以实现的、与公司的目标是一致的、阶段性的），并根据目标的侧重点来进行轻重缓急的排序（优先排序），明确相应的权重。

（2）根据本部门的目标计划和职位的 KPI，将目标分解落实到具体责任人，经理与目标执行的责任人进行沟通，在目标上达成共识。

（3）目标执行的责任人在计划执行的过程中，部门经理与执行责任人进行沟通、辅导，了解执行人的工作方式、方法，指正执行过程中与目标的偏差，以便朝着正确的目标发展，同时经理也很清楚员工的工作数据或事实依据，便于工作过程的辅导。

（4）在季度工作总结时，部门经理及员工就有依据对部门主要业绩贡献及目标达成所做的工作进行总结，部门经理通过上一级主管副总的述职报告中体现的关键业绩的贡献情况，员工就其业绩衡量的指标/要素进行总结。这样部门明确了所关注要达成的目标，员工明确了围绕这个目标所做的有效工作。部门工作的焦点也就聚焦起来了。

（5）在进行绩效改进考核时，部门经理与每个员工围绕职位的业绩衡量指标/要素以及实际完成的情况进行充分的面对面的沟通。根据过程中经理所掌握的工作数据或事实依据，指出员工在达成目标及工作过程中需要进一步改进的地方，同时在沟通中形成员工下一阶段的工作目标。这样通过指出需要改进的方面和下阶段目标的确定，引导员工朝着部门的目标发展，同时在工作方式、方法、业绩等方面的改进，也有利于员工素质、能力的提高。

（6）一般来说，对部门经理的绩效改进考核主要围绕结果、目标是否实现来进行；对于员工的绩效改进考核主要看工作过程。

一致性

通过 KPI 的讨论，通过沟通，明确部门目标与员工目标的一致性。经理在工作过程中与下属不断沟通、不断辅导与帮助下属，记录员工的工作数据或事实依据，保证目标达成的一致性，这比考核本身更重要。

盖洛普路径

盖洛普（Gallup）对健康企业的成功要素的相互关系进行了深入研究，并据此建立了一个模型，来描述员工个人表现与公司最终经营业绩——公司整体增值之间的盖洛普路径（The Gallup Path）。毋庸讳言，对上市公司而言，对此的最佳评测无疑是股票增值。

调查内容

盖洛普的 Q12 是测评一个工作场所的优势最简单和最精确的方法，也是测量一个企业管理优势的 12 个维度。它包括以下 12 个问题。

（1）我知道对我的工作要求吗？

（2）我有做好我的工作所需要的材料和设备吗？

（3）在工作中，我每天都有机会做我最擅长做的事吗？

（4）在过去的六天里，我因工作出色而受到了表扬吗？

（5）我觉得我的主管或同事关心我的个人情况吗？

（6）工作单位有人鼓励我的发展吗？

（7）在工作中，我觉得我的意见受到重视吗？

（8）公司的使命目标使我觉得我的工作重要吗？

（9）我的同事们致力于高质量的工作吗？

（10）我在工作单位有一个最要好的朋友吗？

（11）在过去的六个月内，工作单位有人和我谈及我的进步吗？

（12）过去一年里，我在工作中有机会学习和成长吗？

路径分析

盖洛普向客户公司提供工具，帮助它们在盖洛普路径的前五个阶段达到国际先进水平。在这五个阶段的每个阶段达到国际水平将改进后三个阶段的关键业绩。前面的五个推动后面的三个，如图 10.30 所示。

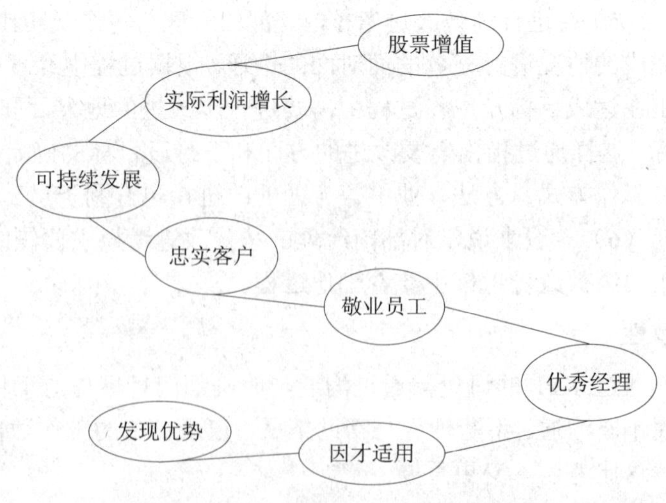

图 10.30　盖洛普路径（The Gallup Path）

（1）实际利润增长推动股票增值。有许多因素影响一个公司的市值，其中包括不受公司控制的外部因素。但是也有公司能够控制的因素；其中，实际利润增长是驱动股票增值的最重要的变量。之所以强调“实际”，是因为一家公司可以采取许多行动来提高短期利润。有的行动是实实在在的经营举措，如提高运作效率或降低成本。而另一些行动则是一些财会游戏，如冲销、一次性加价，或在结算中止前强求订货，继而夸大收入。然而，唯有正常运作而获得的利润持续增长才能驱动股票持续增值。

（2）可持续发展驱动实际利润增长。唯有可持续发展才能驱动实际利润增长。可持续发展与“买来的发展”绝然不同。一家公司可以通过各种技术来买发展：收购另一家公司的收益渠道，大幅度削价，或使用许多快速膨胀的餐馆和零售连锁店惯用的伎俩，在尽可能短的时间内开设尽可能多的分店。所有这些技术都会使收益突然膨胀，但对如何维持收益却毫无用处。事实上，有些技术恰恰损害持续发展。持续发展是不能用收益的短期膨胀来衡量的。相反，衡量持续发展的是一系列脚踏实地的指标，如每家店的收益、每件产品的收益，或每个顾客使用的服务等。这些指标衡量一家公司的收益渠道是否强劲、是否能持久。

（3）忠实顾客驱动可持续发展。驱动可持续发展的最关键的因素是不断扩大的忠实客户群。在有的行业，还必须不断增加愿意多花钱的忠实客户群。更为理想的是，使这些忠实客户成为公司的义务宣传员。通过有效的促销和营销宣传，固然能够说服顾客尝试某种产品和服务。但是唯有向顾客提供高水平的产品和服务，才能培养顾客的忠诚。只有在顾客的品牌经历达到或超过公司的品牌承诺时，一家公司才能不断增加其忠实客户群。

（4）敬业的员工驱动顾客忠实度。通用电气公司的总裁杰克·韦尔奇曾经说过：“任何一家想竞争取胜的公司必须设法使每个员工敬业。”对服务业来说，这格外重要，因为公司的几乎所有价值都由每个员工提供给顾客。然而即使是纯粹的制造业，如果没有敬业的员工，就很难生产出高质量的产品。

根据定义，一个“完全敬业”的员工对盖洛普工作环境监测（GWM）调查的 12 个核心问题会作出完全肯定的回答。这 12 个问题是盖洛普通过广泛研究得出的，研究旨在将员工的态度与公司基层的四个经营业绩指标相联系。这四个业绩指标是员工保留、生产效率、顾客满意度和利润率。上述盖洛普路径仅仅描述了敬业的员工与顾客忠实度的一般关系。事实上，敬业员工的增加与利润增长往往有十分直接的联系。唯有生产效率提高和员工流失率降低时，利润才能增长。

（5）在优秀经理领导下发挥员工所长，驱动员工敬业度。在盖洛普路径的入口，最初的几步必须走得近乎完美，否则后续的与顾客忠实度、收益增长和利润率的关联就不会发生。路径的第一步是发现员工的独特优势。盖洛普所谓的“优势”或“才干”主要指一个人的思维、感知或行为的模式，其次才是后天学得的技能和知识。在确定了一个人的优势后，就实施路径的第二步：经理必须将这名员工派去做能发挥其优势的工作。如果前两步走错，那么无论后来如何鼓动和培训员工都将无济于事。盖洛普认为，在选拔员工时，公司往往花费太多的时间和资金来考核员工的技能和知识，而忽视他们的内在优势。大部分公司在路径的入口就摔跤，因为他们不能精确判断招募了多少才干，并且这些才干定位是否准确。

在成功完成前两步后，你就来到路径的关键叉口：你必须设法在这些有才干的员工身上培养敬业精神。有很多方法可以短期奏效，例如多付薪金或提供优厚的福利，但是研究表明，这些都不是长期方案。使有才干的员工敬业的唯一途径是选拔优秀的经理，来营造 GWM 调查所评测的 12 个方面的良好工作环境。

与公司的整体政策和宏观举措相比，这 12 个方面更受每个经理日常行为的影响。在一个 12 个方面俱佳的工作环境中，每个员工的才干都得到充分发挥。无法营造这种环境的公司将偏离路径。他们将失去大量优秀员工。他们将错派、错提、低估和滥用留下的员工。由于缺少能在工作中尽其所能的优秀员工，这些公司将不得不靠投机取巧来竞争——过分依赖营销技巧、不假思索地收购、不顾一切地“买”发展。面对高超的竞争对手，这些公司靠这种策略将难以奏效。由于缺乏能把握方向的优秀经理，这些公司最终将陷于失败。

平衡计分卡

平衡计分卡（The Balanced Score Card，BSC）是绩效管理中的一种新思路，适用于对部门的团队考核。在20世纪90年代初由哈佛商学院的罗伯特·卡普兰（Robert Kaplan）和诺朗诺顿研究所所长、美国复兴全球战略集团创始人兼总裁戴维·诺顿（David Norton）发展出的一种全新的组织绩效管理方法。平衡计分卡自创立以来，在国际上，特别是在美国和欧洲，很快引起了理论界和客户界的浓厚兴趣与反响。

平衡计分卡打破了传统的单一使用财务指标衡量业绩的方法，而是在财务指标的基础上加入了未来驱动因素，即客户因素、内部经营管理过程和员工的学习成长。

管理原理

平衡计分卡的出现，使得传统的绩效管理从人员考核和评估的工具转变成为战略实施的工具。平衡计分卡的出现，使得领导者拥有了全面的统筹战略、人员、流程和执行四个关键因素的管理工具。平衡计分卡的出现，使得领导者可以平衡长期和短期、内部和外部，确保持续发展的管理工具。

平衡计分卡认为，传统的财务会计模式只能衡量过去发生的事情（落后的结果因素），但无法评估组织前瞻性的投资（领先的驱动因素）。在工业时代，注重财务指标的管理方法还是有效的。但在信息社会里，传统的业绩管理方法并不全面的，组织必须通过在客户、供应商、员工、组织流程、技术和革新等方面的投资，获得持续发展的动力。正是基于这样的认识，平衡计分卡方法认为，组织应从四个角度审视自身业绩：学习与成长、业务流程、顾客、财务，如图10.31所示。

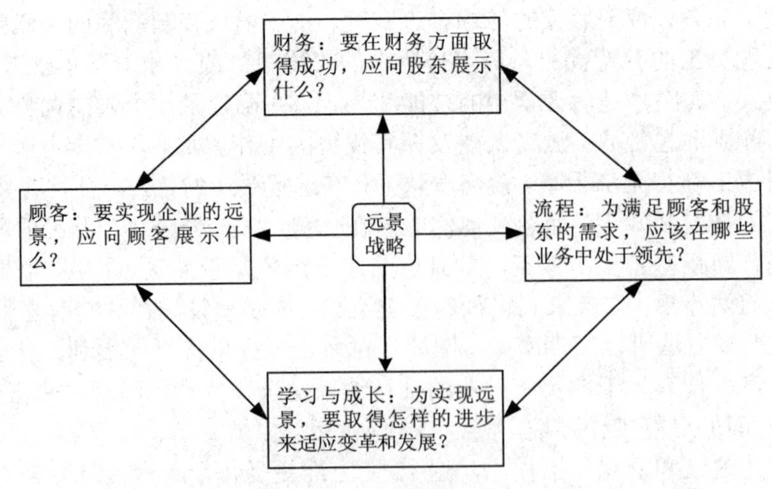

图 10.31 平衡计分卡框架

平衡计分卡反映了财务、非财务衡量方法之间的平衡、长期目标与短期目标之间的平衡、外部和内部之间的平衡、结果和过程之间的平衡、管理业绩和经营业绩之间的平衡等多个方面。所以能反映组织综合经营状况，使业绩评价趋于平衡和完善，利于组织长期发展。

方法详解

平衡计分卡中的目标和评估指标来源于组织战略，它把组织的使命和战略转化为有形的目标和衡量指标。BSC 中客户方面，管理者们确认了组织将要参与竞争的客户和市场部分，并将目标转换成一组指标。例如，市场份额、客户留住率、客户获得率、顾客满意度、顾客获利水平等。BSC 中的内部经营过程方面，为吸引和留住目标市场上的客户，满足股东对财务回报的要求，管理者需关注对客户满意度和实现组织财务目标影响最大的那些内部过程，并为此设立衡量指标。在这一方面，BSC 重视的不是单纯的现有经营过程的改善，而是以确认客户和股东的要求为起点、满足客户和股东要求为终点的全新的内部经营过程。BSC 中的学习和成长方面确认了组织为了实现长期的业绩而必须进行的对未来的投资，包括对雇员的能力、组织的信息系统等方面的衡量。组织在上述各方面的成功必须转化为财务上的最终成功。产品质量、完成订单时间、生产率、新产品开发和客户满意度方面的改进只有转化为销售额的增加、经营费用的减少和资产周转率的提高，才能为组织带来利益。因此，BSC 的财务方面列示了组织的财务目标，并衡量战略的实施和执行是否在为最终的经营成果的改善作出贡献。BSC 中的目标和衡量指标是相互联系的，这种联系不仅包括因果关系，而且包括结果的衡量和引起结果的过程的衡量相结合，最终反映组织战略。

BSC 是一套从四个方面对公司战略管理的绩效进行财务与非财务综合评价的评分卡片，不仅能有效克服传统的财务评估方法的滞后性、偏重短期利益和内部利益以及忽视无形资产收益等诸多缺陷，而且是一个科学的集公司战略管理控制与战略管理的绩效评估于一体的管理系统。其基本原理和流程简述如下。

（1）以组织的共同愿景与战略为内核，运用综合与平衡的哲学思想，依据组织结构，将公司的愿景与战略转化为下属各责任部门（如各事业部）在财务（Financial）、顾客（Customer）、内部流程（Internal Processes）、创新与学习（Innovation & Learning）等四个方面的系列具体目标（即成功的因素），并设置相应的四张计分卡。其基本框架如图 10.32 所示。

（2）依据各责任部门分别在财务、顾客、内部流程、创新与学习等四种计量可具体操作的目标，设置对应的绩效评价指标体系，这些指标不仅与公司战略目标高度相关，而且是以先行（Leading）与滞后（Lagging）两种形式，同时兼顾和平衡公司长期和短期目标、内部与外部利益，综合反映战略管理绩效的财务与非财务信息。

（3）由各主管部门与责任部门共同商定各项指标的具体评分规则。一般是将各项指标的预算值与实际值进行比较，对应不同范围的差异率，设定不同的评分值。以综合评分的形式，定期（通常是一个季度）考核各责任部门在财务、顾客、内部流程、创新与学习等四个方面的目标执行情况，及时反馈，适时调整战略偏差，或修正原定目标和评价指标，确保公司战略得以顺利与正确地实行。BSC 管理循环过程的框架，如图 10.33 所示。

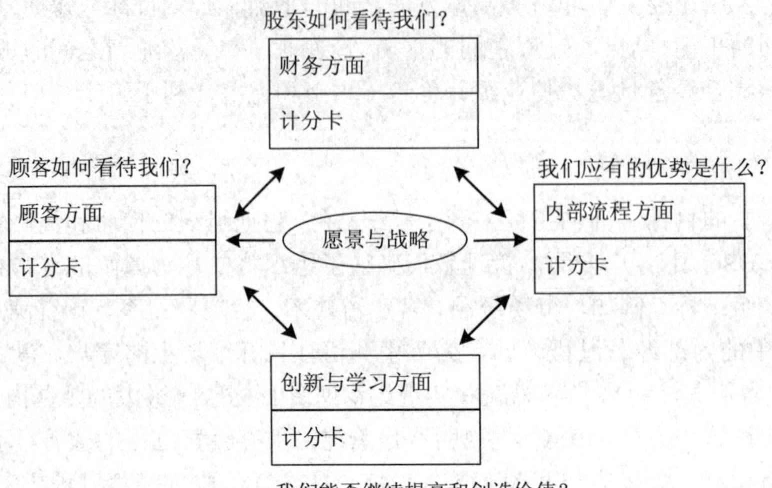

图 10.32　BSC 基本框架图

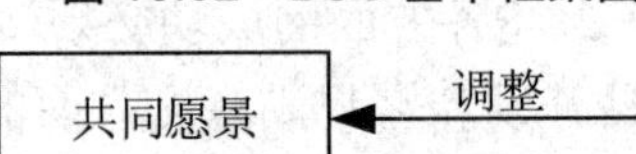

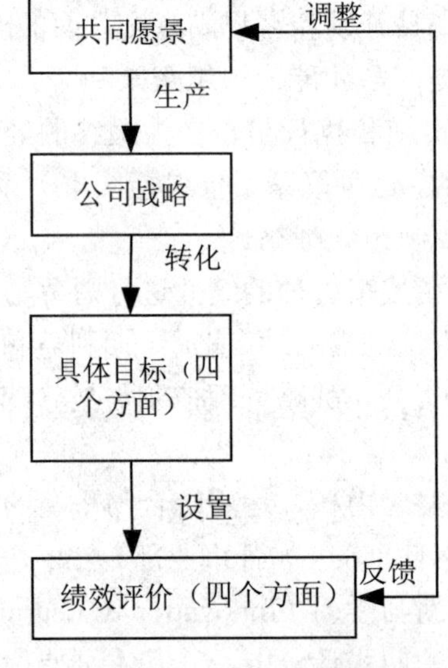

图 10.33　BSC 管理循环图

方法优点

平衡计分卡不仅是一种管理手段，也体现了一种管理思想，就是：

（1）只有量化的指标才是可以考核的；必须将要考核的指标进行量化。

（2）组织愿景的达成要考核多方面的指标，不仅是财务要素，还应包括客户、业务流程、学习与成长。自平衡计分卡方法提出之后，其对企业全方位的考核及关注企业长远发展的观念受到学术界与企业界的充分重视，许多企业尝试引入平衡计分卡作为企业管理的工具。

实施平衡计分卡的管理方法主要有以下优点。

- 克服财务评估方法的短期行为。
- 使整个组织行动一致，服务于战略目标。

- 能有效地将组织的战略转化为组织各层的绩效指标和行动。
- 有助于各级员工对组织目标和战略的沟通和理解。
- 利于组织和员工的学习成长和核心能力的培养。
- 实现组织长远发展。
- 通过实施 BSC，提高组织整体管理水平。

战略管理

BSC 贯穿于战略管理的三个阶段。由于制定 BSC 时，要把组织经营战略转化为一系列的目标和衡量指标，此时管理层往往需要对战略进行重新的审视和修改，这样 BSC 为管理层提供了就经营战略的具体含义和执行方法进行交流的机会。同时，因为战略制订和战略实施是一个交互式的过程，在运用 BSC 评价组织经营业绩之后，管理者们了解了战略执行情况，可对战略进行检验和调整。在战略实施阶段，BSC 主要是一个战略实施机制，它把组织的战略和一整套的衡量指标相联系，弥补了制订战略和实施战略间的差距。传统的组织管理体制在实施战略时有很多弊端：或是虽有战略却无法操作；或是长期的战略和短期的年度预算相脱节；或是战略未同各部门及个人的目标相联系，这样，使战略处于一种空中楼阁的状态。

（1）在制定 BSC 时与战略挂钩，用 BSC 解释战略。如前所述，一份好的 BSC 通过一系列因果关系来展示组织战略。例如某一组织的战略之一是提高收入，则有下列因果关系：增加对雇员销售技能培训。了解产品性能，促进销售工作，收入提高。BSC 中的每一衡量指标都是因果关系中的一环。一份好的 BSC 中的评估手段包括业绩评估手段和推动业绩的评估手段，前者反映某项战略的最终目标及近期的工作是否产生了成果，后者反映实现业绩所做的工作，两者缺一不可。

（2）利用 BSC 宣传战略。实施战略的重点是所有的雇员、组织高级经理、董事会成员都了解这项战略。通过宣传 BSC 可以使雇员加深对战略的了解，提高其实现战略目标的自觉性。同时通过定期、不间断地将 BSC 中的评估结果告诉雇员，可以使其了解 BSC 给组织带来的变化。为了使董事会能够监督组织的高级经理人员及整个组织的业绩表现，董事会成员也应了解 BSC。这样，他们监督的重点将不再是短期的财务指标，而是组织战略的实施。

（3）将 BSC 与团队、个人的目标挂钩。这一工作可以通过分解 BSC 的目标和衡量指标来完成。平衡计分卡是由一整套具有因果关系的目标、衡量指标组成的体系，因此，它对于分解非财务指标有着独特的优势（传统上，非财务指标很难分解）。

分解可以采取以下两种方式。

第一种是由总组织管理人员制订 BSC 中财务方面、客户方面的战略，然后由中层管理人员参与制订内部经营过程和学习成长方面的目标和衡量指标。

第二种是下一级部门将总组织的 BSC 作为参考，部门经理从组织的计分卡中找到自己可以施加影响的目标和衡量指标，然后制订该部门的计分卡。

（4）把 BSC 用于执行战略和计划的过程，将战略转化为行动。

第一步，要为战略性的衡量指标制定 3～5 年的目标。

第二步，便是制订能够实现这一目标的战略性计划。以资本预算为例，传统的资本预算未能把投资和战略相连，而选用了回报率等单纯的财务指标进行投资决策。现在可以用 BSC 来做，通过利用BSC来为投资项目打分，名列前茅的并在资本预算范围内的投资项目将被采用。这种投资决策方法使资本预算和组织战略紧密相连。

第三步便是为战略计划确定短期计划。管理人员根据顾客情况、战略计划、经营过程、雇员情况按月或季制订短期目标，即把第一步“3～5年的目标”中的第1年目标转化为BSC中四个方面的目标和衡量指标。这种战略性衡量指标、长远目标、战略计划、短期计划的过程，为组织目标转化为切实的行动提供了途径。在战略评价和反馈阶段，我们已经知道，BSC中的衡量指标之间存在着因果联系。因此，当发现某项指标未达到预期目标时，便可以根据因果关系层层分析引起这项指标变动的其他指标是否合格。如果不合格，则表明是执行不力。如果均已合格，那么管理人员就应对组织内外部环境重新分析，检查据以确定战略的环境因素是否已发生变化，是否需要调整战略。这一反馈分析的过程对于战略管理有着重要的意义，充分体现了战略管理动态的特征。

战略地图

战略地图（Strategy Map）由罗伯特·卡普兰（Robert S. Kaplan）和戴维·诺顿（David P. Norton）提出。他们是平衡计分卡的创始人，在对实行平衡计分卡的企业进行长期的指导和研究的过程中，两位大师发现，企业由于无法全面地描述战略，管理者之间及管理者与员工之间无法沟通，对战略无法达成共识。“平衡计分卡”只建立了一个战略框架，而缺乏对战略进行具体而系统、全面的描述。2004年1月，两位创始人的第三部著作《战略地图——化无形资产为有形成果》[6]出版。

战略地图是在平衡计分卡的基础上发展来的，与平衡计分卡相比，它增加了两个层次的东西，一是颗粒层，每一个层面下都可以分解为很多要素；二是动态的层面，也就是说，战略地图是动态的，可以结合战略规划过程来绘制。

战略地图是以平衡计分卡的四个层面目标（财务层面、客户层面、内部层面、学习与增长层面）为核心，通过分析这四个层面目标的相互关系而绘制的企业战略因果关系图。

核心内容

战略地图的核心内容包括企业通过运用人力资本、信息资本和组织资本等无形资产（学习与成长），才能创新和建立战略优势和效率（内部流程），进而使公司把特定价值带给市场（客户），从而实现股东价值（财务）。

绘制步骤

如图10.34所示，绘制步骤如下。

第一步，确定股东价值差距（财务层面），如股东期望五年之后销售收入能够达到5亿元，但是现在只达到1亿元，距离股东的价值预期还差4亿元，这个预期差就是企业的总体目标。

第二步，调整客户价值主张（客户层面），要弥补股东价值差距，要实现4亿元销售额的增长，对现有的客户进行分析，调整你的客户价值主张。客户价值主张主要有四种：第一种是总成本最低；第二种是强调产品创新和领导；第三种是强调提供全面客户解决方案；第四种是系统锁定。

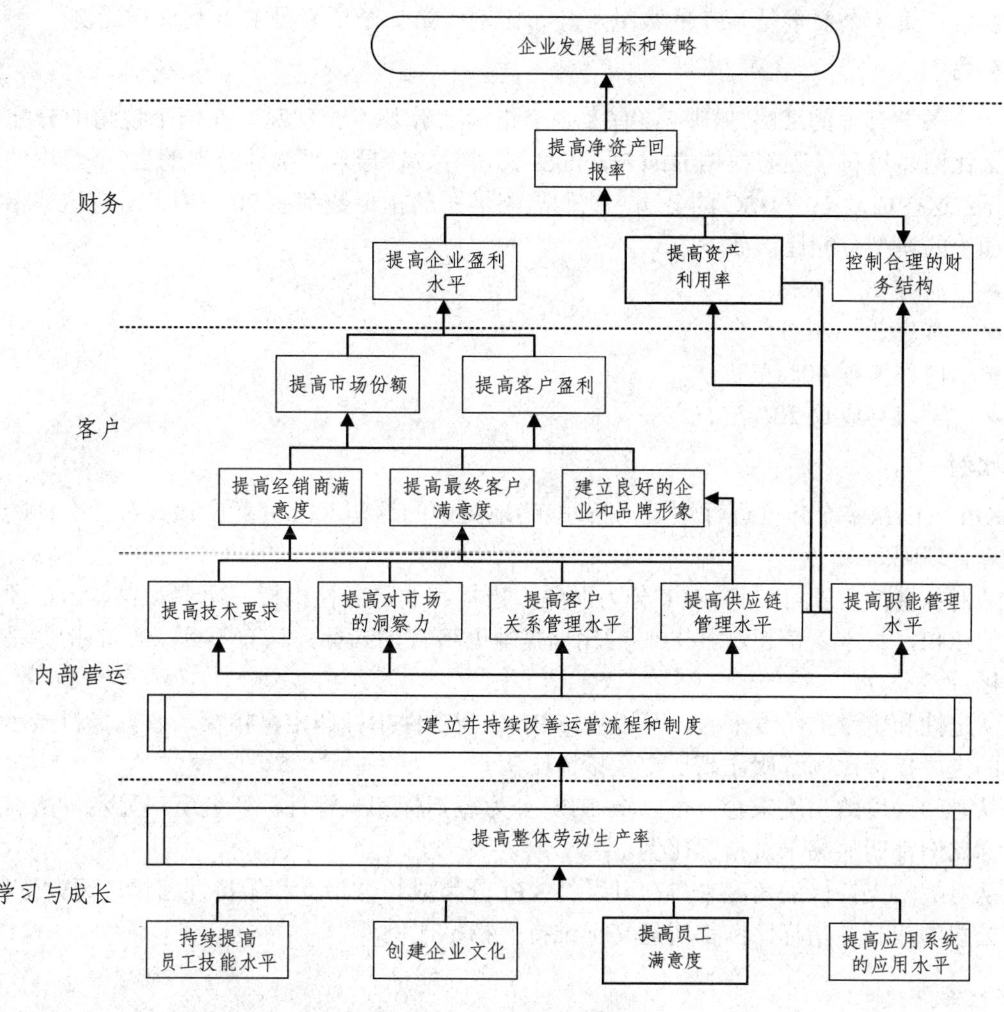

图 10.34 BSC 战略地图

第三步，确定价值提升时间表。针对五年实现 4 亿元股东价值差距的目标，要确定时间表，第一年提升多少，第二年、第三年提升多少，将提升的时间表确定下来。

第四步，确定战略主题（内部流程层面），要找关键的流程，确定企业短期、中期、长期做什么事。有四个关键内部流程：运营管理流程、客户管理流程、创新流程、社会流程。

第五步，提升战略准备度（学习和成长层面），分析企业现有无形资产的战略准备度，具备或者不具备支撑关键流程的能力，如果不具备，找出办法来予以提升。企业无形资产分为三类，即人力资本、信息资本、组织资本。

第六步，形成行动方案。根据前面确定的战略地图以及相对应的不同目标、指标和目标值，再来制定一系列的行动方案，配备资源，形成预算。

判断要素

虽然不同企业的战略地图从形式和内容上都有所不同，但所有战略地图的内在原理却是完全相通的。一个科学合理的战略地图应该符合哪些最基本的要素呢？归纳起来讲，有两个基本判断要素：第一个要素是 KPI 的数量及分布比例；第二个要素是 KPI 的性质比例。

数量分布

一个科学合理的战略地图应该有多少个指标才算基本合理呢？在四个视角的分配达到一个什么比例才算科学呢？根据 Best Practices 公司对成功导入平衡计分卡的 32 个组织的研究资料显示：这些成功应用 BSC 的公司，他们战略地图的指标数都在 20 左右，所有这些指标在四个层面上的典型分配比例如下。

- 财务 20%左右。
- 客户 20%左右。
- 内部流程 40%左右。
- 学习与成长 20%左右。

性质比例

KPI 可以从多个角度进行性质判断，战略地图中的这些 KPI 究竟应该具有什么样的构成比例才算合理呢？

从财务性的角度可以将 KPI 分为财务性指标和非财务性指标，研究资料显示，那些优秀公司的 KPI，基本上都超过了 80%的比例是非财务性的指标，只有不到 20%的指标是财务性的指标。

从定性和定量的角度来看，可以将 KPI 分为定性指标和定量指标，研究资料显示，所有公司的定量指标比例都明显高于定性指标比例。

从时间跨度的角度来看，可以将 KPI 分为短指标和长指标，研究资料显示，所有公司的长指标比例都明显高于短指标比例。

从对战略支持性的角度来看，可以将 KPI 分为成长性指标和维持性指标，研究资料显示，所有公司的成长性指标比例都明显高于维持性指标比例。

特质比较

虽然战略地图是戴维·诺顿和罗伯特·卡普兰在平衡计分卡基础上形成的，但是地图中关于价值创造和管理的内容都在很大程度上来源于价值链的思想。价值链对于价值活动分解在很大程度上为他们提供了一种思路，但他们对于价值活动的理解却存在很大差异。所以从这两个方面看，战略地图可以说是平衡计分卡和价值链共同发展的结果。

（1）价值的创造活动的方向一致是它们另外一个相同点。价值链强调从利润目标开始对能够创造价值的活动或者因素进行分解，以找出价值真正的来源和关键环节。战略地图也反映了要实现长期股东价值最大化的目标必须依靠生产战略和增长战略的执行情况，而生产战略必须通过内部流程的运行满足客户的价值需求。戴维·诺顿和罗伯特·卡普兰将那些向客户传递差异化价值主张的关键流程称为战略主题。

（2）价值创造活动之间的关系以及价值创造的目标也是两者的相同之处。价值链将价值创造活动分为两类：基本活动和支持活动。基本活动是实现价值创造的直接活动；而支持活动是完成基本活动的必备条件。战略地图中学习和成长层面的无形资产包括人力资本、信息技术和组织资本，都为内部流程的有效运行提供了充分支持。价值链和战略地图的最终目标也基本一致。价值链将价值创造活动的结果以利润的形式体现出来，而战略地图使这个结果更加丰富，不但体现了企业追求利润增长的目标，同时还将股东价值的长期增长考虑进来。

360 度绩效评估

企业的存在，主要就是为了追求利润、追求成长，进而达到永续经营的目的。但在经营过程中的原料、资金与设备都是需要通过“人”方能运作。因此，如何让有限的原料、设备与资金创造出无穷的利润，人力资源就扮演了非常重要的角色。在企业的诸多人力资源中，“经理人”的良莠更是攸关企业的成败。由于经理人在管理中必须时常做出许多决策，虽然正确的决策可以将企业推向另一高峰，但错误的决策却可能将公司多年积累的基础毁于一旦。因此，如何以适当的方式了解经理人的管理才能，并确认其发展要求，就成为企业人力资源管理中一项非常重要的任务。

全方位评估又称全面评估、“360 度绩效评估制度”，最早由被誉为“美国力量象征”的典范企业英代尔首先提出并加以实施的。它是指由员工自己、上司、直接部属、同事甚至顾客等全方位的各个角度来了解个人的绩效：沟通技巧、人际关系、领导能力、行政能力……通过这种理想的绩效评估，被评估者不仅可以从自己、上司、部属、同事甚至顾客处获得多种角度的反馈，也可以从这些不同的反馈清楚地知道自己的不足、长处与发展需求，使以后的职业发展更为顺畅。我个人认为，评估经理人管理才能的方式很多，但“360 度全方位管理才能评鉴”可能是最好的。

自我评价

所谓的自我评价是指让经理人针对自己在工作期间的绩效表现，或根据绩效表现评估其能力并据此设定未来的目标。当员工对自己做评估时，通常会降低自我防卫意识，从而了解自己的不足，进而愿意加强、补充自己尚待开发或不足之处。

一般来说，员工自我评估的结果通常会与上级主管的评价有出入。与上级主管或同事的评价相比较，员工常会给予自己较高的分数。因此，使用自我评估时应该特别小心。而上级在要求部属自我评估时，应知道其评估和员工的自我评价可能会有差异，而且可能形成双方立场的僵化，这也是使用自评时应特别注意的事项。

同事评价

同事的评价是指由同事互评绩效的方式，来达到绩效评估的目的。对一些工作而言，有时上级与下属相处的时间与沟通机会反而没有下属彼此之间多。在这种上级与下属接触的时间不多、彼此之间的沟通也非常少的情况下，上级要对部属做绩效评估也就非常困难。但相反地，下属彼此间工作在一起的时间很长，所以他们相互间的了解反而会比上级与部属更多。此时，他们之间的互评反而能比较客观。而且，部属之间的互评可以让彼此知道自己在人际沟通方面的能力。

例如北京某外企的绩效评估方式中，就列有同级评价一项。据该公司的人力资源部经理表示，这种考评方式在评估准确度上并不会比上级主管的考评效果差。而且同级评价的方式还可以补足上司对下属评估的缺陷。而评估的结果亦可让下属了解在同事眼中，自己在团队合作、人际关系上的表现如何。另外，该公司亦表示，如果要将绩效评估的结果用于提拔人才时，同级评价这种方式往往能达到使众人信服的效果。

下属评价

由部属来评价上司，这个观念对传统的人力资源工作者而言似乎有点不可思议。但随着知识经济的发展，有越来越多的公司让员工评估其上级主管的绩效，此过程称为 upward feedback（向上反馈）。而这种绩效评估的方式对上级主管发展潜能上的开发，特别有价值。管理者可以通过下属的反馈，清楚地知道自己的管理能力有什么地方需要加强。若自己对自己的了解与部属的评价之间有太大的落差，则主管亦可针对这个落差，深入了解其中的原因。因此，一些人力资源管理专家认为，下属对上级主管的评估会对其管理才能的发展有很大的裨益。

客户评价

客户的评价对从事服务业、销售业的人员特别重要。因为唯有客户最清楚员工在客户服务关系、行销技巧等方面的表现与态度如何。所以，在类似的相关行业中，在绩效评估的制度上不妨将客户的评价列入评估系统之中。

事实上，目前国内一些服务业（如金融业、餐饮业等）就常常使用这种绩效评估方式（如评选最佳服务人员）。因为服务人员的服务品质、服务态度唯有顾客最清楚。据我所知，国内很多知名公司的客户服务部门，都会定期以抽样的方式，请顾客评估该公司客户服务人员的服务成绩。

主管评价

主管的评价是绩效评估中最常见的方式，即绩效评估的工作是由主管来执行。因此身为主管必须熟悉评估方法，并善用绩效评估的结果作为指导部属、发展部属潜能的重要武器。

案 例

360度评估结果分析报告

被评估者情况简介

被评估者姓名	×××	当前部门/职位	
加入公司时间		直属上司	

评估结果概述

360度问卷调查全方位地从管理技能、领导能力、交流技能和公司价值观等方面对你个人的领导和管理技巧进行了评估，以帮助你有效规划自己的职业发展，成为更加出色的管理者和领导者。

综合分析你自己、你的上司、同事及下属对你的评估结果，并结合你当前职位的能力要求以及公司整体的发展需求，你的优势能力和当前的发展需要已经被清晰地表现出来。

评估结果显示：你的 *AVE* 曲线（你的上司、同事、下属及自我评估结果的均值）基本上处于 min50%～max50%两曲线间（公司整体中等水平区域），表明你基本具有良好的领导与管理能力，当然，从评估曲线的大幅波动——特别是你上司的评估曲线中，你会发现，进一步的职业发展依然需要你在许多能力方面不断改进和发展。

评估结果具体分析

1. 16 种能力（行为）发展状况——绝对分析

相对于公司整体平均水平的上限（max50%曲线），你的 *AVE* 曲线走势形成了你个人绝对的优势、中等和较弱能力（行为）。

（1）绝对优势能力（行为）：无。

（2）中等能力（行为）：

- “设立目标，建立计划”（Establish Goals and Plans，EG）。
- “管理的实施”（Manage Execution，ME）。
- “提供方向”（Provide Direction，PD）。
- “领导果断”（Lead Courageously，LC）。
- “最终结果驱动”（Drive for Results，DR）。
- “影响他人”（Influence Others，IO）。
- “激励他人”（Motovate Others，MO）。
- “指导与发展”（Coach and Develop，CD）。
- “支持变化”（Champion Change，CC）。
- “形成开放式沟通”（Foster Open Communication，FO）。
- “管理沟通”（Communicate Managerially，CM）。
- “运作高效”（Perform with high Efficiency，PE）。
- “创新精神”（Innovate，IN）。
- “与公司共同成长”（Grow with the Company，GC）。
- “客户第一/注重质量”（Focus on Customer/Quality，FCQ）。
- “形成团队精神”（Foster Team Work，FT）。

（3）绝对较弱能力（行为）：无。

2. 对于你当前的职位最为重要的 4 种能力（TF）

基于职位分析及你的自评和你的上司反馈，对于你当前的职位（而不是你自己）来讲，在所有的这 16 种能力（行为）当中，结果驱动（DR）、与公司共同成长（GC）、提供方向（PD）和运作高效（PE）等四项能力（行为）最为重要。

3. 发展和改进需求分析

如图 10.35 所示，被评估的所有能力（行为）中受关注的重点应该是被列于该表中的属于 TF 的优势和不足。

根据结果表和四格评估表显示（参见 max50%和 *AVE* 两曲线）：对于你的职位非常重要的能力，你的发展水平中等，与其他能力相比并未显示出优势。这都有待你在今后的职业发展中，进一步改善和发挥这些能力/行为的作用。

4. 结果的比较与原因初步探讨

通过评估者评估结果的比较分析，可以清楚地看出，在所有的参与评估的组别当中，上司的评估意见非常突出，特别是在团队精神（FT）等能力上，此外，各组在具体能力方面都有一定差异性评估，具体分析这些差异和原因，如形成开放式沟通（FO），可以使你更清楚地、更有针对性地发现自己的优势和不足，如表 10.6 所示。

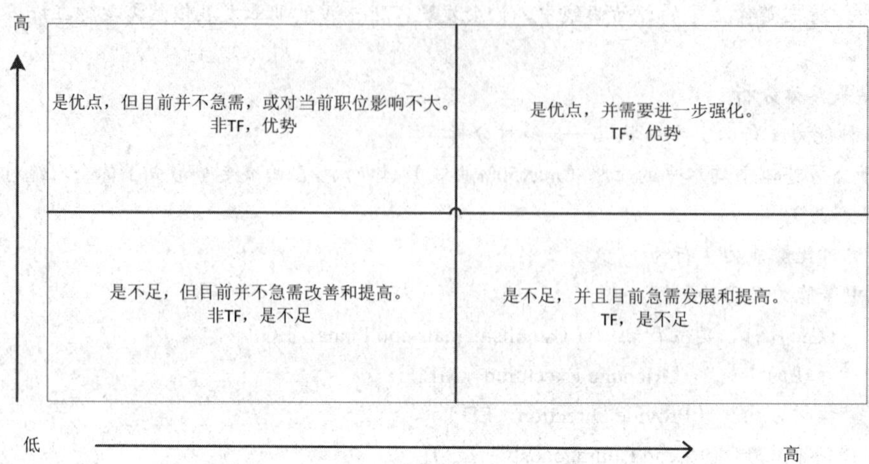

图 10.35　四格评估表

表 10.6　评估结果比较

	相对于 *AVE*	相 对 优 势	相 对 不 足
上司	低	激励他人、结果驱动	开放式沟通、团队精神
同事	高	—	—
下属	高	开放式沟通、影响他人、领导果断、结果驱动	指导与发展、激励他人
自己	—	—	管理沟通、领导果断、管理实施、客户第一、注重质量

注：1. “相对优势、不足”指处于曲线走势顶端及分布在 min50%～max50%区间外的能力/行为。

2. 团队精神指此项属于 TF，即四项最重要的能力/行为之一。

本章概要

人力资源是活的人体所拥有的体力、健康、经验、知识和技能及其他精神存量的总称，它可以在未来特定经济活动中给有关经济主体带来剩余价值和利润效益。

以人才为核心的人力资源管理涉及三个核心问题：知识管理、领导力和薪酬绩效。其中，知识管理与领导力属于现时代的重要问题。本章重点解析了这三个方面内容所涉及的咨询工具及其使用方法。

思考练习

1. 员工满意度评价的价值何在？员工满意度与企业成长之间的关系如何？
2. 企业价值观与企业的战略、决策和组织结构有什么关系？
3. 对于一些跨国企业，应当如何采取措施来解决分公司所在地的传统文化与公司传统文化之间的冲突？

4．企业的文化管理与制度管理如何相互匹配？企业文化滞后有哪些表象？

5．企业文化冲突有哪些表象？为什么企业内部会存在文化冲突？如何处置企业的文化冲突？

6．如何进行企业或其他组织的人力资本或人力资源指数化评估？这方面有哪些理论、模式与方法？

7．企业如何创造自己的经营哲学？企业在塑造价值观的过程中如何将硬环境与软环境结合起来？

8．企业如何进行隐性知识管理？哪些企业需要重点进行隐性知识管理？

9．如何解析企业的领导力问题？哪些现象体现出领导力问题，尤为企业发展的实质性障碍？

10．欧美企业与内陆企业，在报酬形式上有什么不同？背后体现出什么样的企业经营哲学、文化与领导风格的差异？

延伸阅读

《领导力》（丁栋虹．北京：清华大学出版社，2012）：这是一部具有深刻理解与开放思考并重的领导力著作，建构了“领导力阶梯”主导下的完整学习体系，着力于领导者内在素质（领导理念、思维与方法）的分析，具有历史与国际视野，提升全球化时代的领导力。

《向领袖学习领导力》（[美]迪恩·威廉姆斯．曹玲娟，译．北京：中国人民大学出版社，2009）：本书详尽地阐明了如何将这种新思路运用于各类组织、社区，以及面对六类挑战的方法。以案例贯穿始终，务实地阐述了将真正的领导力应用于现实生活的办法。这些案例海纳百川，既有作者的真实经历，他曾与新加坡政府、安泰保险公司和婆罗洲比南游牧部落的合作经验，更涵盖许多史实，以及他与多国总统、首相、商界领袖的采访内容。

《优势何在：量化人力资本管理　创造企业持久竞争力》（[美]黑格·纳班提恩．李啸初，等，译．北京：中信出版社，2005）：如何以战略性眼光看待企业员工？如何使用新工具量化人力资本管理？本书在打破若干管理神话的基础上，为企业决策者提供了战略性的思考框架及实践建议，将使你认识到如何深入了解并实际衡量人力资本对于企业成就的贡献。

《战略中心型组织》（[美]罗伯特·卡普兰，戴维·诺顿．上海博意门咨询有限公司，译．北京：中国人民大学出版社，2008）：本书介绍了两位作者始终关注他们的早期实施平衡计分卡的客户，并研究了他们如何从把平衡计分卡用作绩效衡量框架，逐步拓展到用于战略执行和管理流程的。他们发现了一种新的组织形式，并把它称之为“战略中心型组织”。

《平衡计分卡战略实践》（[美]罗伯特·卡普兰，戴维·诺顿．上海博意门咨询有限公司，译．北京：中国人民大学出版社，2009）：本书是以平衡计分卡理论为核心进行战略管理的集大成之作，引导企业构建并运行一套有效的从战略制定到运营执行，从战略监控再到战略检验修正的闭环管理体系，同时还整合了两位作者在管理领域中其他创见，如战略开发、运营管理和改善、作业成本法等。

《35 个绩效评估与发展培训工具》（[英]特里·吉伦．姜明，孙波，译．上海：上海远东出版社，2006）：本培训工具所讲述的多种技能包含了七大类活动：阐明绩效管理优越性的活动、明确预期绩效目标的活动、绩效评估的活动，提高“面对面”技能的活动、改善不良绩效的活动、激发员工潜能的活动、针对被评估者的活动等。

《战略地图：化无形资产为有形成果》([美]罗伯特·卡普兰，戴维·诺顿．刘俊勇，孙薇，译．广州：广东经济出版社，2005)：本书帮助企业量化关键的无形资产，如人力、信息和文化。

《平衡计分卡：化战略为行动》([美]罗伯特·卡普兰．刘俊勇，译．广州：广东经济出版社，2004)：卡普兰和诺顿开创性地提出了一个将成长战略转化为日常行为的管理新视角。它代表着一种全面的、可行的公司治理理论的开端。本书描述了如何把战略分解为行动方案。

《*EVA* 经济增加值——如何为股东创造价值》([美]AI. 埃巴．凌晓东，等，译．北京：中信出版社，2001)：*EVA* 不仅是一个公司业绩指标，同时还是全面财务管理和薪酬激励的框架，能够指导公司做出一切决策……改善组织内部每一个人的工作和生活，并帮助他们为股东、客户、自己创造出更多的财富。

《关键绩效指标：KPI 的开发、实施和应用》([美]戴维·帕门特．王世权，张斌，张倩，等，译．北京：机械工业出版社，2008)：本书从平衡计分卡中提炼出 12 个逻辑步骤，以最精简的语言和叙述结构，为读者提供掌握和执行 KPI 所需的实用指南。

参考文献

1. [美]彼得·德鲁克．革新与企业家精神——实践与原理[M]．张遵敬，译．上海：上海翻译出版公司，1985.
2. Morten T. Hansen, Nitin Nohria, Thomas Tierney. What's your strategy for managing knowledge?[J]. Harvard business review，1999，77(4): 106-116.
3. Clyde W. Holsapple, M. Singhb. The knowledge chain model: activities for competitiveness[J]. Expert Systems with Applications，2001，20(1): 77-98.
4. [美]达夫·尤里奇，杰克·曾格，诺姆·斯摩伍德．绩效导向的领导力——领导者业绩提升的关键[M]．王贵亚，何西军，译．北京：中国财政经济出版社，2004.
5. 张慧玲．德尼森企业文化调查模型[J]．中外企业文化，2004（1)：42-44.
6. [美]罗伯特·卡普兰，戴维·诺顿．战略地图：化无形资产为有形成果[M]．刘俊勇，孙薇，译．广州：广东经济出版社，2005.

第11章

价值咨询

世界上每100家破产倒闭的大企业中，85%是因为企业管理者的决策不慎造成的。

——兰德咨询

学习目标

- 掌握商业模式的评估方法；
- 认识财务分析的工具与使用；
- 理解绩效考核的路径与方法。

对企业价值的理解，包含两个层面：一是通常从财务金融的角度所说的价值，这个可以通过财务报表直观量化地加以度量；二是扩大到管理学领域，能判断某些要素对公司是否有价值，但是无法精确回答价值几何。自身价值体系的构建，是涉及当前和将来发展的重要举措，是任何组织乃至个人都不能不面对并认真应对的问题。

商业模式

商业模式是企业发展和转型过程中首要解决的任务，商业模式转型是企业基于价值链，对组织、流程、考核、制度实施的根本性变革。商业模式转型可以借助专业的咨询公司完成。经常审视商业模式判断企业是否需要转型并不断提出新的矫正模式，是企业保持旺盛生命力的唯一途径。

价值链分析

价值链分析（Value Chain Analysis，VCA）方法视企业为一系列的输入、转换与输出的活动序列集合，每个活动都有可能相对于最终产品产生增值行为，从而增强企业的竞争地位。企业通过信息技术和关键业务流程的优化是实现企业战略的关键。企业通过在价值链过程中灵活应用信息技术，发挥信息技术的使能作用、杠杆作用和乘数效应，可以增强企业的竞争能力。

为了提升企业战略，美国战略管理学家 Porter 于 1985 年[1]第一次提出价值链分析的方法。价值链是一种高层次的物流模式，由原材料作为投入资产开始，直至原料通过不同过程售给顾客为止，其中做出的所有价值增值活动都可作为价值链的组成部分。价值链的范畴从核心企业内部向前延伸到了供应商，向后延伸到了分销商、服务商和客户。这也形成了价值链中的作业之间、公司内部各部门之间、公司和客户以及公司和供应商之间的各种关联，使价值链中作业之间、核心企业内部部门之间、核心企业与节点企业之间以及节点企业之间存在着相互依赖关系，进而影响价值链的业绩。因此，协调、管理和控制价值链中节点企业之间的相互依赖关系，提高价值链中各节点企业的作业效率和绩效非常重要[2]。Thompson[2]还认为，价值链中作业之间的依赖程度越高（即它们的联系越强），就越需要协调和管理价值链中节点企业之间的关系。协调价值链中各节点企业之间的关系，就是要在各方相互信任的基础上，利用共享的有关信息，对整个价值链中相互依赖的作业进行定位、协调和优化，把生产资源的分工协作和物流过程组织成为总成本最低、效率最高的供应链，使处在价值链上的各节点企业具有共同的价值取向，取得最大的价值增值，从而实现“多赢”的目的。

分析模型

Honeywell 提供了一套完整的价值链管理解决方案，用于提高企业的决策水平。这套解决方案的主要模块及其关系，如图 11.1 所示。

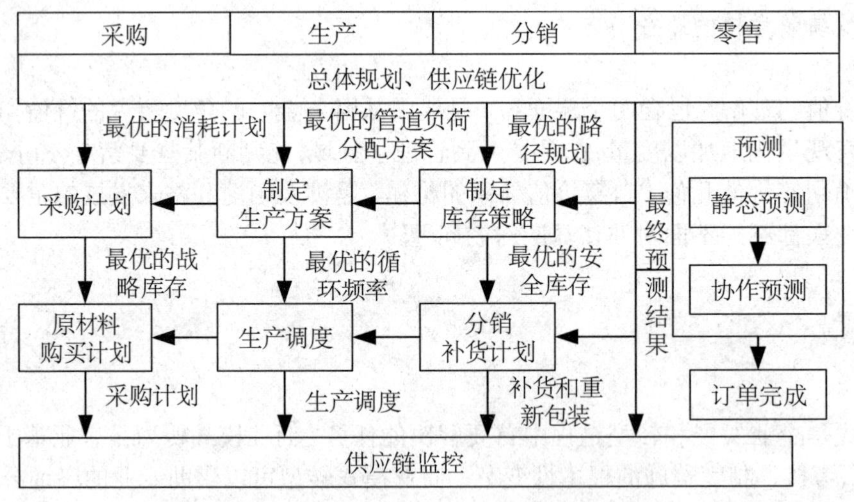

图 11.1 价值链管理：主要模块及其关系

（1）Production Analyst（生产分析）：把实际生产情况与计划指标进行比较，分析产生偏差的原因，提高生产效率。

（2）PICASO（供应链管理）：收集并分析供应链各方面的信息，利用此信息进行建模，对原材料采购、生产、分销及销售计划进行优化。

（3）SAND（销售分销计划）：优化原材料的供应和产品的分销，降低运输成本。

（4）ASSAY2（原油分析）：通过分析原油组分，提高原油交易决策的能力。

（5）RPMS（炼油和石化建模系统）：对原油和原材料进行评估和选择；优化操作计划；评估加工设备的投资；对供应与销售进行建模；竞争分析和市场评估。

（6）Forecasting（销售预测）：对销售进行预测，对预测结果进行管理。

（7）Distribution Planning（分销计划）：处理供应链内部的需求关系，为满足市场需求进行补货。

（8）Production Scheduling（生产调度）：为不同工艺制定、修改和分析生产调度计划。

（9）Supply Chain Event Manager（供应链事件管理）：管理整个供应链事件，包括延迟发货、缺货、实际与计划偏离、预测未来、流动资金需求、性能分析等。

（10）Supply/Demand Planning Solution（RPMS）（供需计划管理）：制定战略战术和操作计划。

（11）Inventory Targeting（库存目标管理）：确定最优库存量，并根据供应链策略，把此库存量与预期的库存作比较。

（12）Cycle Optimization（周期优化）：平衡产品的转型成本与库存运输成本。

（13）Raw Material Planning（原材料计划）：在计划人员制定生产计划与调度后，动态监控原材料及进料需求。

（14）Capacity Planning（能力计划）：分析生产需求和能力，检查供需平衡，提示生产能力不足或过剩，为生产线分配总的生产需求，当生产能力不能满足生产计划时，对需求的结构进行分析。

节点分析

公司的完整价值链是一个跨越组织边界的供应链中顾客、供应商，亦即价值链中不同企业所有相关作业的一系列组合。协调价值链中节点企业之间关系的核心问题之一，在于使价值链中各节点企业之间能够协同运作。而如何管理和控制价值链中各公司之间所发生的相互依赖的作业以及节点企业之间的资金往来等两类问题，就成为协调节点企业之间关系的关键。管理手段与价值链中各节点企业之间的合作关系（如合并的、系列的还是互惠的关系）以及这些公司所从事作业的不确定性有关。

1．节点企业之间关系的协调手段

一般地，用行政命令作为主要手段协调公司内部的关系。然而，价值链中的各个公司相互独立，无法用正式权威的行政机制对其相互之间的关系进行协调。Gulati 和 Singh（1998）认为，采用激励机制、标准操作程序、争端解决过程和非市场计价系统等手段对企业进行激励、监督甚至适当的命令，可以达到协调、管理和控制价值链中各节点企业之间关系的目的。

2．信息共享与节点企业之间的关系

要协调价值链中各节点企业的关系，就必须对价值链中企业之间的有关信息进行共享和沟通，从而使价值链中的企业全面快速了解和掌握价值链中其他联盟企业所发生的有关作业，并对这些作业从“价值”的角度重新进行串联，有效地安排作业。而协调的过程能否持续下去，取决于企业对关键资源的控制是否一直处于优势地位。这种优势地位将最终导致资金的流向。如果信息不对称，价值链中节点企业可以通过控制信息流的关键点而配置资源、安排作业，产生额外的代理成本。然而，当价值链中的节点企业之间实现相关信息的交流时，核心企业会通过协调的方法，促使价值链中各企业不断提高有关作业的效率，实现价值链的最大增值，也强化价值链中所有节点企业的竞争力（这需要核心企业对于合作企业有所承诺，如共享的信息只用于提高供应链的作业效率，而不是淘汰效率不高的伙伴企业及其作业等）。

现实的问题在于信息协同行为可能会泄露企业的商业机密，另外，如果信息协同所要求的某些额外投资属于专属资产，还会增加价值链中联盟企业的运营成本，这些都使得价值链中的企业有可能对于协同沟通有关信息缺乏足够的兴趣。因此实现公司间敏感信息互换的基础条件，就是在价值链中相邻节点企业之间建立相互信任。而核心企业的信誉会直接影响价值链中各联盟企业相互间的信任程度。

价值链中各企业之间所共享的信息与联盟企业之间的合作形式及其发展阶段有关。Tomkins （2001）在一定的框架下对价值链中公司之间的信息以及会计的作用进行了定位。他把与“建立诚信”有关的信息称作第一类信息，把与“掌握事项”有关的信息称作第二类信息。他认为，诚信建立在公司价值链中节点企业相互信任的基础上，核心企业可以借助于第一类信息，获取第二类信息，并在节点企业之间进行信息共享，进而掌握、协调并控制价值链中企业所发生的有关作业，管理节点企业之间的关系，从而实现公司整个价值链的增值。Tomkins（2001）还认为与“掌握事项”有关的第二类信息能使企业“对协作的前景进行计划和决策”，特别能“对战略、投资和正在进行的运营做出经济评价”。因此，获取第二类信息，可以将价值链上的节点企业视为一个整体，掌握价值链中发生的相关作业，协调、管理和控制发生这些作业的节点企业之间的关系，进而形成节点企业之间的协作联盟，实现成本控制，增强价值链上所有企业的竞争力。然而“掌握事项”必须以“诚信”为前提。

3．节点企业之间资金往来的管理

价值链中各联盟企业之间发生的作业种类繁多，控制作业的人差异明显（如投机型或理智型），使得节点企业之间可能发生的作业具有不同的特点。例如，价值链中的联盟企业为获得竞争优势而购买的专属资产或通用资产不同、各企业的不确定性水平和经营环境不同，以及作业发生频率不同等特点都会直接影响节点企业资金往来的管理方法。

Williamson（1985）用交易成本经济学理论理解价值链中公司之间资金往来的管理。他认为，之所以需要管理价值链中节点企业之间的资金往来，是出于防止某联盟公司的潜在投机行为，保护价值链中其他参与合作的节点企业利益的目的。另有研究表明，企业信誉的好坏会直接影响价值链中各联盟企业相互间的信任程度，因而在治理节点企业之间关系时，可以将企业信誉作为一种重要的非正式控制机制，去影响企业之间需要正式控制的水平（Dekker，2000；Tomkins，2001；Van der Meer Kooistra and Vosselman，2000）。一般来说，价值链中有资金往来关系的企业数量越多，需要控制的问题也越多，合作者需要受到的保护也越多。而用诚信做保证的“第一类信息”可以增加伙伴企业的信心，相信合作者互相之间不会发生不正当的投机行为。

波特（1985）首创的价值链分析法源于20世纪50年代发展起来的一种会计工具：价值分析。价值分析的目的是为了分析公司制造过程中增值部分。波特把这个原理向前推进了一步，把组织中所有单位的运作过程联结起来，然后赋予每一个活动一定的价值。价值链分析是一种描述组织内以及组织外各种活动的方法，通过这种活动分析来确认公司经济优势的源泉，进而评价公司的竞争优势。价值链方法在波特的著作《竞争优势：建立和保持卓越的业绩》

（*Competitive Advantage：Creating and Sustaining Superior Performance*）（1985）中有详细的解释。

在价值链分析中，对每一个活动按照两个方面进行分析：成本驱动因素以及相应活动同其他活动的关系；然后，评价公司对竞争对手的相对成本地位。波特解释道，"一家公司为能够比其竞争对手更加廉价或更加卓越地完成那些具有战略意义的活动而获得竞争优势"，并补充道，"竞争对手之间价值链的差异是竞争优势的源泉。"每个企业的运作都有其目的，都是为了取得价值的最大化。为了达到其目的，需要进行一系列的运作活动，包括设计、生产、营销以及对产品起辅助作用的各种活动的综合，所有这些活动都可以用价值链表示出来，如图 11.2 所示。

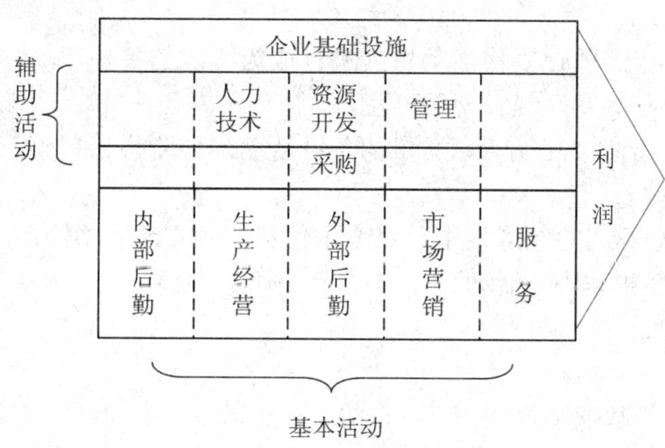

图 11.2　企业基本价值链

价值识别

识别价值活动要求在技术上和战略上有显著差别的多种活动相互独立。如前所述，价值活动有两类：基本活动和辅助活动。

基本活动可分为以下几种。

（1）内部后勤：指与接收、存储和分配相关联的各种活动。

（2）生产经营：指与将各种投入转化为最终产品相关联的各种活动。

（3）外部后勤：指与集中、仓储和将产品发送给买方相关联的各种活动。

（4）市场营销：指与提供一种买方购买产品的方式和引导它们进行购买相关联的各种活动。

（5）服务：指因购买产品而向顾客提供的、能使产品保值增值的各种服务，如安装、维修、零部件供应等。

辅助活动有以下四种。

（1）采购：指购买用于企业价值链各种投入的活动。

（2）技术开发：每项价值活动都包含着技术成分，无论是技术诀窍、程序，还是在工艺设备中所体现的技术。技术开发由一定范围的各项活动组成，这些活动可以被广泛地分为改善产品和工艺的各种努力。技术开发可以发生在企业中的许多部门，与产品有关的技术开发对整个价值链起辅助作用，而其他的技术开发则与特定的基本活动和辅助活动有关。

（3）人力资源管理：指与各种人员的招聘、培训、职员评价以及工资、福利相关联的各种活动。它不仅对单个基本活动和辅助活动起作用，而且支撑着整个价值链。

（4）企业基础设施：企业基础设施由大量活动组成，包括总体管理、计划、财务、会计、法律、政治事务和质量管理等。它与其他辅助活动不同，它不是通过单个活动而是通过整个价值链起辅助作用。

活动类型

在每类基本和辅助活动中，都有三种不同类型。

（1）直接活动：涉及直接为买方创造价值的各种活动，如零部件加工、安装、产品设计、销售、人员招聘等。

（2）间接活动：指那些使直接活动持续进行成为可能的各种活动，如设备维修与管理、工具制造、原材料供应与储存、新产品开发等。

（3）质量保证：指监控其他活动质量的各种活动，如监督、视察、检测、核对、调整和返工等。

这些活动有着完全不同的经济效果，对竞争优势的确立起着不同的作用，应该加以区分，权衡取舍，以确定核心和非核心活动。

分析特点

（1）价值链分析的基础是价值，而不是成本，实际上是把问题的着眼点放在企业的外部。价值是买方愿意为企业提供给他们的产品所支付的价格，也是代表着顾客需求满足的实现。价值活动是企业所从事的物质上和技术上的界限分明的各项活动。它们是企业制造对买方有价值的产品的基石。

（2）价值活动可分为两种活动：基本活动和辅助活动。基本活动是涉及产品的物质创造及其销售、转移给买方和售后服务的各种活动。辅助活动是辅助基本活动，并通过提供外购投入、技术、人力资源以及各种公司范围的职能以相互支持。

（3）价值链列示了总价值。价值链除包括价值活动外，还包括利润，利润是总价值与从事各种价值活动的总成本之差。

（4）价值链的整体性。企业的价值链体现在更广泛的价值系统中。供应商拥有创造和交付企业价值链所使用的外购输入的价值链（上游价值），许多产品通过渠道价值链（渠道价值）到达买方手中，企业产品最终成为买方价值链的一部分，这些价值链都在影响企业的价值链。因此，获取并保持竞争优势不仅要理解企业自身的价值链，而且也要理解企业价值链所处的价值系统。

（5）价值链的异质性。不同的产业具有不同的价值链。在同一产业，不同的企业的价值链也不同，这反映了它们各自的历史、战略以及实施战略的途径等方面的不同，同时也代表着企业竞争优势的一种潜在来源。同一企业在不同的时期，也具有不同的价值链。

因此，在进行企业价值链和行业价值链分析时，要考虑到价值链的各种特点，使分析全面、合理、科学。

竞争优势

企业竞争优势有以下三个主要来源。

价值活动

它是构筑竞争优势的基石，企业从事各种不同的价值活动，虽然所有这些活动对企业的成功都是必需的，但是确认那些支持企业竞争地位的价值活动仍然很重要。因此，对一个企业而言，在关键价值活动的基础上建立和强化这种优势很可能获得成功。另一方面，由于价值活动已列在企业的价值链中，只要同其他企业对比，就不难发现自身竞争优势之所在。

内部联系

价值链并不是一些独立活动的综合，而是由相互依存的活动构成的一个系统。价值活动是由价值链的内部联系联结起来的，基本活动之间、不同支持活动之间、基本活动与支持活动之间存在着联系，这些联系是某一价值活动进行的方式和成本与另一活动之间的关系，竞争优势往往来源于这些联系。例如，成本高昂的产品设计、严格的材料规格或严密的工艺检查也许会大大减少服务成本的支出，而使总成本下降。

外部联系

联系不仅存在于企业价值链内部，而且存在于企业价值链与供应商、渠道价值链和买方价值链之间。供应商、渠道买方的各种活动进行的方式会影响企业活动的成本或利益，反之也是如此。供应商是为企业提供某种产品式服务的，销售渠道具有企业产品流通的价值链，企业产品表示买方价值链的外购投入，因此，它们各自的各项活动和它们与企业的价值链间的各种联系都会为增强企业的竞争优势提供机会。

企业应对价值链的内部联系、外部联系给予高度的关注。对这些联系进行规划，既可以提供独特的成本优势，又可以此为基础将组织的产品或服务与其他组织区分开来，即可以实现差异化。而竞争者能够仿效组织的某项活动或某个行为，但却很难抄袭到价值链之间的这些联系。

完整价值链

公司的完整价值链是一个跨越公司边界的供应链中各节点企业所有相关作业的一系列组合。完整价值链分析（VCA）就是核心企业将其自身的作业成本和成本动因信息与供应链中节点企业的作业成本和成本动因信息联系起来，共同进行价值链分析。

方法内涵

VCA 方法是将实际结果与目标及期望进行比较的审计办法。

（1）当企业利用 VCA 确定其战略方向时，VCA 可帮助企业观察最重要的产品项目、产品品种和服务，并确定如何运用 ECR，在以顾客价值为主要标准的情况下，最大限度地降低成本，并为贸易伙伴提供最有效的服务。

（2）作为一种审计工具，VCA 可以对企业的业绩作周期性的评估，从而判断在实施计划时其实际结果与目标是否吻合，这些目标既包括财务目标，也包括企业总的业绩改进目标。

企业实施 ECR 计划时，使用 ECR 来确定工作重点和战略方向，其原因在于 VCA 可以为企业解决下面几个十分棘手的问题。

（1）企业当前的业绩如何，ECR 对企业的经营和生产产生哪些影响？

（2）在特定的业务目标和品种战略下，哪些ECR的概念最重要？应如何实施？哪些产品品种能提供最好的机会？应与哪些贸易伙伴合作？

（3）在认识到企业应付和管理环境变化的能力的前提下，如何进行试验并筛选ECR概念？相关联的工作计划和现金流又怎样？

- 不管是零售商、批发商、经纪人还是制造商都可以开展研究，来评估实施ECR对企业当前的经营和业绩的潜在影响。
- 上述研究内容包括VCA模型中的ECR改进方法组合的影响。
- 第一次使用VCA，其范围通常局限在对企业最为重要的产品品种上。
- 对于所选的每个品种，VCA都要分析处理其在整个供应链的所有产品流——从原材料开始经过所有贸易伙伴到消费者付款台的整个过程。
- 依靠贸易伙伴所扮演的不同角色，供应渠道可以包括自我配送零售连锁、需送货批发商供应系统、自提货批发商供应系统、只送货直接店铺送货、全面服务直接店铺送货五种基本分销渠道的任何组合，以确保在合适的时间、合适的地点把合适数量的产品以合适的价格送到合适的地点。

公司通过实施完整价值链的分析，关注供应链的分布网络进入公司不同成本库时的资源要素，即作业成本，不仅可以及时取得供应链中有关作业成本和成本动因的信息，还可以利用该数据对不同类型、不同网络的成本库进行作业成本分析。

公司对参与价值链分析项目的供应商，提供包括公司作业成本在内的部分成本分析结果，如公司与某供应商作业有关的作业成本、他们所在供应商网络的平均作业成本等。依此，供应商可以进行基准分析，用自己的成本加上网络平均费用与网络内平均成本进行对比，了解自己在整个供应链中所处的位置，知道自己是否需要改进作业、控制成本。另外，公司储运部门也可以利用供应链中节点企业成本信息的分析结果，与有关供应商就供应链成本业绩及其过程中可能存在的问题进行讨论，寻找改进作业、降低成本的方法，最终提高整个供应链运营效率，实现价值链的增值。

因此公司完整价值链分析可以优化、协调供应链上的作业，改善供应链业绩。对公司和供应商之间关系的影响可以从以下方面表现出来：

公司将提供适当的数据给供应商，与供应商就模型结果分析其与网络平均数的差异，供应商可能的作业过程以及如何改善，以及改进后预期结果的讨论增加了各方之间的相互影响。广泛的联系加强了公司之间的凝聚力，增加了对供应商互相之间意图、需要和过程的了解。

客观的成本信息容易使公司和节点企业之间进行联系、决策和协商。当供应链运营成本的变化结果变得透明时，节点企业就可以自己判断实现价值链增值的可能性，并且他们可以对提高的利润进行正常的利润分成。因而有关合作结果的可靠会计信息有利于支持中的供应商诚信。

分析步骤

具体来说，完整价值链分析的步骤如下。

（1）把整个价值链分解为与战略相关的作业、成本、收入和资产，并把它们分配到“有价值的作业”中。

（2）确定引起价值变动的各项作业，并根据这些作业分析形成作业成本及其差异的原因。

（3）分析整个价值链中各节点企业之间的关系，确定核心企业与顾客和供应商之间作业的相关性。

（4）利用分析结果，重新组合或改进价值链，以更好地控制成本动因，产生可持续的竞争优势，使价值链中各节点企业在激烈的市场竞争中获得优势。

公司的完整价值链是一个跨越公司边界的供应链中顾客、供应商，亦即价值链上节点企业所有相关作业的一系列组合。因此需要充分考虑价值链上顾客和供应商之间的相互依赖关系，使价值链上所有节点企业具有共同的价值取向，共同进行完整价值链分析。

完整价值链分析就是公司把供应链中节点企业的作业成本信息与公司和节点企业本身进行共同价值链分析。Thompson[2]认为供应链中作业的相互依赖是连续性的，前期发生的作业会影响后续发生的作业，而本身的作业并不受影响。也就是供应链上一层作业会影响供应链中下一层资源的消耗。因此采用基准分析、战略分析和趋势分析在内的成本分析方法对供应链中的连续作业进行分析，研究供应链中影响作业成本因素和作业之间的相互依赖水平，可以最终使公司利用分析结果帮助节点企业改进和管理作业，协调、控制公司与节点之间的关系，提高供应链运行效率，支持企业战略成本管理。

Hergert 和 Morris（1989）认为，以作业成本计算原理为基础可以解决实施价值链分析中的一些会计系统问题。Porter（1985）认为利用作业成本分析和成本动因的会计信息，可以优化、协调整个供应链的作业绩效。价值链分析的步骤如下。

（1）把整个价值链分解为与战略相关的作业、成本、收入和资产，并把它们分配到“有价值的作业”中。

（2）确定引起价值变动的各项作业，并根据这些作业分析形成成本及其差异的原因。

（3）分析跨越整个价值链上的多个节点企业之间的关系，确定与顾客和供应商之间作业的相关性。

（4）利用分析结果，重新组合或改进价值链，以更好地控制成本动因，产生可持续的竞争优势，使企业在激烈的市场竞争中获得优势。

另外，公司是否能进行完整价值链分析，在于价值链中节点企业的自愿参与。而参与的前提就是要使这些节点企业相信，与节点企业自己通过个别行为和权威的力量追求企业自身最优化相比，公司进行整个供应链的合作管理会更加有效，便会增加顾客和供应商的合作意向，从而使公司的完整价值链分析成为可能。事实上，价值链中的节点企业一旦参与公司完整价值链分析项目，便与公司形成战略联盟，可以和其他伙伴公司共享与价值链有关的成本和业绩信息，比公司从外部角度对这些企业的作业和成本进行假设而进行分析的精确性要高，范围更广。另外，参与完整价值链分析的节点企业具有共同的价值取向，它们互相之间的敏感信息共享，可以有效地协调和管理供应链上节点企业之间的关系，不仅能够增加合作者的互相信任，提高购货方的收货效率，减少存货滞留，降低供应链成本，还可以使供应链上节点企业中相同类型的作业更加有效率，从而提高公司整个价值链的运营效率（Dekker，Van Goor，2000），并在未来吸引价值链中更多的企业加入企业联盟，使公司在更大范围内进行完整价值链分析。因此，公司与节点企业之间以及节点企业之间的合作、协调，共享与价值链有关的成本和业绩的信息非常重要。

分析优势

Porter[1]认为，分析作业成本和成本动因的会计信息，可以优化、协调整个供应链的作业绩效。事实上，价值链中的节点企业一旦参与核心企业的完整价值链分析项目，便与核心企业及其伙伴公司一起形成战略联盟，共享与价值链有关的作业成本和业绩信息。与单个公司从外部角度对这些企业的作业和成本进行假设而进行分析相比，合作的精确性要高，范围更广。另外，参与完整价值链分析的节点企业具有共同的价值取向，在实现信息共享以后，核心企业不仅能够增加伙伴企业之间的相互信任，提高购货方的收货效率，减少存货滞留，降低供应链成本，还可以提高价值链各节点企业中相同类型的作业的效率，从而有效地协调和管理价值链上节点企业之间的关系，最终提高公司整个价值链的运营效率（Dekker，Van Goor，2000），并在未来吸引价值链中更多的企业加入合作联盟，使核心企业在更大范围内进行完整价值链分析，在更大程度上提高价值链中所有企业的绩效。

Thompson[2]认为，供应链中作业的相互依赖是连续的，前期发生的作业会影响后续发生的作业，而本身的作业并不受影响。也就是供应链上一层作业会影响下一层资源的消耗。为了提高供应链运行效率，支持企业战略成本管理，核心企业可以采用基准分析、战略分析和趋势分析等成本分析方法，对供应链中的连续作业进行分析，研究供应链中作业成本和作业之间相互依赖水平的影响因素，并利用分析结果帮助节点企业改进和管理作业，协调、控制价值链中各节点企业之间的关系。例如，核心企业对参与价值链分析项目的供应商，提供包括核心企业作业成本在内的部分成本分析结果，如公司与某供应商作业有关的作业成本、他们所在供应商网络的平均作业成本等。依此，供应商可以用自己的成本加上网络平均费用与网络内平均成本进行对比，通过基准分析了解自己在整个供应链中所处的位置，知道自己是否需要改进作业、控制成本。公司也可以通过关注供应链的分布网络进入公司不同成本库的资源要素，即作业成本，及时取得供应链中有关作业成本和成本动因的信息，并利用该数据对不同类型、不同网络的成本库进行作业成本分析。再者，公司储运部门还可以利用供应链中节点企业成本信息的分析结果，与有关供应商就供应链成本业绩及其作业过程中可能存在的问题进行讨论，寻找改进作业、降低成本的方法，最终提高整个供应链的运营效率，实现价值链的增值。

总之，公司完整价值链分析对核心企业和节点企业之间关系的影响可以从以下方面表现出来。

（1）核心企业与节点企业之间的广泛联系。例如，核心企业对联盟供应商个体提供价值链中其他联盟企业的有关数据，与供应商就其成本结果与网络平均数的差异进行分析，并对供应商可能的作业过程及其改善，以及改善后的预期结果进行讨论，会增加供应商对相互之间意图、需要和过程的了解，加强价值链中各企业之间的相互影响和凝聚力。

（2）价值链中联盟企业间成本信息的客观透明。当供应链运营成本的变化结果变得透明时，联盟企业就可以自己判断实现价值链增值的可能性，以及因提高利润而得到的正常利润分成，有利于核心企业和节点企业之间，以及节点企业相互间进行广泛联系、协商和决策，也有利于保证价值链中联盟企业的诚信。

以附加价值概念为导向的传统管理会计，只考虑企业内部价值的增加，没有反映价值链中相邻节点企业之间的联系，遏制了公司可以通过协调这些相互依赖关系而应能取得的机会成本优势。具体来说，在实施价值链分析时，传统管理会计的重要缺陷表现在如下三个方面。

第一，企业主要关注责任中心而不是重要的作业。

第二，当企业内部一个部门的成本和业绩经常依赖于另一部门的成本和业绩时，它们不考虑这些部门（作业）之间的相互依赖关系。

第三，很少从经济学角度反映正在发生的作业，缺乏成本驱动因素的累计数据。

附加价值观点的缺陷在于核心企业与价值链中节点企业之间缺少广泛的联系和沟通，只注重实现自身最大的买卖差价。一方面，对于供应商而言，核心企业在购货时才开始进行原料的成本分析，忽视供应商所提供原料价格的形成原因以及该原料的作业成本，更没有开发与供应商之间可能的联系；另一方面，对于客户来说，一旦产品销售结束，核心企业则停止成本分析，失去了与客户进一步发展联系的机会。虽然所有权总成本系统（Total Cost of Ownership systems，TCO）考虑了向特定供应商购买产品所引起的（如与订购、运送、质量和管理有关的）费用（Ittner，et al，1999），但没有分析整个价值链上有关客户和供应商的成本信息。而利用作业成本计算原理，以价值链为基础分解价值链中各企业发生的所有作业，全面分析价值链中所有相关联企业（如供应商和客户）的作业和费用及企业之间的关系，并确认这些作业和费用之间的相互依赖程度，再通过定位、协调和优化价值链中的单个作业本身及作业之间的关系，可以确定价值链中所有企业、所有作业的竞争优势，最终实现价值链中各企业的最大增值。

可见，确定特定的作业成本驱动因素，进行作业成本计算，可以解决传统管理会计在实施价值链分析时难以解决的部门（作业）之间的相互依赖关系等问题。Hergert 和 Morris（1989）也认为，以作业成本计算原理为基础，可以解决实施价值链分析中的一些会计系统问题。此外，战略成本管理已经将作业会计信息用于发展和支持公司不同战略层次的决策，如公司竞争者分析、战略定位分析和公司营运价值链分析等不同战略层次分析，并为战略管理会计所采用（Lord，1996）。而作为战略管理会计（SMA）重要组成部分的价值链分析，可以作为价值链中节点企业之间关系的协调机制，开发核心企业与供应商和顾客之间的联系。

分析难点

虽然参与公司完整价值链分析项目的联盟企业可以通过它们之间的协调获得潜在利益，但也可能因伙伴企业的不确定因素而产生风险。因此，核心企业进行完整价值链分析，必须在充分考虑价值链中所有节点企业之间相互依赖关系的基础上，设计一个治理结构，使其既能够适应核心企业业务特点，又能够处理和控制价值链中节点企业可能发生的投机行为而引起的交易风险，来管理和协调价值链中企业之间的关系。更重要的是要使节点企业相信，与企业自己通过个别行为和权威的力量追求企业自身最优化相比，核心企业进行整个供应链的合作管理会更加有效，便会增加价值链中节点企业的合作意向，从而使公司的完整价值链分析成为可能。而参与公司完整价值链分析项目的节点企业可能发生的特殊风险及其对企业业绩的影响有如下三个方面。

1．敏感信息的交换

价值链中的节点企业进行信息共享的意愿是公司进行完整价值链分析的第一个不确定因素。当客户和供应商互相交换对方的成本和绩效信息时，企业会对自己的谈判状况和机密信息泄露给竞争者存有顾虑。因为竞争者可以通过供应商提供的成本信息了解供应商的相对效率，并利用对自己有利的信息进行投机行为，获得将来在价格谈判上的潜在优势。特别地，最早参与完整价值链分析、改进供应链作业项目的供应商，特别担心核心企业会利用它们所提供的信息直接比较其运营效率，要求自己提高效率，直至网络平均水平，否则被淘汰出局。因此，如果核心企业不能确保不用这些秘密信息打击参与完整价值链分析合作项目的节点企业，节点企业就不会参与核心企业要求信息共享的、改善完整价值链的合作。

因此，为了减少供应商信息被滥用的顾虑，核心企业需要对供应商明确说明敏感信息只是用于开发公司供应链，实现“多赢”的目标，而不是分类比较供应商效率，迫使供应商提高其效率到网络平均水平；除此以外，核心企业还需利用完整价值链分析的结果与有关供应商共同改进供应链中一些效率低下的作业。相反，如果企业不守信用，用投机方式利用供应商所提供的敏感信息，则会在整个供应商网络内产生强烈的负面影响，从而严重降低公司声誉，对公司缺少信任，也破坏公司与供应商之间的关系，大大降低供应商与其合作的意向，最终恶化供应链上所有各方的关系，当然也就谈不上降低供应链中的潜在成本。事实上，实现供应商敏感信息共享的基础就是供应商对核心企业的信任（如商誉）。当核心企业反复利用敏感信息进行完整价值链分析（而没有投机地利用信息）时，会进一步加强公司与节点企业之间以及节点企业互相之间的信任。由此可见，核心企业在供应商网络的声誉以及供应商对核心企业的信任，会对核心企业如何利用信息承诺的可靠性产生影响，也使其成为管理价值链中节点企业之间关系最有权威的机制。

2．成本和利益的公平分配

公司进行完整价值链分析的第二个不确定因素在于成本、投资及预期收益的公平分配。解决了诚信问题，企业决定是否参与合作还必须就以下两点进行分析：第一，进行完整价值链分析合作项目的风险及其收益率；第二，联盟企业预期利益的分配是否公平。

Tomkins（2001）认为只有当公司的合作者能取得与风险相当的收益率，并有希望得到公平份额的利益时，才愿意投资并参与完整价值链的分析项目，进而才有可能改善节点企业之间的关系，提高供应链中有关作业的效率。因此，基于价值链分析，核心企业在调整和改进公司供应链、实现了成本控制、提高了作业业绩、增加了盈利能力（价值链增值）以后，根据所发生的成本、投资及其项目风险，对该价值链所增加的盈利进行公平分配非常重要。特别地，如果核心企业为了提高供应链的整体业绩，需要价值链中的节点企业对某项新技术进行投资，节点企业在参与项目之前必须对该投资项目进行评价，通过作业成本模型与公司做进一步协商，以解决成本、利益和投资的共享问题。例如核心企业可以通过与供应商谈判，采用上调供应商商品价格的方式，分担供应商投资，实现利益的公平分配。

3．对特殊资产投资的使用

前已述及，如果完整价值链分析的合作项目需要联盟企业共同投资某特定资产改进供应链时，除了实现合适的收益率，联盟企业还必须确信核心企业不会将该特定资产挪作他用，并且该资产在此项目之外对核心企业来说价值很低（Williamson，1985），否则联盟企业不会出资。这是第三个不确定因素。

Gulati 和 Singh（1998）认为，如果联盟企业之间已经通过以往的业务往来关系建立了某种信任，就可以假设联盟企业之间不会因为进行共同价值链分析、互换敏感信息而发生互相投机的行为。然而，如果某节点企业与价值链中的其他企业还没有足够的信任，但愿意加入完整价值链分析的合作联盟，这时核心企业需要采用一系列正式的控制机制维持各企业互相之间的信任，如要求新加盟企业签订关于利益和成本共摊的契约协议、采购量和合作关系的长短、信息交换的保密协议、设备的联合投资，以及互相抵押等不同形式的协议，直至由于改进价值链而使企业业绩发生变化。

利润池

科学技术的迅速发展及人们价值观念的转变使全球经济竞争日趋激烈。如何寻找并保持企业的竞争优势，如何为顾客创造价值的同时实现企业价值的增长，已经成为企业管理者所面对的首要问题。

美国哈佛大学的迈克尔·波特教授于 1985 年提出了价值链管理的思想，经过近二十年众多成功的大企业的实践证明，价值链理论是研究竞争优势的有效工具。已有的研究表明，价值链理论引入企业的战略管理中可以帮助企业建立更加完善的决策支持系统，帮助管理者全面地了解企业的竞争优势及劣势，从而优化企业的战略决策。然而，由于目前大部分的价值链的研究仅限于定性研究，要进行深入的量化研究还十分困难，因此在具体运用时往往因为模型及数据的缺乏而显得可操作性不强。近几年来，一种基于定量分析视角的价值链分析法已日趋成熟，这就是利润池分析法。

相关概念

利润池（Profit Pools）是指行业价值链各链节点所产生的利润总和。运用利润池分析法的目的是研究行业总利润在价值链各节点的分布情况，并为企业的战略决策提供依据。企业不论处于行业价值链的某一链节，还是跨越若干链节，均应从利润池的分布情况出发，并结合自身在行业价值链中所处的位置及拥有的利润池份额，研究行业价值链中其他有利可图的价值活动，寻找发展的机会，作出放弃或开发其他链节的决策。企业可以通过分析和预测行业利润池的变迁，确定企业未来的发展战略。

美国汽车制造业于 1996 年产生了约 1.1 万亿美元的收入及 440 亿美元的利润。该行业的价值链包括汽车制造、销售、汽油零售、保险、售后服务及租赁等链节。通过利润池分析法可以看出该行业的收入与利润的收入是不均衡的，汽车制造及销售链节产生了总收入的 60%，然而其拥有的利润却不足行业利润池的 5%；而汽车租赁却仅以约 0.8%的总收入拥有了超过 20%的利润池份额。通过对价值链各节点利润池分布的分析，美国三大汽车制造商纷纷跨越其自身所处的节点，为顾客提供汽车金融产品（包括汽车保险、担保、租赁等）。福特公司在过去的 10 年中将近一半的利润是来源于为顾客提供汽车金融产品，而其收入仅占其公司总收入的 20%不到。

在考虑外部客观经济环境变化而可能导致行业利润池发生变动的情况下，以较小的市场份额占有相对较大的利润池份额，以较快的行动为控制即将由于行业变迁而产生的新的利润池做准备，这就是利润池的基本管理思想。

方法优点

传统的价值链管理思想立足于企业内部的管理运作，要求企业通过实施低成本及差异化的生产战略来树立企业的竞争优势。实践证明，这种管理思想也有其局限性：过于注重企业的管理过程中的成本控制，而忽视了长期利益驱动下增加成本可能会产生更多的价值；过于强调通过增加收入额及市场份额来增加企业的价值，忽略了总收入及市场占有率的增加并不必然导致利润的增加，将扩大市场占有率与扩大收益的关系本末倒置；过于关注企业在其自身核心业务的运作，只限于对其所参与的链节进行分析，而忽略了从行业价值链的角度来看待其所处的地位及所拥有的利润池份额，未能将本应纳入其分析体系的相关业务及实体进行全面的分析；过于注重资源在价值链上的纵向流动来谋求利润，而忽视了价值链的复杂多变性而对行业的利润结构产生的不确定性。

利润池分析法从战略观点出发，研究如何创造并拥有更多未来的利润，认为企业收入额的扩大及成本的压低并不是战略性因素，企业的战略目的应是拥有更多利润池份额，因此企业应从利润的分布来看待行业的价值链中现有或潜在的有利可图的价值活动。利润池分析法不局限于对企业内部价值链的管理，而是从了解所处行业的全景出发，决定最佳的资源配置，以实现对利润池最大限额的控制，这是利润池分析法的出发点。

利润池分析法重视价值链的复杂性、动态性及不确定性的影响，同时考虑资源在行业价值链上的流动所产生的竞争态势的变化及对行业利润池结构的影响，使价值链管理思想可操作性更强。利润池分析法既强调对现有行业价值链中占有最恰当链节点，更强调通过对行业客观运行状况加以考察，在复杂的系统中尽可能掌握更多的有用信息，超越现有，准确预见未来市场利润分布之所在，为即将发生的经济环境的变化早做准备，为未来竞争创造优势。

战略思考

利润池分析是基于价值链分析的，但却绝不同于一般的价值链分析。传统的价值链主要分析企业如何在企业价值链运行内部获得成本优先，为达到成本优先，可通过价值形成差异化。即通过价值系统的配置方式去发现维持成功的战略，其缺陷相当明显，导致实际运用价值链管理水平低下，具体表现为以下方面。

（1）传统价值链分析因注重成本优先而强调分析怎样在运行中控制成本，却忽视了长期利润驱动有时反而须增加成本的可行性分析，即使在企业陷于困境时也如此。其不重视战略性长期目标，只考虑成本控制，会导致长期利润难以实现。利润池分析则从战略观点出发，研究如何创造更多未来利润，利润池观点认为单个企业成本不是战略因素，更多拥有利润池份额才是企业长期发展的根本，因此企业应从利润的分布来看待行业价值链中其他有利可图的价值活动，通过重新审视行业及市场特点来决定自身的发展战略——是控制成本？亦或发生成本？还是成本转移？

（2）传统价值链分析因注重价值创造，而寻求怎样增创收入和扩展在行业中的市场份额，却忽视了总收入增长和市场占有率增长并不意味必然导致利润的增长，市场份额有时固然重要，但利润份额更重要。其不重视利润份额的分析会导致公司战略管理的盲点，忽略那些收入份额虽低而利润份额却高的业务从而丧失一些诱人的盈利机会。利润池观点则认为企业要得到的是利润份额而非市场份额，从而给企业带来利润增长的更大可能。利润池分析行业利润在价值链诸链节分布情况，努力拓展利润份额比例较高的业务，不断调整业务定位以适应新价值创造的需要。企业不但应在原有价值链内进行业务调整去适应价值链运作，更应通过创新业务去影响原有价值链，甚至重新配置价值链，以拥有更多的利润池份额。

（3）传统价值链分析因过分注重核心能力，着力加强培养企业内部核心业务运作，而限于只对企业所涉入部分价值链进行分析，使价值链缺乏完全性，却忽视了从整个行业价值键的角度看待自己在行业价值链中的位置，分析自己在行业利润池中的份额，从而呈现大量相关业务、相关实体未纳入其分析视野，导致企业只见树木、不见森林，在井底之天中描绘未来发展。利润池分析则并不局限于对企业内部价值链进行分析，使企业按整体目标运行，不致于形成价值“孤岛”，只有了解所处行业的情况，才能决定最佳资源投放。这是利润池分析的出发点。

（4）传统价值链分析因注重纵向一体化而寻求价值链中简单联系的差异化，以纵向转移成本取得竞争优势，却忽视行业价值链的复杂性和动态性，忽略了不确定性的影响。行业价值链更像一个系统链，由于技术、管理、顾客群、产品种类、市场位置和分销渠道的变化，行业价值链也不断发生变化。利润池分析则考虑了这些现象，考虑了价值链的链节因资源不断施加的影响和竞争态势的消长而带来的整个价值链和各链节的变化，使得行业价值链更复杂但更具效用。利润池观点采用积极主动的管理，对在价值链中增加价值、发生成本、产生利润的所有企业内部的、企业外部的、直接的、间接的链节进行积极的考虑，在复杂的系统中掌握尽可能多的信息，为未来决策创造条件。

（5）传统价值链因过分注重在价值链内部进行市场细分，而忽视了在更宽范围内发展市场，忽视了寻找和发展行业价值链中新的链节，从而减少了增加企业利润池份额的机会。利润池分析以整体性为基础，对难以拓展业务的企业寻求内部细分，寻找最能获利的顾客群，在现有业务范围内发掘具有超行业平均利润率的部分；对不断发展的行业则通过资产重组、资源再分配或注入资源来扩大自己的利润；对无法改变业务的企业则通过规模造就可观的成本优势，凭借成本优势形成竞争阻力；对于持有特营权的企业，更关注顾客价值的创造，而非简单的价值转移，扩大行业利润池，同时扩大特营企业利润池份额。

行业结构

一些管理学者在分析竞争环境的结构时也论述了行业结构的可变性，例如波特理论的行业分析理论论述了行业结构对行业业绩影响的系统方法，进而描述影响行业结构的五要素。同时他还揭示了行业结构对竞争游戏规则和企业潜在的优势战略的影响。但其分析属于定性研究，而且在应用中主观成分较多。利润池分析则采用定量分析，全面对行业系统进行量的揭示，例如，行业价值链的总利润是多少？各个链节的利润池份额各是多少？本企业现处于行业价值链的哪些链节？占的利润池份额情况怎样？结合企业的实际，分析哪些链节业务应放弃，又该在哪些链节上开发业务，甚至可以通过业务创新增长行业价值链，并采取措施对这些创新链节设置进入障碍，使这些链节上的利润池份额更多地为企业所拥有，从而为企业战略发展提供新的思路和方法。

传统的价值思索认为，每个公司都在一定价值链上占有一个位置，供应者从上游供给材料，公司添加价值后再把它们传到链上的下游，因此公司战略就是简单地把公司放在价值链上的一个合适位置——合适的企业、合适的产品、合适的市场份额以及合适的增值行为。但在一个飞速变化的竞争环境中，传统价值链的观念远远不能满足企业在行业系统中的复杂角色和关系。利润池观点并没有把企业放在一系列早已预订好行为顺序的任何一点去增加价值，而是去适应行业系统，有时甚至改造行业系统，使企业在其中扮演不同的经济角色，占有不同链节的利润份额。可见利润池分析方法离不开价值链分析但却高于一般价值链分析。

利润池管理与现代管理提出的“虚拟企业管理”具有许多共同之处，例如虚拟企业也跳出传统价值链管理方法只重视企业内部运作的局限，将外部组织以及外部组织与企业的联结边界纳入考察范围，把虚拟企业表现为将产品和服务经不同的组织实体或组织边界最终提供给顾客而经过的一整套内部和外部运作的机构。然而虚拟企业仅仅提供了考虑问题的思路——重视企业外部组织的实质，扩展了传统价值链管理的管理空间，却在一定程度上模糊了企业自身业务，并且难以实际运行，缺乏可操作性。而利润池管理虽将企业置身于虚拟的管理空间中，但紧紧抓住利润这一基点，不断为企业自身寻求最佳利润份额，使虚拟管理的形式得以具体化，在具体的数字分析中实现管理战略。利用利润池，有时通过简单的图表甚至对最熟悉的行业也会有一种全新的想法，获得创新的动力。

需要说明的是，利润池管理的成功依赖于利润池定义是否准确、利润池大小是否恰当、利润分布计算是否准确。利润池管理在现代企业管理中的地位日益重要。企业不能再依赖传统的收入观点，而应从利润出发，用利润池来发现有利的业务定位，使企业在竞争中立于不败之地。

财务分析

传统的财务管理及管理会计理论在进行企业间的债务重组决策时，往往过于强调采用过去的财务及非财务指标作为决策依据来对重组后的新企业的盈利能力加以预测，从而进行决策。这样的并购决策往往会忽视由于企业所处的客观经济环境发生了变化而引起价值链上利润分布的变化，从而导致决策的滞后性，对企业未来的发展会产生潜在的价值危机。利润池分析法认为，资产重组应能使企业在经过资源的重新配置和整合后产生出“1+1＞2”的效果，因此重组的关键是要随时反馈行业利润池的变动，并采取相应的重组措施，不使重要的利润池旁落。

传统上，美国医药业的大部分利润来源于两种经济活动：研制新药并保证医生开出处方使用新药。对新药品的专利权保护避免了价格战的发生，同时保险公司承担了病人大部分的药品费用而使病人对药品的价格不敏感，医生可自由选择开给病人的药品品牌。该行业独特的结构使药品制造商只需对医生实施一定的营销策略便可保证拥有丰厚的利润。因此，医药品制造商的利润远远高于医药分销商，即使最大的药品分销商也由于对市场缺乏影响力而难以威胁制药商的利润份额。进入 20 世纪 90 年代，医疗改革的出现导致该行业的利润池发生了根本性的变化。医药销售管理商（PBMs）进入该行业，为了给病人控制成本，会建议医生开出一些具有同等效用的平价药品来代替高价药品；PBMs 对选择药品的影响及向病人直接提供关于购买药品的信息，直接威胁到医药业原有的利润池结构。如果 PBMs 能成功地控制药品成本，利润就将从制造环节流向销售环节。美国的医药巨头 LILLY 公司预感到了潜在的利润池结构的变化，不惜花费巨资并购行业中的药品分销企业，从而保证不因利润池结构的变化而威胁到企业将来利润池的占有份额。但 LILLY 在并购当时的市场分析认为，以 40 亿美元的价格购入一个仅产生年收入 1.5 亿美元的企业是不明智的，并因此导致公司的市值发生了约 20 亿美元的减值。但在事后通过利润池分析法认为，LILLY 将来所获得的收益必将远远大于企业现在所发生的并购成本。

企业在资产重组决策时，运用利润池分析法进行研究，必须清楚其目的在于保持或增加利润池的份额。企业若能保持拥有相当的利润池份额，就能影响到利润在其竞争对手之间的分布，随时掌握主动权，无论经济环境如何变化，都可立于不败之地。同样，由于无力进行重组来扩大其利润池份额的企业，亦可以通过一定方法在本企业内部减少不产生价值的环节，或减少行业价值链在自身可能运行的环节，或在自身业务的基础上扩大部分经营范围，从而获取更多的利润池份额。例如，婚车租赁公司可提供随租其他婚礼用品等业务，来扩大婚车租赁链节利润池份额。

绩效棱柱模型

绩效棱柱模型（Performance Prism）由克兰菲尔德学院教授 Andy Neely 与安达信咨询公司于 2000 年联合开发的三维绩效框架模型，用棱柱的五个方面分别代表组织绩效存在内在因果关系的五个关键要素：利益相关者的满意、利益相关者的贡献、组织战略、业务流程和组织能力。与平衡计分卡相比，绩效棱柱模型从只关心一个或两个利益相关主体的观念中转变过来，逐步关心所有重要的利益相关主体，在从利益相关主体那里得到贡献的同时，还关注利益相关主体的满意。该模型创新之处在于既强调了利益相关主体价值的取向，又测量了利益相关主体对组织所作的贡献。绩效棱柱模型图，如图 11.3 所示。

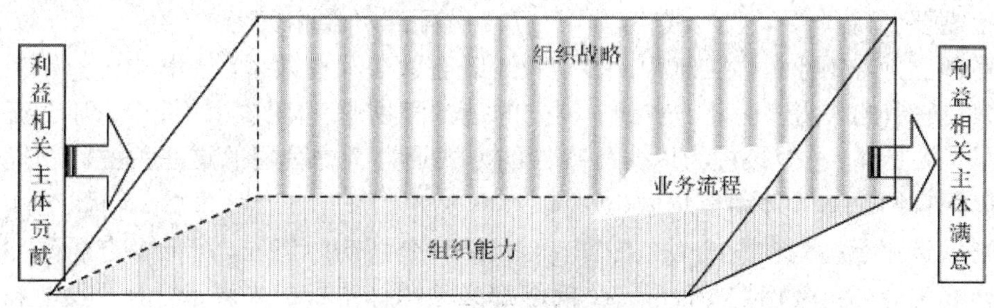

图 11.3 绩效棱柱模型图

绩效棱柱，以现存的绩效测量框架和方法为基础，通过对它们进行创新和整合，进而提出一种更为全面的并且易于理解的绩效管理框架，来弥补上述方法的局限性，从而更好地为企业管理服务。

基本前提

绩效棱柱模型的三个基本前提在绩效棱柱这一绩效管理框架中起着支撑作用。

第一，对于组织而言，如果它们希望长期生存和繁荣的话，那么把注意力仅仅放在一个或两个利益相关者（股东和顾客）身上，就是不可取的，甚至是不可行的。

第二，如果一个组织想将真正的价值传送给股东的话，那么它的战略、流程及能力就必须进行整合。

第三，组织及其利益相关者应该认识到它们之间的关系是互惠的，如果利益相关者期望得到一些利益的话，也应该为组织贡献自己的力量。绩效棱柱展示的是全面的绩效衡量结构，它是建立在那些已经存在，并且在一直寻求弥补其不足的结构的基础之上，为洞察公司绩效管理的真正难题和面对现实的挑战提供了一个有效的、全面的框架。

关键因素

- 利益相关主体的满意：谁是企业的主要利益相关者？他们的愿望和要求是什么？

- 组织战略：企业应该采用什么战略来满足利益相关者的需求，同时也满足自己的要求呢？
- 业务流程：企业需要什么样的关键业务流程才能执行企业的战略？
- 组织能力：企业需要什么样的能力才能开展和改善组织业务流程？
- 利益相关主体的贡献：为了培育和发展组织能力，企业需要利益相关主体作出这样的贡献。

逻辑思路

为什么这个框架是这样的？它是基于如下的逻辑思路：在当今的经营环境下，那些致力于获得长期成功的组织必须非常清楚地了解，谁是它们的主要利益相关者以及它们的愿望和要求是什么。但是仅有一个清楚的认识是不够的。为了满足它们自己的要求，组织还必须从其利益相关者那里获得一些东西，通常包括来自投资者的资金和信用、来自顾客的忠诚和利润、来自员工的想法和技术，以及来自供应商的原料和服务等。

它们还需要明确所要采取的战略以保证实现分配给利益相关者的价值。为了实施这些战略，还要考虑企业需要什么样的流程，必须做到既有效果又有效率。在其内部，如果组织拥有适当的能力、适当的人力、良好的实践、领先的技术和物质基础结构的综合，那么流程才能得到执行。从本质上讲，绩效棱柱为以一种理性的方式通盘考虑公司的这些关键问题提供了一个结构，使执行官们能基于可用信息做出决策。

绩效测量贯穿于绩效模型的五个方面，而且结合公司实际情况，每一个方面又都可以进一步细化和分解为许多具体问题，而每一个问题都必须用计量指标来表示。由于模型五个方面具有内在的联系，因此由模型衍生出来的计量指标之间自然也就具有相互依存的关系。测量指标不局限于财务指标，也不强调以非财务指标作为对财务指标的补充，而是以绩效棱柱五个层面为引导，只要能更好地使这五个层面发挥作用，更好地实现企业目标的测量指标都可以引入测量体系之中，如财务指标、非财务指标，历史指标、前瞻性指标，核心指标、辅助指标，内部指标、外部指标，数量指标、描述性指标，背景指标等。将这些看似纷乱复杂的指标置于绩效棱柱模型中，就可以将这些指标关系明确化，并相互依存、相互强化，从而更好地作出决策。

例如，在利益相关者的满意层面，可考虑的计量指标有以下几种。

（1）股东。投资回报率、股价、经济附加值、市盈率、净资产收益率等。

（2）债权人。资产负债率、流动比率、速动比率、利息保障倍数等。

（3）雇员。雇员忠诚度、满意度、离职率等。

（4）客户。客户满意度、客户投诉率等。

（5）合作伙伴。投诉次数等。

（6）监管方。违规事件的次数及性质等。

在其他四个方面类似的可以得出一系列的测量指标或方法。

但根据绩效模型而得出的众多可供选择的指标，还须考虑以下四个方面：绩效测量信息的可获得性；计量指标的相关性与重要性；精确性与简洁性的权衡；计量指标的可控制性等。最后，得出一个精简、高效、能更好地服务于企业的指标体系。

设计好了绩效管理体系，任务还并没有结束，还要将它传达给员工，并对他们进行辅导，在工作中不断地进行信息沟通与反馈，对企业进行实时评价和前瞻性控制，并要根据实际工作中反馈的信息，不断地对绩效管理体系进行修正与升级，使工作与管理体系互相促进，不断提升。

模型局限

虽然从理论上讲基于绩效棱柱模型的绩效管理是近乎完美的，但在实际操作中仍然存在着一些不可完全克服的问题：非财务指标难于计量，且精确度不够；财务指标与非财务指标的权衡和搭配困难；由于现有的管理者补偿大多依据财务绩效而制定，这可能破坏非财务绩效与管理者补偿之间的应有联系；若绩效模型衍生的指标过多，则可能分散管理者的注意力，甚至令其无所适从；过分强调根据实际与标准的对比而调整，从而易陷入一种自我封闭的循环中去，不利于产生新的改进机制。

理念突破

关注所有重要的利益相关者。公司只注重一个利益相关者（股东）的需求就能生存和繁荣的日子已经远去了；公司只注重两个利益相关者（股东和客户）的需求就能生存和繁荣的日子即使还没有过去，那也为期不长了。在一个公司中所有的利益相关者都在一个"生态系统"中相互作用。现在以及将来，对组织来讲，能够长期生存和繁荣的最好途径是考虑其所有重要的利益相关者的需求，并且努力满足他们的需求。只注重一部分表面上更具有影响力的利益相关者，如股东和客户，而忽视其他利益相关者需求的做法是一种近视的而且幼稚的行为。

21 世纪的组织由于几个方面的原因而不得不考虑到所有利益相关者的愿望和要求。首先，如果组织不能满足其利益相关者的特殊需求，那么将面临着他们反抗和拒绝合作的危险境地。这也就意味着投资越来越少，顾客越来越少，员工士气下降，更高的成本以及更多的调查。其次，在法律上、道德伦理上，组织对其利益相关者负有责任。再次，在这种中介和特殊利益团体流行的时代，他们还要保护来之不易的商誉。

重新认识了绩效管理的起点。关于绩效计量的一个普遍性认识是：绩效计量是从战略衍生、推导出来的，也即是以战略为起点的。但人们为了从战略中获得这些方法，却从根本上误解了这种方法的目的和战略角色。绩效测量方法就是为了帮助人们朝着他们想要达到的方向而设计的。它帮助管理者们明确是否将达到他们确定的目标。然而，战略并不是最终的目的。相反，它只是你所选择的战略——如何达到所期望的目标的路线。执行战略，将使公司能更好地将价值传递给其利益相关方：投资者、债权人、客户及中介、雇员、供应商、监管方及社会。因此，绩效计量的起点应是谁是组织的利益相关者以及他们的愿望和要求是什么，即为利益相关者创造价值，而非战略。

灵活性及能够不断地自我完善。这个框架设计得非常有弹性，这样它既可以适应宽泛的要求，也能适应严格的要求。如果只需要测量营销管理的部分方面，如一个单独的利益相关者或者一个特殊的业务程序，使用绩效棱柱能够设计出一个测量系统和适当的测量方法（和其他的辅助方法）来解释它们。如果改进一个宽泛的企业或业务单元的绩效管理，绩效棱柱同样能够做到。

同时绩效棱柱又有不断的自我完善机制，定期评估和更新测量方法和测量系统，以使其保持不断适应组织。

模型启示

从中国目前的情况看，大多数的企业已经意识到绩效管理的重要性，但是，大部分企业的实际运作效果并不好，这主要是因为目前运用的绩效管理体系存在着明显的缺陷。集中表现在绩效测量主要集中于事后，缺乏至关重要的事前规划和事中控制，更没有将绩效测量放在一个理论体系内去考察。另外，还存在着员工甚至不知道企业对自己的期望是什么、绩效测量指标不合理、绩效测量客观性不够、反馈延迟等问题。因此，对企业的绩效管理改革势在必行。

借鉴绩效棱柱模型，重构适合企业的绩效管理体系，要着眼于以下几个方面：应从只关心一个或两个利益相关者的观念中转变过来，逐步关心企业所有重要的利益相关者，在从利益相关者那里得到的同时，也注意利益相关者的满意；注意战略、流程、能力的匹配；要设计合理的绩效测量指标体系；注意管理绩效管理框架本身，让其能随着实践不断得到提高。

利益相关者法

利益相关者法用于分析与客户利益相关的所有个人（和组织），帮助客户在战略制定时分清重大利益相关者对于战略的影响。

角色定义

利益相关者是指有与客户有一定利益关系的个人或组织群体，可能是客户内部的（如雇员），也可能是客户外部的（如供应商或压力群体）。大多数情况下，利益相关者的分类情况如表 11.1 所示。

表 11.1 利益相关者分类

所有者和股东	银行和其他债权人
供应商	购买者和顾客
广告商	管理人员
雇员	工会
竞争对手	地方及国家政府
管制者	媒体
公众利益群体	政党和宗教群体以及军队
其他	

利益相关者能够影响组织，他们的意见一定要作为决策时需要考虑的因素。但是，所有利益相关者不可能对所有问题保持一致意见，其中一些群体要比另一些群体的影响力更大，这时如何平衡各方利益成为战略制定考虑的关键问题。

方法适用

除了对战略制定产生影响以外，利益相关者分析也是评价战略的有力工具。战略评价可以通过确定持反对意见的股东和他们对一些有争议的问题的影响力来完成。

角色制图

利益相关者图清晰地描绘谁是利益相关者集团，在采取新的战略时，代表哪个集团的利益，他们是否可能阻碍变革，他们的力量如何，应该怎样对待他们。绘制时首先确定所有利益相关者，标出他们之间的重要关系，然后分析这张图表所显示的风险与机会，识别任何可能的变化对这张图的影响，以便为此做好准备，如图 11.4 所示。

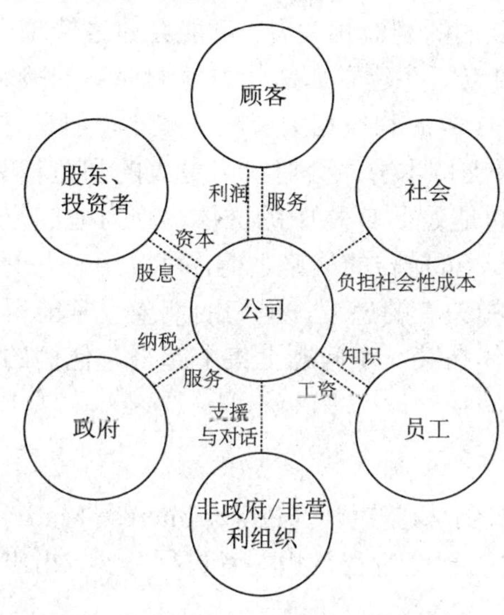

图 11.4　利益相关者

角色定位

在确定了最有影响力的利益相关者后，这里有许多应付他们的方法。确定利益相关者的位置有两种方法：权力/动态性矩阵和权力/利益矩阵。

权力/动态性矩阵

如图 11.5 所示，权力动态性矩阵可以用来确定在发展新战略时如何引导政治权力。

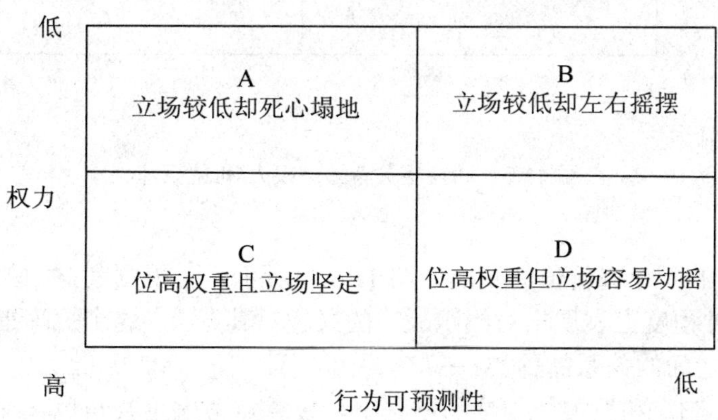

图 11.5　利益相关者图：权力/动态性矩阵

分析如下：

图 11.5 列出了一个权力/动态性矩阵，在这个矩阵上可以画出各利益相关者的位置。利用这种方法可以很好地评估和分析出在新战略的发展过程中在哪儿应该引入“政治力量”。

（1）最难应付的团体是处于 D 区内的那些团体，因为它们可以很好地支持或阻碍新战略，但是它们的观点却很难预测。其隐含的意思非常明显：在已建立一个不可改变的地位前一定要找到一种方法，来测试这些利益相关者对新战略的态度。

（2）相反，在细分市场 C 内的利益相关者，可能会通过管理人员的参与过程来影响战略，这些管理人员同意他们的“观点”并建立那些代表他们期望的战略。

（3）虽然细分市场 A 和 B 内的利益相关者权力很小，但是这并不意味着它们不重要。事实上，这些利益相关者的积极支持本身，会对权力更大的利益相关者的态度产生影响。

在图 11.5 中，最难对付的是处于 D 格中的群体，因为他们位居权势，而且很难预测其态度。某些情况下，在制定一个不可逆转的战略之前，可以用一些新战略去试探他们的态度。虽然可以预测处于 C 格中利益相关者的态度，他们的期望也常能得到满足，但也绝不能忽视他们。如果 A 格和 B 格中的群体在某一个问题上集中起来，他们的影响力会增大，但是他们还是相当容易对付的。

权力/利益矩阵

同样，如图 11.6 所示，权力/利益矩阵（Power/Interest Matrix）根据利益相关者手中的权力，以及他们对公司战略关注的程度对利益相关者进行分类，指出了公司应该与他们建立何种关系。

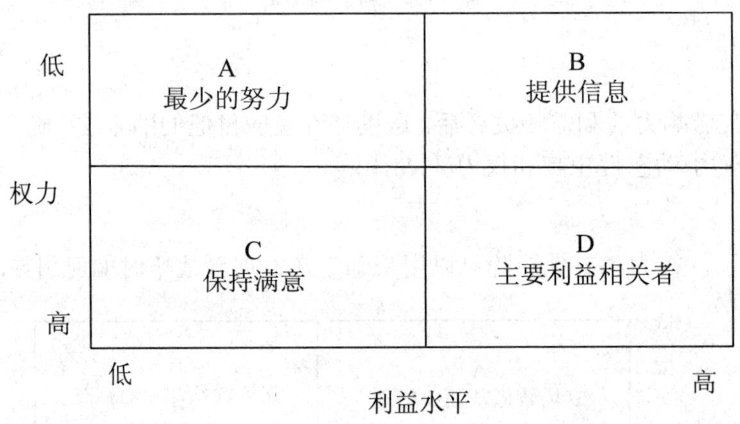

图 11.6　利益相关者图：权力/利益矩阵

分析如下：

权力/利益矩阵的一个有价值的发展如图 11.6 中所示，它根据利益相关者与其持有的权力的关系，以及从何种程度上表现出对组织战略的兴趣对其分类。这个矩阵指明了组织需要建立的与各利益相关者之间的关系的种类。

（1）显然，在制定和发展新战略的过程中，应重点考虑主要角色（细分市场 D）是否接受该战略。

（2）那些最困难的利益相关者经常是细分市场 C 内的利益相关者，虽然这些利益相关者总的来说是相对被动的，但要注意利益相关者影响战略的方式受特定事件的影响，即特定事件促使他们对战略产生影响。因此，全面考虑利益相关者对未来战略的可能的反应非常重要。如果低估了他们的利益，他们突然重新定位于细分市场 D 内并且阻止采用新战略，那么情况就会很糟。

（3）类似地，需要正确地对待细分市场 B 中利益相关者的需要——主要通过信息来满足。在影响更有权力的利益相关者的态度时，他们是非常重要的“联盟”。这种确定利益相关者位置的方法的价值，在于其能分析以下问题：政治/文化状况是否可能会阻止采纳特定的战略。谁可能会是变化的主要阻止者和推进者，为了重新确定特定的利益相关者的位置，是否需要坚持战备。

（4）需要维持活动来阻止利益相关者对他们自己重新定位。这就意味着要保持与细分市场 C 有关的利益相关者的满意程度，减少与细分市场 B 中的利益相关者保持联系的程度。

在评价新战略时，对处于 D 格中的发挥关键作用的群体来说，战略的可接受性是应该考虑的一个重要的因素。处于 C 格中的利益相关者群体也非常重要，一般来说，尽管他们相对比较消极，但一旦发生某一特定事件，他们也会突然出现，并向 D 格移动，成为非常重要的影响群体。类似地，因为处于 B 格中利益相关者的要求能够影响力量更强大的利益相关者，因此也应该对其给予足够的重视，提供信息便可以达到这一目的。

财务分析

财务诊断是企业诊断极其重要的一个方面。若把企业比喻成人体，企业的现金流就如人体的血液，血液不流动了，人的生命也就终止了。因此，要对企业的财务管理进行详细诊断，包括对企业的投资、融资、营运资金分配情况进行评估，找出并解决问题。

V 矩阵

矩阵模型

V 矩阵由 Patrick U. McNamee 设计，主要用财务数据分析，通过盈利能力和加权资本成本之比来反映客户业绩，从而决定业务组合的方法。该法的基本思路是能使客户盈利能力（ROI）与加权资本成本（*K*）之比（*V*）最大的业务组合是最恰当的业务组合。即实现最大的 V＝ROI/K（见图 11.7）。其中：ROI=(净利润/销售额)×(销售额/资产额)。*V* 矩阵提出了一种理性的量化的分析方法，对于客户考虑产品多元化战略有较大帮助。

客户在进行战略选择时，应选能促使这一业务组合形成的战略。$V<1$ 表示公司业绩不好，投资被浪费；$V=1$ 表示业绩恰当，投资保持；$V>1$ 表示公司业绩好，投资获得增值。

矩阵制作

在制作 *V* 矩阵时，可以按各业务的投资回报率和资本成本将该业务标在上面的 *V* 矩阵图中，再按各业务的回报量大小或各业务使用资产的数量的多少来决定各业务标在图中的圆圈的大小。

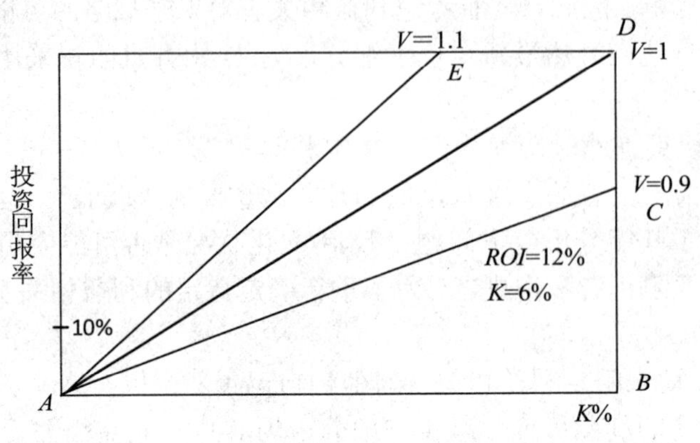

图 11.7 V 矩阵

图 11.7 中处于 *AD* 线上业务的 *V*=1，表示业绩恰巧合适；*AC* 线上业务的 *V*=0.9，处于 *AD* 与 *AC* 线之间的业务，业绩基本上还过得去；在 *AC* 线以下区域中的业务，业绩不好。*AE* 线上业务的 *V*=1.1，位于 *AE* 与 *AD* 线之间的业务，业绩较好；在 *AE* 线以上的业务，业绩很好。客户对处于三角形 *ADE* 和三角形 *ACD* 中的业务需要特别关注，因为对这些业务的少许调整就会根本改变其业绩类别。

矩阵分析

在进行业务组合分析时，还可以公司为整体，按历年回报率和资本成本制作 *V* 矩阵，反映公司规模的变化轨迹，以及业务变化与环境变化的适应性。从图 11.8 中可以看出，该公司 1996—2000 年的销售规模在扩大，但其业绩始终处于不好的区域之中。虽然通过采取一些战略措施使公司的 *ROI* 有所提高，但 *ROI* 提高的效果都被资本成本的提高所抵消。

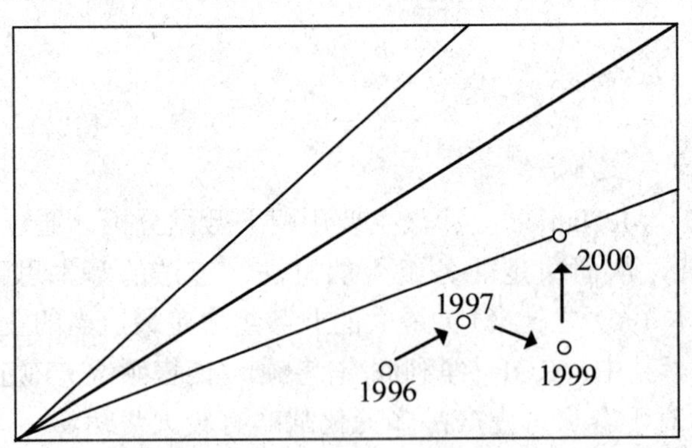

图 11.8 五年业绩轨迹

另外，还可以将本客户和竞争对手的 *ROI* 及 *K* 数据标在同一张 *V* 矩阵图中，分析本客户和对手的战略重点。从图 11.9 中看出 A 客户数年来致力于维持 *K* 不变的同时提高 *ROI*，B 客户则努力扩大规模，*ROI* 和 *K* 都不是管理的重点。客户可以根据对手的战略轨迹来决定自己的战略。

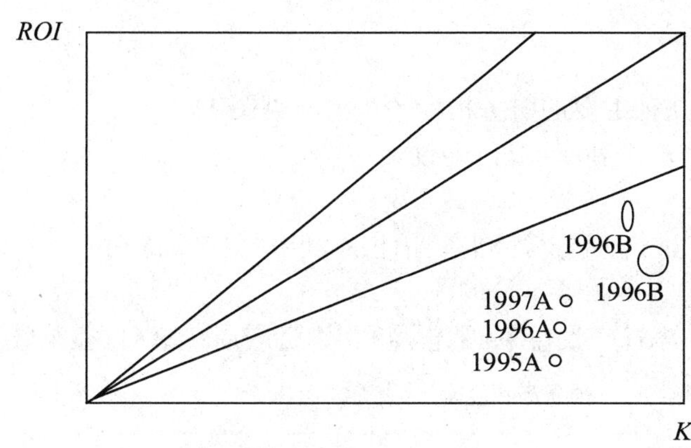

图 11.9　与竞争对手的比较

杜邦分析

杜邦分析法（Du Pont Analysis）利用几种主要的财务比率之间的关系来综合地分析企业的财务状况，这种分析方法最早由美国杜邦公司使用，故名杜邦分析法。杜邦分析法是一种用来评价公司盈利能力和股东权益回报水平，从财务角度评价企业绩效的一种经典方法。其基本思想是将企业净资产收益率逐级分解为多项财务比率乘积，这样有助于深入分析比较企业经营业绩。

方法特点

杜邦模型最显著的特点是将若干个用以评价企业经营效率和财务状况的比率按其内在联系有机地结合起来，形成一个完整的指标体系，并最终通过权益收益率来综合反映。采用这一方法可使财务比率分析的层次更清晰、条理更突出，为报表分析者全面仔细地了解企业的经营和盈利状况提供方便。

杜邦分析法有助于企业管理层更加清晰地看到权益资本收益率的决定因素，以及销售净利润率与总资产周转率、债务比率之间的相互关联关系，给管理层提供了一张明晰的考察公司资产管理效率和是否最大化股东投资回报的路线图。

分析思路

（1）权益净利率是一个综合性最强的财务分析指标，是杜邦分析系统的核心。

（2）资产净利率是影响权益净利率的最重要的指标，具有很强的综合性，而资产净利率又取决于销售净利率和总资产周转率的高低。总资产周转率是反映总资产的周转速度。对资产周转率的分析，需要对影响资产周转的各因素进行分析，以判明影响公司资产周转的主要问题在哪里。销售净利率反映销售收入的收益水平。扩大销售收入、降低成本费用是提高企业销售利润率的根本途径，而扩大销售，同时也是提高资产周转率的必要条件和途径。

（3）权益乘数表示企业的负债程度，反映了公司利用财务杠杆进行经营活动的程度。资产负债率高，权益乘数就大，这说明公司负债程度高，公司会有较多的杠杆利益，但风险也高；反之，资产负债率低，权益乘数就小，这说明公司负债程度低，公司会有较少的杠杆利益，但相应所承担的风险也低。

财务指标

杜邦分析法中的几种主要的财务指标关系为（见图 11.10）：

净资产收益率=资产净利率×权益乘数

而：

资产净利率=销售净利率×资产周转率

即：

净资产收益率=销售净利率×资产周转率×权益乘数

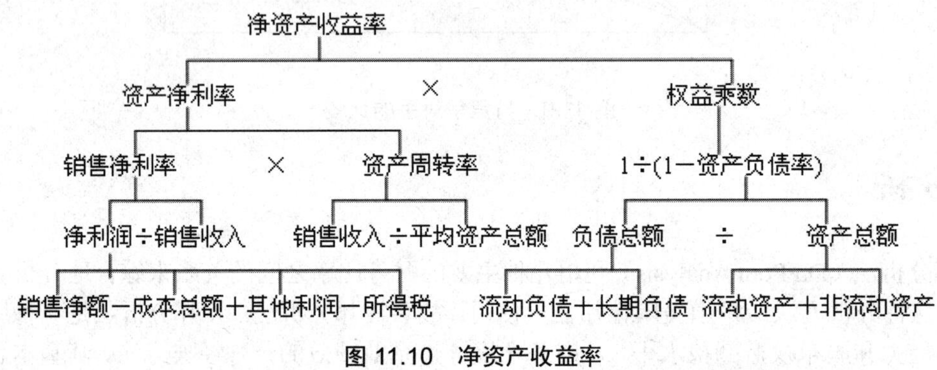

图 11.10 净资产收益率

分析步骤

（1）从权益报酬率开始，根据会计资料（主要是资产负债表和利润表）逐步分解计算各指标。

（2）将计算出的指标填入杜邦分析图。

（3）逐步进行前后期对比分析，也可以进一步进行企业间的横向对比分析。

方法局限

从企业绩效评价的角度来看，杜邦分析法只包括财务方面的信息，不能全面反映企业的实力，有很大的局限性，在实际运用中需要加以注意，必须结合企业的其他信息加以分析。主要表现在以下方面。

（1）对短期财务结果过分重视，有可能助长公司管理层的短期行为，忽略企业长期的价值创造。

（2）财务指标反映的是企业过去的经营业绩，衡量工业时代的企业能够满足要求。但在目前的信息时代，顾客、供应商、雇员、技术创新等因素对企业经营业绩的影响越来越大，而杜邦分析法在这些方面是无能为力的。

（3）在目前的市场环境中，企业的无形知识资产对提高企业长期竞争力至关重要，杜邦分析法却不能解决无形资产的估值问题。

瀑布分析

麦肯锡的瀑布图有一点像柱型图，但与 Excel、Freelance 或其他流行的计算机软件中可以找到的类型又不相同。这种图简洁易懂，是麦肯锡咨询顾问们经常使用的图表。

图 11.11 和图 11.12 中的数字描绘的是一种简单化了的损益表，从左边的销售额开始到右边的净收入结束，展示了由此及彼的各项内容。起点（在所举的例子中是销售额）一般画成从零开始的柱子。像利息收入这类为正的项目画成从前一个柱子的高点开始向上延伸的柱子；而像经营费用这类为负的项目则画成从前一个柱子的高点开始向下延伸的柱子。总额便是由最后一项的顶部（如果是负数的话就是底部）到横轴的距离。小计也可以按照同样的方法包括在内。瀑布图可以描绘统计数据（资产负债表、损益表）或流动数据（时间序列数据、现金流）。可以把为正的项目和为负的项目混在一起（例如，从利润为 6 个单位开始，第一季度盈利 3 个单位，下一个季度亏损 2 个单位，总计为 7 个单位），或者也可以把它们分开展示，例如，什么地方创造了价值，什么地方减少了价值（例如，在饰品、小配件、小装置上赚了钱，而在布丁、乳香上赔了钱）。无论用的是什么样的数据，瀑布图都可以从多个方面用简单明了的方式传递许多信息。

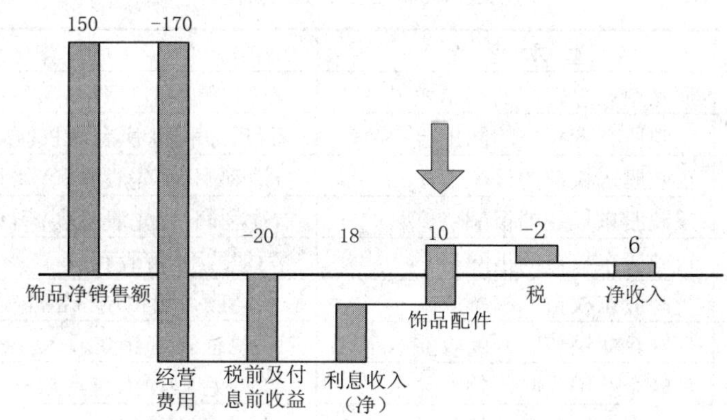

图 11.11　阿卡米饰品公司损益表（1998 年，单位：百万美元）

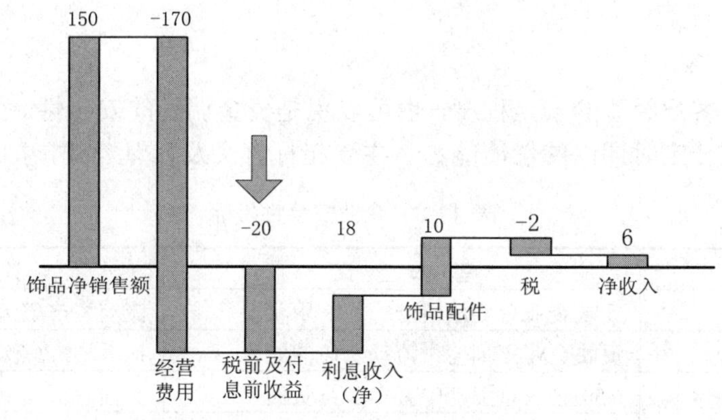

图 11.12　阿卡米饰品公司损益表（1998 年，单位：百万美元）

雷达图

雷达图（Radar Chart）亦称综合财务比率分析图法，又可称为戴布拉图、蜘蛛网图、蜘蛛图。雷达图法是对日本企业界的综合实力进行评估而采用的一种财务状况综合评价方法。按这种方法所绘制的财务比率综合图状似雷达，故得此名。

雷达图是对客户财务能力分析的重要工具，从动态和静态两个方面分析客户的财务状况。静态分析将客户的各种财务比率与其他相似客户或整个行业的财务比率作横向比较；动态分析把客户现时的财务比率与先前的财务比率作纵向比较，就可以发现客户财务及经营情况的发展变化方向。雷达图把纵向和横向的分析比较方法结合起来，计算综合客户的收益性、成长性、安全性、流动性及生产性这五类指标。

下面对涉及的五类指标进行说明。

收益性指标

分析收益性指标，目的在于观察客户一定时期的收益及获利能力。主要指标含义及计算公式，如表 11.2 所示。

表 11.2 企业收益性指标

收益性比率	基本含义	计算公式
资产报酬率	反映企业总资产的利用效果	(净收益×利息费用+所得税)/平均资产总额
所有者权益报酬率	反映所有者权益的回报	税后净利润/所有者权益
普通股权益报酬率	反映股东权益的报酬	(净利润-优先股股利)/平均普通股权益
普通股每股收益额	反映股东权益的报酬	(净利润-优先股股利)/普通股股数
股利发放率	反映股东权益的报酬	每股股利/每股利润
市盈率	反映股东权益的报酬	普通股每股市场价格/普通股每股利润
销售利税率	反映企业销售收入的收益水平	利税总额/净销售收入
毛利率	反映企业销售收入的收益水平	销售毛利/净销售收入
净利润率	反映企业销售收入的收益水平	净利润/净销售收入
成本费用利润率	反映企业为取得利润所付代价	(净利润+所得税+利息费用)/成本费用总额

安全性指标

安全性指的是客户经营的安全程度，也可以说是资金调度的安全性。分析安全性指标，目的在于观察客户在一定时期内的偿债能力。主要指标含义及计算公式，如表 11.3 所示。

表 11.3 企业安全性指标

安全性比率	基本含义	计算公式
流动比率	反映企业短期偿债能力和信用状况	流动资产/流动负债
速动比率	反映企业立刻偿付流动负债的能力	速动资产/流动负债
资产负债率	反映企业总资产中有多少是负债	负债总额/资产总额
所有者（股东）权益比率	反映企业总资产中有多少是所有者权益	所有者权益/资产总额
利息保障倍数	反映企业经营所得偿付借债利息的能力	(税前利润-利息费用)/利息费用

其中，流动负债说明每 1 元负债有多少流动资金作为保证，比率越高，流动负债得到偿还的保障就越大。但比率过高，则反映客户滞留在流动资产上的资金过多，未能有效利用，可能会影响客户的获利能力。经验认为，流动比率在 2:1 左右比较合适。所谓“速动资产”，通俗

地讲，就是可以立即变现的资产，主要包括流动资产中的现金、有价证券、应收票据、应收账款等，而存货则变现能力较差。因此，从流动资产中扣除存货后则为“速动资产”。经验认为，速动比率在 1:1 左右较为合适。资产负债率越高，客户借债资金在全部资金中所占比重越大，在负债所支付的利息率低于资产报酬率的条件下，股东的投资收益率就越高，对股东有利，说明经营有方，善用借债。但是，比率越高，借债越多，偿债能力就越差，财务风险就越大。而负债比率越低，说明客户在偿债时存在着资金缓冲。因此，资产负债率也要保持适当水平，一般来说，低于 50%的资产负债率比较好。所有者（股东）权益比率与资产负债率之和等于 1，所有者（股东）权益比率越大，资产负债比率越小，财务风险就越小。利息保障倍数如果比率低于 1，说明客户经营所得还不足以偿付借债利息，因此，该比率至少应大于 1。比率越高，说明按时、按量支付利息就越有保障。

流动性指标

分析流动性指标，目的在于观察客户在一定时期内资金周转状况，掌握客户资金的运用效率。主要指标含义及计算公式如表 11.4 所示。

表 11.4　企业流动性指标

流动性比率	基 本 含 义	计 算 公 式
总资产周转率	反映全部资产的使用效率	销售收入/平均资产总额
固定资产周转率	反映固定资产的使用效率	销售收入/平均固定资产总额
流动资产周转率	反映流动资产的使用效率	销售收入/平均流动资产总额
应收账款周转率	反映年度内应收账款的变现速度	销售收入/平均应收账款
存货周转率	反映存货的变现速度	销售成本/平均存货

总资产周转率、固定资产周转率、流动资产周转率分别反映全部资产、固定资产和流动资产的使用效率，比率越高，说明资产利用率越高，获利能力强；应收账款周转率反映年度内应收账款转为现金的平均次数，比率越高，说明客户催收账款的速度越快，坏账损失的可能性越小；存货周转率越高，说明投入存货至销售收回的平均时间就越短，资金回收越快，效率越高。

成长性指标

分析成长性指标，目的在于观察客户在一定时期内经营能力的发展变化趋势，一个客户即使收益性高，但成长性不好，也就表明其未来盈利能力下降。因此，以发展的眼光看客户，动态地分析客户财务资料，对战略制定来讲特别重要。计算这类指标比较简单，如表 11.5 所示。

表 11.5　企业成长性指标

成长性比率	基 本 含 义	计 算 公 式
销售收入增长率	反映销售收入变化趋势	本期销售收入/前期销售收入
税前利润增长率	反映税前利润变化趋势	本期税前利润/前期税前利润
固定资产增长率	反映固定资产变化趋势	本期固定资产/前期固定资产
人员增长率	反映人员变化趋势	本期职工人数/前期职工人数
产品成本降低率	反映产品成本变化趋势	本期产品成本/前期产品成本

生产性指标

分析生产性指标，目的在于了解在一定时期内客户的生产经营能力、水平和成果的分配。主要指标如表11.6所示。

表11.6　企业生产性指标

生产性比率	基本含义	计算公式
人均销售收入	反映企业人均销售能力	销售收入/平均职工人数
人均净利润	反映企业经营管理水平	净利润/平均职工人数
人均资产总额	反映企业生产经营能力	资产总额/平均职工人数
人均工资	反映企业成果分配状况	工资总额/平均职工人数

上述客户财务能力的五性分析结果可以用雷达图表示出来，如图11.13所示。雷达图的绘制方法是：首先，画出三个同心圆，同心圆的最小圆圈代表同行业平均水平的1/2值或最低水平，中间圆圈代表同行业平均水平，又称标准线，最大圆圈代表同行先进水平或平均水平的1.5倍；然后，把这三个圆圈的360度分成五个扇形区，分别代表收益性、安全性、流动性、成长性和生产性指标区域；再次，从五个扇形区的圆心开始以放射线的形式分别画出相应的财务指标线，并标明指标名称及标度，财务指标线的比例尺及同心圆的大小由该经营比率的量纲与同行业的水平来决定；最后，把客户同期的相应指标值用点标在图上，以线段依次连接相邻点，形成的多边形折线闭环就代表了客户的现实财务状况。

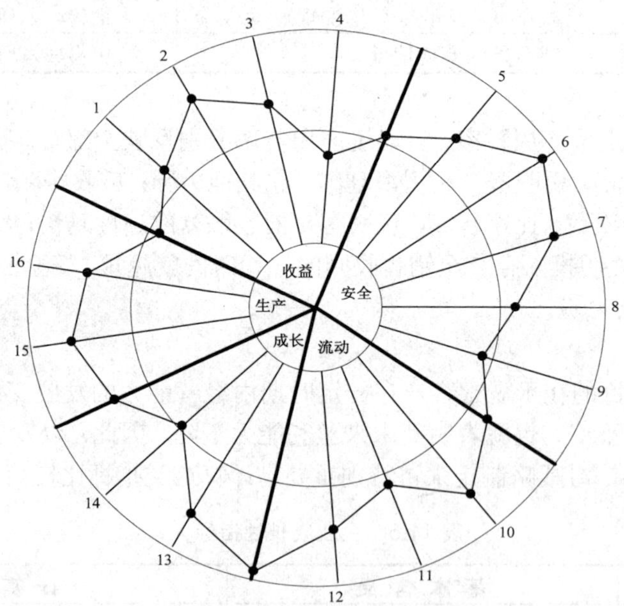

注：
- 收益性：1．资产报酬率；2．所有者权益报酬率；3．销售利税率；4．成本费用
- 安全性：5．流动比率；6．速动比率；7．资产负债率；8．所有者权益比率；9．利息保障倍数
- 流动性：10．总资产周转率；11．应收账款周转率；12．存货周转率
- 成长性：13．销售收入增长率；14．产值增长率
- 生产性：15．人均工资；16．人均销售收入

图11.13　雷达图分析法

依据图 11.13 可以看出，当指标值处于标准线以内时，说明该指标低于同行业水平，需要加以改进；若接近最小圆圈或处于其内，说明该指标处于极差状态，是客户经营的危险标志；若处于标准线外侧，说明该指标处于较理想状态，是客户的优势所在。当然，并不是所有指标都处于标准线外侧就是最好，还要具体指标具体分析。

品牌管理

品牌管理是管理者为培育品牌资产而展开的以消费者为中心的规划、传播、提升和评估等一系列战略决策和策略执行活动。对于很多中小型企业来说，品牌的内涵在一定程度上反映了企业文化，所以，对这类型的企业来说，品牌不仅是对外（分销商、消费者）销售的利器，而且也是对内（员工、供应商）管理的道德力量。在营销中，品牌是唤起消费者重复消费的最原始动力，是消费市场上的灵魂。

没有品牌，企业就没有灵魂；没有品牌，企业就失去生命力。世界级企业（World-Class Enterprise）与世界级品牌（World-Class Brand）是密不可分的，世界级企业的标杆是在全世界范围内的市场占有率达到 10%以上，世界级品牌是在世界级企业的基础上，还要求该品牌在全世界用户中的认知度达到 10%以上。

洞察一个品牌的过去、现在和未来，了解一个品牌的竞争力和健康程度，需要从三个角度去综合考虑，那就是品牌对消费者的价值传递、品牌在市场中的直观表现和品牌的竞争前景[3]。

品牌定位图

品牌定位图分析法主要用于对市场上各种竞争品牌的定位进行比较分析，相对于前两种分析方法，品牌定位图的调查范围更为狭窄，主要限于对竞争者的分析。由于品牌定位图准确和直观地指出了企业主要竞争品牌的定位布局，因此可以帮助企业迅速找到细分市场上的空隙，从而确立自己的品牌定位。

品牌定位的调研与分析，主要是为品牌战略服务的，企业具体如何实施品牌定位还需要品牌定位策略。具体品牌定位策略如下。

产品定位

消费者购买产品主要是为了获得产品的使用价值，希望产品具有所期望的功能、效果和效益，因而以强调产品功效为诉求是品牌定位中的常见形式。许多产品具有多重功效，品牌定位时向消费者传达单一的功效还是多重功效并没有绝对的定论，但由于消费者能记住的信息是有限的，他们只对某一强烈诉求容易产生较深的印象。

因此，向消费者承诺一个功效点的单一诉求更能突出品牌的个性特点，从而获得成功的定位。例如，洗发水中飘柔的承诺是“柔顺”，海飞丝是“去头屑”，潘婷是“健康亮泽”，舒肤佳香皂强调“有效去除细菌”，沃尔沃汽车定位于“安全”等就是基于这一定位策略。

情感定位

情感利益定位策略是将人类情感中的关怀、牵挂、思念、温暖、怀旧、爱等情感内涵融入品牌，使消费者在购买、使用产品的过程中获得这些情感体验，从而唤起消费者内心深处的认同和共鸣，最终获得对品牌的喜爱和忠诚。

例如浙江纳爱斯的雕牌洗衣粉，借用社会关注资源，在品牌塑造上大打情感牌，其创造的“下岗片”就是较成功的情感定位策略，“……妈妈，我能帮您干活啦”的真情流露引起了消费者内心深处的震颤以及强烈的情感共鸣，纳爱斯雕牌就能更加深入人心。还有哈尔滨啤酒“岁月流转，情怀依旧”的品牌内涵让人勾起无限的岁月怀念。

哈根达斯的情感定位——营造爱的味道

“爱我，就请我吃哈根达斯”。自1996年进入中国，哈根达斯的这句经典广告语像是一种“爱情病毒”迅速在北京、上海、广州、深圳等城市蔓延开来。一时间，哈根达斯冰淇淋成了城市小资们的时尚食品。

然而，哈根达斯显然还是一种奢侈品。在哈根达斯进入的55个国家，它都是最昂贵的冰淇淋品牌。哈根达斯从不讳言自己的消费人群是处于收入金字塔尖、追求时尚的年轻族群。在投入巨资确保产品品质的同时，它的价格也是毫不客气的，最便宜的一小桶也要30多元，而最贵的冰淇淋蛋糕要400多元。说白了，哈根达斯已经不仅仅是一种冰淇淋，它更代表了一种时尚的生活方式和品位。

由于把自己贴上永恒的情感标签，哈根达斯从未为销售伤过脑筋。对于那些忠实的“粉丝”来说，吃哈根达斯和送玫瑰一样，关心的只是爱情。哈根达斯把自己的产品与热恋的甜蜜连接在一起，吸引恋人们频繁光顾。其店里店外散发的浓情蜜意，更增添品牌的形象深度。哈根达斯的产品手册、海报无一不是采用情侣激情相拥的浪漫情景，以便将“愉悦的体验”这一品牌诉求传达得淋漓尽致。

其专卖店内的装潢、灯光，桌椅的线条、色彩的运用也都在极力烘托这一主题。每一处细节尽显爱意，哈根达斯深知蕴涵在冰淇淋中的情感意味。

自1921年在美国纽约布朗克斯市诞生之初，哈根达斯便被赋予了罗曼蒂克的情感元素。

表达定位

让品牌成为消费者表达个人价值观、审美情趣、自我个性、生活品味、心里期待的一种载体和媒介，使消费者获得一种自我满足和自我陶醉的快乐感觉。

例如果汁品牌“酷儿”的“代言人”大头娃娃，右手叉腰，左手拿着果汁饮料，陶醉地说着“Qoo……”，这个有点儿笨手笨脚，却又不易气馁的蓝色酷儿形象正好符合儿童“快乐、喜好助人但又爱模仿大人”的心理，小朋友看到酷儿就像看到了自己，因而博得了小朋友的喜爱。

例如浪莎袜业锲而不舍地宣扬“动人、吸引、高雅、时尚”的品牌内涵，给消费者一种表现靓丽、妩媚、前卫的心里满足。

例如夏蒙西服定位于“007的选择”，对渴望勇敢、智慧、酷美和英雄的消费者极具吸引力。

1997年美国营销学者Walker Chip首次提出了“品牌核心价值”。他认为品牌核心价值是一个品牌的灵魂，它是品牌资产的主体部分，它让消费者明确清晰地识别并记住品牌的利益点与个性，是驱动消费者认同、喜欢乃至爱上一个品牌的主要力量。

一个品牌要区别于竞争品牌，必须拥有独特的核心价值，品牌的核心价值是品牌的 DNA，它是企业欲传达给消费者的一种独特价值主张、一种个性、一种承诺，是指企业为目标消费者所带来的独特利益。

核心价值是品牌的终极追求，是一个品牌营销传播活动的中心，即企业的一切价值活动都要围绕品牌核心价值展开，并丰满和强化品牌核心价值。品牌战略管理的中心工作就是清晰地规划勾勒出品牌的核心价值，并且在以后的十年、二十年，乃至上百年的品牌建设过程中，始终不渝地坚持这个核心价值。

让品牌的每一次营销活动、每一分广告费都为品牌作加法，起到向消费者传达核心价值或提示消费者联想到核心价值的作用，久而久之，核心价值就会在消费者大脑中烙上深深的烙印。

品牌价值传递

在品牌价值传递的诊断中，主要需研究和明确以下三大问题。

需求满足

这是一个品牌得以存在的基础，也是产品或服务存在的基础。例如要诊断一个饮料品牌的基本需求满足状况，不仅需要诊断其口味、口感、营养性、解渴效果、新鲜度这些产品要素，还需要诊断产品包装的美感、购买的方便性这些满足消费者精神及时间、体力方面的因素。这些诊断要素的设定对不同的产品（品牌）各不相同，在实际操作中需要根据具体产品而定，对汽车品牌就会出现与饮料品牌完全不同的诊断要素，如安全性、载重量、马力、速度、可靠性、耐久性、舒适感等。

性价比值

消费者购买产品都追求最适合的质量和最低的价格，以获得最大的剩余价值（消费利润），这就是性价比。需要说明的是，性价比的诊断不是直观地对产品技术这些硬性质量指标和市场价格的实际值来展开对比，而是从消费者角度来获取他们对产品的质量与价格的感觉值。因为消费者在评判一个产品（品牌）的性价比是否最优时，会综合考虑与产品（品牌）相关的多种因素，而得出直观的印象，这个印象即消费者的真实感知与反馈。

价值沟通

价值传递诊断的第三个内容就是需要检核产品（品牌）是否与消费者实现了有效果的沟通，具有了迎合消费者需求的使用价值，也提炼出了产品核心卖点和各种优势，如果出现了与消费者的沟通裂痕，价值的传递受到阻碍，价值的实现就大打折扣。因此，必须把握：

（1）在诸多的价值要素中，品牌是否抓住了消费者最关注的那几个要素；

（2）价值传递是否选择了最合适的传播媒介和方法；

（3）品牌的核心利益点（使用价值）在目标消费者中的熟悉程度、吸引程度、可信程度如何等。

只有将消费者最需要的价值实体和价值信号通过合适的载体准确地传递给了最适合的目标人群，并得到预期中的认知和理解，价值传递才是完善的，该要素的运行才是健康的。

品牌市场表现

品牌的市场表现直观地反映了一个品牌的状况，也最直接地反映了企业所采取的品牌策略及这些策略的效果，在诊断中主要由五大要素指标来度量，如图 11.14 所示。

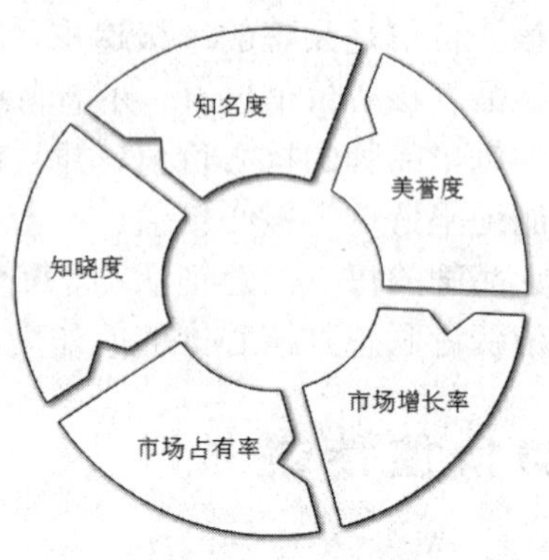

图 11.14　品牌市场表现诊断五要素

知名度

在不给予消费者提示的情况下，当提到某品牌所属的品类时，消费者能直接想到这个品牌的比例（即所谓的品牌回忆率）。

知晓度

向消费者提示某品牌所属品类中的所有竞争品牌，其中消费者认识这个品牌的比例。

品牌知名度与品牌知晓度通过相关性分析，形成矩阵分析图（见图 11.15），可以直观地反映出在市场表象上的品牌格局。假若图中的每个方块代表一个品牌，则每个品牌都被二维指标锁定在四个象限与中间的趋势线的不同位置，从而就形成了单从市场表现上来看，这一品类的十一个品牌的市场格局（强势品牌、成长品牌、利基品牌、衰退品牌）。由于该矩阵仅仅立足于市场表现，因此只能反映出企业的一些策略效果和市场现状，不能用来评判品牌的竞争能力和未来前景。

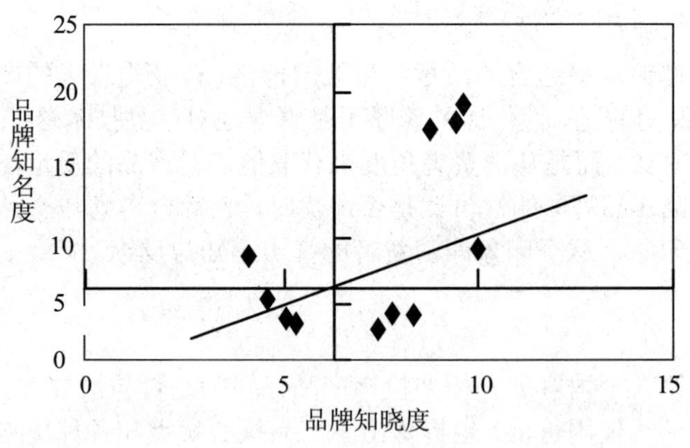

图 11.15　市场表象上的品牌格局矩阵

美誉度

消费者在整个品类市场中对某品牌喜欢与忠爱的程度，这个比例与消费者实际购买中的品牌选择有很强的相关性。

占有率

在一定时间内购买过某产品的消费者在整个品类市场消费群中的占有比例，是指消费者的占有率，而非销售额、销售量角度定义的市场占有率。品牌是消费者所拥有的，因此消费者占有率对于品牌建设来说是一个更有实际意义的指标。

增长率

品牌增长率是指今年某一时段中某品牌的消费者占有率与去年同一时段中这个品牌的消费者占有率的比值。之所以要选择两年的同一时段而不选择一年的两个时段比较，是需要考虑到产品和市场的季节性等因素的影响。将这个比例同一年来新进入的消费者、流失的消费者、核心的消费者等消费者基本资料综合分析，能够直接反映出一年来企业的品牌策略的实施效果。

品牌资产评估

20 世纪 80 年代以来，“品牌资产”（Brand Equity）成为了西方营销界一个广为流传的概念，它将古老的品牌思想推向新的高峰。品牌资产是与品牌名称、品牌标志相关联的一组资产。它有助于提高品牌所附着产品或服务的附加值，它可以使品牌享有持久的差别化的优势。品牌资产是商誉的一种，是企业重要的无形资产。世界经理人资讯有限公司 CEO 丁海森一语道破了品牌资产对于一个企业生存和发展的重要性：“世界级企业与世界级品牌是密不可分的，如可口可乐是世界级企业，同时也是世界级品牌，如果某天可口可乐公司毁于一旦，但由于可口可乐作为世界级品牌依然存在于消费者心中，因此依靠这个品牌它必将再次崛起。”[4]

品牌资产的价值是通过品牌资产评估确定的。近年来，品牌资产评估也日益受到广泛的关注，主要有以下两方面原因：第一，品牌资产的高溢价使得品牌资产评估变得必要。随着资本全球流动的发展和竞争的加剧，大企业往往不惜重金收购中小企业以扩大经营规模。在收购价格中，用于购买品牌的占相当大一部分，有时竟达 80%～90%[5]。例如，菲力普·莫里斯公司（Philip Morris Company）花了 129 亿美元买下卡夫（Kraft）食品公司，这笔花费相当于卡夫（Kraft）有形资产价值的 4 倍数额；雀巢花了 45 亿美元购买能得利，超过其账面价值的 5 倍。正是这些公司认识到了被收购公司的品牌具有高溢价，才肯花费重金进行收购。第二，品牌资产评估的结果是企业制定品牌决策的重要依据。品牌经理可以品牌资产评估的结果为依据，并根据企业总体发展战略，制定品牌战略和策略，进行相应的品牌决策，进一步提升品牌价值、顾客满意度、忠诚度和企业的价值及形象。

品牌资产评估的重要性和巨大商业价值使其成为品牌研究的重点和热点问题。近年来，越来越多的企业开始使用品牌资产进行融资活动。品牌资产评估使得企业资产负债表结构更加健全。资产负债表是银行贷款、股市的依据。评估品牌将品牌资产化，使得企业负债降低，贷款的比例大幅降低，显示企业资产的担保较好，获得银行大笔贷款的可能性大大提高。

在某些特定的情况下，品牌资产评估有利于合资事业和品牌延伸的发展。将品牌从公司其他的资产中分离出来，当作可以交易的财务个体的做法，有日渐增加的趋势。很明显，这为合资与品牌繁衍奠定了稳定的基础。很多企业未作品牌的价值评估，在与外商合资时，草率地把自己的品牌（如洁花、孔雀、扬子、美加净等）以低廉的价格转让给外方，就吃过大亏。

西方对品牌或品牌资产的评估有两种基本取向：一是着眼于从消费者角度评估品牌强度，即品牌在消费者心目中处于何种地位。例如，消费者对品牌的熟悉程度、忠诚程度、品质感知程度、消费者对品牌的联想等。从这一角度评估品牌，主要目的是识别品牌在哪些方面处于强势，哪些方面处于弱势，然后据此实施有效的营销策略以提高品牌的市场影响力或市场地位。目前，西方市场营销学术界主要侧重从这一角度评估品牌。品牌评估的另一种取向则是侧重从公司或财务角度，赋予品牌以某种价值。在公司购并、商标使用许可与特许、合资谈判、税收缴纳、商标侵权诉讼索赔等许多场合都涉及或要求对品牌作价。出于这种需要，许多资产评估公司纷纷涉足品牌评估，并发展起各种评估方法。

品牌资产评估方法可以归纳成如下三大体系[6]。

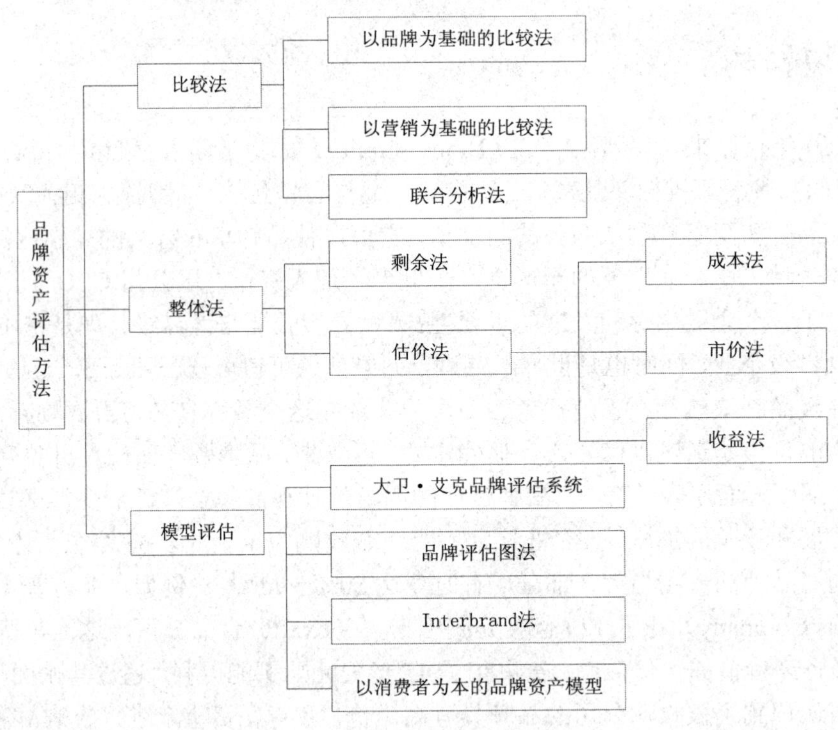

图 11.16　品牌资产评估方法体系

比较法

比较法用来测试消费者对一个品牌的态度和行为，它能够更直接地评估高层次品牌意识和强有力、受赞誉、独特的品牌联想所产生的利益[7: 292]。这种方法适用于测量消费者感知的作用和对营销方案的偏好。

比较法分为三种：以品牌为基础的比较法、以营销为基础的比较法和联合分析法。

品牌比较

以品牌为基础的比较法是测试品牌资产成果的一种方法。这种方法测试品牌识别变化所导致的消费者的反应。方法是：让一组消费者回答关于某品牌产品或其营销方案在某些方面的问题，另一组或几组消费者回答关于另外一种或多种品牌的相同产品或营销方面的问题，“其他品牌”是虚拟的已命名或未命名的某种产品、服务或竞争品牌。通过比较这两组回答，营销人员可以明了自己品牌所具有的消费者认知程度，并总结出自身营销方案存在的问题，为今后营销方案的改进提供依据。这一方法可以使营销人员对品牌资产进行更加深入的了解。此方法的不足之处则在于更依赖于消费者的主观想法，评估结果不甚客观。

营销比较

与以品牌为基础的比较法不同的是，以营销为基础的比较法实施品牌保持不变，测试由于营销方案变动引起消费者的反应。

以营销为基础的比较法的优点在于最能体现营销方案对消费者认知、消费者忠诚的影响，进而能够评估出对品牌资产价值的影响。这种方法是针对消费者偏好改进营销方案，增加品牌价值的有效方法。缺点则在于主观性比较强，与以品牌为基础的比较法相同，很大程度上依赖于消费者的主观想法。

联合分析

联合分析方法要求消费者从许多精心设计的不同产品形象中做出选择，表明他们的偏好，研究者可以从消费者的回答中了解消费者对某种品牌属性的重要程度的看法。该方法的具体操作采用试验模拟，向消费者提供品牌和价值的多种组合，让消费者进行选择，从而通过专用的统计软件计算出品牌资产的价值。

联合分析方法能够使营销者描绘出与产品和品牌相关的消费者购买决策过程。存在的问题是，操作复杂，而且过分依赖消费者的主观判断和计算机统计过程。

剩余法

剩余法通过从消费者对某一个品牌的总体喜好中，减去对实质产品的客观特性的喜爱，进而进行品牌资产评估。剩余法的一个典型模型就是卡马库拉和拉塞尔提出的评估品牌资产模型的扫描仪法。

卡马库拉和拉塞尔利用超市扫描仪数据中消费者的购买历史，通过剩余法评估品牌资产。他们的模型致力于解释从一组消费者中观察到的选择，使其成为商店环境、所购买品牌的物理性质和品牌资产的函数。这种方法可以通过控制营销组合总的其他因素，专门评估品牌喜好的剩余项。

卡马库拉和拉塞尔模型的优点就在于可以得出有效细分市场的评估、不同细分市场间及整个市场的交叉价格弹性，以及每个品牌的资产评估。缺点有两个：第一，评估过程很复杂，会耗费大量的时间和人力物力；第二，把有形资产带来的收益和无形资产的收益区分开是比较困难的，要合理地确定有形收益，如存货、分销系统和工厂设备等创造的收益。而且在消费者的非实质性喜好中，把品牌因素与其他非品牌因素带来的收益区分开也是相当困难的。

成本法

成本法包括历史成本法和重置成本法。

历史成本

历史成本法是依据品牌资产的购置或开发的全部原始价值估价。最直接的做法是计算对该品牌的投资，包括设计、创意、广告、促销、研究、开发、分销等。

这种方法的主要问题有以下几个：第一，确定哪些成本需要考虑进去比较困难；第二，无法反映现在的价值，因为它未曾将过去投资的质量和成效考虑进去；第三，很难将品牌投资单独分离出来，因为无形资产的投入与产出相关性比较弱，并且企业对品牌投资通常与整个投资活动联系在一起；第四，价值比较大的品牌一般成长时间都比较长，企业往往没有保存关于品牌投资情况的完整数据。基于以上这些问题，使用这种方法会高估失败或较不成功的品牌价值，因此，历史成本法在实际中应用得很少。

重置成本

重置成本法是按品牌的现实重新开发创造成本，减去其各项损耗价值来确定品牌价值的方法。重置成本是第三者愿意出的钱，相当于重新建立一个全新品牌所需的成本。其基本计算公式如图 11.17 所示。

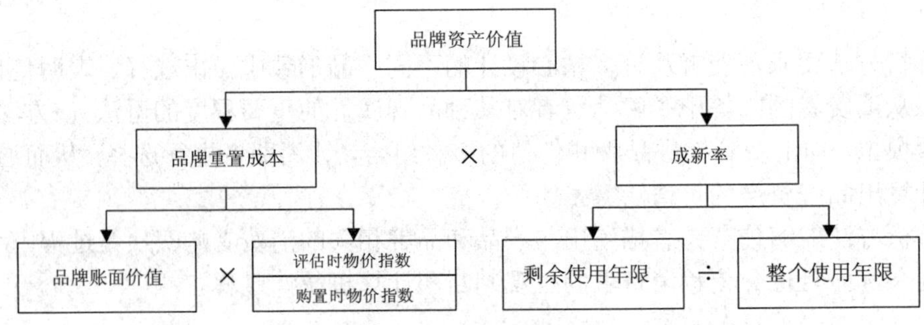

图 11.17　重置成本法

重置成本法计算过程中需要的数据相对而言容易收集，这使得该方法应用起来比较简便，但由于品牌资产的重复性比较差，使得这一方法存在着内在的缺陷。另外，该方法没有考虑到市场的未来变化因素，是一种静态的分析方法。

重置成本法的基本计算公式为

品牌评估价值=品牌重置成本×成新率

按来源渠道，品牌可能是自创或外购的。其重置成本的构成是不同的。企业自创品牌由于财会制度的制约，一般没有账面价值，则只能按照现时费用的标准估算其重置的价格总额。外购品牌的重置成本一般以可靠品牌的账面价值为论据，用物价指数高速计算。其计算公式为

品牌重置成本=品牌账面原值×(评估时物价指数÷品牌购置时物价指数)

成新率是反映品牌的现行价值与全新状态重置价值的比率。一般采用专家鉴定法和剩余经济寿命预测法。后者的公式为：

品牌成新率=剩余使用年限÷整个使用年限×100%

=剩余使用年限÷(已使用年限＋剩余使用年限)×100%

这里要注意的是，品牌原则上不受使用年限的限制，但有年限折旧因素的制约，不过它不同于技术类无形资产的年限折旧因素。前者主要是经济性贬值（外部经济环境变化）和形象性

贬值（品牌形象落伍）的影响；后者主要是功能性贬值（技术落后）的影响。

市价法

这种方法是通过市场调查，选择一个或几个与评估品牌相类似的品牌作为比较对象，分析比较对象的成交价格和交易条件，进行对比估算出品牌价值。市场法参考的数据有市场占有率、知名度、形象和偏好度等。应用市场价格法，必须具备两个前提条件：一是要有一个公平竞争的市场环境；二是必须有一个近期、可比的交易对照物。但在执行上存在一些困难。因为对市场定义不同，所产生的市场占有率也就不同，且品牌的获利情况和市场占有率、普及率、重复购买率等因素并没有必然的相关性。这些市场资料虽然有价值，但对品牌的财务价值的计算上却用处不大。

收益法

收益法又称收益现值法，是以“净现值”（Net Present Value，NPV）为依据，是通过估算未来的预期收益（一般是“税后利润”指标），并采用适宜的贴现率折算成现值，减去总原始投资即为净现值，然后累加求和，得出品牌价值的一种评估方法。

在对品牌未来收益的评估中，有两个相互独立的过程：一是分离出品牌的净收益；二是预测品牌的未来收益。收益法计算的品牌价值由两部分组成：一是品牌过去的终值（过去某一时间段上发生收益价值的总和）；二是品牌未来的现值（将来某一时间段上产生收益价值的总和）。

受评企业必须提供公开的财务数据。对于国际品牌的评估，其营收必须至少三分之一来自本国以外。

收益法的计算步骤如下。

首先，计算出待评估品牌的利润，在计算利润时要以该行业的平均成本，不能以本企业的成本来计算。因为有些品牌价值不高，但由于其成本低廉，照样可以获取较大利润。以平均成本核算，就是为了把这个因素给剔除掉。其次，把上面求得的利润减去该行业的平均利润，得出的差额即视为由于品牌而带来的超额利润。以此为基础，在一定年度内，按一定折现率进行折现，最终得出该品牌的价值。

该方法的优点是充分考虑到了品牌资产在未来市场上的获利能力及相关因素。其缺点在于该方法在计算由品牌所带来的超额利润时，并没有完全把其他影响排除掉，虽然通过以平均成本代替实际发生成本的处理，在一定程度上减少了外界因素的影响，但仍有许多因素无法排除。例如，由于企业具有尖端技术而带来的超额利润就在该评估方法中无法加以排除。因此用未来收益法评估的结果显得过于乐观。

需要指出的是，在国际上基本上都是基于财务数据的评估，因为在国际上公司的主流是上市公司，而且基本上是母公司上市。但是中国的情况却相反，在中国很难获取一个公司的真实的财务数据，因此结合中国市场的实际情况，提出了基于产品的市场的评估方法和基于财务评估的数据方法相结合的方法来进行品牌评估。用基于产品的市场的评估方法去测算和调查市场议价能力，用基于财务评估的数据方法提取企业规模的数据[8]。

模型法

比较法和整体法只是单一地使用定量或定性的方法了解消费者的品牌认知和品牌联想程

度，进而进行品牌资产评估，但这些方法都不能全方位地反映品牌资产的价值。而且更重要的问题在于整体法中的估价法需要理想的前提假定，如收益法要假定未来年份的现金流平稳，不能出现巨大波动。这些前提假定在现实中是很少存在的。因此，比较法和整体法存在很多局限性，致使不能十分准确合理地对品牌资产进行评估。这就促使产生了一些比较完善的品牌资产评估模型。

艾克方法

按照大卫·艾克[9]的宣言，品牌资产由五项组成：品牌忠诚度、品牌知名度、品质认知、品牌联想和专有资产。针对品牌经营者所设定的目标和策略，品牌的资产应和其他竞争品牌拥有的资产不同，如百事可乐标榜新生代的选择，而可口可乐则着重与所有人生活息息相关的互动。于是，就设定的方向（即希望消费者对某品牌应有的认知）可以直接向目标族群作市场调查，检测这个品牌是否在特定项目中比竞争者突出，和以往相比，是否因最近的营销活动而更成功（资产的累积）等。

在各大公司品牌资产评估方法的基础上，大卫·艾克作了新的综合，提出了“品牌资产评估十要”的指标系统。该评估系统兼顾了两套评估标准：基于长期发展的品牌强度指标，以及短期性的财务指标。10 个指标被分为 5 个组别，前 4 组代表消费者对品牌的认知，分别是忠诚度、品质认知、联想度、知名度。第 5 组是对市场状况的评估，包括市场占有率和市场价格、覆盖率两套指标。可见，该评估系统既采用了定量法，又采用了定性分析法，另外，他在关注短期财务指标的同时，也考虑到了长期发展指标。这是对以前品牌资产评估方法的完善。这个评估系统如表 11.7 所示。

表 11.7　品牌资产评估十要

忠诚度评估	1．价差效应 2．满意度、忠诚度
品质认知、领导性评估	3．品质认知 4．领导性、受欢迎度
联想性、区隔性评估	5．价值认知 6．品牌个性 7．企业联想
知名度评估	8．品牌知名度
市场状况评估	9．市场占有率 10．市场价格、通路覆盖率

英特方法

英国的英特品牌集团公司（Interbrand Group）是世界上最早研究品牌的机构。它以严谨的技术建立的评估模型在国际上具有很大的权威性。英特品牌公司的评估方法是一种国际上最有影响的品牌的价值评估方法，与前述几种评估方法相比较，该法的特点和优点主要表现在以下几个方面：（1）以未来收益估算为基础、从最终结果而不是“过程”来评估品牌资产的价值；（2）结合使用定量分析和定性分析手段，即对未来收益的预测以定量分析手段为主，而将未来收益在品牌资产与非品牌资产之间进行分割，以及品牌强度倍数的估计确定，则以定性分析手段为主。

基本思路

Interbrand 方法的一个基本假定是，品牌之所以有价值不全在于创造品牌付出了成本，也不全在于有品牌产品较无品牌产品可以获得更高的溢价，而在于品牌可以使其所有者在未来获得较稳定的收益。就短期而言，一个企业使用品牌与否对其总体收益的影响可能并不很大。然而，就长期看，在需求的安全性方面，有品牌产品与无品牌产品、品牌影响力大的产品与品牌影响力小的产品会存在明显的差异。以牙膏品牌为例，“中华”、“高露洁”等知名品牌会较一些地方性品牌具有更为稳定的市场需求。原因是今年购买这些知名品牌的消费者很可能明年还会继续选用这些品牌，而购买那些影响力较小的品牌的消费者则更有可能转换品牌。需求稳定性较强，意味着知名品牌较不知名品牌能给企业带来更稳定的未来收益。正是在这一意义上，知名品牌具有价值。

上述假定或思路，实际上已经明示或暗含了对按成本评估品牌或按溢价评估品牌的否定。品牌开创成本与其未来收益的不对称性，以及大量的品牌投资并不必然带来品牌影响力同步增大的事实，使成本法在品牌评估方面具有不可克服的内在局限。溢价法在品牌评估实践中虽然也有人倡导，而且溢价大小确实是品牌强弱的指示器之一，但这种方法的基本假定似乎是企业创立品牌主要是为了获得溢价，而实际情况并非如此。很多企业是为了使未来的需求更加稳定和具有保障，并提高资产的运用效率。溢价法的另一局限是需要找到一种不使用品牌的参照产品，以确定使用某一品牌后，消费者愿意为品牌支付多少溢价，这在实际操作中是很难做到的。

缘于此，Interbrand 公司认为，应该以未来收益为基础评估品牌资产。为确定品牌的未来收益，需要进行财务分析和市场分析。由于品牌未来收益是基于对品牌的过去和近期业绩以及市场未来的可能变动而做出的估计，品牌的强度越大，其估计的未来收益成为现实收益的可能性就越大。因此，在对未来收益贴现时，对强度大的品牌应采用较低的贴现率；反之，则应采用较高的贴现率。结合品牌所创造的未来收益和依据品牌强度所确定的贴现率，就可计算出品牌的现时价值。

具体而言，这一方法涉及三个方面的分析，即财务分析、市场分析和品牌强度分析。

财务分析是为了估计某个产品或某项业务的沉淀收益（Residual Earnings），即产品或业务的未来收益扣除有形资产创造的收益后的余额。换言之，沉淀收益反映的是无形资产，其中包括品牌所创造的全部收益。估计沉淀收益，需注意以下三方面的问题。

（1）只应包括使用被评估品牌所创造的收益，由非品牌产品或不在该品牌名下销售的产品所创造的收益应排除在外。实际上，企业所销售的产品中，可能大部分使用该品牌，也有一部分不使用该品牌或使用副品牌，如果不将后者创造的收益剔除，就会夸大品牌所创造的未来收益。

（2）合理确定有形资产所创造的收益。对与产品或业务相联系的有形资产，如存货、分销系统、工厂与设备投资等应合理界定，对这些资产所创造的收益作出估计，并从总收益中扣除。

（3）应用税后收益作为沉淀收益。这样做一方面可使品牌收益计算具有一致的基础，另一方面也符合品牌作为企业资产的本性。

市场分析的主要目的是确定品牌对所评定产品或产品所在行业的作用，以此决定产品沉淀收益中，多大部分应归功于品牌，多大部分应归功于非品牌因素。对于某些行业的产品，如香烟、饮料、化妆品等，品牌对消费者的选择行为产生的影响较大，其沉淀收益的大部分甚至全部应归功于品牌的影响。对于另外一些产品，如时装、高技术产品和许多工业用品，品牌的作用相对较小，此时，产品沉淀收益中相当一部分可能应归因于像专利、技术、客户数据库、分销协议等非品牌无形资产。对非品牌无形资产所创造的未来收益，无疑应从沉淀收益中扣除。Interbrand 公司是采用一种叫“品牌作用指数”的方法来决定非品牌无形资产所创造的收益在沉淀收益中的比重。其基本想法是从多个层面审视哪些因素影响产品的沉淀收益，以及品牌在多大程度上促进了沉淀收益的形成。“品牌作用指数”带有主观和经验的成分，但 Interbrand 公司认为，它仍不失为一种较系统的品牌作用评价方法。综合品牌在业务中的作用和业务所产生的沉淀收益，就可以确定由于品牌影响力所形成的未来收益。

品牌强度分析是确定被评估品牌较之同行业其他品牌的相对地位。其目的是衡量品牌在将其未来收益变为现实收益过程中的风险，用 Interbrand 公司所用的术语就是据此确定适用于将未来收益贴现时的贴现率。

计算公式

英特品牌模型同时考虑主客观两方面的事实依据。客观的数据包括市场占有率、产品销售量以及利润状况；主观判断是确定品牌强度。两者的结合成了英特品牌模型的计算公式：

$$V=P\times S$$

式中，V 为品牌价值；P 为品牌带来的净利润；S 为品牌强度倍数。

按照英特品牌公司建立的模型，品牌强度倍数由七个方面的因素决定。每个因素的权利有所不同，如表 11.8 所示。

表 11.8　品牌强度评价因素

评价因素	含　义	权重（%）
领导力（Leadership）	品牌的市场地位	25
稳定力（Stability）	品牌维护消费者特权的能力	15
市场力（Market）	品牌所处市场成长和稳定情况	10
国际力（Internationality）	品牌穿越地理文化边界的能力	25
趋势力（Trend）	品牌对行业发展方向的影响力	10
支持力（Support）	品牌所获的持续投资和重点支持程度	10
保护力（Protection）	品牌的合法性和受保护的程度	5

品牌价值有以下两种计算方法。

方法之一：收益乘数法

品牌价值=品牌收益×乘数

方法之二：收益现值法（DCF 法）

品牌价值=品牌收益×折扣率

由以上两种方法可以看出，品牌价值取决于品牌收益和乘数或折扣率。下面分别来看如何计算品牌收益和乘数或折扣率。

品牌收益

计算品牌收益时，要注意以下几个方面。

（1）确定品牌利润。

（2）剔除销售品牌创造的利润。

（3）资本的报酬。

（4）税收。

（5）历史收益的加权。

（6）历史利润的折现。

（7）为衰退做准备。

现在，以吉列这个剃须刀品牌为例，看看如何算出品牌带来的纯利润。

要想计算品牌带来的纯利润，需要从公司报告、分析专家、贸易协会、公司主管人员那里得到有关品牌销售和营业利润的基本数据。例如，1995 年，吉列这个剃须刀品牌的销售额为 26 亿美元，营业利润为 9.61 亿美元，而我们所关注的是“吉列”这个品牌名称所带来的特定利润。

为此，首先要决定这个特定行业的资本产出率。产业专家估计，在个人护理业其资本产出率为 38%，即每投入 38 美元的资本，可产出 100 美元的销售额。这时可算出吉列所需的资本额为 26×38%=9.88 亿美元。

然后，假设一个没有品牌的普通产品其资本生产可以得到的净利润为 5%（扣除通货膨胀因素）。用 5%乘上 9.88 亿美元，即 9.88×5%=0.49 亿美元。

从 9.61 亿美元的盈利中减去这个 0.49 亿美元，就得到可归于吉列这个名字下的税前利润，即 9.61−0.49=9.12 亿美元。

算出品牌税前利润后，下一步就是确定品牌的净收益。为了防止品牌价值受整个经济或整个行业短缺波动的影响过大，该评估方法采用最近两年税前利润的加权平均值。最近一年的权重是上一年的 2 倍。

最后，把品牌母公司所在国的最高税率应用这一盈利的两年加权平均值，减去税收，得到吉列品牌的净收益为 5.75 亿美元。这个数字就是纯粹与吉列品牌相联系的净利润。

乘数计算

计算乘数或折扣率首先要进行品牌实力打分。品牌实力打分可以根据品牌的领导地位、稳定性、市场特性、地域影响力、发展趋势、所获支持、法律保护等七个指标，并结合每个指标的权值，为品牌实力进行打分，如表 11.9 所示。然后可以得出乘数或折扣率。还可以得出品牌实力与乘数或折扣率的关系，即品牌实力越强，乘数越大或折扣率越小。

表 11.9　品牌实力打分（指标与权值）

指　　标	内　　容	权　　值
领导地位	品牌影响市场的能力	30
稳定性	品牌的生存能力	10
市场特性	品牌交易的市场特性	5
地域影响力	品牌越过地理和文化边界的能力	10
发展趋势	品牌的长期发展趋势	10
所获支持	品牌获得不断投资和支持的能力	25
法律保护	品牌是否注册，享有法律保护	10

研究结果

表 11.10 给出了英特品牌公司 1999 年度品牌价值的研究结果。品牌价值最高者为可口可乐，最低者为万宝路。从此表中还可以看出每种品牌的市场资本。

表 11.10　英特品牌公司 1999 年品牌价值研究的结果

顺序	品牌	品牌价值（10 亿美元）	市场资本（10 亿美元）	品牌价值/市场资本（%）
1	Coca-Cola	83.8	142.2	59
2	Microsoft	56.7	271.9	21
3	IBM	43.8	184	28
4	GE	33.5	328	10
5	Ford	32.2	57.4	58
6	Diseny	32.3	52.6	58
7	Intel	30	144.1	21
8	麦当劳	26.2	40.9	64
9	AT&T	24.2	102.5	24
10	万宝路	21	112.4	19

评估图法

品牌评估图法（Brand Assessment Methodology Chart）是 Agnieszka Winkler（1999）在其著作《快速建立品牌——新经济时代的品牌策略》中提出的一种久经考验的品牌评估方法。Agnieszka Winkler 和她的研究同事们认识到传统的品牌评估方法只适用于变化缓慢的大批量生产的产品品牌。但是，在科技高速发展、品牌层出不穷的今天，这些传统方法有时会出现偏差，已经不能适应时代发展的需要，因此他们提出了品牌评估图法对这种单一的品牌评估方法进行补充。

品牌评估图法与一般品牌评估方法的区别在于它要求使用者不只简单地描述品牌的现状，还要用图表体现出品牌未来发展趋势；另外，它还提出了一种组织化的评估途径。因为在高科技领域，品牌不只存在于一个静态的环境当中，动态地或组织化地塑造品牌最早开始于科技行业，现在已经被其他行业广泛应用。这种方法向品牌管理者们提供了一个对自己品牌加深理解的机会，同时还可以用一种更有效的方式列出品牌的增长状况。品牌评估图法展示了一个完整的品牌评估流程，如图 11.18 所示。

从图 11.18 中可以看出，一个完整的品牌评估流程分为以下六个阶段：系统输入、过滤系统、评估系统、形成解决方案、整合系统以及提出建议。在系统输入阶段，要准备一个研究大纲，内容包括现在和潜在的消费者调查、分销渠道、客户管理以及合作者和行业协会与本企业的关系现状，这些内容为日后的品牌评估做准备；过滤系统就是运用行业发展趋势和影响消费者购买的因素这两个过滤程序来帮助找出最终需要的信息，快捷有效地为品牌策略服务；然后，从品牌的整体状况、品牌的优势和劣势以及竞争品牌的优势和劣势三方面着手对品牌进行评估；评估后寻找合适的策略，形成解决方案；最后，进行系统整合并提出建议。

品牌评估图法对品牌资产的评估流程考虑相关因素比较全面，流程结构相对完善，这使得该评估方法在实践中应用的成功概率很高，是真正经得起实践考验的品牌资产评估方法。

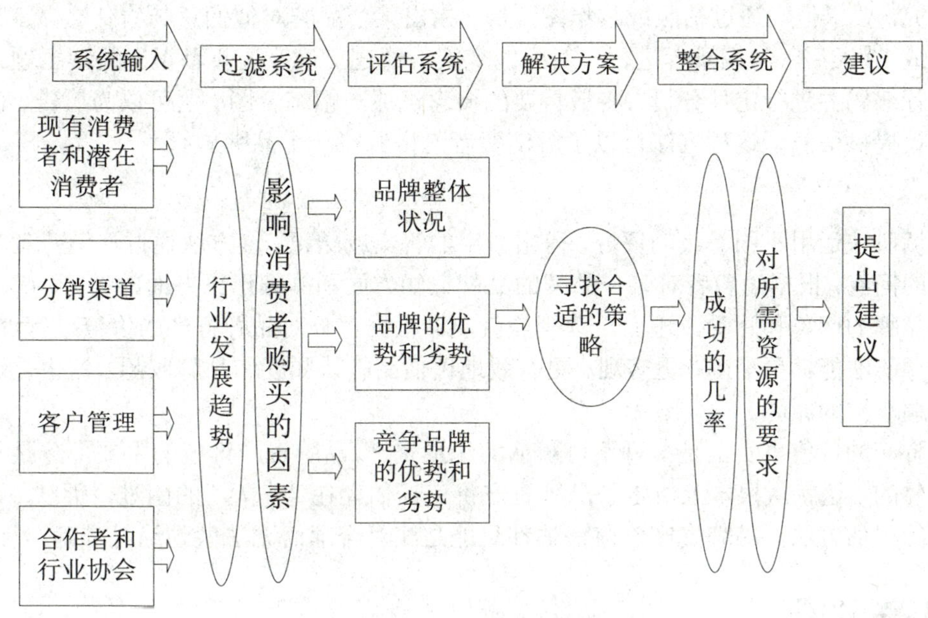

图 11.18　品牌评估流程

消费调查

产品和服务的最终体验者是消费者，因此，品牌价值最初是通过消费者感知出来的，对品牌资产进行评估一定要对消费者的品牌认知度、品牌忠诚度和品牌联想程度进行调查和测量。基于以上原因，研究者们提出了以消费者为本的品牌资产模型。

该模型是有关品牌的知识（包括品牌意识和强烈的、受赞誉的、独特的品牌联想等）在消费者对品牌营销上产生的独特效果[7: 261]。大体上可以采用两种方法评估品牌资产：定性调研法和定量调研法。

定性调研

定性调研法通过识别和追踪消费者的品牌知识结构，测试以消费者为本的品牌资产潜在来源。这是一种识别可能的品牌联想的类型、强度、赞誉度和特性的方法。这种方法是一种结构性相对比较弱的方法，采用开放式问卷，能够允许一系列的消费者的反应。

在定性调研法中，可以采用以下方法。

（1）自由联想。即告诉消费者有某一产品，让消费者回答当他们想到该品牌时，会想到什么形象。这是测试品牌联想的最简便、最有效的方法。

（2）投射法。这种方法用来诊断不愿意或不能在某些问题上表达自我感受的消费者的真实想法。它给消费者一个不完整的刺激物，让消费者补充完整；或者给消费者一个意义模糊或根本没有意义的刺激物，让消费者讲出它的含义。这种方法会让消费者暴露真实感受。

（3）隐喻推倒法。哈佛大学的杰拉尔德・扎尔特曼和康涅狄格大学的罗宾・希吉・库尔特发现，在调研过程中，非语言交流渠道经常被忽视，从而错过了一个了解消费者的绝好的机会。因此，他们开发了扎尔特曼隐喻推倒法 ZMET[10]，用定性法探测消费者视觉和其他感官映像，由此推导出驱动消费者思想和行为的隐喻、观念和心理模型。具体方法是：邀请约 20

人参加研究，要求他们通过拍照或收集图片等，指出某个品牌对他们意味着什么，参与者在最初的1周或10天后，与调研者进行一对一的交谈。通过交谈，调研者识别关键主题或概念，对数据进行编码并进行定性分析，将最重要的概念组成一幅综合图。这可以为广告、促销和其他推销决策提供信息。这种方法可以了解消费者怎样看待一个品牌。

定量调研

定量调研法运用不同等级的评分，得出数字的答案或结论。该方法通过让消费者填写具有评分等级的问卷，根据消费者对某一品牌的品牌认知方面和品牌形象方面的评分，综合得出消费者对该品牌的印象和感受。进而，营销者就能够根据评分对品牌资产的价值进行评估。

定量调研法能够更准确、更客观、更有效地评估品牌认知度和品牌联想。这也是这种方法优于定性调研法的原因。

品牌资产的价值事实上是一种不可辨认的无形资产，品牌资产价值的主要部分是与商誉价值浑然一体的，这就从根本上决定了品牌资产价值评估存在“先天”的困难，所以，无论采用什么具体的评估方法，品牌资产价值评估都只能是相对合理而无法做到绝对准确。

品牌竞争前景

品牌竞争前景是指某品牌是否具有良好的竞争能力、持续的成长动力。在品牌运行中可以通过三大要素指标来度量，如图11.19所示。

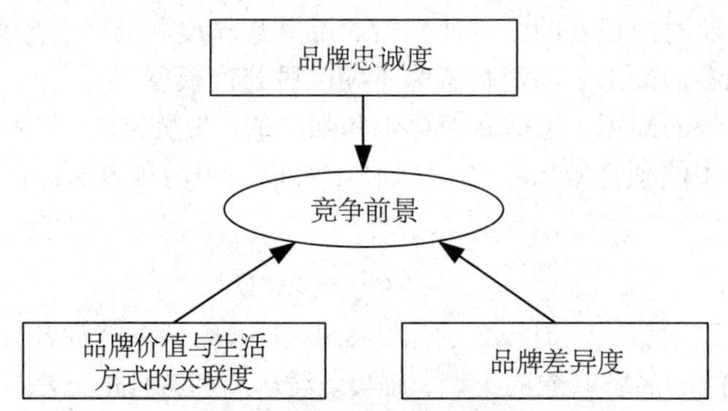

图 11.19 品牌竞争前景诊断模型

忠诚度

忠诚度是决定品牌竞争力和成长前景的重要指标，它是消费者对品牌各要素所体现出的综合实力表示满意的结果，也是消费者对品牌购买和消费做出的承诺，这种承诺就是对企业的直接回报，表现在持续购买、持续消费、口碑传播、品牌建设与维护的参与等方面。

在具体的品牌忠诚度诊断中，可以通过连续两年或三年中始终将某品牌作为在同品类中消费的首选品牌或是唯一品牌的消费者比例来度量。因此，品牌忠诚度的度量应该是企业持续的跟踪，而不是某一次诊断所能准确反映的。一次诊断只能反映出结果和事实，而不能反映出变化和趋势。

关联性

从产品到品牌的跨越，就是给予了产品鲜活的生命。产品通过其使用价值满足消费者最基本的需求，而品牌则通过其存在的方式、蕴涵的精神来满足消费者更深层的精神与情感需求。品牌可能是一套属性、一种价值、一份情感，但伟大的品牌则是一种生活方式、一种生活态度、一种人生追求。品牌就是通过这种生活方式的影响力，使其购买者、拥有者成为同种生活方式和价值观这个大集体的一员，而产生群体归属感。

可见，品牌价值与生活方式的关联性决定了品牌存在与发展的消费基础，要诊断品牌的竞争前景，这个关联度是不可少的指标。为此，在诊断时需要清楚以下方面。

- 消费者目前的生活方式、生活态度是怎样的？不同生活形态类别的消费群体在社会中的占有比例及各群体的消费者背景特征如何？
- 品牌的价值诉求是否与某种生活方式具有紧密的联系？能够融入这种生活方式的消费群体的容量如何？
- 所传递的要素信号（品牌理念、品牌主张、品牌利益等）在目标消费者中的熟悉程度、吸引程度、可信程度如何？
- 品牌理念、品牌主张、品牌利益的诉求是否对目标消费群的购买与消费行为产生了实质性的影响？

独特性

品牌的核心竞争力就是品牌所具有的不可模仿性和不可替代性。在供过于求、同质化严重的市场中，就要求品牌最核心的价值诉求、精神诉求或实现这种诉求的手段和方式具有独特性和差异化，如此才能保证品牌具有垄断性的权利资源。其诊断内容如下。

自由联想

不给予消费者任何提示，只告诉消费者品牌名，由消费者展开联想，来检核产品属性、品牌利益、品牌态度、企业行为等方面的联想广度与强度、联想美誉度和联想独特性，如图 11.20 所示。

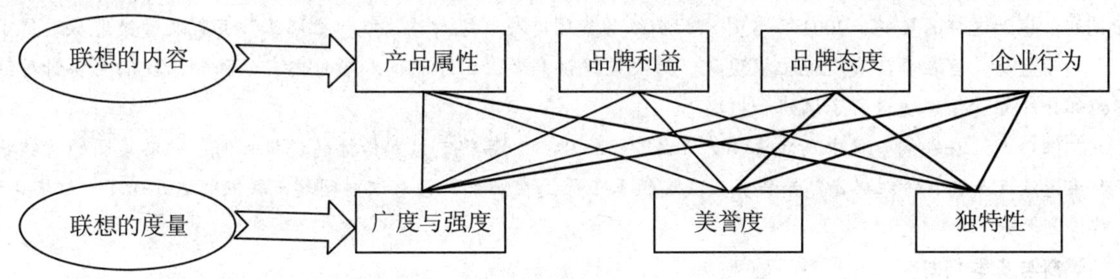

图 11.20　品牌联想诊断模型

载体形象

品牌的载体形象由多种细化要素构成，在品牌诊断时需要对各个细化要素进行检核，如图 11.21 所示。

图 11.21 品牌的载体形象

个性特征

品牌是有精神、有个性、有生命的，鲜明的个性特征是最具有差异化的要素。诊断品牌的独特性与差异化，必须对品牌个性进行检核，主要从以下两个方面开展。

一是直接的个性特征检核，如哈雷品牌是“叛逆的”、酷儿品牌是“时尚与快乐的”、TCL手机是“漂亮与浪漫的”、摩托罗拉手机是“霸气与有身份的”、三星手机则是“智慧与典雅庄重的”。个性决定人的行为方式，品牌的个性既是品牌行为产生的影响，也影响到品牌行为的走向。

二是品牌的使用者属性检核，即该品牌在消费者心中是属于哪类人群消费，具有怎样的使用者属性形象，如是男性、女性还是没有性别差异，是儿童、青年还是老年等。

在实际操作中，需要对上述各细分内容分别进行检核，然后为每个要素设定权重，最后通过加权平均计算，从而得出自由联想的差异度、载体形象的差异度和个性特征的差异度。

由此可见，品牌忠诚度反映了品牌在现有消费者中的整体实力，品牌价值与生活方式的关联度反映了品牌一定时期内的消费基础，品牌的差异度则反映了品牌在满足同类生活方式和消费观念的市场中的不可替代性，三者共同决定了品牌的竞争前景，可以用下面的公式来计算：

（品牌忠诚度×品牌价值与生活方式的关联度×品牌的差异度）×100=品牌的竞争前景指数

“红塔山”品牌诊断纪要[11]

2000年，“红塔山”以439亿元的品牌价值第六次位居中国品牌之冠，“红塔山”可谓无限风光。然而“高处不胜寒”，作为行业的领跑者，红塔也面临着巨大的压力和挑战。面对全球对烟草业的紧缩政策，面对各地方政府对地产香烟的竭力支持，面对国内层出不穷、千姿百态的竞争对手，面对竞争激烈且日益复杂的市场环境，红塔更加需要时时刻刻把握大局，避免任何决策的失误。深入地了解企业和市场的现状才能对未来进行规划，基于这样的目的，2001年5月，云南红塔集团委托联纵智达，就“红塔山”品牌及营销现状进行了一次初步盘整，旨在真实客观地把握现状，为决策提供参考。由于时间和项目内容的限制，我们主要针对红塔的部分外部营销环境进行了调研和把握。

“红塔山”在人们心目中到底意味着什么？“红塔山”品牌定位和传播的现状如何？红塔集团的营销状况和渠道状况如何？“红塔山”销售势头减缓的真正原因在哪里？带着这些问题，联纵智达开始了“红塔山”品牌诊断之旅。

调研与基本判断

终端调研：挤到角落里的烟草“大王”

作为消费者和产品直接接触的场所，终端的好坏直接决定了销量，同时，对于产品宣传、品牌传播、分销渠道策略的制定都有着极为重要的意义。我们本次调研主要选择东北和华东的若干大中城市，走访的终端共选择150家，其中包括街边小店、宾馆饭店、商超、烟草专卖店等。在调研中发现：红塔山的铺货率较高，在86%，与三五不相上下。但在各类终端，其硬终端较差，摆放位置不明显，基本在边角位置，没有任何宣传或促销品。而三五的宣传画和灯箱则占 37%，此外，万宝路、大红鹰均有宣传品。在问及营业员时，主动推荐红塔山的仅有寥寥几人，而推荐三五、万宝路、红河、利群、大红鹰等均超过红塔山。在问及销量时，大多数营业员表示，红塔山的销量并无明显优势，已经逐渐下降，不同以往。在问及为什么会造成这种局面，大多数营业员表示，红塔集团人员很少来终端了解情况，近年来，促销活动少之又少，而其他烟厂尤其是一些新的品牌无论在利润还是活动支持上都好于红塔。

由此可见，红塔山尽管仍然保持着较大的销量，但在终端的绝对优势已经不复存在。由于缺乏必要的终端维护工作，昔日的烟草大王已经渐渐被摆在了烟草柜台的角落。"红塔山"多年的忠实消费者尽管仍然一如既往地购买红塔山，但因为新品牌的冲击而尝试新品的烟民也不在少数。面对洋烟、地产烟和后起之秀，"红塔山"灵活主动性不强，在终端上已处于"被动防御"的状态。

经销商调研：烘托气氛为主，赚钱为辅

经销商调研是了解产品分销状况的必要环节，对于制定分销渠道策略、了解营销状况有着极为重要的作用。我们共选择 12 家经销商，包括烟草批发商、烟草专卖商、零售商。调研中发现，67%的经销商把经营的重点放在其他的烟草品牌上，而不是红塔集团的品牌。75%的经销商认为红塔集团的政策不灵活，利润不高，支持较少。而经销商倾向于扶持本地烟草品牌（因为本地烟的盈利和支持较大）。只有一家经销商表示经营红塔集团的烟要看综合收益，主推红塔集团的烟。对于"红塔山"品牌，超过 50%的经销商认为品牌形象老化是销售减缓的原因，在高档烟里，红塔的高档形象优势已经日渐衰弱。相比之下，大红鹰、黄山、芙蓉王、利群等均对"红塔山"造成冲击。经营"红塔山"的主要原因在于市场需求仍在，红塔集团的实力和"红塔山"的品牌影响力仍是十分巨大的。

由此可见，因为渠道环节竞争的加剧，"红塔山"现有的渠道政策不具有灵活主动的特征，许多昔日里对"红塔山"无限忠实的经销商开始着眼于培养其他品牌的经营优势。只是因为"红塔山"的忠实烟民和红塔集团的影响力而把"红塔山"作为烘托气氛的工具，却不是主打产品。

消费者调查：我只想到了云烟

品牌是属于消费者的，它永远存在于消费者心中。要梳理红塔集团的品牌形象，就不得不了解烟民的看法。我们分别采用随机街头寻访和小组座谈的方式对消费者进行调查。在调查中了解到，知道"天外有天，红塔集团"广告语的烟民占 26%，对于广告语的具体含义，大多数人表示不知道。当问及"看到'红塔山'时想到什么"这个问题，100%的人想到云南、云烟、红塔集团。想到"红塔"图案的有 84%，想到红塔集团标志的仅占 27%。对于"红塔集团"和"红塔山"，大多数烟民表示"有钱，实力雄厚"。87%的消费者表示不知道"红塔山"的文化内涵和故事，说不出"红塔山"品牌的具体含义。在选择烟草第一品牌时，34%的人选择了万宝路，23%的人选择了三五。尽管选择红塔山有 19%，但与"中华"、"玉溪"和"红塔山"均不相上下。90%以上的烟民认为"红塔山"存在形象老化的问题，"红塔山"亲和力不足，缺乏和消费者的沟通。

由此我们发现，"红塔山"品牌形象老化已经是事实，在消费者心目中，"红塔山"的高档烟价值感逐渐降低。最主要的是，"红塔山"的对外形象播种中缺乏和消费者的沟通，形象生硬，没有亲切感。

资料收集与研读分析

除了掌握一手的调研状况，我们也收集了大量烟草行业的数据并结合红塔集团提供的部分资料，进行了深入的研读，以便对烟草行业和红塔集团的判断更加具有客观性和准确性。

"红塔山"和烟草行业的历史时期：

"红塔山"的发展，几乎贯穿着中国现代烟草行业的发展历程。在没有名牌的时代，香烟卖的是质量，那时"红塔山"因为独特的制烟工艺和优越的自然环境而备受消费者的青睐。

在名牌欲出的时代，香烟卖的是附加值，体现身份、地位和气质。这时的"红塔山"抓住了历史机遇，改善制烟工艺、扩大规模，因为始终坚持贵族化路线而使"红塔山"一举成名，优势明显。

在名牌辈出的时代，香烟卖的是感觉，于是有了三五的“醇和满足”、大红鹰的“新时代的精神!”、白沙的“我心飞扬!”、黄山的“天高云淡”等。而此时，“红塔山”虽居品牌之首，却没有提炼像样的感觉。

在品牌制胜的时代，香烟卖的是文化。文化更具体、更深入，是集历史、质量、附加值、感觉为一体的意境。于是才有万宝路的长胜不衰。从品牌战略上看，万宝路的“百年历史传奇、男子汉气概的精神、西部牛仔的表现”体现的是一种立体的“万宝路世界”。而此时的红塔，虽有六百年传奇历史，丰厚的文化渊源，却没有任何立体的传播和表现。

“红塔山”为什么

从表面上看，“红塔山”销售势头减缓和全球环境、行业整体萎缩、竞争加剧等因素有着较大联系，但从本质上说，“红塔山”的问题，一方面仍在于“历史原因”所造成的积习已久的官商作风和落后的市场营销观念；另一方面是缺乏品牌观念，没有做出以品牌战略为核心的未来选择。

红塔的常规问题

由于一直处于行业的领跑者地位，红塔环顾四周，未有敌手。多年来，经销商对“红塔山”趋之若鹜，消费者对红塔山忠诚不二，因此，红塔的“坐商”观念深厚。由“坐商”观念带来的是“等市场”、“以产定销”等一系列观念，因此，缺乏现代的市场营销意识就不足为奇。正是因为缺乏竞争观念，缺乏现代市场营销观念。红塔与消费者的沟通很少，生硬的形象延续至今，对于经销商缺乏灵活的制度，对于市场的反应速度较慢。在竞争日益激烈的烟草领域，在烟草行业越来越市场化的今天，红塔的问题就会一一体现出来。

红塔的战略问题

近年来，由于烟草行业的萎缩和大环境等多方面因素，红塔集团进行了多元化发展的战略选择。在这一过程中，红塔集团将很大的精力和财力拓展新的领域，然而，由于缺乏统一的品牌识别、品牌区隔、品牌传播，红塔集团的品牌力不但没有得到提升，反而在弱化红塔集团的金字招牌——“红塔山”的品牌价值。红塔集团在多元化的同时，对烟草这一红塔安身立命的根本领域和其他领域的品牌融合、品牌共生、品牌推广几乎没有整齐划一的动作。因此，解决在多元化战略下统一品牌形象，提升红塔及“红塔山”的品牌力已经是历史的必然选择，否则将得不偿失。

“红塔山”怎么办

解决常规问题，就要用常规的方法，红塔需要转换经营思想，理顺自身的机制；在营销体系规划，销售网络建设上多下工夫。

我们相信，这些常规方法，不仅行之有效而且显效迅速，我们也相信，只要红塔能够积极果断地把这些武器用足、用活，短时期内，红塔在方方面面都会有令人振奋的改观。

然而，当我们解决了常规问题之后，红塔的品牌地位依然受到威胁，“红塔山”的未来依然不够明朗。我们相信，只有确立了以“红塔”品牌再造为核心的品牌战略，只有坚定不移地进行品牌传播和实施品牌制胜的策略，才能解决红塔的根本问题。因为只有品牌优势，才是红塔独一无二的优势。

开创“红塔意境”——“红塔山”品牌推广局部建议

过去的“红塔山”习惯于走“正气”和“大气”的传播路线，让消费者感觉与己无关，相距甚远，也因此缺乏亲和力。如何本着“深入浅出、雅俗共赏”的原则使产品的品牌形象得到深刻的表达，从而有力地感染、影响消费者？“红塔山”的品牌再造究竟从何入手？就是我们面前的核心问题!

可以说，红塔文化是红塔山品牌的核心部分，因为只有红塔文化才是红塔唯一的优势。宣传红塔文化，正是深入了红塔品牌的优势所在。我们挖掘到，红塔具有独一无二的生产工艺、独特的地理环境和自然条件、六百年历史渊源和四十年无数人验证的优秀品质、众多的传奇故事、六年的至高荣誉，一言以蔽之，红塔生命力的源泉就是红塔文化。在中国的烟草行业里，没有哪一个品牌可以与红塔相比。过去，红塔以其独特的文化优势造就了红塔品牌。而将来，在产品同质化日益严重的情况下，品牌优势更是红塔安身立命的法宝。

我们认为，红塔的品牌再造就是要从红塔文化的挖掘和概念的再提升做起。可以总结的话题如：

“天生我材必有用”——得天独厚的优质烟草种植土壤和气候，“植物王国”的地理环境、种植条件，国内最大的烟草种植基地。

红塔的来历、历史典故、起名原因及企业整个创业历程——六百年前的故事——红塔的来历；“云烟”之乡的美誉——半个世纪前的一次评比使得玉溪获得了“云烟之乡”的美誉；“山因塔而得名；塔因山而生辉”——四十年的风雨历程记载着红塔人的荣辱兴衰；昔日滇中高原山脚下的“卷烟车间”；今日名誉中外的产业巨龙……

当地人文文化资源的开发——阿诗玛传奇故事，当地民间传说、民俗风情的开发利用（有些甚至可以重新拍成电视剧）。

本章概要

价值是创业的基础，是创业的目的，也是企业运作的核心。本章从商业模式、财务分析及品牌管理三个角度，展开对价值咨询涉及的咨询工具的分析。

本章的逻辑性体现在：商业模式是企业价值实现的前提，财务分析是企业价值的分析工具，而品牌及其资产是企业价值的重要载体。三者之间具有极强的内在联系，不可分割。

思考练习

1．商业模式咨询还有哪些优秀的分析工具？请列举并举例说明。

2．财务分析还有哪些重要的工具？请列举及结合实践进行分析。

3．品牌管理及其资产评估还有哪些重要的工具与方法？请列举及结合实践进行分析。

4．品牌资产评估的意义有哪些？如何进行品牌资产评估？

5．国家品牌的战略意义是什么？国家品牌的评估有哪些方法？查阅相关资料，简述中国在建立国家品牌上采取的措施，并分析产生的成果。

6．在品牌建设中，企业品牌如何与区域品牌互动？

7．试比较品牌资产评估的比较法、整体法、模型法及其优缺点。

8．试以消费者为本的品牌资产模型对一个企业品牌进行评估并提出相应方案。

9．瀑布分析有何具体应用？

10．企业哪些人员（包括员工、管理者等）对价值咨询有重大兴趣？为什么？

延伸阅读

《商业模式新生代》（[美]亚历山大·奥斯特瓦德，伊夫·皮尼厄，艾伦·史密斯．王帅，毛心宇，严威，译．北京：机械工业出版社，2011）：利用商业模式画布分析瑞士银行、Google、Lego、Wii、Apple 等跨国企业，归纳出三种不同的产业模式，也涵括新近的热门现象、免费效应及长尾理论等。在书籍的后半部，作者着力于如何将发散的创意集结成可实行的策略，以及策略执行的五个主要步骤，将商业模式创新这看似艰深复杂的工作，化整为零，让每个读者跃跃欲试。

《开放型商业模式：如何在新环境下获取更大的收益》([美]亨利·伽斯柏．张继松，校．程智慧，译．北京：商务印书馆，2010)：商业领导人必须采纳一种全新的开放型商业模式。在运用这些模式时，除了紧盯住那些能给公司带来效益的创意、知识产权以及未被其他公司采用的专利外，公司的目光还必须向外扩展。

《攻略：商业模式创新路线图》([美]康斯坦丁诺斯·C.马凯斯．姜艳丽，译．北京：东方出版社，2010)：成熟公司不仅能够发现新的、竞赛重整的商业模式，而且可以将这种新的商业模式与现存商业模式同时加以采用。对成熟公司来说，唯一有帮助的建议是如何克服阻碍新商业模式实施的组织架构问题。

《管理品牌资产》([美]戴维·阿克．董春海，奚卫华，译．北京：机械工业出版社，2006)：通过深入细致地研究品牌现象，本书清晰地阐述了品牌、标志和标语三者间明确的关系结构以及品牌资产的五种基本资产，引用了诸多公司的案例，表明如何通过依次创建、培育和利用这五种品牌资产，从战略上管理品牌。

《品牌资产》([美] 萨姆·希尔，克里斯·莱德勒．白和虹，等，译．北京：机械工业出版社，2004)：本书展示了一个极富创造性的策略——品牌组合法和一个突破性的三维图示工具——品牌组合分子模型。此外，还提出一套综合性实施工具来指导市场人员将此模式进行应用。

《战略品牌管理（第 3 版）》([美]凯勒．卢泰宏，吴水龙，译．北京：中国人民大学出版社，2009)：本书重要价值在于集品牌理论研究和品牌实践案例之大成，系统、科学地构筑了品牌理论框架，反映出前沿进展，并不断更新品牌实践案例。

《品牌资产管理：赢得客户忠诚度与利润的有效途径》([美]戴维斯．刘莹，李哲，译．北京：中国财经出版社，2006)：本书介绍如何更加行之有效地管理品牌，使读者认识到品牌资产化管理的影响力，并了解如何付诸实施。

《卓越品牌：创造国际化的亚洲品牌》([澳]伊恩·贝蒂．何昌邑，译．北京：北京大学出版社，2006)：本书是第一部介绍在亚洲创建世界名牌的权威指南，为亚洲和澳大利亚的各种产品和商品指出了怎样到 2020 年成为世界名牌之路：所需要的一切就是专注于 3C's——创造性、勇气和信心的应用。

《领导成就卓越品牌》([英]约瑟夫·莱波拉，苏珊·戴维斯，莱恩·帕克．周光尚，译．北京：中华工商联合出版社，2006)：品牌是消费者对一个公司或产品的每种体验的总和，是消费者对该品牌开始形成某种承诺的看法的总和。如果希望创造一个强大的品牌，那么保持这种承诺就是每个领导的责任。

《长尾理论》([美]克里斯·安德森．乔江涛，译．北京：中信出版社，2006)：传统的市场曲线是符合 80/20 铁律的，为了抢夺那带来 80 利润的畅销品市场，竞争得天昏地暗。互联网的出现改变了这种局面，使得 99 的商品都有机会进行销售，市场曲线中那条长长的尾部（所谓的利基产品）也咸鱼翻身，成为可以寄予厚望的新的利润增长点。

参考文献

1．[美]迈克尔·波特．竞争优势[M]．陈小悦，译．北京：华夏出版社，2005.

2．James D. Thompson. *Organizations in Action：Social Science Bases of Administrative Theory*[M]. New York: McGraw-Hill, 1967.

3．周涛，陈历清．为品牌把脉——品牌诊断方法论[J]．中国建设信息：供热制冷，2006（2)：60-62.

4．佚名．世界最具影响力的 100 个品牌揭晓——中国海尔唯一入选[J]．招商周刊，2004（6)：20.

5．Allan Hodgson, John Okunev, Roger Willett. Accounting for intangibles: A Theoretical Perspective[J]. *Accounting and Business Research*, 1992,23(90): 138-150.

6. 丁栋虹，朱菲．品牌资产评估方法的系统分析[J]．经济界，2006（1）：57-63．
7. [美]凯文・莱恩・凯勒．战略品牌管理[M]．李乃和，李凌，沈维，曹晴，译．北京：中国人民大学出版社，2003．
8. 何志毅．品牌价值评估、理论及我们的方法[EB/OL]．估价师资讯网，[2005-01-24]．
9. [美]大卫・艾克．品牌经营法则——如何创建强势品牌[M]．沈云骢，汤宗勋，译．呼和浩特：内蒙古人民出版社，1998．
10. Gerald Zaltman, Robin Higie. Seeing the Voice of the Custmer:Metaphor-Based Advertiting Research[J]. *Journal of Advertising Research*, 1995,(July/August): 35-51.
11. 何慕，蒋云飞．“红塔山”品牌诊断纪要[EB/OL]．世界企业文化网，[2004-07-13]．

第 12 章

定位咨询

要了解一个企业，必须首先知道它的宗旨，而宗旨是存在于企业自身之外的。

——[美]德鲁克

- 解析核心能力的分析工具；
- 解析组织再造的分析工具；
- 解析竞争战略的分析工具。

对于企业的高层领导者来说，没有什么其他的职责比定位更加重要。而定位也成为战略、决策、能力及组织等一切重要高层管理职能的核心基因。定位给了企业以方向、价值观与标准。只有在清晰定位的前提下，一切战略、竞争与策略的考虑才是具有实质性意义的。

核心能力

核心能力是企业在长期生产经营过程中的知识积累和特殊的技能（包括技术的、管理的等）以及相关的资源（如人力资源、财务资源、品牌资源、企业文化等）组合成的一个综合体系，是企业独具的，与他人不同的一种能力。

企业持续竞争的源泉和基础在于核心能力。核心能力是 1990 年由两位管理科学家哈默尔和普拉哈拉德在《哈佛商业评论》发表《公司的核心能力》[1]一文中提出的，核心能力和企业能力理论在企业发展和企业战略研究方面迅速占据了主导地位，成为指导企业经营和管理的重要理论之一。它的产生代表了一种企业发展的观点：企业的发展由自身所拥有的与众不同的资源决定，企业需要围绕这些资源构建自己的能力体系，以实现自己的竞争优势。根据麦肯锡咨询公司的观点，所谓核心能力是指某一组织内部一系列互补的技能和知识的结合，它具有使一项或多项业务达到竞争领域一流水平的能力。核心能力由洞察预见能力和前线执行能力构成。

洞察预见能力主要来源于科学技术知识、独有的数据、产品的创造性、卓越的分析和推理能力等；前线执行能力产生于这样一种情形，即最终产品或服务的质量会因前线工作人员的工作质量而发生改变。企业核心能力是企业的整体资源，它涉及企业的技术、人才、管理、文化和凝聚力等各方面，是企业各部门和全体员工的共同行为。

GE 矩阵法

GE 矩阵法又称通用电气公司法、麦肯锡矩阵、九盒矩阵法、行业吸引力矩阵。说到 GE 矩阵就一定要结合 BCG 矩阵一起比较讨论，因为 GE 矩阵可以说是为了克服 BCG 矩阵缺点而开发出来的。由于基本假设和很多局限性都和 BCG 矩阵相同，最大的改善就在于用了更多的指标来衡量两个维度。

针对波士顿矩阵所存在的很多问题，美国通用电气公司（GE）于 20 世纪 70 年代开发了新的投资组合分析方法——GE 矩阵。相信很多人都听过 GE 多元化的故事了，如果非“数一数二”的 SBUs 都要脱离 GE 的航母，GE 就是用这个矩阵的。相比 BCG 矩阵，GE 矩阵也提供了产业吸引力和业务实力之间的类似比较，但不像 BCG 矩阵用市场增长率来衡量吸引力，用相对市场份额来衡量实力，只是单一指标；而 GE 矩阵使用数量更多的因素来衡量这两个变量，纵轴用多个指标反映产业吸引力，横轴用多个指标反映企业竞争地位，同时增加了中间等级。也由于 GE 矩阵使用多个因素，可以通过增减某些因素或改变它们的重点所在，很容易地使 GE 矩阵适应经理的具体意向或某产业特殊性的要求。

模型内涵

通过考虑市场增长率、相对市场占有率、行业吸引力（纵轴）、企业的业务实力（即竞争能力，横轴），来评估企业的市场竞争力。

从图 12.1 可以看出，矩阵的左上角行业吸引力高，企业的竞争力强，在这个市场区域，应该采取扩大市场份额的策略；在矩阵的右下角，行业吸引力低，企业的竞争力弱，此时，企业应该采用收缩或放弃策略；而在中间区域，企业可以采用保持市场份额的方法，如表 12.1 所示。

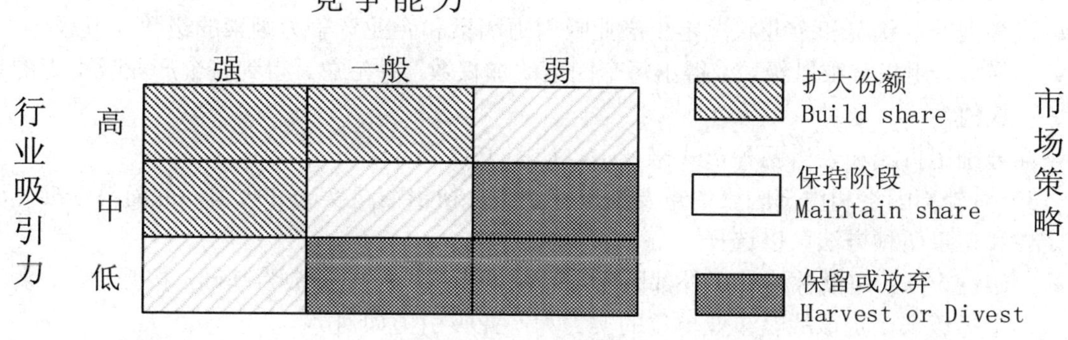

图 12.1 麦肯锡 GE 矩阵

表 12.1 GE 法的应用

投资区域	图形分布	投资战略	战略内涵
最佳区域	高强、高中、中强	发展战略	追加投资，促进其发展
中等区域	低强、中中、高弱	维持战略	维持现有投资水平，不增不减
较差区域	低中、低弱、中弱	收割或放弃战略	不再追加投资或收回投资

模型分析

GE 矩阵可以用来根据事业单位在市场上的实力和所在市场的吸引力对这些事业单位进行评估，也可以表述一个公司的事业单位组合判断其强项和弱点。在需要对产业吸引力和业务实力作广义而灵活的定义时，可以 GE 矩阵为基础进行战略规划。按市场吸引力和业务自身实力两个维度评估现有业务（或事业单位），每个维度分三级，分成九个格以表示两个维度上不同级别的组合。两个维度上可以根据不同情况确定评价指标。

绘制 GE 矩阵，需要找出外部（行业吸引力）和内部（企业竞争力）因素，然后对各因素加权，得出衡量内部因素和市场吸引力外部因素的标准。当然，在开始搜集资料前仔细选择哪些有意义的战略事业单位是十分重要的。

（1）定义各因素。选择要评估业务（或产品）实力和市场吸引力所需的重要因素。在 GE 内部，分别称之为内部因素和外部因素。下面列出的是经常考虑的一些因素（可能需要根据各公司情况作出一些增减）。确定这些因素的方法可以采取头脑风暴法或名义群体法等，关键是不能遗漏重要因素，也不能将微不足道的因素纳入分析中。

（2）估测内部因素和外部因素的影响。从外部因素开始，纵览这张表（使用同一组经理），并根据每一因素的吸引力大小对其评分。若一因素对所有竞争对手的影响相似，则对其影响做总体评估，若一因素对不同竞争者有不同影响，可比较它对自己业务的影响和重要竞争对手的影响。在这里可以采取五级评分标准（1=毫无吸引力，2=没有吸引力，3=中性影响，4=有吸引力，5=极有吸引力）。然后也使用五级标准对内部因素进行类似的评定（1=极度竞争劣势，2=竞争劣势，3=同竞争对手持平，4=竞争优势，5=极度竞争优势），在这一部分应该选择一个总体上最强的竞争对手做对比的对象。

具体的方法如下。

- 确定内外部影响的因素，并确定其权重。
- 根据产业状况和企业状况定出产业吸引力因素和企业竞争力因素的级数（五级）。
- 最后，用权重乘以级数，得出每个因素的加权数，并汇总，得到整个产业吸引力的加权值。

下面分别用折线和表格两种形式来表示，如图 12.2 所示。

（3）对外部因素和内部因素的重要性进行估测，得出衡量实力和吸引力的简易标准。这里有定性和定量两种方法可以选择。

- 定性方法：审阅并讨论内外部因素，以在第二步中打的分数为基础，按强、中、弱三个等级来评定该战略事业单位的实力和产业吸引力如何。
- 定量方法：将内外部因素分列，分别对其进行加权，使所有因素的加权系数总和为 1，然后用其在第二步中的得分乘以其权重系数，再分别相加，就得到所评估的战略事业单位在实力和吸引力方面的得分（介于 1～5 之间，1 代表产业吸引力低或业务实力弱，而 5 代表产业吸引力高或业务实力强）。

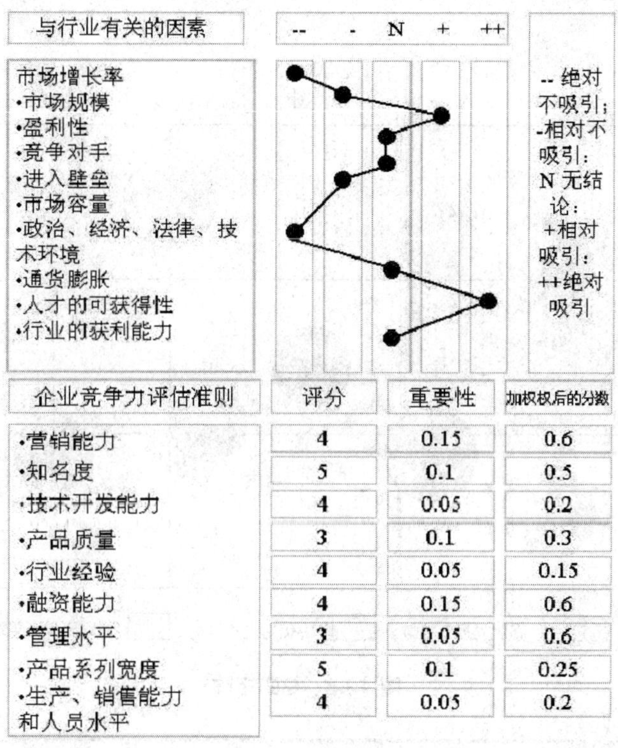

企业竞争力评估准则	评分	重要性	加权权后的分数
·营销能力	4	0.15	0.6
·知名度	5	0.1	0.5
·技术开发能力	4	0.05	0.2
·产品质量	3	0.1	0.3
·行业经验	4	0.05	0.15
·融资能力	4	0.15	0.6
·管理水平	3	0.05	0.6
·产品系列宽度	5	0.1	0.25
·生产、销售能力和人员水平	4	0.05	0.2

图 12.2　行业吸引力评估

（4）将该战略事业单位标 GE 矩阵上。矩阵坐标纵轴为产业吸引力，横轴为业务实力。每条轴上用两条线将数轴划为三部分，这样坐标就成为网格图。两坐标轴刻度可以为高、中、低或 1～5。根据经理的战略利益关注，对其他战略事业单位或竞争对手也可做同样分析。另外，在图上标出一组业务组合中位于不同市场或产业的战略事业单位时，可以用圆来表示各企业单位，图中圆面积大小与相应单位的销售规模成正比，而阴影扇形的面积代表其市场份额。这样 GE 矩阵就可以提供更多的信息。

（5）对矩阵进行诠释。通过对战略事业单位在矩阵上的位置分析，公司就可以选择相应的战略举措。有些文章归结为简单的一句话，“高位优先发展，中位谨慎发展，低位捞它一把”。如果用图 12.3 进行分析。

- 暗点区域：采取增长与发展战略，应优先分配资源。
- 空白区域：采取维持或有选择发展战略，保护规模，调整发展方向。
- 竖线区域：采取停止、转移、撤退战略。

一般比较具体的战略图如图 12.4 所示。

方法优势

关键因素优化分析主要分析各要素对行业竞争的重要性以及本企业拥有的程度。通过将各因素根据两维指标在矩阵中定位后，企业可以直观地分析出企业对关键因素的拥有程度。企业应将其核心能力构建在行业关键成功因素上，企业资源投入应从拥有程度高，但本身重要性不高的那些因素中转移出来，转而投到那些目前拥有程度低，但对行业竞争成功意义重大的那些因素中去。

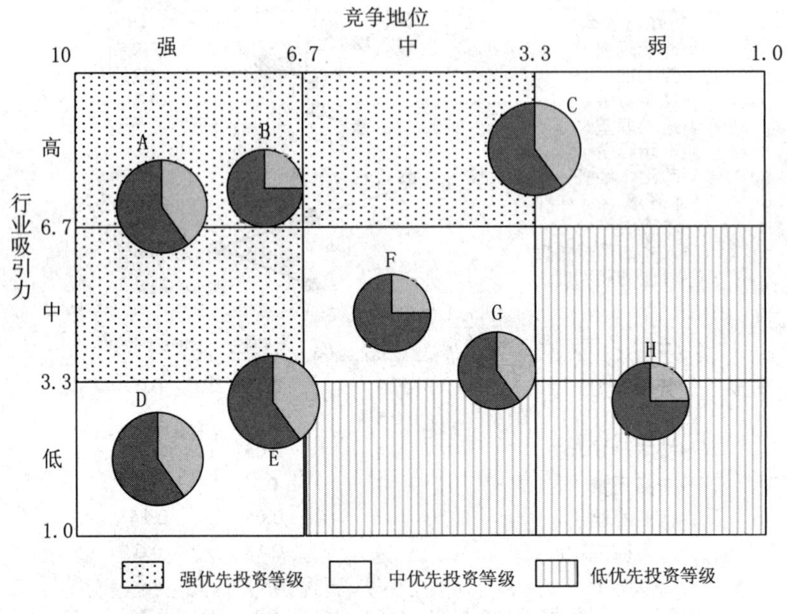

图 12.3 GE 矩阵

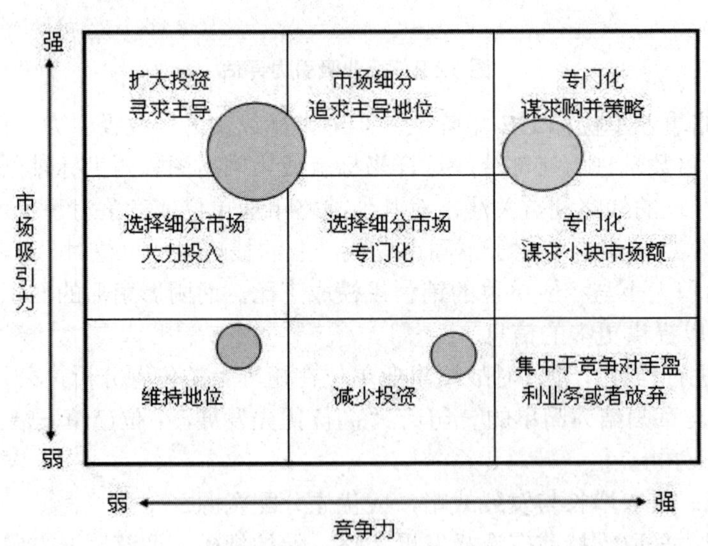

图 12.4 GE 矩阵图一般分析

GE 矩阵比 BCG 矩阵在以下三个方面表现得更为成熟。

（1）市场/行业吸引力（Market/Industry Attractiveness）代替了市场增长（Market Growth）被吸纳进来作为一个评价维度。市场吸引力较之市场增长率显然包含了更多的考量因素。

（2）竞争实力（Competitive Strength）代替了市场份额（Market Share）作为另外一个维

度，由此对每一个事业单元的竞争地位进行评估分析。同样，竞争实力较之市场份额亦包含了更多的考量因素。

（3）此外，GE 矩阵有九个象限，而 BCG 矩阵只有四个象限，使得 GE 矩阵结构更复杂、分析更准确。

影响竞争实力/市场吸引力的内部因素/外部因素如表 12.2 所示。

表 12.2　影响竞争实力/市场吸引力的内部因素/外部因素

影响市场吸引力的典型性外部因素	影响战略事业单元竞争实力的典型性内部因素
市场规模（Market Size） 市场增长率（Market Growth Rate） 市场收益率（Market Profitability） 定价趋势（Pricing Trends） 竞争强度（Competitive Intensity/Rivalry） 行业投资风险（Overall Risk of Returns in thc Industry） 进入障碍（Entry Barriers） 产品/服务差异化机会（Opportunity to Differentiate Products and Services） 产品/服务需求变动性（Demand Variability） 市场分割（Segmentation） 市场分销渠道结构（Distribution Structure） 技术发展（Technology Development）	事业单元自身资产与实力（Strength of Assets and Competencies） 品牌/市场的相对力量（Relative Brand/Marketing Strength） 市场份额（Market Share） 市场份额的成长性（Market Share Growth） 顾客忠诚度（Customer Loyalty） 相对成本结构（Relative Cost Position/Cost Structure Compared with Competitors） 相对利润率（Relative Profit Margins/Profit Margins Compared with Competitors） 分销渠道结构及产品生产能力（Distribution Strength and Production Capacity） 技术研发与其他创新活动记录（Record of Technological or Other Innovation） 产品/服务质量（Quality） 融资能力（Access to Financial and Other Investment Resources） 管理能力（Management Strength）

方法局限

- 对各种不同因素进行评估的现实程度。
- 指标的最后聚合比较困难。
- 核心竞争力（Core Competences）未被提及。
- 没有考虑到战略事业单元之间的相互作用关系。

SWOT 分析法

SWOT 分析法（也称 TOWS 分析法、道斯矩阵）即态势分析法，20 世纪 80 年代初由美国旧金山大学的管理学教授韦里克提出，经常被用于企业战略制定、竞争对手分析等场合。来自于麦肯锡咨询公司的 SWOT 分析，包括分析企业的优势（Strength）、劣势（Weakness）、机会（Opportunity）和威胁（Threats）。因此，SWOT 分析实际上是将对企业内外部条件各方面内容进行综合和概括，进而分析组织的优劣势、面临的机会和威胁的一种方法。在现在的战略规划报告里，SWOT 分析应该算是一个众所周知的工具。通过 SWOT 分析，可以帮助企业把资源和行动聚集在自己的强项和有最多机会的地方。

优劣势分析主要是着眼于企业自身的实力及其与竞争对手的比较，而机会和威胁分析将注意力放在外部环境的变化及对企业的可能影响上。在分析时，应把所有的内部因素（即优劣势）集中在一起，然后用外部的力量来对这些因素进行评估。

机会与威胁

随着经济、社会、科技等诸多方面的迅速发展，特别是世界经济全球化、一体化过程的加快，全球信息网络的建立和消费需求的多样化，企业所处的环境更为开放和动荡。这种变化几乎对所有企业都产生了深刻的影响。正因为如此，环境分析成为一种日益重要的企业职能。

环境发展趋势分为两大类：一类表示环境威胁；另一类表示环境机会。环境威胁指的是环境中一种不利的发展趋势所形成的挑战，如果不采取果断的战略行为，这种不利趋势将导致公司的竞争地位受到削弱。环境机会就是对公司行为富有吸引力的领域，在这一领域中，该公司将拥有竞争优势。

对环境的分析也可以有不同的角度。例如，一种简明扼要的方法就是PEST分析，另外一种比较常见的方法就是波特的五力分析。

优势与劣势

公司的优势是指在执行策略、完成计划以及达到确立的目标时可以利用的能力、资源以及技能。公司的劣势是指能力和资源方面的缺少或者缺陷。

识别环境中有吸引力的机会是一回事，拥有在机会中成功所必需的竞争能力是另一回事。每个企业都要定期检查自己的优势与劣势，这可通过“企业经营管理检核表”的方式进行。企业或企业外的咨询机构都可利用这一格式检查企业的营销、财务、制造和组织能力。每一要素都要按照特强、稍强、中等、稍弱或特弱划分等级。

当两个企业处在同一市场或者说它们都有能力向同一顾客群体提供产品和服务时，如果其中一个企业有更高的盈利率或盈利潜力，那么，这个企业就比另外一个企业更具有竞争优势。换句话说，所谓竞争优势是指一个企业超越其竞争对手的能力，这种能力有助于实现企业的主要目标——盈利。但值得注意的是，竞争优势并不一定完全体现在较高的盈利率上，因为有时企业更希望增加市场份额。

竞争优势可以指消费者眼中一个企业或它的产品有别于其竞争对手的任何优越的东西，它可以是产品线的宽度、产品的大小、质量、可靠性、适用性、风格和形象以及服务的及时、态度的热情等。虽然竞争优势实际上指的是一个企业比其竞争对手有较强的综合优势，但是明确企业究竟在哪一个方面具有优势更有意义，因为只有这样，才可以扬长避短，或者以实击虚。

由于企业是一个整体，而且竞争性优势来源十分广泛，所以，在做优劣势分析时必须从整个价值链的每个环节上，将企业与竞争对手做详细的对比。例如产品是否新颖，制造工艺是否复杂，销售渠道是否畅通，以及价格是否具有竞争性等。如果一个企业在某一方面或几个方面的优势正是该行业企业应具备的关键成功要素，那么，该企业的综合竞争优势也许就强一些。需要指出的是，衡量一个企业及其产品是否具有竞争优势，只能站在现有潜在用户角度上，而不是站在企业的角度上。

企业在维持竞争优势过程中，必须深刻认识自身的资源和能力，采取适当的措施。因为一个企业一旦在某一方面具有了竞争优势，势必会吸引到竞争对手的注意。一般地说，企业经过一段时期的努力，建立起某种竞争优势；然后就处于维持这种竞争优势的态势，竞争对手开始逐渐做出反应；而后，如果竞争对手直接进攻企业的优势所在，或采取其他更为有力的策略，就会使这种优势受到削弱。

而影响企业竞争优势的持续时间，主要的是以下三个关键因素。

（1）建立这种优势要多长时间？

（2）能够获得的优势有多大？

（3）竞争对手做出有力反应需要多长时间？

如果企业分析清楚了这三个因素，就会明确自己在建立和维持竞争优势中的地位了。

显然，公司不应去纠正它的所有劣势，也不是对其优势不加利用。主要的问题是公司应研究，它究竟是应只局限在已拥有优势的机会中，还是去获取和发展一些优势以找到更好的机会。有时，企业发展慢并非因为其各部门缺乏优势，而是因为它们不能很好地协调配合。例如有一家大电子公司，工程师们轻视销售员，视其为“不懂技术的工程师”；而推销人员则瞧不起服务部门的人员，视其为“不会做生意的推销员”。因此，评估内部各部门的工作关系作为一项内部审计工作是非常重要的。

波士顿咨询公司提出，能获胜的公司是取得公司内部优势的企业，而不仅仅是只抓住公司核心能力。每一家公司必须管好某些基本程序，如新产品开发、原材料采购、对订单的销售引导、对客户订单的现金实现、顾客问题的解决时间等。每一程序都创造价值和需要内部部门协同工作。虽然每一部门都可以拥有一个核心能力，但如何管理这些优势能力开发仍是一个挑战。

分析步骤

（1）确认当前的战略是什么？

（2）确认企业外部环境的变化（波特五力或者 PEST）。

（3）根据企业资源组合情况，确认企业的关键能力和关键限制，如表 12.3 所示。

表 12.3　SWOT 分析的内涵

分 析 环 境	分 析 主 题	分 析 项 目
内部优势与弱势分析	优势和竞争能力	战略明确而有效 关键领域的技术 强有力的财务支持 品牌和公司知名度 规模经济和学习效应 广告和促销能力 产品革新技能 生产工艺改进能力 市场覆盖和分销能力 合作与联盟活动
	弱势和竞争缺陷	无战略方向 生产设施陈旧 资产负债状况不佳

续表

分析环境	分析主题	分析项目
内部优势与弱势分析	弱势和竞争缺陷	研究开发能力弱 整体单位成本高 内部管理薄弱 产品线狭窄 品牌效应不佳 质量落伍 市场能力不强 公司内部优势和弱势 资源优势是竞争资产，资源弱势是竞争负债
外部机会与威胁分析	公司面临的潜在机会	扩大市场或客户群 扩展产品线 前向或后向整合 市场障碍降低 竞争对手弱化或转移 购并竞争对手 运用合作与联盟 运用新技术 实行地域扩展
	危及公司的威胁	强大竞争对手介入 替代品抢占市场 市场增长率下降 政府规制影响 国外经济影响 国内经济萧条 客户、供应商叫价 消费者偏好变化 行业驱动因素冲击

在为将来做计划时，确定企业的能力和资源代表的是可利用的优势还是劣势，这一点是很重要的。成功的决定因素指的是那些公司成功所必须具备的能力和资源。把这些与成功的决定因素放在一起，就可以形成一个表格，可以做一下比较：公司的能力和资源与行业中重要的能力和资源的比较，这将有助于识别出公司目前的优势与劣势。

（4）按照通用矩阵或类似的方式打分评价。

把识别出的所有优势分成两组，划分时以两个原则为基础：它们是与行业中潜在的机会有关，还是与潜在的威胁有关。用同样的办法把所有的劣势分成两组，一组与机会有关，另一组与威胁有关，如表12.4所示。

表 12.4　企业关键能力与限制识别

潜在资源力量	潜在资源弱点	公司潜在机会	外部潜在威胁
• 有力的战略 • 有利的金融环境 • 有利的品牌形象和美誉 • 被广泛认可的市场领导地位 • 专利技术 • 成本优势 • 强势广告 • 产品创新技能 • 优质客户服务 • 优秀产品质量 • 战略联盟与并购	• 没有明确的战略导向 • 陈旧的设备 • 超额负债与恐怖的资产负债表 • 超越竞争对手的高额成本 • 缺少关键技能和资格能力 • 利润的损失部分 • 内在的运作困境 • 落后的研发能力 • 过分狭窄的产品组合 • 市场规划能力的缺乏	• 服务独特的客户群体 • 新的地理区域的扩张 • 产品组合的扩张 • 核心技能向产品组合的转化 • 垂直整合的战略形式 • 分享竞争对手的市场资源 • 竞争对手的支持 • 战略联盟与并购带来的超额覆盖 • 新技术开发通路 • 品牌形象拓展的通路	• 强势竞争者的进入 • 替代品引起的销售下降 • 市场增长的减缓 • 交换率和贸易政策的不利转换 • 由新规则引起的成本增加 • 商业周期的影响 • 客户和供应商的杠杆作用的加强 • 消费者购买需求的下降 • 人口与环境的变化

（5）将结果在 SWOT 分析图上定位，如图 12.5 所示。

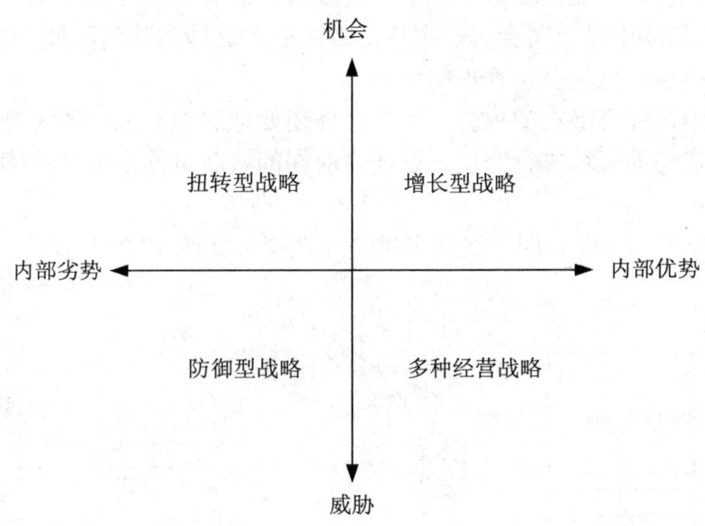

图 12.5　SWOT 定位分析

或者用 SWOT 分析表，将刚才的优势和劣势按机会和威胁分别填入表格，如表 12.5 所示。

表 12.5　公司的优势和劣势

行业成功的决定因素	因素对行业成功的重要性（排序）	本公司的能力与资源	本公司能力与资源现状
	1		优秀
	2		良好
	3		一般
	4		较差

可按以下步骤完成这个SWOT分析表。

① 把识别出的所有优势分成两组，分时应以下面的原则为基础：看看它们是与行业中潜在的机会有关，还是与潜在的威胁有关。

② 用同样的方法把所有劣势分成两组。一组与机会有关，另一组与威胁有关。

③ 建构一个表格，每个占1/4。

④ 如表12.6所示，把公司的优势和劣势与机会或威胁配对，分别放在每个格子中。SWOT表格表明公司内部的优势和劣势与外部机会和威胁的平衡。

表12.6 SWOT分析的战略思维

	优势—S 列出优势	劣势—W 列出劣势
机会—O 列出机会	SO战略 发挥优势，利用机会	WO战略 利用机会，克服弱点
威胁—T 列出威胁	ST战略 利用优势，回避威胁	WT战略 减小弱点，回避威胁

在分析报告中，一定要把以下步骤都写出来。

① 在某些领域内，可能面临来自竞争者的威胁；或者在变化的环境中，有一种不利的趋势。在这些领域或趋势中，公司会有些劣势，那么要把这些劣势消除掉，如图12.6所示。

② 利用那些机会，这是公司真正的优势。

③ 某些领域中可能有潜在的机会，除此之外还要把这些领域中的劣势加以改进。

④ 对目前有优势的领域进行监控，以便在潜在的威胁可能出现时不感到意外。

（6）战略分析。

基于SWOT分析，一般有四种战略可供企业选择，如图12.7所示。

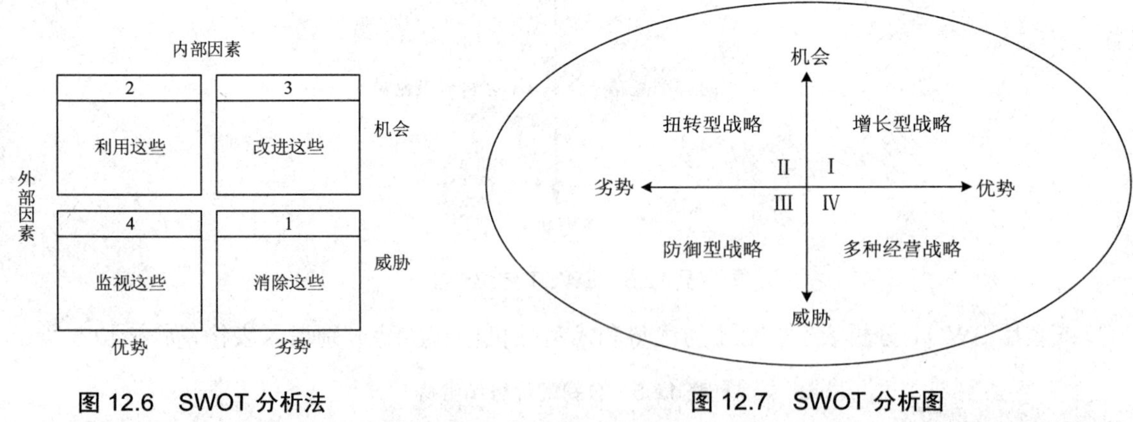

图12.6 SWOT分析法

图12.7 SWOT分析图

① 增长型战略：企业依据自身的条件和优势，抓住和利用市场机会，以求得更大的发展。

② 扭转型战略：企业采取措施扭转自身劣势和不足，创造出利用外部市场机会的条件，从而更好地利用市场机会。

③ 防御型战略：企业面对环境威胁和自身劣势，收缩现有业务规模和减少投资，以降低在该业务领域里的经营风险和损失。

④ 多种经营战略：企业依据自身条件和优势，防止和避开外部环境的威胁，以免企业陷入危机。

应用规则

进行 SWOT 分析时必须做到以下几方面。

- 对公司的优势与劣势有客观的认识。
- 区分公司的现状与前景。
- 考虑全面。
- 与竞争对手进行比较，如优于或是劣于竞争对手。
- 保持 SWOT 分析法的简洁化，避免复杂化与过度分析。
- SWOT 分析法因人而异。

SWOT 分析法可与 PEST 分析法和波特五力分析模型等工具一起使用。运用 SWOT 分析法时，要将不用的要素列入相关的表格中，很容易操作。

方法局限

与很多其他的战略模型一样，SWOT 模型已由麦肯锡提出很久了，带有时代的局限性。以前的企业可能比较关注成本、质量，现在的企业可能更强调组织流程。例如以前的电动打字机被印表机取代，该怎么转型？是应该做印表机还是其他与机电有关的产品？从 SWOT 分析来看，电动打字机厂商优势在机电，但是发展印表机又显得比较有机会。结果有的朝印表机发展，死得很惨；有的朝剃须刀生产发展，很成功。这就要看，采取的是以机会为主的成长策略，还是要以能力为主的成长策略。SWOT 没有考虑到企业改变现状的主动性，企业是可以通过寻找新的资源来创造企业所需要的优势，从而达到过去无法达成的战略目标。

在运用 SWOT 分析法的过程中，或许会碰到一些问题，这就是它的适应性。因为有太多的场合可以运用 SWOT 分析法，所以它必须具有适应性。然而这也会导致反常现象的产生。基础 SWOT 分析法所产生的问题可以由 POWER SWOT（高级 SWOT）分析法得到解决。

麦肯锡 7S 模型

7S 模型

麦肯锡 7S 模型（见图 12.8）是麦肯锡公司在 20 世纪 80 年代开发出用来分析高业绩组织的一种方法。它是 Tom Peters & Robert Waterman 的著作《追求卓越》（*In Search of Excellence*）（1982）的基础。

美国管理学家理查德·帕斯卡尔和安东尼·阿索斯在 1981 年出版的《日本企业管理艺术》[2]一书中提出了著名的“7S”模型，即指一个企业的发展受战略（Strategy）、结构（Structure）、制度（System）、职员（Staffs）、风格（Style）、技能（Skills）、共有价值观（Super Ordinate Goals）这七个因素的影响，并认为日本、美国企业管理的区别就在于美国企业多注重前三个“硬”因素，而日本企业对后四个“软”因素的重视使之在经济管理上取得了更大的成功。该模型一直得到理论界和实业界的广泛赞同。

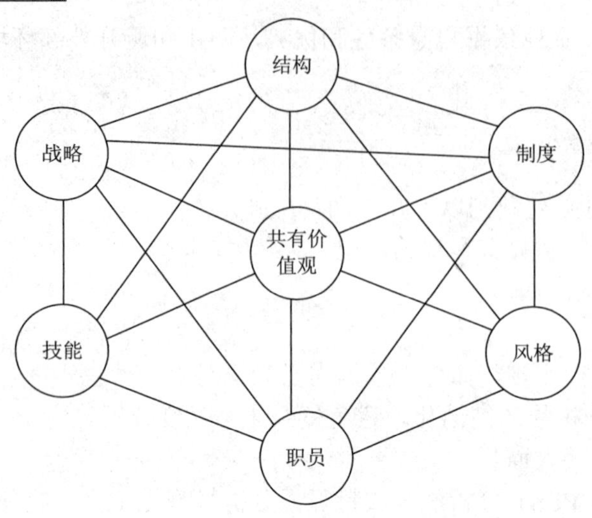

图 12.8 麦肯锡 7S 模型

硬件要素

战略

战略是企业根据内外环境及可取得资源的情况，为求得企业生存和长期稳定地发展，对企业发展目标、达到目标的途径和手段的总体谋划，它是企业经营思想的集中体现，是一系列战略决策的结果，同时又是制定企业规划和计划的基础。

企业战略这一管理理论是20世纪50年代到60年代由发达国家的企业经营者在社会经济、技术、产品和市场竞争的推动下，在总结自己的经营管理实践经验的基础上建立起来的。1947年美国企业制定发展战略的只有20%，而1970年已经达到了100%了。日本经济新闻社在1967年曾进行过专门调查，在63家给予回答的日本大公司中，99%有战略规划。在美国进行的一项调查，有 90%以上的企业家认为企业经营过程中最占时间、最为重要、最为困难的就是制订战略规划。

结构

战略需要健全的组织结构来保证实施。组织结构是企业的组织意义和组织机制赖以生存的基础，它是企业组织的构成形式，即企业的目标、协同、人员、职位、相互关系、信息等组织要素的有效排列组合方式。其实组织结构就是将企业的目标任务分解到职位，再把职位综合到部门，由众多的部门组成垂直的权利系统和水平分工协作系统的一个有机的整体。

组织结构是为战略实施服务的，不同的战略需要不同的组织结构与之对应，组织结构必须与战略相协调。例如通用电气公司，在20世纪50年代末期，执行的是简单的事业部制，但那时企业已经开始从事大规模经营的战略了。到了60年代，该公司的销售额大幅度提高，而行政管理却跟不上，造成多种经营失控，影响了利润的增长。在70年代初，企业重新设计了组织结构，采用了战略经营单位结构，使行政管理滞后的问题得到了解决，妥善地控制了多种经营，利润也相应地得到了提高。

由此看出，企业组织结构一定要适应实施企业战略的需要，它是企业战略贯彻实施的组织保证。

另外，理查德·帕斯卡尔和安东尼·阿索斯两位学者在研究中发现简单明了是美国成功企业的组织特点，这些企业中上层的管理人员尤其少，常常可以见到不到一百个管理人员的公司在经营上百亿美元的事业。

制度

企业的发展和战略实施需要完善的制度作为保证，而实际上各项制度又是企业精神和战略思想的具体体现。所以，在战略实施过程中，应制定与战略思想相一致的制度体系，要防止制度的不配套、不协调，更要避免背离战略的制度出现。例如，具有创新精神的 3M 公司的创新制度，在 3M，一个人只要参加新产品创新事业的开发工作，他在公司里的职位和薪酬自然会随着产品的成绩而改变，即使开始他只是一个生产一线的工程师，如果产品打入市场，就可以提升为产品工程师，如果产品的年销售额达到五百万美元时，他就可以成为产品线经理。这种制度极大地激发了员工创新的积极性，促进了企业发展。

软件要素

风格

两位学者发现，杰出企业都呈现出既中央集权又地方分权的宽严并济的管理风格，它们让生产部门和产品开发部门极端自主，另一方面又固执地遵守着几项流传久远的价值观。

价值观

由于战略是企业发展的指导思想，只有企业的所有员工都领会了这种思想并用其指导实际行动，战略才能得到成功的实施。因此，战略研究不能只停留在企业高层管理者和战略研究人员这一个层次上，而应该让执行战略的所有人员都能够了解企业的整个战略意图。

企业成员共同的价值观念具有导向、约束、凝聚、激励及辐射作用，可以激发全体员工的热情，统一企业成员的意志和欲望，齐心协力地为实现企业的战略目标而努力。这就需要企业在准备战略实施时，要通过各种手段进行宣传，使企业的所有成员都能够理解它、掌握它，并用它来指导自己的行动。日本在经济管理方面的一个重要经验就是注重沟通领导层和执行层的思想，使得领导层制定的战略能够顺利地、迅速地付诸实施。

职员

战略实施还需要充分的人力准备，有时战略实施的成败确系于有无适合的人员去实施，实践证明，人力准备是战略实施的关键。IBM 的一个重要原则就是尊重个人，并且花很多时间来执行这个原则。因为他们坚信员工不论职位高低，都是产生效能的源泉。

所以，企业在做好组织设计的同时，应注意配备符合战略思想需要的员工队伍，将他们培训好，分配给他们适当的工作，并加强宣传教育，使企业各层次人员都树立起与企业的战略相适应的思想观念和工作作风。例如，麦当劳的员工都十分有礼貌地提供微笑服务；IBM 的销售工程师技术水平都很高，可以帮助顾客解决技术上的难题；迪斯尼的员工生活态度都十分乐观，他们为顾客带来了欢乐。人力配备和培训是一项庞大、复杂和艰巨的组织工作。

技能

在执行公司战略时，需要员工掌握一定的技能，这有赖于严格、系统的培训。松下幸之助认为，每个人都要经过严格的训练，才能成为优秀的人才，如在运动场上驰骋的健将们大显身手，但他们惊人的体质和技术不是凭空而来的，是长期在生理和精神上严格训练的结果。如果不接受训练，一个人即使有非常好的天赋资质，也可能无从发挥。

这七个变量（见图 12.8）构成了一个独立的强化网络。Tom Peters & Robert Waterman 解释道：该模型“同正式的结构和战略有关，而且同您的公司有效运作（无效运作）的方式有密切的关系”；他们还宣称，“四年的全球经验使我们有这种预感：该模型不仅会大大帮助我们形成有关硬件（战略和结构）的显著思想，而且还会大大帮助我们形成有产组织中软件（网络、系统、职员、技能以及共有价值观）的显著思想。”对管理咨询顾问来说，这个模型是一种研究组织中“硬件”和“软件”相互作用方式的工具。

7S 模型指出了企业在发展过程中必须全面地考虑各方面的情况，包括结构、制度、风格、员工、技能、战略、共同的价值观。也就是说，企业仅具有明确的战略和深思熟虑的行动计划是远远不够的，因为企业还可能会在战略执行过程中失误。因此，战略只是其中的一个要素。

在模型中，战略、结构和制度被认为是企业成功的硬件，风格、人员、技能和共同的价值观被认为是企业成功经营的软件。麦肯锡的 7S 模型提醒世界各国的经理们，软件和硬件同样重要，两位学者指出，各公司长期以来忽略的人性，如非理性、固执、直觉、喜欢非正式的组织等，其实都可以加以管理，这与各公司的成败息息相关，绝不能忽略。

因此，在企业发展过程中，要全面考虑企业的整体情况，只有在软、硬两方面七个要素能够很好地沟通和协调的情况下，企业才能获得成功。

新 7S 模型

在过去的十几年里，由于受到经济全球化和技术创新浪潮的推动，企业之间的竞争范围不断扩大，激烈程度不断升级，节奏也日益加快。竞争的巨大压力迫使企业从各个方向上寻求营造竞争优势的新途径。在这样的大背景下，新的管理理论不断产生，以适应和指导新时期的企业行为。其中达维尼提出的新 7S 分析方法颇有新意，对于企业的战略实践有着很强的启发意义。

达维尼（Richard A. D’Aveni）是在研究竞争环境变化过程中的短期竞争优势和持久竞争优势的关系时，提出的超强竞争（Hyper Competition）理论[3]。他认为，今天的企业处在超强竞争的环境下，这是一种优势迅速崛起并迅速消失的环境，不是一家企业或公司就可以建立起永恒的竞争优势（因为每次的企业互动都会改变竞争的本质），而是必须通过一连串短暂的行动来建立一系列暂时的竞争优势，而每一项行动又必须通过一连串短暂的行动来建立一系列暂时的竞争优势，而每一个行动又必须结合竞争对手的特点来策划和评判。战略目标将是打破现状，而不是建立稳定和平衡。在此基础上，新 7S 模式是通过市场的破坏，发现并建立暂时的优势，维持企业的动能。

模型含义

（1）更高的股东满意度（Superior Stakeholder Satisfaction）。达维尼认为的企业股东具有十分广泛的涵义，即客户的概念，包括过去企业最重视的股东、市场导向管理中迅速得到重视的顾客，以及近几年中人本管理的主角——员工。生产导向的竞争时代已将过去，“工商业是社会服务者”的宣言昭示了客户服务竞争时代的来临，“客户满意”能为企业发展提供新的增长点。有关研究发现，那些把获利能力视为最重要价值的公司，往往没有很高的获利率。相反，有高获利率的公司，大都选择“客户满意度”为公司最重要的价值。

英特尔一向是一个勇于挑战和变革的公司，其核心理念之一就是提供给员工充分的诱因和权力，让他们以服务客户为先。为此，英特尔建立了一套同步流程，让客户（和内部的制造单位）及早参与晶片的设计。在着手设计奔腾之前，英特尔的工程师会走访每一个主要客户和几家主要软件公司，询问他们希望晶片能有怎样的功能。英特尔也提供新晶片给电脑制造商，从事软件模拟测试，让他们可以抢先设计新的机种，生产协助软件公司适用新晶片的软件编辑器。

（2）战略预测（Strategic Sooth Saying）。要做到客户满意，公司就必须用到战略预测。把重心摆在巩固过去的收获，而不是描绘新的未来的公司，将无法适应市场的重大改变。了解市场和技术的未来演进，就能看清下一个优势会出现在哪里，以及公司应该在哪里从事破坏，从而率先创造出新的机会。战略预测让公司可以预见或创造未来的需求，即使时间可能很短暂，但公司还是可以提供优于竞争对手的服务。

小松公司在挖土机既有市场站稳脚步之后，在 1979 年进行了双 F 计划（未来与尖端 Future and Frontiers），规划一系列用现有能力可以完成的新产品和新任务。该计划造就的弧形焊接机器人、水底开挖设备及新的矽材料产品等，为小松公司开辟了新的成长空间，度过了市场的不景气局面。

（3）速度的定位（Positioning of Speed）。在竞争优势可以维护较长时间的准静态环境中，对速度的追求更多侧重于提高现有制造过程的效率。在这种前提下，速度的提高是以牺牲品质或弹性为代价的。但在如今的超强竞争环境下，由于成功与否就看能不能创造出一系列的暂时优势，所以公司快速从一个优势转移到另一个优势的能力非常重要。速度让公司可以捕捉需求、设法破坏现状、瓦解竞争对手的优势，并在竞争对象采取行动之前就创造出新的优势。

美国盖洛葡萄酒厂是全球最大的酒厂之一，年营业额超过 10 亿美元，在美国葡萄酒市场有 28%的占有率，但它在 1933 年初创时，不过是禁酒令解除后风起云涌的数百家小酒厂之一，定位于劣等酒和烹调用酒。80 年代中期，第二次世界大战后出生高峰的一批人收入增加，并戒除了狂饮的习惯，对于劣等酒和烹调用酒的需求也跟着降低，转而消费高档葡萄酒。短短几年时间，盖洛就把它的运作和名声从高产量、低品质的工厂，转变成为高品质的酿酒厂（同时保有高产量的能力）。速度的竞争使企业从组织结构、人员行为和文化制度上都做出相应的改变。对于盖洛，它不仅改变了广告和行销的行为，甚至还迅速改变了所栽种葡萄的品种。

（4）出其不意的定位（Positioning of Surprise）。超越传统的参照系是一件十分困难的事，但 CEO 们要做的工作，恰恰是探寻价值创新的道路，而很少是控制和管理现有的业务运作。

佳能在推出 35 毫米自动对焦照相机之前，并不是照相机产业的主要厂商，所以柯达倾全力和宝丽来争夺立时显像照相机的市场，忽略了佳能的威胁。而佳能将 35 毫米相机从专业人士的复杂照相机转变为每个人都可拥有、操作简单、价格低廉的相机的创造力和弹性，更加强了出奇制胜的效果。

（5）改变竞争规则（Shifting the Rules of Competition）。改变竞争规则可以粉碎产业中既有的观念和标准模式。如果不这样做，竞争对手也会以行动完成同样的规则革新，从而迫使自己亦步亦趋，被动应战。

20 世纪 70 年代之前，每两只手表中就有一只是瑞士表，而且几乎所有瑞士表都是机械式的。但是精工和卡西欧改变了竞争规则，它们了解到，客户关心的是时间的准确，而不是内部机件是否是手工制作。到 1988 年时，全世界生产的计时器中，有六分之五都是石英表。随后，斯沃琪又将瑞士手表的高贵品质与高度自动化的创新程序结合起来，强调流行、低成本和多样化设计，一经推出，即轰动一时。

（6）告示战略意图（Signaling Strategic Intent）。有时向公众及产业内同行公布自己的战略意图和未来行动，有助于告诫竞争对手不要侵入己方的地盘；同时，还可在顾客资源中有效地形成“占位”效应，即有购买意图的顾客会等待告示公司的该种产品研制生产出来后再购买，而不去购买市场上已有的其他公司的同类产品。实施这种战略需要公司具有真正的实力，当竞争对手侵入自己的市场时，能够切实予以迎头痛击；当承诺开发某种新品时，能有足够的信誉和权威使顾客甘愿等待。

康师傅在准备正式上市之前，一再召开决策会议和股东会议，并发布消息，自己准备抢夺市场的多少个百分点，不仅让统一等竞争者感到压力，也让广大消费者对康师傅更加的信赖，这也帮助康师傅的上市取得了非常大的成功，在销售量、销售金额及毛利额上都创饮品系列上市以来本品历史最高纪录。这正是7S竞争策略中的告示策略意图。

（7）同时和一连串的战略出击（Simultaneous and Sequential Strategic Thrusts）。仅建立一套静态的能力，或是仅有优良的资源都是不够的，因为资源需要有效地加以运用。军事家克劳塞维兹说过，军事领袖常犯的一个错误就是只关心兵力募集、武器供应、军事装备等问题，在真正的作战行为当中，武力的加强与运用之间存在巨大的差别。同样，公司战略成功的关键，在于将知识和能力妥善运用，以同时和一连串的行动夺取胜利，并将优势迅速转移到不同市场。

20世纪70年代，小松公司先是在美国推出少数几种产品，将价格定在比凯特彼勒低30%～40%的水平，取得立足之地。接着，以一次一种的方式慢慢扩充它的产品线。小松公司以凯特彼勒的既有产品为目标，先提高品质，再降低成本，并和其他公司联盟，以取得相关的专业知识，接着超越既有产品线，积极发展新科技产品。同时进入若干地理市场，还在不同的产品领域中从事创新。这些行动使得凯特彼勒在自己的地盘中都会遭遇到小松公司的全线产品，失去了控制市场的局面。

模型结构

基于超强竞争环境的本质，新7S理论并没有一系列的总体性战略，而是以制胜步骤的方式呈现。从总体上说，这7个S分为三大部分，如图12.9所示。

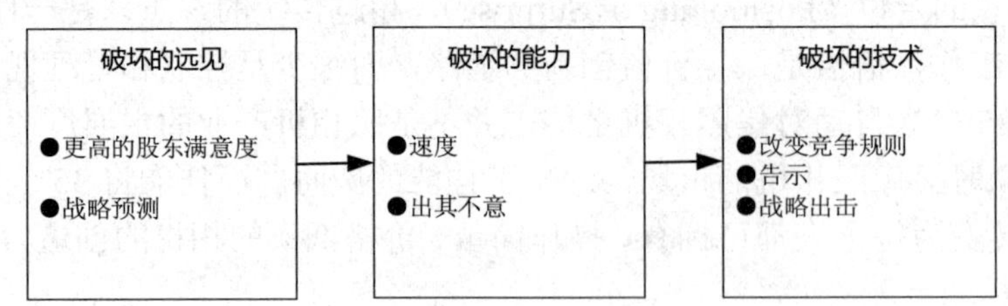

图12.9 新7S模型

前两个S组成第一部分，即破坏的远见。在超强竞争环境下，企业必须不断地从事破坏，向客户提供比竞争对手更好的服务，以达成暂时优势。创造更高的股东满意度是目的，战略预测则是看出制造破坏机会的方法。接下来两个S构成第二部分，即破坏的能力。在组织中建立快速行动的能力，才能将破坏执行成功，建立让对手惊奇的能力，则能增强破坏的力量。最后要用到破坏的战术，包含有后三个S，即改变动态竞争中的规则、利用告示行为影响未来的动态策略互动、实施战略出击作为动态竞争攻防的方法。远见、能力和战术是有效破坏的三大要素，既循序渐进，又相辅相成，以打破现状，掌握先机。

传统的 7S 是在组织内各个方向之间创造静态的战略搭配，新 7S 强调的则是以对长期的动态战略互动的了解为基础，达到以下四个主要目标。

（1）破坏现状。由于超强竞争环境下的战略重点已不是寻求持久优势，而是开发一系列的暂时优势，所以不断地破坏现状就成为新 7S 的首要目标。保护自己的眼前优势、不积极地予以破坏，就会让竞争对手有时间迎头赶上，因为每一家企业都会以行业第一名为假想敌，以打倒第一为目标，并制订相应的策略。在榨光现有优势的所有价值之前追求积极的破坏。

（2）创造暂时的优势。优势的基础在于对客户、科技和未来有更深的理解。这些基础则来自整个组织的客户导向对员工的授权。

（3）掌握先机。积极向前迈进、展开行动、创造新的优势或瓦解竞争对手原有的优势就能掌握先机，处于主动的位置，而竞争对手被迫扮演尾随的角色，被动还击。

（4）维持动能。连续展开几个行动，不要坐等对手来瓦解自己的优势。当美国厂商还在从事品质改良的补救工作时，日本的制造商已经在建立弹性这个重要的优势。这种连续的行动所创造的公司的功能，是超强竞争环境中持久竞争优势的唯一来源。

新 7S 和超强竞争理论是为了因应新时期快速变化的经营环境所做出的探索和分析。正像现代管理理论的奠基人之一德鲁克认为的那样，“随着我们更深入地向知识经济迈进，现在教授并信奉的有关管理实践的许多东西，或者是错误的，或者已严重过时。”围绕着“破坏以创造”这一中心思想的新 7S 和超强竞争理论或许值得严肃地思考和考验。

SPACE 矩阵

战略地位与行动评价矩阵（Strategic Position and Action Evaluation Matrix，SPACE 矩阵）主要是分析企业外部环境及企业应该采用的战略组合。

矩阵因素

SPACE 矩阵有四个象限（见图 12.10）分别表示企业采取的进取、保守、防御和竞争四种战略模式。这个矩阵的两个数轴分别代表了企业的两个内部因素——财务优势（FS）和竞争优势（CA）；两个外部因素——环境稳定性（ES）和产业优势（IS）。这四个因素对于企业的总体战略地位是最为重要的。

矩阵步骤

建立 SPACE 矩阵的步骤如下。

（1）选择构成财务优势（FS）、竞争优势（CA）、环境稳定性（ES）和产业优势（IS）的一组变量。

（2）对构成 FS 和 IS 的各变量给予从+1（最差）到+6（最好）的评分值。而对构成 ES 和 CA 的轴的各变量从-1（最好）到-6（最差）的评分值。

（3）将各数轴所有变量的评分值相加，再分别除以各数轴变量总数，从而得出 FS、CA、

IS 和 ES 各自的平均分数。

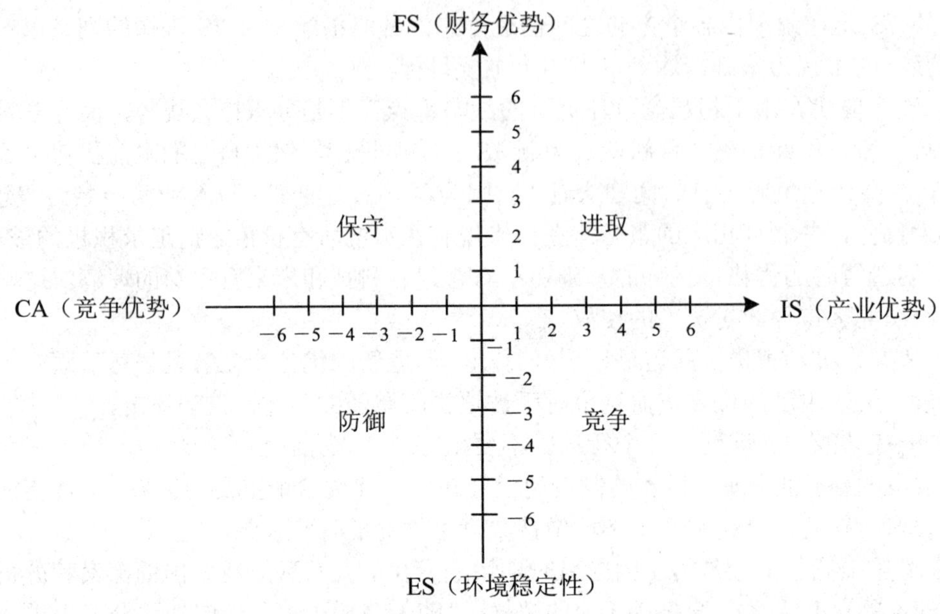

图 12.10 SPACE 矩阵

（4）将 FS、CA、IS 和 ES 各自的平均分数标在各自的数轴上。

（5）将 X 轴的两个分数相加，将结果标在 X 轴上；将 Y 轴的两个分数相加，将结果标在 Y 轴上；标出 X、Y 数轴的交叉点。

（6）自 SPACE 矩阵原点到 X、Y 数值的交叉点画一条向量，这一条向量就表示企业可以采取的战略类型。

SPACE 矩阵要按照被研究企业的情况而制定，并要依据尽可能多的事实信息。根据企业类型的不同，SPACE 矩阵的轴线可以代表多种不同的变量。例如，投资收益、财务杠杆比率、偿债能力、流动现金、流动资金等。

矩阵变量

SPACE 矩阵的轴线可以代表多种不同的变量，如表 12.7 所示。

表 12.7 SPACE 矩阵的变量

内部战略处理		外部战略处理	
财务优势（FS）	投资收益 杠杆比率 偿债能力 流动资金 退出市场的方便性 业务风险	环境稳定性（ES）	技术变化 通货膨胀 需求变化性 竞争产品的价格范围 市场进入壁垒 竞争压力 价格需求弹性

续表

内部战略处理		外部战略处理	
竞争优势（CA）	市场份额 产品质量 产品生命周期 用户忠诚度 竞争能力利用率 专有技术知识 对供应商和经销商的控制	产业优势（IS）	增长潜力 盈利能力 财务稳定性 专有技术知识 资源利用 资本密集性 进入市场的便利性 生产效率和生产能力利用率

（1）向量出现在 SPACE 矩阵的进取象限时，说明该企业正处于一种绝佳的地位，即可以利用自己的内部优势和外部机会选择自己的战略模式，如市场渗透、市场开发、产品开发、后向一体化、前向一体化、横向一体化、混合式多元化经营等。

（2）向量出现在保守象限意味着企业应该固守基本竞争优势而不要过分冒险，保守型战略包括市场渗透、市场开发、产品开发和集中多元化经营等。

（3）当向量出现在防御象限时，意味着企业应该集中精力克服内部弱点并回避外部威胁，防御型战略包括紧缩、剥离、结业清算和集中多元化经营等。

（4）当向量出现在竞争象限时，表明企业应该采取竞争性战略，包括后向一体化、前向一体化、市场渗透、市场开发、产品开发及组建合资企业等。

波特钻石模型

波特钻石模型（Michael Porter Diamond Model）又称钻石理论、菱形理论及国家竞争优势理论。“钻石模型”是由美国哈佛商学院著名的战略管理学家迈克尔·波特提出的。波特的钻石模型用于分析一个国家某种产业为什么会在国际上有较强的竞争力。

分析因素

波特认为，决定一个国家的某种产业竞争力的因素有以下四个。

- 生产要素：包括人力资源、天然资源、知识资源、资本资源、基础设施。
- 需求条件：主要是本国市场的需求。
- 相关产业和支持产业的表现：这些产业和相关上游产业是否有国际竞争力。
- 企业的战略、结构、竞争对手的表现。

这四个要素具有双向作用，形成钻石体系，如图 12.11 所示。

在四大要素之外还存在两大变数：政府与机会。机会是无法控制的，政府政策的影响是不可漠视的。

生产要素

波特将生产要素划分为初级生产要素和高级生产要素。初级生产要素是指天然资源、气候、地理位置、非技术工人、资金等；高级生产要素则是指现代通信、信息、交通等基础设施，受过高等教育的人力、研究机构等。波特认为，初级生产要素重要性越来越低，因为对它的需求在减少，而跨国公司可以通过全球的市场网络来取得（当然初级生产因素对农业和以天然产品为主的产业还是非常重要的）。高级生产要素对获得竞争优势具有不容置疑的重要性。高级生产要素需要先在人力和资本上大量和持续地投资，而作为培养高级生产要素的研究所和教育计划，本身就需要高级的人才。高级生产要素很难从外部获得，必须自己来投资创造。

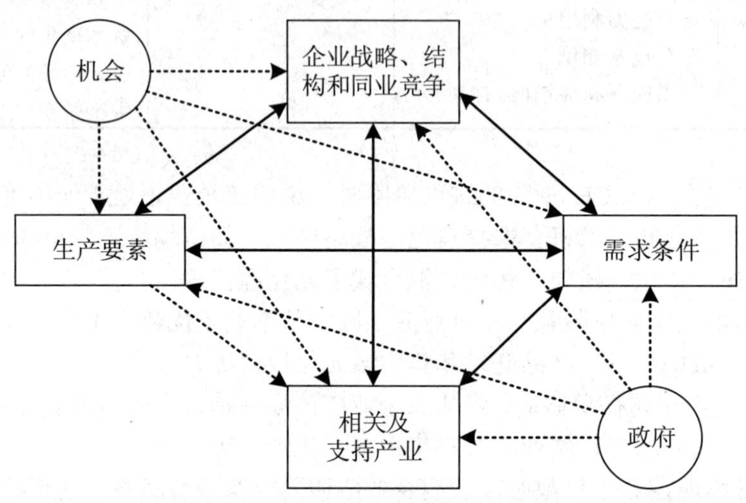

图 12.11 波特钻石模型

从另一个角度，生产要素被分为一般生产要素和专业生产要素。高级专业人才、专业研究机构、专用的软硬件设施等被归入专业生产要素。越是精致的产业越需要专业生产要素，而拥有专业生产要素的企业也会产生更加精致的竞争优势。

一个国家如果想通过生产要素建立起产业强大而又持久的优势，就必须发展高级生产要素和专业生产要素，这两类生产要素的可获得性与精致程度也决定了竞争优势的质量。如果国家把竞争优势建立在初级与一般生产要素的基础上，它通常是不稳定的。

波特同时指出，在实际竞争中，丰富的资源或廉价的成本因素往往造成没有效率的资源配置，另一方面，人工短缺、资源不足、地理气候条件恶劣等不利因素，反而会形成一股刺激产业创新的压力，促进企业竞争优势的持久升级。一个国家的竞争优势其实可以从不利的生产要素中形成。

根据推测，资源丰富和劳动力便宜的国家应该发展劳动力密集的产业，但是这类产业对大幅度提高国民收入不会有大的突破，同时仅仅依赖初级生产要素是无法获得全球竞争力的。

国内需求市场

国内需求市场是产业发展的动力。国内市场与国际市场的不同之处在于企业可以及时发现国内市场的客户需求，这是国外竞争对手所不及的，因此波特认为全球性的竞争并没有减少国内市场的重要性。

波特指出，本地客户的本质非常重要，特别是内行而挑剔的客户。假如本地客户对产品、服务的要求或挑剔程度在国际间数一数二，就会激发出该国企业的竞争优势，这个道理很简单，如果能满足最难缠的顾客，其他客户的要求就不在话下。例如，日本消费者在汽车消费上的挑剔是全球出名的，欧洲严格的环保要求也使许多欧洲公司的汽车环保性能、节能性能全球一流。美国人大大咧咧的消费作风惯坏了汽车工业，致使美国汽车工业在石油危机的打击面前久久缓不过神来。

另一个重要方面是预期性需求。如果本地的顾客需求领先于其他国家，这也可以成为本地企业的一种优势，因为先进的产品需要前卫的需求来支持。德国高速公路没有限速，当地汽车工业就非常卖力地满足驾驶人对高速的狂热追求，而超过 200 千米乃至 300 千米的时速在其他国家毫无实际意义。有时国家政策会影响预期性需求，如汽车的环保和安全法规、节能法规、税费政策等。

相关和支持产业

对形成国家竞争优势而言，相关和支持性产业与优势产业是一种休戚与共的关系。波特的研究提醒人们注意“产业集群”这种现象，就是一个优势产业不是单独存在的，它一定是同国内相关强势产业一同崛起。以德国印刷机行业为例，德国印刷机雄霸全球，离不开德国造纸业、油墨业、制版业、机械制造业的强势。美国、德国、日本汽车工业的竞争优势也离不开钢铁、机械、化工、零部件等行业的支持。有的经济学家指出，发展中国家往往采用集中资源配置，优先发展某一产业的政策，孤军深入的结果就是牺牲了其他行业，钟爱的产业也无法一枝独秀。

本国供应商是产业创新和升级过程中不可缺少的一环，这也是它最大的优点所在，因为产业要形成竞争优势，就不能缺少世界一流的供应商，也不能缺少上下游产业的密切合作关系。另一方面，有竞争力的本国产业通常会带动相关产业的竞争力。

波特指出，即使下游产业不在国际上竞争，但只要上游供应商具有国际竞争优势，对整个产业的影响仍然是正面的。

企业战略、结构和同业竞争

波特指出，推进企业走向国际化竞争的动力很重要。这种动力可能来自国际需求的拉力，也可能来自本地竞争者的压力或市场的推力。创造与持续产业竞争优势的最大关联因素是国内市场强有力的竞争对手。波特认为，这一点与许多传统的观念相矛盾，例如一般认为，国内竞争太激烈，资源会过度消耗，妨碍规模经济的建立；最佳的国内市场状态是有两到三家企业独大，用规模经济和外商抗衡，并促进内部运作的效率化；还有的观念认为，国际型产业并不需要国内市场的对手。波特指出，在其研究的十个国家中，强有力的国内竞争对手普遍存在于具有国际竞争力的产业中。在国际竞争中，成功的产业必然先经过国内市场的搏斗，迫使其进行改进和创新，海外市场则是竞争力的延伸。而在政府的保护和补贴下，放眼国内没有竞争对手的“超级明星企业”通常并不具有国际竞争能力。

机会

机会是可遇而不可求的，机会可以影响四大要素发生变化。波特指出，对企业发展而言，形成机会的可能情况大致有几种：基础科技的发明创造；传统技术出现断层；外因导致生产成本突然提高（如石油危机）；金融市场或汇率的重大变化；市场需求的剧增；政府的重大决策；战争。机会其实是双向的，它往往在新的竞争者获得优势的同时，使原有的竞争者优势丧失，只有能满足新需求的厂商才能有发展“机遇”。

政府

波特指出，从事产业竞争的是企业，而非政府，竞争优势的创造最终必然要反映到企业上。即使拥有最优秀的公务员，也无从决定应该发展哪项产业，以及如何达到最适当的竞争优势。政府能做的只是提供企业所需要的资源，创造产业发展的环境。

政府只有扮演好自己的角色，才能成为扩大钻石体系的力量，政府可以创造新的机会和压力，政府直接投入的应该是企业无法行动的领域，也就是外部成本，如发展基础设施、开放资本渠道、培养信息整合能力等。

从政府对四大要素的影响看，政府对需求的影响主要是政府采购，但是政府采购必须有严格的标准，扮演挑剔型的顾客（在美国，汽车安全法规就是从政府采购开始的）；采购程序要有利于竞争和创新。在形成产业集群方面，政府并不能无中生有，但是可以强化它。政府在产业发展中最重要的角色莫过于保证国内市场处于活泼的竞争状态，制定竞争规范，避免托拉斯状态。

波特认为，保护会延缓产业竞争优势的形成，使企业停留在缺乏竞争的状态。

定量战略计划矩阵

定量战略计划矩阵（Quantitative Strategic Planning Matrix，QSPM 矩阵）是战略决策阶段的重要分析工具。该分析工具能够客观地指出哪一种战略是最佳的。

QSPM 利用第一阶段和第二阶段的分析结果来进行战略评价。

分析原理

QSPM 的分析原理是这样的：将第二阶段制定的各种战略分别评分，评分是根据各战略是否能使企业更充分地利用外部机会和内部优势，尽量避免外部威胁和减少内部弱点四个方面，并通过专家小组讨论的形式得出。得分的高低反映战略的最优程度。也就是说，QSPM 的输入信息正是第一阶段的因素评价结果（由 EFE 矩阵、IFE 矩阵、竞争态势矩阵分析得出）和第二阶段的备选战略（由 SWOT 矩阵、SPACE 分析、BCG 矩阵、IE 矩阵和大战略矩阵分析得出），QSPM 的结果反映战略的最优程度。

虽然 QSPM 是基于事先确认的外部及内部因素来客观评价备选战略的工具，然而，良好的直觉判断对 QSPM 仍然是必要且极为重要的。

QSPM 矩阵的格式如表 12.8 所示。QSPM 顶部一行包括了从 SWOT 矩阵、SPACE 矩阵、BCG 矩阵、IE 矩阵和大战略矩阵中得出的备选战略。这些匹配工具通常会产生类似的可行战略。需注意的是，并不是说匹配技术所建议的每种战略都要在 QSPM 中予以评价，战略分析者必须运用良好的直觉对行业的丰富经验剔除一些明显不可行的战略选择，只将最具吸引力的战略列入 QSPM 矩阵。QSPM 的左边一列为关键的外部和内部因素（来自第一阶段），顶部一行为可行的备选战略（来自第二阶段）。具体地说，QSPM 的左栏包括了从 EFE 矩阵和 IFE 矩阵直接得到的信息。在紧靠关键因素的一列中，将标出各因素在 EFE 矩阵和 IFE 矩阵中所得到的权数。在 QSPM 矩阵中一个重要的概念是战略的最优程度。它是根据各战略对外部和内部因素的利用和改进程度而确定的。QSPM 中包括的备选战略的数量和战略组合的数量均不限，分析的结果并不是非此即彼的战略取舍，而是一张按重要性和最优程度排序的战略清单。

表 12.8　QSPM 矩阵的因素

关键因素	备选战略				
	权重	战略 A	战略 B	战略 C	战略 D
外部因素					
因素 1					
因素 2					
因素 3					
……					
内部因素					
因素 1					
因素 2					
因素 3					
……					
总计					

建立步骤

建立 QSPM 的六步骤如下。

（1）在 QSPM 的左栏列出公司的关键外部机会与威胁、内部优势与弱点。这些信息直接从 EFE 和 IFE 矩阵中得到。 QSPM 中应至少包括 10 个外部和 10 个内部关键因素。

（2）给每个外部及内部关键因素赋予权重。这些权重应与 EFE 和 IFE 矩阵中的相同。权重在第二栏中。

（3）考察匹配阶段各矩阵并确认企业可考虑实施的备选战略。将这些战略置于 QSPM 顶行。若可能将各战略分为互不相容的若干组。

（4）确定吸引力分数（AS）：Attractiveness Scores 用数值表示各组中各个战略的相对吸引力。AS 确定法：依次考察各外部或内部关键因素，提出“这一因素是否影响战略的选择？”回答“是”，对这一因素对各战略进行比较。回答“否”，不给该组战略以吸引力分数。1=没有吸引力；2=有一些吸引力；3=有相当吸引力；4=很有吸引力。

（5）计算吸引力总分（TAS）：Total Attractiveness Scores 等于权重乘以吸引力分数。吸引力总分越高，战略的吸引力就越大。

（6）计算吸引力总分和（STAS）。吸引力总分加总而得。表明了在各组供选择的战略中，哪种战略最具吸引力。备选战略组中各战略吸引力总分和之差表明了各战略相对于其他战略的可取性。

方法优点

QSPM的优点之一是可以相继地或同时地考察一组战略。例如，可以首先评价公司一级的战略，之后是分公司一级战略，再后是功能部门一级的战略。在QSPM中可以同时评价的战略或战略组数量不受限制。另一个优点是，它要求战略家在决策过程中将有关的外部和内部因素结合起来考虑。通过建立QSPM可避免关键因素不适当地被忽视或偏重。QSPM使人们注意到影响战略决策的各种重要关系。虽然在建立QSPM过程中需要进行一些主观性决策，但这些次要的决策可能使最终战略决策质量更佳。QSPM经过适当修改便可用于大型和小型的、营利性和非营利性的组织，它实际上可以被应用于任何类型的组织。QSPM尤其可以提高跨国公司的战略决策水平，因为它可以同时考察很多关键性因素和战略。除此以外，它也已经被成功地应用于一些小型企业的战略决策中。

方法局限

QSPM并非没有局限性。首先，它总是要求直觉性判断和经验性假设。权重和最优程度分数的确定都要依靠主观判断。尽管这些判断所依据的是客观信息。但不同的战略分析专家也可能应用相同的方法得出不同的结论。这种差别是由于他们的经验和微妙的直觉的不同所造成的。QSPM的另一个局限性是其结果的科学性取决于它所基于的信息和匹配分析的质量。

战略管理只需"7张纸"

只需要讲7点内容，就可以完整地表达出企业的战略意图、战略构想和战略实施计划。"7张纸"就够了！

第1张纸：诊断

所有的企业都会有一大堆的问题（没有问题的企业是不存在的），但不是所有的问题都是战略性的。对企业真正产生战略性影响的大概只有3～5个问题——找出它们，告诉管理层。

第2张纸：方向

企业该往哪里走，东—南—西—北—中？是专业化还是多元化？多元化多成什么样子？也只要一张纸，问题就可以阐述清楚了。

这里有个关键：非相关产业的多元化最多3个。

为什么？因为中国的大多数企业家都不太会授权经营（是不会，不是不愿），非相关产业多了他管不过来，会搞砸的。

第3张纸：目标

企业的发展目标是战略管理规划中最重要的一环。通常很多人在这一点上很随意，往往根据企业往年的发展速度或者高层的测算来作推断。

这很容易犯错。企业发展的速度或者目标，是由环境和竞争决定的，不是由愿望决定的。一定要对内外部做充分的调查—分析—诊断后才能作出。区域市场内的标杆企业研究分析报告会对测算目标值有帮助。

但是大多数的咨询顾问在实际操作中都会作出偏低的目标值。可能咨询顾问数学都不太好。要用增长速率来计算目标值，而不能用每年的绝对增长值。两者差距很大。

第4张纸：策略

策略，就是企业在经营过程中的谋略了，这当然是战略管理的核心部分。很多的战略报告，在策略部分简直就是一个模子似的从教科书上复制下来的，这就大错特错了！教科书告诉我们的是普遍真理，而企业需要的是同中国革命的具体实践相结合的思想。

想想田忌赛马吧：上、中、下三马，你肯定会：上马对对手中马，中马对他的下马，自己的下马扔给牺牲。但如果你的对手三匹全是中马，你怎么办？

第 5 张纸：架构

组织架构是一个企业用来实现战略构想的阵型，它的布局要真正体现企业的比较优劣势。

但要注意：是在竞争区域内的比较优劣势。千万不要转抄麦肯锡的报告，动辄就与国际先进企业相比较："与国际先进企业的差距"、"国际先进企业是怎么做的"。不要这么做——那是要误人的！

这里高层管理者也只需要看一张纸：组织架构框架图。

第 6 张纸：人选

世界上只要有了人，什么样的困难都可以解决。

咨询顾问也一样。一个好的顾问，可以为客户发掘出合适的人选。需要注意：说的是"合适的"，不是"优秀的"。人才是资本，但需要成本。

没有企业用的全都是优秀人才。跨国公司也一样，它没有说真话！

第 7 张纸：三件事

怎么做战略实施计划？很多人把它做成了年度工作计划。

还是要说明只需要一张纸！把未来 3～5 年内，每年中要做的最重要的三件事列出来。

一年有三件战略性的事情做好了，企业可以肯定高速发展了。

组织再造

公司的组织结构是指公司的构成部分及部分之间的相互关系。各部分的划分是为了保证公司战略目标的实施。组织结构咨询是在进行充分分析的基础上，针对现有组织结构的不足，拟定出改进方案，以达到充分利用企业资源，提高管理效率，实现企业经营目标的目的。管理组织咨询通常围绕管理组织的三个方面进行，即管理体制、组织结构和组织运行规则。

对组织结构问题这样重视，是基于如下判断：传统的组织结构或刚形成的组织结构，已不再能适应企业的需要。而如果组织结构不恰当，将是非常危险的。不恰当的组织结构把注意力集中在不恰当的问题上，它只会造成摩擦和挫折，加剧不必要的争论，小题大做，使弱点和缺陷加大而不是使力量加强。所以，正确的组织结构是取得成就的先决条件。

小企业与大企业一样迫切地需要正确的组织结构，但它要找到正确的组织结构设计，可能更为困难。不过在几十年前，这种对组织结构的兴趣只有大企业才有，如阿尔弗雷德·斯隆在 20 世纪 20 年代早期为通用汽车公司设计的组织结构。

现在，我们已知道组织结构是极为重要的问题。特别是当一个小企业成长为中等规模、结构复杂的企业时，更是如此。因此，那些希望继续成长的企业，即使只是中等规模，也必须彻底思考并找出正确的组织结构。那种组织结构使它在作为一个小企业经营的同时，能够逐步积累日后成长为更大企业的潜质。同样地，那些只有一种产品、一个市场的单一型企业，即使增加一点点多元经营或复杂性，也会面临着极为重要的组织结构问题。

通用电气公司在 20 世纪 50 年代初期进行改革时，最激烈的对抗不是来自那些认为方案似乎过于激进的人，而是来自那些认为无须在组织结构方面进行任何投入的管理人员。他们承认，原有的结构杂乱无章，早已不适应企业的发展。但是他们问道，“我们为什么要在组织结构上浪费时间呢？我们制造和销售的是涡轮发电机，为什么要去操心谁做什么事呢？”10 年以后，当保罗·钱伯斯作为英国帝国化学工业公司的新任总经理，着手解决另一个“刚成长起来的”巨型企业组织结构问题时，许多管理人员也作出了同样的反应。而今天恰恰相反，人们常常不得不说服管理层，不要匆忙从事组织结构的研究，不要误认为改革本身就是目的，或者用改革来代替战略规划和企业决策。

组织流程

从组织层次上可以把流程分为三种，即工作流程、行为流程和变革流程，它们分别强调了组织流程的某些特点。通常我们对它们分开进行研究，但事实上它们是相互关联的。以下我们对三种组织流程分别进行论述，并在最后比较它们之间的异同点及对咨询师的意义。

工作流程

工作流程（Work Processes）源于工业工程和工作衡量理论，关注的是任务的完成，认为组织是通过横贯各个部门的、相互联接的一系列行为构成的链条来完成工作的，这些链条即为流程。

工作流程可分为以下两类：

（1）作业流程（Operation Processes），指那些创造、生产、传递顾客所需要的产品和服务的流程，如研发、制造、后勤等；

（2）行政流程（Administrative Processes），指那些并不产出顾客所需要的产品或服务，但其是组织运转所必需的流程，如战略规划、预算、业绩评价等。

作业流程与行政流程都是由一系列相互联系、相互依赖的活动共同将输入转变为输出，都有起点与终点，都有可以被相对合理和准确界定的边界，都有“顾客”（内部顾客或外部顾客）。二者不同之处在于输出的性质不同，作业流程产出的产品和服务由外部顾客来消费，而行政流程产出的信息和计划由内部顾客来使用，这种区别导致人们常常错误地认为这两种流程是相互独立的。

行为流程

行为流程（Behavioral Processes）是用来认知和完成工作的人际关系方面的一系列步骤，具有代表性的如决策流程、沟通流程、组织学习流程，它们都包括了信息和人际关系的收集、传递和解释。通常行为流程是通过社交活动或工作经验获得，而不是通过正规教育或培训。

行为流程源于组织理论和群体动力学，致力于行为模式的研究，这些行为模式反映了一个组织在行为方式上的固有特征，并从组织成员的行为上一再地反映出来，即使组织成员发生变更、具体行为发生变化，该行为模式仍会得到延续，从而表现出极强的持久性。所以有的行为流程都是在日常工作的观察中抽象概括出来的，不能独立于工作流程而存在，因而识别起来比较困难，但也更为重要。

变革流程

所有的变革流程（Change Processes）都包含三个构成要素：一个起始状态、一个能实现特定功能的结果状态、一个由变革构成的流程。许多变革可以按时间划分成几个阶段，每个阶段都有一个子目标，由一组活动构成，各阶段之间的过渡可以是平缓的，也可以是剧烈的。变革流程可以回答怎样实现从变革起点演进到终点的问题。

流程再造

业务流程是为达到特定的价值目标而由不同的人分别共同完成的一系列活动。活动之间不仅有严格的先后顺序限定，而且活动的内容、方式、责任等也都必须有明确的安排和界定，以使不同活动在不同岗位角色之间进行转手交接成为可能。

业务流程对于企业的意义不仅仅在于对企业关键业务的一种描述，更在于对企业的业务运营有着指导意义，这种意义体现在对资源的优化、对企业组织机构的优化以及对管理制度的一系列改变。因此，一旦完成了流程计划，也就确定了企业的职能结构和运营功能的特点。这重要行为很大程度上决定了企业如何生产产品/服务的细节，以及企业为赢得市场而采用的市场定位。

流程再造（Business Process Reengineering，BPR）是 20 世纪 90 年代美国麻省理工学院（MIT）教授迈克尔・哈默（Michael Hammer）博士和 CSC 指数咨询公司董事长詹姆斯・钱皮（James Champy）为了探寻美国汽车技术落后的原因，学习日本经验后提出来的。根据哈默与钱皮的定义，“业务流程再造就是对企业的业务流程（Process）进行根本性（Fundamental）再思考和彻底性（Radical）再设计，从而获得在成本、质量、服务和速度等方面业绩的戏剧性的（Dramatic）改善”，使得企业能最大限度地适应以“顾客、竞争和变化”为特征的现代企业经营环境。

作为一种全新的企业管理革命的理论，“流程再造”包含着这样两个基本思想：一是组织必须识别哪些流程是关键，并使之尽量的简洁有效；二是必须扬弃枝节（包括企业中可有可无的人）。显然，BPR 对企业的改造是全面的、彻底的，只有紧紧抓住企业的业务流程，以流程改造为核心，依次对企业的战略、组织、管理、人事、理念等进行整体性的彻底改造，才能称作对企业的再造。这就意味着要从事物的根本着手，不是对现有的事物作表面的变动，而是把旧的一套抛掉，将现行体制打破重组，实现企业流程的改善和业绩的巨大提高，迎来企业的新生。

基本原则

流程再造就是通过对过程的巨大改善，满足当今不同顾客对质量、速度、新颖、标准化和服务上的需要。哈默提出，实施流程再造必须符合七大原则。这些原则涉及工作时间、地点和执行者，以及信息采集与集成。

原则 1：围绕最终结果而非具体任务来实施再造工程。

原来由不同专业人员干的工作要合并为一个工作，由一个业务员或工作组来完成。所产生的新工作应包括全部步骤，并有明确的产出。围绕最终结果来实施再造省去了传递过程，从而加快了速度，提高了效率，并能对顾客变化做出快速反应。

原则2：让后续过程的有关人员参与前段过程。

采取就近原则来执行工作最有意义。这将导致某个过程由最熟悉的人来完成。从而打破了传统的部门内和部门间的界限。

原则3：将信息处理融入产生该信息的实际工作中去。

信息收集者应该负责信息处理工作，使得其他人处理、协调该信息的工作降到最低。通过减少过程的外部接触点，从而大大减少了差错。

原则4：将地域上分散的资源集中化。

信息技术使得分散经营和集中经营互融成为可能。他通过将完成统一工作的不同部门分散，来促进并进行工作的实现，同时，又使得公司的总体控制得以改善。

原则5：将平行工序连接起来而不是集成其结果。

仅仅归总最终必将集合在一起的平行工序的结果不可避免地导致重复工作、高额成本和拖延整个过程的进展。在再造过程中应该不断连续和协调这些平行工序。

原则6：决策点下移并将控制融入过程中。

决策应成为工作的一部分。一个受过良好教育知识丰富的员工，在决策支持技术的帮助下，从事决策活动并不是不可能的事。控制已成为过程的一部分，它所产生的垂直压缩形成了更加扁平化的和快速响应的公司。

原则7：在源头获取信息。

利用公司的在线信息系统，在信息的源头对信息进行一次性收集和获取，这样做就避免了错误信息进入和高昂的信息重新获取费用。

上面列举的企业流程再造的基本原则都是建立在信息技术创新应用的基础之上的，通过使用信息技术和网络技术，能使以前为适应手工或机械工作而制定的复杂、繁缛的工作流程变得简洁，提高对顾客在产品或服务的质量、速度、新颖、标准化需要变化方面快速准确地做出反应，从而适应当前变化迅速的市场环境。

不同的企业在追求流程再造过程中，绩效改进的目标内容也许是不同的：有些企业追求低成本，有些则追求速度和质量。但同时，也要注意到当前企业在发展过程中，更加注重了企业创新这一非传统绩效改进的目标。

无论企业在业务流程再造过程中追求绩效改进的目标是什么，业务流程再造框架所关注的四个要素都将直接影响到以上目标的实现。业务流程再造框架主要从企业文化和人、流程、组织系统以及IT方面进行分析，进行企业变革以实现企业目标。

优化程序

企业“再造”就是重新设计和安排企业的整个生产、服务和经营过程，使之合理化。通过对企业原来生产经营过程的各个方面、每个环节进行全面的调查研究和细致分析，对其中不合理、不必要的环节进行彻底的变革。在具体实施过程中，可以按以下程序进行。

（1）对原有流程进行全面的功能和效率分析，发现其存在问题。根据企业现行的作业程序，绘制细致、明了的作业流程图。一般地说，原来的作业程序是与过去的市场需求、技术条件相适应的，并由一定的组织结构、作业规范作为其保证的。当市场需求、技术条件发生的变化使现有作业程序难以适应时，作业效率或组织结构的效能就会降低。因此，必须从以下方面分析现行作业流程的问题。

- 功能障碍：随着技术的发展，技术上具有不可分性的团队工作（TNE）、个人可完成的工作额度就会发生变化，这就会使原来的作业流程或者支离破碎增加管理成本，或者核算单位太大造成权、责、利脱节，并会造成组织机构设计的不合理，形成企业发展的瓶颈。
- 重要性：不同的作业流程环节对企业的影响是不同的。随着市场的发展，顾客对产品、服务需求的变化，作业流程中的关键环节以及各环节的重要性也在变化。
- 可行性：根据市场、技术变化的特点及企业的现实情况，分清问题的轻重缓急，找出流程再造的切入点。为了对上述问题的认识更具有针对性，还必须深入现场，具体观测、分析现存作业流程的功能、制约因素以及表现的关键问题。

（2）设计新的流程改进方案，并进行评估。

为了设计更加科学、合理的作业流程，必须群策群力、集思广益、鼓励创新。在设计新的流程改进方案时，可以考虑以下方面。

- 将现在的数项业务或工作组合合并为一。
- 工作流程的各个步骤按其自然顺序进行。
- 给予职工参与决策的权力。
- 为同一种工作流程设置若干种进行方式。
- 工作应当超越组织的界限，在最适当的场所进行。
- 尽量减少检查、控制、调整等管理工作。
- 设置项目负责人（Case maneger）。

对于提出的多个流程改进方案，还要从成本、效益、技术条件和风险程度等方面进行评估，选取可行性强的方案。

（3）制定与流程改进方案相配套的组织结构、人力资源配置和业务规范等方面的改进规划，形成系统的企业再造方案。企业业务流程的实施，是以相应组织结构、人力资源配置方式、业务规范、沟通渠道甚至企业文化作为保证的，所以，只有以流程改进为核心形成系统的企业再造方案，才能达到预期的目的。

（4）组织实施与持续改善。实施企业再造方案，必然会触及原有的利益格局。因此，必须精心组织，谨慎推进。既要态度坚定，克服阻力，又要积极宣传，形成共识，以保证企业再造的顺利进行。

企业再造方案的实施并不意味着企业再造的终结。在社会发展日益加快的时代，企业总是不断面临新的挑战，这就需要对企业再造方案不断地进行改进，以适应新形势的需要。

优化方法

BPR 作为一种重新设计工作方式、设计工作流程的思想，是具有普遍意义的，但在具体做法上，必须根据本企业的实际情况来进行。美国的许多大企业都不同程度地进行了 BPR，其中一些主要方法如下。

（1）合并相关工作或工作组。如果一项工作被分成几个部分，而每一部分再细分，分别由不同的人来完成，那么每一个人都会出现责任心不强、效率低下等现象。而且，一旦某一环节出现问题，不但不易于查明原因，更不利整体的工作进展。在这种情况下，企业可以把相关工作合并或把整项工作都由一个来完成，这样，既提高了效率，又使工人有了工作成就感，从而鼓舞了士气。如果合并后的工作仍需几个人共同担当或工作比较复杂，则成立团队，由团队成员共同负责一项从头到尾的工作，还可以建立数据库、信息交换中心，来对工作进行指导。在这种工作流程中，大家一起拥有信息，一起出主意、想办法，能够更快、更好地做出正确判断。

（2）工作流程的各个步骤按其自然顺序进行。在传统的组织中，工作在细分化了的组织单位间流动，一个步骤未完成，下一个步骤就开始不了，这种直线化的工作流程使得工作时间大为加长。如果按照工作本身的自然顺序，是可以同时进行或交叉进行的。这种非直线化工作方式可大大加快工作速度。

（3）根据同一业务在不同工作中的地位设置不同工作方式。传统的做法是，对某一业务按同一种工作方式处理，因此要对这项业务设计出在最困难、最复杂中的工作中所运用的处理方法，把这种工作方法运用到所有适用于这一业务的工作过程中。这样做，存在着很大的学费。可以根据不同的工作设置出对这一业务的若干处理方式，这样就可以大大提高效率，也使工作变得简捷。

（4）模糊组织界线。在传统的组织中，工作完全按部门划分。为了使各部门工作不发生摩擦，又增加了许多协调工作。因此 BPR 可以使严格划分的组织界线模糊甚至超越组织界线。例如，宝洁公司根据超级市场信息网传送的销售和库存情况，决定什么时候生产多少、送货多少，并不一味依靠自己的销售部门进行统计，同样，这也就避免了很多协调工作。

在企业客户服务流程中，多数问题出在客户的诉求需要经过多个环节才能得到响应。然而对于网络化的企业来说，其管理理念之一是对客户需求的“快速响应”，这种多环节的运作模式显然不适应。于是，基于信息化平台的新的客户服务流程就应运而生，如图 12.12 所示。

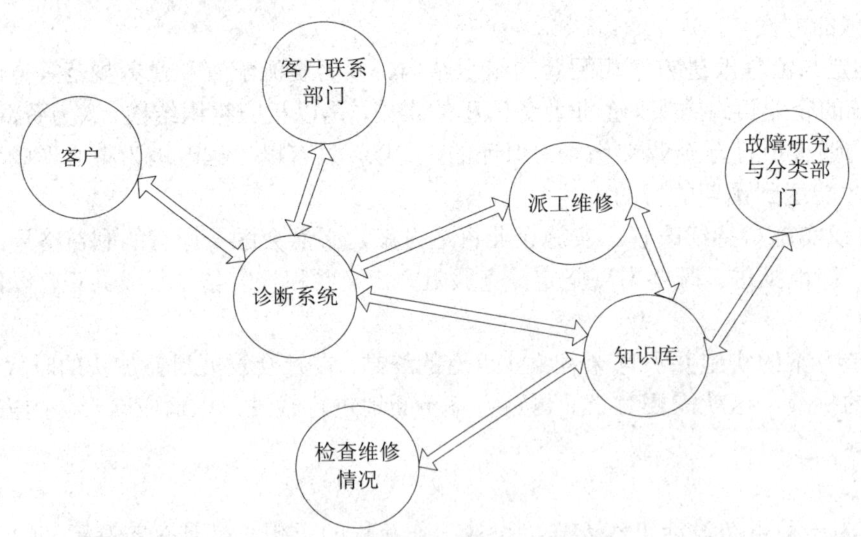

图 12.12 基于信息化平台的客户服务流程

客户信息进入新系统后，其诉求立刻在企业诊断系统中得到响应，诊断系统直接向各相关部门发出指令，指挥相关部门解决客户的具体要求。同时，整个服务过程进入知识库，供故障研究与分类部门进行深入分析和总结。这样，一个自动化的“快速响应”系统就形成了。

方法应用

业务流程优化过程实质上是管理再造或优化的实施过程，企业战略定位的变化和战略思路的改进最终都在业务流程中体现，反过来说，可以利用流程优化的手段来规范和提升管理体系。

基于以上思想，首先要对当前企业的管理体系进行规范和提升。其基本核心思想是：学习国内外先进企业经验，对目前企业的经营和管理模式的定位进行研究，找出其存在的问题和差距，结合企业的业务特点和公司战略，对企业经营和管理模式进行重新定位，其核心是形成新的管理理念。

所谓新的管理理念是指适应于企业独特性的、受到过其他企业检验证明成功的理念，其内容极为丰富，不拘一格。目前，信息化建设过程中常见的新管理理念是：实现从传统的事后管理（静态管理）向实时管理（动态管理）转变，部门管理（职能管理）向岗位管理（流程管理）转变，定性管理（主观管理）向定量管理（客观管理）转变，分散管理向集中管理转变等。

以职能管理向流程管理转变为例来说明：传统的企业管理是职能管理，也就是说，每一项工作只指定了由哪个部门来负责，具体工作中由该部门的领导来分配工作。而信息化工程要求管理模式由这些传统的职能管理向“流程管理”改进，其目的是缩短信息交互时间，提高客户反应速度。

案例

北美福特汽车公司财会部的付款业务流程重组

北美福特汽车公司财会部如何再造其应付账款业务流程以减少其管理费用，是 BPR 最经典的案例之一。福特汽车公司是美国三大汽车巨头之一，但是到了 20 世纪 80 年代初，福特像许多美国大企业一样面临着日本竞争对手的挑战，正想方设法削减管理费和各种行政开支。

北美福特汽车公司 2/3 的汽车部件需要从外部供应商购进，为此需要有相当多的雇员从事应付账款管理工作，当时公司财会部有 500 多名员工，负责审核并签发供应商供货账单的应付款项。按照传统观念，这么大一家汽车公司，业务量如此之大，有 500 多名员工处理应付账款是合情合理的。

促使福特公司认真考虑“应付账款”工作的是日本马自达汽车公司。这是一家福特公司占股 22%的参股公司，有 5 位职员负责应付账款工作。尽管两个公司在规模上存在一定的差距，但按公司规模进行数据调整后，福特公司仍多雇佣了 5 倍的员工，5:500 这个比例让福特公司的经理再也无法泰然处之了。福特公司决定对与应付账款相关的整个业务流程进行彻底重组。进行业务重组之前，管理人员计划通过业务流程重组和应用计算机系统，将员工裁减到最多不超过 400 人，实现裁员 20%的目标。

福特汽车公司原付款流程是：财会部门接受采购部门送来的采购订单副本、仓库的验货单和供应商的发票，然后将三张票据在一起进行核对，查看其中的 14 项数据是否相符，核对相符后，财会部门才予以付款。财会部门要花费大量的时间核对三张单据上 14 项数据是否相符。原付款业务处理流程如图 12.13 所示。

第一，采购部门向供应商发出订单，并将订单的副本送往应付款部门；第二，供应商发货，福特的验收部门收检，并将验收报告送到财会部；第三，供应商同时将产品发票送至财会部。

针对上述流程进行重组后，财会部门不再需要发票，需要核实的数据项减为零件部名称、数量和供应商代码三项，采购部门和仓库分别将采购订单和收货确认信息输入到计算机系统后，由计算机进行电子数据匹配。重组之后的业务流程如图 12.14 所示。

新的流程中包含两个工作步骤：第一，采购部门发出订单，同时将订单内容输入联机数据库；第二，供应商发货，验收部门核查来货是否与数据库中的内容相符合，如果符合就收货，并在终端上按键通知数据库，计算机会自动生成付款单据。

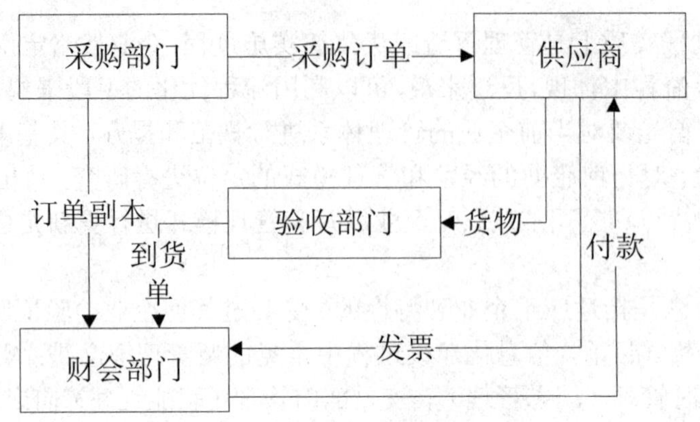

图 12.13 重组前的业务流程

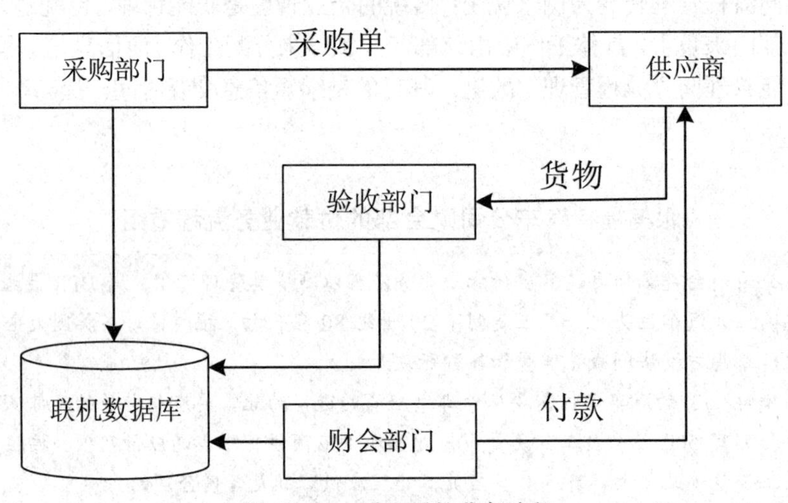

图 12.14 重组后的业务流程

业务流程重组的结果是：（1）以往财会部门需在订单、验收报告和发票中核查 14 项内容，而如今只需检查 3 项零件名称、数量和供货商代码；（2）有 125 位员工负责应付账款工作，财会部门减少了 75%的人力资源，而不是计划的 20%；（3）简化了物料管理工作，提高了准确性。

福特公司流程重建的启示是：（1）面向流程而不是单一部门。倘若福特仅仅重建应付款一个部门，那将会发现是徒劳的，正确的重建应是将注意力集中于整个“物料获取流程”，包括采购、验收和付款部门，这才能获得显著改善。（2）大胆挑战传统原则。福特的旧原则：当收到发票时，我们付款。福特的新原则：当收到货物时，我们付款。旧原则长期支配着付款活动，并决定了整个流程的组织和运行，从未有人试图推翻它，而 BPR 的实施就是要求我们要大胆质疑，大胆地反思，而不能禁锢于传统。

功能型组织结构

功能组织

功能型组织结构（Functional Structure）（见图 12.15）是按照企业各个单位所执行的工作

性质来构造的，该组织结构一般根据人们共同的专门知识、经验或使用相同的资源而将其组合在一起。对大多数企业来说，功能型组织结构有下列职能，如市场部、财务部、研究与发展部、人事部等。该组织的优点是直线管理，一级对一级负责，责权分明，机制简化，号令统一，便于统一管理，提高了内部专业化程度。同时该结构使得决策权掌握在最高层管理者的手中。另外，该组织结构节省成本，减少人事方面的复杂性，而且中、高层有专人负责。缺点是各个部门横向联系薄弱并导致各个职能的成员注重部门目标而不是企业的整体目标。若沟通不利则导致部门间的矛盾，并使工作效率受到影响。由于高层负担较重而忽视战略问题也是该组织结构的一个不足之处。

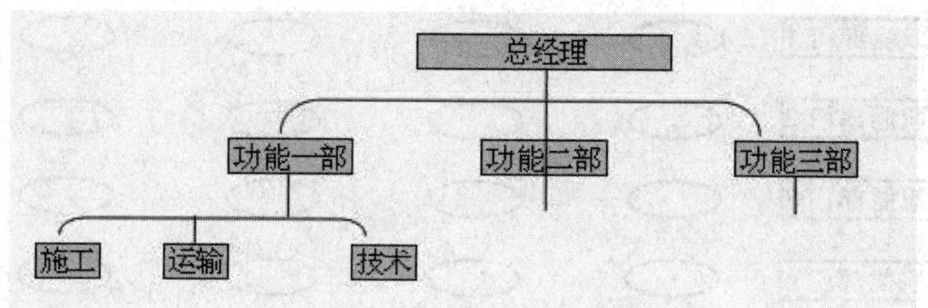

图 12.15 功能型组织结构

多层功能

多层功能型组织结构（Multi-Divisional Structure）（见图 12.16）的企业是以产品、服务、地理或加工过程等不同的方式组织的。该结构有效地克服了功能型组织结构在解决分散化和多样化问题时所面临的困难。该组织结构突出对业务领域的强调，即将各个分部作为相对独立的业务单位来进行管理和控制，便于衡量不同领域的经营情况，能够使企业高层关注战略问题，对提高综合管理能力有很大的帮助。该结构的缺点是集中化与非集中化不易区别和把握。由于不同分部有发展过大的可能性，因此分部间的协调是一个较为复杂的问题。

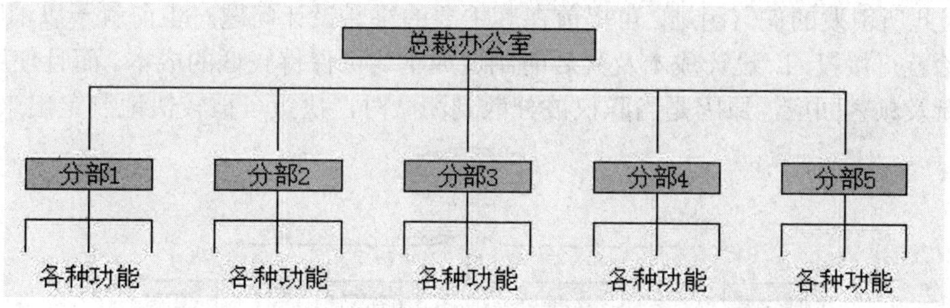

图 12.16 多层功能型组织结构

矩阵组织

矩阵型组织结构（Matrix Structure）（见图 12.17）是由垂直的职能部门和水平的项目机构结合而成。在该结构中，垂直轴的活动被聚集为功能，附加于垂直形态的是以产品或专案的划分为基础的水平形态。该组织结构适合于一个建设单位同时进行几个项目。其优点是能够充分地利用有限的人力资源。由于该组织结构使得决策具有互动性，因此提高了决策质量，激励效果也很显著。另外，由于该结构将各种专长的有关人员集合到一起而带来的便于沟通，因此灵活性与适应性也大大增强。该结构的缺点是双重领导，人为地增加项目管理的工作环节。同时该结构淡化了对优先级的考虑，无法对组织内部进行有的放矢的管理；在决策中参与的人员过多，使得决策时间偏长。另外，由于责权不明，使得各个部门冲突显著。因此，如何处理好集权与分权很重要，特别是负责一个部门的两个经理发生冲突时，如何快速地解决冲突显得尤为紧迫。

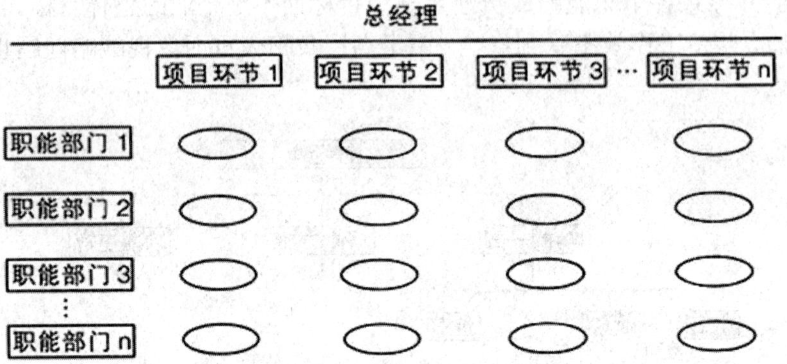

图 12.17　矩阵型组织结构

产品团队

近年来，出现一种主要的结构创新，即产品团队结构（Product Team Tructure）（见图 12.18）。其具有与矩阵结构相类似的优点，但较易运作而且花费较矩阵结构为少，因为此法是将人员组成永久性的跨功能团队。产品团队结构如同矩阵结构，工作活动是按产品或专案组区分，以减少官僚成本及增进管理当局监督、控制制造过程的能力，而且并非仅是暂时性的指派至不同专案，如同在矩阵结构中，功能专家是被安置在永久性跨功能团队内。结果是所伴随协调其活动的成本低于矩阵结构，且其工作报告的关系快速改变。跨功能团队恰在产品开发过程开始时即被形成，因此所引发的任何困难，可提前在其主要的重新设计问题产生前就予以消除，当所有功能从开始就直接投入，设计成本及其后的制造成本均可保持较低的成本。而且使用产品团队可加速创新及顾客回应，原因是当职权被分散到团队时，决策可被较快地制定出来。

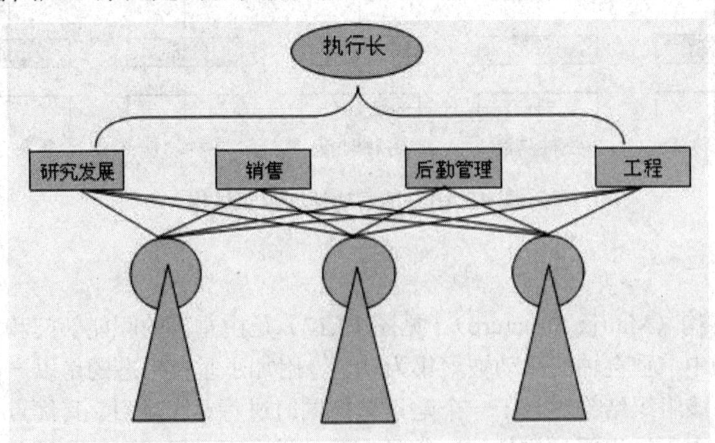

图 12.18　产品团队型组织结构

区域组织

区域结构（Geographic Structure）（见图 12.19）提供较功能结构更多的控制，因为由许多地区性的层级来完成以前由单一集权阶层所执行的工作。大型贩卖组织，如 Neinan Marcus、Dillard Department Stores 及 Walmart，在他们开始建立全国的商店后也快速地转变成地理结构，因为此类结构在不同区域的服饰需求下（如在西南日出时穿大衣）可处理不同的需求。同时因为采购的功能维持集权化，中央的组织可以为所有地区采购。如此公司可达到采购及配销上的规模经济，并降低协调与沟通的问题。该结构的优点是灵活性较强，能够适应各个地区的竞争情况，从而使各个利润中心得到发展，增进了各个地区的营销、财务与生产等活动的有效协调。该结构的缺点体现在保持整个企业目标一致性方面存在困难，需要更多的管理人员所带来的成本消耗，以及某些职能的重复设置，导致了开支的巨大浪费。

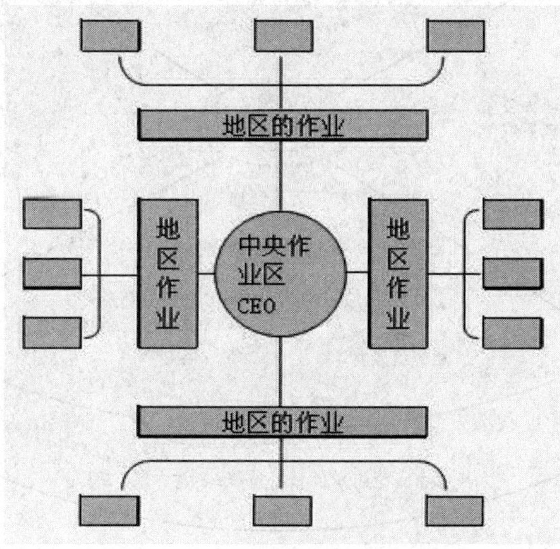

图 12.19　区域型组织结构

战略中心型组织

战略中心型组织（Strategy-Focused Organization，SFO）的概念是平衡计分卡创始人哈佛商学院卡普兰教授与诺顿博士于 2000 年正式提出的。SFO 是以平衡计分卡为核心、以五项实施原则为指导的高绩效组织管理形式。

这五项原则的具体内容如下。

（1）高层领导积极推动变革。

（2）战略的有效传达。

（3）组织的整合和统一。

（4）把战略转化为每个员工的日常工作。

（5）使战略成为一个持续的流程。

这些组织的执行官们通过运用平衡计分卡把各业务单位、职能部门、团队、个人与企业战略目标紧密联系起来，使它们关注于有关战略的关键管理流程——基于战略的计划、资源分配、预算、定期报告以及战略性管理会议，从而获得突破性的业绩。

模型内涵

2005 年 8 月，卡普兰教授与诺顿博士及其咨询机构在对原 SFO 的核心流程进行改进的基础上，提出了新的战略中心型组织模型（见图 12.20）。同时在 SFO 的实施方法、工具等方面提出了更为有效的方法，并且充分整合了最新的 IT 技术，将其全面融入了新的 SFO 模型中。

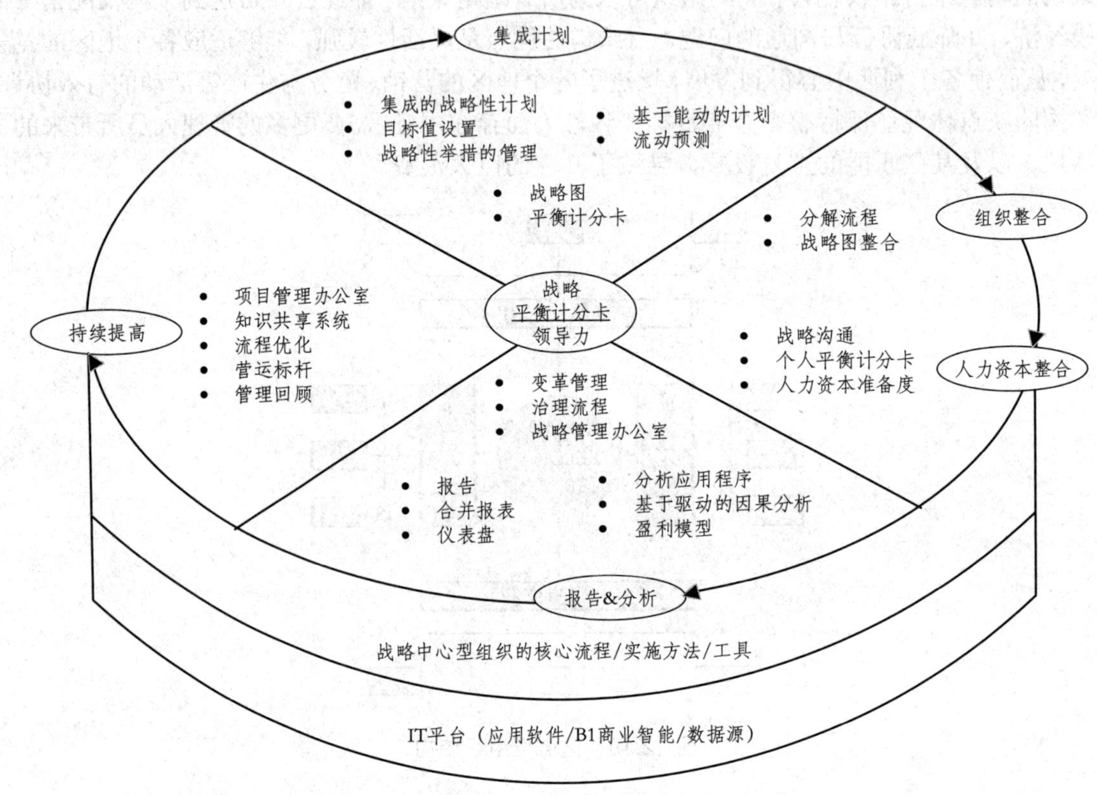

图 12.20 战略中心型组织模型

SFO 模型包括以下三个部分（见图 12.20）。

（1）一个核心管理流程。建立以战略为中心、以目标为导向的“计划—整合—学习—改进”的闭环绩效管理流程。新 SFO 的核心管理流程更加提升了平衡计分卡的战略管理优势，并吸收了戴明 PDCA 经典绩效管理模型，形成了以战略管理为中心，以目标导向的集成计划、组织整合、人力资本整合、报告与分析、持续提高为过程控制的“计划—整合—学习—改进”的闭环绩效管理流程。

- 战略管理：帮助企业形成以战略为中心的管理流程，建立具有竞争优势的战略管理核心能力。
- 集成计划：在战略计划、财务计划、营运计划间建立连接形成集成计划，为企业建立一个达成业务战略、高效部署资源的框架。
- 组织整合：确保企业战略能有效分解到业务单位与职能部门，保持战略执行的纵向一致与横向协同。

- 人力资本整合：明确员工的学习与成长战略，确保员工个人的目标、发展规划与企业战略得到有效整合，从而使企业战略最终落实到每个员工身上，成为员工的日常工作。
- 报告&分析：建立一个对关键业绩驱动因素进行监控、评估与分析的体系，使得企业各层级能迅速理解关键业绩驱动对企业绩效的影响。
- 持续提高：确保组织能够高效利用流程与工具识别问题根源，并有针对性地实施提高企业绩效的解决方案。

（2）一套组合实施工具。包括实施方法、模板、流程，促使组织能将战略执行落到实处。

针对核心管理流程中的每个阶段，卡普兰教授与诺顿博士及其咨询机构在原有基础上进一步提升与开发了系列的实施工具与方法。同时在计划、滚动预测、业绩分析等多个方面也进行了方法的开发与补充。

（3）一个先进 IT 平台。包含支持核心管理流程高效运营的不同应用组件。

IT 平台是新的战略中心型组织着力强化的部分。新的 SFO 对基于企业战略整合 IT 系统、评估 IT 系统战略准备度、整合企业级商业智能与数据架构、应用绩效管理组件以及数据呈现提出了指导性框架。

模型实施

SFO 作为企业绩效管理的全球最佳实践之一，其建设涉及企业的各个层面，需要投入大量资源。各个组织可根据自身的管理基础、亟待解决的问题、期望建立的核心能力等，在 SFO 的整体框架规划指导下，从三个不同层面切入。

（1）从战略管理切入。通常通过实施平衡计分卡达到描述、评价与管理战略的目的。

（2）从营运管理切入。计划预算在企业绩效管理中是比较常见的切入点。计划预算事实上就是一套数字化了的战略目标体系，并通过将其分解到组织各层次、各个项目、各项活动中而将战略目标转化为了具体的经营目标，因此计划预算作为企业战略与运营的衔接系统，比较容易成为企业绩效管理实施的基础和出发点。另外，对于包括多个分支机构的大型企业集团，尤其是境外分支机构需要处理不同会计准则与不同法律约束背景下的财务数据的企业，也常可从合并报表环节切入。

（3）从 IT 平台切入。包括数据管理与分析功能的 IT 平台在确保管理流程成功执行企业战略中扮演着重要的角色，尤其对于已实施 ERP 具有大量数据资源的企业，商业智能系统 BI 也往往称为企业建立 BPM 的常见切入点。

模型管理

2005 年 5 月卡普兰教授与诺顿博士在“战略管理办公室宣言”中指出，战略中心型组织一般都在总部设置了一个全新的机构，即战略管理办公室，负责监督所有与战略相关的活动。并指出战略管理办公室一般有两种运作模式：一种是建立一个由 CEO 直接领导的机构；另一种是由 CEO 与 CFO 双重领导的模式。后一种模式突出体现了 IBM 在 2003 年全球 CFO 调查报告中所指出的 CFO 角色转变的特征，同时也是海波龙（Hyperion）在大力推行 BPM 与 BI 应用时所预言的一种趋势。IBM 在报告中指出，CFO 的职责正在快速扩展。CFO 的重心正在从“企业运营者”向“企业绩效的管理者和战略优化者”转变。传统上仅仅作为财务信息管理者的CFO们，将在所有的关键性信息（如客户、供应链、员工等）上担任类似的角色，以确保这些信息的一致性、精确性和实效性，而这正是监测和推进企业绩效管理的关键。

组织发展模型

在对企业进行分析时，有两个现象是不容忽视的：一个是组织的年龄。年轻的组织往往充满创意，这些创意可能有点混乱无序，但它们的的确确是在寻求变化。随着年龄的增长，组织将倾向于保守和加倍协作。另一个现象是组织的规模。小组织可能更加贴近市场，并具有较为简单的行政结构。随着规模增大和员工人数增多，组织将发展各种系统和程序以应付需要。

阶段模型

企业组织如同人体一样，有其生命周期，企业发展壮大的历程要经过不同的发展阶段，每一阶段都具有其独特的组织结构特征。从企业组织结构的特征来看，大体可分为五个阶段，这就是组织发展阶段模型（Growth Phases Model）。如图12.21所示，这个模型的纵坐标表示规模，横坐标表示年龄。

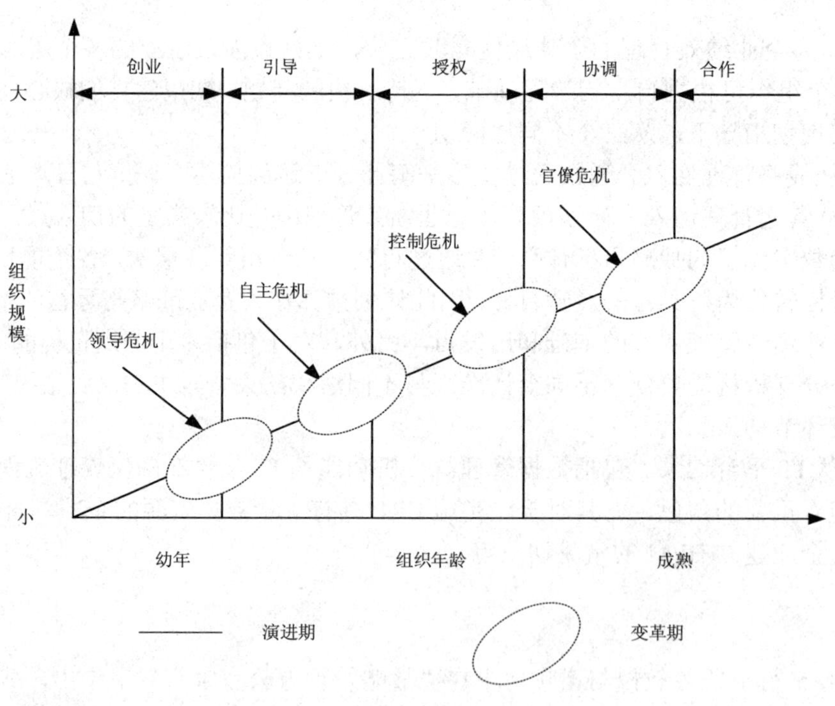

图12.21　组织成长阶段模式

阶段划分

组织发展阶段模型的五个阶段分别如下。

（1）创业阶段。这一阶段是企业的幼年时期，规模小，人心齐，关系简单，企业的决策是由一个或几个高层管理者作出的，企业能否生存发展，完全取决于高层管理者的素质和能力，企业组织结构相当不正规，对协调的需要还很低，只存在着非正式的信息沟通。

（2）引导阶段。这一阶段是企业的青年时期，企业人员增多，组织不断扩大，决策量增多，创业者让位给能干的职业经理人，产生了建立在职能专业化基础上的组织机构，各项职能机构之间的协调问题越来越多，信息量增加，信息沟通变得越来越重要，也越来越困难。

（3）授权阶段。这一阶段是企业的中年时期，随着企业经营范围的扩大，由职能机构引起的问题增多，高层管理者将权限和责任委托给下属的产品、市场或地区经理，建立起以产品、市场或以地区为基础的事业部组织机构。高层管理者不再负责日常的管理事务，向下发布命令的次数减少了，控制的信息主要来自各事业部的报告，但是伴随着分权，往往又产生对事业部的失控问题。

（4）协调阶段。这一阶段的企业建立了正式的规则和程序，为了加强对事业部的指导和控制，在企业总部与事业部之间建立超事业部或集团部，使其负责下属有关事业部的战略规划和投资回收，并在总部设立监督部门控制和检查各集团部的经营战略。这些正规的措施有利于增强各事业部之间的相互配合，但可能带来文牍主义，影响工作效率，阻挠创新，甚至导致企业走向衰败。

（5）合作阶段。这一阶段的企业更加强调管理活动要有较大的自觉性，强调个人间的主动合作，引入社会控制和自我约束新观念，精简正式体系和规章制度，将奖励的标准改为协作表现和创新实践，成立小组和矩阵式组织结构，将企业的重要权力再收回到企业高层管理者手中，同时努力增强组织的适应性和创造性。

管理特征

上述五个阶段的管理特征可以用表 12.9 来表示。

表 12.9 企业不同发展阶段的特征

	创业阶段	引导阶段	授权阶段	协调阶段	合作阶段
管理重点	生产和销售	生产效率	扩大市场	加强组织	管理革新
组织结构	非正式组织	职能制	地区性事业部制	直线管理及生产集团、超事业部	矩阵式结构、任务小组
高层领导风格	个人业主式	指导式	授权式	监察者	参考者
控制系统	市场结果	标准规格及成本中心	汇报制度及利润中心	计划及投资中心	相互间的目标管理

模型应用

组织发展阶段模型的应用如下。

（1）分析组织生命力以及改善整体管理机制时，必须把握组织成长阶段，这时需要使用这一工具。

（2）强化管理，制订管理方案时，使用该工具很有帮助。

（3）组织革新、战略制定、文化建设及其他一些涉及组织变化的工作，都可能用到这一工具。

陀螺理论

物理学上，陀螺是典型的用来描述物体动态平衡的模型。它具有的定轴性、进动性和陀螺效应等物理特性，正是可以用来解决企业与环境的关系、动态平衡发展问题的工具。实际上，优秀企业本身就像一只高速旋转的陀螺，它们的管理者则是操控陀螺的高手。这也是将该理论（GyroscopeTheory）命名为陀螺模型的另一个重要原因。

陀螺模型的核心思想是以快治变。用一段话来概括就是：在瞬息万变的环境中，管理者要逐步把企业培养成为一个在锐意进取目标驱动下高速运转的陀螺。为此，企业要对经营机制和管理结构进行根本性的变革创新，构建一种以快速应变为核心的综合能力，并利用这种能力以比竞争对手更快的速度发现、创造和把握机遇，以及避免或减小威胁。

陀螺模型由五个基本要素构成：组织生命体、机会威胁平面、快速应变能力轴、机制结构环和目标驱动力（见图 12.22）。它们相互联系，互为条件，相互作用，共同推动组织生命体的动态平衡发展。

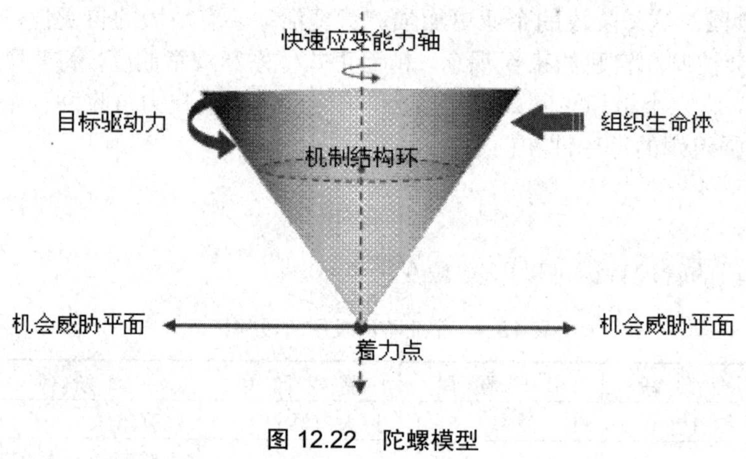

图 12.22 陀螺模型

组织生命体

企业是一个有生命的组织，具有目标驱动、自我意识、对外开放、学习能力和存活期限等一般生命体所具有的基本特征。

陀螺保持动态平衡的先决条件是高速运转。企业也像有生命的陀螺，当它的生机和活力减小时，首先表现为运转速度下降，当运转速度低于某个下限时就会倾覆。这时企业将面临最基本的生存问题。因此，要保持企业的动态平衡发展，就要不断地“鞭打”它，给它的成长以持久的驱动力，使它始终像陀螺一样处于高速运转。

从运转速度下降即将失去平衡，到在驱动力作用下运转速度提高而重塑平衡的过程，不是一次次简单的循环重复，而是组织生命体陀螺不断适应新环境，消化驱动力和克服发展阻力的过程。这个过程既是一个不断学习、不断积累的历程，也是一个通过行动触发思考，从而促进学习的历程。学习成效的好坏，直接决定了组织生命体持续高速运转时间的长短。

"任何一家企业都不可能永葆卓越"。这就是组织的生命周期。面对各种原因引起的企业生存和成长问题，管理者应当要有正确的估计和判断。当组织生命体彻底失去靠自己站立的能力时，和陀螺一样，"鞭打"只能使它更快倒下，而不可能让它起死回生。

机会威胁平面

机会威胁平面是指组织生命体所面临的内、外环境，是决定组织生命体运转方向的客观依据。

对企业来说，环境的本质就是机会和威胁的总和；环境变化的本质则是机会和威胁的自我强化（机会、威胁的增大和减小）或相互转化（机会转化为威胁或威胁转化为机会），如图 12.23 所示。

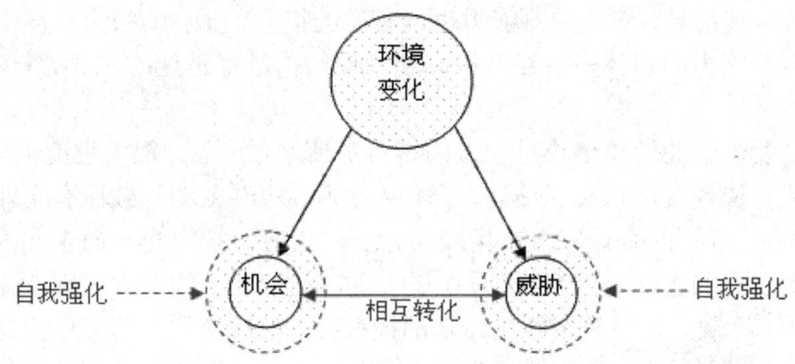

图 12.23 环境变化的本质

在当前经营环境中，机会和威胁更多的是相伴相生，总是出现在同一个平面上，企业在利用机会时一定会面对某些威胁。组织生命体与机会威胁平面的接触点——"着力点"一方面支撑着组织生命体在机会威胁平面上高速运转；另一方面，组织生命体也在持续地受到作用于"着力点"，与自身旋转方向不一致的阻力影响。

从某种意义上讲，把握环境本质和变化趋势，并依据自身能力区分什么是真正的机会、哪些是巨大的威胁，是企业经营管理创新的起点。机会威胁平面概念的引入，直观形象地说明了环境和环境变化的本质。它时刻提醒管理者：环境越是错综复杂，就越需要站在自身角度去理解、认识环境和环境变化，而不是被表象迷惑；要让组织生命体陀螺在尽可能平滑的"易胜之地"上运转，而不能人云亦云，亦步亦趋。

快速应变能力轴

在很多企业中，预测未来是战略制定或战略执行中一项重要的基础性工作内容。但环境变化速度的加快和日趋复杂化，意味着机会与威胁的自我强化、相互转化速度加快，以及不确定性、不连续性程度大大提高。面对"混沌"，即使最优秀的企业也不可能对其进行精确预测。因此，"有效的战略在某种程度上必须是随机应变的战略"。也就是说，在极不稳定的机会威胁平面上，企业的动态平衡发展已经不能依靠似是而非的预测，而是需要企业自身快速反应和及时应变能力来支撑。

快速应变能力是组织生命体的一种即时的、即兴的反应能力，是将错综变幻的知识和信息以比对手更快的速度、更有效的方式进行分析组织，并据此对自身实施快速调整和变革的综合能力。它源于组织生命体不间断地整体学习和系统思考，以及在此基础上对自身所作的调整和变革。

随着环境变化速度的加快，快速应变能力越来越显现出其在企业能力集合中的地位和作用。它不但表现为比竞争对手更快地感知变化、甄别机会与威胁的能力，更表现为更快作出正确选择决策、进行有效沟通和执行的能力。企业只有将快速应变能力置于组织生命体旋转的轴心，并将其贯穿到经营管理的各个层面，使它与其他能力有机地结合在一起，才能真正形成企业的竞争优势。这是企业动态平衡发展的实现条件。

机制结构环

企业没能实现高速运转，快速应变能力也没有质的提升的原因，很大程度上在于没有意识到或无力对快速应变能力的载体——经营机制和管理结构进行迅速的、面向未来的、伤筋动骨的调整和变革。

快速应变不是要求企业简单地将过去做的事再加速地做一次。很大程度上，快速应变能力不仅体现为企业能否快速发现机会和威胁，更体现为能否随时主动打破原有企业内部平衡来创造机会和利用威胁。“真正的企业家在市场成功之后，更应该把眼光转向企业内部……提升企业内部在更高层次发展的管理基因”。优秀与平庸企业在管理上的根本区别就在于此。

在陀螺模型中，机制结构环是组织生命体的横截面。管理者的主要工作就是在对机会威胁平面作出及时正确判断的同时，对企业的机制结构进行不断剖析和调整变革，提高自身更快地、有效地利用机会和避免威胁的能力。这是企业实现动态平衡发展的管理重点。

目标驱动力

高速旋转的陀螺不受鞭打也会维持旋转，且质量越大、自转速度越快，其维持旋转的时间越长。但由于阻力干扰，这时陀螺的旋转速度在下降，克服阻力的能力也在不断减弱。同样的道理，高速运转对企业来说往往也是一把“双刃剑”：它可以满足成长渴望，但也会带来自满和不求进取，导致企业效率下降和创新能力减弱。在陀螺模型中，将这种现象称为组织生命体的惯性发展特征。企业规模越大、竞争优势越突出，其惯性发展特征就越明显。

优秀企业的高速运转源于其永无止境的进取精神。优秀企业的管理者也像操控陀螺的高手一样，懂得如何借势和怎样因势利导。他们不断提出新目标或修正既定目标，以求给予组织生命体以持续的、足够的驱动力。相对于口号式的使命和愿景，他们更关注目标对企业发展所产生驱动力的力度、方向，以及企业在未来竞争环境中的定位。这一切都是优秀企业抑制惯性发展、实现动态平衡的必要条件，也是其快速应变能力的具体体现。

组织应变力

组织应变力（Organizational Agility）衡量一个组织对环境改变的适应能力。能长期致胜的企业是那些拥有灵活文化的，能够侦测到威胁与机会的所在，并且快速采取行动来迎接挑战的企业。企业应该愿意放开过去并且面对情势真实的情况，而不是只看到自己希望的情势。

企业是否具有能够适应快速变迁的产业环境的能力，主要取决于企业内部的人，而非其资源、产品或技术。那些组成企业文化的实务和行为对于成功的改变来说，比人员的技巧或能力还要重要。

没有人知道如何非常准确地预测改变。然而我们所能预测的是改变的脚步会持续。能够在长期胜出的企业将会是那些具有灵活度的企业。

设计原则

企业应变力测验根据以下八个原则来设计。

（1）承诺——将焦点放在事业上，放在成功的条件上，也放在如何达到或超越采取行动的责任上。

（2）创造价值——确保行动、产品以及服务都是在为所有的关系人（上下游公司、股东、顾客）创造价值。寻找能够增加价值的方法。

（3）主动——鼓励企业内部的人主动实践企业的任务和愿景；奖赏有此企图的人，同时接受无法避免的错误。

（4）领导——检视环境以预测挑战；将这些挑战告知企业内部的人，并且共同决定如何来迎接挑战。

（5）对改变的支持——体察并认识改变是持续的；并且认为自己可以有效地带动改变促成企业和个人的成功。

（6）开放——在企业内自由地分享适当的信息；创造且维持一个可以让人自由自在地讨论问题的环境。

（7）学习——寻找从每个机会与挫折中学习的方法；为了有效地发展和竞争，能够冒着犯错的危险。

（8）尊重与挑战——支持有建设性的争论，并对争论进行客观的评价，适当时要转变观点。

方法特点

（1）提供多种行为模式来评估一个企业持续面对改变的能力。

（2）报告将以企业整体或部门分别呈现。

（3）可持续应用。

使用优点

（1）建立一个系统且持续的方法来衡量企业灵活度。

（2）为管理决策者提供准确实时的信息，以便为行动排优先级。

（3）可以作为长期规划时的策略工具。

（4）可以作为改善时的训练需求分析。

力场分析法

力场分析（Force Field Analysis）是库尔特·卢因（Kurt Lewin）发展的一种分析方式，是他所提出的组织变革场论中的一部分。卢因是一位美国社会心理学家，他对群体动力学以及行动研究法作出了杰出贡献，被认为是现代心理学的奠基人之一。然而，卢因最著名之处还是他的力场分析法以及力场分析图。

卢因的组织观

卢因指出，任何一个组织中，存在两种力量：（1）推动变革的力量；（2）阻碍变革的力量。如果这两种力量的实力均衡，组织就会处于均衡状态。根据卢因的研究，任何事物都处在一对相反作用力之下，且处于平衡状态。其中推动事物发生变革的力量是：驱动力。试图保持原状的力量是：制约力。卢因视组织为一动态系统（而非静止），这一系统也同样处在二力作用的动态平衡之中。为了发生变革，驱动力必须超过制约力，从而打破平衡。

如果咨询顾问要用这种方法提出变革建议（或者分析诊断为什么早就应该进行的变革现在还没有出现），就应该测量组织中这两种力量之间的平衡状况，从而寻找组织变革为什么没有得到推行的原因。

力场分析图

力场分析图是建立在这些作用力与反作用力基础上的一个图表分析模型。这些力量包括组织成员、行为习惯、组织习俗及态度等。力场分析图适用于各个不同层次的变革力量分析，如个人、项目、组织、网络等，能够帮助识别出促进或阻碍变革的各项力量。力场分析图帮助用户直观展现既定议题下的“力量之争”。通常，拟定的变革计划总是位于力场图的最上方，如图12.24所示。其下，图分两栏。各驱动力位于左栏，制约力则位于右栏。各力量作用方向均指向中间栏线。其中，箭头较长则意味着作用力也较强。力场图要表达的意思就是，同一事物遭受所有不同力量的作用，并发生相应变化。

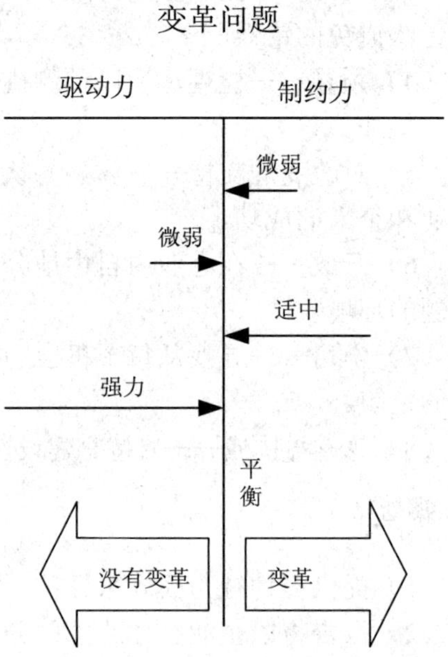

图12.24　卢因的力场分析图

方法应用

- 对某一事件活动的力量平衡情况进行调查。
- 对某一事件活动所涉及的最为重要的利益相关者进行辨别。
- 辨识盟友与对手。
- 阐明如何影响每一个目标群体。

步骤流程

（1）描述当前状态。
（2）描述期望状态。

（3）辨认如果不采取任何行动的后果。

（4）列出朝向期望状态发展的所有驱动力。

（5）列出朝向期望状态发展的所有制约力。

（6）对所有力量进行逐一讨论与研究：它们是否真实有效？它们能否被改变？它们中的哪一些又是最为关键的？

（7）用 1～10 的数字对每一力量的强度进行判分，其中 1 代表力量最弱，10 代表力量最强。

（8）在图表上按比例标出力量箭头，其中驱动力位于左侧，制约力位于右侧。

（9）通过力量分析，对变革的可能及其过程进行判断。

（10）分析讨论如果减弱制约力或加强驱动力，对变革又会产生怎样的影响。

（11）需要注意的是，当改变某一驱动力或制约力时，有可能对其他力量产生关联影响，甚至于产生新的力量。

变革五因素

变革五因素工具是战略学家安德鲁·M. 佩蒂格鲁和费普提出来的，发现成功的战略变革需要五个相互联系的因素，如图 12.25 所示。

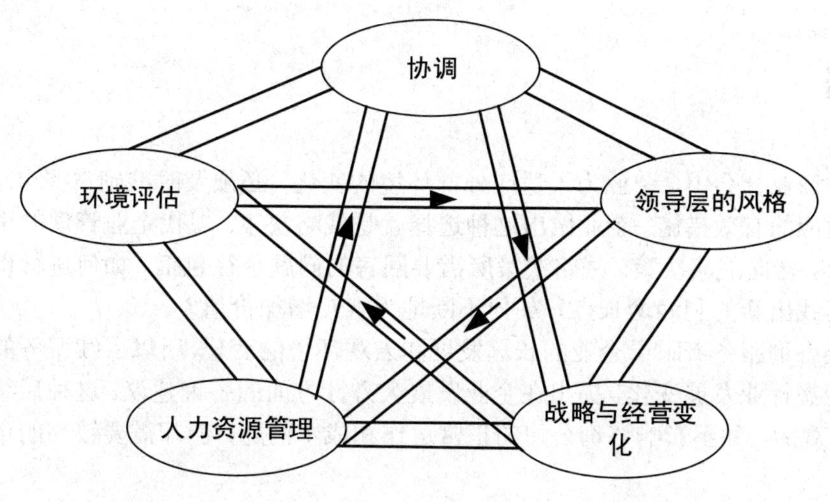

图 12.25　变革五因素

环境评估

研究这一因素不是一个具有独立功能的因素，因为企业所有环节和经营活动都应不断地评估环境。战略的创造性通常产生于内外环境的评估过程中。

领导层的风格

领导风格只有与企业特定的环境联系起来才可以进行评价，没有一般意义上的好领导和坏领导，最好的领导也要受公司实际情况的制约。他们在推动企业以适当的步伐向前发展时，通常是最有效的，大胆的激进的推动可能反而不利于发展。

战略与经营变化

从一些特定战略的意义上来说，战略与经营的变化可能是常规性的，也可能是自发性的，它允许战略随时间的推进而发展。

人力资源管理

人力资源可以说是企业最重要的资源或资本，这些资源包括知识、技能、忠诚度等。应该认识到的是，一些人比另一些人更适合于领导管理变革，一些人比另一些人更支持管理变革。

变革管理中的协调

这是五个因素中最复杂的因素，它试图将上述四个因素连成一个整体，并且通过建立四个支持机制来强化自己。协调包括以下方面。

- 一致性，使组织的目标不会相互冲突。
- 共鸣，使整个过程能很好地适应环境。
- 确立竞争优势，保持协调，形成新的优势。
- 战略的可行性，战略不能提出无法解决的问题。

竞争战略

在当今的商业社会中，企业为了适应外部环境的变化，必须及时准确掌握市场动态，迅速采取与之相适应的有效措施。企业做出这种选择就是战略决策。现代企业管理的重心已转向经营，经营的重心转向战略决策。战略决策所需要回答的问题往往包括：如何进行市场竞争并保持优势？如何找出新的利润增长点？如何不断地为客户增加价值？

由于此类咨询服务着眼于企业的长远发展和宏观环境的变化，所以后续服务的主要内容就是帮助企业把握行业发展变化，提出在企业发展大方针方面的咨询建议。这种后续服务是长期的，而且是宏观的，并不影响咨询公司的正常运作和成本问题，但却需要较高的市场洞察力和预见能力。

三四规则矩阵

三四规则矩阵是由波士顿咨询集团（BCG）提出的。这个模型用于分析一个成熟市场中企业的竞争地位。

规则原理

在一个稳定的竞争市场中，参与市场竞争的参与者一般分为三类，即领先者、参与者、生存者。领先者一般是指市场占有率在 15%以上，可以对市场变化产生重大影响的企业，如在价格、产量等方面；参与者一般是指市场占有率介于 5%～15%之间的企业，这些企业虽然不能对市场产生重大的影响，但是它们是市场竞争的有效参与者；生存者一般是局部细分市场填补者，这些企业的市场份额都非常低，通常小于 5%，如图 12.26 所示。

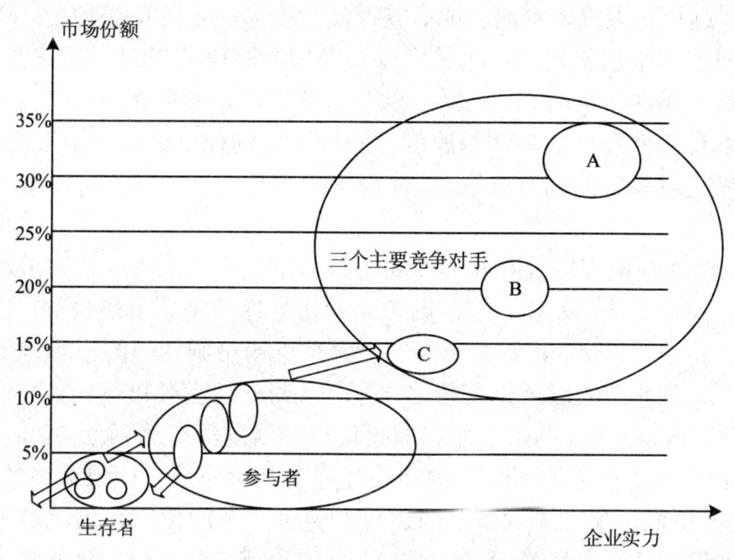

图 12.26 BCG 三四规则矩阵

在有影响力的领先者之中，企业的数量绝对不会超过三个，而在这三个企业之中，最有实力的竞争者的市场份额又不会超过最小者的四倍。这个模型是由下面两个条件决定的：

（1）在任何两个竞争者之间，2:1 的市场份额似乎是一个均衡点。在这个均衡点上，无论哪个竞争者要增加或减少市场份额，都显得不切实际而且得不偿失。这是一个通过观察得出的经验性结论。

（2）市场份额小于最大竞争者的 1/2，就不可能有效参与竞争。这也是经验性结论，但是不难从经验曲线的关系中推断出来。通常，上述两个条件最终导致这样的市场份额序列：每个竞争者的市场份额都是紧随其后的竞争者的 1.5 倍，而最小的竞争者的市场份额不会小于最大者的 1/4。

规则意义

“三四规则”只是从经验中得出的一种假设，它并没有经过严格的证明。但是这个规则的意义非常重要，那就是：在经验曲线的效应下，成本是市场份额的函数。倘若两个竞争者拥有几乎相同的市场份额，那么，谁能提高相对市场份额，谁就能同时取得在产量和成本两个方面的增长；与所付出的代价相比，得到的可能会更多。但是对市场竞争的领先者而言，可能得到的好处却反而少了。然而，在任何主要竞争者的激烈争夺情况下，最有可能受到伤害的却是市场中最弱小的生存者。

（1）BCG 三四规则矩阵的战略意义：在有大量竞争者存在的情况下，如果没有外力的约束和控制，大浪淘沙的竞争局面将不可避免，对手越来越少，即使只是为了保持相对市场份额，竞争者的增长也必须超过市场增长的速度；如果不顾一切地想求得增长，那么最终失败者的现金流出将会与日俱增，所有竞争者，除了市场份额最多的两个以外，或者将以失败告终，被完全逐出市场，或者变成现金的无底洞，虽然有时也会取得一些利润，但却要不停地追加投资；所占份额在整个相关市场的30%以下，或者达到了领先者的1/2及以上时，竞争者维持现状的风险将会很大；越早实现投资利润、越早取得仅次于领先者的市场地位，竞争者的风险就越低，可能获得的投资回报也就越高；相关市场及其进入障碍的界定，是重要的战略评估因素；市场领先者对投资策略的了解与熟悉程度，以及对待市场份额的态度非常重要。因为市场领先者的策略决定了那种必然发生的淘汰的速度；同种产品、同样价格条件下发生的市场份额变动，取决于每个竞争者进行投资的相对意愿。这种投资的增长率必须高于市场增长率与通货膨胀率之和。

（2）BCG三四规则矩阵也有着同样重要的战术意义：如果低成本的市场领先者把价格定得太高了，淘汰进程就将推迟发生，但市场领先者将会逐步丧失市场份额，直到它再也不能称为一个领先者，产业增长越快，淘汰也就越快；两个市场份额相当的市场领先者将会把其他所有竞争者淘汰出局，除非它们联手维持价格水平，从而一起丢掉市场份额。要知道淘汰是否已经发生，价格/经验曲线是极好的指示器。如果价格曲线的坡度达到了90%，或者更平坦一些的话，那么领先者可能正在丢掉市场，但却还死守着高价不放。如果曲线的坡度从90%或更高急剧转为80%或更低，那么淘汰将不断进行，直到“三四律”得到满足为止。市场领先者掌握着主动权。如果它珍视市场份额，就没有人能够取代它的地位，除非它缺乏维持生产能力的资金。然而，为了维护短期的营运利润，很多市场领先者都在无意之中割让了市场份额。

矩阵应用

要严格运用“三四律”，就必须识别各个独立的、相同的局部市场。在这些局部市场里，所有的竞争者都采用同样的竞争方式。不过，竞争者的竞争领域通常会相互重叠，但又不完全相同。有时，局部市场之间的障碍是可以逾越的，当它们的规模效应中具有共同的成本因素时尤为如此。然而，人们通常看到的是，大多数公司在任何产生净现金流入的产品上，都只有两到三个主要竞争对手。其他竞争者无足挂齿。

“三四律”的运用并非易事。它取决于相关市场的精确界定。竞争均衡要经过多年才能达到，除非领先者在产品生命周期的高速成长阶段能牢牢地守住市场份额。然而，“三四律”必然会起作用的。

如果“三四律”是必然的，常识就会告诉我们：要么成为某一产品的局部市场领先者，要么趁早变现退出。

标杆管理

标杆管理（Benchmarking）是一种通过确认最优做法并实施最优做法的方式来改善业绩的方法。美国生产力和质量控制中心（American Productivity and Quality Control Center，APQC，1992）对业绩标杆学习的定义是：“业绩标杆学习是一个系统全面的连续测量过程：相对世界任何地方的业务过程，领导者不断衡量组织的业务过程，获取相关相应信息，帮助组织采取相应行动改进组织的绩效。”标杆管理的概念可概括为：不断寻找和研究同行一流公司的最佳实践，以此为基准与本企业进行比较、分析、判断，从而使自己企业得到不断改进，从而进入赶超一流公司创造优秀业绩的良性循环过程。其核心是向业内或业外的最优企业学习。通过学习，企业重新思考和改进经营实践，创造自己的最佳实践，这实际上是模仿创新的过程。发展到今天，标杆管理分为内部标杆管理（Interior Benchmarking）和外部标杆管理（Exterior Benchmarking），其中内部标杆管理在集团或企业内部展开，外部标杆管理在同产业内或跨产业内进行。

管理方法

标杆管理主要分为战略性、操作性和国际性三种。

（1）战略性标杆管理，是在与同业最好的公司进行比较的基础上，从总体上关注企业如何竞争发展，明确和改进公司战略，提高公司战略运作水平。战略标杆管理是跨越行业界限寻求绩优公司成功的战略和优胜竞争模式。

战略性标杆分析需要收集各竞争者的财务、市场状况进行相关分析，提出自己的最佳战略。许多公司通过标杆管理成功地进行了战略转变。

（2）操作性标杆管理，是一种注重公司整体或某个环节的具体运作，找出达到同行最好的运作方法。从内容上可分为流程标杆管理和业务标杆管理。流程标杆管理是从具有类似流程的公司中发掘最有效的操作程序，使企业通过改进核心过程提高业绩；业务标杆管理是通过比较产品和服务来评估自身的竞争地位。

从形式上该项管理可分为环节、成本和差异性三个方面。环节标杆管理是针对任何单独环节，或针对一系列环节及其之间的相互作用。目前多数产业利润率很低，因此实现差异化和低成本是比较困难的。操作性标杆管理通常主要着眼于把一个项目或环节做到最好。

（3）国际性标杆管理，分如下三种情况进行。

情况 1：外国竞争者威胁公司的传统优势市场。在经营运作中，一些公司会突然发现，相对于全球竞争对手自己已处于明显不利的位置。这时就需要进行标杆管理，迅速找出问题所在，实施防御和攻击战略。例如柯达公司通过将规模经济应用到艺术胶卷的制造，长期领先于世界摄影胶卷的开发领域，但未重视胶卷制造的科学化。富士公司在其胶卷生产中运用了新的制造技术，生产更加稳定和可控，因而在成本和质量上形成了竞争优势，从而威胁到了柯达的市场。为进行反击，柯达公司开展了标杆管理，弄清富士的优势和弱势，改进了公司生产流程并提高了革新速度，成功地渡过了危机。同时，接受危机的教训，柯达推出了革新性新胶卷，再次击败了富士，保住了领导地位。

情况 2：要进入新的外国市场或新产业。它是通过标杆管理了解最成功的公司是怎样进入某一外国市场或产业的，以解决进入新市场的困难与问题。

情况 3：公司与几家外国和国内公司的竞争陷入胶着状态。这时通过标杆管理，可帮助公司从竞争者和最好公司的动作中获得思路和经验，冲出竞争者包围，超越竞争对手。

实施模型

针对国内对标杆管理讨论的缺陷，结合标杆管理的基本思想，可以构建一个比较完整的企业标杆管理模型，如图 12.27 所示。

从图 12.27 中可以看出，企业实施标杆管理，首先要明确企业的共同愿景和竞争战略，在此基础上进行企业的价值定位，然后进行企业分析，发现现在价值和未来价值曲线之间的差异，进而选择标杆企业，树立标杆，找出企业与标杆企业之间的差距，制定改进措施，最后实施改进方案并进行结果反馈与评价。

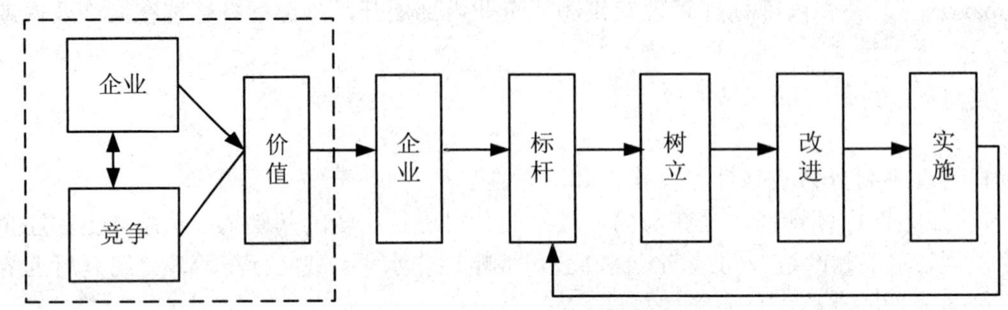

图 12.27 标杆管理的实施模型

企业愿景

企业标杆管理的首项内容是明确企业愿景（Version）。企业愿景是对企业未来的一种战略性思考。一般而言，企业应当对未来5～10年的发展给出一个清楚的描述。

企业愿景通常包含三个构成要素：关键市场（Key Market）、贡献（Contribution）和特色（Distinction）。例如，Otis Elevator的关键市场为服务所有顾客，贡献为短距离的向上、向下和斜向地移动人和物品，特色在于比世界上的所有同类企业具有更高的可靠性；McDonald's的关键市场为服务速食顾客，贡献为在全球范围内提供同等质量、味美和价格合理的食物，特色则在于始终如一、低装修、友好氛围。无论是奥的斯（Otis）电梯，还是麦当劳，企业愿景的三大要素均非常清晰。

当员工能够对企业愿景达成共识时，企业就容易形成共同的行为准则，有助于减少日常决策中的冲突，也有助于日常工作的持续改进。

竞争战略

企业标杆管理的第二项内容是明确企业的竞争战略。竞争战略是指企业经由“设限”和“价值活动整合”获取竞争对手难以模仿的竞争力，企业和竞争对手朝着不同的方向竞争。

发展竞争战略就是要限制企业要做的事情。唯有知道限制之后，企业才能清楚地将自身在产业中做出定位，也才能知道如何设计活动。例如，企业可以先决定要做大的、中的还是小的产品市场。如果决定做小的产品市场，那企业再依此去调整组织，包括不同的组织结构、机器设备、物流系统和销售渠道等。

企业应当明白，若想“鱼”与“熊掌”兼得，最终的后果只能是什么也得不到。企业设限之后，紧接着就要着手于价值活动的整合。真正的战略是“一连串的互动式活动”。如此一来，模仿将变得非常困难，竞争对手需要模仿的不仅仅是一个特色，而是整个价值链的特色。

价值定位

企业标杆管理的第三项内容是明确企业的价值定位。价值是产品或服务的一种综合属性：产品或服务所具有的，能够满足顾客需求而且顾客愿意为之支付货币的一组功能。

企业在明确企业愿景和竞争战略之后，就应当将二者转化成为一条“非常形象的、重点突出的、特点鲜明的价值曲线（Value Curve）”。价值曲线是企业与竞争对手价值要素相对水平的形象描述，如图 12.28 所示。

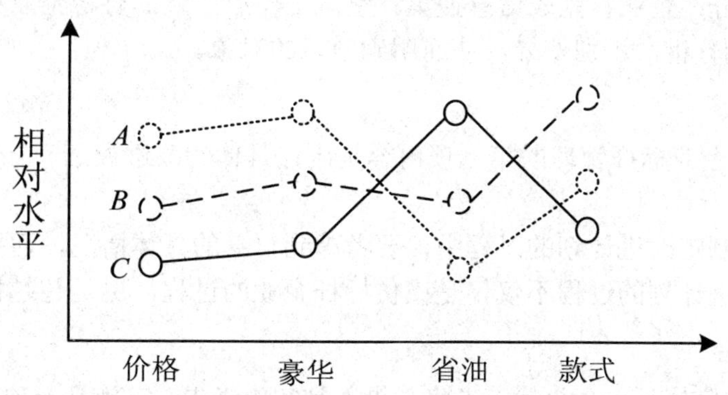

图 12.28 汽车企业的价值曲线

汽车企业的三条价值曲线中，最上面的价值曲线 *A* 代表了“高价格+豪华+耗油高+款式中等”，中间的价值曲线 *B* 代表了“中等价格+中等豪华+耗油较高+款式新颖”，而最下面的价值曲线 *C* 代表了“低价格+低等豪华+省油+款式一般”。三条价值曲线均非常形象，重点突出，且突出了各自特色：豪华、款式和省油。

企业分析

企业标杆管理的第四项内容是进行企业分析，其主要目的在于发现企业未来价值定位与现状之间的差距。企业分析主要涉及以下两方面的内容。

（1）价值分析：企业应当参考未来的价值曲线定位，对企业的现状做出分析，并与未来的价值曲线在同一张图中展现出来，以确定应当增加、减少、提高、降低哪些价值要素。

（2）企业内部分析：企业在价值分析的基础上，识别各价值要素背后所依赖的诸多资源、能力与价值活动，并对其现状做出比较客观的分析、描述，为比较分析打下基础。

标杆企业

企业标杆管理的第五项内容是寻找标杆企业。标杆企业的选择并不是随意的，而是在价值定位和价值分析的基础上确定的。通常情况下，如果一家企业在某一或若干价值要素的定位上与企业自身存在相似之处，且实际情况比企业自身状况更加优秀，这家企业就有可能成为标杆企业。标杆企业可以是集团内部的企业，也可以是同行业内或跨行业的企业。

通常，寻找标杆企业是企业标杆管理中的一项比较困难的工作，从事这一工作的人员应当对企业自身的定位以及同行业内或跨行业的企业比较熟悉。

树立标杆

标杆企业确定之后，企业标杆管理的第六项内容是树立标杆（Benchmark）。树立标杆实质上就是识别差异，明确学习对象的过程，主要涉及以下内容。

（1）信息搜集：确定标杆企业后，企业就需要围绕价值定位，通过各种可能的渠道，开展大量的信息搜集工作。通常情况下，这是企业标杆管理中最重要，也是最困难的工作。

（2）信息整理：企业在完成信息搜集工作后，就需要由专门的人员对各种信息进行整理和分析，从而对标杆企业的实际运作情况形成一个比较清楚的认识。

（3）树立标杆：企业在完成信息搜集、整理工作后，就需要将企业和标杆企业的实际运作情况做出比较和分析，识别差异，从而明确学习的对象。

改进计划

树立标杆后，企业标杆管理的第七项内容是制订具体的改进计划。企业需要注意以下两个问题。

（1）企业在制定改进计划的过程中，要考虑到自身的具体情况，而不是一味地模仿。

（2）制定改进计划的过程不仅仅是模仿标杆企业的过程，更是超越标杆企业的过程。

实施评估

改进计划制定完毕后，企业就应当将其投入到实施当中。实施是一项非常重要的工作，再好的计划，如果得不到有效的实施，也只能算得上美丽的空中楼阁。

改进计划实施后，企业还应当做出评估，对企业的实际改进做出比较客观的判断，及时发现问题，采取必要的调整措施。同时，企业在取得预定的改进效果后，就应当选择新的、层次更高的标杆企业，从而持续地提升企业的运作水平。

管理陷阱

目前国内对标杆管理的讨论存在一个致命的缺陷：讨论的起点始终是放在学习上。这就好比学生，所有科目的教师们不断地告诫他们各自科目的重要性，应该采用什么学习方法等。最终，学生被弄得一塌糊涂。为什么？原因就在于进行学习之前，学生没有明确未来要做什么，应该学什么，什么是学习的重点等一系列关键问题。遗憾的是，这一问题一直没有引起国内的注意，导致国内企业在开展标杆管理的同时，遇到了一系列的问题。

标杆管理的起点不应是学习，而应是对企业愿景、竞争战略和价值定位形成一个非常清晰的认识。这一认识将限定企业未来要做什么，不做什么；应该学习什么，不应该学习什么；什么是学习的重点等一系列关键问题。因此，国内企业必须要以正确的态度来对待标杆管理，标杆管理绝不是为了学习而学习，而是为战略提供支持的。判断企业应不应该学、应该学习什么的唯一标准是企业的愿景、竞争战略和价值定位，而不是仅仅因为其他企业在某一方面做得非常优秀。美国大陆航空公司就曾为此付出了很大的代价。西南航空原本是一家小公司，针对商业旅客、家庭与学生，在美国中等城市与各大城市的次要机场之间提供短程、廉价的点对点空运服务，刻意回避大机场，不飞长程，不提供订票、餐点、指定座位或者头等服务，全部采用波音737飞机。密集班次与低票价吸引了比较注重价格、原本计划乘坐巴士或开车的顾客，以及比较注重方便、原本应搭乘提供全套服务班机的顾客。原本提供全面服务的美国大陆航空看到西南航空的优异成绩后，也决定仿效其做法，推出若干定点直飞航线，模仿西南航空大部分的做法，但受限于原本主要提供的全面服务，还是维持通过旅行社订票、行李托运、指定座位等方式，飞机的机型也采用混合式。结果，机场塞机，行李转运拖延起飞，乘客抱怨误点或班次取消，旅行社佣金使得价格无法大幅下滑，而当它试图压低佣金时，又得罪了旅行社。结果，大陆航空赔了千万美元资金，最高主管被迫下台。由此可见，企业实施标杆管理一定要明确企业愿景、竞争战略和价值定位，而不是简单地效仿其他企业的做法。

标杆分析

标杆分析法经常用于竞争对手分析中的经营业绩标准的评价。标杆法是查看一个企业取得比另一个企业更好的绩效时所采用的流程和将彼此的绩效进行比较的方法。

分析要素

标杆法包括如下要素。

- 确定标杆的内容是什么。
- 确定把谁作为标杆。
- 对本企业关心的方面做研究。
- 对作为标杆对象的企业的相关方面做研究。
- 把研究结果进行对比分析。
- 制定自身企业的改进方案。

方法适用

标杆法的应用主要侧重于企业运作流程层面，主要方法是，将本企业尽可能多的业绩指标与竞争对手的业绩指标进行对比分析。当然，对手业绩指标的获得是该方法的关键。通常可以从行业协会或其他行业出版物和统计部门的公开资料中获得，也可以通过专门的市场调查获取资料。可以对竞争对手的某服务项目做市场调查。例如，对他们从顾客订货到送货上门的时间周期长短做调查；对产品售后服务时上门维修工程师的服务水平做调查；对于向顾客开放的服务门店做调查，如对超市收款台或银行柜台前高峰时段顾客排队等候时间、排队长短做调查等。

标杆法是许多世界著名企业经常使用的竞争对手分析方法，也是企业培养竞争优势的有效方法之一。同时，这种方法也能完全用于企业内部流程各环节的业绩对比和评估。例如一个跨国企业在不同国家开展同样的业务，那么在这个企业内部也可以设立一个标杆单位，让其他相同业务的单位作为效法的标杆。这样做可以在企业与外部竞争对手进行标杆对比之前建立信心。

方法变通

在某些情况下，企业可能找不到一个合适的竞争对手作为标杆，那么也可以采取如下办法。

（1）和一个与本企业没有竞争关系的其他地区或外国企业进行标杆法研究对比。例如，北京一家公共交通公司可以把上海一家同等规模的公共交通公司作为标杆对象进行对比研究；荷兰的一个发电企业可以与日本或美国的同类企业作对比研究；中国的一家医药连锁店可以与美国或英国的医药连锁店在某些业务和服务环节上进行标杆法的对比研究。

（2）由于标杆法主要侧重于企业的业务流程层面，因此在不同行业但操作流程类似的企业之间也可以进行标杆法比较研究。同一行业中的企业可能在某些运作流程方面处于领先位置，但另一些流程环节可能不如其他行业企业的先进，因此行业之间相互学习是非常必要的。

总之，将标杆法应用于竞争对手分析，目的不是为了复制对手的某些管理和操作程序，而是将别人好的解决方案和经验借鉴到本企业的经营管理环节中来，并加以改善，其最终目的是进一步加强本企业的竞争优势。

竞争对手分析

在当今企业规模越来越大、国际化程度越来越高的市场环境下，在没有确定在哪个层级上、什么类型、哪些顾客和市场范围、什么时间跨度内进行竞争对手分析之前进行分析，就可能出现"盲人摸象"现象，其实际效用将会大打折扣。因此，首先应确定实施竞争对手分析的维度，从而确定从哪里入手进行竞争对手分析最为有效，并对公司的决策更有帮助。

竞争对手分析有四个维度：决策层级维度、决策类型维度、市场和顾客范围维度和时间跨度维度。

决策层级

决策层级维度即由企业的哪个经营决策层确定实施竞争对手分析任务。不同层级的经营管理者所作的竞争对手分析涉及的内容应该有所区别。例如，企业产品销售代理的竞争对手分析的主要目的是为了在代理竞标中取胜；而销售部经理的竞争对手分析主要会涉及对手产品的价格并预测和评估其新的价格策略；事业部或战略经营单位的经理进行竞争对手分析是为了该部门确立其在市场上的位置；公司的CEO可能是为了企业的兼并收购或扩张等战略目的。因此，只有确定了是哪个决策层级进行竞争对手分析之后，才能确保竞争对手分析的针对性和实用性。

决策类型

在确定竞争对手分析的决策层级维度的同时，我们还可以将其以决策类型进行区分，如操作类型、战术类型和战略类型三种，即决策类型维度，如图12.29所示。

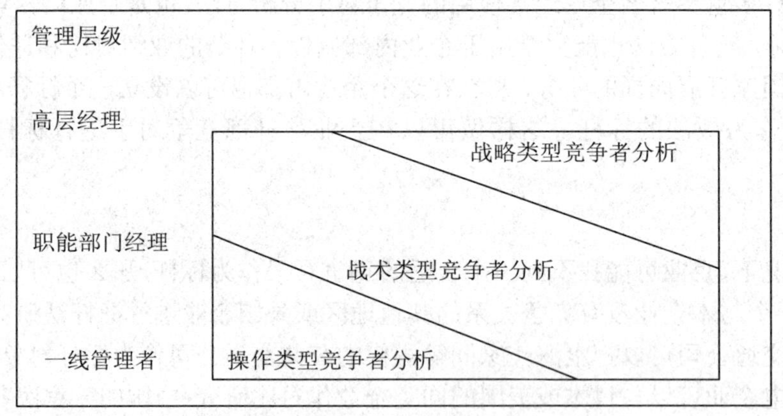

图12.29 管理层级与决策类型关系图

由图12.29可以看出，高层管理者关注的是战略类型的竞争对手分析，中层职能部门经理更关心战术类型的竞争对手分析，而一线管理者则最关注操作类型的竞争对手分析。

市场和顾客

做竞争对手分析时需要考虑的第三个维度是顾客和市场范围维度，即对顾客和市场作详细的定义和描述。顾客和市场范围的确定对于分析成果的使用价值至关重要。例如，一个跨国汽车制造企业对北京的顾客群及市场范围内的竞争对手进行分析，与对整个中国的顾客群体及市场范围内的竞争对手进行分析是不同的，在亚洲范围内乃至全球范围内的竞争对手分析更会迥然有别。如图 12.30 所示是一家国内大型（跨国）电器安装器材生产企业的地域范围、相关行业企业和战略发展措施的关系图解。

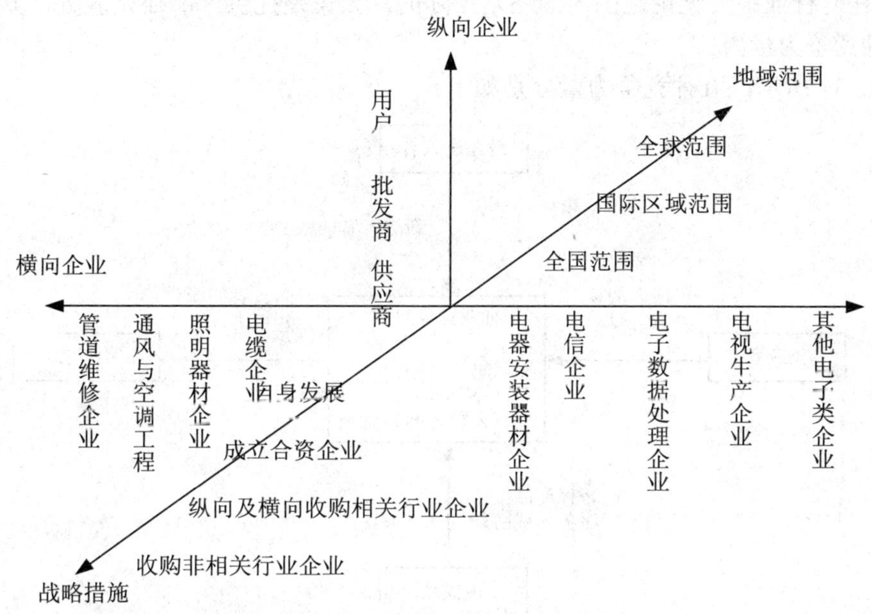

图 12.30　国内企业发展措施的关系图解

由此可以看出，该企业的竞争对手分析在不同的地域范围内进行，其涵盖内容和涉及行业范围的差别非常大，因此分析的复杂程度差别也会相去甚远。

时间跨度

竞争对手分析的时间跨度范围的确定也是该项工作的内容。对竞争对手及其行业的历史分析追溯多么久远，对其未来发展的分析达到多么长远程度都是需要考虑的问题。例如对海尔电器在欧洲市场竞争对手的分析，是否从 20 世纪初开始追溯？一家月饼生产企业是对竞争对手近几年的销售价格动态进行分析呢？还是仅对今年中秋节期间的价格走向作分析，以确定明年或今后几年的竞争策略呢？这些都是竞争对手分析中要首先明确的内容。

信息采集

在上述方面确定之后，做竞争对手分析，首先要对已经确定的竞争对手进行持续的跟踪了解，搜集对手的信息，尽可能掌握对手的经营动向，及其可能对本公司产生的影响。此外，也可以进行反向思考，即本公司的经营策略可能对竞争对手产生哪些影响。竞争对手信息搜集的另一个作用是，与竞争对手的经营业绩和管理能力进行分析比较，以促使自己改善企业的管理和业绩。

波特五力模型

迈克尔·波特（Michael E. Porter）在其 1980 年发表的著作《竞争优势：行业与竞争对手分析的工具》（*Competitive Advantage：Techniques For Analyzing Industries And Competitors*）中指出："在任何行业中，无论是国内的还是国际的，无论是提供产品还是服务，竞争的规则都包含在五种竞争力量内。"

如图 12.31 所示，五种竞争力量分别如下。

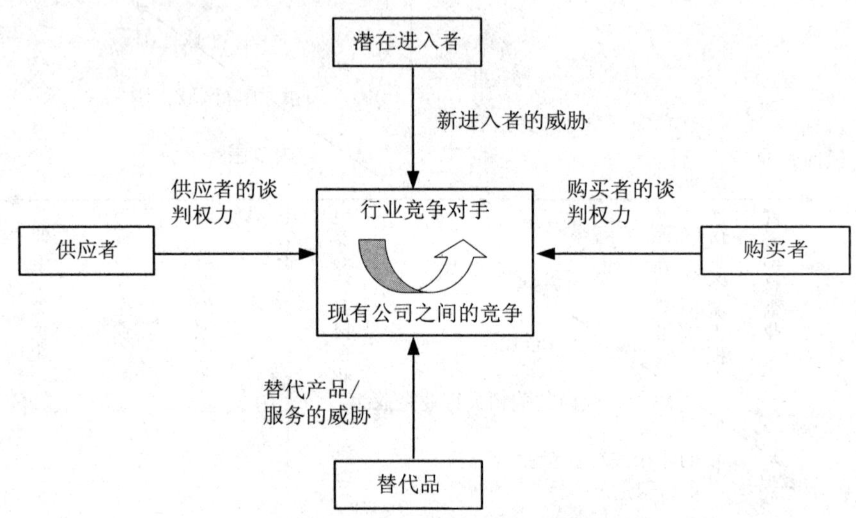

图 12.31 决定行业盈利水平的五种竞争力量

新进入者

当新进入者进入该行业时，会形成新的竞争力量：一方面，它们会使行业的生产能力增加，从而加剧行业的竞争；另一方面，新进入者会分割本行业的市场份额。因此，必须对新竞争者进行分析，忽视它们是很危险的。它们的存在将使公司必须做出相应的反应，而这样又不可避免地需要公司投入相应的资源。要分析新进入者的核心竞争力、产品服务的范围、战略、与本企业相比所具有的优势、劣势等，由此制定相应的反击策略。

新进入者威胁的大小取决于两个方面：现有企业的反击程度和进入壁垒的高低。如果现有企业对新进入者相当排斥，展开了强烈的反击，并且行业的进入壁垒很高，那么，新进入者所产生的威胁就小，反之则大。

替代产品

替代产品以及对你的产品或者服务的替代品所构成的威胁，在于替代品的价格一般比较低，它投入到市场后会使市场价格的上升受到限制，从而降低行业的整体利润。在极端的情况下，它们会使你的产品完全显得多余。一旦市场上出现替代产品，随后出现的往往是本行业企业的集体反击。但是，如果替代品是由那些实力雄厚、有广阔发展前景的企业生产的，并且替代品的销路还远好于现有产品，那么与其抵制，还不如积极引进。

客户

客户的讨价还价能力如果很强，将会降低你获得高利润率的能力。如果一家公司被一个强有力的客户锁定，那么它在短期内的战略选择可能受到限制。

客户的讨价还价能力主要取决于以下四个方面。

购买量

如果客户的购买量占本企业的销售量的比例很大，那么客户的讨价还价能力就很强。

差异化

如果企业生产的产品与其他企业的产品的同质性比较高，那么一旦企业索要的价格高于同行业其他企业的价格，则客户很容易找到其他价格更低的供应商，从而企业的讨价还价能力就比较弱。

转换成本

若客户的转换成本高，则客户不想花费更高的成本重新寻找供应商，重新建立起商业关系往来，此时，企业的讨价还价能力就提高了。

信息掌握

如果客户对市场上同类产品的价格、品质方面的信息掌握得很充分，那么企业的讨价还价能力就弱。

供应商

供应商的讨价还价能力可以限制获得低成本供应商的能力，尤其是当他们提价时。供应商对本企业的讨价还价能力主要表现为提高供应产品的价格，降低产品质量及服务质量，延长供货时间等。

供应商的讨价还价能力主要表现在以下四个方面。

集中程度

如果供应商所处的行业集中程度很高，即由几家企业垄断，那么供应商的讨价还价能力就强。

影响程度

如果供应商提供的产品是本企业的重要投入品，对本企业的生产有巨大影响，那么供应商的讨价还价能力就强。

产品差异

如果供应产品同质性强，那么本企业可以迅速寻找到其他供应商，那么供应商的讨价还价能力弱。

供货量

如果供应商的供货量很大，那么它就具备左右企业生产进度的能力，进而供应商的讨价还价能力就强。

竞争对手

市场竞争使得公司为了增强自己的竞争能力，在市场竞争中占据优势位置，必须在研发、营销等方面做出投资，而且可能还要降低价格。价格竞争越激烈，潜在的利润就会越低。

现有竞争者对企业产生的威胁的大小主要取决于以下几个方面。

增长速度

如果行业的增长速度很快，那么几乎所有的企业都能从快速增长的行业中分得一杯羹，这样，企业间的竞争就不会激烈；如果行业增长速度缓慢，那么企业间就会在价格、质量的方面进行激烈竞争，以获得更大的市场份额。

差异性

产品同质性程度越高，竞争越激烈。

成本结构

如果企业的固定成本或库存成本很高，那么企业为了分摊这些成本，就会扩大产量，此时，市场上很容易出现供过于求的情况，导致竞争激烈。当这种情况恶化时，还会导致恶性价格竞争。

波特认为，这些竞争力量都非常关键，因为它们将影响既定行业中公司产品/服务的价格、成本以及必要的投资。五种竞争力量的实力会因为行业的不同而不同，它们的集合实力将决定该行业中各个公司的盈利能力和水平。如果公司在对付这些竞争力量方面胜于竞争对手，它们就能够获得竞争优势。

波特竞争战略

波特的著作《竞争战略》一书中的另一个模型是公司面临三种可以执行的一般战略：差别化战略、成本领先战略和集中一点战略（也称为“聚焦”战略）。

差别化

该战略以产品或者服务的差别化（通常是在质量、特色、档次或者服务上）为基础，以至于客户要支付额外费用以涵盖在创造差别化过程中涉及的更高成本。

差别化战略提供小批量、多品种的产品，这样，产品和服务能满足不同消费者的需求，使消费者感到本企业的产品比其他企业能更好地满足了自己的要求，因此，他们愿意为本企业产品和服务支付更高的价格，这就使企业成功地提升了品牌溢价。

要实现差别化战略，重要的是要了解顾客的需求和价值取向。价值链是一种有用的思考方法，它考虑怎样通过价值生成形成差别化的不同基础。

成本领先

该战略的基础是低成本地提供产品或者服务：质量和服务被保持在最低限度，奉行“无虚饰”的方法。

采用这一战略的公司开始变成行业内的低成本生产者。一个低成本生产者必须发现和挖掘所有的资源优势。它一般出售一种标准和朴实无华的东西。公司可以通过大批量生产、储运、销售节约成本；通过节省了市场细分从而节省了大量的广告、研发费用。但公司一定要保证成本低于价格，这样公司才能有利可图。有时新进公司为了获取市场份额，使成本等于或低于价格，从而没有利润或利润为负，但为了保证公司长远生存下去，不能把这种低成本战略作为长远战略。事实上，成本领先战略是一种短期战略，最终，公司还是要通过差异化战略增加利润，提升公司知名度。

有时一些公司不可能获得成本领先的地位，但是它们有可能获得成本优势，进而可以取得差异化，增加价值或降低价格。可根据价值链内的不同活动对成本进行区分，经验曲线效益能应用于这些活动。

有一个等式描述了企业如何通过实行差别化战略和成本领先战略提升企业价值：

$$V = \frac{F}{C}$$

式中，V 代表企业价值，F 代表企业提供的产品的功能，C 代表企业的总成本。企业可以通过采用差别化战略增加产品和服务的功能，满足更广大的顾客需求，也就是把公式中的分子做大，从而使企业价值 V 更大；企业还可以通过采取低成本战略降低成本，使等式中的分母变小，这样也能提高企业价值。

聚焦

上面谈到的成本领先战略和差别化战略都是以整个市场为目标市场的，但聚焦战略的目标是一个细分市场，高度专门化。该战略更适合于规模有限的中小企业使用。他们没有足够的资源采用低成本战略或差异化战略，因此，只能力图把所有的资源投入到一个有利可图的细分市场上，满足特定顾客的需求，从而生存发展。波特写道：公司夹在中间（也就是说，仅仅提供了微不足道的差别化，且采取了微不足道的努力实现低成本）将会导致失败。也就是说，当公司资源不多时，采用成本领先战略和差异化战略是十分危险的，应该考虑采用集中一点战略。

但是，如果公司采用聚焦战略，应该注意：

（1）公司所选取的细分市场一定是有利可图的；

（2）该细分市场一定是大公司不愿意服务的，这样不会招来大公司的竞争；

（3）公司要力图降低成本，提高产品和服务的质量，以提升顾客满意度，抓住并吸引更多的顾客。

那么，企业应该如何进行战略选择和战略实施呢？

（1）战略选择可以通过以下方式来实现。

- 根据组织的环境、组织的资源及其股东的期望，对各种备择战略进行关键因素排序。
- 绘制决策树，通过一些既定的标准排除其中的一些选择。
- 情境规划（Scenario Planning），对各个不同的情境选取相应的备择方案，然后从中选取最优的方案。
- 模拟，把组织的商业系统建成一个模型，然后在各个模型下评价组织的竞争环境。

（2）战略实施过程中要注意以下几点。

- 清楚地确认顾客的需要及其在市场中的价值，既可以限定在细分市场内，也可以在更宽的范围内。
- 考虑一般战略的哪条路径最适合于组织。
- 利用完全不同竞争者的活动组合来满足顾客的需要，并且在这些活动之间建立起一系列的联系，然后通过上述方式实施选定的一般战略。

- 通过这些重要活动及其带来的成本优势和所获得的经验，可以实现成本效率或降低成本。
- 保证组织的战略方向和方法与一般战略一致。

战略钟模型

战略钟模型（SCM）是由克利夫·鲍曼（Cliff Bowman）提出的，“战略钟”是分析企业竞争战略选择的一种工具，这种模型为企业的管理人员和咨询顾问提供了思考竞争战略和取得竞争优势的方法。

战略钟模型假设不同企业的产品或服务的适用性基本类似，那么，顾客购买时选择其中一家而不是其他企业可能有以下原因。

（1）这家企业的产品和服务的价格比其他公司低。

（2）顾客认为这家企业的产品和服务具有更高的附加值。

如图 12.32 所示，战略钟模型将产品/服务价格和产品/服务附加值综合在一起考虑，企业实际上沿着以下八种途径中的一种来完成企业经营行为。其中一些路线可能是成功的，而另外一些则可能导致企业的失败。

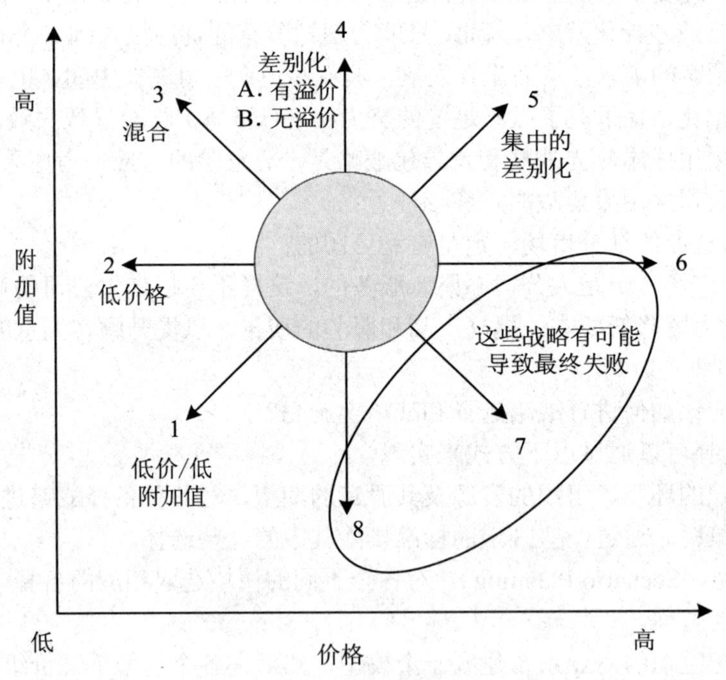

图 12.32 战略钟模型

低价/低值战略

采用途径 1 的企业关注的是对价格非常敏感的细分市场的情况。企业采用这种战略，是在降低产品或服务的附加值的同时降低产品或服务的价格。

低价战略

采用途径 2 的企业是建立企业竞争优势的典型途径，即在降低产品或服务的价格的同时，提高包装产品或服务的质量。但是这种竞争策略容易被竞争对手模仿，也降低价格。在这种情况下，如果一个企业不能将价格降低到竞争对手的价格以下，或者顾客由于低价格难以对产品或服务的质量水平做出准确的判断，那么采用低价策略可能是得不偿失的。要想通过这一途径获得成功，企业必须取得成本领先地位。因此，这个途径实质上是成本领先战略。

混合战略

采用途径 3 的企业在为顾客提供可感知的附加值同时保持低价格。而这种高品质、低价格的策略能否成功，既取决于企业理解和满足客户需求的能力，又取决于是否有保持低价格策略的成本基础，并且难以被模仿。

差别化战略

采用途径 4 的企业以相同和略高于竞争对手的价格向顾客提供可感受的附加值，其目的是通过提供更好的产品和服务来获得更多的市场份额，或者通过稍高的价格提高收入。企业可以通过采取有形差异化战略，如产品在外观、质量、功能等方面的独特性；也可以采取无形差异化战略，如服务质量、客户服务、品牌文化等来获得竞争优势。

集中差别化战略

采用途径 5 的企业可以采用高品质、高价格策略在行业中竞争，即以特别高的价格为用户提供更高的产品和服务的附加值。但是采用这样的竞争策略意味着企业只能在特定的细分市场中参与经营和竞争。

高价撇脂战略

采用途径 6、7、8 的企业一般都是处在垄断经营地位，完全不考虑产品的成本和产品或服务的附加值。企业采用这种经营战略的前提是市场中没有竞争对手提供类似的产品和服务。否则，竞争对手很容易夺得市场份额，并很快削弱采用这一策略的企业的地位。

本章概要

本章分析的是定位为核心的管理咨询工具，涉及核心能力、组织再造与竞争战略等三部分内容，检视是相关的主要分析工具及其使用方法。

将定位作为管理咨询的重要构面是基于作者的悉心研究，在一定程度上抓住了中国企业发展的核心。也就是说，无论是竞争策略，还是核心能力和组织再造，定位是三者解构与抉择的前提。从实证来讲，定位的不同，或其认知的不同，是中外企业发展差异的重大原因。

有关创业定位的理论分析，请参见作者的另著《创业管理（第 2 版）》（北京：清华大学出版社，2011）或《创业管理：企业家的视角》（机械工业出版社，2012）中的相关章节。

思考练习

1. 什么是企业的核心能力？核心能力与核心产品、扩展产品有什么关系？试着在世界100强企业之中，选择一家企业对其核心竞争力进行评估。

2. 衡量公司的核心能力的指标中，哪些是硬指标？哪些是软指标？

3. 核心能力评估的方法有哪些？各自具有什么样的适用性？

4. 什么是公司的竞争能力？竞争能力与核心能力有什么区别与关联？如何评估公司的竞争能力？

5. 对竞争对手进行分析应该从哪些方面进行？有什么分析方法？

6. 什么是“战略”？什么是“策略”？两者的区别何在？

7. 杰克·韦尔奇提出“无边界组织”是一个怎么样的组织结构？如何达到这种组织状态？分析其优势与不足。

8. 企业要做强，认识自己是一个关键，怎么识别一个公司的核心竞争力？在此基础上，怎么突出核心竞争力，最终打造一块独一无二的品牌？

9. 与西方公司相比，中国公司似乎更喜欢进行战略咨询，这是为什么？最喜欢进行战略管理咨询的中国企业，又最普遍地在战略上出错，这又是为什么？

10. 战略管理咨询要解决的核心问题是什么？如何对企业的战略管理进行评价（例如竞争力、适用性和效果）？战略规划的周期应该如何确定？

延伸阅读

《企业家精神》（丁栋虹．北京：清华大学出版社，2010）：本书是“企业家精神”学理分析的开山之作，从企业家精神的特质分析、国际比较、制度发展及实证演绎等四个角度，在国内外首创性地建构了企业家精神（Entrepreneurship）分析的完整体系。具体内容涉及道德价值、实业运营、创新能力与前向思维等企业家精神的特质分析，美国事业、欧洲文明、犹太文化及亚洲变革等国际企业家精神的实证分析，文化基因、教育方法、市场机制、企业制度等企业家精神的制度发展分析，红顶传统、华商管理、草根精神、网络趋势等企业家精神的实证演绎分析，全面揭示了企业家精神的思想与实践（国外与国内，历史、现状与趋势）。

《未来的战略》（[美]迈克尔·科特，加里·哈默等．徐振东，张志武，译．成都：四川人民出版社，2000）：是什么力量驱动一个产业内的竞争？竞争者如何行动才能立于不败？战略规划者如何对竞争行为作出反应？一个公司怎样在长期竞争中取得最佳定位？这是目前全球跨国企业必须思考的重大战略问题。

《组织协同》（[美]罗伯特·S. 卡普兰，戴维·P. 诺顿．博意门咨询公司，译．北京：商务印书馆，2010）：本书阐述了如何纠正组织失调的状况——不只在公司内部，而且包括公司与董事会、投资者、客户和供应商之间。作者认为，促进组织协同的责任在于集团总部。他们阐述了企业高管如何制定集团层面的战略图和计分卡，形象地描绘出集团的“企业价值定位”——企业如何在不同的业务单元之间创造协同效应，以及运用革命性的平衡计分卡管理体系来设定、协调、监控高层战略的实施。

《企业成长战略》（[美]小乔治·斯托尔克，等．赵锡军，等，译．北京：中国人民大学出版社，2004）：为什么有的企业历经磨难能够保持几百年长盛不衰，而一般企业的寿命则不超过 20 年？为什么有的企业能够在竞争中脱颖而出，从默默无闻变得举世瞩目，而有的企业则由以往的排头兵变为治不好的老大难？关键在于企业在其发展的过程中所选择的成长战略。

《新战略性思考（企业精准定位的实战方法）》（[美]米歇尔·罗伯特．林宜萱，译．北京：东方出版社，2009）：新战略性思考就是根据执行长对公司的未来愿景，通过企业的核心驱动力，制定一个动态的、可实践的执行工具，从而建立“明显及持久差异性”的企业战略，为企业附加独特的价值。企业通过对自身的核心驱动力进行持续化管理，并且落实到具体的营运规划系统层面，如对公司架构、系统以及薪酬方面作出必要的调整，从而把公司普通的功能性组织变成利润中心及附属服务部门。

《竞争战略》（[美]迈克尔·波特．陈小悦，译．北京：华夏出版社，2005）：本书以一组用以对产业和竞争者进行分析的综合性方法和技巧的介绍开篇，进而逐个剖析了零散型产业、新兴产业、成熟产业、衰退产业和全球性产业中的竞争战略。书的最后部分介绍了企业面对重大战略决策时所需的分析技巧：纵向整合、业务能力扩展、放弃通信进入新业务领域等。

《竞争优势》（[美]迈克尔·波特．陈小悦，译．北京：华夏出版社，2005）：本书研究的是一个企业如何才能创造和保持竞争优势。这些成果源于作者在过去十年中在竞争战略方面的研究和实践。本书反映了作者日益深化的信念，即许多公司战略的失败是由于不能将广泛的竞争战略转化成为获取竞争优势的具体实施步骤。

《企业流程设计指南：流程可视化》（[加] 诺曼·洛夫茨．苏益群，邓冰，译．北京：机械工业出版社，2005）：书中描述了北美某知名的零售商如何运用流程可视化方法与启动业务流程的重组项目，从而实现了价值两亿美金的供应链系统的彻底转变。每一个参与该项目的人都需要一种方法来表述和验证他的设计理念，检测所设想的流程步骤正确与否。运用流程可视化方法，项目经理和团队成员们更能够在技术实施以前体验到设计流程的各个环节，并获得对正式启动的信心。

《创造性破坏：全球化与文化多样性》（[美]泰勒·考恩．王志毅，译．上海：上海人民出版社，2007）：作者毫不讳言全球化对传统文化的破坏力，但同时以“创造性破坏”来鼓励人们对全球化下的世界文化发展持一种更加积极的态度。全球化和跨文化交流不是一种新现象，而是世界文化发展的常态。

《公司病：企业风气改革大师的诊断处方》（[日]柴田昌智．赵净净，译．北京：中信出版社，2011）：员工不辞辛苦地加班，拼命工作，公司财务仍为赤字；公司内部弥漫着不信任的气氛，到处是嘴上谈兵的“评论家”；公司重组令员工数量和薪水都大幅减少……这些都是“公司病”！本书揭露了目前广泛存在的“公司病”，以逼真的手法再现了令人吃惊的公司复兴过程。

参考文献

1. Coimbatore K. Prahalad, Gary Hamel. The Core Competence of the Corporation[J]. *Harvard Business Review*, 1990, 68(3): 79-91.
2. [美]理查德·帕斯卡尔，安东尼·阿索斯．日本企业管理艺术[M]．张小冬，周全，译．乌鲁木齐：新疆人民出版社，1988.
3. Richard A. D'aveni. *Hypercompetition: Managing the Dynamics of Strategic Maneuvering*[M]. New York, NY: The Free Press, 1994.

第四篇

咨询管理

提升管理咨询的品质，不仅需要良好的理论、方法与技术，还需要良好的管理。这里所讲的管理，是针对咨询公司这个特殊类型的企业的管理。一方面，管理咨询公司只是专业从事这项工作的企业组织，而不代表本身就是一个百病不侵、无菌无恙的企业体。或者说，管理咨询公司也是企业，它同样面临着所处的经营环境和企业资源的限制和影响，像其他企业一样，也同样面临着自身创业、生存、发展、再创业过程中的各种问题。另一方面，咨询公司具有自己的企业特殊性，在管理上有着特殊的要求。对咨询公司的管理进行专项分析因此成为重要命题。

第 13 章

咨询团队

做出一个咨询品牌需要一群天才踏踏实实地干上至少 20 年。

——冯·凯乐[①]

- 把握咨询专家的素质要求；
- 明确咨询师的管理方式；
- 学习虚拟组织的管理方式。

咨询企业所涉及的是咨询的人。管理咨询公司是以知识为基础的企业，有些人力资源方面的问题却有很大的不同。这种差异在其他一些专业服务公司中也存在，如咨询工程公司、会计师事务所和律师事务所。产生这些问题的部分原因在于咨询业务本身的性质，部分是由于从事这些职业的人的特点引起的。咨询公司必须在业务观念和人事观念之间有一个紧密的联系，否则它就不能健康运转。咨询公司的人力资源管理必须以业务需要为指导思想。

人才是根本，管理咨询公司必须能够吸引人才、留住人才，拥有一支高素质的专业人才队伍。不但要建立活跃的人才机制，使人才有流动、有保留、有选择；更要重视对员工的培养，帮助他们在实践中不断提升自己的专业咨询能力。公司内部应成为一个学习型组织，引导员工不断学习、促进组织中经验的分享与交流、鼓励创新性设想与方案的提出，从而在公司内部激发出整体的活力，形成一种良性的知识积累和成长。缺乏咨询专家，缺乏企业管理理论和经验基础。咨询公司是以自己的知识智慧和长期积累的经验帮助别人成功，这就要求咨询公司有足够的专家群体以及专家网络来满足咨询的需要。因此，咨询专家也就构成了咨询企业的关键要素。但是由于中国咨询业发展历史短暂，并且发展过程之中缺乏人才的积聚，中国咨询业人才缺乏并由此引起的缺少企业经营管理理论和经验的现象已经十分严重。

[①] 冯·凯乐（Eugen von Keller），罗兰·贝格国际管理咨询公司（Roland Berger Strategy Consultants）亚洲总裁兼中国区主席。

咨询素质

管理科学天生是一门主体（Subject）科学，研究成果的品质与研究者自身的素质高度关联。这个特点与医学（尤其是临床医学）及心理学一致。在管理咨询实践中，咨询人员的素质（包括知识、认知、能力、智力等）对咨询成果具有决定性的影响。庸医会要了一个病人的命；同理，一个平庸的咨询师也会断送企业或其他组织的发展前途[①]。

技能条件

成功的实施过程咨询师所需要的技能和能力的范围非常广泛，不仅需要精湛的技术能力，而且还需要卓越的人际技能。详尽地阐述每一种个人技能不是本章的范围，但是可以把它们大致分成下面的五个类型分别进行概述。

形成技能

形成、制定技能使咨询师能够很快地理解一种情势：存在什么样的备选方案、哪个备选方案最好。这一点对实施过程也非常重要，因为各种情势都可能会发生变化，需要快速地做出相应的决策，而且这种决策所建立的基础应该是合理的理性逻辑，而不是情感信仰甚至被误导的信念。这一类技术工具有着特别的重要性，它们往往都是情势分析、优先序列排序时的标准选择和评分（在必要时赋予相应的权重）、决策树分析和帕累托分析。这些技术工具可以帮助咨询师制定和形成备选行动方案。

过程技能

这些技能包括促进推动座谈会的进行（小型座谈会或大型座谈会）、项目管理、管理一个大型规划中的各个项目、规划其中的整个过程。这些技能有一个共同的特点：设计它们的目的是让人们在以团队的形式进行工作时能够实现最佳的效果。其中的有效技能需要技术性技能作为必要条件，如项目管理和过程规划。有些需要“主持人”技能，像用 OST 技术工具组织一个大规模的咨询介入座谈会。所有技能都需要有一定的能力和信心。

教育技能

做培训需要大量的教育技能。这些技能包括确认培训需求、设计培训课程、投入培训教程。由于技能的转移对实施过程咨询师的工作来说有着非常重要的意义，所以，如果实施咨询师不能通过正式途径（如通过培训教程）和非正式途径（通过工作过程中的培训）来实现技能的转

---

① 这个思想的形成，源自笔者去医院就诊的体验：一个庸医不仅可能完全诊错了病况与病因，开错了药，也同时存在乱开药、高价开药的情况。就诊于庸医十分危险。

移，那么他们所提供的价值就不能满足客户的要求。同这些技能相匹配的是下面这种能力：确认个人不同的学习风格和偏好，并按照个人的方式满足相应的要求。实施过程咨询师在这个领域中的技能巅峰就是能够把别人也培训成为培训者（例如，举办旨在培训培训者的教程）。

人的技能

实施过程的完成是通过人来实现的，这一点是显而易见的，但是在这个充满行业术语的高科技时代人们常常会忘记这一点。一个咨询师往往需要大量的人的技能来完成自己的工作。人的技能可以分成两个大的类型：人际技能（Interpersonal）和人内技能（Innerpersonal）。人际技能可能包括倾听技能、语言沟通技能、视觉沟通技能、心领神会别人的意图。人内技能可能包括深入理解心理学以及各种心理测量方法（如 Myers-Briggs，Belbin 等）、团队建立技术工具以及解决冲突的能力。

领导技能

领导关注的东西有两个：完成任务和人/关系的开发和发展。

领导就是一种将这两方面有机结合起来的艺术：让别人完成任务。理论界和实践界有很多种领导风格和领导理论。对实施管理咨询师来说，最有用的一种模型就是 Hersey，Blanchard&Johnson[1]所提出的情势领导模型，该模型用人与关系轴以及目标与任务轴把领导风格划分成四个类型。对管理咨询活动的角色来说，具体情形如图 13.1 中的矩阵。

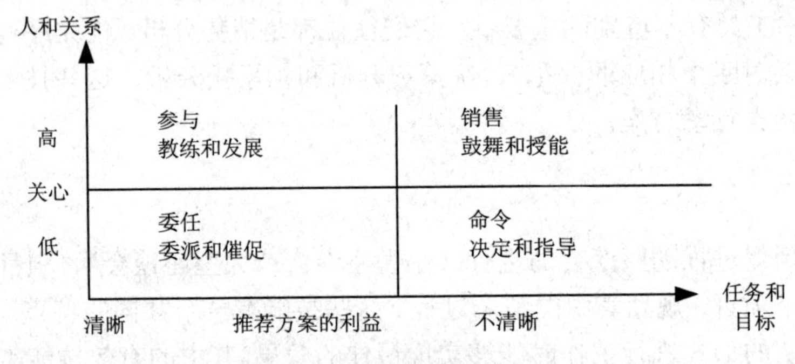

图 13.1 情势领导风格矩阵

实施过程必须寻求人和任务之间的平衡，管理咨询师的角色就是确保这两方面处于平衡状态，根据实际情况他们还必须在必要时调整自己的行为方式。图 13.2 中的两个轴方向上是各种不同的技能。

图 13.2 中所提到的各种技能都是非常明显的，但是有一个需要进行解释："运用幽默"。实施过程可能非常辛苦，能够洞悉某种情势中幽默的一面可能就是非常幸运的一件事。组织内部的人可能会感到压力重重，而咨询师则可能会看到其中比较轻松的一面。说出来，缓解大家的压力和紧张可能会非常有益。

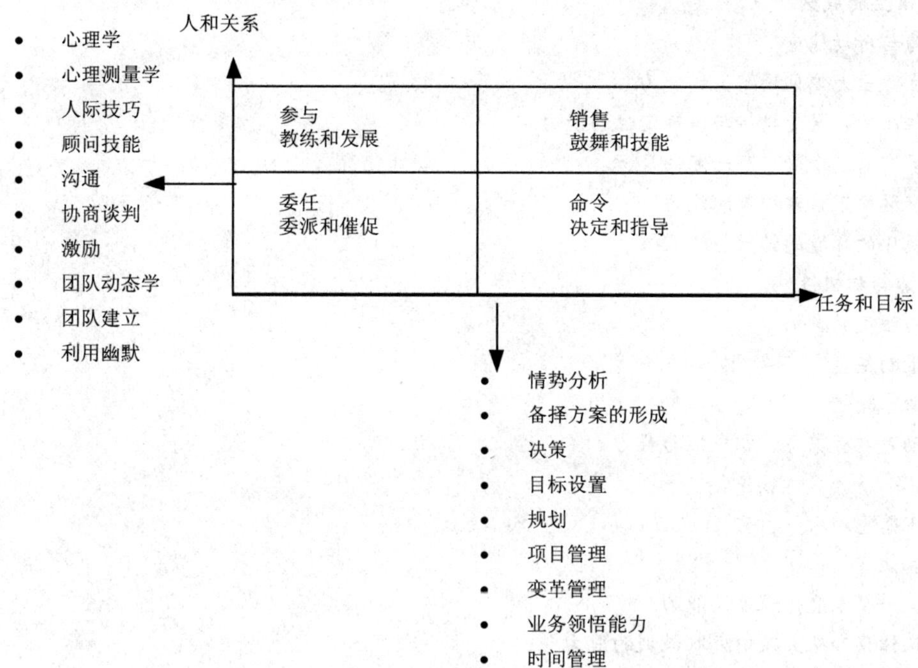

图 13.2　实施过程的领导：必需的基本技能

专栏

咨询师的能力

Kubr[2]对咨询师所需的能力与素质提出了自己的观点。

智力能力

- 迅速和容易学习的能力
- 观察、收集、选择和评价事实的能力
- 良好的判断能力
- 归纳和演绎推理能力
- 综合和概括能力

理解他人并同其合作的能力

- 尊敬他人，容忍他人
- 预期和评价人的反应的能力
- 容易与他人接触的能力
- 获得信任与尊重的能力
- 礼貌与良好的礼节

交流、劝说与激励能力

- 听的能力
- 熟练的地通过说与写进行交流的能力
- 教育与训练他人的能力
- 劝说和激励的能力

智力和感情上的成熟

- 行为与行动稳重
- 独立做出无偏见的结论的能力
- 承担压力、忍受挫折与不确定性的能力
- 做事沉着、冷静、有一定的目标
- 所有环境下自我控制的能力
- 对变化的环境的弹性与适应性

个人内驱力与积极性

- 恰当程度的自信
- 健康的抱负
- 企业家精神
- 行动时具有勇气、积极性与毅力

正直与诚实

- 真正愿意助人
- 极其诚实
- 确认一个人能力限度的能力
- 承认错误和从失败中吸取教训的能力

身体和心理健康

- 承受管理咨询中存在的特殊的工作与生活条件

角色扮演

一个参与实施过程的咨询师所扮演的角色同一个只参与形成过程的咨询师所扮演的角色是不一样的。他们必须在不牵涉进组织内部的外部顾问角色和牵涉进组织内部的催化剂角色之间权衡好。他们必须保持公正正直，同时却还要涉及一些典型的政治性行为，帮助组织顺利走出实施过程这个迷宫。其角色往往是下列各种角色形式的组合（随着各种不同组成成分的不同以及具体情形的不同而有所不同）。

顾问

一个实施过程的咨询师必须提供建议和指导。不过，同形成过程的咨询师不同的是，这种建议的焦点是方式（“如何”）而不是问题（“什么”）。在方式明确之后，就会出现新的机会，因此他们必须对问题非常清楚，从而能够推动组织所面临的机会。

教育者

实施咨询更像技能的转移。实施过程咨询师必须能够把自己的技能传输给组织中的其他人，从而使他们能够提高实施过程的质量。实施过程几乎无例外地会需要进行新技能和过程方面的培训，而咨询师则必须熟悉实现这种培训的各种不同方式——即便这种方式自己并不一定会亲自执鞭。

教练

教练角色同教育者角色不一样。这个角色所包含的内容所针对的对象是个人：提供指导，并进行监控。在实施过程中，人们常常会觉得有必要发发胸中的怨气，寻求对人际问题的指导以及行为和认识方面的建议。他们非常欢迎一个能够独立提供建议和鼓励的人。虽然正在进行中的实施过程对咨询师来说非常简单，但是对组织中的那些人来说，却可能是一种全新的体验。给个人奉献几句措辞恰当的鼓励就可能会有助于事态的顺利进展。除了这种类型的指导之外，还必须提供一些技术性更强的领域中的指导，如项目管理。

领导者

在某些情况下，咨询师往往有必要扮演领导者角色，鼓励别人前进。扮演领导者角色不同于扮演控制者角色，因为领导角色更多的是鼓舞和激励。在早期阶段，咨询师必须鼓舞和激励周围的人——因为他们缺乏经验，所以对自己的实施能力没有充分的信心。

技艺精湛的实施过程咨询师的基本素质就是对这些角色的有机组合，以及对这种角色组合的不断实践。时机的把握就是要去洞悉各种情形的微妙之处，而这些微妙之处往往又可以被经验丰富的咨询师破解。不过，支持这些角色的是技术性技能，对这些技术性技能的概述将在下面的内容中实现。

能力提升

问题导向

面对问题，喜欢问题，明确解决问题的基本功能。企业是由问题组成的，在一定程度上，管理者也是为解决问题而存在的，企业也会因问题的不断解决而得到不断发展。作为管理咨询公司，其存在的价值是通过专业化的整体方案，解决客户企业现实存在的和未来发展的问题，而且是靠企业自身难以解决或解决不了的问题。

思路清晰

厘清现状和思路，做好企业设计。盘点自身资源和能力，从而确定 P——执行角色，即干什么，什么不能干；A——行政角色，即怎么干，不能怎么干；E——创新角色，即为何干，何时干，为什么不能干，什么时候不能干；I——整合角色，即谁来干，谁不能干。企业的基本定位和基本的发展思路都源于此，是管理咨询公司获得生存和发展，必须实现的“三化”，即“职业化、专业化和知识化”的重要课题。

分析方法

学习思维的基本方法，熟练掌握解决问题的基本技巧。不管解决客户企业的问题，还是管理咨询公司自身问题，必须熟练掌握管理五个方面的思维技巧，即现状分析和形势判断、问题的因果关系分析、决策的分析制定和实施、把握潜在问题与机会的计划分析和计划制定、开创新思路和新事业项目的策略化创新方法。熟练应用思维技巧，以解决客户问题，是管理咨询公司的基本修炼，在一定程度上应该是看家本领。

看懂企业

学会看懂企业，从懂行业到懂系统，从懂系统到懂运作。懂行业——培育商业洞察力和产业分析能力，把握行业成功的关键要素；懂系统——弄清楚企业整体系统的形成、升级和运作规律；懂操作——把握企业稳定的生存机制，即农夫机制，并致力于创造企业发展的成长机制，即猎手机制。

卓越境界

打造经营基础，从精明到高明，从高明到英明。精明——彻底理解经营的商业基础，即经营主观目标和客户目标之间的依存关系，从而通过投资经营，构建适合自身生存的营商模式；高明——培育人才及人才互补团队，因为只有人才与人才互补团队才能带来长期的增值资本，是经营境界提高的基础；英明——站在产业和事业发展的高度，运作愿景、战略和企业文化。

管理升级

致力于管理的不断升级，从亲力亲为到有为不为，从有为不为到无为而治。亲力亲为——创业伊始，要具备开创精神，不怕吃苦和冒险，身先士卒，勤勤恳恳，亲力亲为，彻底承担企业的责任和义务；有为不为——管理是从有效授权开始的，要通过人才培育和逐步授权实现有所为、有所不为；无为而治——推动企业系统升级优化，并勇于成为局外人，即站在企业之外做企业，最终达到通过理念和文化来实现“无为而治”的管理境界。

团队治理

管理咨询本身需要管理，这对于一个拥有数百名咨询师、业务范围十分广泛的大咨询公司来讲是不言而喻的。在这样的专业公司内，要为各位咨询师寻找工作，要协调许多各不相同的任务，要招募和培养咨询师，还要与当代最新科技水平保持同步，并获得适当的利润，所有这一切都代表了艰巨的管理任务。然而，即使一个小的咨询机构，甚至只是一个单独的从业人员，也必须处理资源利用、时间分配、客户关系、行政支持、专业发展等方面的管理问题。

团队结构

智力成员是咨询公司重要的智力资本，它决定了咨询公司的经营成败和声誉。国际著名的咨询公司之所以能够成功，主要由于它们拥有高素质的智力成员，这个智囊团使得这些著名咨询公司为其客户提供一个又一个近乎完美的咨询方案，成功地提升了客户以及自身的管理水平，这也是中国本土咨询公司现今还无法拥有的一项资本。

Karl-Erik Sveiby[3]提出了一个概念模型，可以用来研究构成咨询公司或其他知识型公司的人员类型，图 13.3 所表明的是两种类型的诀窍。在纵轴上，他说明了专业诀窍（Professional

Know-how），这一点，我们大多数人在研究一个管理咨询公司时都会想到。这是管理咨询公司的核心，因为它是服务理念与取得收入和销售额的基础。在横轴上，他说明了管理诀窍（Managerial Know-how），简而言之，它是管理部门、战略领导与管理的行为。

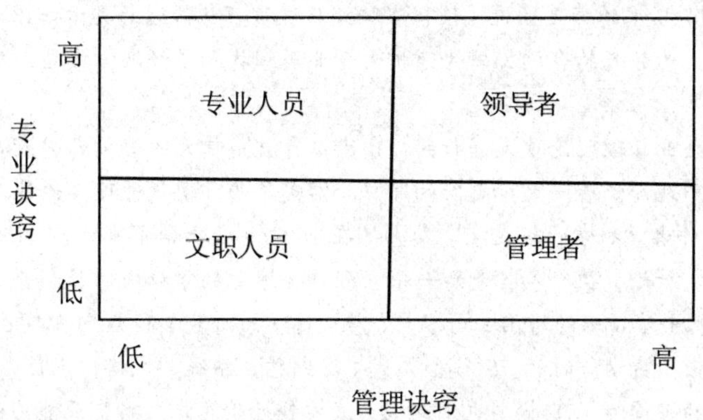

图 13.3　知识型公司的人员结构

专业人员

管理咨询公司的大多数雇员称为专业人员，对于管理咨询公司而言，专业诀窍是很高的，而管理专业技能水平相对比较低。一般来说，专业人员在某一特定的技能或知识领域特别精通，并且接受过较高水平的教育。专业人员对所从事的工作有着很高的奉献精神。有些人员，至少是许多咨询公司中的人员在全球享有盛誉，并且由于其专家技能而被外界认为是焦点任务。如果没有这样的人，任何管理咨询公司都无法经营下去。

读者可能对下面这个建议感到万分惊讶：管理咨询公司应该大量拥有缺乏管理诀窍的专业人员。其原因就是专业化的需要。为了能在如战略分析、信息系统、营销、人力资源管理的法律问题等领域（可能还有很多类似的领域）具有很高的能力，只能牺牲宽度，而增加深度。一个能够设计出很多伟大营销方法的专家会自然拥有持续经营一个营销部门的能力，一个出色的战略家并不一定是一个出色的管理董事，如果您怀疑这一说法，就去研究一些管理咨询公司的内部运作。那些掌握大量优秀人力资源惯例的公司很少能够按照最佳惯例设计自己的组织。只在少数几家咨询公司中，管理信息和会计系统才同他们建议遵循的方案“言行一致”。同样，出色的市场营销能力也未必能给公司本身带来营销的反馈。当一个管理咨询公司实施一项收购方案时，他们很少能够按照他建议客户去收购的方式那样处理，只要能对公司的人力资源进行恰当的管理，这一切都可以避免。

咨询师是管理咨询的主体，是收集客户企业一手资料，运用咨询工具分析其存在的问题，提出并指导实施解决方案的人。咨询师不仅要具备扎实的理论基础和丰富的咨询经验，还要明确自身在咨询过程中的角色，从而扮演好该角色，为企业和自身都带来价值。

诊断大师

“最终决定产业盈利水平的是产业的竞争结构。”这是迈克尔·波特在其名篇《竞争战略》中的核心观点之一。这位26岁就成为哈佛商学院教授的早熟天才，同时还是摩立特咨询公司的董事长，他的五种竞争力量模型是摩立特分析客户运作外部环境运用得最得心应手的模型。

对于咨询这类知识密集型企业来说，如何随着累计客户服务数量的增加摊低企业的学习成本，是决定越过盈亏线的关键因素。IT技术的突飞猛进，使得咨询经验这种不易传递的具体知识可以迅速在知识库中沉淀为易于传递的一般知识，为领先的咨询公司快速扩大营业规模找到了经济学模型，从而使其处于优势学习曲线地位。

事实上，许多现代企业管理理论重大创新的提出者本身就是伟大的咨询公司或是伟大的咨询师；他们理论的高度扩散，无疑强烈地影响着一大批忠实的客户：奠定了西方现代管理理论基石的《科学管理原理》于1911年第一次出版，而作者"科学管理之父"泰勒早在1893年就开始了他的咨询工程师事业；以1967年出版的《营销管理：分析、计划、执行和控制》一书而登顶全球营销学权威的菲利普·科特勒同时拥有自己的咨询公司，并锁定一大批全球顶级的跨国公司客户。理查德·帕斯卡尔和A.阿索斯在1981年合著的《日本企业管理艺术》一书中提出了轰动一时的7S模型（战略、结构、系统、风格、人员、技能、共有价值观），当时他们的身份是麦肯锡的咨询师，7S模型也因此成为麦肯锡检验客户战略企业能力的基础框架；一年后，同样是麦肯锡咨询师的汤姆·彼得斯和罗伯特·沃特曼出版了更为轰动的《追求卓越》，此书不仅在西方管理学界和企业界引发了一场巨大的震动，而且在咨询业界也产生了深远的影响，Larry Farrell于1983年辞去了全球性咨询公司Kepner Tregoe的总裁职务，创建了自己的咨询公司，当时的全部业务就是向全世界的公司推广"追求卓越"的概念，而汤姆·彼得斯随后也创建了自己的咨询公司；被当今各跨国咨询公司奉为"真经"的BPR（业务流程再造）一词来源于詹姆斯·钱皮和迈克尔·汉默1993年合著的《企业再造》一书，而詹姆斯·钱皮身为CSC指数咨询公司的创建人之一，CSC早已跻身于全球最大的咨询公司之列，拥有2 000多个咨询机构，资产超过50亿美元……由是观之，抛开眼下短暂的市场混沌不说，本土咨询公司对中国企业真正产生深远影响的能力更多地将取决于，其是否能够提出适合中国企业的企业战略分析模型和市场竞争分析模型。诺贝尔经济学奖得主斯蒂格利茨曾经说过，谁能把中国的经济问题研究明白，谁就可以获得诺贝尔奖。而大师不是凭空产生的，只有在广泛深入地接触和研究优秀企业的基础上，才有诞生大师的可能。

在著名的美国兰德公司里，多学科人才交杂，不仅涉及社会科学的各个学科，也包括自然科学和艺术类。

文职人员

绝大多数咨询公司通常还有双低区域的人员。他们是文职人员和支持人员，其工作有着非常重要的意义并且得到了认可，因为这些工作绝大多数能够为专业人员的工作提供支持。

T型人才

所谓T型人才，是对传统咨询师的定位，他们不仅在某一领域有较深入的了解，而且知识比较渊博，掌握与顾客沟通的技巧。现代咨询的客户对知识的深度要求更高，企业的知识库需要更多的知识，这就需要一定的专才和研究中心。

咨询公司要为这些专才设计职业生涯道路，因为他们不像咨询师那样，依靠解决客户问题提高自己在公司的声望，如果说咨询师是前线奋勇杀敌的战士，那么T型人才是一群在后面制造弹药的人，他们的工作虽然更加默默无闻，但却是现代咨询企业十分必要的，所以如何为他们设计职业生涯道路、激励他们非常重要。

管理者

图 13.3 右下部的人有着很高（但不见得比专业人员的平均水平高）的管理诀窍，他们是“管理者”。在管理咨询公司中，这种人的数量很少，不过大多数客户都很关注这些人。这些人在管理咨询公司中所充当的角色通常是会计人员、人力资源经理和行政管理人员。在很多管理咨询公司中，人们往往认为他们是无贡献的人员，因而同专业人员之间通常存在着冲突。

领导者

最后一个人员类型是“领导者”，他们拥有两种类型的诀窍，因此能够以富有成效的方式与专业人员和客户进行沟通联系，同时拥有使整个公司发展与成长的管理技能。

在诀窍型公司中能被划分为领导者的人是很少的。通常情况下，被任命为这样公司领导者的人也是从“专业人员”中挑出来的。在专业人员中，有着最高收入能力、最强客户关系，并且最受同事尊敬的人往往是最理想的领导者人选。事实上，对公司的长远成功来说，这样做可能是灾难性的：公司战略成了人们想做的，而不是他们应该做的。

在波士顿咨询公司（BCG），布鲁斯·亨德森（Bruce Henderson）是创始人和首任 CEO，自那以后，每隔几年会选举新任 CEO。这是一个独特的过程，公司采取合伙人制，每个合伙人都可成为 CEO 候选人，经过多轮提名投票选出 CEO。每次投票不要求把所有人聚集在一起，而是在各地进行，候选人会飞来飞去；推选过程也不一定要求每个人到场。

管理咨询公司所面临的一个人力资源挑战是：确保这四种人力资源的恰当平衡——同时要考虑公司的长期战略。对于那些对其专业领域之外的业务没有多少兴趣的人来说，管理咨询通常是一个好职业，同时，它对于那些专业外知识面较宽的人可能也是一个较好的职业。不幸的是，个人的抱负并不是总与其能力相关。

咨询任职

咨询公司不仅要为客户提供优化方案提升客户企业的管理水平，更要重视自身的管理，特别是自身的人力资本管理，以充分利用所拥有的异质性人力资本增加价值。

招聘管理

知识经济企业最大的特点就是需要严格地控制自己的生产资源，这个资源就是人力资源。大部分咨询公司对人力资源的开发都很重视。从人才的测评，到合格岗位，服务、任用、提升、聘用，都有一整套体系。人才建设的重点应把找人转移到对人的要求的描述上，符合岗位要求的人就是人才。如果规定某一岗位需要完成的工作，那么执行这个工作的人的标准就确定了，从而将模糊的人才的概念用一系列明确的条件显示出来，即用岗位的概念来界定对人的标准，这也是对岗位体系的把握的过程。

麦肯锡对员工的培养主要是培养其分析问题和解决问题的沟通能力、交往能力、领导才能与潜力、团队精神。特别表现在：麦肯锡对人力资源配置的目标之一就是“建立一个能够吸引、培养、激发、激励和保持杰出人才的企业”。麦肯锡因此要求选择最优秀的人才加入公司。咨询业分成三个层次：战略咨询、操作咨询和特定咨询层，这三个层次决定了麦肯锡公司的用人标准。麦肯锡的招聘过程十分严格，进入公司的新员工会接受一系列的培训。麦肯锡团队管理的有四大要素：内部沟通、联系活动、个人发展、知识学习。合伙制的公司运作方式体现了麦肯锡公司的管理实质，即对知识资本的增值和运作[4]。

有些咨询公司往往会招聘一些刚毕业的大学生，经过一段时间的引导和培训之后，从五层次结构中所提出的第一层次上升到第二层次；而有些公司则有着较高的基本要求，它们倾向于找MBA或具有专门知识（如心理学）的人，因为他们可能会同公司所需要的技能直接相关。

五层次组织结构

对一个典型的大咨询公司来说，可能存在以下五层次结构。

（1）初级咨询师（Junior Consultant）：从刚毕业的大学生中招募的人员。

（2）运作咨询师（Operating Consultant）：他们要完成大部分咨询工作。

（3）主管咨询师（Supervising Consultant）：管理项目并在需要时提供有经验的建议。

（4）初级合伙人（Junior Partner）：营销，维护客户关系，监管项目和管理责任。

（5）高级合伙人（Senior Consultant）：公司的管理层，Kubr把总裁或管理董事包括在高层结构中，而不把他们看作一个独立的层次；Kubr的这种处理具有非常典型的合作伙伴文化特征，并不是从商业需要的角度进行考虑的。

这种结构可能适合某些类型的咨询公司，尤其是主要以咨询项目为导向的公司，可能有许多公司适合这种形式，不过需要对其中的一些层次进行修订（增加或减少一两个层次），也有很多公司并不适合采用这种结构。有些咨询公司的组织结构处于特殊阶段，或者其咨询项目的特性比较特别（过程咨询或知识转移），因此不适合采取这种结构，它们往往对高级咨询师有一种特别的偏见，而且绝大多数咨询工作是高级咨询师完成的。也有一些咨询公司的组织结构是完全扁平的，在这种组织中，往往因为咨询项目所涉及的运作层次比较高，所以他们要承担所有工作。

有些公司可能愿意招募有管理经验以及良好专业知识的老手，而且通常让这些人直接进入五层结构中的第三层次。在这一战略下，公司内在这个层次工作的人可能会比那些其他公司中在相同层次上的人年纪要大一些。

大多数公司都不太可能让新招聘的员工直接进入最高的两个层次；但是，如果公司要扩张进入新领域时所形成的需求不能由组织内部来满足，那么往往也会打破这条规则。IBM的咨询公司每年都要从20个学校的上千名报名者中选择60个应届毕业生进入公司实习。他们被分为四组，利用夏天完成公司派下的任务。夏天结束后，每个小组将获得4分钟向IBM的主管人员阐述他们的分析及解决方法。最终只有一半的人可以获得永久的工作。因此，大学刚毕业并成功进入IBM公司的詹姆斯说：“毕业生除了需要具备专业的知识以外，还必须懂得展示自己的其他方面，以及具备与他人合作的能力。”

项目小组

咨询师的大多数时间可能都是直接为项目经理（这一角色的含义在不同公司中是不同的）服务。一旦项目完成，咨询师就可能转到另一个项目经理的门下。事实上，有一些同时承担几个项目的咨询师可能发现自己在同一时期同时受几个项目经理的领导。在一些咨询公司中，人们可能会忘记正式结构中的层级结构，因此一个人可能在为某项目工作的一段时间内受级别比自己低的人领导。

一般来说，正式结构要把咨询师组成工作领域小组，这些小组通常也是利润中心。然而，提供给客户的产品可能涉及几个工作领域小组，这些小组的行为与合作文化受到非人力资源系统（例如内部转移价格、利润中心计分卡的计算方式等）的影响也很大。工作领域小组的选择可能是以学科（例如战略、营销或人力资源）、行业（例如汽车业、建筑业）或特殊情况（例如私有化）为基础。矩阵管理方式可能会涵盖所有这些问题。例如，在某些公司中，一组工作领域小组可能会组成一个业务领域。

结构可能也会受到服务理念的影响。有些公司在其提供的服务中有着很强的专有知识产权素材因素（例如心理测评方法）。这种公司的结构中很可能会有一些职能部门来为其研究、开发和保持这种素材，而在那些不存在专有知识产权问题的公司则不会发生相应的问题。

智力开发

增长包括招聘和发展新的咨询人员。如果增长快速，常常难以觅到新的咨询师，新入选者的最初培训只好缩短，而且也只好安排相对缺乏经验的咨询师去干他们可能力所不能及的工作。20 世纪 70 年代，相当多的推行快速增长战略的咨询公司不得不应付大量人事安排、培训、思想灌输、保持一致性和完整性的问题。

并不增长或增长太慢的咨询公司会面临其他问题。年长的员工已经积累很多经验，希望升迁到高级职位，并获得相应增加的报酬。由于不可能维持正常的低级人员与合伙人的比例，公司的杠杆模式可能就遭到破坏。如果高报酬不能由提高的员工生产率所抵补的话，公司的服务成本就会上升。

所有公司都面临的一个困境是：如何提高高级咨询师的专业技能，因为这些咨询师可能已经达到世界级水平，保持与时代同步的一些责任就落到他们的肩上了，并且是其职业要求的有机组成部分。

公司也可能会制定一些战略来促进这一过程的实现。公司可能会鼓励员工撰写文章和进行研究，或建立内部论坛，形成新的思想。这些努力的成果不仅仅可以使开发过程得以持续下去；它们还可能会研究出新的产品，提高公司的形象，有助于使关键人物继续留在公司。

与任何其他类型的组织相比，咨询公司更适应成为学习型组织，并运用各种持续提高的原则。学习型组织充分利用可以利用的一切智力、知识和经验，从而股东的利益实现持续进步和提高。几乎所有公司的学习都是偶然的，只有学习型公司才是通过精心设计的业务过程来进行学习的。

在很多情况下，咨询公司的人员往往可以从不同角度来对问题进行研究。然而，学习型不仅仅是一个战略意图问题，更是一个组织文化问题；许多公司内的各种程序与气氛往往会阻碍这一巨大的潜在资产得到充分的开发与利用。北大纵横在员工培训上也不惜血本，每人每年有 150 小时的培训时间[5]，并且管理层也致力塑造相互平等、鼓励交流的企业文化，轻松和谐的企业环境。

案 例

咨询顾问走进小村庄[6]

2004 年夏天，会计、咨询业巨头——普华永道公司派给合伙人塔希尔·阿尤比一个短期咨询任务，这与他以往的工作完全不同。他要去帮助纳米比亚穷乡僻壤的村官们同当地日益严重的艾滋病危机作斗争。由于存在语言障碍，文化背景也不同，再加上电力严重匮乏，39 岁的阿尤比与他的两名同事不得不放弃他们的 PowerPoint 演示，转而采用面对面的讨论。通过讨论，这些乡村主管明白了要发动团队的力量来推动艾滋病防治计划的实施。阿尤比也明白了一个重要的道理：科技并不是万能的。他说："你最好把自己的信仰、偏见统统放在一边，要找到考虑问题的新途径。"

在普华永道，阿尤比可能再也不会碰到像纳米比亚这样与现代文明如此隔绝的国家。但是，对新一代合伙人来说，克服种种阻碍、与全世界的客户建立联系将是他们工作中至关重要的一部分。而这些技能正是普华永道希望那些参与尤利塞斯项目（Ulysses Program）的合伙人所要培养的。该项目是将优秀中层管理人员送到发展中国家，进行为期 8 周的服务。项目投资还算适度——每人 1.5 万美元、外加工资。普华永道通过这一项目既考察了这些人才，同时也拓宽了该公司未来领导人的国际视野。这一项目自 4 年前启动以来，已经引起了强生、思科以及其他大公司的注意，它们也开始考虑实施自己的项目计划。

尽管（项目实施的）结果难以量化，但普华永道深信这一项目是有效的。完成该项目的所有 24 名合伙人现在仍然在公司任职。他们中有一半已经获得提升，大部分有了新的任务。更为重要的是，24 个人都表示，他们肩负着更大的责任，一部分原因出自于他们对公司所承担的义务，另一方面也因为他们对公司的价值观有了更新的认识。全球管理合伙人威廉·布罗克表示："通过这项锻炼，合伙人的素质有了更大的提升。"

如何发现并培养那些能够打破传统、处理棘手问题的未来领导者，是专业服务企业面临的最大挑战之一，而尤利塞斯项目是普华永道为应对这一挑战所采取的措施。普华永道新的领导成员由公司内部提拔，这既是公司的传统也是发展必需。但是，要想在 8 000 名合伙人中发掘那些拥有必需的商业头脑、关系拓展技能的人员并不是一件易事。正像尤利塞斯项目使得合伙人对普华永道有了新的认识一样，普华永道也同样对这些合伙人有了新的认识，尤其是他们在压力之下继续开展工作的能力。

对于那些整日埋头于电子邮件和 Black Berry 无线手持设备中的中层合伙人来说，参加这个项目可不像到公园散步那么轻松。他们已经习惯了这样的世界：无绳电话、光洁的办公室、中餐外卖，因此发展中国家艰苦的状况的确令他们震惊。37 岁的布赖恩·麦卡恩是普华永道波士顿分公司的一位并购专家，来伯利兹之前从来没去过第三世界国家，那里住宿的地方脏乱，还有生病的孩子以及难挨的贫穷。

阿尤比出生在非洲，自以为见多识广。即便如此，长时间与剧增的 HIV 阳性人群共处，也使他在心理上承受着巨大的压力。37 岁的迪努·本伯恰是普华永道罗马尼亚分部的一名合伙人，曾经在赞比亚的一个农业中心工作，由于当地常常停电，因此工作的时间主要局限于白天，所以他有充足的时间思考周围的这些不幸。他说："非洲很穷，这一点我们都知道。但是，除非你来这里，否则你根本不了解这里到底穷成什么样。我们太想当然了。"

15 年来，许多公司都倡导社会责任意识来发展培养其领导人。但是普华永道将此理念提升到一个新的层次。参与者需要在发展中国家待 8 个星期，向当地的援助组织传授商业技能。这些援助团体大到伯利兹的生态旅游团，小到赞比亚的小农场主，也有纳米比亚的艾滋病防治团体。尤利塞斯项目同时也给参与者带来了挑战，他们不仅要与来自普华永道其他地区机构的同僚合作，还要与有着文化差异的当地人员进行沟通。拿阿尤比来说，他就需要与来自墨西哥以及荷兰的合伙人并肩作战。

项目的实施目前已进入第三轮，普华永道称这一项目给了参与者一个广泛的、国际化视野，而这对于一个在全球范围开展业务的公司来讲是至关重要的。道格拉斯·瑞迪是国际经理人发展研究协会（International

Consortium for Executive Development Research）的主席，他认为，传统的经理人培训仅仅是让这些经理人获得了专业的工作技能，但是他们对狭窄的专业领域以外的事务知之甚少。普华永道表示，尤利塞斯项目培养了参与者应对挑战的能力，这种能力远远超出了严格意义上的会计、咨询领域。同时，该项目也慢慢地将团队参与理念灌输给他们，而这些理念是公司文化的基础。

尤利塞斯项目同样给了合伙人一个机会，他们可以学着用非常规的方法来完成任务。该项目迫使他们同样要接纳专业技能之外的事情。例如2003年夏天，麦卡恩为伯利兹的一个生态旅游团开发了一项商业计划。麦卡恩久久不能忘怀的是在花了一整天的时间讨论这项计划之后到一个玛雅人家里用晚餐。麦卡恩回忆说，“他家甚至都没有电，但是他还是尽其所能。”

普华永道的合伙人声称，他们已经把自己通过这一项目获得的经验应用到人员和客户管理中。詹尼弗·张是（普华永道）马来西亚的合伙人，她说在伯利兹之旅后，她的团队注意到她的管理方式发生了转变。她越来越多地听取他人意见，而且处理问题也更灵活。她说：“一旦你发现在其他地方决策是多么滞后，那么你就会对同事有更多的耐心。”阿尤比6月份获得提升，目前管理着20名合伙人。他说他喜欢面对面的交谈甚过电子邮件，因为低技术的方式有助于建立起相互信任。他说：“是纳米比亚带来了改变。”

如果类似这样的认识能够在公司中广泛形成，那么尤利塞斯项目绝不仅仅是合伙人的发现之旅。它能够帮助领导者应对日益增长的全球化业务所带来的挑战。普华永道声称，这正是它们所想要的。

离职管理

离职现象可能是项目操作任务失败、退休、冗员或辞职等方面的原因引起的，咨询公司应该制定相应的政策来处理这些可能出现的情形。有的政策可能会同公司的业务有着直接的联系。例如，咨询公司可能执行“要么升职，要么离职”的政策；如果不能在恰当的时候获得升职，雇员就必须离开咨询公司。这种做法的观点是：只有高素质的人员才能留在公司，被忽视员工的怨气没有发泄的地方（当然，在制定这样的政策时要考虑雇佣法律方面的要求）。不过，结构较为扁平而且雇佣了较多高层人员的公司可能会发现：稳定性和持续性是实现公司目标最重要的标准，缺乏提升机会不应该成为持续雇佣的障碍。

由于其他一些商业方面的原因，善意离职（Amicable Separation）对一个咨询公司可能也比较重要。咨询公司的员工经常会离开咨询行业而成为咨询服务的购买者。他们会经常谈论他们所喜爱的或憎恨的咨询公司，从而影响相应咨询公司在市场上的形象。因此离职政策应该考虑如何帮助那些公司不想留用的人从事新的职业，而不能把他们的离职归因于业绩不好或人品不好。

因为市场还没有完全培养起来，加上自身品牌并不强势，中国本土咨询公司能够开出的工资是普遍较低的。这使本土咨询公司更难招揽和留住高素质的人才。

咨询公司的知识流失与管理[7]

管理咨询公司的知识流失是公司机构规模缩减或者因为公司内部人力资源的正常流动而引起的某些专业技能或者其他知识资源的缺失。咨询人才往往都是“高成就需要者”，喜欢接受挑战，并为自己的成败承担责任。当管理咨询人才发现不能在某一组织获得高成就时，就会主动离职而产生知识流失。在知识应用、产生、储存和传递的每一个环节中，即只要存在知识流动就会伴随着知识的流失。

流失的路径及影响

根据知识流终端的对象类型和知识流动的过程，管理咨询公司的知识流失大致有外部流失和内部流失两条路径。

(1)管理咨询公司知识的外部流失一般都伴随着组织中人力资源的流动而流失。对于管理咨询公司来说，知识外部流失的影响有两面性，它可能是积极流失，也可能是消极流失。据此大致可分三种情况：一是知识转移到竞争对手企业。当管理咨询公司的组织知识中寄存于个人知识的部分转移到竞争对手企业，而这部分知识没有及时地转移到组织知识系统当中，或者难于转移的隐性知识随人力资源的流失而流失，其中组织的客户知识的流失对企业危害最大。二是知识转移到目标对象企业。知识作为产品转移到目标顾客企业是咨询流程的必要组成部分，由于知识的“非消耗性”的特点，知识的转移带来的企业内部知识存量的减少不足以影响组织的核心竞争力。三是知识转移到其他企业。管理咨询公司的知识员工离职后到非管理咨询公司工作，会导致组织知识存量（知识员工的隐性知识）的减少，也会导致其他企业的知识存量的增加。

(2) 管理咨询公司的知识内部流失。一是在知识产生（知识创新）过程中的流失。组织（新）知识的产生就是新知识的获得和引入不断发展的组织，需要不断学习以适应时刻变化的市场环境。新知识进入组织记忆库前，必须根据能否为组织创造价值为标准来衡量知识的有益性，如果出现不适合组织发展的知识，就必须有意遗忘。二是在知识储存过程中的流失。存储知识就是将新知识内化并经过筛选后的新知识，运用知识地图和信息技术等工具整合到组织的作业流程中，并以显性知识的形式将新知识深入落实于企业的内部资源以强化企业内部环境。由于新的知识较难转为显性知识，编码困难增大了新知识沉淀于组织记忆库的难度，储存过程中无法融合于旧知识体系的新知识的流失将不利于知识存量的增加。三是知识传递过程中的流失。传递知识是将沉淀于组织记忆库的新知识运用到日常作业中，对组织惯常的业务流程进行逐步改善。在传递知识过程中，新知识逐渐代替了部分旧知识，旧知识也许会成为组织发展或组织变革的阻力。

对管理咨询企业的知识流失的形式和影响力的讨论都是基于知识的核心流程而得出的结论。根据管理咨询公司的知识管理一般模型，当知识的核心流程和管理咨询公司的业务流程统一起来时，知识流失问题的分析框架将更具体化、更系统化。本文尝试建立管理咨询公司基于知识流失的知识管理模型，如图 13.4 所示。

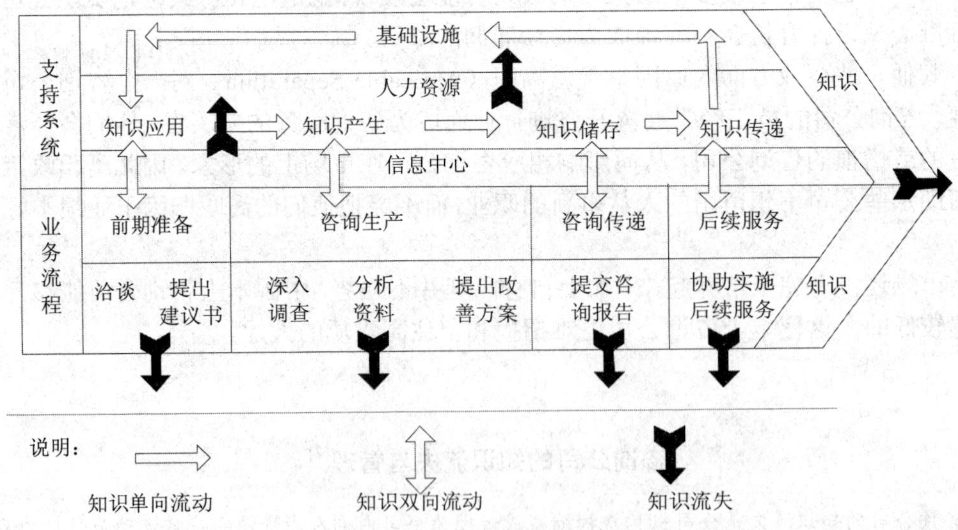

图 13.4 管理咨询公司基于知识流失的知识管理

通过图 13.4 可以发现，知识流失出现在知识管理模型的每个层面。管理咨询公司的每次业务流程必然会产生新的知识，但是为什么这种新知识不能完全转化为下次业务流程的知识？管理咨询公司的业务流程中的每个步骤都涉及知识的应用、知识的产生、知识的储存和知识的传递，知识流动过程时时刻刻存在，为什么不能随着咨询业务流程只完成一次知识流动？为什么管理咨询公司要花费那么多资源建立信息中心和人才库？虽然这些都不是简单的问题，但解释它们时可以用一个共同的概念——知识流失。不管是积极流失还是消极流失，对企业的知识管理模型的影响都是非常大的。

外部流失管理策略

知识的外部流失是组织中的知识转移到了组织外部，从而造成企业外部的知识存量的增加。知识的外部流失一般是由于知识员工的离职造成的，所以这部分的知识管理应该围绕着知识员工而进行。

留住知识员工

知识员工的个人知识是组织知识的一个载体，知识员工本身也是创造知识、应用知识、传递知识的主体，如果能让知识员工长期留在组织内部，特别是留住那些掌握关键知识的员工，将是应对知识外部流失的最佳策略。建立重点突出的职业生涯发展与继任规划项目”是人力资源策略中针对知识员工的有效策略。为努力留住并发展这些日益重要的知识员工，应该制定独特的职业生涯进阶模型，为每个职业生涯阶段确定一整套关键资质以及所要求达到的专业水平。

备份知识员工的知识

管理咨询公司的员工流动性普遍比较高，备份知识员工的知识成为应对知识外部流失的一种策略。备份知识员工的知识从知识储存的角度讲，是个人知识转化为组织知识的过程。企业应当识别出拥有关键知识的员工，对这些员工的知识进行重点管理，在它们一去不返之前将其截获。

转消极流失为积极流失

知识的外部流失一般会使管理咨询公司的核心资源流失，影响其核心竞争力。但当管理咨询公司的知识流入它所服务的客户企业中，这种知识的流失正是咨询公司业务流程的结果，应该通过增加知识的输入而提高这种知识的流失。当知识流入其他企业可能会造成公司客户资源的增加，也可能会减少客户资源，因此组织应该尽量把这种消极流失转化为积极流失。

内部流失管理策略

应对“记忆衰退”

记忆衰退是组织意外丢失有价值的知识。这类知识可能是组织的核心技术、操作流程，甚至是组织文化，由于不经常使用导致知识的丢失。如果这些知识是组织保持竞争力的精髓所在，就有可能导致组织花费大量的成本去重新学习。在应用过程中，有些旧的有价值知识使用频率不高，或者只是存储方式不完善，或者档案被重新整理，遗漏了关键细节，或者由于数据库的丢失，造成旧知识的遗忘。这种知识流失导致组织花费大量资源重新学习，大量财力和时间的耗费导致组织竞争力减弱。通过应用信息技术对组织记忆进行完善，改变知识的存储和检索方式，对新知识进行编码、存储、扩散，将隐性知识以显性方式表现，并以最快的速度输送到最多的成员中。因此，应用信息技术已经成为组织竞争的有力武器，可以有效地防止记忆衰退的发生。

防止“无法捕获”

“无法捕获”是企业意外流失有价值的知识。专家团队的解散会使刚刚获得的、还未显性化的知识随之失去，组织要做好知识的显性化，及时编码以及知识的存储工作，及时有效地整合新知识，鼓励组织成员不仅在工作时间之外进行交流，而且在工作时能做到有问题及时解决，防止新知识与旧知识在整合过程中的流失。当新知识无法与旧知识有效整合时，组织要对整合过程中的阻力进行管理和疏导，通过各类宣传、作业程序、领导力等方式从上至下地推行新知识，对于整合后的新记忆库还要不断监测，随时解决作业过程中出现的问题，强化整合效果。

学会“忘却学习”

“忘却学习”是组织有意识地放弃阻碍组织进步或对组织有害的旧知识。现代组织所处的环境瞬息万变，从以往的成功经验中吸取的知识会使组织陷入能力陷阱中，过时的成功知识有可能会削弱组织的竞争力，因此，对以往成功经验、失败教训等旧知识进行有选择地忘却，是知识流失的一个新的方向。如果出现不适合组织发展的知识，就必须果断地在新知识被沉淀之前遗忘，可以减少遗忘成本，有效地提高新知识的后期收益，否则会对组织造成不良影响。

咨询激励

咨询公司的人员激励与一般公司的人力资源管理策略一样有共性，但由于其人员素质、人员构成和组织结构与一般公司有区别，因此又有其自身的特点。

业务导向

一个诀窍型公司必须在业务观念和人事观念之间有一个紧密的联系，否则它就不能运转。业务导向意味着不但要有前摄反应特性（Proactive），还应该有后应反应特性（Reactive），并且在制定组织的战略时发挥一定的作用。这意味着把战略作为所有人力资源政策和计划的驱动因素，并保证这一思想成为延伸至人力资源部门的最低层次决策和做法的哲学。它意味着保证首席执行官和其他管理人员在所有重要决策中都考虑人力资源因素。最重要的是，它意味着人力资源管理部门必须为企业增加价值。

如果不能以业务导向模式管理人力资源，就可能会给所有的业务带来相当不利的影响。对那些人员起关键作用的专业服务组织来说，更为如此。如果客户感觉到管理咨询师不能提供咨询公司所承诺的服务，而且咨询公司的“库房”中又没有可以销售的“产品存货”，咨询公司的收入就会立刻停滞。事实上，时间是任何企业的“易耗品”，是驱动每个咨询公司中态度、决策和程序的重要因素。

拉塞尔认为他从麦肯锡学到的最重要的工具就是设定较高的目标，然后促使整个组织朝着这个目标努力。对组织整体如此，对员工个人依然如此。麦肯锡开发了许多个人发展工具，如个人评估表、个人发展导引、360度反馈机制等。360度反馈机制通过校友会搭建网络交流平台。离职的员工永远是麦肯锡弥足珍贵的资源。现任MELLON资产管理公司总裁罗恩·奥汉雷（Ron O'Hanley）就非常希望能把麦肯锡高强度的反馈机制引入到自己的公司。他认为真正的团队都具备开放的、高效的反馈回路。而这些在传统的、等级结构复杂的公司或企业中几乎做不到[4]。

业绩管理

咨询公司中业绩管理的基本程序同一般性的业绩管理程序没有区别。对一般性业绩管理程序进行调整，应该同公司预期目标相关，以便相应的信息真正融入到员工的行为中去。如果允许短期的经济任务压倒长期目标，就往往会产生冲突。在考察个人的业绩时，普遍的做法是考察个人所取得的咨询收费或收入，而必要的行为因素则往往被人们忽视了。

咨询公司的经济特性要求把客户付费时间最大化，要求咨询公司能够在预算时间内有效地管理咨询费用固定的咨询项目，要求咨询公司能够有效地组合各个级别的劳动力；同时，要求高级咨询师能够确保咨询项目的数量和盈利能力，并且能够确保把咨询项目转换成真正的销售收入和现金流。

制定和计量这些业绩标准的方式可能带来不好的行为。例如，尽管使用团队方法时获取业务的几率会更大，但基于个人成功的业绩计量指标可能会使个人排斥其同事。这种行为可能会降低中标的成功率；更糟的是，这种情况可能会导致自私员工的财富，比一个能够促使公司取得更多业务，但却让其他同事共同完成的人员的财富增长得更快，因为后者在积分榜上的积分可能会很低。事实上，第二个人可能比第一个人为公司的成功作出的贡献更大，但用这种方式却不能发现其贡献。

评价过程也要考虑这样一种情况：咨询师在被评价期间在许多不同人员的领导下工作。因此，在没有考虑项目经理提供的正式信息的情况下，由管理者所做出的评价是不充足的。

生涯管理

生涯管理是咨询公司提高其雇员保留率的一个重要武器。大多数公司都建立了明确的员工升职标准。在大多数咨询公司，升职是以业绩为基础的，这也是必须要保证业绩管理系统做出恰当判断的另一个原因。

许多公司都有考虑升职的正式程序，在将某人提升为初级合伙人（或有限公司的相当职位）时，可能要考虑建立项目中心和选择小组。许多人都将其视为一个关键的职业点，如果他们在期望升职时没有得到满足，他们就可能离开公司，而这可能意味着公司失去有才能的人员。在许多合伙制公司中，成为合伙人和未成为合伙人之间有着巨大的差别，这可能会使有才能的人员有一种失败感。

事实上，只要每个层次的人都可以为公司取得恰当的经济收益，咨询公司都能比其他公司提供更多的升职机会。这部分取决于市场的容量，部分取决于人在市场上获取足够业务的技能。

尽管资深人员和内部管理角色之间有一定的联系，但是运用双向概念（Two-Stream Concept）还是有可能的：高专业才能和级别的人员可以不执行内部管理任务而升到更高的级别。这种员工的工作与贡献在于能够取得很高水平的收费，开发出智力概念，而不是承担管理任务。这种选择权同公司的战略有着密切的联系。

很多咨询公司的层次数量都比较少，因此，相应的生涯管理期望也会有所不同。例如，人员的广泛发展可能是生涯管理中最重要的方面。薪金期望可以通过较多的薪金层级区别得以满足。

案例

北大纵横管理咨询公司的用人之道

北大纵横管理咨询公司在如何用人方面，形成了一套独特的办法。

只公布最好的

对员工的业绩评价颇具特色。采取了 360 度考核办法，由客户、上级、同事三者打分，同时对公司成员在工作能力、工作态度、工作成果三个方面进行评估，并对总分第一和单项第一的员工予以公布和奖励。多角度的评价体系体现了考核过程的公开、公平和公正，使那些真正为公司作出贡献的员工能够得到激励。“只公布最好的”，为其他员工树立了学习目标，使每名员工都相应找出自己的不足，取长补短、共同进步，很大程度上保护了自尊心，是形成团队精神的理想选择，有利于企业的可持续发展。

员工的薪酬从总体水平上远高于同业水平，而且在结构上有别于其他公司。薪酬结构采用长短期结合的方式，全体骨干人员都持有公司的股份，员工的个人利益与公司的利益息息相关。同时，员工持股制度中开放式的股权保证了后来优秀人员加盟的机会。

放水养鱼

重视员工培训与能力的提高。培训是最好的福利，作为一个知识型公司，非常重视员工培训，致力于员工工作能力的提高。员工手册上写着明确的员工晋升通道，人力资源总监会和员工一起共同制定职业生涯规划。目前公司开展的培训项目很多，培训形式多样化，力图把以前的经验积累更好地利用起来。这种“放水养鱼”的办法，不但满足了员工成长的需要，缩短了员工能力和公司需求之间的差距，同时也为公司整体水平的提高提供了动力。

业绩最佳时立即调整

这是一种打破常规的做法。人才成长是有规律的，人的才能增长是有周期性的，通常一个人在一个岗位上工作的时间以3~4年为宜。因此，每年都会根据考核结果，适时地调整那些优秀人才的岗位和职位，这对于优秀员工不断提高、继续成长大有益处，也是造就复合型人才的有效方法之一。

尊重个人职业生涯选择

鼓励员工个性的张扬。不论是普通员工还是高层管理人员，每一位员工的个人职业生涯选择都会受到尊重。公司在职位安排上会结合个人的职业生涯规划予以考虑，在可能的情况下，尽力去满足员工的兴趣、爱好和志向。希望员工与公司共同发展，但每个人都有自己想要发展的方向，在无法提供相应职位的情况下，可以以公司的名义向其他公司推荐，或者以北大纵横咨询顾问的身份到企业进行管理指导。对离开的员工，无论在哪里工作，只要曾经在这里工作过的，都仍被视为北大纵横的一员，得到公司的尊重。

合伙人制

咨询公司可能采取合伙制，可能是有限责任公司，也可能是无限独资企业。

合伙制是国际上会计师事务所发展的一种主流形式，历史上乃至今天都居主体地位。作为一家私人合伙制的咨询公司，麦肯锡培养一位董事合伙人需要7～8年的时间。

回顾普华永道的百年历史，其合伙人文化有两点非常引人注目：第一，“质量至上”是它的基本文化理念。这一点一直坚持至今，为公司赢得了巨大的信誉。这一点，从普华永道的合伙人到每一位员工，几乎无人不晓。这一点已深入扎根于事务所中，从业务规程到行为规范，都体现了出来。第二，传统的谨慎吸纳合伙人的原则。从创始人 Price 和 Waterhouse 开始，就特别重视核心合伙人的一致性，特别谨慎地对待合伙人的发展。这一思想一直被坚持下来，存续了一百多年，直到20世纪八九十年代这一理念才有所改变。传统合伙人在普华永道有着举足轻重的地位，合伙人可以与各个领域中的权威对话，并引导 PW 走向会计职业的世界顶级地位，如 May、Herman Bevis 早期在公司占绝对的统领地位，John Biegle、Connor 等在 PW 形成现代职业机构中也发挥了杰出的作用。一百多年来，PW 的执业理念和其采取的合伙人领导模式战胜了种种本土的、国际的经济困境，满足了客户、政府的需求，关注审计，为特定消费者服务，赢得了高质量的信誉。毫无疑问，正是 PW 的这种特有的文化历史，使得 PW 能够面对未来的种种挑战。

再关注安永的文化特点，合伙人文化中有一个突出的亮点，那就是：以人为本。公司非常重视员工的感受，如 Jane Blodgett 就特别重视引导及积极帮助员工实现工作与生活的平衡与协调。安永为每一位员工提供事业发展空间和职位升迁机会。在安永，女性也可以成为事务所的高级合伙人。这就是人本文化的另一种体现。安永为发展自己的价值理念，曾征询过世界各地的员工，“作为个人、作为公司员工应该是什么、应该代表什么”。在总结大量反馈的基础上，逐渐形成了公司的价值理念：做正直、具有团队精神的人；保持活力、热情和勇气；员工之间的关系建立在做正确事情的基础上。如今，“创新、进取、机敏、关怀、诚实、信任”已成为安永企业文化的核心。这与 Gehring 等关键合伙人本身具有创新、乐观的工作态度是分不开的。正是安永的“人本”观念，才使得它拥有一支优秀的人才队伍，获得了巨大的发展。在安永的理念中有这么一条，即员工在取得辉煌成就的同时，客户和公司都能兴旺昌盛。

同样，KPMG 的文化也充满高度的人文关怀和极其民主的色彩。例如，KPMG 有着美国历史上的第一位黑人合伙人 Frank K. Ross，他不仅开创了非洲和美国之间业务的往来，拓展了新的业务领域，更重要的是，他将人性化管理推广到新业务领域的开拓中。他本身的成功同时也是 KPMG 的文化中摈弃种族歧视、倡导民主精神的一种体现。Jamie L. Klein 作为 KPMG Peat Marwick 女性合伙人认为，女性在家庭和事业之间很难平衡，但是 KPMG 对于遇到家庭特殊需要时给予的弹性工作时间，确实免除女性后顾之忧。KPMG 希望为员工提供的不仅是一份工作及收入，更提供了一份事业。这样的人文关怀对建设优秀的人才队伍有极大的帮助，因为这个行业的工作有一定的连续性，需要一定经验和操作能力的积累，如果能将那些优秀的人才沉淀下来，对公司的未来发展是很有好处的。

德勤会计师事务所（Deloitte & Touche）最初是由风格完全不同的合伙人合并成立。英国人的绅士风度、法国人的浪漫情怀以及日本人的谦和礼仪注定了 Deloitte & Touche 的多元文化氛围。Deloitte 的文化理念是“缓慢而稳定——做审计师的审计师”，Touche 的文化追求是“敢于打破常规的敢闯敢为”的精神。Tohmatsu 非常重视教育，“关注对新生合伙人的培养，使公司向国际化、全球化的方向发展”。20 世纪 80 年代中期，新一代合伙人 Mike Cook（在 Deloitte）和 Ed Kangas（在 Touche）将其文化精神融汇为一种大家庭式的氛围。90 年代，Copeland 等人倡导“强大的组织结构”、“强有力的控制”等管理理念，对德勤管理意识的转变具有深远的影响，包括后来的新合伙人吸纳机制。

德勤的企业文化主要是遵循“发展无止境”的格律，只要有能力胜任，就可以取得机会。德勤重视员工发展机会首先体现在对员工的培训投入很大，其次是上升的空间处于完全打开状态，还有就是讲究团队合作，从合伙人到基层员工都是平等合作的关系。例如，德勤有一个“伙伴计划”——新员工加盟后都会“配备”两个“助手”，一个是教练，往往是德勤的高级人员，负责提供帮助和指导，另一个是伙伴，是在工作中协同合作的搭档。员工在德勤的成长需要 10 年时间，因此这两个“助手”是员工成长的重要支点。所以德勤信奉的宗旨是欢迎所有的有志者，只要有优势兴趣和潜力就有上升的空间。

Deloitte & Touche 在中国译成“德勤”是取“厚德载物，天道酬勤”之意。德勤的信仰是基于有助于德勤长期成功发展的价值观，它是员工做出决定和行动的基础，是使不同文化、不同运作、不同实践连接在一起的纽带，简洁但有力。这种理念就是：正直、给予市场和客户价值最大化、彼此承担义务。

大多数咨询企业归咨询师自己所有。好几种所有制的法律形式在咨询业中都可以看到。并不是在公司中工作的所有咨询师都必须是公司的共同拥有者。一般情况下，有一部分合伙人是公司的共同拥有者，也有一部分咨询师只是作为拿薪水的雇员为公司工作，而未持有公司的股份。

业内人估计，咨询公司普遍的合伙人比例是 1:10 左右，北大纵横 2004 年为 100 人的顾问规模，已经有了不同层次的合伙人共22人，这是一个超过1:5的合伙人比例。每年都有5～6个合伙人的提升名额，能够维持一个稳步发展的空间[5]。在具体实施上，北大纵横对每一位合伙人实行彻底的知情权和决策权，CEO 王璞除了负责日常的行政管理工作，手里已经没有什么特殊的权利。在财务上，所有合伙人按照营业收入贡献按比例分担利润和费用。

王璞甚至超出合伙人框架实现了更广泛的员工持股计划。包括22个合伙人在内的28个高层人员，拥有北大纵横全部的员工股权。在这28人中，各自拥有1%～20%的份额[5]。而据业内人透露，北大纵横的员工持股占据了总股权的绝大部分，北京大学在北大纵横只有很少股份。说白了，这28个人已经是北大纵横绝对权威的主人。

虚拟组织

虚拟企业作为一种全新的生产组织模式，是迎合信息时代的社会生产诸要素共同变化的产物。虚拟的内涵就是利用先进的信息技术在通畅的信息流中实现资源的跨时空的整合，将这个内涵与管理咨询业的实际情况相结合，便是要讨论的虚拟咨询组织。虚拟咨询组织的形式可以有很多种，但是利用信息技术整合异地、非连续工作的专家的智力资源，以更加丰富的形式满足用户咨询、培训的需要，则是虚拟咨询公司的根本特征。

组织特征

网络连接

虚拟项目小组就是和其他每个企业组织一样，指的是一群人在共同目的指引下，因完成共同任务而产生动力。虚拟项目小组和传统小组不同之处，在于使用网络加强联系，跨越时空及组织共事。虚拟项目小组的模型图，如图13.5所示。

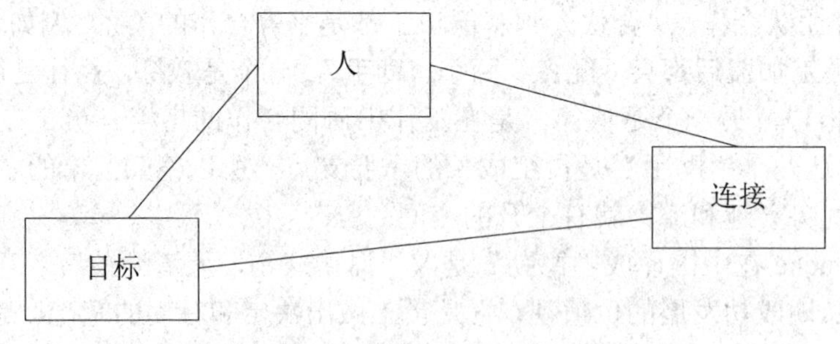

图13.5 虚拟项目小组模型图

独立成员

虚拟项目小组是由具备若干自主权的独立成员组成。这些独立组员可能来自不同的企业，或者来自客户，或者是独立咨询师。大多数成员在任务进行中多多少少都得担负起领导的角色。在小组中，领导权的共享与分担则是常事。人是小组中的基本元素，由人所组成的系统至少包含两个层次——成员个体层次以及组织整体层级。小组内部与外部（其他同事和大团体）密切联系。

共同目标

虚拟项目小组的目标是让小组拥有共同奋斗的理由。目标也是形成成员之间相互依存的最大因素。虚拟项目小组比面对面的组织更依赖清晰的目标，因为其成员在没有规章指引的非传统组织中工作，必须靠共同目标来维持共同的基础。

互信关系

虚拟项目小组的特别之处在于联系方式的不同。首先是实物的连接，电缆、电话、计算机之类的硬件设备是互动的前提，多重媒介的技术是信息时代的主流，同样使得跨界限互动成为可能。人们在或近或远的互动之中发展出互信关系，这种关系也是一种无形的约束力，虽然所有的组织都需要借助正面的关系和高度信任，不过这种作用对虚拟项目小组的意义更重大。虚拟项目小组缺乏每天面对面的时间，所以无法及时理清彼此的异同，容易导致误解。对许许多多分散各地的组织而言，信赖必须取代阶层和体系的控制。

目标导向

研究虚拟化咨询公司的核心企业的功能，应该首先从虚拟企业的特点入手。虚拟企业间的合作形式与其他合作形式的最大区别在于：它是一种“紧密”的合作，“企业间的界限变得模糊不清了”。除了合作形式上的特点外，虚拟化咨询公司还有以下一些基本的特征：它是目标（任务）导向的，一旦目标达到或任务完成则组织也随之解散，因而它具有临时性；来自不同组织的成员根据其所拥有的不同核心能力而一起工作，即所谓跨组织、跨边界在不同时空上进行工作；虚拟项目小组内各成员的核心能力具有互补性，尽管它们对组织的贡献是不同的，但其关系是平等的：共享领导，领导是根据成员所具有的核心能力来确定的，谁具有所需的核心能力和专业知识，谁就可以对组织进行领导，因而组织中的领导是共享的或称动态的；工作的基石是相互信任；结构是动态的，根据环境和需求的变化，组织结构是变化的，环境是变化的，不变的是核心企业。

运行平台

鉴于虚拟化咨询公司的研究仅处于初始阶段，因此，就其本身的运作特点加以研究，比如何对企业功能、过程、活动和行为等进行仿真、优化更有必要。基于此，需要针对咨询公司本身所具有的特点和虚拟化咨询公司的运作流程，进行虚拟化咨询公司基于运作模式的企业模型分析。企业模型图具体如图 13.6 所示。

图 13.6 中，核心企业通过对市场机遇、虚拟合作伙伴进行评估，依据一定的合同组建虚拟项目小组，同时核心企业与各虚拟项目小组之间通过信息平台互相连接。因此，核心企业的职责就是负责构造网络，维护整个网络的正常运行。具体地说，就是负责提供各虚拟项目小组的信息平台和知识平台，负责进行知识平台的管理工作，负责虚拟项目小组组织结构的构建，

将组织的战略构想分解为具体任务，根据任务组织相应的核心能力，并负责运作组织使其朝着总体目标发展，最后根据总体目标，对各成员的绩效进行评价。也就是说，虚拟化咨询公司的核心企业提供的是指导性的管理支持与服务。

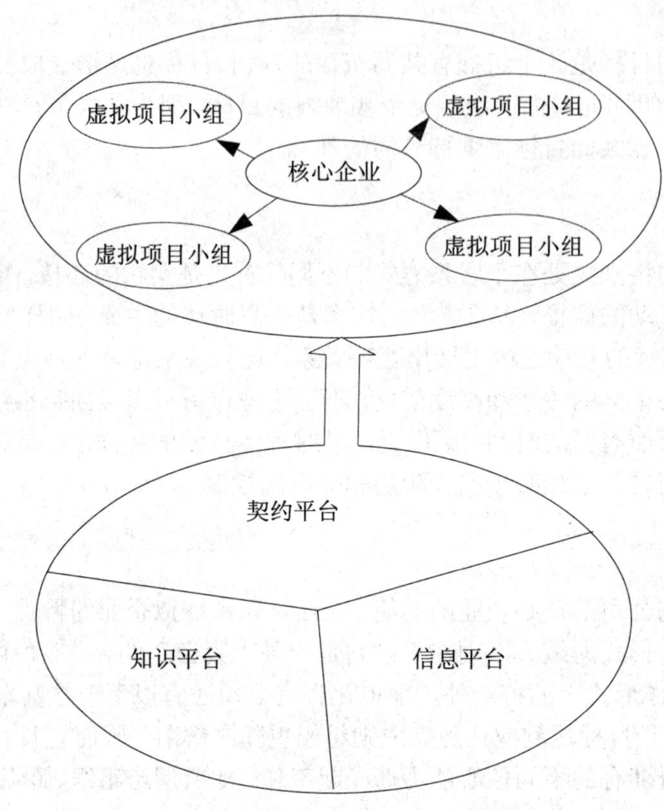

图 13.6　虚拟化咨询公司企业模型

虚拟化咨询公司应该首先运作在信息网络、知识网络和契约网络上。

信息网络

虚拟企业是准市场性企业，它通过大量的双边规制（间续式）与其他企业发生联系。工作或活动的联系在很大甚至全球范围内展开，以整合所有能形成互补关系的最优秀的核心企业，其中的工作协调活动是大量的，而且协调信息需要高效快速传递，否则分散化的工作关系无法有效协调。因此，彼此之间形成信息网络是必不可少的。现代意义的信息网络指的是计算机网络。计算机网络就是把各自独立的计算机处理节点通过线路连接而成的系统。节点之间可以通信。通过网络，可以联结分散于各处的信息系统，使所有资源（包括人、计算机、信息）能够为需要它们的人所共享，从而，人们得以克服地理位置的局限而协同工作。

知识网络

信息时代或知识经济社会，知识是重要的生产要素。就知识获得方式看，知识的扩散和知识的创新同等重要。企业的成功是以它们对知识有效的搜集和使用为前提的，企业的创新能力，尤其是管理咨询类企业的创新能力，取决于获取与知识密集的资源联系的能力。通过信息网络把各具核心能力的企业连接起来，组成“核心能力”网络，这就是知识网络。

知识网络的建立，旨在弥补单个企业知识的不足。工业时代，实体企业以市场机会为生产目标，并通过自己的知识加以生产，这种运作模式实际等于假设企业具有完备的知识和创新能力，只利用企业内部的知识网。虚拟化咨询公司抛开这种狂妄的假设，除了利用企业内部存在的知识网络之外，还将内部知识网与其他虚拟企业的知识网连接，形成一个相当于 Internet 的企业间的知识网络。在此知识网络中，企业能力互补，在每一次经济活动中，通过企业合作都可形成强大的能力组合。知识网络的出现，使线性创新模式（即由发现开始，沿着一个固定的、由一系列阶段构成的现行过程）已经被交互创新模式所取代，即通过知识的互补、交互作用产生创新。

契约网络

知识网络的形成离不开契约网络。没有契约网络，知识就会仍处于分散、独立状态，企业之间无法在知识结构上相互补充，只好像实体企业那样，在企业内部建立庞杂的知识体系，以供“自给自足”。契约网络的建立，首先在于对合作对象或潜在合作对象的确认——就是对具有互补关系的核心能力企业的确认。在双边谈判（或者默契）的基础上形成契约关系。契约网络的维护主要不是靠制度规范和通过再谈判对契约进行适应性调整，而是靠彼此的诚信，靠每次合作给对方的较高满意度。不维持好长期伙伴关系，每次虚拟运作都要重新进行双边谈判，就会使运作的交换成本提高，事实上就会对虚拟运作造成阻碍。良好的企业形象和法人人格就显得尤为重要。图 13.7 表示虚拟化咨询公司运作的整体平台（箭头表示支持关系）。

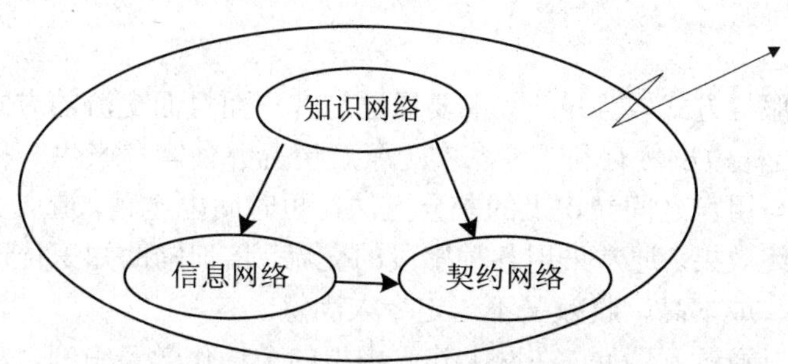

图 13.7 虚拟化咨询公司三大平台之间的关系图

对虚拟化咨询公司而言，它的运行环境首先是一个整体，因此，上述三大平台之间必然存在密切的相互关系。三大平台之间的关系如图 13.7 所示。

- 知识网络的建立以信息网络、契约网络为基础。信息网络为知识网络提供网中的“节点”对象及“节点”之间的协调、沟通；契约网络为知识网络的具体形成提供制度保证。
- 知识网络使信息网、契约网本身具有实际运用价值。契约网本身是没有意义的，但通过它使知识得以网络化。信息网络除了本身就具有有价值的信息外，它更大的价值在于使知识网络得以运转。
- 契约网络的形成也需借助信息网络，因为信息网络同样给契约网络提供“节点”对象，以及提供契约过程的沟通与协调。

咨询特证

咨询业从本质上来讲是一种知识服务行业，即利用咨询机构的专家的知识、技术、能力和经验通过调查研究，运用先进的科学方法和技术手段向用户提供所需建议和解决方案的一种有偿智力服务。管理咨询则需要专家根据用户（主要是企业）的实际问题，运用自己的经验和知识为企业提供相应的管理解决方案或辅助企业的重大项目的进行。完整的咨询过程应包括调研、讨论、方案形成、人员培训、辅助实施、效果反馈等一系列步骤。这对于咨询机构本身来讲则是一个分布性知识的不断积累、整合、创新的知识管理过程。面向咨询业的虚拟组织的现实意义，就在于可以充分利用先进的信息技术实现从公司内部智力资源到客户企业的从简单数据交流到复杂的应用互动。

团队灵活

传统咨询组织的专家依靠一种紧密的契约关系被团结在公司中，参与公司的各项业务，每个人的职位相对固定，即使那些采用了矩阵式组织形式的咨询公司也是如此。这样的一个好处便是公司的人力资源便于管理、调用，但这样就限制了专家知识的综合运用，也不利于咨询组织内部人力资源的开发。

虚拟咨询组织的专家与公司的关系相对松散，没有固定职位的束缚，专家与公司之间、专家之间通过电子途径保持长期必要的联系，依照项目的需要和专家本人的意愿灵活地组成项目团队，其工作方式也是灵活的，不受地点、时间的限制。

培训便利

传统咨询组织的服务方式较为单一，主要通过与客户面对面交流的方式获取信息，传授新的理念，解决问题。这样做虽然有利于专家实地了解情况并使客户产生一种亲切感，但是一个明显的问题便是专家与用户之间知识上的差异无法在短时间内逾越，造成交流上的困难，甚至影响到咨询工作的最终效果。通常采用各种手段的交流、培训辅助知识传递，但是这种大范围的面对面的交流费时、成本高、收效又不一定令人满意。

虚拟咨询组织可以通过互联网，在网上建立虚拟的个性化学习空间，为客户定制其所需要的培训内容，以丰富的表现形式传递相关知识。

开放交流

传统咨询组织的业务运行模式相对简单，由固定或相对固定的专家团队围绕用户的需求展开咨询活动。虚拟咨询组织则必须面对由于专家间灵活的合作交流机制，而带来的项目小组生命周期内的复杂、动态的组织与协调工作。

以互联网为基础的平台为虚拟组织提供了开放的信息交流空间，但是这种复杂的协调机制的实现却远非技术能够解决，要涉及虚拟组织的整体运行机制、管理办法、绩效评定方法等诸多管理因素。

知识管理

知识管理是咨询组织得以完成咨询业务、形成自身的核心竞争力的关键。传统咨询组织的知识管理主要集中在组织内部。通过组织内部专家间的交流和一系列文档的整理和标准化来实现。网络化咨询方式的引入缩短了专家之间、专家与客户之间以及相关机构之间的物理距离，虚拟咨询组织的专家可以通过更加方便、灵活的方式更加有效地接触客户，在为客户提供相关的服务的同时也在提升自身的思考水平，因此在更大范围内的知识管理是虚拟咨询组织所必须面对的。

综上所述，虚拟咨询组织与传统意义上的咨询组织的组织目标并没有什么差别，理解虚拟咨询组织的关键就在于对由于网络技术的引入带来的扩展了的咨询组织的可用资源的理解，和通过适当的网络手段来辅助实现虚拟化的全套运作流程的理解。虚拟咨询组织面对的是更加广阔的资源空间，不仅包括以用灵活的方式组织起来的专家资源，也包括参与咨询业务的客户组织与个人，它们是咨询组织的服务对象，同时也是组织创新的源泉与动力。虚拟咨询组织的信息集成技术在虚拟咨询组织的概念中占有着举足轻重的地位，没有了先进信息技术的支持，虚拟化的运作方式就无从谈起，也只有综合考虑到信息技术的适用性及其发展趋势和管理上的特殊需求，才能开发出先进适用的虚拟组织信息系统，实现虚拟化的运作。

本章概要

咨询师不仅要具备扎实的理论基础和丰富的咨询经验，还要明确自身在咨询过程中的角色。咨询师的必备技能有形成技能、过程技能、教育技能、人的技能和领导技能。咨询师可能扮演四种角色：顾问、教育者、教练和领导者。咨询师的能力亦需提升：问题导向、思路清晰、分析方法、看懂企业、卓越境界、管理升级。

咨询公司的人力资源管理由于其人员素质、人员构成和组织结构与一般公司有区别，在人员激励方面有其自身的特点：业务导向、业绩管理、生涯管理、合伙人制等。

虚拟咨询企业与传统咨询企业在运作上相比具有合作化、中介网络化、产销对应化、反映及时化、组织结构扁平化等特点。虚拟化咨询公司应该首先运作在信息网络、知识网络和契约网络上。虚拟化咨询公司的核心企业提供的是指导性的管理支持与服务。虚拟项目小组和传统小组不同之处，在于使用网络加强联系，跨越时空及组织共事。

思考练习

1. 利用 Sveiby 提出的咨询公司人员类型的概念模型，解释咨询公司中的领导者和管理者有什么区别。

2. 请列举出四种情况，在这四种情况下咨询师分别扮演顾问、教育者、教练和领导者的角色。

3．如何降低咨询公司的人员流失率？

4．如何实现咨询公司人才的跨学科化？

5．管理咨询公司是不是只应该雇佣拥有管理诀窍的专业人员？为什么？

6．成功的实施过程咨询师需要哪些技能？简述这些技能的重要性。

7．试说明智力开发对咨询公司的重要性。

8．假如你打算进入咨询公司，结合所学知识对自己进行生涯规划。

9．试说明管理咨询公司离职管理的特殊性。

10．简述合伙人制对管理咨询公司的影响。

延伸阅读

《洞察人心的18种方法》（周艳波，等. 北京：中国水利水电出版社，2006）：本书采用大量生动的事例，结合简明而实用的理论，从18个方面论述了突破沟通障碍、洞察人心的方法。

《麦肯锡传奇》（[美]伊丽莎白·哈斯·埃德莎姆. 魏青江，方海萍，译. 北京：机械工业出版社，2006）：全球最大的战略管理咨询公司，以非凡的人才以及全球一体化的公司原则而卓然不群，它的客户从大型企业到国家政府部门应有尽有。本书提供了来自曾与马文共事的领导者、对马文的访谈及他个人著述和演讲的第一手资料。

《完美激励——组织生机勃勃之道》（[美]迪安·R. 斯皮策. 张心琴，译. 北京：东方出版社，2008）：调查表明，73%的雇员表示，如今的激励比过去更少；84%的人认为，只要他们愿意，就可以获得更显著的成绩；最让人吃惊的是，50%的工人说，他们只付出了保住职位所需要的那点努力！

《薪酬方案——如何制定员工激励机制》（[英] 约翰·特鲁普曼. 胡零，刘志勇，译. 上海：上海交通大学出版社，2002）：本书设计了十种不同性质的薪酬组合——基本工资、附加工资、福利工资、工作用品补贴、额外津贴、晋升机会、发展机会、心理收入、生活质量和私人因素，并逐一进行了阐述。另外，本书还包含了许多建设性的提议和独特的想法，帮助各种规模的企业制定出相关的整体薪酬方案，吸引并留住企业中的优秀人才。

《干法》（[日]稻盛和夫. 曹岫云，译. 北京：华文出版社，2010）：稻盛先生结合自己七十余年的切身经历所获得的工作经验，与读者探讨工作真正的意义以及如何在工作中取得成绩，为身在职场的读者点燃了指路明灯，同时，这些思想对企业管理者也有借鉴意义。

《咨询师迅速起步指导：从业第一年中的行动计划》（[美]比斯. 孙韵，译. 北京：机械工业出版社，2003）：本书探讨了咨询企业的结构、收入问题以及如何开发商业计划；对于咨询工作中常见的问题与难题，本书研究了内部职业转向外部咨询中如何降低负面影响，为了使得办公有成效有哪些需要解决的问题，以及如何发展客户和获得客户。

《运营管理》（[美]爱德华·M. 诺德，理查德·J. 舍恩伯格. 何桢，译. 北京：中国人民大学出版社，2006）：企业的成功在于顾客认同了其产品或服务的价值。同时，从长远来看，要保持不断的竞争成功，就要创造真正的而不是虚夸的价值。如果公司或国家要追求成功，就必须出色地向国际市场提供顾客真正需求的产品或服务。

《团队管理》（[美]马蒂·布龙斯. 巢剑欧，巢剑非，译. 北京：机械工业出版社，2007）：本书共分为六部分十八章，用深入浅出、平易朴实的语言讲述了什么是团队、如何创建团队、怎样领导团队及如何提高团队的效率等内容。

《研磨商业力》([日]大前研一. 陈柏诚，译. 北京：中华工商联合出版社，2010)：该如何盘点目前为止学到的所有商业能力？你是要被淘汰，还是要向前一步呢？所有上班族都处在灭绝的危机之中，你该怎么办？时代在变，商业的做法随之改变。

《麦肯锡本色》([美]马文·鲍尔. 曾琳，译. 北京：中国人民大学出版社，2010)：本书介绍了企业管理中最重要的一个方面，也是领导者最需要的一项技能——领导力的实践方略。马文·鲍尔倡导领导力不是仅仅个人成为领导，而是要建立领导型团队，建立一种畅所欲言、共同奋进的管理氛围，尊重、爱护员工，帮助自己的团队发掘自我管理、自我领导的潜质，从而获得业绩的提升。

参考文献

1. Paul H. Hersey, Kenneth H. Blanchard, Dewey E. Johnson. *Management of Organizational Behavior*[M]. 9th Edition.New Jersey: Prentice Hall, 2007.
2. Milan Kubr. *Management Consulting: A Guide to the Profession*[M]. Delhi: Bookwell Publications, 2005.
3. Karl-Erik Sveiby. The knowhow company: strategy formulation in knowledge-intensive industries[J]. *International Review of Strategic Management*, 1992,3: 162-187.
4. 鲁伟，韩燕. 麦肯锡公司知识管理研究综述[J]. 科技情报开发与经济，2008，18（18）：118-121.
5. 程苓峰. 北大纵横：一个合伙人的公司[EB/OL]. 网易，[2004-10-08].
6. [美]杰西·亨普尔，塞思·波格斯. 咨询顾问走进小村庄[J]. 商业周刊，2004（10）.
7. 沈青，张萍. 管理咨询公司的知识管理——基于知识流失视角[J]. 科技管理研究，2009（5）：432-434，431.

第 14 章

咨询知识

我们正处于一个“巨变的时代”，知识成为最关键的社会经济资源。

——[美]德鲁克

- 理解知识学习是咨询的依托；
- 掌握知识共享的模式与方法；
- 了解知识应用的路径与安排。

斯坦福大学著名经济学家保罗·罗默（Paul M. Romer）在 20 世纪末提出了新经济增长理论，其核心观点就是把知识作为经济增长中最重要的元素。他认为，知识提高了企业的收益，也能促进投资的有效性，并与投资存在着良性循环关系。知识已经成为企业持续竞争力的重要源泉。因此，对于企业特别是那些以知识为核心资产的企业来讲，构建知识管理系统，提高知识管理水平已经成为其首要任务。

根据美国《商业周刊》的调查发现，全球前 158 大跨国企业中，已开始积极发展知识管理的企业高达八成。自 1923 年成立以来，麦肯锡公司卖的便是知识，因此可称得上知识管理方面的佼佼者。很多人在离开麦肯锡后，都对麦肯锡在知识管理方面所建立的计算机系统、资料库、查询技术，以及企业文化（例如只要你向全球任何一位麦肯锡人求助，都可在 24 小时内得到回音）念念不忘。

改革开放以来，咨询产业和管理咨询行业在中国的市场经济中已经崭露头角。但是无论从专业化角度还是实践角度来看，中国的管理咨询业还处于发展的初级阶段，在许多方面都不成熟。同国外著名管理咨询公司相比，中国管理咨询公司的经营现状并不乐观，不仅在咨询价格、市场份额等方面存在巨大的落差这些表象问题，更存在咨询方式、运营管理的深层原因。其中一个比较突出的问题就是对管理咨询公司自身的知识、知识结构以及其管理和认识上的模糊和不足。很多管理咨询公司出现了知识过剩与知识短缺并存的奇怪现象。由于自身知识结构的不合理，部分管理咨询公司只能做些表面文章，而不能解决企业急需解决的深层次问题。这也影响了咨询行业和公司的形象，并使管理咨询公司陷入“低水平服务—低收益”的恶性循环中。因此，明确管理咨询公司的知识、知识结构并对这些知识进行管理，对管理咨询公司的发展有着十分重要的意义。

知识学习

知识管理（Knowledge Management，KM）包括知识的获取、整理、保存、更新、应用、测评、传递、分享和创新等基础环节，并通过知识的生成、积累、交流和应用管理，复合作用于组织的多个领域，以实现知识的资本化和产品化。以上九个部分密切联系，相互承接，共同构成了知识的基础管理体系，形成知识链螺旋上升式的有机闭合环路[1]17。

知识分类

知识特质

要讨论管理咨询公司的隐性知识，必须要了解什么是知识和隐性知识，而较好的方法是对知识进行分类。知识本身源于数据与信息。数据类似于符号，没有实际意义；当数据关联起来，就形成了有意义的信息；信息加以分析用于实际需要，就转变为知识。知识是有价值的信息。Davenport 和 Prusak[2]认为知识是一种包含了结构性的经验、价值观、关联信息与专家见解的综合体，其提供了一个可用于评估与吸收新经验与资讯的架构。具有流体性的知识是混合了相关的信息、价值、经验，并能为评价、合并经验和信息而提供的一种专家见识。

知识至少可以分为显性知识（Explicit Knowledge/Codified Knowledge）和隐性知识（Tacit Knowledge/Hidden Knowledge，也称默会知识）。1958 年，Polanyi 首次提出了显性知识和隐性知识的概念，被认为是对知识认识的重大突破。显性知识是能够用严格的数据、科学公式、公理、文字等符号表达出来，易于存储、交流和共享的知识，是一种被包装成信息的正式知识，它存放在各种文献中（如报告、手册、文章、专利、图形、形象、软件等），由此，显性知识也被称为编码型知识（Codified Knowledge）。而隐性知识是高度个性化的、难以格式化的非编码型知识。它植根于特殊的环境和背景，是停留在实践层面即时性的非批评性、经验性知识，往往被不自觉和无意识地运用。人们可以用某种隐喻方式对其进行表述并利用其实现组织目标。在现实中，隐性知识通常表现为经验、技能、专长、印象、灵感、洞察力、直觉、心智模式、预见性、信仰、价值观、团队默契、组织文化和风俗等。

隐性知识与显性知识二者的区别非常明显：隐性知识的交流是直接有效的，但是不能大规模地进行。从宏观上讲，它的传播效率极低；而显性知识的获取是间接的，但它必须经过编码和解码，并内化为隐性知识。隐性知识的管理强调的是个人之间的对话，知识的共享是通过“人到人”的方式进行的，通过与拥有相应知识的人进行直接接触实现知识的共享和传播；而显性知识管理策略采用的是“人到文档”的方式，知识被创造出来后，经过编辑成为独立于其创造者的知识，通过间接的方式进行传播并被重复利用。

知识价值

隐性知识的价值体现在：

（1）隐性知识实际蕴藏着多种竞争力。其中，经验是被作为一种隐性知识储存的，它常常是通过观点、直觉和灵感的火花等各种形式反映到意识当中。每个人对过去的经历会有意识地选择记忆，而且对过去、现在及未来的联系和认识方式也各有不同，人的这种非凡的大脑处理能力成为其创新的基本要素。绝大多数时候，个人的专业技能和知识是一种创新力来源，另外，潜在的经验储备也可以带来创新。

（2）隐性知识是一种持续的竞争资源。由于它很难被描述、复制和传播，因而能作为一个组织获取竞争优势、持续发展的资源。一个企业如何处置、平衡、调和外部可得的显性知识和内生隐性知识的关系，日益成为其成败的关键。隐性知识难以从外部获得，外部的竞争各方都会出力保护，除非有关键性人物被解职而导致隐性知识泄密。

管理咨询公司隐性知识的重要性和特殊性，要求对其进行针对性管理。管理咨询公司隐性知识管理的内容和任务主要包括隐性知识的识别、隐性知识的开发利用、隐性知识的保有和创新以及由学习型组织向教导型组织转化这四大方面。

管理咨询公司是知识密集型组织，其知识和隐性知识的重要性是由管理咨询的行业特点、管理咨询公司产品的特点、从事管理咨询的人的特点以及隐性知识所蕴藏的巨大能量所决定的。咨询公司是运用其所拥有的知识为客户提供咨询服务的组织，是知识密集型企业。其产品不具备一般工业品标准化、批量生产和对机器高度依赖等特点，而是依赖咨询顾问个人的经验、灵感、洞察力、预见性、独特的人际技能和咨询工作技巧或独享的咨询工具等隐性知识，从而使产品对生产者个体高度依赖；同时，整个客户关系也依赖于个体，一旦咨询顾问被猎头公司挖走，咨询公司就有流失知识和顾客这些核心资产的危险。由此可见，咨询公司的知识主要是隐性知识，具有个性化、即时性、经验性的特点，并且是与特定环境背景密切相关的，咨询公司的知识管理应该把重点放在隐性知识管理上。

根据以上论述可以判断出：隐性知识是管理咨询公司知识的核心和主体，无论在重要性还是在数量上，隐性知识在管理咨询公司中有着举足轻重的地位，有如下特点。

- 管理咨询公司的隐性知识是个性化的知识，是一种与公司客户关系维持者、咨询顾问等认知者个体无法分离的知识。
- 管理咨询公司的隐性知识是即时性的、根植于行为的知识，它产生于咨询顾问当下正在进行的认知活动中，它是一种动态存在，是一种稍纵即逝的现象。
- 管理咨询公司的隐性知识是经验性的知识，是个体即管理咨询顾问在长期咨询实践过程中逐步积累起来的。
- 管理咨询公司的隐性知识是停留在实践层面的知识，因其难以被编码和显性化而存在于即时的咨询实践活动中。
- 管理咨询公司的隐性知识与特定的环境和背景相关联。一旦脱离特定的环境和背景，隐性知识将失去存在的基础或发生改变。例如，适用于某些特定客户的隐性知识可能会因为客户的变化而失效。
- 管理咨询公司的隐性知识是非批评性的知识，人们很难对这些不能用语言表达而只能心领神会的知识进行形式逻辑分析和批评性思考。

- 管理咨询公司的隐性知识在被使用时是不自觉的、无意识的，如某种心智模式等，而显性知识则可以被自觉的和有意识的收集、传播和使用。

知识识别

隐性知识管理是知识管理的关键。要对管理咨询公司的隐性知识进行管理，必须首先对隐性知识进行识别。识别的最直接方法是对隐性知识进行分类。一般可作以下分类。

（1）按隐性知识的依附对象划分，管理咨询公司的隐性知识可分为个体的隐性知识和集体的隐性知识。个体的隐性知识是依附于个人（如咨询顾问、管理者）的，很难或不被其他个体掌握高度个性化的知识，主要以经验、技能、直觉、灵感等形式存在。集体的隐性知识则依附于组织（如项目小组、咨询公司），是某一咨询公司区别于其他组织的人格化特征，如某一项目小组或部门的价值体系观、团队默契、组织文化和氛围等。

（2）以隐性知识自身的特征划分，可分为技术方面的隐性知识和认识方面的隐性知识。前者主要包括那些不可或难以编码和表达的咨询技能、专长、诀窍等。而后者主要包括管理顾问在处理业务过程中的灵感、直觉、心智模式、预见性等。

（3）隐性知识的层次划分，可分为个体拥有的隐性知识、团队拥有的隐性知识、部门拥有的隐性知识和企业拥有的隐性知识。不同层次的隐性知识构成了企业隐性知识体系。在管理咨询公司中，其内部成员共享的部分显性知识和隐性知识因不向外界公开而形成咨询公司独有的隐性知识。

知识积累

从知识管理的形式来看，知识管理包括对显性知识的管理和对隐性知识的管理。从主体的角度进行分类，隐性知识包括个体隐性知识和集体隐性知识。前者依附于个体，体现在个体的行动中；后者体现在组织中，是群体成员在长期共同交往中逐步发展、积累起来的一种组织惯例。

隐性知识

对于企业来讲，集体隐性知识积累得越深厚，竞争对手就越难以模仿，企业的核心竞争力就越强。但是，由于个体拥有的隐性知识存在于员工的头脑中，依附于人力资本所有者，不能明确地观察到，难以模仿，如果不是出于员工自愿，其所拥有的隐性知识很难在组织中流通、共享，转化为集体隐性知识。因此，如何使组织成员拥有的个体隐性知识转化为集体隐性知识成为了咨询公司隐性知识管理的重点和难点。咨询公司应努力建立比较完善的隐性知识管理机制，促进知识转化、转移、交流和共享，促进个人层面上的隐性知识显性化，并在组织中无障碍的流通、共享，最终固化于组织之上，形成组织的隐性知识，这个过程也是人力资本转化为组织资本的过程，是咨询公司隐性知识管理的重要目标。

麦肯锡把知识管理的重点放在了对隐性知识的发掘、传播和利用上。尽管公司内很多咨询专家在工作中发展起来的许多富有创造的见解和思想都已成文，甚至还有一些畅销著作出版，但是，更多的知识和经验是作为隐性知识存在于专家们的头脑中，没有被整理成文，更谈不上交流与共享。

为了解决这个问题，麦肯锡创办了一份内部刊物，专门供那些拥有宝贵经验却又没有时间和精力把这些经验整理写成正式论文或著作的专家们，把他们的思想火花简单地概括出来，并与同仁共享。这种不拘形式的做法降低了知识交流和传播的门槛，使许多重要实用的新思想和新经验能够在短短一两页的摘要里面保存下来，并用于传播。在每一篇这样的短文后面，都附有关于作者的详细信息，便于有兴趣的读者按图索骥，找到可以请教的专家。这种灵活的交流方式不仅使有益的知识和经验在公司内得到有效的传播，激励创新和坦诚的交流，而且也有助于提高知识提供者的个人声誉，为他们在公司里的发展提供良好的环境和机会。这种自由选择的方法还有助于甄选真正富有价值的点子和思想。

知识转移

个人隐性知识转化为企业隐性知识存在于知识转移中。谈到知识转移，要用到野中郁次郎等人提出的SECI模型[3]5-34。

虽然SECI模型主要是描述知识创造过程，但是由于这个模型同时涉及了隐性知识、显性知识以及它们之间的转换关系，因此，SECI模型也被广泛地用于描述知识转移的过程。野中郁次郎等人认为知识创造过程包括四种模式：社会化、外在化、整合化和内在化。

社会化过程是将隐性知识转化为新的隐性知识；外在化过程则是把隐性知识转化为显性知识；组织化是把个人的零散的显性知识通过联结、系统化形成有益于组织的显性知识；最后，内在化过程是将显性知识内化为隐性知识的过程，如表14.1所示。

表14.1 知识转化模式

转化过程	知识变化	知识类型知识	管理空间
社会化	隐性知识→隐性知识	交感型	源发场
外在化	隐性知识→显性知识	概念型	互动场
组织化	显性知识→显性知识	运作型	网络场
内在化	显性知识→隐性知识	系统型	练习场

螺旋上升

人们获取知识应该是一个螺旋式上升的过程，也就是从外界了解一个东西开始，首先把它进行内化，之后通过自己的思考与贯通将其社会化，在实际运用中得到体现也就是外化，再通过联系以前所有的显性知识加以整合，创造出新的显性知识。这是一个循环的过程，重复这种循环，个人的知识就会呈螺旋式的上升。

丁栋虹、朱菲[4]借鉴SECI模型四种模式的分析，认为个人所拥有的隐性知识转化为组织的隐性知识的过程可以表述为：（1）个人的隐性知识通过比喻、隐喻和假设、深度汇谈等方式，外化为个人的显性知识，这是外在化（Externalization）的过程；（2）个人的显性知识通过整理、联结，转化为组织的显性知识，也是整合化（Combination）的过程；（3）内在化（Internalization）过程，即组织的显性知识又逐渐内化为组织成员的隐性知识，组织成员接受了新知识后，将其应用到日常工作中，逐渐变成自己的经验、技巧；（4）社会化（Socialization）过程，组织成员之间通过观察、模仿和实践等方式传递、分享隐性知识，这些隐性知识逐渐固化在组织上，形成组织的隐性知识。隐性知识就是通过以上四个阶段不断地得到增强，呈螺旋式上升。

知识组织

学习组织

学习型组织经典的定义是由麻省理工学院的彼得・圣吉博士给出的。学习型组织是一个不断创新、进步的组织，在其中，大家得以不断突破自己的能力上限，创造真心向往的境界，培养全新、前瞻、开阔的思考方式，全力实现共同抱负，以及不断学习如何共同学习。企业建设学习型组织就要培养整个企业的学习气氛，充分发挥员工的创造性思维能力，从而建立一个有机的、高度柔性的、扁平的、符合人性的、持续发展的企业。

学习型组织是以课题为导向的专注于课题本身的一种学习方式，它传授知识给个人，帮助人们习得过去不具备的技能，集中于知识深度和个人职能的开拓和完善，加强员工垂直深度的思考，是渐进式地向着固定目标前进的组织，是为未来而学习和进行知识储备的组织。而教导型组织却不同，它是以个人为导向的，更关心个人的技能提高，是一种广度的知识拓宽，它传授边缘性创新思考技巧，提供此时此刻应用所需求的知识，是为了开拓思路从而寻求到更多的解决方案，因而是一个无止境的、持续的学习过程。

麦肯锡公司从 1980 年开始就把知识的学习和积累作为获得和保持竞争优势的一项重要工作，在公司内营造一种平等竞争、激发智慧的环境。在成功地战胜最初来自公司内部的抵制后，一个新的核心理念终于在公司扎下根来，这就是：知识的积累和提高，必须成为公司的中心任务；知识的学习过程必须是持续不断的，而不是与特定咨询项目相联系的暂时性工作，不断学习过程必须由完善、严格的制度来保证和规范。公司将持续的全员学习任务作为制度被固定下来以后，逐渐深入人心。它逐渐成为麦肯锡公司的一项优良传统，为加强公司的知识储备，提升公司的核心竞争力打下了坚实的基础。

在世界各地的麦肯锡分公司，你都必须参加公司至少两次的学习和培训。其中包括每年一次全球培训、各大区的四次培训和每月一次以上的专题培训，对于新员工公司还有基础培训。麦肯锡在伦敦和新加坡设有培训中心，每年在这里都会有四次分专题的培训。

除此之外，所有麦肯锡员工每月还有一次共同学习的机会，就是在一个约定好的星期五那天，每位员工都回到自己的总部，全球都通过互联网和幻灯片的形式进行学习。这种学习每月一次，被称为“Home Friday”。

除了上述正式和定期的学习机会外，对每个麦肯锡员工来说，最重要的还是非正式的培训——在项目过程中的培训。假如你是某项目的经理，而这是你第一次做兼并收购的财务模型，这时一定有一个专家站在你背后帮你把框架搭起来，给你提供相关的资料，帮你讨论，最后的结果也会有人来检查。“这相当于手把手来教你，比正式的培训更重要，比课堂上要来得快。”已在麦肯锡工作多年的吴亦兵对此体会颇深，“我们认为通过培训得来的知识，如果不重复使用，一周后就会忘记一半，一个月后只能记住 10%，而这种针对项目的非正式培训与使用是一致的，所以要深刻和实用得多。”

麦肯锡公司不但建立了科学的制度促进学习，而且还通过专门的组织机构加以保证：从公司内选拔若干名在各个领域有突出贡献的专家作为在每个部门推进学习机制的负责人，并由他们再负责从部门里挑选六七个在实践领域和知识管理等方面都有丰富经验和热情的人员组成核心团队。

教导组织

教导对个人发展、职业生涯设计或商业发展的作用是目前最热门的话题之一。所谓教导就是帮助他人明确自己的目标，并引导其达到目标。教导的内容主要在于提高个人的技能，包括帮助设定目标、交流管理经验，以做出决策和解决问题等。教练要对客户的内心知识、资源及创新性进行描述，以便帮助他或她提升自己的能力。

从最新的发展趋势来看，教导型企业正在代替学习型企业成为企业知识能量管理和调控的最佳模型。事实上，最好的学习和培训方式是一种此时此刻的，也就是说，在工作中学习，在实际应用中获取知识，边学边用，边用边学。一个人学以致用的转化速度越快，说明他理解得越好，他所能保持住自己职位的时间就越久。

与学习型组织相比，教导型组织超越了组织管理的一般内涵，它较少关心目的，更多的是关注如何达到目的：如何释放组织的内部能量，如员工的创新性、情感和创业精神，使所有员工都能成为创新者、自我领导者和团队合作者。

共享组织

麦肯锡实行“全球一体化”的合伙制公司运作方式，也就是说，公司任何一个地方的经验都可以在全公司范围内使用。今天，无论找到世界各地的哪一家麦肯锡分公司，都将享受到与其他80多家分公司同样的咨询服务。也许会感到不可思议，因为做“企业医生”可远比“做饭”要复杂。但这却是真实的。

麦肯锡能做到这一点，要归功于麦肯锡公司的知识管理。麦肯锡认为：90%的知识都在大家的脑子里，最重要的是建立知识共享的制度和文化。麦肯锡有一个文化叫“百分之百的立方”，就是用百分之百的时间把百分之百的知识传递给百分之百的客户。

例如，北京分公司要给中国银行服务，不是中国区的员工把所有麦肯锡的知识读完后再来给中国银行服务，而是会找出麦肯锡全球范围内所有这方面的专家，重要问题通过电视、电话解答。如果是一个非常核心的问题，资深专家会飞过来，如果是一个专门特殊的问题，他还会专门来负责这个项目。由于公司关于合作的内部考核机制，每个人都会感觉帮助别人和帮自己是一样的。

在麦肯锡，除了制度的保证之外，分享已经成为一种文化，并且已经融入每个人的血液之中。在麦肯锡，每个人都不会说：“这是我的客户”，只有“麦肯锡的客户”，如果一个人说“这是我的客户”，那他一定不是一个符合麦肯锡文化的人，因为麦肯锡的核心竞争力就是集体的智慧和力量。如果客户成为个人资源，那这个客户一定不会得到最好的服务。麦肯锡服务的关键在于把有关这方面问题最重要的专家请来诊断和解决，而个人的力量是不可能做到这一切的，所以不存在“个人资源”。麦肯锡有非常优秀的人才，但整体力量远远大于每个人的力量总和。

知识共享

既然咨询公司知识管理的关键在于隐性知识管理，而隐性知识管理的关键在于知识转化、交流和共享，因此，咨询公司隐性知识管理问题，最终落到了如何建立一种促进知识的转化、交流和分享的机制[4]。

共享机制

直接交流

鉴于隐性知识是存在于人脑之中的难以编码的知识，实现隐性知识共享的最好方式就是人与人之间的直接交流、沟通，如演示方式。因为只有采取高度情境化的方式，才能避免编码化对知识造成的歪曲①。

贝恩、波士顿咨询公司（BCG）、麦肯锡（McKinsey）公司都注重人员之间的直接交流。贝恩等公司投入巨资构建人员网络，知识的共享不仅可以通过面对面的形式实现，而且可以通过电话、电子邮件和视频会议等方式实现。

麦肯锡公司也通过许多途径来培育人员网络，如相互调动异地分部职员、倡导立即回复同事电话的组织文化、建立专家目录以及利用公司内部的“咨询督导”来帮助咨询项目小组。

这些组织同时也建立了电子文档系统，但其目的不是提供知识对象，而是让咨询师通过查询相关文档，迅速掌握特定领域的相关知识，并由此了解公司内部谁曾从事过某一课题，然后直接与该人联系。

员工心得

鼓励所有完成项目的员工写出心得体会，把他们的经验变成知识系统地储存起来，当再有别的员工遇到同样的问题时，可以查找这些储存起来的知识并加以使用，如果需要组成一个团队，那么知识的作者当然可以作为这个团队成员的首选。使用者对知识的创造者给予评价，这会增加创造者在公司内的声望，以后再遇到类似的问题会有更多的人来使用他的知识或得到他的帮助，他也会得到公司的奖励。这也就完成了知识共享奖励机制的建造。

全球企业麦当劳如果有一家店发现有一项改进有利于企业，那么所有的店都会使用，它们能够发现好的方式并使用它们，记录它们。企业里面的人离开了，那么他的知识、人际网络等都随之离开了，对企业本身而言也是重大的损失。对于高端服务的咨询公司，重要的是什么？就是不同背景下职员们所拥有的知识，更重要的是这些知识可以转换成现实的收益。

公司应从制度设计上鼓励这种积累，如强制性地规定项目做完要做心得报告，即使可能部分成员开始写得不好，但也提供了从不同角度看待同一个项目的机会，同时可以留给后面的新

① 这也是高校中的研究生导师和工厂中的师傅在知识共享中扮演着重要角色的核心原因。

人来学习。在公司有时间就举行咨询师的内部讲课，每位咨询师把自己所钻研的项目分析给同事们听。坦白地讲，想做管理咨询的人都是有自己思想的人，都有自己如何做企业的一套，要不也不会在管理咨询公司，也许别的地方一百个人当中有一两个是聪明的，但在这里，每十个人有九个半都是非常聪明的。通过这种方式也可以练习咨询师们的讲课能力和交流能力，这对以后工作是非常有用的，而写报告，经常写，写得多了可以出书，一方面是咨询师获得收益，另一方面是公司获得的无形资产，至少这家公司的咨询师都出了这么多的书，奠定了这家咨询公司的市场地位。

知识追踪

知识全程追踪是另一项促进知识共享的有力制度。知识全程追踪（Lifetime Sourcing）是将知识提供者的姓名永久地附在其所提供的知识记录上，并通过相应的技术支持使提供者了解何人、何地、如何利用所提供的知识，从而增进知识提供者的自豪感和成就感；同时使知识使用者与提供者之间保持密切联系，激发使用者对提供者的尊重，并通过双方的相互交流和探讨进一步创造新知识或知识的新应用。

Booz 公司就利用了知识全程追踪法。公司在系统设计中突出咨询人员的贡献，使他们获得相应的成就感。在知识库中，提供知识的咨询人员的名字十分醒目，可容易查到某位员工对知识库的贡献。这样，KOL 成为宣传个人成就的一种途径，在很大程度上消解了人们对他的抵触情绪。员工对知识的贡献还纳入“员工年度评定”中，这样可以使知识共享和互相协作的气氛更加浓厚，也把知识共享纳入了员工的绩效考核之中。

组织共享

知识导向型组织文化是将知识视为组织最重要的资源，能够支持有效的获取、创造、交流和利用知识的组织文化。其关键因素是对新知识持一种欢迎态度，并且在一个不断学习和尝试被高度评价、重视和支持的环境中创造一种信任和开放的气氛。

咨询公司的隐性知识管理最终是为了通过对隐性知识的开发利用以实现咨询公司的目标。对现有隐性知识管理的核心，是通过制度设计、管理激励、文化营造等手段，克服障碍，以实现隐性知识在咨询公司内的共享。这就要营造一个人人愿意与他人共享隐性知识的氛围，并创造相应条件。在现实中，员工之间的知识垄断、互不信任及利己主义等都不利于隐性知识的交流和共享。因此，必须针对性地进行管理。

知识社群

利用管理咨询公司特殊的扁平的矩阵式结构和临时性项目小组有利于隐性知识交流的优势，构建隐性知识交流平台。

在组织内以创办企业的方式组建知识社群，这样可以赋予它最需要的突破式创新。这些社群是激情的、有创业精神的和高收益的，它们拥有了成功的最佳机会。其成员更像一群创业者，他们很少跟随和听从，而是能干的企业新价值的创始人和建设者。

建立互动知识社群，可能需经历三个过程。

（1）通过任务催促、部门互动和电子邮件达到信息共享目的。

（2）通过组建跨业务工作小组达成跨部门协作。

（3）一个组织要有知识社群的视野，要建立支持性的文化和相互协助的关系。

奖励机制

隐性知识是由人力资本所有者所拥有的，是难以模仿的。很多情况下，虽然组织鼓励知识共享，但隐性知识所有者害怕别人学了自己的知识超越自己，害怕竞争，进而不愿意与他人分享自己的知识。解决这个难题的一个比较好的方法就是设计相应的激励制度和方法鼓励员工共享知识。

“一个公司政策”（One Firm Policy）最先于 20 世纪 30 年代由美国咨询界的精英 Marvin Bower 提出。当一个咨询公司发展到一定水平之后，就会向外扩张，在不同地域或不同国家建立很多子公司，这些子公司如果像传统跨国组织的子公司那样各自为战的话，之间就不会有密切的联系，进而也不会有知识的共享。所以在公司的各种制度设计上都要采用一个公司政策。例如在利润核算方面，如果各个子公司都独立核算，那么所在不同子公司的员工就不会有任何主动的知识共享，因为将自己的知识共享给别的子公司的员工，不会对自己的子公司的利润有任何好处，反而可能使别的子公司表现得更加出色，有损总公司对自己所在子公司的评价。可见制度的设计都要采用一个公司政策的重要性。再如在组织架构方面，如果以区域划分部门，就对知识共享产生抑制作用，而如果改成以行业划分部门或者以职能划分部门，就会有利于公司内部的知识共享。

为了保证分享的实现，麦肯锡有一个著名的制度，叫全球一张损益表，就是进行全球考核。这样北京分公司员工的工资并不是由北京分公司业绩来决定的，也不是由中华区的业绩来决定的，而是由全球的业绩来决定的，这就是鼓励知识共享的机制保证。这决定了全球咨询人员自然而然地互相激励。例如，吴亦兵是麦肯锡的合伙人和董事，在对他的考核中就一定会考查他的合作性，如果他的合作性不好不可能当选为董事。“这么多年下来，这些观念已经进入我的血液，我一天有四五百个 Email，如果我不回完，我睡觉都会不踏实，所以无论多晚我都会回复。”吴亦兵说。

“内部比赛”源于麦肯锡的 Practice Olympics，是定期选择一个企业遇到的业务问题，然后在全企业范围内组织案例比赛，所有员工均可自由组队报名参加，大家共同思考解决的办法，对获胜者给予奖励。这对公司内部知识的创新起到积极作用，而且相当于调动大部分企业的资源解决企业遇到的难题，机会成本是需要牺牲参加比赛员工自己工作的时间。

组织文化

建立知识导向型组织文化是知识管理的最终目标。营造良好的组织文化，树立互惠观和整体观，鼓励隐性知识交流，打破个体、团体及部门之间的知识垄断壁垒。

组织文化主要包括三个维度：组织宽容度、组织归属感和组织信任度。有研究显示，组织文化和知识共享之间存在着显著关系。Davenport 和 Prusak[5]的研究强调信任在知识共享中的重要性，归属感对知识传播和知识吸收两方面有显著影响。李涛和王兵[6]对东南大学 150 名在读博士研究生进行了关于组织文化和知识共享关系的问卷调查，结果显示个人的知识传播主要依赖于组织归属感，即组织内人们之间的亲密关系和交流程度。

可见，知识共享需要以组织文化为基础，能否在组织内形成融洽开放、情感交流、亲密合作和相互信任的内环境，是克服知识共享的文化障碍的关键。只有培养知识导向型组织文化，提高组织宽容度，增强组织归属感和组织信任度，才能使全体员工意识到知识对于组织的重要性，才能培养员工进行知识交流和共享的积极性，从而有利于员工个人的隐性知识通过交流显性化，被更多的员工所掌握。例如，Booz 公司知识管理的核心目标之一就是鼓励相互协作，培育知识共享的公司文化。

建立知识导向型文化的同时，还要营造有利于知识交流的工作环境，如建造开放式办公室，为员工在办公室内交流创造机会；设立舒适的茶水间，以便员工在休息时有一个畅快的交流环境等。良好的工作环境有利于员工的沟通，从而促进隐性知识传递与共享。

知识产品

系统影响个人，同时个人也会反过来定义系统的形式。在一个组织内，个人隐性知识和集体隐性知识并不是简单的叠加关系，先进的隐性知识管理体系，是对个人隐性知识的开发、引导和引爆，使其最大限度地转化和融入到集体隐性知识当中。对于企业来讲，集体隐性知识的管理和转化是直接产生效益的。咨询公司必须构建便于隐性知识开发利用的模式，这就要求能找到利用隐性知识的有效途径。不管是咨询顾问个人的还是项目小组、部门的隐性知识，只有被显性化或被传递才能发挥其作用。

知识库

知识库（Knowledge Base）是根据一定的目标，从数据库中提取有用的知识，对它进行清理、去冗、整序、组织和结构化处理，将相关知识相互联系起来，形成具有一定结构和功能的知识集合，保存这一知识集合的场所。

知识库是组织进行知识积累的重要手段，组织可以利用各种数据库、专利数据库存放知识。而组织的知识积累是整个知识管理的基础，可见构建知识库对知识管理是十分重要的。知识管理的核心是对隐性知识的挖掘和发现，而隐性知识显性化的有力措施就可以通过建立组织内部知识库实现。

构建组织的知识库要遵循以下三个原则：第一，知识库要易于员工进入；第二，知识库中的数据要及时更新，若是跨国咨询公司则要保证全球同步更新，以保证数据的有效性和及时性；第三，数据库要向所有的员工开放。

知识数据库的构建如表 14.2 所示。

表 14.2 知识数据库的构建

重要程序	核心内容
筛选	保证进入数据库的文章的质量
储存	标明文章涉及的问题，便于需要的人找到自己需要的 分类储存便于查找到这一领域所有的资源
检索	当公司里别的人需要对某个问题寻求帮助时，检索数据库寻找答案

续表

重要程序	核心内容
使用	可以使用这个数据库里已经拥有的知识，解决自己遇到的问题
找到作者	如果组织团队需要这方面的专家，作者无疑是最好的选择
评价	使用者评价数据库里用到的知识，奖励当时创造这个知识的人，这是很好的激励方法

可见，数据库的使用大大方便了企业内部的知识共享与激励，但要注意以下几个问题。

（1）需要有数据库的维护人员，他们要懂得数据库的技术，帮助并指导员工使用数据库，同时他们还要懂得筛选进入数据库的知识，这要求他们也要有一定的专业知识。

（2）数据库的使用减少了人与人的直接交流，这对公司是不利的，因为很多隐性知识还是要通过人与人的交流来传递的。所以公司在宣扬数据库的同时，也不能轻视公司内部人与人的交流。

（3）过多地依靠数据库会减少创新，大家都去找前人的经验，创新就大大减少，企业要采取别的方法来避免这个问题。

许多国外的著名咨询公司都有一个完整而庞大的数据库、方法库，他们还依靠各种现代通信工具建立起信息网络，支持组织内部的横向交流，联结和传播员工的个人知识，并将个人专长融入分享信息的集体实践中，不仅为企业有效地保存和利用了组织内部的智力资源，更极大地推动了企业核心竞争力的提升。

邓白氏公司的产品和服务都基于一个全球的数据库资源，该数据库涵盖全球超过 7 000 万家企业信息（包括 60 多万家中国企业信息），它们收集的公司信息遍及全世界 200 多个国家和地区。其数据库每天更新 100 万次以上，以实践邓白氏对客户的承诺，为客户提供准确而全面的信息，因此，被国际著名《商业周刊》选出的全球 1 000 家大企业中，超过九成都是邓白氏的客户。

为了使信息在公司内更加有效地交流和传播，麦肯锡公司还建立了一个储备经验和知识的专门数据库，用以保存在为客户工作过程中积累起来的各种信息资源，并委派专职的专业信息管理技术人员对数据库进行维护，确保库中数据的更新。当咨询专家需要从数据库中寻找信息时，由他们提供相应的检索帮助，提高使用效率。

安达信咨询有自己的知识库。员工办公采取“虚拟办公室”的结构。公司有全球性的网络 KX，网上有对市场的分析报告、客户的跟踪报告、竞争对手的分析报告以及所有做过的项目的总结。这个庞大的知识库可以随时为所有的咨询顾问提供各个方面的信息和以往的经验总结，从而有利于顾问们快速查找到其所需要的信息，更漂亮地、更出色地完成任务。

现在，国内的许多咨询公司都没有此类信息库，也没有什么工作模板，咨询专家在工作时所需的大量咨询数据都必须自己去搜集，进行市场一般性调查、搞岗位具体设计等，企业的基础数据都得从头做起，70%左右的时间都花在了项目计划以外的基础工作。这样，既提高了成本，降低了工作效率，又非常不利于经验的积累；而以往的数据、案例、经验等应是咨询公司最为宝贵的财富，怎可如此浪费呢？

知识地图

一种帮助员工快速在知识库中搜索其需要的知识的工具就是知识地图。知识地图是利用现代技术制作的组织知识资源总目录以及知识款目之间关系的综合体。知识地图能清楚地揭示组织内部或外部相关知识资源的类型、特征以及各种知识的相互关系，还可以揭示组织的结构及业务流程，评估组织的知识存量。

案例

麦肯锡的知识资源系统

麦肯锡公司建立的知识资源系统由四个部分组成：一是人员数据库，包括人员的姓名、所擅长的行业、职能及联系方法。二是业务项目的数据库，包括公司所有业务项目的内容、背景、类别、承担业务项目的成员。三是文献库，包括文献资料的类型、核心内容、文献所属的类别、常规文献的检索方式（标题检索、关键词检索）。四是其他，包括分类（职能、行业）、人员网络[7]。

这四个部分通过信息网络连接，形成一个彼此间相互链接、可随时随地访问的知识资源系统。这个系统不仅可以提供有形知识，而且是此系统存储的信息大部分与人有关，因为只要找到专家，直接与专家沟通，即能获得最新、最及时、最贴切、最权威的隐形知识。这个特点正体现了知识资源系统以信息技术为工具、以人为核心的特点。这是知识管理的第一层内涵，即建立已有知识的知识资源系统。

知识管理的第二层内涵是不断创造新的知识资源。麦肯锡公司将年收入的10%作为知识创新的费用，公司设立了信息与研究部，负责管理公司知识资源网络和进行知识创新。信息与研究部由五个分部组成：按职能分类的知识信息资源中心、以分公司为对象的信息与研究部门、按行业分类的知识信息资源中心、地区性知识信息资源中心和特别创意组。举例来说，该部门按职能分成了生产、分销、财务、市场等37个职能类别，按行业分成化纤、生物、电子、通信等24个行业类别，形成了矩阵型的研究网络。这样在每个分公司、每个地区、每个行业和每个职能的交点上都形成了专业的研究创新能力，再加上特别创意组人员突出的创新能力，最终构成一个既有深度又有广度的知识创新网络。

知识管理的第三层内涵是共享知识资源。麦肯锡公司首先从管理模式改革出发，将管理风格由控制转为支持、由监督转为激励、由命令转为指导，自上而下形成一种共享知识的宽松环境；其次，通过培训使公司每一位员工意识到与人共享知识是自己的责任，并自然地与组织内其他人员形成知识网络团队。在这种知识共享的文化下，公司信息研究部门的职能有另一层含义——推动全公司范围的知识共享：快速有效地筛选公司内部和外部的知识信息资源，创造性地进行知识创新，向咨询人员提供所能获得的最佳知识信息资源。支持公司咨询人员除了在公司内部形成知识共享文化以外，麦肯锡公司还创造性地将知识共享的理念扩展到公司的外部，提出了全方位的共享战略。麦肯锡定期将公司咨询顾问在为客户服务过程中形成并提炼出的实践经验及专家提出的思维创新整理出版《麦肯锡高层管理论丛》、《麦肯锡 Quarterly》等刊物，积极地推动知识传播和共享。另外，麦肯锡全方位的知识共享战略还体现在公司独特的人力资源战略上——人才输出战略，麦肯锡每年都向社会输送大量顶尖人才，如IBM公司的前CEO等。这些咨询顾问出身的人才进入企业后，一方面促进了麦肯锡先进管理知识的传播和使用，另一方面又为麦肯锡提供了丰富的客户资源。

知识管理的第四层内涵是建立科学的知识开发能力评价系统。麦肯锡设计了多维的评价指标体系：研究内容的深度，研究内容的宽度、增值度、地理区域的宽度，形成专门的针对性的研究成果的能力和回馈反应的速度，并定期对每个研究人员的知识开发能力进行评价。麦肯锡公司作为第一大管理咨询公司，对自身所处的咨询行业有充分的认识：管理咨询行业是一个以知识和服务创造价值的行业，这个行业的人员把知识作为产品，服务于客户。因此，麦肯锡将“协助客户取得积极的、持久的和重大的业绩改进，建立一个吸引、发展、鼓励和保留杰出人才的卓越公司”作为公司的使命，并以此设定了公司知识管理的目标：发展起独树一帜的知识信息资源，使公司人员更好地成长发展，在客户中形成独树一帜的影响力。

共享网络

内部信息网的建设能够为员工提供自由交流和沟通的软硬件平台，有利于员工之间进行知识交流。国外著名咨询公司都有自己遍布全球各分支机构的广阔的内部信息网络，为所有的员工提供知识、技术支持。

目前，麦肯锡的咨询业务已经涵盖了 18 个行业和近 40 项职能，积累了丰富的专业知识和信息。而全球各地分公司的每一个咨询人员都可通过麦肯锡知识管理系统访问这些专业知识和信息，使用全球知识库。同时，麦肯锡利用其全球的咨询人员为客户提供服务，任何一位咨询人员可向其全球各地的同事寻求帮助。因此，客户无论身处何地，都可以充分享用这一全球资源。这也真正体现了麦肯锡全球一体化的管理理念。

埃森哲的成功很大程度上得益于它的全球知识共享网络（Knowledge Xchange, KX）。以先进技术为依托构建的 KX 构建于 Lotus Notes 平台上。埃森哲分布于全球的 300 个 Lotus Notes 服务器上装载着数以千计的资料库。埃森哲的 IT 人员对资料库实现全天候的技术支持。埃森哲为所有员工配备了个人电脑，其分布于全球 47 个国家的 110 个办事处共有 75 000 个 Lotus Notes 用户。为了便于员工分享知识，埃森哲在全球范围内实施了标准化工作站配置和技术基础架构。埃森哲的全球知识共享网络能够提供业务文档、业务管理、专业研究、培训学习、交流沟通和获取外部资源六大功能，这些功能支持着来自不同市场、行业和服务领域的员工。KX 黄页为所有员工提供多种查询途径，其资料库全球同步更新，内容丰富，包括图书库、实务帮助、论坛、行业分析等，并按市场、行业、服务领域进行了分类。

安达信公司通过跨国机构联络网络，几乎在全世界任何地方都能提供适时、迅速和优质的服务。安达信通过 Lotus Notes 把大约两万名咨询人员连接在一个称为“全球最佳业务”的项目上，建立了一个包括 70 多种业务的数据库，咨询专家在执行咨询项目时，广泛使用这个数据库，不但省时又节省了成本。

Booz 公司建立了覆盖全球的基于 Web 的 Intranet 系统——知识在线（KOL）。借助这个系统，公司内商业咨询部门的 3 500 名咨询人员可以与全公司所有领域的专家进行交流，以获得有关业务培训、市场营销、案例研究方面的知识。目前，Booz 公司商务咨询部门中 62%的员工每月都要访问 KOL。

当然，建立组织内部信息网需要强大的技术支持。知识管理的主流软件平台或产品主要有 Lotus Domino/Notes、Microsoft 知识管理系列产品、Exact eSynergy、Oracle eBusiness Suite 和 mySAP.com。

知识应用

在咨询服务生产中，管理咨询公司一方面通过提供新的服务将知识扩散和转移给顾客，从而获取利润，另一方面管理咨询公司在此过程中的知识资本也得到了增值。

知识服务

1996年联合国经济合作与发展组织（OECD）在《以知识为基础的经济》的报告中把人类迄今为止创造的知识分为事实性知识（Know-what）、原理性知识（Know-why）、技能性知识（Know-how）、来源性知识（Know-who）等四大形态。对于前两类知识，人们可以通过读书、听演讲和查看数据库而获得，后两类知识主要靠实践。第四类知识被当成了“信息”，这在经济全球化、信息大爆炸时代，其实是一种极为重要的知识，在信息浩如烟海的互联网上，人们可以自由漫游，但很少人能自由驰骋获取所需。于是，专门为人查找、收集、分类、集成各种信息的网上代理服务商、咨询公司以及相应的软件便应运而生。这就是知识服务业的前身。

所谓“知识服务”是指拥有各种知识的机构或组织向社会公众提供各种类型知识，并建立在服务功能和专门知识基础上的服务，不妨称之为广义的“知识服务”，如公共图书馆等从事的服务即可涵盖于此。而狭义的“知识服务”则是拥有第四类知识的机构或组织向社会公众提供的各种培训、资讯和咨询服务，是以灵活的服务模式充分利用和调动知识拥有者的智慧进行的对特定问题的分析、诊断和解决为标志的特殊服务，管理咨询便是其中的典型代表。

管理咨询公司的知识可以粗略分为内部管理知识和外部服务知识。由于管理咨询公司的宗旨是为外部客户提供服务，所以讨论的主要对象是外部服务知识，即在为客户提供服务时管理咨询公司所运用的知识，又可以分为专业知识、客户知识等。从结构和作用上来说，对外知识是主体和核心，而内部知识是保障。

知识咨询

管理咨询公司属于专业服务组织，主要依靠知识提供服务。从专业社会学（The Sociology of the Professions）的角度，看咨询业是一个知识含量极高的特殊职业，而管理咨询公司属于知识密集型的专业服务组织，主要依靠知识为客户提供服务。管理咨询“是一个刻意产生变化的活动，卷入的顾问和客户有意识地建立一个自愿的短期关系以进入一个相互作用的过程。在此过程中，管理顾问使用咨询知识将管理知识带给客户，通过使得暗蕴的行为明晰化，而帮助客户解决与管理有关的问题以使双方达成新的现实。”根据这一定义，管理咨询顾问是使用特殊的咨询知识和技能，如咨询程序、数据收集和诊断、咨询的技术方法与模型、人际沟通技巧等来为客户提供服务的。

个体依赖

管理咨询公司产品的特殊性。由于其知识的密集性，管理咨询公司产品不具备一般工业品标准化、批量生产和对机器高度依赖等特点。咨询顾问必须根据不同的具体问题创造性地运用专业知识和技能去解决客户的复杂问题。在顾问所使用的知识和技能中，只有一小部分是咨询顾问共有的知识，而大部分的知识，如个人的经验、灵感、洞察力、预见性、独特的人际技能和咨询工作技巧或独享的咨询工具等，是咨询顾问的隐性知识，这些隐性知识使咨询顾问与其服务与产品不可能完全分离，从而导致产品对生产者个体高度依赖。

知识依赖

通常情况下，除了产品和服务依赖于个体外，整个客户关系也依赖于个体。在管理咨询界经常能看到这样的情况：当公司的某个咨询顾问离开公司后，相应的客户也被其带走了。这可能会使客户成为离开的咨询顾问下一个就业公司的客户，而原公司不得不停止与相应客户之间的业务关系，因为客户已经不能在该咨询公司得到原来的重要的咨询顾问和对离职顾问高度依赖的咨询服务。表面上看，这是客户关系问题，而实际上是客户对特定知识的依赖。

知识创新

团队创新

集体隐性知识的创造和捕捉并非无迹可循。一个企业对隐性知识的挖掘，不比挖金矿，金矿是客观存在那里的，而前者更接近于一种虚拟状态，它背后的价值观是：没有客观的现实，所体验的环境不是等待在那儿的一种固态，而是通过观察行动共同创造的结果。因而关键是行为推动计划，在混沌中创造价值。

（1）团队异质性。隐性知识创新的过程会经历知识搜寻、知识选择、知识探求以及知识合成等不同环节，其节奏各异，合在一起就像一首韵律诗。创新也是一个从发散思考到综合思考的循环。所谓创新合成是指先前并无关联的外部技能与内在思想的交错联结。这种知识结构的再造对于创新至关重要——就像一个黑箱，内部结合方式越多，给外部提供的选择期望可能就越多。一旦提出了足够多的新观点，就可以共同商讨和确定出一个可行的综合性方案来。这也是为什么知识异构化的互动性团队的创新力要胜于知识同质化团队的原因。

（2）目标意识。新的创意通常是在流动过程中产生出来的，确切地说，它是一个对创意流用心经营的结果。为了获得新的创意，必有一个设定的目标，还要有达到该目标的途径或策略。目标事先处于不确定的状态，但是要尽量通过各种办法使之变得可测量；而策略实施是动态的过程，它可能通过广开言路或是展开头脑风暴向目标推进。当咨询师所确定的目标越清晰，就能设计出越好的策略。

（3）边缘性思考。在新观点的产生，即发散性思考或边缘性思考阶段，针对某一问题会引发出大量的各种可能性方案。混沌的价值在于它创造新鲜事物。之所以如此，是因为这一切是在一个非线性系统内发生的。在高效率的创意开发过程中，不同个体的多样化的视点会带来创新性激荡，而这种多元观点导致的知识分歧将释放出巨大的能量，最终产生新观点、新方案。

（4）注重直觉。通常人的现实不安感或知识窘迫感可能带来激进式的创新，因此，此时新人可能会具有更多的原创性，尤其在发现问题阶段。一个创新机制允许对显在的答案进行否决，这样有利于发现完全不一样的问题。对独特的问题，直觉发现通常不仅仅是一个答案，而是最接近真实本质的一种内观。

（5）专家的作用。专家的作用不可替代，尤其在解决问题阶段。他们与新手完全不同，当一种想法在大脑中初步成型之后——这个想法来源于经验，他们能够凭经验锁定某一特殊问题，并且能做到速战速决，因而在处理问题时就会显得相对容易得多。

（6）创意竞争。大型组织是一个个小团队的集合体，其中各个彼此分离的团队意见在相互交流时会得到放大。由于各团队间的这种创意竞争能够碰撞出某些意想不到的新火花，从而推动组织获得创新。经理人和创新团队的领导者必须具备这方面的能力，他们能通过提出某些引导性的新观点和新视角，利用隐性知识来促成多方的综合思考。

企业创新

西方管理科学之所以发达，是因为他们不断地在企业中进行研究，而不是在办公室里用大脑进行研究。像霍桑实验，就是在工厂中实现的，中国的企业理论如果真的想有用，能够屹立于世界管理丛林中，就必须要和企业联盟，在企业中进行现实的实验。这也有助于理论创新。

中国没有成熟的咨询市场，原因是中国的很多咨询理论都是从西方而来。无论是定位理论（杰克·特劳特）、战略理论（迈克尔·波特），还是基业长青理论（詹姆斯·柯林斯），都是从西方而来。如果要成为最好的，就要自己付出努力，自己运用头脑，进行研发。不断创新的组织才能够成为最好的组织。

人才创新

公司最有价值的就是组成组织的人，这个组织里面的人决定了这个组织的能量，如果企业想做大，必须能够把人培养好，对于咨询公司来说同样如此。培养出来的人接着会培养下一代人，这样公司也就成就基业长青。当前中国国内的形势是不怕没有项目，只怕项目做不好。国内数亿的企业有很多专家，也请得起任何人，包括 MBA、EMBA、管理学专家、营销专家，而且他们都是实战出来的，对自己的公司了如指掌。在这种情况下，管理咨询公司以什么来认为自己比他们行？况且，只要认为物有所值，这些价值巨大的公司都会去购买。现在的关键问题是不知道做出的项目是否能够适合公司的需要，而且能够高出公司的需求。

这就关系到管理咨询公司的根本——管理咨询师。一定要把公司的钱投入到能产生钱的地方去，公司的运营必须考虑管理咨询师本身能力的提高，如果管理咨询师不研究企业，那么，管理咨询公司就没有存在下去的必要，所以必须要保证管理咨询师的头脑投入。但是也必须压低咨询师本身的成本，如果人员的成本成为大部分，那么这个企业成长起来就很困难，公司没有资金再投入，那么咨询师以后也不会再获得大的提升，结局就是双输，没有赢家。管理咨询师的项目提成必须压低，而在平时没有项目的薪酬可以提高，这样总的算下来，公司实际上是省钱了，而且也能够保证管理咨询师正常的生活，正常的学习和投入。

咨询师如何来培养呢？首先是要成为一个合格的咨询师。那么合格的咨询师具体是什么样子的呢？咨询师有什么样的外观，有什么样的办公用品，有什么样的言谈方式，需要哪些能力，这些都是可以定性研究的，效果是在陌生人群中一眼就可以分出这人和其他人不同，那么就是已经成功了，就如军人一样，很职业，如果都分不出来，那么就说明一点，不专业。按照咨询师的标准开始列表，需要哪些能力，然后照单开药，力求达到职业化。

专业研究

在中国，提起管理咨询公司，对于一些企业来说犹如猴子拿块姜，弃之可惜，食之又怕。特别是一些中小企业，不请管理咨询公司介入还能生存（虽然比较艰难），请管理咨询公司介入后反而死得更快，花数十万元甚至上百万元请管理咨询公司做的内部管理文件、营销战略多达数百页，可一点用处没有，只能放在文件柜里蒙尘。

造成上述结果的原因主要有以下几点。

行业理解

首先，管理咨询对行业的理解不透（这里强调的是理解），仅仅停留在肤浅的了解上。

现在国内的一些管理咨询很少有对行业进行深入研究的（除了几家大型外资公司），以为凭借粗浅的行业了解（市场上产品的价格、规格、广告表现）就能为企业进行市场策划。而这也是很多管理咨询公司的短板，对行业的理解没有站在一定的高度，出的方案肯定是苍白的。

其实每个企业的老总或营销总监在所属行业都干了十几年甚至几十年(特别是中小企业的老总，是一步步从底层做起来的，对每个环节都非常了解)，绝对是该行业的专家，对行业的了解，绝非一般人可比。

作为专业的管理咨询公司，如果也只是简单去了解这些情况，即使了解再多也只是和企业站在同一高度，和企业看到的是同样的问题，那么要为企业提出具有一定高度、适合企业发展的市场战略，针对竞争对手切实可行的战术，岂不是一句空谈。那么，企业找咨询公司就失去了意义。

作为专业的管理咨询公司，应该站在一定的高度，对整个行业的发展脉络，未来发展趋势，行业发展将受到哪些因素的影响，竞争的每一个策略是出于什么考虑，是如何影响市场等有一个深度了解。只有看得比企业远，看得比企业深，提出的问题才会比较尖锐，做出的方案才会有效。

企业了解

其次，管理咨询在介入前未对企业背景、企业的市场现状、企业的文化进行深入的了解，所提方案严重不符合企业的情况。

管理咨询公司在介入企业前不对企业的背景、人员结构、生产、市场及企业文化做深入细致的了解（有的给企业做内部访谈根本就是流于形式），盲目做方案，这样的方案怎能不失败。

没有哪个方案是放之所有企业皆准的，每个企业都有自己的特殊性，有其历史成因和自己独特的企业文化，因此在管理上和市场策略上也会存在巨大的差异，只有对企业了解得越透，才能为企业量体裁衣，制定适合企业发展的方案，否则只会适得其反。

有这么两个案例：一是青岛某知名木地板企业，为了寻求企业的更大发展，花巨资请北京某知名管理咨询公司为其提供咨询服务，服务内容从内部管理到营销管理，服务期一年。该管理咨询公司的顾问大部分是北京某名牌大学的教授。这些学究们进入企业后，只做了很短的企业调查，发现企业是家族式管理，中层干部大部分为老总的亲戚或老乡，是和老总共同创业的，企业内部管理和营销管理混乱，遂提出建立现代企业管理制度和科学的市场战略营销方案，并对企业进行大换血，换掉了所有的中层干部，由咨询公司副总亲自担任企业的营销总监，重新招募营销人员。结果是不到半年时间企业销售严重下滑，市场瘫痪，人心涣散，人员流失率极大，以致企业到了崩溃的边缘。

究其原因，就是管理咨询公司忽视了企业的历史和现状。该木地板企业在青岛发展有多年，公司职工多半是和老总打江山的老乡，虽然管理上比较松散，但个个是业内的行家，对市场非常熟悉，突然将其弃之不用，心理上很难接受，因此对公司的意图和新的领导产生较大抵触，工作不配合，新的人员由于对公司的情况和市场情况不了解，在短时间内很难一下子进入状态，造成市场严重脱节，销售急剧下滑。

另外一个案例是广东的一个日化企业，企业老总认为企业的发展不尽如人意，遂邀请深圳某知名的咨询企业为其进行整合营销策划服务，咨询公司介入后根本不去了解企业和了解市场，单凭主观经验，大刀阔斧地调整经销商，将渠道下沉到地市级市场，取消省级代理，确定样板市场，以点带面，结果造成经销商的不满和反水，不到一个月市场大乱。另外，由于该企业的利润率低，在一个区域市场做试点推广，其区域市场的销量根本无法弥补营销费用，产出投入倒挂，结果造成市场份额缩水、销售下滑。

上述两个案例就其案子本身来说做得相当专业，没有问题，问题出在管理咨询公司没有对企业情况作深入的了解，没能结合企业的实际情况和市场情况，仅凭借经验和理论，跟着感觉走，最后是给企业小脚穿大鞋，由于错误的策略，将企业带入一条死路。

市场认知

第三，管理咨询公司的策划人员缺乏对市场的认知和了解，经验主义、本本主义严重。

现在许多国内管理咨询公司的策划师只推崇这个创新、那个创意，坐在办公室里工作，苦思冥想，却忽视对企业实际状况和市场的调研，对走访经销商和市场等功课不感兴趣，而实践正是策划师急需恶补的短板。这些策划师开口科特勒、波特，闭口德鲁克、特劳特、奥格威，没有静下心来去认真扎实地学习研究专业知识，只关心当前流行的营销理论，做起方案来营销理论让人眼花缭乱，专业术语满纸飞，结果是方案又厚又漂亮，就是经不起市场的检验。其实中国现在接触的经济、营销理论，大多是西方的经典，本身就和中国的历史和文化有着很多的差异性，因此在运用时就必须同中国的实际相结合，否则最后只会陷入赵括当年“纸上谈兵”的误区。

本章概要

管理咨询公司是知识密集型组织，管理咨询的行业特点、管理咨询公司产品的特点以及从事管理咨询的人的特点决定了其知识特别是隐性知识的重要性。

管理咨询公司隐性知识的特点有：是个性化的知识，是即时性的、根植于行为的知识，是经验性的知识，是停留在实践层面的、与特定的环境和背景相关联、是非批评性的知识，并且在被使用时是不自觉的、无意识的。

管理咨询公司隐性知识的重要性和特殊性要求对其进行针对性管理。管理咨询公司隐性知识管理的内容和任务主要包括隐性知识的识别、隐性知识的开发利用、隐性知识的保有和创新，以及由学习型组织向教导型组织转化。

思考练习

1．试着谈谈知识管理对于管理咨询公司的重要性，从显性知识与隐性知识两个方面进行探讨。

2．对于咨询公司来讲，隐性知识是极其重要的。那么，咨询公司如何将其所具有的隐性知识转化为显性知识呢？

3．咨询公司如何对隐性知识进行创新？

4．何谓教导型组织？其特点有哪些？建立教导型组织对于企业来讲有何重要意义？

5．本章中描述了借鉴 SECI 模型对个人隐性知识转化为组织隐性知识的分析过程，试着进一步深入分析从个人隐性知识转化为组织显性知识的过程。

6．本章中谈到的咨询公司隐性知识管理的运营机制，主要提及了组织文化、员工交流、内部网络、知识社群、知识共享几个方面，根据个人的知识基础、经验、阅历等，谈谈你对咨询公司隐性知识管理运营机制的看法。

7．谈谈你对“一个公司政策”（One Firm Policy）的看法，除了管理咨询公司需要此政策，你认为其他知识密集型行业是否也需要政策，可适当举例说明。

8．对比分析国内管理咨询公司与国外知名管理咨询公司在知识管理上的差距（例如在“知识分享”是麦肯锡的核心文化），试着提出中国管理咨询公司需提高的具体方案。

9．鉴于隐性知识的重要性，谈谈管理咨询公司中应如何吸引人才、留住人才。

10．谈谈你对管理咨询公司中 T 型人才的职业生涯发展的看法。

延伸阅读

《隐性资源：企业赢得持续竞争优势的源泉》（[英]维洛尼克・安布罗西尼．北京：经济管理出社，2006）：在战略领域中，隐性知识受到了广泛的关注，并且被认为是可持续性竞争优势的关键来源。但与此相关的著作主要是概念性方面的，很少有实验性的观点。本书在实验性研究方面填补了这个空白，研究中使用了因果映射以揭示隐性和因果模糊活动是否能成为管理者所认为的企业成功要素之一。

《知识创造的螺旋：知识管理理论与案例研究》（[日]竹内弘高．北京：知识产权出版社，2006）：这里有 IBM、佳能、本田、松下、丰田、索尼、奥林巴斯等知名企业知识管理的经验总结与理论升华，有国际知识管理大师对案例的深度剖析、让“暗默知识”与“形式知识”相互转换，构设知识创新持续上升的螺旋。

《苹果传奇》（[美]林茨迈尔．北京：清华大学出版社，2006）：本书真实记录了世界著名的苹果公司的传奇历史。从 30 年前创建开始，历经几任主管的灾难性决策使企业深陷困境，几多沉浮但又最终东山再起，从中可以窥见关键时刻领袖人物对于企业发展的影响力，全面再现了苹果公司几十年商海沉浮的秘史。

《开发你内在的领导力》（[美]约翰・马克斯韦尔．邓郁，译．上海：上海人民出版社，2006）：领导力就是影响力。那些高高在上，却无人追随的人只是在“云中漫步”，根本无法领悟领导力的精髓。领导力并非“与生俱来”，连最“原始”的领导素质都可以后天力得。

《你需要一个系统》（[美]贝克・哈吉斯．成功世纪，译．北京：中国青年出版社，2008）：左手管道、右手系统，实现生活与财务自由！正像贝克·哈吉斯在字里行间所说的那样：去进入其中吧！去成就发展吧！去体现价值吧！去为社会贡献更多吧！

《羊皮卷》([美]曼迪诺．王琼琼，译．北京：世界知识出版社，2004)：本书用独到犀利的视角、极富感召力的理论，引导人们从《羊皮卷》中汲取思想的养料，获得启示，引发思考，使之成为 21 世纪最值得收藏的一部励志书。

《如何掌控自己的时间和生活》([美]阿兰·拉金．刘祥亚，译．北京：金城出版社，2009)：本书告诉读者：如何学会区分那些重要的和不重要的事情，如何停止拖拉立即行动，如何在繁忙的工作生活中创造安静的时间，如何使自己的时间更有效率。

《创新的本质：日本名企最新知识管理案例》([日] 野中郁次郎，胜见明．林忠鹏，谢群，译．北京：知识产权出版社，2006)：这是一本通俗易懂的知识管理著作，是野中郁次郎和胜见明两位先生对日本企业经营理念和管理经验的高度概括和总结，同时把这些理念和经验进行了高度的理论升华。

《项目管理成功的故事》([以]劳费尔，[美]霍夫曼．姜琪，译．北京：清华大学出版社，2003)：本书教育和启迪读者如何相信并利用自己的经验和判断力；如何建立团队合作信任；如何激发团队精神；如何处理人际关系；如何在必要时利用政治手段完成项目等。

《项目经理案头手册》([美]刘易斯．雷晓凌，译．北京：电子工业出版社，2009)：本书始终围绕着项目管理领域权威学者詹姆斯·刘易斯总结的 16 步项目管理法（刘易斯项目管理法）展开，为项目经理展示了如何成功管理不同大小、不同类型的项目。

参考文献

1. 王广宇．知识管理——冲击与改进战略研究[M]．北京：清华大学出版社，2004.
2. Davenport T.H., Prusak L. *Working Knowledge:How Organizations Manage What They Know*[M]. Boston: Harvard Business School Press, 1998.
3. Ikujiro Nonaka, Ryoko Toyama, Noboru Konno. SECI, Ba and Leadership: a Unified Model of Dynamic Knowledge Creation[J]. *Long Range Planning*, 2000, 33(1): 5-34.
4. 丁栋虹，朱菲．管理咨询公司隐性知识管理研究[J]．上海管理科学，2006（1）：27-29.
5. 同 2。
6. 李涛，王兵．我国知识工作者组织内知识共享问题的研究[J]．南开管理评论，2003，6（5）：16-19.
7. 鲁伟，韩燕．麦肯锡公司知识管理研究综述[J]．科技情报开发与经济，2008，18（18）：118-121.

第 15 章

咨询营销

若要成功经营企业，必须做到两点：一是清楚客户真正需要的是什么；二是用比竞争者更好的创新方法满足客户的需求。

——[美]德鲁克

学习目标

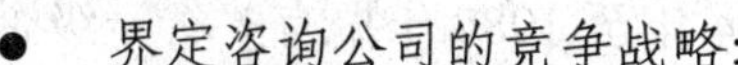

- 界定咨询公司的竞争战略；
- 掌握咨询的定价方法与策略；
- 设计咨询公司的营销模式。

对于企业而言，所谓市场营销，就是根据竞争者现有产品在市场上所处的位置，针对消费者对该产品某种特征或属性的重要程度，强有力地塑造出本企业产品与众不同的、给人印象鲜明的个性或形象，并把这种形象生动地传递给消费者，从而使该产品在市场上确定适当的位置。也可以说，市场营销是塑造一种产品在市场上的位置，这种位置取决于消费者或用户怎样认识这种产品。企业一旦选择了目标市场，就要在目标市场上进行产品的市场营销。

企业的成功经常首先源于营销的成功，咨询公司的发展同样需要良好的营销策略。因为管理咨询的性质，咨询公司的营销策略也具有自己的特质。

现在国内很多管理咨询公司太过于急功近利，总希望一夜间成就一个品牌，包装出 500 强，因此只晓得“大投入”、“大炒作”，花钱如流水，一味地做品牌造势，一味地广告轰炸，大打商战，结果是成本无限提高，营销策略同质化现象严重。但是并不是所有的企业都需要这些东西，经得起这样折腾的。其实，谁也不是英雄，企业的持续发展要靠内功的夯实、企业文化和品牌的长期培育。

竞争战略

在过去，大多数咨询师根本没有专门的战略，只是尽量对潜在客户的各种机会和利益做出反应。这种情形已经改变。越来越多的咨询师认识到他们不能为所有的客户做所有的事情，可以通过提供独特的服务，或者服务于某个细分的市场（在此有胜过其他咨询师的优势）来赢得良好的生意机会，成功的咨询公司已逐渐地像战略家一样采取行动。

战略方法有助于在与其他咨询服务商的竞争中占上风。基本的问题是：我们的竞争优势是什么？或者为什么客户愿意找我们而不是其他的咨询师？原因可能是来自于特有的技术专长，其他地方无法提供的独特产品，处理复杂商务问题的广泛的多学科知识体系，对行业部门的深入了解，提交服务的及时可靠，低收费，良好的信誉以及与公共机构的良好联系，或者同现有客户十分密切的关系等。

一个对其现有的成就和良好的生意机会感到心满意足的成功咨询师，或许正在濒临丧失竞争优势。成功可能是咨询师最坏的敌人。当你陶醉于领先地位和昔日辉煌时，其他咨询师或许正在为探索新事物、在证明他会超过你而努力工作着。与现有客户的特殊关系不会拯救你。因为客户自身就处在竞争中，即使他们对你过去的业务十分满意，也不可能为保留一位过时的咨询师而付出高昂的代价。因此，管理咨询公司的发展壮大首先要依赖其核心竞争力的培育。

中国的管理咨询是随着全面质量管理（TQM）引进的。原机械工业部是中国开展管理咨询最早的部门。以后，中国企协、中国质协以及各省市和各行业协会都增设了咨询机构，开展过管理咨询，只不过当时都是为了创省、部、国家质量管理奖而进行管理咨询的。1984 年万一龙在北京厂长培训班上公布了中国管理咨询的初步研究成果，1988 年在国内著名决策专家张顺江教授的《决策学基础》一书中正式提出了结合中国企业国情的“管理咨询”概念及方法。“管理咨询学”引入国内仅 3 年就取得了显著效果，在 1984 年至 1987 年据有关省一级企业管理部门统计，节约资金和新创产值高达 100 亿元人民币。

虽然中国管理咨询业在短时间内发展迅猛，并且具有很大的发展潜力和发展空间，在一些经济发达地区，咨询产业渐已成为区域经济新的增长点和重点发展的支柱产业。但我们必须看到目前中国的本土管理咨询公司仍然面临着巨大挑战，尤其是来自国外咨询公司的挑战。

标杆学习

为了对咨询公司进行排名，需要通过对咨询顾问进行调查。受访者被要求以 1～10 的分数对被调查的咨询公司的声望做出评价，10 代表最享有声望的。每个咨询顾问不能够评估他们自己的公司，他们只能评估自己熟悉的咨询公司。收集调查结果并计算出每一公司的平均分，然后根据最后得分从高到低排出前 50 名。2009 年的排名结果如表 15.1 所示。

表 15.1 国际咨询公司 2009 年排名

排名	公司	中文常用名称	得分（Score）	总部/最大办公地点
1	McKinsey & Company	麦肯锡咨询公司	8.43	New York，NY
2	The Boston Consulting Group, Inc.	波士顿咨询公司	8.089	Boston，MA
3	Bain & Company	贝恩咨询公司	7.966	Boston，MA
4	Booz & Company	博思艾伦咨询公司	6.535	McLean，VA
5	Monitor Group	摩立特咨询公司	6.296	Cambridge，MA

续表

排名	公司	中文常用名称	得分（Score）	总部/最大办公地点
6	Mercer LLC	美世咨询公司	6.16	New York，NY
7	Deloitte	德勤会计师事务所	5.844	New York，NY
8	Oliver Wyman	奥纬咨询公司	5.755	New York，NY
9	PricewaterhouseCoopers LLP	普华永道会计师事务所	5.572	New York，NY
10	L.E.K. Consulting	艾意凯咨询公司	5.426	Boston，MA/London
11	Ernst & Young LLP	安永会计师事务所	5.388	New York，NY/London
12	A.T. Kearney	科尔尼咨询公司	5.373	Chicago，IL
13	IBM Global Business Services	IBM 咨询公司	5.352	Armonk，NY
14	Accenture	埃森哲咨询公司	5.314	New York，NY
15	The Parthenon Group	巴特农集团	5.306	Boston，MA
16	KPMG LLP	毕马威会计师事务所	5.246	New York，NY
17	Katzenbach Partners LLC	卡岑巴赫咨询公司	5.146	New York，NY
18	Towers Perrin	韬睿咨询公司	4.848	Stamford，CT
19	Capgemini	凯捷咨询公司	4.752	New York，NY/Paris
20	Gartner, Inc.	高德纳咨询公司	4.728	Stamford，CT
21	RolandBerger Strategy Consultants	罗兰贝格咨询公司	4.684	New York，NY/Munich
22	ZS Associates	ZS 咨询公司	4.645	Evanston，IL
23	Cambridge Associates LLC	美国康桥咨询公司	4.588	Boston，MA
24	Hewitt Associates	翰威特咨询公司	4.541	Lincolnshire，IL
25	NERA Economic Consulting	美国国家经济研究协会经济咨询公司	4.54	White Plains，NY
26	Navigant Consulting, Inc.	法维翰咨询公司	4.539	Chicago，IL
27	AlixPartners, LLP	美国 AlixPartners 公司	4.457	Southfield，MI
28	BearingPoint, Inc.	毕博咨询公司	4.433	McLean，VA
29	Watson Wyatt Worldwide	华信惠悦咨询公司	4.355	Arlington，VA
30	Kurt Salmon Associates	嘉思明咨询公司	4.276	Atlanta，GA
31	CRA International, Inc.	CRA 国际公司	4.275	Boston，MA
32	Huron Consulting Group	休伦咨询集团	4.261	Chicago，IL
33	Arthur D. Little	理特咨询公司	4.186	Boston，MA/Paris
34	Diamond Inc.	戴尔蒙德咨询公司	4.149	Chicago，IL
35	PRTM	PRTM 咨询公司	4.131	Mountain View，CA/Waltham，MA
36	Gallup Consulting	盖洛普咨询公司	4.055	Washington，DC
37	The Advisory Board Company	恺撒家庭基金会和咨询委员会公司	4.02	Washington，DC
38	FTI Consulting, Inc.	FTI 顾问公司	3.925	Baltimore，MD
39	First Manhattan Consulting Group	第一曼哈顿咨询集团	3.859	New York，NY
40	Corporate Executive Board	组织执行委员会	3.844	Washington，DC

续表

排名	公司	中文常用名称	得分（Score）	总部/最大办公地点
41	Cornerstone Research	基石研究咨询公司	3.838	New York，NY/San Francisco，CA
42	Mitchell Madison Group LLC	米契尔·麦迪逊咨询集团	3.79	New York，NY
43	LECG	法律经济咨询集团	3.782	Emeryville，CA
44	Alvarez & Marsal	奥迈咨询顾问公司	3.758	New York，NY
45	Mars & Co	马思咨询	3.737	Greenwich，CT
46	Aon Consulting Worldwide	怡安咨询公司	3.624	Chicago，IL
47	Analysis Group, Inc.	安诺国际咨询集团	3.519	Boston，MA
48	Archstone Consulting	拱石咨询公司（阿奇斯通咨询公司）	3.512	Stamford，CT
49	Hay Group	合益咨询公司	3.415	Philadelphia，PA
50	IMS Health Incorporated	艾美仕市场研究公司	3.37	Norwalk，CT

资料来源：MBA 智库百科（http://wiki.mbalib.com）

目前中国市场的跨国咨询公司可谓各有所长。麦肯锡、波士顿和贝恩擅长战略咨询；毕博、博敦、凯捷安永、IBM、埃森哲擅长IT实施咨询；而科尔尼和罗兰贝格擅长的是管理运营咨询。

在全球战略咨询公司中，麦肯锡、波士顿和贝恩三大公司可谓各领风骚。其咨询业务 20 世纪 80 年代便进入中国，20 多年过去了，虽然在市场竞争中也出现过一些失误，但其完善的咨询服务模式也在咨询界得到普遍承认。

下面，将三大咨询公司在力量、特色、业务范围和咨询工具方面进行比较。

力量比较

麦肯锡

麦肯锡公司 1926 年成立于美国，是国际领先的管理咨询公司，业务网络覆盖 51 个国家，拥有 90 家分公司，雇有逾 8 000 名的顾问。客户包括了世界前 5 大公司、《Fortune 1000》前 2/3 的行号、政府、非营利组织等，并且获得其中 70%以上的客户列为最满意的管理顾问公司；出于全球 35 个政府、世界前 100 大企业之中的 90 家肯定。在 2007 年的营业额有 53.3 千万美元。

麦肯锡 1959 年进入亚太地区，在中国的业务始于 1985 年。自那时起，麦肯锡在香港、台北、上海及北京建立了分公司。中国大陆公司从 1993 年开始成立，麦肯锡公司大中华地区的咨询师大约有 180 人，中国大陆的咨询师超过 80 人，大中华地区的人员规模已经超过波士顿分公司。

波士顿

波士顿顾问公司成立于 1963 年。经过近 40 多年的发展，波士顿顾问公司已经成为一家全球著名的管理顾问公司，就发展策略及经营业绩为大型国际性企业和组织提供专业的咨询服务。

波士顿 20 世纪 80 年代进入中国市场，并于 1993 年 1 月在上海正式成立了波士顿咨询上海有限公司，目前包含香港在内在中国有 70 余名咨询师，在全球拥有 2700 名顾问。

贝恩

贝恩创立于 1973 年，总部位于波士顿。其主要创始人威廉·贝恩早年就业于波士顿咨询公司。在 1973 年贝恩带领几名咨询师离开了波士顿公司，成立了贝恩公司。

贝恩于 1993 年在北京正式建立办事处，是北京第一家战略顾问公司。

特色比较

麦肯锡

麦肯锡的特色在于严格遵循清规戒律，有人甚至称麦肯锡人为虔诚的咨询教士。“做咨询时一定要保持独立性，一定不要过多干预客户的内部事务”，这是麦肯锡公司制定的一条戒律，这条戒律长期在咨询业占据主导地位并被许多咨询公司奉为金科玉律，也成了咨询业得以成长的第一个行业规范。

波士顿

1963 年，波士顿咨询公司成立之初就在总部建立起高度集中的智力资源中心，走出一条“用知识管理占据市场”的经营之路。

贝恩

贝恩的顾问把提高客户全部经济价值作为自己的使命，他们认为向客户提供的应该是基于经验为客户击败竞争对手和争取更多的回报率的服务。他们的业务并不局限于任何单一的传统产业，而是从众多工业和商业模式中透视出独到的观点，客户从他们那得到的永远是最佳成效，而非一份报告而已。

业务范围

麦肯锡

麦肯锡的咨询重点放在高级管理层所关心的议题上，为各个不同的行业客户设计、制定相配套的一体化解决方案，包括企业的战略制订、经营运作、组织结构。通常集中于客户可以量化的业绩改进，如改进销售收入、利润成本、供货时间、质量等。

波士顿

公司的主要业务范围涉及消费品及零售业、工业品、能源与公用事业、医疗保健、高新科技、金融服务等行业。主要为企业提供以下几个方面的咨询服务：不同企业范畴间的资源分配；发展多元化的新业务；制定长远的策略，以适应竞争环境的转变；了解竞争对手的实力和经营方针；拓展新品牌以及为原有品牌重新定位；在销售、制造、营运及开发新产品等方面，改善对顾客需求的回应；识别恰当的机会，建立策略性联盟、合营企业及进行收购与分拆；协助新创建的企业走上正常营运的轨道。

目前波士顿正逐步开拓其他专项领域，其中包括采矿业、纸浆及造纸业、环境生态等行业；以及为企业策略创新而发展的“价值为本管理模式”及“企业再造工程”等管理概念。

贝恩

公司的主要业务领域包括战略决策、电子商务战略、客户关系、企业成长、企业运作管理优化、供应链管理、组织与变革管理和兼并重组。

咨询工具

麦肯锡

麦肯锡在咨询理论上提出了比较著名的三层面理论和 7S 模型，分别如表 15.2 和图 15.1 所示。

表 15.2 麦肯锡三层面理论

	第一层面	第二层面	第三层面
定位	拓展并确保核心事业的运作	发展新业务	开创未来的事业机会
关键成功因素	注重绩效	营造创业环境	独特的竞争优势
评估标准	利润 投资资本回报率（ROIC）	营业收入 净现值（NPV）	选择权价值
所需人才	企业经营者	企业创建者	前瞻开拓者
能力	完全结合现状的实力平台	自行发展或从外部取得能力	所需能力可能不确定

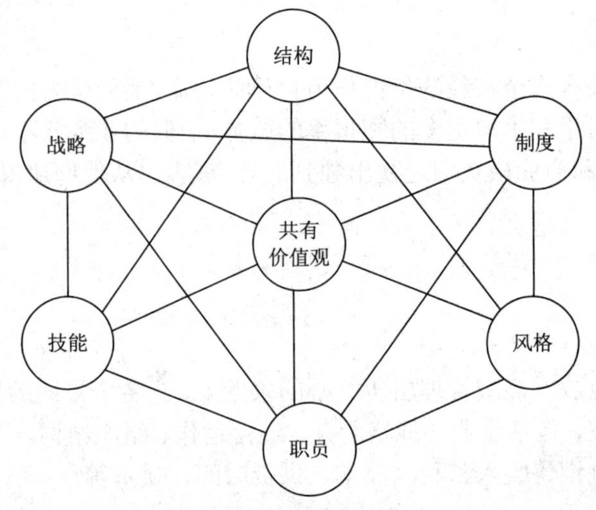

图 15.1 麦肯锡 7S 模型图

三层面理论的核心是在确保核心业务的基础上，选择第二层面业务，使其迅速发展为第一层面，同时为未来长远发展选择第三层面业务。

7S 模型指出了企业在发展过程中必须全面考虑各方面的情况，包括结构、制度、风格、职员、技能、战略、共有价值观。也就是说，企业仅具有明确的战略和深思熟虑的行动计划是远远不够的。在模型中，战略、结构和系统被认为是企业成功的“硬件”，风格、职员、技能和共有价值观被认为是企业成功经营的“软件”。

波士顿

波士顿的经营理念影响了世界上无数公司。现在商界流行的竞争手法如价格战、广告战、上市闹剧、倾销与反倾销，似乎都可以从波士顿顾问们那里找到根源。

波士顿提出了一系列分析工具和管理概念：经验曲线（Experience Curve）、以时间为本的竞争（Time-Based Competition）、针对市场细分的营销法（Segment-of-one Marketing）、投资或产品组合策略、增长或占有率矩阵（The Growth/Share Matrix）、以价值为本的管理模式（Value-Based Management）、持续增长方程式（Sustainable Growth Formula）、股东总值（Total Shareholder Value）、策略性的市场细分（Strategic Segmentation）、拓展准顾客（Customer Discovery）、价值链分析（Value Chain Analysis）。

波士顿（BCG）矩阵法

业务增长/市场份额矩阵是由波士顿咨询集团于 20 世纪 70 年代初开发的战略分析和匹配方法，故称 BCG 矩阵。BCG 矩阵主要关注多元化企业的业务组合问题，它的特殊结构使多个业务的战略置于一个平面上进行分析成为可能。BCG 矩阵的实质是通过业务优化组合实现企业现金流量平衡。

BCG 矩阵采用两个简单的指标作为分析坐标：相对市场份额作为横坐标，反映企业在行业中的竞争地位；产业/行业的增长率作为纵坐标，反映产业/行业的吸引力。

贝恩

贝恩公司通过 10 年的战略决策研究后，推出了《主营利润》一书。书中的结果显示在过去 10 年里世界上 90%的公司未能取得持续盈利增长。在对长期盈利公司的战略进行分析后，贝恩公司发现，一个企业要想成功制定和实施成长战略，有两个至关重要的因素：释放核心业务的全部潜力；扩展环绕核心业务的临近业务。在对此理论的研究过程中，贝恩公司总结了一系列企业咨询理论，如市场划分、竞争对手评估、临近行业利润分析、客户分析、客户群细分、生产率提高、竞争力标杆管理，客户忠诚度、价格分析、相关业务划分、市场进入分析等。

麦肯锡解密

麦肯锡的主要咨询对象为《财富 100 强》中的大多数企业以及世界各国政府机构。美国《财富》杂志对麦肯锡咨询公司的评价说：这是世界上最著名、最严守秘密、最有名望、最富有成效、最值得信赖和最令人美慕的管理咨询公司。

公司起源

麦肯锡公司的管理咨询思想源于麦肯锡，他是芝加哥大学会计学教授。在第一次世界大战时，麦肯锡作为教授到很多企业里去解决管理的问题。在当时美国企业管理水平较低的情况下，他是企业科学管理的倡导者，他的思想比管理实践者至少超前 40 年。他是咨询业真正的创业者，但他并不是麦肯锡管理顾问公司成功的创业者。麦肯锡公司的光大出自第二代掌门人马文 · 鲍尔的努力。

麦肯锡“教父”

马文 · 鲍尔（Marvin Bower）是麦肯锡管理咨询师公司的第二代掌门人，正是他把管理咨询发展成为一种行业，并把他严格的价值观贯穿于这个行业之中。这位商业巨人于 2003 年 1 月 22 日与世长辞，享年 99 岁。美国《商业周刊》杂志对他一生的贡献做出了极高的评价。

将顾问职业化

马文 · 鲍尔创立了咨询行业伙伴关系的黄金准则。但是，他最重要的贡献是把咨询师行业提升为一种职业。他坚定地相信，管理顾问职业在社会上能得到如同医生和律师一样的信任和尊重，因此特别强调顾问职业的伦理、专业标准、责任心和独立判断意识。他说："管理咨询与会计及律师的最大不同在于，我们为总裁提供的服务常常是他们认为自己能够而且应该自己完成的。甚至在顾问被邀请开始工作后，如果不能确保管理层真正合作与支持的话，我们不能创造任何价值。因此，我们必须提供给客户其他的超值服务：让客户真正信任我们并且相信我们不会对组织结构做不必要的损伤。"

成为麦肯锡人

马文·鲍尔开始他的顾问生涯也是一个意外。从美国布朗大学毕业后，他去了哈佛法学院。1928年毕业后，他来到克里夫兰有名望的一家法律公司任职。但是他觉得自己的法学文凭还是不够分量，于是，他又开始了在哈佛商学院的求学之路。最终，取得MBA的文凭。

1933年，马文·鲍尔加入了麦肯锡公司在纽约的分部。当时公司只有18名专业人员，而且分散在纽约和芝加哥两地。1937年，在创始人麦肯锡死后，马文·鲍尔重建了在纽约的办公室，并最终于1950年到1967年成为管理主管。

只为CEO打工

马文·鲍尔决定把优秀律师事务所的职业标准带到这个行业。1951年，他确立了服务于大公司并且只服务于大公司的首席执行官的原则，在公司内部建设上明确规定吸引最优秀的MBA工商管理硕士。

马文·鲍尔的成功已远远超出了他的预料。现在，麦肯锡公司84个分支机构的员工有7 700名顾问，每年创造着34亿美元的收入。

从细微处做起

马文·鲍尔还创立了严格的报告制度，甚至连报告信件的格式都作了规定，如开头留多少空间，四周留多大的空白。他对细节的要求总是在"把公司做成模范职业公司"理念的指引下。

媒体普遍认为他对麦肯锡的贡献比公司创始人有影响得多，但是他从来不肯把自己的名字写在公司内部的信上。他还曾无私地把自己的公司股票以账面价值卖给了其他合伙人，而不是向公司索取巨额的分红。

20世纪90年代，90岁的马文·鲍尔退休以后还将全部名下的股份退还给公司，和一批退休及未退休的合伙人生活在佛罗里达的一个小社区里。

为企业服务

麦肯锡每个分公司的咨询业务反映了各国的特色，同时又在共同理念指导下工作，在职业方式、工作质量、人才素质乃至解决问题的方式上，麦肯锡的所有公司都遵循一个共同的标准。

对象和业务

客户对象：面向总裁、高级主管、部长、大公司的管理委员会、非营利性机构及政府高层领导，就他们所关注的管理问题提供咨询。

业务范围：为各类客户特别是为企业设计、制定相配套的一体化解决方案，如战略开发、经营运作、组织结构。集中于客户可以量化的业绩改进，如改进销售收入、利润成本、供货时间、质量等。工作内容属于战略、总体企业和相关政策领域各占1/3。但在中国，战略和企业机构设计偏重大些。

公司使命

- 为高层管理综合研究和解决管理上的问题和机遇。
- 对高层主管所面临的各种抉择方案提供全面的建议。
- 预测今后发展中可能出现的新问题和各种机会，制定及时且务实的对策。

总之，麦肯锡公司的基本合作就是帮助客户在其业务上做出积极的、持久的以及实质性的改进，并为此建立起足以吸引、发展、激励和保留杰出人才的出色公司。

价值观

- 为客户服务：保持职业水平；为高层领导服务；帮助客户建立经营效能；节省客户的资源。
- 公司建设：全球一体化；择优用人；对自己人真诚爱护；培养开放的、无等级的工作氛围；有效管理公司的资源。
- 成为一名专业工作者：为客户服务；对质量的追求是无尽头的；发展科学管理技巧；建立团队精神；自我管理、自我约束；提出异议是自己的责任。

客户利益高于公司利益。做到真实、诚实，可信。靠专业水平赢得客户的信任。保持独立性、专业性和职业道德。做自己有能力、有经验可以做的事，一些项目宁可让给专业小公司去做。

专家队伍

在招聘咨询人员时，麦肯锡着眼于杰出的品格和解决问题的能力、卓越的智慧、有效地同各层次人士交往的能力。麦肯锡的咨询人员都毕业于名牌高校，许多咨询人员都是直接从研究生院选聘的。多数咨询人员在加入麦肯锡之前，已具有相当的业务经验。在麦肯锡，职位级别和成就直接挂钩。在咨询人员的职业生涯中，麦肯锡对咨询人员的业绩进行评审，评估其解决问题的质量和对客户的影响。

管理体制

麦肯锡公司是个国际性的公司，虽然麦肯锡是一家私营性质的“合伙公司”，内部管理风格也延用合伙人制（合伙人即公司董事）。公司的所有权和管理权完全掌握在近 600 位在位的高级董事（资深合伙人，Director）和董事（合伙人，Principal）手里。所有的董事在加入公司时都曾担任过咨询人员（Associate），他们作为工作人员分布在不同的国家和地区。公司所有权制度确保了独立性和客观性，因此，公司只对客户和公司自己负责。

公司执行董事是由高级董事们选举出来的，任期为 3 年。公司严格奉行“不进则退”的人事原则，凡未能达到公司晋升标准的人员，公司会妥善劝其退出公司。公司几乎所有的高级董事和董事都是通过了 6～7 年的严格培训和锻炼后，从咨询人员中精心挑选出来的，成为董事的几率是每 5～6 个咨询人员有一个有可能会晋升为董事。许多董事最终将会决定离开麦肯锡并加入其他大公司担任要职。

麦肯锡公司是个国际性的公司，但同时也是一家私营性质的“合伙公司”，内部管理沿用合伙人制，即公司董事。目前麦肯锡公司在全球有 800 多名董事，所有的董事在加入公司时都曾担任过普通咨询人员。

尽管采用合伙人制，但麦肯锡内部没有什么等级观念。如果一个咨询师在某一行业做得很好，董事就得听他的。公司员工的工资也是全球统一的，并可以享受期权股份。这种独特的所有权制度确保了公司运作过程中的独立性和客观性，即公司只对客户和公司自己负责。

工作原则

公司可以为不同的竞争者服务，但是所有的人员、信息和资料均有极为严格的管理措施，使咨询人员恪守公司政策，遵守工作程序，确保所有客户的利益。

在承接任何项目之前，麦肯锡会尽可能确保：（1）该项目确实可对客户提供获得重大利益的机会；（2）没有实质性的实施障碍。但鉴于通常无法事先判定上述条件，因此，公司同意当客户在项目进行过程中认为该项目可能无法实现预期的利益时，客户可以随时决定终止合作关系。同样情况，麦肯锡也希望借此保留选择，即在公司判断外在环境的改变将使项目无法达到预期目标时，可以自由退出该合作项目。

在咨询过程中，公司尽力和客户企业的成员密切合作。总是尽早对期望达成的项目效果建立共识，在项目过程中经常与客户公司主管们针对项目进度进行正式或非正式的会议。针对探讨议题的性质和重要性，各种可行的方法，以及实现变革的时间进度等问题，公司会设法在客户企业内的各层次建立对这些看法的共识。这种做法使在项目终期提出建议方案时，能够自然地使公司各层了解、接受并支持所提出的建议方案。因此，公司所提出的书面报告内容都是已经与客户沟通和讨论过的建议，不会有令客户意外的内容。

麦肯锡和客户共同解决问题，而非“替”客户解决问题。根据此项方针，项目工作完全采取与客户通力合作的方式，利用客户方面的业务知识和麦肯锡解决问题的技能和知识。在适当时，要求客户指派人员全职或兼职地参与项目研究。这样的安排方式能带来非常重要的利益。首先，该方法可大幅度提高项目咨询人员的工作效率并降低客户的费用，尤其在项目收集事实数据的阶段；其次，客户人员投入实际项目工作过程中建立起的决心与承诺将有助于方案的有效实施。此外，这种合作方式还可以使麦肯锡向客户成员传授现代管理技能。

如果没有帮助客户采取必要且经济有效的步骤，确保实现真正的变革和影响，则认为公司的工作并没有完成。参与项目实施的第一步是协助客户制订出详细的计划与时间表。至于今后是否会更广泛地参与执行计划则视客户的需求而定。例如，麦肯锡参与项目实施可能仅限于监督由客户人员实施的计划进度与成果，即兼职的项目支援。或者，有时客户会需要麦肯锡更多的投入，公司便可能协助培训客户人员，或者协助建立并支持客户的计划执行小组。另外，公司可以协助客户开展试点、进行测试、建立模型，或者对新方案、新程序及新的企业调整进行模拟。

麦肯锡公司要为客户所有信息保密，同时也对任何个人所表达的敏感性意见保密。公司内部人员必须接受专门训练，保证在任何场合都不透露客户信息；为某一特定客户服务的项目小组在两年之内不能为这一客户的竞争对手服务；公司内项目资料互相封锁，调用资料要经董事批准。

研究秘诀

（1）从年报入手。如果想在公司里尽可能快速地前进，处于第一位的机会就是年报。年报很容易得到（现在许多公司都在网上发布年报），而年报中包含了除财务数据之外的大量信息。

当拿到一家公司的年报时，首先要看的应该是年报前面的“股东信息”或“董事长评论”。只要仔细地阅读这一部分，而且是用略带怀疑的眼光去看问题，就会发现大量内容，如公司上一年度的业绩，管理层对公司未来定位的考虑，还有公司为达到这一目的而制定的战略。一般还会快速地浏览一下如股票价格、收益、每股盈利之类的关键财务指标。深入研究年报，会发现关于这家公司的经营单位和生产线的信息，其高级管理人员都是些什么样的人，公司的办公和生产设施的地点。然后就可以钻研这些数字了。

公司的年报会让研究迅速启动。

（2）找出暴露出来的东西。在已经收集了所研究的问题的某一特别方面的大量资料之后，要找出暴露出来的东西——那些特别好或特别差的方面。利用计算机很快就可以勾勒出一幅图画。

例如，假定正在收集有关公司销售队伍的资料。把每一个销售人员的平均销售量输进去，然后按照销售人员的账户的数字大小（如最近3年的业绩）进行划分。把这些数据输入最喜欢的电子数据表软件，按照从最低到最高把平均值进行分类。然后看一看最好和最差的两三个数字。恭喜，你已经发现了一个很有意义的研究领域。只要搞清楚这些数字为什么会这么好或这么差，你就会在解决问题的道路上大踏步前进。

（3）找出最佳经验。有句老话，无论干得有多么出色，总是“山外有山，天外有天”。这一点无论是在商界还是在其他什么地方都是一样的。因此，找出这一行中目前的业绩最佳者，然后去模仿他们，这往往是对付不佳业绩的速效药。

一般在图书馆里是找不到最佳经验的。必须进行创造性的思维。如果一些竞争者拥有最佳经验，他们可能不会告诉其中的秘密。去跟这一行的其他人交谈：供应商、消费者、华尔街的分析师、来自商学院的朋友等。

有时在公司里就能发现最佳经验，某些人、某个团队或者是某个部门的业绩超出了公司的其他人、其他团队或其他部门。把原因找出来，找到在整个公司实行最优秀的表现者的秘诀，结果一定会对你的事业产生巨大回报。

用人原则

在招聘咨询人员时，麦肯锡更加注重员工个人的素质，而不是专业或者其他方面，这些素质包括以下方面。

（1）杰出的思考和解决问题的能力。这些能力基本上是在工作实践中学到的，所以多数咨询人员在加入麦肯锡之前，已具有相当的业务经验，甚至是某一领域的专家。

（2）有良好的同各层次人士沟通、交往的能力。只有这样才能面对不同行业、不同文化背景的客户，做到游刃有余。

（3）要有创新精神。麦肯锡需要的是领导者，而不是追随者，员工要有自己的思想，善于接受新事物，并敢于实践，迎接挑战。

（4）要有远大的志向和坚韧的毅力。咨询师的工作很辛苦，平均一周有三天是在出差，每天工作时间都在 10 小时以上，没有顽强的进取精神是很难胜任的。

（5）麦肯锡的成功，更重要的是严格奉行“不进则退”的人事原则。凡未能达到公司晋升标准的人员，公司会妥善劝其退出公司。即使升到董事也并不意味着一劳永逸，董事也会被考核，如果干不好，同样会被请走。这种激励机制被麦肯锡称为“Uporout”。

定位策略

行业结构

随着市场的潜力逐渐显现出来，这么一大块“肥肉”就好像被人从冰箱里拿出来摆到了桌面上，每时每刻都在对众多管理咨询公司产生着无法抗拒的吸引力，谁都不愿意错过这块眼前的肥肉。于是，行业内部的竞争已经形成，并开始逐渐升温。目前的市场竞争可谓是“群雄逐鹿、三国混战”的局面。所谓的“三国混战”指的是三类主要的管理咨询企业：第一类是国际大型咨询公司在中国的分支机构、第二类是中国本土的咨询公司、第三类是企业管理软件厂商及代理商的咨询队伍。总体上分为以下三个层次。

第一梯队：以麦肯锡为领头和典型代表的国际跨国公司，以其丰富的经验和优秀的人才等占领了市场的主体。像麦肯锡、安达信、罗兰·贝格等国际咨询公司，占了市场份额的 50%以上。国际咨询公司的业务与服务，如表 15.3 所示。

表 15.3　国际咨询公司的业务与服务

公司名称	所属国家	业务强项	服务客户
麦肯锡	美国	战略发展、组织结构	康佳、乐百氏
安达信	美国	战略咨询	丽珠集团
尼尔逊	美国	营销管理、市场研究	今日集团
普华永道	美国	财务管理、会计审计	拜耳，强生
罗兰·贝格	德国	营销管理、战略咨询	科龙
SAP	德国	ERP 软件及实施咨询	乐百氏、黑妹美晨

第二梯队：国内有 5 年以上从业历史的比较成形稳定的咨询公司，构成了目前中国咨询公司的主力。这里包括新华信、中信咨询、派力营销等咨询公司。在第二梯队的公司中，也正在进行分化，有些公司由于战略明确而发展迅速，有些公司则由于各种原因而进入缓慢发展期。这部分公司的市场份额估计占到全部市场的 10%～20%。

第三梯队：国内众多新兴的成立不到 3 年的公司，数量众多，细分相对明确，这些公司可以分为专门从事风险投资相关咨询的咨询公司；专门从事IT计算机相关技术的咨询公司；专门从事人力资源的公司；专门从事营销策划的公司；专门从事培训的公司。约占市场份额的35%。

各类咨询公司的市场份额，如图15.2所示。

国外著名跨国咨询公司纷纷在20世纪90年代进入中国，这些“海外兵团”在管理咨询方面有着丰富的经验，它们无论是在公司实力、专业人员素质，还是管理模式、管理经验方面都较国内同行企业有着无法撼动的优势。但是，“洋咨询”千里迢迢来到中国，毕竟还是有些“水土不服”的。由于文化背景等原因，国外咨询公司对中国的企业状况很陌生，与中国企业管理者的沟通相对也比较困难；加之它们的成本高、收费昂贵，而国内大多数企业对管理咨询的价值认同还没有达到这个水平，这些因素都削弱了它们在中国市场上的竞争力。一个国内用户经典的评价是：“咨询师来了，我们要花很多时间先把他培训一通，我们还要为此按小时付高额的费用，这不冤吗？”

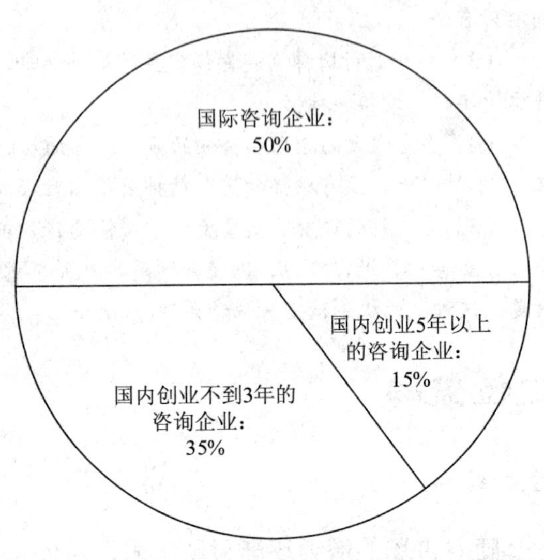

图15.2 中国咨询市场的分割

从中国管理咨询企业的角度来说，它们目前所面临的最大的竞争对手就是纷至沓来的“洋咨询”。虽然说国内管理咨询企业的底气不如“洋咨询”，但是就目前来看，双方还是各有优劣势的。况且，正所谓“术业有专攻”，双方也各有适合自己的细分市场。因此，国内的管理咨询企业目前所要面对的，就是如何抓住当前的机遇和挑战，在最短的时间内走向规范化、国际化，从而巩固自身的优势、克服自身的劣势，在市场中站稳脚跟。

竞争优势

（1）本土化优势。每个国家都有独特的文化习俗，有不同的国情。文化习俗和国情对管理的影响非常大。国外大的咨询公司虽然经验丰富，但由于文化背景及观念的不同，对中国管理中特殊的文化现象难以理解，中国企业的体制问题也常使国外咨询公司感到迷惑，其咨询方案的可操作性差。因此，“洋咨询”在抢滩中国市场的过程中，不光是“节节胜利”，也有一些“失败”的案例，如曾引发种种争议的麦肯锡“兵败”实达案。国内的咨询机构在对企业管理和企业文化的理解上有独到的优势，所提供的企业管理诊断和解决方案更能符合本土企业的要求；对社会和整体环境的把握也更具有优势，非常清楚企业需要什么样的资源，在哪里可以获取，这种对环境的总结认识优势，跨国公司在刚刚进入中国市场时是很难做到的。因此，中国一些国有企业在改制过程中仍倾向聘请本土咨询公司。另外，共同成长的经历也是中国本土咨询机构的一大优势。中国管理咨询公司是伴随着改革开放才出现的，和中国其他企业有着类似的成长经历。这种经历可帮助咨询公司理解客户企业和它的成员。这种理解是具有亲和力的，也是不可替代的。

（2）灵活性优势。咨询业也和任何行业一样，既可以根据咨询内容细分；也可以按客户对象细分，如目标客户是大客户还是小客户。咨询市场就像一块海绵，看似一大块，其实里面有无数小空隙。进入中国的国外咨询公司都是大公司，较适合大型、有西方管理经验的企业，还无暇顾及中小企业。中国咨询公司规模有大有小，可采取较广的覆盖面，也可采取单一的业务内容，比较灵活多变，有利于占领那些小空隙。

（3）价格比优势。“洋咨询”收费普遍高，动辄几百万元，高则上千万元。据悉，某国际著名顾问公司为南方一生产企业进行内部提升改造提供咨询服务，收费1 200万元；该顾问公司为国内一家保险公司提供服务，收费竟高达 1 亿元人民币。国内咨询公司的收费多数集中在几十万元，两者之间巨大的差异，为国内咨询企业发展留足了缓冲的空间。收费的差异同时也反映了国内外咨询企业不同的市场定位。国外咨询公司通常将目光瞄准大企业及外资企业；国内咨询公司的客户则以中小型企业为主。可以预见，在未来较长的时间内，这种差异会继续存在，直至国内企业发展壮大能与国外公司抗衡，或者国外企业因竞争压力，放下架子、降低收费，向中小企业市场渗透时为止。在这之前，国内咨询企业大可以凭借价格优势在自己的“一亩三分地”上尽展所长积蓄力量。

竞争劣势

（1）企业数量虽多，但规模偏小。目前全国共有各类咨询公司几万余家，其中真正长期从事咨询服务的仅1 500余家，且大多是从点子公司、广告公司起步，人员不多、资金少、知名度低、管理落后，年营业额偏低。据业内人士分析,年营业额在人民币1 000万元以上的本土咨询公司全国只有三五十家，项目平均收益在50万～60万元人民币的水平。与国际性咨询公司相比，中国咨询企业总体上还处于一个比较弱势的状态，成规模的公司为数不多，真正能与跨国公司分庭抗礼的更是凤毛麟角。据了解,目前国内高端的咨询市场，几乎被几家跨国咨询机构垄断。

（2）缺少核心竞争力，没有知名品牌。中国咨询业从当初的引进、创建到形成产业，在人才培养、组织建设、服务形式、行业知名度等方面都取得了一定的成绩。目前，中国咨询公司为数不少,但由于管理咨询服务行业一直缺乏管理研究和探索能力，能给自身明确进行市场定位和产品定位的公司为数不多。因而难以形成具有比较优势的核心竞争力，自然也就使咨询公司难以形成知名品牌，难以形成众望所归的行业权威，严重制约了中国管理咨询业的发展。

（3）管理咨询人才匮乏。管理咨询业是高度智力化的行业，不仅要求从业人员具有较高的素质，而且要有丰富的企业经营管理经验以及咨询经验。这样的人才在中国属于稀缺资源。国内咨询公司中从事咨询业务的人员主要有以下几种：某些经济学家及法律、金融、人事、工程等方面的专家；部分国外留学回国人员；各类广告公司、营销顾问公司等机构的业务人员；曾做过企业市场营销工作、后改行做咨询者以及刚从学校 MBA（作为咨询顾问摇篮的中国 MBA 教育在实际操作方面还是不够的）毕业的学生。虽然这些人从事管理咨询工作具有各自的优势，但企业咨询更需要具有企业管理经验、精通企业经营的人才。同时，中国咨询公司太多，期望在最短的时间内从咨询师身上获取最大的收入，很少对他们进行长期的培养，既造成咨询师的知识与能力难以创新与提升，他们对公司也缺乏认同感与忠诚度。另外，行业缺乏规范，相应的从业人员资格审查制度不健全,“鱼龙混杂”。

（4）咨询服务的质量和层次不高。据零点调查公司的调查，企业对接受管理咨询的满意率仅为 55%，与国外已经很成熟的咨询业相比显得很稚嫩，经验不足，本土的咨询公司难以获得像国外咨询公司那样丰富的企业实践案例，对成功或失败的积累都很不够，技术与方法就更显不足。一些咨询服务提供者理论上缺乏系统性，且大多缺乏实际的企业经营和管理经验，提供的咨询实践或者属于教条主义的生搬硬套，或者流于点子大王似的炒作，为企业提供管理咨询服务的质量还有待提高。

市场定位

咨询公司的规模再大，其资源仍然是有限的，其业务范围也不可能覆盖整个市场，必然有其发展的侧重点。对于相对实力弱、资源少、发展稚嫩的国内管理咨询公司来说，更应找准自己的市场定位，将有限的资源集中于适合自己的细分市场，做到“小而精”，在某一专业领域确立自己独特的品牌优势。

例如，当前高端市场的 90%以上还在国外公司手里，如大型企业、特大型企业和企业集团的并购、重组，以及大集团法人治理结构和海外跨国经营运作的咨询服务等。此外，国外大型咨询公司有最先进的理念和管理方法，而中国管理咨询公司还缺乏长期积累的有关数据支持。因此，在高端市场上国内的公司仍然无法与国外对手抗衡。但是，中端市场、低端市场，也就是中小企业，如民营企业、乡镇企业及事业单位转型的企业，是值得国内咨询企业关注的。

这一代的咨询创业者通常都具备承揽全案业务的“雄心”，为了实现“一揽子咨询服务提供商”的目标，他们从一开始就会采取团队创业的方式，力争每个人都能够独当一面，组合起来能够囊括全局。随后的服务设计、案例整理和客户教育无一不在贯彻争取全案业务的宗旨。

虽说“只有偏执狂才能生存”，但是对全案业务的偏执却会让一个咨询师不能生存。理由有两点：一是新创公司通常并不具备操作全案业务的能力（这是麦肯锡的领地而不属于梦想家们）；二是没有客户基础的全案项目会在客户内部形成强大的反对之声。

对新创管理咨询公司来说，全案业务导向是不现实的，至少是无法贯彻执行的。解决的途径就是分阶段进行而采取大动干戈式的“休克疗法”，先易后难，而且一开始就要去谋求提高能看得见的业绩，或许这样才能走得更远。

成长策略

中国咨询创业成功的不超过 5%。新创咨询公司存活率为何如此之低？为何有太多的“成长烦恼”？

业务模式

由于“咨询”一词常常具有宗教般的魔力，而咨询创业者又多数来自于咨询业或知名公司的幕僚部门，所以新创咨询公司常常偏爱麦肯锡式的“纯咨询”——只做策略规划而不做战术实施；为了所谓的“客观和第三方立场”而与顾客保持距离，不深入参与客户日常经营；不对咨询结果负责而强调咨询项目制等。

经验证明，在缺乏执行力的企业中，新创咨询公司纯咨询的业务模式是没有生命力的。咨询业务是无形的，因而缺少直接的、可感知的客户价值；客户付钱很久以后才能得到它的完整存在。这种特殊性使得咨询不可避免要进入战术层面，因为战术是可以直接感知的，客户也无须惴惴不安地等得太久。

很多“专业”的咨询创业者都认为叶茂中是“假咨询、真广告”，然而正是这种强调战术（影视与设计等）的业务模式使得叶茂中的营销咨询业务能够如火如荼。和君创业“投行+咨询”的业务模式也无可辩驳地证明了战术在增加顾客可感知咨询价值上的强大作用，因此才几年时间和君创业就敢说“两百万以下的业务我们已经不大感兴趣了”。

深度开发

新创咨询公司往往重视新客户开发，忽视老客户挖潜。迫于生计的压力，必须不断找到新的食物，这一点可以理解。但是，如果咨询公司是“花花公子”式地追逐新客户，结果常常是死得更快，因为从新客户到新客户将耗尽所有以前积累的资源。在一个老客户身上获取的利润最多只能支撑对 5～10 个新客户的开发成本，如果不能产生即期业务，辛苦的结果只是为中国旅游业打工。对于新创咨询公司而言，顾客占有率比顾客数量重要得多，提高“单产”常常比扩大“播种面积”更有获利前景。过分地追求新客户常常会像“狗熊掰棒子”一样使老客户纷纷离去，根据地如果丢了的话，红旗还能打多久？

品牌建设

管理咨询服务作为一种产品有其特殊性，它不像其他产品，在做之前无法判断其优劣，特别是针对性和适应性，只能从某咨询公司在业界的口碑和从其他企业那里得到的反馈信息这两个角度去选择。因此，品牌形象对于一个管理咨询公司来说就尤为重要，如果能为自己赢得一块无形的“金字招牌”，那自然就会顾客盈门。

麦肯锡、埃森哲、科尔尼、波士顿、摩立特、伟世、罗兰·贝格，这些都是在 20 世纪就经营了几十年的品牌，它们在客户心目中建立了很高的信任度、美誉度乃至忠诚度。而中国真正意义上的咨询公司的形成才不过六七年的时间，相比而言，的确还相当稚嫩；中国的咨询业有一个奇怪的现象：中国有十大策划家，却没有让业内人士脱口而出的咨询企业，中国的咨询企业数以千计，却至今没有一家众望所归的管理咨询权威。

规模扩展

在许多国家，甚至在国际市场，大咨询组织和单独的从业者都是并存的。各种公司都以自己的方式发展，并且在许多情形下，根本就没有特殊的增长战略。创始人或管理伙伴的洞察力和企业家精神以及在营销和提交服务方面的良好业绩，再加上优越的商业环境，这些一直是增长的主要因素。

尽管如此，当确定战略时，应该考虑公司的规模和增长速度。这些问题应结合服务的范围、部门、地域的覆盖情况、市场的评估、现存和新近发展起来的竞争、咨询单位的资源，以及在维持或改善服务质量的同时又能支撑增长的能力来审定。

有些咨询公司有意识地选择了有限的规模，而且也无意突破它。这种情形在综合考虑了人员和管理因素后常常被认为是恰当的，即期望保持连贯一致的专业队伍，这支队伍的个人之间可以相互影响，管理结构也较为简单。反过来，规模已经成为许多小公司的发展羁绊。它们只考虑完全在其技术能力范围之内的咨询机会，但对潜在客户的重要程度、合同的规模以及安排在该项目的咨询师数目却不加考虑。

公司兼并

通过合并与收购可以获得增长和扩充。20世纪80年代和90年代初期，许多咨询公司采用这种战略是出于不同的原因：在其服务组合中增加新的服务线（公司战略、信息技术、营销），进入另一个国家的咨询市场，成为国际化公司，或者仅仅是为了增长和得到市场上的较大份额。有些较大的国际咨询机构购买10个甚至更多的拥有不同特征的小公司。最蔚为壮观的当然要数“八大公司”（Big Eight）集团内的合并，即将集团压缩成“六大公司”（Big Six）。

在专业服务领域，通过合并和收购方式的增长是勇敢而冒险的战略，需要高度灵敏和毫无偏见的管理。要面对不同公司、不同国家的文化，并力求协调一致，许多结构和人员方面的问题需要解决，变革的障碍要清除，还要使客户相信他们将得到同样的乃至更好的服务。并非所有的合并与收购都绝对成功，这不足为奇。

联盟战略

当然，“冰冻三尺非一日之寒”，核心竞争力的打造和提高不是一朝一夕可以完成的，不可能在短期内达到焕然一新的效果。因此，当自身的实力无法适应某种市场需求时，国内的咨询公司不妨尝试进行适当的合作或联盟，如上家与下家的纵向合作，IT公司、市场调研公司与资本运作公司的横向合作等。正所谓“孤木难成林”，国内管理咨询公司的老总们应该学会合作，在分工、协作中进行能力的互补，求得共同的生存与发展。

但是自20世纪80年代以来，构建网络和战略联盟已成为许多咨询公司战略的重要特征。它们采用各种形式。

（1）非正式网络。这样的网络通常是由拥有相似或互补特征和利益的一组个体从业者或小公司形成的。该网络好比一个集合地（蓄水池），从这里咨询师按逐一任务需要去选择合作公司或个人，这些个案对小公司而言规模太大，并需要专门的技术专长或者涉及其他国家。

（2）结构化网络。一些网络已经变得更加规范，并且结构化。例如，咨询师的信息手册上列有各成员名单，并且有一个君子协定（不是有约束力的协定），在一项任务中决定邀请谁去一同工作时，优先选取网络中的成员。

（3）公司间协定。这种协定可能涉及不同的服务线、不同的地理区域、不同的合作形式。例如，一家综合性管理咨询机构可以同好几家伙伴公司（也可能是分承包商）对各种专门化的工作有长期安排，如市场调研、组织发展、估价或信息技术等。这样的公司间协定可以或多或少带有约束性和排他性。

（4）项目的联合。由两个或两个以上专业公司组成的联合体通常是针对某一特定项目而设置的。单个公司无力承担这一项目，或者某些公司的介入出于另外的原因。技术援助机构常常要求咨询师与受援国的一个或一个以上的咨询公司合伙进行项目投标。

跨国联盟对于增进专业服务经验不足并且不健全的那些国家的咨询活动特别重要。许多发展中国家和中东欧各国的年轻公司，已经通过与西方咨询公司的各种合作安排获得了可观的利益。倘若联盟失败，往往是由于合作伙伴选择不慎，缺乏尊重和信任，文化和咨询风格不相容，能力相差甚远，不切实际的期望、责任含糊不清，或者追求互相矛盾的商业目标。

咨询定价

“买产品还能看见个东西，可买咨询却连个影也看不见，结果是好是坏也不知道，我怎么甘心掏钱”，这些让行家听起来很好笑的话却是不可否认的实情，很多咨询项目就是在价格最后一关上“卡壳”。有些咨询机构遇到这种情况往往在价格上狠砍自己一刀，但结果反而让客户更加犹豫，“是不是再减点”，最终，数刀过后，咨询企业被“砍”得无利可图，要么放弃，要么“减料”，总之，一个好项目就算玩完了。这其中既有企业对咨询的理解不够，但咨询企业自身也存在缺乏“定价”策略的问题。卖咨询肯定不是越便宜越好，如何让客户心甘情愿地掏钱，这是个技巧问题。

有两件事情具有类通性：一件是重病患者囿于低价请庸医或伪医；另一件是重病的企业限于低价聘请一个忽悠性的咨询师或伪劣的咨询公司。前者的恶果可能会断送患者的性命；后者的恶果即使不断送企业的生命，也会断送企业的前途，最少也会埋藏发展的机会。

定价方法

美国和其他一些发达资本主义国家有越来越多的咨询公司选择根据咨询效果来定价，包括埃森哲、科尔尼等著名咨询公司都广泛采用这种定价方式，如埃森哲收入的 80%基于客户使用服务后的业绩来定价。但在中国，各大咨询公司仍然固守原来的按成本来定价的方式。

成本定价

所谓成本定价，就是按照咨询公司花费在咨询项目上的各项成本累加（主要是咨询顾问人力投入成本、其他费用时，在人力成本上添加一定的比率，一般为 10%～15%，也有在项目组内实报实销的），再确定一个适当的利润率，得到咨询项目的要价。这是最典型的咨询定价方式。国际咨询业发展的早期，包括当今国内大大小小的咨询公司，基本上都是沿用这种模式。

成本定价大体上存在两种表现形式，即按照时间来计量和按照项目来计量。这也是国际上通行的形式，而在实质上，这两者是统一的，即最后都归结为咨询公司花费在咨询项目的成本上。

表 15.4 是某企业咨询有限公司提供的一个典型的咨询报价表。

表 15.4　国内一家中型咨询公司报价表

级　别	单位价格/￥/人・天	工作时间/天	小计/￥
合伙人	10 000	2 天	20 000
项目经理	5 000	20 天	100 000
高级顾问	2 000	2 人×30 天	120 000
一般顾问	1 000	2 人×40 天	80 000
总计			320 000

成本定价法的特点是显而易见的。

（1）对于咨询客户来说，明码标价。双方对具体定价具有相当的信息对称性。对于特定的咨询公司来说，其特定层次的咨询人员的单价是由市场确定的，这其中包含了供求、声誉等诸多因素的共同影响。这种明码标价的特点在一定程度上使咨询活动普通商品化。使得寻求咨询的企业能在市场上面对各种不同质量、不同价格以及令自身产生不同预期的“咨询产品”，各取所需。客户出于对咨询公司道德风险的担心，以及砍价的需要，采取一种用可衡量的标准来支付的方式，即按咨询公司支付的成本，这个对于客户来说是可观察的。但在单次交易中，咨询客户承担了主要的风险，即其支出是确定的，但收益却是不确定的。

（2）对于咨询公司来说，收入确定。这个方法对于咨询公司来说是风险很小的，因为无论项目实施的具体情况如何，咨询公司的收益在理论上是固定的。当然，作为一个想在咨询市场中有所作为的咨询公司来说，它们不会主观恶意利用此过程中的信息优势，但这种定价方式确实能够使咨询公司避免一些客观因素所带来的咨询失败所引起的损失。但同时，成本定价法也使得咨询公司没有机会分享咨询项目给客户带来的收益。

总体来说，由于成本定价的数额是在咨询项目绩效显现之前，因此双方对此争议会很少。

价值定价

所谓价值定价，就是按照咨询项目实施后给客户带来的实际收益来支付报酬的定价方式，也叫结果挂钩法，是 20 世纪 90 年代为了表明咨询公司对咨询项目的信心而新兴的一种定价策略。国际知名的咨询公司，如麦肯锡、贝恩、埃森哲等都有这方面的成功案例。在美国，越来越多的咨询公司开始按咨询项目实施结果来收费。

值得注意的是，咨询的价值定价应该与一般商品的价值定价区分开来。后者说的是商品生产厂家为了最大限度地攫取消费者剩余，而以它们预测的商品对于消费者的价值为定价依据。事实上，这种价值定价只是出自厂家的主观决断，并不是真正的价值定价，而与成本定价很类似。事实上，这两者具有本质上的一致性。因为咨询公司所认定的成本其本质上就是市场对它们咨询活动所带来价值的反馈。这里阐述的价值定价乃是真正的以客户主导的基于咨询价值的定价。

表 15.5 中显示的埃森哲帮助其客户（奥尼尔钢铁公司）裁员的报酬协议，最能说明什么是以成果为导向的咨询收费方式。按照该合同，如果客户所保留的职位越少，咨询公司的奖金就越多，客户保留的职位越多，咨询公司的收入就越少，甚至会遭到罚款。该合同的说明指出：“埃森哲咨询公司和奥尼尔公司同意把客户服务系统的经济基础建立在提高经营效率之上，以便能减去至少 100 个职位……为达到此目的，下面的附件反映了埃森哲咨询公司及奥尼尔公司应如何共同承担风险，及如何分享该项目所提供的收益。”该说明的具体规定如表 15.5 所示。

表 15.5 埃森哲收益与裁员人数对应关系

裁减职位/个	0~100	101~149	150~174	175~199	200~224
罚金/奖金/万美元	−55	0	18.4	25.7	33.4
裁减职位/个	225~249	250~274	275~299	300~324	352
罚金/奖金/万美元	40.9	48.4	55.9	63.4	70.9

该合同也许可以帮助我们理解在短短十几年时间里，这家从会计行业分立出来的咨询公司何以能发展成为全球最大的咨询公司。

对比成本定价法，价值定价法有如下特点。

（1）对于咨询客户来说：强化激励。从理论上来讲，风险由咨询合同双方共担，有利于形成共赢。价值定价的这个特点，也是理论界非常青睐这种模式的重要原因。但客户公司必须与咨询公司共享咨询项目带来的成果，这其实就相当于客户为咨询项目支付了一笔保险费，强化了激励。而更重要的是，在咨询绩效的评定过程中，咨询客户获得了信息优势。而这也恰是咨询公司不敢轻易施行价值定价的原因。

（2）对于咨询公司来说，风险增大。虽然在价值定价模式下，咨询公司有可能获得更多的咨询活动带来的收益，但这种收益是不确定的，而且受到外部因素以及客户的道德风险——尤其是后者的影响。因此，也可以看出，咨询公司不采用价值定价最大的考量就在于定价的困难，而其中最主要的又是客户的道德风险。咨询公司出于对绩效评定时客户道德风险的担心，它们也只得退而求其次，求得一个固定的收益。

方法选择

新创市场

可以看到，咨询的整个过程中有两个阶段存在明显的信息不对称，从而产生了道德风险的嫌疑。第一个阶段是咨询活动进行的阶段，此时，信息优势处于咨询公司一方，由于咨询活动的知识服务性，基于咨询师的努力程度和提供方案的适用性（咨询师的信心），可以认为咨询公司比客户拥有更多的知识。第二个阶段是客户对咨询活动的效果进行评定的阶段，此时，客户具有完全的信息优势。客户能够对绩效与咨询活动的相关性进行解释，还能决定是否与咨询公司分享绩效水平的真实信息。在这个方面，咨询公司几乎无能为力，只能依赖于客户的信誉。

正因为如此，对于咨询公司来说，采用成本定价能够利用自己在第一阶段的信息优势，并规避在第二阶段的信息劣势；而对于客户来说，采用价值定价能够利用自己在第二阶段的信息优势，并采用对结果的评估降低第一阶段信息劣势带来的风险。因此，在咨询市场上，当定价方式还存在一定的协商余地时，客户提出来的都是希望按照结果来定价，而咨询公司一般会倾向于提出成本定价。而具体最终采用的收费方式便会是两者博弈的结果，而一般的结果就是根据咨询公司所偏好的行业惯例。

成熟市场

而当咨询市场具有一定成熟度时，声誉机制会使得双方约束自己对信息优势的滥用，尤其是对于客户来说。因此假设双方都不利用这些信息优势来寻租，则作为理想的咨询公司和客户，采用价值定价都是最好的选择。对于咨询市场来说，价值定价作为一种能够带来双赢的模式，能得到较为广泛的应用。而在一个不成熟的咨询市场，即诚信体系相当欠缺、各种法律政策的实施没有保障、咨询供求双方互信缺失的市场环境下，前面提到，第二阶段的道德风险的存在会使得咨询公司偏好成本定价，而第一阶段逆向选择的存在会令更多的咨询客户放弃咨询，这对咨询行业是个毁灭性的打击。

定价策略

下述这些策略都有效，但没有哪一种是包打天下的，制定定价策略是复杂的，特别是具体到每个具有不同背景的公司，都需要结合企业整体的战略，特别是根据自己的目标顾客定位来全面考虑，最终通过市场来检验自己的定价策略，然后根据反馈对定价策略进行调整。

高价策略

高价策略也称作撇脂定价策略，是对客户收取远高于成本及同类产品的价格，这种定价策略本质上是一种垄断性行业定价的策略[1]。

高价策略应满足以下条件。

（1）市场有足够的购买者，他们的需求缺乏弹性，即使把价格定得很高，市场需求也不会大量减少。

（2）高价使需求减少，但不致抵消高价所带来的利益。

（3）在高价情况下，仍然独家经营，别无竞争者。高价使人们产生这种产品是高档产品的印象。

随着中国经济的稳定增长，国内大型企业逐渐增多，而管理发展上各方面的问题导致企业对咨询的需求是巨大的，这些公司能够支付得起高价，并且能为它们提供咨询服务的咨询公司并不多，再加上咨询公司大多在不同细分市场占有绝对优势，因此，有不少行业的细分市场是符合高价策略的条件的。

高价策略的好处有两方面：一方面，可以奠定企业在某领域内的绝对优势地位；另一方面，高价策略可以保证收益的最大化，毕竟垄断才是最赚钱的。当然，制定高价策略对管理咨询公司的要求相当苛刻，它需要管理咨询在该领域内提供最优质的服务，且保证自己通过变革创新保持自己在该领域的绝对优势地位。

低价策略

低价策略也称作渗透定价策略，是企业为了提高自己的市场占有率，用低价格吸引大量顾客而采取的一种策略。

渗透定价应满足以下条件。

（1）市场需求对价格极为敏感，低价会刺激市场需求迅速增长。

（2）企业的生产成本和经营费用会随着生产经营经验的增加而下降。

（3）低价不会引起实际和潜在的竞争。

对于管理公司而言，采用低价策略，应当谨慎。因为由渗透定价应满足的条件可知，由于咨询服务的价格普遍较高，低价确实可以吸引相当一部分潜在客户，市场需求迅速增长，同时，咨询企业随着成交业务的增长，所积累的行业经验必定大大增加，而这一点是很多咨询企业的致命伤，因此，有利于企业进一步成长，扩大经营规模。然而，低价有其明显的弊端，第一，低价导致竞争加剧，企业间容易形成恶性竞争循环，引起企业利润微薄，这是由管理咨询服务特殊的价格机制决定的，即供给增加—价格下降—需求扩大—供给再增加—价格再下降—需求再扩大。第二，低价还会一定程度上阻碍成交，这很好解释，如淘宝上购物，有的产品比一般同类产品价格上低很多时，顾客会面临权衡取舍，到底是多付一些成本以保证商品质量呢，还是选择低价的品质上让人不放心的产品，这就是低价的阻碍作用。第三，也是极其重要的一方面，它容易给客户一种该公司实力不强的信号，这对公司的长远影响是巨大的。以上这几点提醒咨询公司制定低价策略时一定要认真分析利弊，以防低价策略不仅不能让公司提高市场占有率，迅速积累行业经验，反而搬起石头砸了自己的脚，加重公司发展的困难[2]。

满意价格

满意价格策略，有时它又被称为“君子价格”或“温和价格”。满意价格策略是一种介于撇脂定价策略和渗透定价策略之间的价格策略。其所定的价格比撇脂价格低，而比渗透价格要高，是一种中间价格。这种定价策略由于能使生产者和顾客都比较满意而得名。显然这种价格策略适用于大多数中间群体，这些群体其实是行业的重要力量，他们以这种满意价格策略也许得不到快速的发展，但是，这种稳扎稳打的传统发展模式最大的特点就是稳定，只要企业本身不发生大的经营错误，抓住这次管理咨询第二次起跑的重大发展机会，随着时间的推移，积累的行业经验的加深，这些中间企业中必定有能够发展成为顶级咨询公司的机会[3]。

试销定价

试销定价策略中，试销价格是指企业在某一限定的时间内把新产品的价格维持在较低的水平，以赢得消费者对该产品的认可和接受，降低消费者的购买风险。试销价格有利于鼓励消费者试用新产品，而企业则希望消费者通过试用而成为企业的忠实顾客，并建立起企业良好的口碑。

对于咨询行业而言，咨询服务一般配套有可选的产品，如咨询公司开发的信息管理系统等，这些新产品对有的客户而言是陌生的，是不信任的，因此，咨询公司可以采用这种策略进行新产品的试销，如果产品真的能够经受得起客户的检验，后续推广工作就是水到渠成了。如果这种新产品不能获得客户的好评，这种产品的价值就值得重新评估，前景堪忧。

灵活定价

灵活性定价策略是针对不同的客户采取不同的定价策略。这种策略本质上是一种价格歧视，从经济学中我们知道对公司而言，价格歧视有两点好处：一是它吸引了潜在客户的需求，从而攫取了他们的消费者剩余；二是它通过增加价格区分了对产品有急迫需求的顾客，从而公司从这部分顾客得到的消费者剩余增加。因此，采用这种策略的咨询公司可以更大程度上增加市场份额和获得更大程度上的利润。当然，要采用这种策略的前提是咨询公司能为不同目标市场（尤指同类行业的高、中、低端市场）的客户提供满意的服务，如果做不到这点，是谈不上制定灵活性定价策略的，因为不够格。

组合定价

产品组合定价指企业为了实现整个产品组合（或整体）利润最大化，在充分考虑不同产品之间的关系，以及个别产品定价高低对企业总利润的影响等因素基础上，系统地调整产品组合中相关产品的价格。这种策略适用于大型企业，因为这些企业提供的服务类型全面，甚至还提供各种类型的配套产品，对于这么多产品服务的合理定价就需要运用产品组合定价策略实现公司整体的利润最大化，这种营销策略在当今社会是普遍采用的，但是，配套的服务或者产品的定价仍然需要结合上述的策略综合分析。

营销模式

咨询公司的营销原理与其他企业相同，但是其提供的产品与其他企业截然不同，是特殊的产品——服务，因而其营销方法也大为不同。在该行业中基础牢固的公司不喜欢运用各种营销技术，特别是广告，这不足为奇。同样的态度也在咨询师协会中流行。在美国，直到 20 世纪 70 年代末的竞争环境中，广告才被认可为一种正当的、可以接受的专业服务的营销手段。

管理咨询必须营销其服务主要有两方面的原因：（1）在竞争的环境中，如果他们不进行营销，他就不能得到他们能够得到并应该得到的客户和市场份额，继而把他们的位置让给了竞争对手；（2）即使不考虑竞争，营销也是需要的，它促使合适的咨询师与需要并准备聘用他（或她）的客户接触。客户可能不知道你的公司，或者对咨询的内容缺乏了解，或者只是胆怯和害羞，因此，市场营销这一专业方法将扫除这些障碍并有助于建立双方所需的合作关系。

值得庆幸的是，越来越多的咨询师，实际上还有其他行业的人员，把市场营销视为服务概念的固有特征。营销并不是凌驾于专业服务之上；是专业服务本身需要建立并保持一种有效的咨询师—客户关系。它可以识别客户的需要和要求，揭示客户的心理，确定专业人员能够为客户服务的最好方法，并使整个咨询过程运转起来。按照这种观点，服务营销是一种真正意义上的专业服务所必需的条件。当销售完成时营销并未结束。合同签订后，咨询师仍继续营销，直到项目开展及项目完成以后。

营销原则

对于营销及其采用的各种技术是否妥当一直都有争议。即使在今天，有些咨询师仍为“销售”他们的服务而感到不安：他们认为这样做不是本行并降低了他们的人格尊严。许多咨询师的市场营销水平很差，如果被动地去进行营销活动，他们也缺乏热情和想象力。

然而，咨询营销和咨询活动本身一样古老。詹姆斯·麦肯锡（James O.McKinsey）是管理咨询的先驱者之一，曾花费很多时间与有意向的客户和其他有益的商界人士进餐，他会边吃饭边展开技术讨论来争得别人的信任，并对他所能提供的帮助进行详细的解释。他的商业直感告诉他：专业人员必须积极地对其服务进行营销。当然，他也谨防过分的宣传。

经验表明，成功的咨询服务营销必须遵循一定的基本原则。

客户为本

把客户的需要和要求视为营销活动的核心。把潜在客户不需要或不想购买的东西卖给他们是没有道理的。如果客户听说你是一位卓越的非常成功的专业人员时可能很高兴，但更为重要的是要使客户确信你关心他，了解情况，随时耐心倾听他的意见，能帮助找到有利于其业务的解决问题的办法并付诸实施。这是一条金科玉律。你的营销努力必须以客户为中心，而不是以咨询师为中心。你对客户的关注必须是真挚的，并甚于对你自身的关注。

客户特质

记住每个客户都是唯一的。你过去的经验和成就是一笔重要的财富。但这些也可能成为陷阱：你可能感觉你事先已经对新客户的需要了解得很清楚——你以前不是处理过很多同样的情况吗？但即使所有其他条件都一样（实际上是不可能的），涉及的人也总有不同。要了解新客户的唯一性。告诉客户你会提出新颖的解决方案，而不是盲目模仿为其他条件而设计的模型。

自知之明

提供和销售你不能完全胜任的服务是很有诱惑力的。常常，一个信任你的客户在把工作委托给你时不会要求表明你能胜任的任何证据。屈从于这样的诱惑是违背职业道德的；客户的利益可能会严重受损。这也是一个技术判断问题。营销能力也涉及你能否真实地评价你自己的能力。

宣传有度

营销会产生期望和约定。营销过度可能会产生公司无法满足的期望。这样做可能会产生负效用甚至违背职业道德：有些客户可能急需你的帮助；你答应了，但做不到。或者过度的销售努力会迫使你招收一些没有经验的咨询师，并立即派去为客户服务，但却不能对他们加以培训和监督。

尊重同行

在和客户讨论的过程中，经常会谈及有关你的竞争对手的方法和能力等问题。如果你对他们的情况有所了解，你当然可以如实地提供有关他们的信息。不过，提供歪曲的或带有偏见的信息，以及对竞争对手做诋毁的评价借以影响你的客户的做法是违背职业道德的。一个老练的客户往往把这些诋毁的评价视为你软弱无能而不是强有力的表现。

专业服务

管理咨询师要有事业心，有创新精神，有时在营销方面还要有闯劲。他们可能从其他部门的营销中获得大量知识。但你不是在卖饼干或洗衣粉。在选择恰当的营销方法和技术时，对于所提供的服务的专业特性、客户的敏感性，以及当地的文化价值观和准则等方面都不可忽视。

表现履约

有些咨询师没能保证在人员配备、质量控制和完工期限方面，以在他们致力于寻找新客户时同样的质量水平践约，而且也没能尽力做到使客户满意。营销是一个过程，并不以合同签署为约束，树立这种观念是有益的。任务的履行，完美的服务，是营销的重要方面。

- 不定期的论文和小册子。如果管理咨询师能通过技术和信息论文、指南、报告、简讯、手册、一览表和其他资料等方式来与现有的和潜在的客户们分享某些知识和经验，将深受他们欢迎。所有出版物都应当包括作者所在咨询公司的简介、公司及其服务的有关信息（如果允许的话），还要有出版物中披露过某些经验的客户组织的有关信息。

- 和公共信息媒体的关系。公共信息媒体，如出版界、电视或广播一直在不断寻找其深孚众望的信息。管理咨询师拥有或可以帮助收集、组织并提供一些这样的信息——例如，关于商业和金融的发展动向，技术发展对工厂和办公室工作的影响，新的节能技术，或是贸易政策对投资决策可能带来的影响等。

营销内容

咨询营销受到咨询服务的“不可感知性”的严重影响，客户不能充分观察他们打算购买的“产品”并拿它和其他咨询师提供的产品相比较。即使咨询师提供结构化的系统和方法体系使产品的可感知性有所增加，它也永远达不到像工业产品以及其他服务部门所提供的产品那样的可感知程度。

咨询师所卖的是一种服务的承诺（但不是保证），这一承诺将满足客户的需要并解决问题。为什么潜在客户仅仅购买一个承诺？为什么他（或她）愿意冒这样的风险？

咨询价值

客户坚信（或只是感觉）得到咨询师的帮助或许有用。

咨询人员

咨询服务营销绝不能忽视咨询公司和该公司雇用的个别专业人员之间的细微差别。的确，在购买一家优秀的专业公司的服务时，客户通常期望有一定的质量、完整性甚至一致性，以反映公司整体的技术专长和组织文化。然而，咨询师也是人，绝对的一致不仅是不可能的，而且也是没有必要的。见多识广的客户了解公司的形象、技术专长及标准和单个咨询师的能力、个性及风格之间差异。因此，咨询公司不仅要营销自己而且要营销它的每个成员和小组。

咨询承诺

明确和建立企业的经营理念，不仅有助于对企业的发展方向进行定位，也有助于客户更好地认识企业、了解企业。有的咨询公司提出：“您的选择，就是我的责任。”“诚信合作每一班，创新收获每一天。”“您走多远，在于您与谁同行。”这些都是很好的例子。还有埃森哲的理念是：“把握创新脉动、引领精彩未来。”“让理性与智慧，存在于企业的每一个决策中。”一个好的经营理念，往往能让客户对企业增进了解、产生信任感，甚至产生价值上的认同。因此，明确与建立企业的经营理念应该是树立企业品牌形象的第一步。

客户没有挑选的余地——购买任何咨询服务（不管是从你非常熟悉的人还是你已从别处看到过他们工作的人那里）都是购买一种承诺。在别的公司奏效的办法未必适用于你。不准备冒这个风险，也不准备购买承诺的客户一定不会使用咨询师。

有能力的客户在购买承诺时希望减少风险的想法是完全可以理解的。他们将通过代理人去评估他们可能得到的结果并决定求助于谁。在专业服务营销中，代理人起着突出的作用。许多客户购买服务时对该专业公司并无任何直接的了解，只是因为公司在工商界的形象，或者是因为某个商界朋友，涉及两方面的内容：一方面，咨询方法——技术方面（用于解决客户特有的管理或业务问题的技术专长）；另一方面是关于人的方面（咨询师和客户的关系，以及咨询师面对人的问题时的能力）。因此，咨询师必须使客户确信，从严格的技术角度，他具有解决客户技术问题所需的全部技术知识、技术专长及信息的获取途径等，并且可以提出在技术质量上无可争议的解决办法。具体的，公司有所侧重地打造并宣传自己的品牌咨询师以及自己的成功咨询案例是一种行之有效的方法。但光有这些还不够。咨询首先是一个人际关系问题，咨询师和客户可能要花很长时间在一起工作。因此，一定要使客户明白：（往最坏处讲）他是在购买一种他将与之合作的人提供的服务，或者（往最好处讲）他是在购买一种他将享受与之合作乐趣的人提供的服务。

营销途径

对一个咨询公司来说，有一些非常有效的促销方式，现在根据各自的优点把它们列举出来。也就是说，首先将讨论那些被证明能够带来最大回报的途径，然后依次到那些仅能够带来最低回报的途径，这些方式是非常有趣的方式。

专项研究

咨询公司的角色是帮助客户获得并维持竞争优势，至少在咨询公司的专长领域。要实现这一点，咨询公司就需要信息。咨询公司必须了解相应的行业、全球趋势以及全球趋势将对咨询公司的专长领域产生什么样的影响。咨询公司还希望了解在其他公司中，现在正发挥作用的是什么，现在没发挥作用的是什么。

这些也是咨询公司的客户希望了解的。客户们当然希望获取能够帮助它们成功的诀窍。

座谈交流

通过这种方式，咨询公司可以向代表提供在别处得不到的信息。这里的座谈会（Workshop）不是专题讨论会（Seminar），因为使这种事件保持亲密性和交互性非常重要。计划不要超过 20 人。要抓住和与会代表建立关系的机会。咨询公司要确保有四五个咨询师在场，并且在场的咨询师都有自己的目标客户。咨询公司应指派一人主持圆桌讨论，每一次发言之后，都应该有跟进。应该有效地简单提示代表，让他们积极参与圆桌讨论。

参加座谈会的人交纳一定的费用，可以迫使咨询公司在座谈会中为与会者提供价值，并且获得相应的收入来弥补销售成本。人们在支付了费用之后往往很可能会出席座谈会，不过，不管咨询公司收多高的费用，还是有人不会露面。此时，一个有效的做法是退回那些不十分满意的代表所交纳的费用。如果有人花费时间来听讲，却感觉没有获得什么价值，与其让他们告诉他们的同事这个座谈会枯燥乏味，让他们有一种被抢劫的感觉，还不如把钱退回给他们。

有这样一个实例：一个非常不满意的与会代表，他在拿回 200 英镑座谈会费一周之后同举办座谈会的咨询公司签订了一个价值 150 000 英镑的咨询合同。

当咨询公司通过座谈会做广告时，它实际也在宣传其专家技能。对于每一个购买座谈会门票的人来说，将会有上百人知道该咨询公司及其业务范围。虽然现在有些人可能还不是咨询公司服务的顾客，但是当他们成为相应市场的客户时，也就知道应该向谁购买相应的咨询服务。

那些考虑购买咨询公司的服务的人会在参加座谈会期间检验该咨询公司的水准。通常情形下，一个潜在客户向咨询公司购买咨询服务之前，往往需要一定的时间。客户寻找合适的咨询公司同咨询公司寻找客户一样会不厌其烦地进行筛选。在这种初步的“求婚”期间，他们可能参加了很多类似的座谈会。

杂志文章

咨询公司可以把自己和客户都可能阅读的杂志编成一个清单。把撰写的文章投稿给选定的杂志的编辑，当然所撰写的文章必须能够引起人们的普遍兴趣，而且能够反映咨询公司所提供的解决方案。

咨询公司还要注意文章的内容。杂志和期刊的编辑及其读者常常喜欢介绍方式和方法的文章，因为这种文章能够给读者提供他们可以运用的诀窍，如“……的入门指导”。同样，咨询公司的研究也应该承担这项工作。

由于害怕竞争对手会从中学到什么，害怕竞争对手模仿自己的方式和方法，因此在咨询行业中人们对技术诀窍的披露都非常谨慎。实际上，如果竞争对手确实模仿了咨询公司的方式和方法，这应该是正中下怀的一件事：他们是跟随者，把昨天的秘诀透露给竞争对手，是一个鞭策咨询公司自己的绝妙途径。

如果咨询公司要最大限度地实现这个目标，它的文章应该重印，在专题讨论会上分发或者寄送给其客户。

Maister（1997）建议：为文章的撰写设置目标，例如每一个专业咨询师每年必须发表一篇文章。如果要这样的话，咨询公司最好是雇请一位从事新闻杂志业的人来同你的咨询师进行文章撰写的合作；因为他们是咨询师而不是作家，没有帮助，他们就不太可能撰写出令人感兴趣的优秀文章来。

会议演讲

咨询师的会议演讲目的应该是向听众中的一两个正准备使用其服务的人进行演说，咨询师所真正期望的是他们在会后与自己联系，并询问相应服务的情况。所有的营销活动都类似于“求爱”，一个可以触动与会代表的方法是承诺把幻灯片或者其他重要信息拷贝给那些希望把业务给自己的人。

公共演讲的一个秘诀当然是讲一些令人感兴趣和重要的事情。对此，咨询师也应该借助其研究结果提供相应的素材。

绝大多数演讲者都很一般，他们所做的只是一项传递信息的工作，但是，如果咨询师需要数据的话，当然可以从书本上得到。与会代表参加会议的目的更多的是寻求人与人之间的接触。因此，最优秀的演讲者应该是能够实现这个目的并且能够为大家带来愉悦的演讲者。咨询师会觉得与会者的世界观令人兴奋，具有魅力而与他们合作。

如果咨询师对公共演讲没有什么经验，那么他应该找一个其所钦佩的在大众面前工作的人，让他们来培训自己。

咨询师如果要参加巡回演讲，则应该收集所有会议邀请函。给会议的组织者写信，告诉他们自己的工作以及愿意演讲的主题。一般情况下，会议组织者将支付咨询师所发生的开销；而且，如果咨询师是一位有名的演讲者，他可以申请获得演讲费。

咨询师还要清楚确定其出差的地域边界以及所演讲的主题。被邀请到新加坡去展示自己的智慧当然是一种荣幸，但是如果咨询师对太平洋边沿区域的业务并不感兴趣，那么这种会议也就排在优先序列的后面。

主办杂志

营销人员所面临的一个问题是咨询公司根本就不知道什么时候会有人准备购买其服务。咨询公司虽然可以确认自己占领的市场上的决策者是谁，但是往往不知道这些决策者什么时候会到市场上来寻找自己的服务。有时，一家公司的需求变化非常快，以至于突然就会产生某种需求。咨询公司必须不断地提醒其现实客户和潜在客户时刻知道自身的存在，从而使他们首先想到的是自身，但是要实现这种不间断性的沟通通常非常令人头疼。不过，出版一本杂志却可以使咨询公司能够向那些数据库中的人经常撰写文章。

杂志和期刊的反面效应是从第一期之后其质量往往会下降，因此，只有在能够保证不断提供令人感兴趣的文章的前提下才开始推出。最好是利用外部的出版社来做这项工作，因为咨询师可能根本没有时间来做好这项工作。

咨询公司可以把其广告战略告诉出版社，然后让出版社来在每一期的内容中反映出来，利用时事通讯来评述其客户英雄。撰写关于它们的文章，并且确保所撰写的文章能够形成客户故事的特写，确保所撰写的文章能够在客户公司内部得到流通。而且，利用时事通讯来销售自己的座谈会和调查结果，并且确保人们能够对这些项目做出回应。有时咨询公司把其电话号码放到背面还远远不够，因为很多人不愿意用电话做出对广告的反应，他们更喜欢诉诸文字，所以一定要在背后一页附上反馈赠券，这样可以提高大约 20%的反馈。

宴会沙龙

同特定咨询公司进行合作的部分乐趣可能还会来自于宴会，它会为咨询公司创造一方新的社会/业务天地。创建咨询公司自己的宴会俱乐部，可以使其既有客户和潜在客户同他们的同行和其咨询师通过一种非正式方式会面。

组织晚宴俱乐部的一个有效途径是选择一个讨论主题，邀请一位专家做演讲者，让俱乐部活跃起来。然后，让每个人都有一两分钟的自由走动讨论机会。

公共关系

在过去的 10 年中，公共关系公司所提供的服务已经有了很大的扩展，把战略和营销都包括进去了。咨询公司可以寻找一家公共关系公司来帮助其获得编辑空间或在电视或电台亮相的机会。公共关系公司还能为咨询公司提供剪报服务，从而使咨询公司能够跟踪自己的新闻报导。

公共关系公司出色地完成相应的工作所面临的一个主要障碍是缺乏能够吸引公众从而吸引出版界的可出版故事。对此，咨询公司就可以利用其所作的研究和调查。我们注意到，长年以来，即便是全国性的出版物，也几乎没有实在的调查，因此咨询公司必须确保其文章提供一些类似的结果。例如，从财务的角度来讲，撰写一篇有关咨询公司的最新调查（调查结果可以购买）的文章就比介绍咨询公司的一位咨询师的效果要好。

公共关系公司的另一个好处是有助于获奖。如果咨询公司考虑参加有奖征文，那么公共关系公司会帮助咨询公司同杂志接触，使咨询公司发现他们所需要的文章，或者请求阅读以前曾经获奖的作品。

获奖所创造的公众曝光确实能够为咨询公司带来咨询项目，但是更重要的是，获奖能够奇迹般地提高职员和客户的士气。从长远的角度来看，获奖能够表明：咨询公司是有地位的，并且因为其水准而得到了认可。

直接邮寄

直接邮寄时事通讯是咨询公司促销的一个比较有效的手段，其原因在于：咨询公司应该同市场上的个人建立连续的关系，而直接邮寄则具有定期性。当咨询公司有重要事项提供时，可以采用直接邮寄的方式。

在讨论直接邮寄时，有人认为客户往往会请求得到回应费用，或者他们所说的“行业标准回应费用”。实际根本没有这回事，如果咨询公司提出一个“软”邀请，如“如果您拜访我们的办公室，可以免费获得 Harrods 食篮一个”，您的回应率可能就会很高。但如果咨询公司提出一个“硬”邀请，如“除非您决心提高您的收入，除非您本年度有100万元的咨询预算，否则不要来拜访我们”，它的回应率就会很低。其中的真正问题在于：直接邮寄的成本同直接邮寄在相应时期所产生的回报之间的对比。

关于广告，大量的观点都主张要为公众创造高质量的正确形象，但是实际情况却是：咨询公司必须通过所获得的回应以及所创造的收入来了解其广告词是否受欢迎，其他东西仅仅是一种精神上的安慰罢了。

1923年，Glaude Hopkin（当时收费最高的广告人）作了如下断言：

要理解广告或学习广告入门知识，必须从正确的概念入手。广告是推销艺术。广告的原则是推销艺术的原则，成功和失败两个方面的原因都是相似的，因此，每一个广告问题都应该按照推销员的标准来回答。

把广告当做一个推销员，必须让它自圆其说。把它同其他推销员进行比较。计算它的成本和结果，不要接受推销员都不会提出的借口。这样，您才不会犯错误。

要强调的一点是：广告的唯一目的是为了实现销售。它能不能创造利润要看实践的结果。

电话咨询

《时代》周刊曾打出这样一个大幅标题；“世界上最强大的商业工具就是稳坐中军帐。”确实如此，任何人都不会中断会议或从澡缸里出来，去接收他们的邮件或观看某个电视上的商业广告；但是，如果是一个电话，他们就会这样做。

正是因为它如此之强大，所以咨询公司必须谨慎地运用这种工具。“推销电话”（Cold Calling）长期以来一直是销售人员的法宝，但是如果咨询公司首先并没有把自己期望给予潜在客户的东西设计出来，咨询公司就不要给他们打这种咨询电话，不要打咨询电话向他们索求什么。

咨询公司可以利用电话来收集有关现实客户与潜在客户的数据。

网络平台

网络时代的企业咨询简称网络企业咨询，是指在网络时代利用互联网技术或以网络技术为基础，将先进的管理思想、全新的商业运作模式与现代 IT 技术手段相结合，为企业提供咨询服务，如为企业诊断、战略策划、电子商务模式和 ERP 系统需求和解决方案、信用控制体系建立等，包括技术咨询、网站的总体设计、商业模式策划及网站开发、B2B 平台技术等技术咨询和管理咨询。还为资本市场提供信息产业的最新发展动态、研究成果以及投资中介服务，同时还为传统企业提供向互联网经济转型的相关咨询服务。它是传统咨询业的继承和延伸，为传统咨询业提供技术的手段和内容，保证咨询业快速、有效地发展，发挥更好的效益。

（1）通过网络寻找客户。咨询机构与咨询人员可以通过搜集和分析网上发布的企业、产品或其他相关信息来寻找和发现潜在客户；通过在网页上开辟和接受网上免费咨询，或发布服务信息和开展自我宣传来扩大影响，从而获得更多客户；咨询机构还可以在网上直接接受客户。

（2）更多地利用计算机网络检索信息，即利用网络信息资源。传统咨询服务主要依靠本地信息资源，即自己积累的资料和当地信息机构的文献，并以印刷型文献为主，检索方式也以手工检索为主。在网络环境下，咨询人员可以利用网络，跨越时空限制地查找世界范围内各类与咨询内容有关的信息，包括各类数据库、电子期刊、电子图书、企业电子报告、企业网页等。即咨询人员可以利用网络开展市场调研，获取相关产品信息、管理信息和政策信息等。

（3）更多地通过网络与用户进行信息交流，实现在线与离线的整合。传统的咨询服务一般是通过电话或面对面与客户进行交流。网络环境下的咨询服务将更多地采用瞬答服务。它通过与现代先进的通讯技术（电脑、传真、电话等）的结合，实现了实时直答咨询服务。

（4）更多地利用各类信息技术、设备进行信息的加工、处理。例如，咨询机构可以利用网络查找、筛选和下载信息，建立机构所需的各类信息库；开展服务中，可以利用网络进行相关信息的搜索、控制、重组或分析，向用户提供专指性的信息。

（5）通过网络对信息项目、系统、人员进行组织和管理，使机构实现资源的共享和咨询人员的协同工作。例如，对于现场不能解答的问题，咨询人员可以通过网络获得多途径的帮助，提高咨询能力和质量。例如，利用计算机专家系统的智能化功能，提供咨询答案或智能性判断；可以通过机构内外的专门情报网，获得网上专家的帮助；或将难题提交给因特网上，与世界范围的同行进行咨询问题的网上交流、探讨与共享，以求得问题的解答。

公司招待

很多公司都会组织提供公司招待事件。公司招待事件的关键问题在于：咨询公司应该如何利用公司招待事件把自己与其他公司区别开来？

提供公司招待事件应该注意以下几个问题。

（1）选择合适的地点。如果咨询公司希望与潜在客户进行一对一的谈话时，应该选择一个比较安静的地点。一顿正式的晚餐后与潜在客户商谈咨询公司骄人的业绩以及在双方之间建立业务关系，是一个不错的选择。

（2）要选择合适的人员参加公司招待事件，并且明确地告诉这些人员他们参与公司招待事件的目的是什么，如果这些人不知道自己的目的，那么公司招待事件注定是一个败笔。

（3）要明确向顾客介绍本咨询公司的经营战略、价值观、企业文化、过去的业绩以及你希望与客户建立长期的业务往来。

（4）在招待事件过程中，咨询公司要注意向客户汇报自身情况的时间选择问题。没有一个客户希望在看歌剧时还要听取咨询公司的业绩介绍。

免费工作

在某些情况下，咨询公司可能会在某人的公司里发现一个机会，但是这家公司自己却并不清楚。他们还没有委任咨询公司来做这项工作，是因为他们并没有看到咨询公司已经看到的潜力。这时咨询公司可以免费提供初试阶段的扫描工作，但是咨询公司必须清楚：如果自己的直觉判断正确的话，则将获得相应的咨询项目合同。

社会工作

商业本身就具有非常重要的社会意义，但是现实中肯定存在一些社会问题，将对每一个人的生活产生影响。像吸毒、失业、犯罪、网瘾、无家可归等重大问题往往令人大伤脑筋，咨询公司应该努力做一些有意义的社会工作，除了从中所获得的满足之外，还可以获得宝贵的社会曝光度。

广告宣传

有些咨询公司选择在行业贸易杂志上打广告。如果咨询公司有一项新服务或有一项想进入新市场的服务，那么把自己的名字放到那里可能是一个非常好的主意。如果咨询公司在广告中所提供的东西足够丰富的话，那么它也可以成为一个比较廉价的建立数据库的途径。

利用广告来销售报告和座谈会时，一定要把电话号码和赠券附上。

咨询主管并不喜欢赠券，因为这样会把他们看扁；但是由于赠券能够提高20%的回应率，因此忽视咨询公司的创造性团队的微妙的敏感神经也是值得的。

对于咨询公司来说，直接邮寄和时事通讯看起来要比插页广告要能够带来更大的回报。这是因为前者具有更加大的前摄反应性，能够比较精确地定位到潜在顾客身上。不过，一个打广告的合适地方却是客户组织的内部杂志。咨询公司可以留出空间来感谢他们，并且为他们所取得的成功表示祝贺。

公司手册

咨询公司可以为每一次强力营销活动制作一次性的小册子。利用激光打印技术，咨询公司可以针对客户公司中的每一个决策者对每一本小册子进行定制。小册子应该给人留下深刻的印象，其所产生的收入应该可以通过所赢得的收入来进行衡量。

小册子的一个好处是：所制作的小册子能够在整个公司内掀起一场对“我们现在做什么”的讨论。

交叉销售

交叉销售时下很流行，虽然在目前的专业实践中对此尚有争议。这里说的交叉销售，指的是通过在某一服务领域内（审计、财务咨询）建立的客户联系和业务，用于向该客户销售另外领域的服务（战略咨询、工程、法律顾问）。通常，一家咨询公司或集团的两个或两个以上的部门要参与进来。

审计与管理咨询的关系通常被用来作为交叉销售的典型范例。某些审计师会直接指出存在的缺陷或未充分利用的资源，然后由咨询服务来解决这些“病症”。或者方法可以更巧妙些：若公司与审计或其他领域的客户已有良好关系，则可以利用这点使客户与公司内其他服务部门建立关系，希望现存关系可为新部门的项目洽谈减小阻力。在某些情况下，客户自己会主动找上门来，以避免为寻找新服务商花费更多精力和时间。

支持交叉销售的观点有以下几种。

- 最充分地利用现有的客户关系。
- 由于双方互相了解，有可能减少客户和咨询师双方的花费。
- 通过对同一客户提供的多种服务之间的更好的协调以达到协同增效的目标。

交叉销售还受到了以下许多不同观点的强烈批评。

- 它限制了客户的选择，尤其是如此在某一领域内关系良好，则客户会满足于在其他领域的服务方面也选择同一咨询公司。
- 与独立选择相比，客户所得到的服务可能质量较差（而且可能更昂贵），客户可能因此而结束合作。
- 在某些专业咨询公司里，各个业务部门协作很差，一个部门不会真正积极地为另一部门进行良好的营销活动；他们为现在的客户作交叉销售，只是由于上级指令，其本身是极不情愿的。

偶尔的私人接触似乎是一种很好的营销形式，但需保证下列条件：

（1）有充分准备；

（2）向客户表明咨询师一直关注客户的业务，清楚客户变化中的需求；

（3）在客户和咨询师双方适当级别的负责人之间进行。

案例

麦肯锡的低调

与那些世界著名的跨国公司相比，麦肯锡显然是低调的，既不作广告，也很少在媒体上主动宣传自己；由于商业保密性原则，麦肯锡更不以客户名单为自己做宣传。

只有一个例外，就是知识研究方面。公司研究开发知识，愿意与媒体谈公司的观点。会很愿意与人一起谈谈管理原则和思想，这是公司所非常专业的领域。公司出版很多文章、书，出版“麦肯锡高层管理论丛”。公司谈思想，但不谈公司自己，不谈客户，只谈观点和思想。

本章概要

咨询公司的运作与成长，需要清晰的营销策略。因为管理咨询的性质，咨询公司的营销策略在定位、定价与成长方面具有自己的特殊性。

在国际范围内，咨询公司数目繁多并各有千秋。其中，麦肯锡、波士顿、贝恩在力量、特色、业务范围和咨询工具上都有自己的特点。通过解密麦肯锡，会更加清楚地了解到一个成功的管理咨询公司是如何运作与管理的。虽然中国管理咨询业在短时间内发展迅猛，并且具有很大的发展潜力和发展空间，但必须看到目前仍然面临着巨大挑战，尤其是来自国外咨询公司的挑战。

思考练习

1．前四大会计事务所分拆出来的咨询公司，都有一个共同点，就是它们的定位夹在顶级咨询公司（麦肯锡、波士顿）的高端和本土咨询公司的低端之间，本来定位就不甚清晰。而现在，麦肯锡等着力进行本土化的同时，将眼光对准了中国的中小企业，即向中低端市场渗透，而本土咨询也在努力做大、做强，那么，前身为四大的咨询公司的生存空间是否受到挤压？而凯捷安永又是如何制订发展战略和市场定位的？其区别于竞争对手的差异性何在？

2．当今中国咨询行业从业者众，却没有一个耳熟能详的品牌，这是为什么？要使一个咨询公司做大、做强，合作必不可少，如果你是 CEO，你会采取哪些策略为公司创造合作伙伴并维持合作关系？

3．解释咨询短板存在的必然性。中国咨询行业才起步不久，很多咨询公司缺乏底蕴，怎么克服公司缺乏成功的咨询实践案例这一咨询短板呢？

4．麦肯锡一直是咨询老大，波士顿不满千年老二身份，决定让麦肯锡替他们做个战略咨询，核心议题就是“如何让波士顿成为咨询界老大”。如果麦肯锡项目成功了，波士顿取代麦肯锡成为世界第一；如果麦肯锡项目失败，这就告诉全世界麦肯锡战略咨询有问题。如果是你，接还是不接？

5．谈谈管理咨询业与其他行业在营销原则上的差异与联系。

6．面对如此多的可选择的营销渠道，咨询公司应该重在选择哪些渠道才能使营销效果最大化？

7．网络咨询存在哪些劣势？是否会对咨询公司的发展造成致命的打击？

8．埃森哲、科尔尼等著名咨询公司采用的是价值定价方式，而中国咨询公司仍主要采用成本定价的方式，对比中外受咨询企业及管理咨询公司间的差距，谈谈中国咨询公司应如何改革发展以提升自身价值，同时提升自身的收益。

9．中国本土咨询公司应该如何把世界著名咨询公司的经营秘诀与中国实际情况结合，提升自身素质？

10．现在中国的咨询业，大部分市场份额还是被国外咨询公司占据。那么，中国本土的咨询公司应该采取何种策略使客户选择自己作为合作对象？

延伸阅读

《麦肯锡传奇》([美]伊丽莎白·哈斯·埃德莎姆．魏青江，方海萍，译．北京：机械工业出版社，2006)：麦肯锡从业70多年积累的丰富经验，为其在业界赢得了极高的声誉，甚至被传为神话，成为可以轻松出入世界上任何一个一流公司董事会的咨询公司。本书提供了来自曾与马文共事的领导者的第一手资料，也提供了来自对马文的访谈及他个人著述和演讲的第一手资料。

《积极思考的力量》([美]斯科特·文特雷拉．汤力群，译．北京：中信出版社，2002)：根据美国劳动统计局的统计，美国的企业每年因消极因素带来的损失大约有 30 亿美元。这些损失主要来自闲谈、苦恼、抱怨、暗地里打击别人的积极性等所导致的生产力下降。消极思想造成消极成本的例子数不胜数，但这种消极成本却常常被人们容忍，被人们忽视，被人们不屑一顾地当作生产成本看待。其实大可不必，我们不需要忍受消极，我们完全有办法改变这种现象，克服消极思想。

《创建咨询公司——从起步到成功》([美]阿兰·卫斯．刘士平，杨坡，译．北京：经济日报出版社，2004)：本书面向所有立志开拓自己的咨询事业的人士，讲解了创建了一个完整的管理咨询公司的程序和需要注意的问题，并提供了相应的解决问题的方法。全书注重实用性和可操作性，书中包含大量实用的图表和表格，是准备在管理咨询领域创建一番事业的人士的最佳指导。

《波士顿战略观点》([美]卡尔·斯特恩，迈克尔·戴姆勒．波士顿咨询公司，译．北京：中国人民大学出版社，2009)：汇集了波士顿咨询公司对全球各行业先进战略管理经验的研究成果，记录了波士顿公司在这一领域作出的许多重要贡献。

《定价圣经》([美] 克里斯廷·多兰等．董俊英，译．北京：中信出版社，2004)：价格一直是市场营销手段中屡试不爽的终极武器。降价既可能为企业带来薄利多销的诱人前景，也可能让企业陷入亏损的不复境地；而涨价对企业也许意味着利润增长，但更可能导致企业失去市场份额。面对两难的抉择，你究竟如何应对？本书对此提出了迥异于常理的营销观点：只要价格变动 1%，利润就有可能跃升 200%！

《涡轮战略》([美]博恩·崔西．张春萍，译．北京：华艺出版社，2004)：涡轮战略方法提出了改善业绩、提高销售、削减成本、增加利润的 21 个重要观点，不但对企业革新和内部创业大有裨益；对创业者来说，如果从创业开始就注意这些问题，必然会增加企业竞争力、大大提高成功的几率。

《珍贵的礼物》([美]斯宾塞·约翰逊．王岩，译．延吉：延边人民出版社，2002)：一百年来，几乎所有人相信，如果你能得到一个关于一座玫瑰花园的故事，你就会成功。

《高效能人士的七个习惯》([美] 史蒂芬·柯维．王亦兵，等，译．北京：中国青年出版社，2008)：企业领导人都知道：只有每一位员工都成为高效能人士，企业才会真正成为高效能企业。

《顶级咨询》([英]卡尔弗特·马克汉姆．陆珍珍，夏光，译．北京：中国铁道出版社，2006)：通过此书详尽的阐述，企业可以了解咨询的本质和流程，为维持和发展自身竞争力寻求新手段；与此同时，想为客户提供一流服务的咨询师则可以找到如何将自身的技能转化为企业发展动力的解决方案。

《经营沉思录》([日]松下幸之助．猿渡清光，路秀明，译．海口：南海出版公司，2009)：松下幸之助亲笔记录点滴心得，从具体的经商活动、管理方法，一直谈到用人之法乃至人生之道，文字浅白流畅，处处闪现真知灼见，全面展示出成功经营的内在力量，是值得每一位经营者细细品读的沉思录！

参考文献

1．杨红艳．咨询产品特性及定价策略分析[J]．情报探索，2006（6）：11-13．

2．刘彤．知识产品与传统产品定价比较分析[J]．商场现代化，2009（8）：31-33．

3．何艳．论中小管理咨询公司的营销策略[J]．科协论坛，2009（2）：160-161．

第 16 章

咨询服务

以最快捷的方式，最少的时间、资源来解决工作中遇到的问题。

——麦肯锡

- 了解咨询服务的基本特点；
- 掌握咨询服务的质量管理；
- 学习咨询服务的评价方法。

项目管理是咨询公司或咨询项目负责人为达到咨询项目规定的目标，运用专门的知识和方法，对咨询项目运行所进行的计划、组织、实施和控制等有组织、有目的的活动。

咨询公司本身都在研究别人的企业，那么是否有人来研究咨询公司本身，用心研究咨询公司本身的运营流程，并持续不断地改进呢？别的类型公司出现的问题在咨询公司同样会出现，同样，适用于别的企业类型的方案也适用于咨询公司。咨询公司也需要不断检查自己的企业，检查自己的流程，也需要研发，也需要发展客户关系，同样也是需要运营。

不少小型咨询公司初创时，也许整个公司就是几个咨询专家、几张办公桌，与所谓的“皮包公司”没什么两样；但是，当公司逐渐发展壮大开始形成一定规模时，缺乏规范的内部管理必然会阻碍企业良性的持续发展。正如病人不会去找一个百病缠身的郎中为自己治病一样，一个连自己内部管理都一团糟的咨询公司，又有什么资格为其他公司出谋划策、提供咨询服务呢？因此，国内的管理咨询公司必须按照国际化的标准来运作，用规范的体系和科学的可重复的方法及模型帮助中国企业走向规范。

服务特质

咨询服务也是一种专业服务与知识服务，具有自己的服务特点。管理咨询服务的特点可以归纳为以下三个方面[1]。

难以衡量

咨询服务所提供的产品不同于传统制造业提供的产品，能在购买之前检验质量；也不同于一般服务所提供的服务产品，有标准供参考和衡量。这使得咨询企业的自身信誉被作为衡量咨询服务质量的一个参考标准。

咨询服务产品一方面有很高的知识含量，作为一种知识产品，其智力投入的程度难以被量化，同时也难以对前期的智力投入，以及前期的智力投入对本次知识服务所提供的价值的多少进行衡量。知识积累和知识运用的差异化，很大程度上依赖于咨询师个人的能力、灵感和创造力。

另一方面，管理咨询服务需要针对不同的被咨询企业进行差异化的产品定制，从而使咨询服务丧失了横向对比的可能，或者说，是咨询服务丧失了服务标准制定的可能。差异化的服务使得咨询服务的行业标准非常难以制定。

专业承诺

给这样的产品下定义并进行测量和评估是困难的。咨询师可能会有某种产品的观念，而客户对产品及其真实价值的认识可能有很大的不同。咨询师在推销他（或她）的服务时，他们所卖的实质上是一种承诺——帮助满足客户需求的承诺。

职业咨询师，包括公司里的新加盟者，习惯于直接和客户打交道，在客户身上花费的时间要比与公司同事之间花费的时间多。另一方面，公司必须清楚，要依靠其专业人员整体的能力和诚笃品德，不仅包括高级合伙人，也包括年轻的同事。

非标准化

要像一种标准产品那样，确定要标准化的、要营销的是什么，这样的判定是困难的。有些咨询师，由于向需要个性化服务的客户提供了标准化的东西而使名誉受损。另一方面，如果一套标准系统和方法得以灵活而变通地应用，这将有助于咨询师和客户双方提高质量和降低成本。

在一些基础稳固的专业服务公司中，有一条公认很好的途径可用来达到具有能力与诚笃品德的必需水平，其中包括受过大学教育，从事过研究工作，在专业公司内受过几年的熏陶和实用训练。专业协会会员资格的认定或者各种专业考试可能是必要的。这样做的结果就是可以拥有相当高水平的标准化技能，能适应一系列的工作——即使是相对而言只能算初级水平的专业人员，在没有或只是接受有限的指导之下，也能正常地执行任务。甚至连专业人员的态度也在趋向于相当的标准化。因此，可以推断在典型情形下，在要求他们参与时，专业人员正常地会做出什么样的反应和行动是可以预测的。

组织文化

尽管咨询师都具有较高的知识和技能水平，或许正因为如此，所以才难以管理。许多咨询师一直习惯于成功地为客户工作而不需等待任何上级的指令再决定做什么。他们在专业公司内有自己的管理理念：管理人员是负责为专业工作创造较好条件（包括寻找新业务和保证资金）

的，不应该干涉具体的项目和任务。有些专业人员讨厌对其为客户的工作有任何的控制和干预，而另外的一些人则会予以接受，其前提是这些干预来自他所尊敬的人。

某些咨询师具有较强的个人主义色彩，有的人就想问他们为什么还留在公司里。一些人只缘于他们选择了作为技术人员从事工作，不想受到行政、市场营销问题的困扰。其他一些人则推崇团队工作和与其他专业同事合作的优势。还有第三种人，认为在专业公司工作主要是积累经验，他们并非一定要在咨询业干到退休。

这些流行的态度很大程度上取决于特定公司的组织文化和管理网络。的确，咨询公司倾向于展示不同的组织文化。因为咨询师花费大部分时间与客户打交道，那么，咨询公司或许不过是“在同一屋檐下居住的一个群体”，具体的情况甚至都不在同一屋檐下。咨询公司的管理可能只充当职业中介的作用，其主要目标是寻找业务，使咨询师的工作量饱和，并向雇员提供共同的支持服务。

相比较而言，虽然要尊重个性，但是许多领先的公司都强调共同的咨询思路，即服务意识、服务质量、团队精神、共享信息和技术专长、资深者负责指导年轻人、参与管理，要以从属于一个优秀而值得尊敬的专业公司而感到自豪。

优秀咨询公司无论是大或小，要想激励每个人创造卓越的业绩，提供优质服务并忠诚于公司，保持长久的竞争优势，就必须建立一个健康、有效的组织文化。

案例

麦肯锡：为两只老虎营造另一座山

中国文化中有“一山难容二虎”的观点，麦肯锡怎样处理个人才能与团队的关系？

第一点是公司首先有一套价值体系，合作的精神是公司所无比看重的。为强调伙伴合作，公司有一套合伙人选举制度和合伙人评估制度，在合伙人评估标准中明确提出合作精神，如何将公司最优秀的东西提交给客户。所以每个合伙人业绩评估中都明确地评价与他人合作的能力、培养他人的能力、更好为客户服务的能力。这是一方面。另外一方面，公司全球只有一张损益表，即拥有一个全球统一的，也是唯一一个利润中心。合伙人业绩的衡量标准是公司整体业务绩效，是根据整个公司的绩效获得薪酬，而不是某一个具体单位的业绩。例如，北京分公司总经理潘望博（Tony Perkins）先生的薪酬是全球业绩的反映，并不是中国业绩的反映。

这决定了全球咨询人员自然而然地互相激励，如伦敦分公司的某位电信专家，请他来为中国的电信企业客户服务，他会非常乐意，因为他也会分享我们在中国的成功。这是一种鼓励、激励合作的机制。

麦肯锡人都是领导者。他们不断地迎接新的挑战，他们会说：我要领导某某事情。公司上下有许许多多的领导机会，鼓励大家担负起这样或那样的领导工作，一山二虎，二虎都会成长。

难以控制

尽管管理咨询服务与一般服务一样，产品的生产和消费同时进行，但是管理咨询服务的结果输出却与一般的服务业不同：效果的产生难以控制。

这主要是因为咨询公司在提供了咨询服务之后，该服务对企业发挥影响的过程还涉及很多其他因素，最主要的因素是被咨询方，因为咨询服务完成之后的后续工作需要被咨询方来完成。在这个过程中，被咨询方由于缺乏专业技能或存在内部阻力的话，咨询服务产生的效果极有可能大打折扣，从而无法彻底实现咨询服务所提供的价值。咨询企业自身信誉在帮助控制咨询服务实施的过程中，会对客户企业产生更积极的影响。

而同时，由于咨询服务具有时滞性的特点，针对咨询服务所提供的企业诊断或问题的解决方案需要在执行之后一段时间才能看到效果。在时滞性所存在的这段时间内，将会有更多的其他因素影响咨询服务所带来的效果，如环境的变化、初期产生的效果对后续方案执行的影响等。在企业消费咨询服务之后，若出现积极的效果，则咨询企业自身信誉在有助于客户企业对咨询结果产生正面的效果归因，强化咨询结果中咨询公司的贡献。

寿命短暂

在知识经济时代，知识的寿命极为短暂，极易被新的知识所替代。如何将这种知识迅速转化或延长其寿命是知识服务业面临的艰巨任务。

柔性服务

任何产业的运营都是建立在其功能特点和用户利益之上的，知识服务也不例外。对知识服务业而言，其营销的理想模式，是一种在客户满意基础上建立起来的弹性工作体系和柔性服务机制，即提供系统、高智能、方便、个性化、适时的一种服务。基于此，知识服务营销应在“一对一营销”模式下提供一种定制化的、专业化的服务。

服务异质

同其他类型的服务一样，知识服务也具有异质性，尤其当咨询公司将一部分服务转包出去，这种异质性就会更加明显。

由于各种原因，管理咨询的情况更加复杂。它是一项新兴的职业，在任何一家公司任职的咨询师往往有着不同的教育和实践背景。他们来自不同的学校和商业环境也十分必要，只有这样，公司才能处理各种各样的业务，并解决需要多学科方法与知识的管理问题。具有不同思想、不同观点十分有价值。进一步讲，处理技术和人员问题的方法态度，与他人共事的能力，以及帮助他们适应组织的变革，这些在管理咨询业中比在其他专业领域中或许更加重要。

因此，在管理专业人员时，咨询公司面临着特殊的挑战，例如：

- 如何将拥有不同背景和技能（如金融、会计、信息科学、行为科学、统计学、经济学、法律或工业工程）的人组建成一个统一的运作核心。
- 如何对不同的任务在保持所需的各不相同的个性、态度和方法（这些可能是创新的重要因素）的同时，培养咨询的共同哲学和团队精神。
- 如何确定涉及客户任务中有关技术决策权力下放的合理水平（例如有些问题，承担任务的咨询师可以自行做出决定，而另一些问题，需要管理者或合伙人提出建议或做出决定）。
- 如何向承担任务的咨询师提供技术信息和支持，以便于他们尽可能有效地为其目前的客户工作。
- 如何确保在咨询师和客户之间，不仅是技能，而且个性、工作风格都能互相匹配，从而在每个单独的项目中建立起富有成效的咨询师—客户关系。

- 如何建立、保持和利用公司集体的知识体系。
- 如何提供这样一种领导方式，即它能够受到具有极强独立意识的专业人员的欢迎。

难以收回

与一般的服务产品相同，管理咨询服务在购买和消费之后不可收回。这一特点使得被咨询企业对管理咨询服务的消费变成了一种单向的、沉淀成本的消费。

由于咨询服务存在差异性的特点，被咨询企业在发现咨询服务效果不理想之后，并不能通过让咨询公司再提供所购买的咨询服务以实现所支付的服务价值。同时，由于咨询服务作用效果将直接反映在被咨询企业的自身状况中，咨询服务所产生的效果亦不能被简单地撤销。

若企业决意要将自身恢复到消费咨询服务之前的状态的话，企业还将需要再投入成本以消除咨询服务所产生的效果。如果咨询企业在提供服务之前能保证咨询服务所产生的效果的话，咨询产品购买后的不可回收也不至于对被咨询企业产生什么大的影响。咨询企业的自身信誉有助于缓解客户企业对咨询服务消费的焦虑，能更好地促进咨询服务的消费和咨询服务的合作与开展。

无形服务

同其他类型的服务一样，知识服务也是无形的，它往往是一个概念或一个主意，这一特性使知识服务创新极易被模仿或复制。

案 例

领导麦肯锡，第一是服务，第二是信任

麦肯锡是一个由领导者所组成的公司，不是跟随者，而是领导者。因此必须建立一种治理、管理机制，使人们能发挥出自己的领导才能，使他们能影响公司的前进方向等。企业有一个由很多人参与的管理层，全球的组织结构非常扁平。

麦肯锡领导必须有两个条件：第一是必须是一种服务型的领导，要从幕后领导，真正响应企业的要求，主动牵头，而只有在看到方向出现错误时才真正动手干预。因此从很大意义上说，这是一种服务型领导人的角色，为合伙人服务。第二是一切要以信任为基础，必须在合伙人中建立信任，让他们相信他们的利益深存于你心中，考虑出发点不是自己，而是团队。这是领导麦肯锡这样的由领导者组成的专业服务公司很重要的一点。

公司制度规定总裁只能连任三届（即九年）。

高参与性

在知识服务过程中，客户实际上被卷入了服务的生产过程。

过程介入

专业服务提供无形的产出或产品，在咨询业，产品就是给客户的建议。另外一种说法是，如果将执行过程也包括在内，则最终产品就是由于咨询师的介入，在客户公司内确已发生的变化和已经获得的改进。

服务质量

专业服务的不可感知性和上面提及的其他特征，决定了咨询师评估和确保服务质量的方法。在业内，甚至只在一个公司内，运用独立并完全客观的标准去测定和评估质量几乎是不可能的。然而服务质量是专业服务这一行本身固有的基本特征之一。

从 1998 年开始，国际范围内的咨询公司都提出了质量管理的概念，咨询公司是最难实施质量管理控制的企业。

实际上这个最基本的道理常常被忽视。有许多咨询公司，包括一些颇具规模的大公司，它们将其全部的才能和精力用于寻找新任务以及处理客户的问题上面，却忽略了本身运作的管理。这种态度所导致的不可避免的结果就是低效率、内部矛盾和在客户服务时出现问题。

客户对此亦十分清楚。我们常常听到这样的话："治病的人，先治治你自己吧！"，或者"咨询师，为你自己开一付药吧！"，此话可谓言简意赅。当各种专业公司需要用管理来反映其本质和复杂性时，管理咨询师的情形尤其突出。管理是其日常的工作，向客户介绍如何妥善管理是其主要活动。如果客户认真地采纳了建议，必然会认为咨询师是按照他所讲的去做的；否则，客户对咨询师处理问题的实际能力会产生怀疑。

经验管理

企业最重要的竞争力是看这个企业在多大程度上积累了互补性知识。

公司内化

将自己的独有技术公司化、信息公司化，是公司保持其资源不致流失的重要手段。许多公司将其合同文本看得很重，而其完成的方法、流程设计手段、实施过程中的风格、纪律，却没有得到很好的重视。

自检程序

在提供咨询服务的过程中，有一个自检的程序。作为一般的咨询公司，自检还是没有得到应有的重视。自检、互检、抽检贯穿于服务的全过程，以此严格控制每一个环节的质量。这样，项目小组的每一个行为都处于监督控制之中，质量才有可能得到切实的保障。

公共关系

咨询公司的公共关系尤为重要。哪些公共关系是为企业的发展而必须要做的，是企业的行为？哪些活动、何种活动领导人一定要出场？与政府的关系、与客户的关系，何种情况一定要由企业负责人亲自出场？何种情况下可以由其他人员进行？负责公共关系的负责人必须达到何种目标？这些问题全部都要有一个完整的计划。如果没有，就不是企业的公共关系，而仅是个人的关系。

流程管理

管理系统

咨询公司对市场信息、合同的跟踪处理。大部分咨询企业都没有形成信息系统总结、信息台账到有效的信息台账、有效的信息处理到合同台账、在施项目台账、项目负责、项目实施到服务台账这些台账的过程。

如果要产业化，市场的企业行为是很大的关键。商业的谈判，专家的谈判，合而为一的项目跟踪小组，前期和后期负责人的备忘录，这些基础工作将咨询企业的咨询产品用市场的方法进行系统化。

而做得不成功的企业，其行为是临时的、零乱的、不系统的，就不会用市场的方法推动自己的市场。

信息系统

咨询公司有五大支柱，其中重要的支柱就是专家系统和信息系统。专家系统分为企业内部专家系统和外部专家系统。对自己的产品进行分类、掌握，就会使自己的资源得到充分的利用。

财务系统

所有决策及咨询市场工作中是否有财务人员的意见。

中国的许多咨询公司与其他企业一样，对财务工作的意见并不重视。财务工作人员的工作意见不被企业认可。因此，造成与国外公司越来越大的差距，所有的企业活动引起的财务后果，都没有人去担负责任。对财务反馈的分析更是薄弱。

外部对企业的要求是不同的，企业对于外部而言，在政府机构而言，对应的要求是财务数据，其后才是财务的账目。再者，没有审计，无法保证财务数据的真实性与客观性，其结果就是数据失真，而数据失真，往往直接造成决策的失误。

利润计划

像其他经营一样，专业咨询公司可以并且应该创造利润。利润将受许多变量的影响，其中一些是公司所不能控制的（如对专业服务的总需求），而另一些（如所提供服务的特性和质量、市场营销技能、经营的效率）则是可控的。每一个希望保持良好财务状况的咨询公司，既要给职员合理的酬劳，也要有充足的资金以备进一步发展，其利润计划和使用利润的决策至关重要。

利润模型

咨询公司经济方面的基本课题，可以在利润模型中得到反映。该模型由梅斯特提出，由管理咨询公司协会（ACME）应用于行业经济状况的年度报告中。该模型是针对工业公司的传统杜邦公式的变异，它就汇总数据分解成分析性比率。“权益回报”被“每位股东的利润”所取代，整体公式如下：

利润/股东（获得能力）=利润/服务收入（毛利率）×服务收入/咨询师（生产率）×咨询师/股东（杠杆系数）

对该公式的理解可使公司管理层特别关注影响公司业绩的特殊因素，并对这些因素之间的关系加以控制。

杠杆系数

杠杆系数是咨询公司的结构和经营中的基本概念之一。一般原理相当简单：对每一个高级专业人员（经验丰富，高酬金）应配备一定数量的低级专业人员（缺乏经验且低工资）。大多数情况下，高级专业人员都是公司的股权拥有者（合伙人），而低级人员均为公司拿薪水的雇员。杠杆系数确定了合理而有效的任务划分：高级人员主要负责寻找和管理业务，而低级人员主要是在高级人员的指导和监督之下，负责执行客户的任务。

实际上，杠杆原理可以不同方式加以运用，取决于所提供服务的本质、客户的要求和偏好、公司事业发展规划以及其他因素。然而，咨询公司最适当的系数的确定，取决于所提供服务的本质。要求苛刻、技术性强又需要高度负责的工作不允许每位高级专业人员配备同样数目的低级专业人员，因为有更多日常性的、重复性的、标准化和技术简单的服务工作。

杠杆系数对以每位合伙人的利润衡量的获利能力有着相当大的影响。在每位咨询师所获报酬较低，创收也较低，却拥有较高的杠杆系数的公司里，每位合伙人会比那些咨询师创收较多，但杠杆系数较低的公司，能获得较高的利润。

生产率

提高生产率意味着每位受雇的咨询师赚取更多的报酬。达到此目的的一种方法是增加劳动时间——这是所有咨询公司的主要目标，但基于法律的约束、人类自身的极限，以及简单而又重要的事实——不合理地延长劳动时间会导致质量低下和效率下降。这种方法不能毫无节制地使用。

第二种方法是提高为客户工作的单位时间收费标准。如果存在市场价格和竞争，也不能随便做出这种决策。通过创新、项目开发、培训和自我教育以及充分利用公司内的技术专长和经验，可以销售新颖、更好和更加周密的服务，从而提高服务费。

毛利率

咨询公司取得的毛利率首先反映生产率和杠杆系数水平。咨询师较高的生产率和较高的杠杆系数会产生较高的毛利率。然而，还有某些附加费用，如一般行政管理费用、购买信息费用、培训和发展费用，这些费用的降低可以改善毛利率。需要由公司管理层来判断哪些费用对短期和长期的发展合理而有益。节省培训和行政管理费用会增加毛利率，但也许会降低咨询师时间的有效利用（由于管理不善）和报酬水平（培训被忽视，咨询师的能力未得到提高）

服务评价

公司的目标是提高客户的业绩，根本的利益在于为客户服务，希望客户能够成功。因此公司总是站在幕后，客户才是真正要站在前台的。

咨询业与许多其他专业服务一样，拥有稳定的经常来的客户或许比提供卓越的产品更加重要。根据以往的经验了解并信任咨询公司的客户们，有了新的工作仍然准备回来找你，这是一笔重要的资产。客户通常指有权决定聘请管理咨询公司并有权决定采纳和实施咨询建议的个人或集体，因此，管理咨询公司得以与老客户保持长期业务关系，是与双方高层决策人员互相了解、信任，有较好的私交分不开的。

咨询专业的战略家们一定会倾注极大的注意力去留住现有的客户，并向现有的客户营销和制定其他战略。这已由重复业务的统计数据所证实，即在某些公司，重复业务已占到总收益的75%～85%。

客户需求

咨询师和客户之间的关系是专业咨询的核心。当咨询公司评估和制定战略时，客户充当着特殊的角色：向客户学习的确是重大的战略选择。不询问客户的所思、所想、所需，就得出公司能力和未来前景的结论，这样的做法过于自信，它往往是徒劳的。

事实上，客户是服务生产的直接参与者。最低限度，他（或她）要帮助咨询师确定服务的范围，提供必要的资料在咨询过程中，是客户在“生产”，而咨询师，正如常常强调的，他主要充当媒介的作用。“向客户学习，与客户一同工作”是咨询公司应该树立的观念。

公司必须准确地了解客户是怎么想的。有关于服务的客户反馈信息，可以从项目评价、与客户组织管理者的联系、行业会议和研讨会，以及其他渠道中得到。在评估和制定战略时，所有上述信息都必须认真仔细地审查。除此之外，可以向客户询问一些具体的问题，关于他们预计的未来需要和需求。他们会给咨询师提供宝贵的建议。

现实需求

在咨询过程中，质量管理和质量改进是以客户反馈为基础的，并首先集中于提高客户现实需求的满足程度。

现实需求是指客户表现出来的需求，一般经过客户调查与沟通即可发现。

潜在需求

咨询服务能够超出满足客户需求的标准。这就是在跟那些水平有限的客户打交道时的情况，他们现时的要求可能比咨询师自己提出的高质量服务的标准低得多。而且质量意味着符合最新发展趋势、提供恰如其分的周密服务。通常情况下，咨询师在判断某些服务的创新与周密的理想程度方面，比某一位具体的客户甚至比所有的客户都要在行。在咨询方面“先行一步”，也就是说，咨询师能够在客户尚未意识到自身的需要和需求时就替他想到了，继而帮助客户去实现他（她）的所有可能的事情，满足其需要。

对于潜在需求即使进行市场调查也难以发现人们常常把它错误地归入无需求。这就要求正确把握无需求和潜在需求，注意把潜在需求转化为现实需求。

真实需求

什么是真正的客户需求？客户通过咨询项目到底想要什么？

客户要的不是放之四海皆准的那些管理“真理”，而是最符合他们实际的那些东西。这与中国企业近年来的发展有关。如果说 10 年前，用一些经典的管理理论等可能可以满足客户的需求。随着社会的发展、本土企业的进步，企业客户的自身水准越来越高了，仅以纯理论的东西已经很难打动客户的心。客户往往会说，那些理论我也知道，你能不能告诉我，对于我这个特定企业应该怎么做？这个要求就比较高了，要求咨询顾问不仅懂理论，还要有企业的实践经验，还要有企业咨询的实践经验，最好是与客户同类企业的案例。

在某一人力资源咨询项目中，客户老总与人力资源经理已经研究了近一年的薪酬管理问题，最后没有想通，才决定用咨询公司的。他们的需求就是你要针对制造业（最好是多品种、小批量型制造业）的薪酬案例。因为他们的人才结构有些特殊，如他们的“超宽带”问题，有的岗位工资从最低 1 000 多元到 5 万元。所以，这个项目的一个基本点就是要根据客户的特殊需求做出解决方案。

目标定制

所谓目标定制是根据客户所要实现的具体目标来实现的定制化，包括定制化服务结果、多样化服务过程和个性化服务行为。

对于知识服务业而言，这种目标定制化应以“4V”营销组合为理念，通过了解客户，用服务定制化适应客户的不同需要，同时做到经常预测新的服务需要，建立牢固的客户关系。所谓“4V”是指差异化（Variation）、功能化（Versatility）、附加价值（Value）、共鸣（Vibration）的营销组合理论。

创造差异

顾客是千差万别的，在个性化时代，这种差异更加显著。管理大师德鲁克在描述企业的定义时曾这样说，企业的宗旨只有一个定义，这就是创造顾客。从某种意义上说，创造顾客就是创造差异。对于一般商品来说，差异总是存在的，对知识服务而言，这种差异源于特殊的服务设计，包含了公司与客户之间结构及定制化的联系，是一种难以模仿的独特性。

弹性功能

服务产品一般包含核心产品、期望产品、增值产品和潜在产品四个层次。核心产品是由基本服务构成的，它是服务之所以存在的理由，是一项服务的核心功能；其他三个层次合称为服务的边缘产品。功能弹性化是指根据客户要求的不同，提供不同功能的系列化服务供给，增加一些功能就变成豪华奢侈的服务（或高品位服务），减掉一些功能就变成中、低档服务。客户根据自己的习惯与承受能力选择具有相应功能的服务。

附加价值

从企业产品的价值构成来分析，其价值包括基本价值与附加价值两个组成部分。前者是由生产和销售某产品所付出物化劳动和活劳动的消耗所决定；后者则由技术附加、营销或服务附加和企业文化与品牌附加三部分所构成。从某种程度上讲，知识服务企业提供的服务带给客户的是附加价值。

客户共鸣

共鸣是持续占领市场并保持竞争力的价值创新给客户所带来的“价值最大化”，以及由此所带来的企业的“利润极大化”，强调的是将服务企业的创新能力与客户所珍视的价值联系起来，通过为客户提供价值创新使其获得最大程度的满足。从经济学角度看，消费者（客户）是追求“效用最大化”者，“效用最大化”要求企业必须从价值层次为客户提供服务，使其能够体验这种服务的实际价值效用。这里所强调的价值效用，是客户追求的一种期望价值和满意度，是服务企业对客户基于价值层面上的一种“价值提供”，这种“价值提供”构成了服务的核心内容，涵盖于服务产品的所有层次，尤其是边缘产品的价值提供。因此，当“价值提供”达到顾客要求时，顾客会乐于付出成本的全部，从而获得“效用最大”的满足，而服务企业因此实现“利润最大化”，最终达成供求双方的共鸣。

“4V”营销的核心内涵，正是知识服务企业达成目标定制化的具体途径。

客户满意

随着管理咨询业竞争的加剧，管理咨询公司争取到一家新客户要比留住一家老客户付出更大的努力。所以，在西方国家，许多大型管理咨询公司与他们的老客户保持了长达十几年，甚至几十年的业务关系。

传统的咨询服务是一个咨询团队服务一个客户，而且缺少长期的跟踪。现在客户要求越来越高，而且需要长期的跟踪服务，所以咨询公司的业务形式也应该有所调整，这才能推动更加有效的利用知识。

基于客户的服务，由传统的一对一转变为多对多（见图16.1）。由于信息系统和职能部门划分，使得多对多成为可能，这样做的好处是一方面由不同的部门对同一客户服务，更加专业化、系统化，长期化；另一方面也大大提高了公司利用知识的效率。

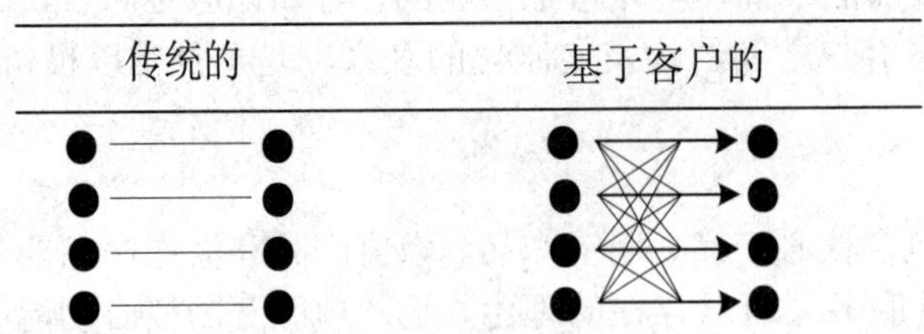

图16.1 咨询公司服务对象的转换

向每一个客户尽可能提供高质量的服务是其专业目标，而不仅仅是能够做成一笔业务，获取报酬的条件。因为咨询就是旨在满足特定客户需要的服务活动，客户需求或需要得到满足的程度一般被视为评价服务质量的主要准绳。咨询师和客户的关系再一次占据最显要的位置：在这种关系之外，服务质量无法评定，甚至根本就不存在，它只能是这种关系内在的一部分。

管理咨询服务的质量需要客户通过“体验”来判断，而咨询公司的品牌就是由无数的来自于客户的“口碑”累积而成的。所以，客户满意率、客户关系的管理就自然成为了管理咨询公司不得不重视和关注的问题。

世界第一大管理咨询公司——麦肯锡就十分重视客户关系的管理和维系。据统计，排名在世界前 100 位的公司中有 27%是麦肯锡的客户；在银行客户中，世界前 50 名银行中的 29 家银行是麦肯锡的客户；在美洲，美国前 25 名的商业银行中有 16 家是麦肯锡的客户；在西欧，前 25 家银行中的 20 家是麦肯锡的客户；在亚太地区，前 5 名日本银行中的 2 名是麦肯锡的客户。麦肯锡咨询公司在电子和通信、消费品、能源、健康、零售、汽车等行业的客户也都是在行业中名列前茅的公司。

对于客户满意度的评价严格说来是属于心理学的范畴。所以尽管不同行业、不同产品都具有各自的特色，但在进行客户满意度研究方面其核心思想与基本思路却存在着一致性。

满意模型

根据科罗思·费耐尔思（Clase Fornell）的客户满意度理论，影响客户满意度的因素主要有以下几点：客户期望、客户对质量的感知、客户对价值的感知，如图 16.2 所示[2]。

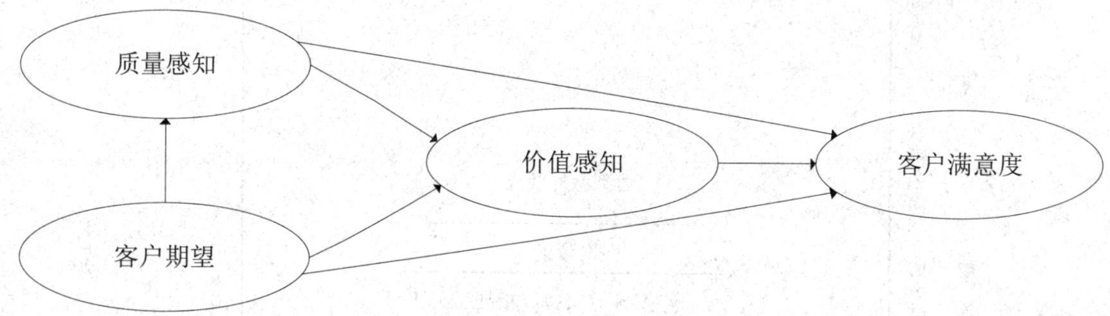

图 16.2　经典的客户满意度模型

根据图 16.2：

（1）期望值影响客户的满意度。一般来说，期望值的高低影响客户对产品与服务的评价。在没有接受服务之前，较高期望值会使客户更满意。所以无怪乎客户会去选择听起来、看上去不错的产品。

（2）质量感知影响客户的满意度。这个变量就涉及实际产品和服务的质量。在其他条件（如价格、使用环境等）相同的情况下，质量更好的产品和服务必然会让客户更满意。

（3）价值感知影响客户的满意度。价值感知简单来说就是客户一种获得(得到利益的感觉)及付出(在消费时的牺牲)之间的满意程度。感知到的价值越高，客户就越容易满意。价值感知和客户期望与质量感知是有直接联系的，关系可以由等式（感知价值=实际质量感知-客户期望）来表示。假若客户觉得在接受产品和服务时，得到的实际感受超过他的预期的时候，他便会感到物超所值，十分满意。但有时客户的期望值提升了，影响到他们的满意程度。

虽然客户期望、客户对质量的感知、客户对价值的感知三个要素影响到了客户满意度，但是其中的价值感知是与期望和质量感知有因果关系的。所以，可以说，影响客户满意度最关键的两大要素是质量感知和客户期望。为简化起见，可以假设为：顾客满意度就等于质量感知减去顾客期望。那对于咨询行业来讲，质量感知是什么？客户期望又是什么？

对于咨询行业来讲，质量感知就是顾客感受到的咨询公司的服务。客户期望是需要厘清的概念。客户期望其实就是对咨询公司整个咨询过程的预期，这种预期的来源是什么？这种预期并非来源于咨询公司的名声。换句话说，并不是说一个咨询公司名誉好，客户对其的期望值就会越高。其中的逻辑关系应该是这样的：咨询公司名誉好，是因为它曾经做过很多成功的项目，取得了很好的业绩，客户于是也希望在这家咨询公司的服务下能够享受出色的效果，即客户的期望值就高了。在这个逻辑关系中，对于客户期望值起作用的并不是咨询公司的名誉，而是对于咨询项目质量的期待。

客户期望真正形成的来源是咨询计划。咨询公司在对客户需要咨询的问题进行概览后会出具一份咨询计划，计划中会讲到日程安排、工作人员、工作方法、预期目标、费用等问题。这是公司对客户的交代，也是对它自己以后工作的指导和限制。客户看到咨询计划，读过里面的条款之后，就会对这次咨询过程产生一种大致的预想，从而就有了一种期待。

在厘清了咨询行业客户质量感知和客户期望的来源之后，经过修正，可以得出图 16.3 所示的顾客满意度模型。

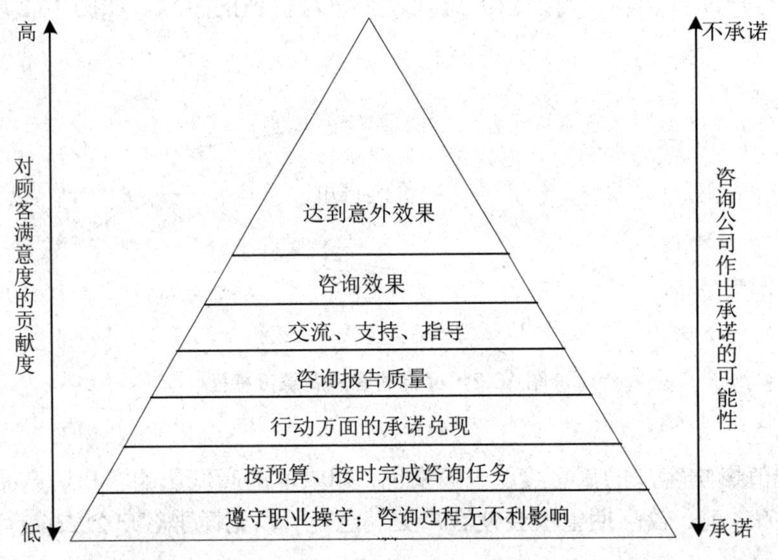

图 16.3　顾客满意度模型

满意因素

根据图 16.3 所示，客户满意度模型一共分为七个台阶，即影响顾客满意有七个具体因素，分别是：

（1）遵守职业操守；咨询过程无不利影响。

（2）按预算、按时完成咨询任务。

（3）任务行动方面的承诺兑现。

（4）咨询报告质量。

（5）交流、支持、指导。

（6）咨询效果。

（7）达到意外效果。

在这七个因素中，越是处于三角形下方的因素，咨询公司越是容易在咨询计划里作出承诺，至于咨询公司自己都不能预见的，如顾客的意外收获，往往就不会在咨询计划中出现。根据作者上文的阐述，咨询公司的计划给了顾客期待。换句话说，顾客对于三角形下方咨询公司已经阐明的因素是有比较多期待的，而对于上方的因素是期待比较少的。

所以根据顾客满意度=质量感知-顾客期望的假设，可得，如果咨询公司都做到了以上各条情况的话，顾客期望越高的三角形下面的因素对于满意度的贡献就越小。即如果咨询公司做到遵守职业操守，咨询过程无不利影响，顾客认为这是应该的；而如果咨询公司让顾客有了意外的收获，顾客就会非常容易满意。

（1）遵守职业操守，咨询过程无不利影响。管理咨询是一个靠知识赚钱的产业，得到较高的社会尊重。在这个行业中，由于信息的无形性和可复制性，更由于其巨大的商业价值，所以容易引起被咨询公司的机密泄漏这种事情。咨询公司无论是在咨询时还是咨询后，都应该遵守职业操守，为客户保住商业秘密。

在咨询过程中，咨询公司的团队进入了客户公司进行调研和考察，这个咨询资料的搜集过程不免会发生两边人马的交流。咨询小组有时也会要求公司做一些特殊的行为来考察问题。无论如何，咨询公司的进入不应该是大张旗鼓、大摇大摆式的，也不能因为自己是来“看病”的就把姿态放很高，不考虑接受咨询的公司运营的实际情况，而希望公司这个或那个配合，以至于在整个过程中影响到了公司的正常生产和经营。

（2）按预算、按时完成咨询任务。在咨询计划里，一般会明确表示这次咨询需要的时间和预算。顾客心中也有了底，大致花多少钱，在什么时候可以看到结果。如果咨询项目没有按时完成，或者实际费用大大超出预算的话，顾客会感到意外和不满意。

（3）行动方面的承诺兑现。同样，在咨询活动开始前双方会有沟通，就如何进行咨询达成一定的共识。如果咨询公司说过要进行公司各方面员工的访谈、要把上层召集起来开会等行为，但是在实际的咨询过程中，被咨询的顾客却无法看到、感受到这些曾经说过的咨询手段，那顾客就感觉到服务内容打了折扣，也是会感觉到不满的。

（4）咨询报告质量。在咨询过程告一个段落之后，咨询公司会向顾客出具咨询报告。咨询报告的质量主要体现在内容和可操作性上。

内容：首先，咨询报告是不是长篇大论、空洞无物。有些咨询报告看上去洋洋洒洒，若有其事，不过仔细一分析，全部都是空话套话，讲的要么就是大家都十分清楚的东西，要么就是不知这么大篇幅所言何物。

其次，理论是否简单明了。作出咨询报告的人员都是受过高等教育的专业人士，对于有些经营管理方面的理论自是十分清楚。但是听报告、看报告的人却并非人人都了解这些专业的东西。如果报告中提到的理论是听的人、看的人所不熟悉的理论，又用深奥难懂的语言来表示，那他们会觉得索然无味，甚至会认为这些理论仅仅是纸上谈兵。

再次，表达咨询公司的观点的方式是否得当。到底是运用文字式的描述，还是运用图形式的描述？据作者所知，国外高知名度的咨询公司的报告向来多采用直观的投影，而国内的咨询报告却像是学术研究，一眼看上去都是文字。

可操作性：咨询报告中，诊断出了公司存在的问题之后，就是要对公司下处方了。这时，处方是否可操作是影响整个咨询报告质量的重要因素。老总们最关心的往往也就是这个内容，到底我们公司需要在什么方面进行怎么样的改进。有些咨询项目进行细致的调查之后看到了顾客存在的问题，把问题指出得很准确，但是在建议方面不知如何落到实处，说一些空泛、虚无的东西，如就说要改变公司文化。到底把文化改成什么样？到底通过哪些途径让公司文化进行改变并深入人心，在建议当中就无法看到了。所以，一系列切实可行的建议可以一下子抓住顾客的心，让咨询报告增色不少。

（5）交流、支持、指导。这是咨询公司在咨询过程中与客户互动的过程。咨询是由人来咨询的，如果咨询双方有很好的交流互动，尤其在中国这样一个崇尚关系的文化中，印象分就会高很多。

至于支持和指导就会更多体现在后期。在咨询公司把建议提出来之后，有些建议是需要咨询公司自己来实施和跟进的。这时给客户适当的支持和指导是十分有必要的，它不仅提升了顾客对咨询公司的良好印象，也直接决定了实施建议的收效。

（6）咨询效果。咨询效果是一个中长期之后才能确定的东西。实施咨询之后到底为企业带来了多大的收获，如一段时间内市场占有率提高了多少，成本降低了多少，品牌知名度提高了多少，客户忠诚度提高了多少，内部企业员工的忠诚度提高了多少等，这些指标的变动在中长期之后会慢慢体现出来，这些方面才是咨询的实际效果的体现。

（7）达到意外效果。公司往往发现自己内部有一些问题，发展出现瓶颈，或者是市场出现了变化才找咨询公司，只是希望咨询能够帮助企业找到问题渡过难关。但是通过咨询之后，咨询公司给了顾客其他建议，提出了做大做强、兼并收购，或者一体化的战略方案，让顾客有了不一样的眼光。结果被咨询的公司在几年内做到了行业老大的位置。对于这种意外收获，可以说是咨询公司给客户的意外惊喜。一旦这种惊喜存在，顾客就会满意到极点了。

满意评估

那具体如何应用这七个因素量化判定顾客满意度的程度呢？

首先要按照每个因素对顾客满意度的贡献给一定的权重。正如先前提到的，越是处于三角形上方的因素对顾客满意度的贡献度越大。那为了方便处理，假设它的权重由低到高是类似等差数列排列的，如表16.1所示。

表16.1 客户满意度七因素权重分布

序　号	项　目	权　重
1	遵守职业操守；咨询过程无不利影响	8%
2	按预算、按时完成咨询任务	10%
3	行动方面的承诺兑现	12%
4	咨询报告质量	15%
5	交流、支持、指导	16%
6	咨询效果	19%
7	达到意外效果	20%
合计		100%

再按照每个项目满分 10 分来进行评比，运用权重计算之后，最后就能得到一个数字化的客户满意度。例如，顾客对于各项的打分分别为 10、10、10、8、8、7、5，那最终结果是这样的，如表 16.2 所示。

表 16.2　客户满意度模型的应用举例

序　　号	项　　目	单项得分	权　　重	加权得分
1	遵守职业操守；咨询过程无不利影响	10	8%	0.8
2	按预算、按时完成咨询任务	10	10%	1
3	行动方面的承诺兑现	10	12%	1.2
4	咨询报告质量	8	15%	1.2
5	交流、支持、指导	8	16%	1.28
6	咨询效果	7	19%	1.33
7	达到意外效果	5	20%	1
总分				7.81

由表 16.2 可以看到，顾客对此次咨询满意度的总评为 7.81 分。通过这种方法得出的分数，其含义为：越是接近满分 10 分，这次咨询在顾客的心中越是满意；得分越低，顾客越是不满意。

本章概要

管理咨询需要服务管理。管理咨询服务管理的关系在于明确服务特质，强化质量管理与服务评价。从咨询方案向咨询服务的转化是咨询业的重大发展趋势。咨询公司的质量管理重在经验、流程与利润三个方面。而咨询服务评价的核心，在于对客户需求的深层发掘、目标定制和客户满意度的提高。

思考练习

1．管理咨询项目服务管理的重点是什么？

2．在管理咨询中实践，如何强化质量管理？

3．一个合格的咨询项目经理应具备哪些必要的素质？

4．国外一流的管理咨询公司都有其长期服务的客户，而且为这些客户提供服务创造的利润占到咨询公司利润总额的 80%左右，那么，中国咨询公司应如何进行有效的客户管理，以达到留住公司的长期客户。

5．加强客户联系、了解客户需求、为客户提供优质服务、提高顾客满意度等都是有效保留公司既有客户的有效方式，同时亦是拓展新客户的有效途径，试着谈谈其他留住客户、挖掘客户的方式、方法。

6．根据“顾客满意度模型”，结合实例探讨中国本土咨询公司可以通过实施哪些措施提高顾客满意度。

7．在“顾客满意度模型”中，最高层次是为客户提供意外收获，但根据分析可知，这种意外收获越大，企业需要冒的风险就越大，可以说是“不成功便成仁”。那么，作为管理咨询公司，是否应为公司提供获得这种意外收获的服务，如何最大程度地降低该种风险。

8．麦肯锡公司为什么坚持不上市？其选址坐落于一个乡村僻静地区又是为什么？

9．咨询公司如何实施质量管理。请结合实例进行分析。

10．咨询服务具有什么样的特质？这种服务特质对管理咨询提出了什么样的要求？

延伸阅读

《服务管理与营销——服务竞争中的顾客管理》([英]格罗鲁斯．韦福祥，等，译．北京：电子工业出版社，2008)：本书探讨如何在服务竞争中管理企业与顾客的关系以及怎样遵从“服务逻辑”来开展营销工作，内容涵盖服务以及服务管理的各个方面，包括关系营销、整合营销沟通、品牌关系形象管理、内部营销、服务文化、市场导向下企业的组织。

《咨询师创业指南（第2版）》([美]史蒂芬・谢夫曼．李海蓉，译．北京：电子工业出版社，2004)：当今社会中，发展最快的、最充满挑战性的，同时也最具高薪潜力的领域之一就是咨询业。作者通过剖析大多数人对咨询行业的认识误区，结合咨询师的职业特点，对如何开办一家咨询公司及在此过程中有可能碰到的常见商业问题进行了描述，对初期开展业务的基本技能和运作技巧给予了详细的阐述，包括办公费用的节省、预算的控制、客户的获得与保持等。

《怎样客户才能满意？》([美]克里斯・德诺夫，詹姆斯・戴维・鲍尔四世．栗志敏，译．北京：中国人民大学出版社，2008)：如何理解满意度和公司利润之间的关系？如何将仅仅“满意”的顾客转变为公司的宣传者？如何在机构内从上至下地建设顾客满意度文化？如何授权一线员工采取正确的工作方式？如何利用解决问题的机会让顾客成为公司的拥趸？客户满意度等同于公司利润，本书为你呈现详细具体的策略、简洁清楚的流程路线图、引人入胜的故事。

《未来咨询：咨询顾问决胜未来的关键技能》([英]卡伦・李．安友生，陈瑟，译．北京：人民邮电出版社，2004)：本书阐释了新颖的方法论和技能，论述了其他书籍常忽视的方面，如培训、过程咨询的发展，管理发展以及与客户的关系等，作者熟知咨询技能，拥有丰富的实践经验，详细介绍了各种咨询技巧，在何处使用以及如何使用这些技巧。

《快公司快战略》([英] 伊夫・多兹，米科・科索宁．李宪一，译．北京：中国市场出版社，2009)：怎样做才能让公司既具有重要战略地位，同时又保持敏捷度？通常，行动迅捷使人联想到灵活性和柔性，而具有战略地位则会让人觉得强大而笨拙，并因此显得行动迟缓。怎么才能快速作出战略决策并形成共同承诺？在快速战略博弈中，我们靠什么来判别输赢？成功者的领导方略如何别具一格？他们是如何组织，又是如何作出决策的？这些就是在本书中力图解答的问题。

《你的误区：如何摆脱负面思维掌控你的生活》([美]韦恩・W. 戴尔．崔京瑞，译．北京：群言出版社，2007)：根据你已做出的或未能做出的选择审视一下你的生活，以及从现在做起，这是消除误区、创造幸福的重要步骤。仔细阅读之后，你会很快给自己提出某些过去从未想过的问题：“我现在为什么要自寻烦恼？”“我怎样才能更为有效地利用现在的时光？”从而成为逐步摆脱误区、走向自我依靠和幸福的人。

《麦肯锡管理必读》([英]马克斯・兰茨伯格．曾献，译．北京：新世界出版社，2009)：本书是世界著名人力培训专家经过多年实践总结，没有冗长的说教，没有繁琐的介绍，只有生动有趣的故事和案例，以及幽默风趣的讲述，解读全球最著名战略咨询公司——麦肯锡的成功经验，从而使成功者更上一层楼，推动潦倒者走出困境，让工作从此充满激情和活力，创造出非凡的工作业绩！

《项目管理之美》([美]博克顿．李桂杰，黄明军，译．北京：机械工业出版社，2009)：本书的那些宝贵而有用的建议，是作者十多年经验的积累，从很多复杂的概念和挑战中提炼而来。包括如下主题：如何制定好的决策、想法以及如何处理、领导力和信任、当事情出错时该怎么办。

《项目管理实践标准：规范化的项目管理方法》([美] 帕维兹·F. 拉德，莱文．广联达软件股份有限公司，译．北京：电子工业出版社，2008)：本书介绍了一套行之有效的项目管理评价体系，分别从对“人”、“物”和“企业”三方面的评价来确定组织的项目管理成熟度等级，从而帮助管理者直观地评价自己的工作或团队其他成员的工作，适时地提供正确的决策。

《领导艺术（第 2 版)》([美] 乔治·A. 曼宁，肯特·柯蒂斯，等．刘峰，郇天莹，译．北京：中国财经出版社，2007)：本书将领导力分为九大关键领域，为读者提供了一个清晰的领导力发展框架。将理论与练习、调查表和问题有机地结合在一起，并引用了大量图表、引文及案例。

参考文献

1．阳林．对知识服务业的营销思考[J]. 商业时代，2005（18)：40-40，36．